Andalusien

- Die Provinzen Huelva & Sevilla (S. 81)
- Sevilla (S. 48)
- Die Provinz Córdoba (S. 207)
- Die Provinz Jaén (S. 233)
- Die Provinz Cádiz & Gibraltar (S. 113)
- Die Provinz Málaga (S. 165)
- Die Provinz Granada (S. 262)
- Die Provinz Almería (S. 305)

Isabella Noble, John Noble,
Josephine Quintero, Brendan Sainsbury

REISEPLANUNG

- Willkommen in Andalusien 4
- Andalusien-Karte 6
- Andalusiens Top 17 8
- Gut zu wissen 18
- Was gibt's Neues? 20
- Wie wär's mit 21
- Monat für Monat 23
- Reiserouten 26
- Essen & Trinken 30
- Outdooraktivitäten 36
- Reisen mit Kindern 41
- Andalusien im Überblick .. 44

FERIA DE ABRIL, SEVILLA S. 71

REITEN, TARIFA S. 153

REISEZIELE IN ANDALUSIEN

SEVILLA 48

DIE PROVINZEN HUELVA & SEVILLA .. 81
- **Huelva** 84
- **Lugares Colombinos** ... 86
- La Rábida 86
- Palos de la Frontera 87
- Moguer 88
- **Huelvas Costa de la Luz** 88
- Flecha del Rompido 89
- Isla Cristina 89
- Ayamonte 89
- **Östlich von Huelva** 90
- Matalascañas 90
- Parque Nacional de Doñana 90
- El Rocío 93
- **Nördlich von Huelva** ... 95
- Minas de Riotinto 95
- Aracena 96
- Sierra de Aracena 99
- **Die Provinz Sevilla** ... 102
- Santiponce 102
- Carmona 103
- Osuna 106
- Écija 108
- Parque Natural Sierra Norte de Sevilla 109

DIE PROVINZ CÁDIZ & GIBRALTAR 113
- **Cádiz** 116
- **Das Sherry-Dreieck** ... 124

- Jerez de la Frontera 124
- El Puerto de Santa María 132
- Sanlúcar de Barrameda 135
- **Weiße Dörfer** 138
- Arcos de la Frontera 138
- Grazalema 142
- Zahara de la Sierra 143
- Parque Natural Sierra de Grazalema 144
- Olvera 146
- **Costa de la Luz & Der Südosten** 146
- Vejer de la Frontera 147
- Los Caños de Meca 149
- Zahara de los Atunes 150
- Tarifa 150
- Bolonia 156
- Parque Natural Los Alcornocales 156
- **Gibraltar** 159

DIE PROVINZ MÁLAGA 165
- **Málaga** 168
- **Costa del Sol** 180
- Torremolinos & Benalmádena 180
- Fuengirola 182
- Marbella 183
- Estepona 185
- Mijas 188
- **Das Landesinnere** 189
- Ronda 189
- Serranía de Ronda 195

Inhalt

Ardales & El Chorro 196	
Antequera 196	
Paraje Natural Torcal de Antequera 200	
Laguna de Fuente de Piedra 200	
Östlich von Málaga. . . . 201	
La Axarquía 201	
Nerja. 203	

DIE PROVINZ CÓRDOBA 207

Córdoba 210
Südliche Provinz Córdoba 224
Baena 224
Parque Natural Sierras Subbéticas. 224
Westliche Provinz Córdoba 229
Almodóvar del Río 230
Parque Natural Sierra de Hornachuelos 230

DIE PROVINZ JAÉN. 233

Jaén 236
Der Nordwesten der Provinz Jaén 239
Desfiladero de Despeñaperros & Santa Elena 240
Parque Natural Sierra de Andújar 240
Der Osten der Provinz Jaén 241
Baeza 241

Úbeda 246
Cazorla 252
Parque Natural Sierras de Cazorla, Segura y Las Villas 254

DIE PROVINZ GRANADA 262

Granada 263
La Vega & El Altiplano 289
Guadix 289
Sierra Nevada & Las Alpujarras 291
Sierra Nevada 291
Las Alpujarras. 294
Costa Tropical 301
Salobreña 301
Almuñécar & La Herradura 302

DIE PROVINZ ALMERÍA 305

Almería. 308
Nördlich von Almería. 315
Desierto de Tabernas . . . 315
Níjar 316
Las Alpujarras de Almería 318
Laujar de Andarax 318
Costa de Almería 319
Parque Natural de Cabo de Gata-Níjar 319
Mojácar 325
Los Vélez 328

ANDALUSIEN VERSTEHEN

Andalusien aktuell 332
Geschichte. 334
Architektur 348
Natur & Umwelt 355
Flamenco 361
Kunst & Kultur 368
Stierkampf. 373
Andalusische Küche . . 376

PRAKTISCHE INFORMATIONEN

Allgemeine Informationen 382
Verkehrsmittel & -wege 390
Sprache 396
Register 406
Kartenlegende 414

SPECIALS

3D-Illustration der Kathedrale von Sevilla 52
Flamenco sehen 62
3D-Illustration der Mezquita 212
Teterías & Hammams . 260
3D-Illustration der Alhambra 268

Willkommen in Andalusien

Der Duft von Orangenblüten, der Klang einer Flamenco-Gitarre, der Anblick eines weißen Dorfes oben auf einem Steilhang: Erinnerungen an Andalusien brennen sich ins Gedächtnis.

Das Wesen Spaniens

Andalusien, wie man es aus Opern und vielen Kunstwerken des 19. Jhs. kennt, gilt oft als Sinnbild für ganz Spanien: ein von der Sonne verwöhnter Landstrich der Fiestas und der Gitarre schwenkenden Troubadoure, der unerschrockenen Stierkämpfer, temperamentvollen Opernheldinnen und traurig schluchzenden Roma-Sänger. Natürlich ist diese Vorstellung veraltet und übertrieben romantisch, doch sie enthält auch ein Fünkchen Wahrheit. Trotz allmählicher Modernisierung ist Andalusien eine feurige, leidenschaftliche Region, deren Atmosphäre – ähnlich wie eine gute Flamenco-Vorstellung – einen ganz plötzlich in den Bann zieht.

Kultureller Schmelztiegel

Über acht Jahrhunderte war Andalusien das Grenzland zwischen zwei Religionen, Christentum und Islam. In dieser Zeit beeinflussten sich beide Kulturen gegenseitig und schufen eine Fülle kultureller Kolosse: zu Kirchen umgebaute antike Moscheen, riesige Paläste voller Stuck, eine Küche, die von nordafrikanischen Gewürzen beeinflusst ist und eine Kette hoch gelegener weißer Dörfer, die noch immer die trockene, zerklüftete Landschaft prägen, von den engen Gassen des Albayzín in Granada bis zu den Hügelorten der Provinz Cádiz.

Wildes Andalusien

Bedeutende Teile der Südostküste der Region sind nach wie vor fast unberührt, während im Inneren idyllische Bauerndörfer warten, in denen sich seit Federico Lorcas *Bodas de Sangre* (*Bluthochzeit*) nichts verändert zu haben scheint. 20 % der Fläche Andalusiens sind Naturschutzgebiete und Nationalparks, und die Schutzmaßnahmen zeigen positive Ergebnisse. Der Pardelluchs ist nicht mehr ganz so scheu wie zuvor und die Steinbockpopulation wächst. Ein anderes lobenswertes Projekt der Region sind die *vía verdes*, alte Eisenbahnstrecken, die zu grünen Rad- und Wanderwegen umgebaut werden.

Duende

Einer der faszinierendsten Aspekte Andalusiens ist *duende*, der schwer fassbare Geist in der spanischen Kunst und besonders im Flamenco. Es steht für einen Moment besonders intensiver Gefühle während einer künstlerischen Darbietung. In Andalusien wird er sehr beseelt heraufbeschworen – an den richtigen Orten zumindest. Man findet ihn vielleicht bei Lorca-Stücken in einem Stadttheater, bei Orgelkonzerten in einer gotischen Kirche, bei den ganz unterschiedlichen spontanen Flamenco-Vorführungen in einer *peña* (Club) oder in der bemerkenswerten Kunst-Renaissance, die gegenwärtig Málaga ergriffen hat.

Warum ich Andalusien liebe

Von Brendan Sainsbury, Autor

In Andalusien lernte ich meine Frau kennen, entwickelte eine Leidenschaft für den Flamenco und arbeitete mehrere Saisons als Reiseführer. Es ist also kein Wunder, dass die Region zu meinen persönlichen Lieblingsgegenden zählt. Die absolute Krönung wird für mich immer Granada bleiben, doch ich bewundere auch Sevilla und Málaga und habe eine typisch britische Zuneigung zu Gibraltar. Was meine Lust auf Landleben angeht, so liebe ich es, auf den regionalen *vía verdes* zu joggen und zu versuchen, mit den Radfahrern mitzuhalten.

Mehr über unsere Autoren s. S. 416

Oben: Viertel Albaicín (S. 272), Granada

Andalusien

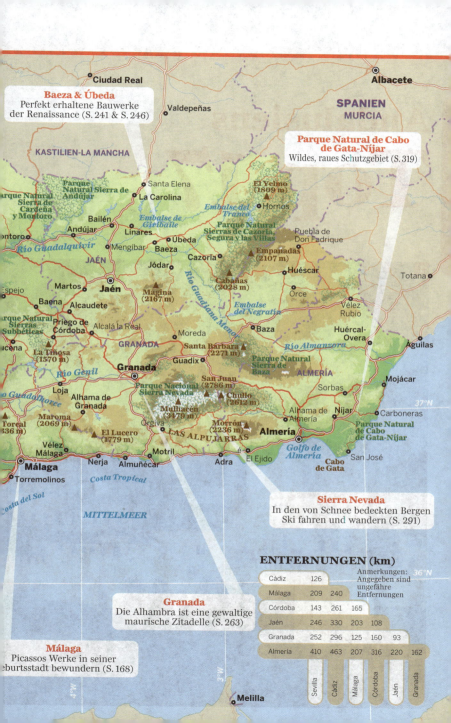

Andalusiens
Top 17

Alhambra

1 Dieses Meisterwerk spricht für sich, denn zweifellos stellten die Nasriden beim Bau der Alhambra (S. 266) eines unter Beweis: Mit der richtigen Mischung aus Talent und Weitsicht sagen Kunst und Architektur mehr als viele Worte. Auf einem Hügel vor der weißen Sierra Nevada thronend, bringt Granadas gewaltige maurische Zitadelle dank ihres harmonischen architektonischen Gleichgewichts zwischen Mensch und Natur seit über einem Jahrtausend Besucher zum Staunen. Trotz des Ansturms und der langen Schlangen ist sie ein absolutes Muss.

Sevillas Kathedrale & Alcázar

2 Sevillas Kathedrale (S. 50) aus dem 13. Jh. sollte so groß werden, dass künftige Generationen ihre Erbauer für verrückt halten sollten. Der Plan ging auf, denn nur wahnsinnige Genies können ein gotisches Meisterwerk derartiger Ausmaße errichtet haben. Der angrenzende Alcázar (S. 57) ist feiner und raffinierter. Er wird von der spanischen Königsfamilie noch immer als Palast genutzt und gilt als Paradebeispiel für Mudéjar-Architektur. Die beiden ungleichen Bauten liegen einander gegenüber auf unterschiedlichen Seiten der Plaza del Triunfo. Kathedrale von Sevilla

REISEPLANUNG ANDALUSIENS TOP 17

Ronda

3 Ronda (S. 189) steht für wilde Rauheit. Erstens wegen der wuchtigen Bergkulisse, der Serranía de Ronda, auf deren Klippen die Stadt thront. Zweitens wegen seiner bewegten, von Banditen, Schmugglern, Kriegern und Rebellen geprägten Geschichte. Drittens wegen der hiesigen Leidenschaft für Stierkämpfe (die moderne Stierkampftradition wurde von den hartgesottenen Familien Romero und Ordóñez begründet). Und viertens wegen der berühmten Verbindungen zu den Hollywood-Raubeinen Ernest Hemingway und Orson Welles. Also, Wanderschuhe einpacken und auf geht's!
Puente Nuevo, Ronda

Mezquita von Córdoba

4 Erst Kirche, dann Moschee und schließlich wieder Kirche: Córdobas Mezquita (S. 211) präsentiert die Entwicklung westlicher und islamischer Architektur über einen Zeitraum von 1000 Jahren. Bahnbrechende Elemente waren frühe Hufeisenbogen, ein kunstvoller Mihrab (Gebetsnische) und ganze 856 Säulen, von denen viele aus römischen Ruinen stammen. Die Größe der Mezquita spiegelt Córdobas einstige Stellung als kultivierteste Stadt im Europa des 10. Jhs. wider. Zudem diente der Prachtbau als Inspirationsquelle für noch größere Gebäude, vor allem in Sevilla und Granada.

Sherry-Tasting

5 Ein sehr spanisches Produkt für sehr britische Geschmacksknospen: Sherry gilt oft als perfekter Begleiter für den Sonntagsplausch beschwipster englischer Omis, doch Weinliebhaber wissen es besser. Hier, in der sonnenverwöhnten Provinz Cádiz, genossen bereits die Phönizier verstärkten Weißwein, ebenso wie später Christoph Kolumbus oder Francis Drake. Das eichige Aroma dieses Getränks lässt sich in den Städten des historischen „Sherry-Dreiecks" Jerez de la Frontera (S. 124) und El Puerto de Santa María (S. 132) genießen. Bodegas González Byass (S. 125), Jerez de la Frontera

REISEPLANUNG ANDALUSIENS TOP 17

Sierra Nevada & Las Alpujarras

6 Schnee ist eine Rarität in Andalusien und verleiht der Sierra Nevada („verschneite Berge") eine gewisse Exotik. Die Bergkette bildet die Kulisse einer der eindrucksvollsten Stadtlandschaften Europas: Granada. Es gibt noch weitere Besonderheiten in der Gegend, wie Andalusiens einzige Skistation und den höchsten Gipfel Spaniens. Die Südhänge werden von weißen Dörfern verschönert, die Las Alpujarras genannt werden und für ihr Traditionshandwerk sowie ihre fruchtbaren Böden bekannt sind. Skistation in Sierra Nevada (S. 291)

Flamenco

7 Als großartige von Leiden inspirierte Musik reißt Flamenco (S. 361) den Zuhörer aus seiner Lethargie und berührt dessen Seele. Er lässt einen scheinbar am Schmerz unzähliger Generationen vertriebener Außenseiter teilhaben und öffnet die Tür zu einer geheimen Welt musikalischer Geister und andalusischer Seelen. Flamenco kann aber auch überraschend lustig und ironisch sein. Man muss ihn unbedingt live hören, am besten in seinen Heimatstädten Sevilla, Jerez und Cádiz.

REISEPLANUNG ANDALUSIENS TOP 17

Cabo de Gata

8 Cabo de Gata (S. 319) in der Provinz Almería erinnert an die spanische Küste vor dem Einzug der Megaresorts an der Costa del Sol. In dem wilden, zerklüfteten, golfplatzfreien Gebiet holen Fischer mit ihren Booten den Tagesfang ein, während das azurblaue Mittelmeer gegen die steilen Klippen schlägt. In der Gegend, einer der trockensten Europas, sieht man jede Menge Vögel und Buschwerk. Das geschützte Gebiet eignet sich toll für ungestörte Trips mit dem Fahrrad oder zu Fuß. *Playa de los Muertos, Parque Natural de Cabo de Gata-Níjar (S. 319)*

Tapas

9 In den letzten Jahren war die spanische Küche molekular geprägt, doch die Grundlagen stehen noch immer im Vordergrund. Tapas (S. 34) definieren den Essensstil sowie die kulinarische Ausrichtung des Landes und das Probiergelage kann bis in die späte Nacht dauern. Sevilla nimmt für sich die kreativsten Tapas in Anspruch, allerdings werden die *malagueños* (Menschen aus Malaga) da sicherlich widersprechen. Granada gehört zu den wenigen Orten, wo man in den Bars zu jedem Getränk Gratis-Tapas bekommt.

Cádiz

10 *Gaditanos* (Einwohner von Cádiz) gelten als witzig und humorvoll. In der Stadt der alten *barrios* (Viertel) und der besten Karnevalsfeier des Landes (S. 117) wird nichts allzu ernst genommen. Sogar der lokale Flamenco-Stil namens *alegrías* ist ungewöhnlich fröhlich und optimistisch. Wie ein Schiff kurz vor der Abfahrt sitzt Cádiz auf einer in den Atlantik hinausragenden Halbinsel und wartet mit dem romantischsten Bootsausflug, den größten Stadtstränden der Region sowie zahlreichen antiken Sehenswürdigkeiten auf.

Parque Nacional de Doñana

11 Als Insel der Artenvielfalt im Delta des Río Guadalquivir ist der Parque Nacional de Doñana (S. 90) eines der wichtigsten Sumpfgebiete Europas und einer von nur zwei Nationalparks in Andalusien (und 14 in Spanien). Die umweltpolitische Ausrichtung des Parks, der schon lange vorbildliches Ökomanagement praktiziert, ist zukunftsweisend für eine Balance zwischen Umweltschutz sowie den Erfordernissen des Tourismus und der Landwirtschaft. Hier tummeln sich auch viele wandernde Wasservögel und der seltene Pardelluchs. Pardelluchs (S. 358)

Strände der Costa de la Luz

12 Der durchschnittliche Costa-del-Sol-Urlauber hat meist noch nie etwas von Tarifa, Bolonia oder Zahara de los Atunes gehört, aber Andalusiens westliche Atlantikküste ist wilder, stürmischer und weniger überfüllt als die südliche Mittelmeerküste. Hauptattraktion der Costa de la Luz (S. 142) ist der Mangel an Themenparks, Fish-and-Chips-Läden und Resorts. Strandgänger werden durch Windsurfer und euphorische Wanderer ersetzt, wobei die weiten Strände aus feinem weißen Sand durchaus zu entspannten Stunden einladen. Zahara de los Atunes (S. 150), Costa de la Luz

Málagas künstlerische Renaissance

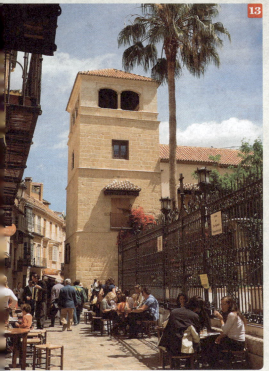

13 Málaga (S. 168) kann derzeit nichts aufhalten. Bis 2003 hatte die Stadt noch nicht einmal ein Museum zu ihrem berühmten Sohn Picasso, doch langsam wird es zu einer Kunstmetropole in einer Liga mit Madrid oder Barcelona. Vor Kurzem öffneten das modernistische Centre Pompidou sowie ein bewegendes Museum für russische Kunst, die sich zu über 20 bereits etablierten Kunststätten gesellen, allen voran das berühmte Museo Picasso Málaga. Málaga treibt außerdem die Entwicklung eines eigenen Künstlerviertels voran – das früher heruntergekommene Soho erstrahlt dank riesiger Wandgemälde und cooler Cafés in neuem Glanz.

Museo Picasso Málaga (S. 168)

Baeza & Úbeda

14 Aufgrund ihrer perfekt erhaltenen Renaissancearchitektur sehen die beiden selten besuchten Außenposten in den Olivenhainen der Provinz Jaén eher italienisch als spanisch aus. Durch die monumentalen Paläste und symmetrischen Gebäude erhielt die Renaissance Einzug in Spanien und brachte den Architekturstil sogar bis nach Südamerika. Seit 2003 sind Baeza (S. 241) und Úbeda (S. 246) wie die Alhambra, Córdobas Mezquita und Sevillas Kathedrale Teil des andalusischen Unesco-Welterbes, werden jedoch von viel weniger Touristen angesteuert. Baeza

Die weißen Dörfer

15 Die Wahl des schönsten weißen Dorfes gleicht der Wahl des besten Beatles-Albums: Alle sind so unglaublich gut, dass man nur schwer eine Entscheidung treffen kann. Im Zweifelsfall legen sich viele auf die klassischen Attribute fest: eine eindrucksvolle Lage, ein verschlafener alter Ort, ein schicker *parador* (Luxushotel im Staatsbesitz) und eine bewegte Grenzlandgeschichte. Die malerischsten Beispiele verteilen sich auf die gesamte Region, etwa im Osten der Provinz Cádiz (S. 140) und in den bergigen Alpujarras. Vejer de la Frontera (S. 147)

Kitesurfing in Tarifa

16 Andalusiens Outdoor-Aktivität schlechthin ist Kitesurfing. Der adrenalingeladene Sport erhält durch die starken Winde im bewegten Wasser der Straße von Gibraltar einen Extrakick und hat der Costa de la Luz und seinem südlichen Nachbarn Tarifa (S. 150), einer weiß getünchten, eher marokkanisch als spanisch wirkenden Küstenstadt, einen hippen Touch verliehen. Immer mehr coole Windsurf- und Kitesurfing-Anbieter an den Stränden verleiten Abenteuerlustige dazu, sich ins Wasser zu stürzen.

REISEPLANUNG ANDALUSIENS TOP 17

Semana Santa in Sevilla

17 Nur die *sevillanos* können aus Trauer und Tod ein derart atemberaubendes Spektakel machen. Weltweit begehen Städte die christliche Karwoche (S. 70), doch nirgendwo erlebt man einen solchen Elan und eine derartige grenzenlose Leidenschaft wie in der andalusischen Hauptstadt. Die traditionellen Umzüge werden von verschiedenen *hermanadades* (Bruderschaften; die älteste geht auf 1340 zurück) angeführt, die kunstvoll gestaltete Wagen durch die von Emotionen und religiöser Ehrfurcht erfüllten Straßen tragen. Marschierende Büßer

Gut zu wissen

Mehr Informationen siehe S. 381

Währung
Euro (€);
Gibraltar-Pfund (£)

Sprache
Spanisch (Kastilisch);
Englisch in Gibraltar

Visas
Mitglieder der EU und Schweizer benötigen nur einen Personalausweis oder Reisepass.

Geld
Geldautomaten sind weithin verfügbar. Die meisten Hotels, Restaurants und Geschäfte akzeptieren Kreditkarten.

Handys
Überall in Andalusien bekommt man lokale SIM-Karten, die mit europäischen Handys kompatibel sind.

Zeit
Mitteleuropäische Zeit (MEZ)

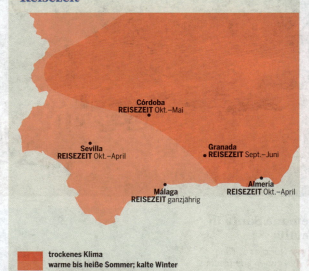

Reisezeit

Córdoba REISEZEIT Okt.–Mai
Sevilla REISEZEIT Okt.–April
Granada REISEZEIT Sept.–Juni
Málaga REISEZEIT ganzjährig
Almería REISEZEIT Okt.–April

trockenes Klima
warme bis heiße Sommer; kalte Winter

Hauptsaison
(Juni–Aug.)

➡ Sommer sind sehr heiß und sehr trocken.

➡ Da die meisten Spanier im Juli und August Urlaub haben, muss man mit Staus und großen Menschenmengen rechnen.

➡ Die meisten (aber nicht alle) Hotels erhöhen die Preise.

Zwischensaison
(März–Mai, Sept.–Okt.)

➡ Während der Karwoche und anderer Stadtfeste können sich die Hotelpreise verdreifachen.

➡ Tolles Wetter: warm, aber nicht zu heiß.

➡ Im Frühjahr finden viele andalusische Festivals statt.

Nachsaison
(Nov.–Feb.)

➡ An der Costa del Sol ist es warm und trocken, im Inland kühler und feuchter.

➡ In der Sierra Nevada kann man Ski fahren.

➡ Es gibt teilweise hohe Hotelrabatte

➡ Einige Sehenswürdigkeiten haben im Winter geschlossen.

Websites

Turismo Andalucía (www.andalucia.org) Offizielle Tourismusseite mit Enzyklopädie-Charakter.

Holiday in Spain (www.spain.info) Hilfreiche offizielle Seite.

Andalucia.com (www.andalucia.com) Einer der interessantesten und umfassendsten Reiseführer zur Region.

Lonely Planet (lonelyplanet.de) Jede Menge Infos, Foren und mehr.

Iberianature (www.iberianature.com) Widmet sich Spaniens Flora und Fauna.

Wichtige Telefonnummern

Es gibt in Spanien keine Ortsvorwahlen. Man wählt einfach die in diesem Reiseführer angegebenen neunstelligen Nummern.

Landesvorwahl	34
Internationaler Zugangscode	00
Krankenwagen	061
Notfall	112
Nationalpolizei	091

Wechselkurse

| Schweiz | 1 SFr | 0,92 € |

Aktuelle Wechselkurse siehe unter www.xe.com.

Tagesbudget

Günstig: unter 75 €

➡ *Hostales* und *pensiones*: 25–50 €

➡ Traditionelle Tapas-Bars: 2–3 € pro Tapa

➡ Kostenlose Sehenswürdigkeiten besuchen

Mittelteuer: 75–150 €

➡ Zimmer im Mittelklassehotel: 65–140 €

➡ Flamenco-Show in einem Kulturzentrum: 18 €

➡ Mit Bussen von Ort zu Ort: 22 € (Seville–Granada)

Teuer: Mehr als 150 €

➡ Übernachtung in *paradores* oder Boutique-Hotels: mindestens 140 €

➡ Regelmäßige Mahlzeiten in guten Restaurants: je 40 €

➡ Abendliche Flamenco-Show inklusive Essen: 76 €

Öffnungszeiten

Teilweise variieren die Öffnungszeiten je nach Region und Saison.

Banken Mo–Fr 8.30–14 Uhr, Sa 9–13 Uhr

Bars & Nachtclubs 22–4 Uhr

Cafés 8–23 Uhr

Geschäfte Mo–Sa 9–13.30 & 17–21 Uhr

Postämter Mo–Fr 8.30–20.30, Sa 9–13.30 Uhr

Restaurants 13–16 & 20–24 Uhr

Supermärkte Mo–Sa 9–21 Uhr

In Gibraltar machen Gewerbetreibende keine Siesta. Restaurants sind meistens von 8 bis 20 Uhr geöffnet und Geschäfte von 10 bis 18 Uhr; die meisten Geschäfte schließen Sonntagmittag und öffnen wieder am Montagmorgen.

Ankunft in Andalusien

Aeropuerto de Sevilla (S. 390) Ein Bus (4 €) startet während der Stoßzeiten alle 15 Minuten (wenn weniger los ist und sonntags alle 30 Minuten). Eine Taxifahrt kostet 21 bis 25 € und dauert 15 bis 20 Minuten.

Málaga Airport (S. 390) Ein Zug (1,80–2,70 €) fährt alle 20 Minuten und braucht 15 Minuten ins Stadtzentrum. Bus A75 bricht alle 20 Minuten vor der Hauptankunftszone am Terminal 3 in Richtung Stadtzentrum (3 €, 20 Minuten) auf. Es gibt auch Direktbusse vom Flughafen nach Granada, Marbella und Torremolinos. Ein Taxi vom Flughafen ins Stadtzentrum kostet 15 bis 19 €.

Unterwegs vor Ort

Auto Andalusien hat ein hervorragendes Straßennetz. Trotz der sehr guten öffentlichen Verbindungen legen manche Traveller Wert auf mehr Freiheit und reisen mit einem Miet- oder Privatfahrzeug. Wer ein Auto mietet, spart Zeit, wenn er die Details bereits vorab im Heimatland organisiert.

Bus Andalusiens Busnetz ist noch deutlich ausgedehnter als das Zugnetz und man erreicht damit auch die kleinsten Dörfer. Alsa hat die besten Verbindungen zwischen Städten. Verschiedene andere Firmen bedienen die abgelegeneren Regionen. Auf ähnlichen Strecken sind Busse meist günstiger als Züge.

Zug AVE-Hochgeschwindigkeitszüge bedienen Sevilla, Córdoba und Málaga. Langsamere und günstigere Regionalzüge verbinden den Großteil der restlichen größeren Orte und Städte. In AVE-Zügen möglichst reservieren.

Mehr zum Thema **Unterwegs vor Ort** siehe S. 392

Was gibt's Neues?

Centre Pompidou Málaga
Das neue Kunstzentrum Centre Pompidou Málaga unter einem riesigen Glaswürfel im neu auflebenden Hafen Málagas. Unter den 70 ausgestellten Werken sind Skulpturen, Videos und Installationen, u. a. von so berühmten Künstlern wie Francis Bacon, Frida Kahlo und René Magritte. (S. 171)

Palacio de los Olvidados
Ein neues Museum, das die oft vergessene jüdische Vergangenheit Granadas erkundet. Es fungiert auch als Performance-Zentrum und veranstaltet jeden Abend Musikshows, in denen Elemente von Lorca und Flamenco verschmelzen. (S. 272)

Museo Ruso de Málaga
Das stimmungsvolle Museum ist in einer ehemaligen Tabakfabrik aus den 1920er Jahren untergebracht und zeigt über 200 Werke der russischen Kunst aus dem 16. bis 20. Jh. (S. 172)

Caminito del Rey
Dieser luftige, schwindelerregende Pfad verläuft auf halber Höhe durch die steile El-Chorro-Schlucht nördlich von Málaga. Er wurde nach einer 4 Millionen Euro teuren Renovierung im März 2015 wiedereröffnet. (S. 198)

Centro Lorca
Nach jahrelanger Verzögerung öffnete Granadas Centro Lorca im Juli 2015 endlich seine Türen. Über einige Details wird im Moment noch diskutiert, aber das auffällige modernistische Gebäude in der Geburtsstadt des Schriftstellers wird auf jeden Fall ein Theater, einen Ausstellungsbereich und eine Bibliothek beinhalten. (S. 288)

Glockenturm der Mezquita
Der Glockenturm der Mezquita in Córdoba wurde 2014 nach 25 Jahren wieder für Besucher geöffnet. Man kann jetzt auf das höchste Gebäude der Stadt (54 m) klettern und von oben einen spektakulären Panoramablick genießen. (S. 210)

Vejer de la Frontera
Das magische „weiße Dorf" Vejer de la Frontera hat sich fast unbemerkt zu einem kulinarischen Highlight Andalusiens entwickelt und trumpft mit traditionellen Rezepten und modernem Flair auf. (S. 147)

Der Wanderweg GR247
Ein neuer, 479 km langer Fernstreckenweg im wunderschönen Parque Natural Sierras de Cazorla, Segura y Las Villas in der Provinz Jaén. Er ist in 21 Abschnitte unterteilt und bietet Unterkünfte in Dorfhotels oder einfachen Schutzhütten. (S. 257)

Centro de Interpretación Olivar y Aceite
Die Provinz Jaén produziert etwa 17 % des Olivenöls weltweit, und dieses neue Zentrum erklärt, wie dieses Extra Native Öl vom Baum auf den Tisch gelangt – inklusive einiger Kostproben. (S. 244)

Aracena für Gourmets: Jesús Carrión
Von Wildpilzrisotto bis hin zu iberischem Schinkencarpaccio – dieses neue familiengeführte Restaurant mischt die traditionelle Küche der Sierra de Aracena mit exquisiter, moderner Kreativität auf. (S. 98)

Mehr aktuelle Tipps und Empfehlungen gibt's unter lonelyplanet.de/reiseziele/andalusien

Wie wär's mit...

Wandern

Grazalema Geführte Wanderungen oder anspruchsvolle Individualtouren durch schroffe Berglandschaften mit Geiern und zarten Orchideen. (S. 144)

Sierra de Aracena Die verlorene Welt von Huelva ist ein Labyrinth mit idyllischen Pfaden, an denen zeitlose Dörfer liegen. (S. 99)

Cabo de Gata 60 km wilde Küstenpfade bieten eine Verschnaufpause auf diesem Stück von Andalusiens viel geschmähter *costa* (Küste). (S. 319)

Sierra Nevada Wer fit ist, kann sowohl Spaniens höchsten Gipfel, den Mulhacén, als auch den leichteren, kleineren Veleta in einem Tag besteigen. (S. 291)

GR7 Eine der besten Langstreckenwanderungen in Spanien, die von Tarifa bis hin in die Berge um Cazorlas führt. (S. 155)

Vía Verdes Alte Bahnstrecken, die in „Greenways" für Radfahrer und Wanderer umgewandelt wurden; Andalusien hat mehr als ein Dutzend der ebenen, gut beschilderten Routen. (S. 37)

Las Alpujarras Ein antikes Wegnetz verbindet die weißen Dörfer und Schluchten an den Südhängen der Sierra Nevada. (S. 294)

Strände

Cabo de Gata In den Buchten des geschützten Küstenstreifens an der Costa de Almería geht's so ruhig zu wie in den 1950er-Jahren. (S. 323)

Cádiz Halb Cádiz tummelt sich an heißen Sommerwochenenden auf der großen Playa de la Victoria. (S. 120)

Nerja Eine hübsche Küstenstadt in der Provinz Málaga mit dem richtigen Mix aus Tourismus und Authentizität. (S. 203)

Zahara de los Atunes Hinter den endlos wirkenden Stränden der Costa de la Luz schimmert Afrika am Horizont. (S. 150)

Mojácar Breite Strände mit vielen lockeren Bars und niedrigen Gebäuden im Hintergrund. (S. 325)

Maurische Architektur

Alhambra Hier erreichte die maurische (eigentlich sämtliche) Architektur in den 1350er-Jahren unter Sultan Muhammed V. ihren Höhepunkt. (S. 266)

Alcázar (Sevilla) Der Alcázar wird nur von der Alhambra übertroffen, folgt aber in puncto Brillanz ganz dicht dahinter. (S. 57)

Mezquita (Córdoba) Eine der weltweit größten Moscheen ist heute eine christliche Kirche und ein Lehrbuch der frühen Al-Andalus-Architektur. (S. 211)

Alcazaba (Almería) Einst machte die prächtige Festung in ebenso prächtiger Lage an der Küste der Alhambra Konkurrenz. (S. 308)

Giralda Das maurische Bauwerk war mal ein Minarett und ist nun ein Glockenturm. Es harmoniert sehr gut mit Sevillas gewaltiger Kathedrale. (S. 50)

Regionale Küche

Sanlúcar de Barrameda Toller Fisch, der in innovativen Tapas verarbeitet wird. Dazu passt der leicht salzige Manzanilla (Sherry mit einem an Kamille erinnernden Geschmack). (S. 135)

Sierra de Aracena Spaniens Luxusschinken stammt von schwarzen Schweinen, die mit Eicheln gemästet werden; am besten probiert man ihn in Huelva. (S. 99)

Granada Gratis-Tapas, marokkanisch beeinflusste Küche und frisches Gemüse direkt aus der nahe gelegenen *vega*, einem landwirtschaftlichen Gebiet. (S. 263)

Cádiz *Pescaito frito* (Backfisch), Andalusiens herausragende Delikatesse, gibt's hier überall und kommt praktisch direkt von den Fischern auf den Tisch. (S. 116)

Las Alpujarras Das Besteigen der Berge liefert den nötigen Appetit für *plato alpujarreño,* ein deftiger Mix aus Fleisch, Eiern und noch mehr Fleisch. (S. 293)

Málaga Man lässt die Sternerestaurants links liegen und bestellt an einer *chiringuito* (Strandbar) gegrillte Sardinen und ein kaltes Bier. (S. 168)

Bergorte

Arcos de la Frontera Inbegriff eines weißen Dorfes mit Burg, Kirche und beeindruckenden maurischen Häusern, die sich an steile Felsen klammern. (S. 138)

Vejer de la Frontera Höhlenartige maurische Restaurants, kunstvoll gekachelte Brunnen, sonderbare Feste, luxuriöse Boutique-Hotels – alles wie zeitlos. (S. 147)

Olvera Von dem weißen Städtchen in der Provinz Cádiz ist es nur ein Katzensprung zu weiteren an der Vía Verde de la Sierra (Bahntrassenradweg). (S. 146)

Capileira Ein weißes Dorf in Las Alpujarras, wo Kunsthandwerk gemeißelt wird und Wanderer in die Sierra Nevada aufbrechen. (S. 297)

Zuheros Weniger bekanntes weißes Dorf in der Provinz Córdoba, das auf endlose Felder mit Olivenbäumen blickt. (S. 226)

Segura de la Sierra Steiles Dorf mit einer mittelalterlichen Burg in den Bergen von Andalusiens größtem Schutzgebiet. (S. 258)

Kunst

Málaga Ein Museum für Picasso, den berühmten Sohn der Stadt, und eine Reihe anderer Galerien, wie das Centre Pompidou Málaga (S. 171), zieren Andalusiens neue Kunstmetropole. (S. 168)

Sevilla Das Museo de Bellas Artes zieht die meisten Besucher an, doch auch in der Kathedrale hängen schöne Gemälde aus dem Goldenen Zeitalter. (S. 48)

Cádiz Oben im Museo de Cádiz ist große Kunst umsonst zu sehen, darunter wichtige Arbeiten andalusischer Meister. (S. 116)

Granada Viele Kunstwerke hängen in Granadas Sakralbauten, etwa in der Capilla Real sowie im aufwendig ausgemalten Monasterio de San Jerónimo. (S. 263)

Oben: Ausblick über das auf einem Hügel gelegene Dorf Olvera (S. 146)
Unten: Fresko im Monasterio de San Jerónimo (S. 276), Granada

Monat für Monat

> **TOP-EVENTS**
>
> **Semana Santa**, März–April
> **Feria de Abril**, April
> **Carnaval**, Februar
> **Festival de Jerez**, Februar
> **Feria del Caballo**, Mai

Januar

Das Jahr beginnt relativ ruhig. Doch schon Ende des Monats werden zahlreiche *romerías* (religiöse Wallfahrten) und Heiligenfeste gefeiert, u. a. zu Ehren des heiligen Sebastian am 20. Januar. In Málaga liegt die Durchschnittstemperatur bei milden 12 °C.

Día de los Reyes Magos

Zum Fest der Heiligen Drei Könige am 6. Januar werden deren Figuren durch zahlreiche andalusische Städte und Dörfer getragen und dabei Süßigkeiten in die Zuschauermenge geworfen – was vor allem für Kinder ein großer Spaß ist.

Februar

Nun wird schweres Geschütz aufgefahren. Im Februar locken der Karneval in Cádiz und das Flamenco-Festival in Jerez Besucher von nah und fern an. Außerdem ist dies die beste Zeit zum Skifahren in der Sierra Nevada. An den Küsten herrschen angenehme 13 °C.

Festival de Jerez

In der selbst ernannten *cuna* (Wiege) des Flamenco zeigen sich beim angeblich weltbesten Flamenco-Festival alle namhaften Künstler auf der Bühne. Anders als die Biennale in Sevilla finden die zweiwöchigen Festlichkeiten hier jedes Jahr statt. (S. 128)

Carnaval

In diesem Monat wird rund um den Erdball Karneval gefeiert. Die größten Spektakel auf dem spanischen Festland steigen in Cádiz, wo der Schwerpunkt statt auf Pracht à la Rio de Janeiro eher auf Humor und Satire liegt. Wer nach den zehn Tagen noch stehen kann, feiert auf dem Festival de Jerez weiter. (S. 128)

März

Jetzt beginnt die beste Reisezeit für Andalusien, vor allem in den Jahren mit einem frühen Osterfest. Die düsteren Umzüge der Semana Santa leiten eine Zeit voller Feste ein, die immer überschwänglicher werden, je wärmer es wird.

Semana Santa (Karwoche)

Nur wenige Orte feiern die katholische Karwoche aufwendiger als Sevilla, wo verhüllte *nazarenos* (Büßer) riesige Kreuze in geisterhafter Andacht durch die Straßen tragen. Fällt häufig in den April. (S. 70)

April

Der vermutlich schönste Monat für einen Besuch ist der April mit warmem, aber nicht zu heißem Wetter und ausgelassenen Feierlichkeiten, z. B. in Sevilla. Die Hotelpreise steigen oft extrem an und die Unterkünfte sind schnell ausgebucht.

Feria de Abril

Sevillas legendäres Frühlingsfest sieht ungefähr so aus: Man trinkt Sherry, reitet, tanzt die *sevillana* (Volkstänze), fährt Autoscooter, trinkt noch mehr Sherry und torkelt gegen 2 Uhr morgens heim. Auf diese Weise verlaufen übrigens alle Frühlingsfeierlichkeiten. Parallel gibt's ein komplettes Stierkampfprogramm. (S. 71)

🏃 Moto GP

Jerez' Pferde-, Flamenco- und Sherry-Liebhaber stehen auch auf Motorräder: Hier findet jedes Jahr der spanische Motorrad-Grand-Prix statt. Fans reisen im Konvoi aus ganz Spanien an und kampieren nahe der Rennstrecke. Das Ganze erinnert an ein riesiges Harley-Davidson-Treffen. (S. 128)

Mai

Wildblumen überziehen die Berghänge, Sonnenblumen blühen und ganz Andalusien scheint sich auf seine Pferde zu schwingen, um an *romerías* oder Fiestas teilzunehmen.

🎆 Feria del Caballo

In Jerez werden viele der besten Events der Region veranstaltet, darunter das bis ins Mittelalter zurückreichende berühmte Pferdefest. Zum Begleitprogramm gehören zahllose Paraden, Stierkämpfe, Fahrgeschäfte und provisorische Bars mit dem besten Sherry der Gegend. (S. 128)

🎆 Romería del Rocío

Die Mutter aller Wallfahrten lockt jährlich über eine Million Besucher in das dunkle Dorf El Rocío in der Provinz Huelva. Von überall her kommen sie zu Fuß, zu Pferd, per Kutsche oder mit dem Schiff, um die Jungfrau von El Rocío zu verehren. Die nächsten Termine: 15. Mai 2016, 4. Juni 2017 und 20. Mai 2018. (S. 93)

🎆 Fiesta de los Patios de Córdoba

Im Mai feiert Córdoba alles vom Blumen- bis zum Frühlingsfest. Mittendrin

Oben: Reiter bei der jährlichen Feria del Caballo (S. 128), Jerez de la Frontera
Unten: Frauen in traditioneller Kleidung, Semana Santa (S. 70), Sevilla

gibt's diese Hommage an die prächtigen Innenhöfe Córdobas. Nun öffnen Hausbesitzer im Kampf um den Titel des schönsten Patios ihre Türen. (S. 219)

Juni

Die Sommerfeste sind in vollem Gang und werden in jedem Dorf und in jeder Stadt Andalusiens gefeiert. Liegt Ostern auf einem späten Termin, fallen Pfingsten und die Romería del Rocio (am Pfingstmontag) eventuell in den Juni.

Fronleichnam

Der katholische Feiertag wird achteinhalb Wochen nach Ostern begangen. In Granada spielt er eine besonders wichtige Rolle, wo er seit Langem mit der jährlichen *feria* verknüpft wird. Traditionell bedeckt üppiges Grün die Straßen. (S. 277)

Juli

Nordeuropäer stürmen die Mittelmeerstrände. Entweder schließt man sich den Massen an oder man flieht in die (leicht) kühlere Luft der kleinen Bergdörfer. Mitte des Monats beginnen in Spanien die Ferien, wodurch Preise und Besucherzahlen steigen.

Festival Internacional de la Guitarra

Flamenco steht im Mittelpunkt dieses zweiwöchigen Gitarrenfestivals Ende Juni oder Anfang Juli im (dann) sehr heißen Córdoba. Es wird aber auch Klassik-, Rock- und Bluesmusik live gespielt. (S. 219)

August

Im August ist es heiß. Brütend heiß. Am Strand weht eine frische Meeresbrise und Málaga veranstaltet ein großes Fest. Halb Spanien ist auch an der Küste, also rechtzeitig buchen!

Feria de Málaga

Málaga versucht nach Kräften, das Fest von Sevilla nachzuahmen, und schafft das auch fast. Andalusiens zweitberühmteste Party wartet mit den üblichen Trümpfen auf: Sherry, Tanz und Feuerwerk. Erstaunlicherweise lassen sich nur wenige Touristen von der Costa del Sol blicken. (S. 173)

September

Endlich wird es kühler. Im September herrscht tolles Wanderwetter und es ist Zeit für die Traubenlese. Jerez und Montilla veranstalten Weinfeste.

Bienal de Flamenco

Sevilla und Málaga teilen sich dieses Flamenco-Festival – Erstere richtet das einmonatige Event in den geraden Jahren aus. Seit 1980 stehen dabei 30 Tage lang Superstars des Genres auf der Bühne. (S. 71)

Feria de Pedro Romero

Zu diesem Anlass kann man im Bergdorf Ronda altmodische Kostüme und Stiere bewundern. Aufwendige Trachten aus der Goya-Zeit sollen dem Stierkampf-„Ballett" historische Bedeutung verleihen. Der Veranstaltungskalender ist voll. (S. 192)

Fiestas de Otoño

Vermutlich hätten selbst extravagante Rockstars Mühe, mit all den Fiestas in Jerez Schritt zu halten. Die Weinlese dient als Vorwand dafür, um Trauben zu treten, Sherry zu trinken und an *bulería* angelehnten Flamenco zu spielen.

Oktober

Der Herbst bringt die Ernte und eine verführerische Vielfalt kulinarischer Feste. Augen offen halten nach Käseverkostung, Suppentagen und Wettbewerben im Schinkenschneiden.

Feria de la Tapa

Im unerwartet schönen Sanlúcar de Barrameda steht vor allem Fisch auf der Speisekarte, zudem gibt's Tapas unter freiem Himmel. Dazu genießt man ein paar *copas* (Gläser) des Manzanilla-Sherrys aus der Region.

Dezember

Nach einem Jahr voller Fiestas sollten die Andalusier erschöpft sein. Für Weihnachten bleibt aber immer noch genug Kraft. Ansonsten ist im Dezember wenig los, sofern es einen nicht auf die Skipisten zieht.

Fiesta Mayor de Verdiales

Am 28. Dezember veranstaltet das Dorf Almogía einen Wettbewerb mit *verdiales*, Volkstänzen im Fandango-Stil. Sänger- und Tänzer-Ensembles, genannt *pandas*, tragen bebänderte Kostüme und spielen eine düstere Flamenco-Variante mit Gitarren und Violinen. (S. 173)

Reiserouten

 **Die Highlights**

Diese Reiseroute ist ideal für Einsteiger und für alle, die einen engen Zeitplan haben. In zwei Wochen sind die berühmtesten Highlights Andalusiens drin.

Sevilla dient als Ausgangspunkt und ist ein absolutes Muss, das zwei bis drei Tage verdient. Seite an Seite stehen hier die berühmte Kathedrale und der Alcázar. Mit dem Zug geht's 150 km gen Osten und ein paar Jahrhunderte in die Vergangenheit nach **Córdoba** mit seiner Mezquita und den versteckten Patios. In **Granada** locken kostenlose Tapas, Teestuben und die einzigartige Alhambra, aber auch Entspannung in maurischen Bädern und das Erbe Federico García Lorcas, sodass drei Tage wie im Flug vergehen. Verglichen damit wirkt **Málaga** geradezu dezent. Ein Tag reicht, um das Picasso-Museum zu besuchen und frische Meeresfrüchte zu probieren. Das in den Bergen liegende **Ronda** bietet dramatische Kontraste und eine Geschichte voller Stierkämpfer und Rebellen. **Jerez de la Frontera** ist für seine Pferde, Sherry-Bodegas und Flamenco berühmt; am besten kommt man während des Flamenco-Festivals her. **Cádiz**, per Zug nur 45 Minuten entfernt, wartet mit zahlreichen kostenlosen Attraktionen auf, darunter ein tolles Stadtmuseum und ein erstklassiger Flamenco-Club. Ein Spaziergang auf dem romantischen *malecón* (Uferstraße) bildet den perfekten Abschluss der Tour.

 **Die große Tour**

Wer Andalusien richtig verstehen will, muss sich wenigstens einen Monat Zeit nehmen und eine große Rundreise durch alle acht Provinzen unternehmen. Nach dieser ausgedehnten Tour kann man sich als echter Kenner der andalusischen Kultur bezeichnen.

Es geht los in **Sevilla**, wo man neben den berühmten Highlights (Kathedrale, Alcázar) auch weniger bekannte Attraktionen (Casa de Pilatos, Triana) besucht. Gen Westen erstreckt sich in den sanften, idyllischen Hügeln rund um **Aracena** im Nordteil der Provinz Huelva ein wunderbares Wandergebiet mit verschlafenen Dörfern. Anschließend geht's über Sevilla gen Osten zu einem Tag im freundlichen **Carmona** und einem Besuch im oft übersehenen **Parque Natural Sierra Norte de Sevilla**. Die zweite Woche beginnt mit **Córdoba**, das lange der historische Gegenpart Sevillas war. Weiß getünchte Straßen, römische Ruinen und die islamische Architektur erzählen hier die Geschichte Andalusiens. Weiter östlich bei Jaén befindet sich das Land der Oliven und der gewichtigen Renaissancearchitektur, die sich in den Zwillingsstädten **Baeza** und **Úbeda** konzentriert. **Cazorla** noch weiter östlich dient als Tor zum größten Naturpark Andalusiens, der nur wenige Besucher sieht, der **Parque Natural Sierras de Cazorla, Segura y Las Villas**.

Am Anfang der dritten Woche lockt ein touristischeres Ziel: das exotische **Granada**. Mehrere Provinzen und die Sierra Nevada liegen auf dem Weg nach **Almería**, dem trockenen Osten, einst die Kulisse vieler Italowestern. Mit der unverfälschten spanischen Ortschaft **Almuñécar** ist die Küste erreicht. Richtung Westen ziehen sich die noch immer wachsenden Urlaubszentren bis nach **Málaga**, wobei die größte Stadt der Costa del Sol mit den Baderesorts wenig gemein hat. Die letzte Woche startet in dem weißen Dorf **Ronda** mit einem Stierkampfmuseum und steilen Schluchten, das sich seit Hemingways Besuch dort kaum ein Traveller entgehen lässt. In der benachbarten Provinz Cádiz gibt's weitere weiße Städte wie **Olvera, Grazalema** und **Ubrique**, die von Naturparks umgeben sind. Vorbeifahrende werden geradezu magisch von dem spektakulär auf einem Hügel gelegenen **Arcos de la Frontera** angezogen. Die letzten Tage in **Jerez de la Frontera** und **Cádiz** stehen ganz im Zeichen der andalusischen Kultur. Diese beiden alten Städte bieten alles, was die Region so großartig macht.

Das kulturelle Dreieck

1 WOCHE

Diese kleine Region zwischen Sevilla, Cádiz und Jerez de la Frontera, vereint das Wesen Andalusiens am besten in sich. Die tolle Flug-, Bahn- und Busanbindung macht **Sevilla** zum perfekten Ausgangspunkt. Ein oder zwei Tage gehören der maurischen und gotischen Architektur und den zahlreichen Festivals. Per Schnellzug geht's dann für ein bis zwei Tage nach **Jerez de la Frontera** im Süden, dem ersten Ziel im „Sherry-Dreieck" mit Bodegas samt Pferdeshows, authentischem Flamenco und Hammams. Anschließend nimmt man einen Bus Richtung Westen nach **Sanlúcar de Barrameda**, das mit *fino*, *manzanilla* und Meeresfrüchte-Tapas lockt. Die Stadt dient auch als Basis für den **Parque Nacional de Doñana**. Abends ist **El Puerto de Santa María** mit seinen Bodegas, Festivals und Fischrestaurants an der Reihe. Das uralte, von Wasser umgebene **Cádiz**, das scheinbar am äußersten Rand Europas liegt, hat etwas Mystisches. Hier sind die Strände herrlich breit und erstrecken sich entlang der Costa de la Luz nach Süden. Sie lassen sich gut von **Vejer de la Frontera** aus erkunden, einem dramatisch gelegenen weißen Ort mit besonderem Flair.

Der Westen im Detail

2 WOCHEN

Wer die Alhambra und Sierra Nevada schon kennt, sollte sich zur Wiege der andalusischen Kultur aufmachen. Los geht's in Huelva im **Parque Nacional de Doñana**, der vielleicht schönsten Naturattraktion Andalusiens. **Sevilla** hat viele weltberühmte Sehenswürdigkeiten, das provinzielle Inland ist aber kaum bekannt. Dort warten ruhige Städte wie **Carmona** mit seinem Alcázar und **Osuna** mit großartigen Palästen. **Ronda** ist voller Touristen, die abends jedoch verschwinden. Auf dem Weg nach Málaga lohnen Stopps in der Schlucht **El Chorro** und im antiken **Antequera**. **Málaga** ist wild, hat aber einen künstlerischen Touch und bietet Meeresküche sowie eine *feria* im August. Wenn noch Zeit bleibt, steuert man die Geheimtipps der Provinz Cádiz wie **Jimena de la Frontera** und den **Parque Natural Los Alcornocales** an. In **Gibraltar** trifft man vor allem auf Briten. Als Nächstes folgt die Costa de la Luz und mindestens eine Nacht im weißen Dorf **Vejer de la Frontera**. Die letzten Tage gehören dem kulturintensiven Quartett **Cádiz, El Puerto de Santa María, Jerez de la Frontera** und **Sanlúcar de Barrameda**, die mit Sherry, Flamenco und Meeresfrüchten aufwarten.

3 WOCHEN Die Küste

In Andalusien spielt die Küste, die sich durch fünf der acht Provinzen zieht, eine große Rolle. Die meisten Küstenorte sind durch Buslinien verbunden. Los geht's am nahezu unverbauten **Cabo de Gata**, einer Halbinsel aus Klippen und Salzebenen. Weiter westlich liegt **Almería** mit der maurischen Alcazaba und kurvigen Gassen. Sehr authentisch ist die oft steile Costa Tropical bei Granada; **Almuñécar** dient als Ausgangspunkt für ihre Erkundung, und **La Herradura** lädt zum Tauchen ein. Eine kurze Busfahrt Richtung Westen führt nach **Nerja**, das nicht ganz so unkontrolliert gewachsen ist wie andere Urlaubsorte. **La Axarquía** bietet wunderbare Wandermöglichkeiten. **Málaga** verdient dank seines Kunstangebots und der innovativen Restaurantszene drei Tage. Der vielleicht interessanteste Ort an der überlaufenen Costa del Sol ist **Marbella**, doch auch eine Tagestour nach **Mijas** lohnt sich. Richtung Westen bewacht **Gibraltar** das Tor nach Europa. In **Tarifa**, dem Mekka der Windsurfer, beginnt die kulinarisch abwechslungsreiche Costa de la Luz. Nach drei entspannten Tagen in **Barbate** und **Los Caños de Meca** endet die Reise mit zwei Tagen in **Cadiz**.

2 WOCHEN Der Osten

Der Osten ist der unbekannteste Teil Andalusiens. Je drei Tage gehören **Córdoba**, einst die iberische Hauptstadt, mit einer der schönsten islamischen Moscheen der Welt, und **Granada**, wo die Alhambra, der Albayzín und die Bäder im maurischen Stil von der späteren Ära der Nasriden zeugen. Beide Orte sind eine gute Basis für Ausflüge in die Bergregionen der Umgebung. Die Provinz Córdoba ist reich an Wildnisgebieten wie dem **Parque Natural Sierra de Hornachuelos**. Granada wartet mit dem **Parque Nacional Sierra Nevada** und Las Alpujarras auf, deren Täler den Südhang der Sierra Nevada bilden. Mögliche Abstecher führen nach **Guadix** mit seinen bewohnten Höhlen und in die Küstenstadt **Almuñécar**, wo das andalusische Strandleben wenig mit den Urlaubsorten der Costa gemein hat. **Jaén**, ein Olivenparadies, beherbergt viele gute Tapas-Bars, und **Baeza** sowie **Úbeda** glänzen mit einer einzigartigen Renaissancearchitektur. Die Provinz Almería ist die östlichste Andalusiens. **Mojácar** verspricht einen teils bohemehaften, teils glamourösen Hauch der Levante. **Cabo de Gata** ist das ursprünglichste Küstenfleckchen der Region, und die Stadt **Almería** eine Art Granada am Meer.

Reiseplanung
Essen & Trinken

In Andalusien ist nicht nur wichtig, was man isst, sondern auch, wie man isst. Wie überall am Mittelmeer setzt man statt Fast Food und Coffee to go auf leichtes Frühstück, gemütliches Mittagessen und spätes Abendessen, bei dem man sich nach und nach bei einer Auswahl Tapas in einer traditionellen Kneipe bedient. Traveller sollten ihre innere Uhr auch an die spanischen Geflogenheiten anpassen – sonst entgeht ihnen vielleicht, was Andalusien so besonders macht.

Reisezeit

Andalusien ist ein Sonderfall in Europa, da aufgrund des milden Klimas und der starken Nutzung von Gewächshäusern das ganze Jahr über Obst und Gemüse angebaut wird, insbesondere in der Provinz Almería und an der Costa Tropical.

April bis August

Im Frühling und Sommer steht Gazpacho auf dem Speiseplan, die für Andalusien typische kalte Suppe, von der es verschiedene regionale Varianten wie *salmorejo* (Córdoba) und *ajoblanco* (Málaga) gibt.

August bis September

Nach der Weinernte folgen verschiedene Feste wie die bemerkenswerte Vendimia in Jerez de la Frontera, Teil der Fiestas de Otoño im September und eine exzellente Gelegenheit, seine Finos und Manzanillas mit Tapas zu veredeln.

November bis Januar

Mit der *matanza* (Schlachtung) der Schweine im November gehen Festessen mit viel Schweinefleisch einher. Auch die Olivenernte beginnt bald. Im Winter verkaufen Straßenhändler heiße geröstete Maroni, vor allem in den Bergregionen.

Kulinarische Highlights
Unvergessliche Gerichte

➡ **La Brunilda** (S. 74) Sevillas wahrscheinlich beste Tapas-Bar.

➡ **La Fábula Restaurante** (S. 284) Service, Essen, Atmosphäre und Dekor: in Granadas bestem Gourmetrestaurant stimmt alles.

➡ **Café Azul** (S. 154) Das wohl beste Frühstück Andalusiens.

➡ **El Jardín del Califa** (S. 148) Köstliches marokkanisches Essen in einem wunderschön gestalteten labyrinthischen Restaurant.

➡ **Misa de 12** (S. 250) Kleine Bar, die einer der großen kulinarischen Namen in Úbeda ist.

➡ **Restaurante La Fuente** (S. 229) Dieses Lokal in dem kleinen Dorf Zagrilla Alta in der Provinz Córdoba serviert gutbürgerliche Küche.

➡ **Óleo** (S. 174) Projekt eines *malagueño*-Kochs und eines japanischen Sushimeisters.

Für den kleinen Geldbeutel

➡ **Gratis Tapas** – Wer sagt, dass ein Mittagessen immer etwas kosten muss? Granada, Jaén und Almería gehören zu Spaniens letzten Bastionen für Gratis-Tapas: Jede Getränkebestellung wird von kleinen kostenlosen Snacktellern begleitet.

➡ **Chiringuitos** – Halbprovisorische Strandimbisse bzw. -restaurants, die sich auf gebratene

Meeresfrüchte spezialisiert haben. Die Klassiker – *espeto de sardinas* (Sardinen am Spieß) und *boquerones fritos* (frittierte Sardellen) – spült man am besten mit einer Flasche Bier hinunter. Viele *chiringuitos* sind nur im Sommer geöffnet.

➡ **Casetas** – Provisorische Zelte, die auf Andalusiens zahllosen Festen und Partys stehen und günstige Snacks sowie Getränke verkaufen.

➡ **Desayuno** – Ein typisches andalusisches *desayuno* (Frühstück), aus einer kleinen Tasse starkem Kaffee und einem getoasteten Brötchen mit Olivenöl und/oder zerkleinerten Tomaten. Kostet normalerweise nicht mehr als 2,50 €.

➡ **Menú del día** – Drei-Gänge-Mittagsmenü, das normalerweise mit Brot und Wein serviert wird; die Preise starten bei 10 € (alles inbegriffen). Nouveau Cuisine ist es sicher nicht, aber für Sparsame trotzdem eine ordentliche Wahl.

Gerichte für Mutige

➡ **Rabo de toro** – Gekochter Stierschwanz von dem getöteten Tier einer lokalen *corrida de toros* (Stierkampf), der nach Möglichkeit noch am selben Tag verzehrt wird.

➡ **Mollete** – Toastbrötchen mit Olivenöl beträufelt und belegt mit Tomatenstückchen (wobei es auch anderen Belag gibt) – das übliche pikante andalusische Frühstück.

➡ **Ortiguillas** – In Olivenöl ausgebackene krokettengroße Seeanemone. Der intensive Meeresgeschmack gilt in der Region Cádiz als Delikatesse.

➡ **Rebhuhn** – Dieses Wildtier schmeckt am besten in den Bergdörfern etwa der Sierra de Grazalema oder der Sierra de Cazorla.

➡ **Geschmorte Kutteln** – Traditionell günstiges Resteessen – besonders in Sevilla beliebt –, das vor Kurzem von einigen der innovativsten Köche Andalusiens eine Frischzellenkur bekommen hat.

➡ **Jabalí** – Wildschwein wird in den ländlicheren Gegenden der Provinzen Jaén und Córdoba gern gegessen, entweder gegrillt oder in Soße und Eintöpfen. Es schmeckt etwas derber als Schwein.

Kochkurse

➡ **All Ways Spain** (www.allwaysspain.com) Bietet drei verschiedene sieben- bis achttägige Gourmettouren mit Kochkursen an.

➡ **Annie B's Spanish Kitchen** (S. 147) Beliebte Kochkurse in Vejer de la Frontera, oft mit Sherry-Touren und Tastings kombiniert.

➡ **Cooking Holiday Spain** (☎637 802743; www.cookingholidayspain.com) Bietet u.a. sechsstündige Kochkurse in den Bergen um Ronda an.

> ### HAY CHURROS
> Angeblich erfanden spanische Schäfer vor Hunderten von Jahren die *churros*: lange, dünne Gebäckstreifen, die in Olivenöl frittiert und vorm Verzehr in Kaffee – oder noch besser in dickflüssige heiße Schokolade – getunkt werden. In Andalusien isst man sie gerne zum Frühstück oder als frühabendlichen *merienda* (Snack). Gute *churro*-Cafés oder *churrerías* gibt es in der Region zuhauf, obwohl Granada oft als *churros*-Hauptstadt gilt, vor allem Plaza Bib-Rambla und das gleichnamige Café (S. 282). Casa Aranda (S. 174) in Málaga ist ebenfalls legendär. Der *tejerngo* ist eine typisch andalusische *churro*-Variante, ein leichter, fluffiger Gebäckstreifen, eingerollt wie ein Rad.

➡ **Taller Andaluz de Cocina** (S. 70) Die Kochkurse werden mit Touren auf Lebensmittelmärkten in Sevillas Triana-Distrikt verbunden.

➡ **Al-Andalus Spanish School** (www.alandalustarifa.com) Spanischunterricht mit optionalen Kochkursen in einer Sprachschule in Tarifa.

Regionale Spezialitäten

Die Provinz Sevilla

Neben einer unheimlich großen Auswahl an Tapas hat Sevilla exzellente Süßwaren zu bieten. *Polvorones* sind kleine krümelige Kekse, die traditionell aus der Stadt Estepa stammen, und *tortas de aceite* ist ein süßes Olivenölgebäck. Das klassische herzhafte Gericht *huevos a la flamenco* besteht aus Morcilla-Wurst, Knoblauch, Zwiebeln, Tomaten und einer Rühreihaube. Aus Sevillas bitteren Orangen wird vor allem Marmelade hergestellt, der bei den Engländern so beliebte Frühstücksaufstrich.

Die Provinz Huelva

Die kulinarischen Schlagworte der Provinz Huelva sind Erdbeeren (die Region schultert ganze 90 % der landesweiten Produktion) und *jamón ibérico*. Letzterer ist der Champagner unter Spaniens Räucherschinken und stammt vom Iberischen Schwein, das frei in der Sierra de Aracena lebt und sich

> **VEGETARIER & VEGANER**
>
> In ganz Andalusien gibt's zur jeweiligen Saison leckeres, frisches Obst und Gemüse, trotzdem ist die Zahl ausgewiesener vegetarischer Restaurants der Region leider an einer Hand abzuzählen. Vorsicht: „Gemüse"-Gerichte enthalten manchmal noch andere Zutaten (z. B. Bohnen mit ein bisschen Schinken). In vielen Restaurants treffen Vegetarier mit Salaten eine gute Wahl, ebenso wie mit Gazpacho (kalte Gemüsesuppe) und *ajoblanco* (weiße Gazpacho mit Mandeln, Knoblauch und Trauben). Eine verlässliche Option ist darüber hinaus *pisto* (Ratatouille), der mit Brot zum Tunken besonders lecker schmeckt. Auch *espárragos trigueros* (dünner grüner Spargel), entweder gegrillt oder mit *revueltos* (Rührei mit gebratenen Knoblauchstücken), sind zu empfehlen. Zu den fleischlosen Tapas zählen *pimientos asados* (geröstete rote Paprika), *alcachofas* (Artischocken), *garbanzos con espinacas* (Kichererbsen mit Spinat) und natürlich *queso* (Käse). Ein weiterer regionaler Tapas-Klassiker ist ein Teller mit andalusischen *aceitunas* (Oliven).

hauptsächlich von Eicheln ernährt. Er ist süßer und nussiger als der klassische *jamón serrano,* aber der in hauchdünne Scheiben geschnittene Schinken hat auch einen stolzen Preis.

Die Provinz Cádiz

An der Atlantikküste und in den Flussarmen von Cádiz tummeln sich verschiedene Mittelmeerfische. Die Costa de la Luz ist für Thunfisch bekannt, wobei der beste angeblich in Barbate ins Netz geht. Ähnlich geschätzt werden Garnelen. In Sanlúcar de Barrameda werden sie in gebratene Küchlein eingearbeitet und als Tapas mit dem Namen *tortillitas de camerones* kredenzt. Aus Cádiz stammt außerdem Sherry. Jerez de la Frontera und El Puerto de Santa María produzieren die besten trockenen (*fino*) sowie dunkle und süße (*oloroso*) Varianten. In Sanlúcar de Barrameda wird ein eigener einzigartiger Manzanilla hergestellt.

Die Provinz Málaga

Am Mittelmeer dreht sich alles um Fisch, vor allem um *boquerones* (Sardellen) und *sardinas* (Sardinen) aus Málaga. Am Spieß gegrillte Sardinen heißen *espeto de sardinas* und schmecken am besten in einem *chiringuito* am Strand. Bei *ajo blanco* handelt es sich um Málagas Variante der kalten Gemüsesuppe Gazpacho. Das Rezept ist ähnlich, wobei Mandeln die Tomaten ersetzen und für die cremig-weiße Farbe sorgen; verziert wird das Ganze mit frischen Trauben. Aus den lokalen Trauben werden zudem schon lange süße rote und weiße Dessertweine hergestellt, die in letzter Zeit wieder in Mode gekommen sind.

Die Provinz Córdoba

In der Binnenprovinz Córdoba werden jede Menge Kichererbsen und Oliven angebaut. Aus den Trauben entstehen Montilla-Weine, von denen sich der Name *amontillado* (nicht verstärkter Sherry) ableitet. Pedroches ist ein geschmacksintensiver halb-geräucherter Schafskäse aus dem Tal Pedroches-Alcudia. Zu den klassischen Gerichten aus Córdoba zählen *salmorejo* (dicke Gazpacho-ähnliche Suppe, meist mit einer Einlage aus gekochten Eiern und Räucherschinken) und *flamenquín* (in *jamón serrano* gewickelte panierte und frittierte Schweinelende).

Die Provinz Jaén

Jaén ist die Welthauptstadt des Olivenöls: Aus der gleichnamigen Provinz stammen ganze 17 % der globalen Produktion. Die Qualität ist hoch, wobei klassische Jaén-Öle bitter, aber fruchtig schmecken. Das Bergland des Parque Natural Sierras de Cazorla, Segura y Las Villas ist ein traditionelles Jagdrevier und somit bekannt für sein Wildfleisch, insbesondere für Rebhuhn.

Die Provinz Granada

Zum besten *jamón serrano* gehört der in der frischen Bergluft des Dorfes Trevélez in Las Alpujarras gereifte. Überdies gibt's im Hochland Kanincheneintöpfe und *plato alpujarreño*, ein Sattmacher mit viel Fleisch, der an ein englisches Frühstück erinnert. Und in den flachen Ebenen von La Vega gedeihen Bohnen und Spargel. Als Stadt mit den größten arabischen Einflüssen Spaniens bietet Granada leckere Tajines, Couscous und *teterías* (Teehäuser im marokkanischen Stil).

Die Provinz Almería

Hier kommt man in den Genuss von noch mehr Fisch, allerdings wird er in Almería normalerweise nicht frittiert, sondern *a la plancha* (auf einem Metallgrill) zubereitet. Allgegenwärtig sind auch Gewächshäuser voller Obst und Gemüse, das ebenso unter dem fast konstanten Sonnenschein gedeiht. Almería ist zu Recht bekannt für seine prallen ganzjährigen Tomaten.

Essgewohnheiten

Unerfahrene Andalusien-Urlauber sind recht einfach zu erkennen. Sie streifen erschöpft, leicht verwirrt dreinblickend und unterzuckert durch die Straßen, gehen um 18 Uhr in eine der örtlichen Tapas-Bars und versuchen ein Brathähnchen mit einem Zwei-Liter-Krug Sangria zu bestellen. Das muss jedoch nicht sein! Wie so oft im Leben, sind auch bei den andalusischen Essgewohnheiten Timing, Etikette und ein bisschen Insiderwissen von Vorteil.

Esskultur

Tipp Nummer eins: Sich an die spanischen Essenszeiten anpassen! In Andalusien beginnt ein typischer Tag mit einem starken Kaffee und leichtem süßem Gebäck; beides wird in der Regel stehend in einem Café verspeist. Ein nahrhaftes *desayuno* (Frühstück) folgt gegen 10 Uhr und besteht häufig aus einem *mollete* (leicht geröstete, mit Olivenöl beträufelte Brotscheiben mit zerkleinerten Tomaten). Die erste Tapas-Mahlzeit gibt's um 13 Uhr, dann kann man ein paar kleine Teller probieren *(picar)*, bevor gegen 14 Uhr ein größeres *almuerzo* (Mittagessen) serviert wird. Manche lassen sich ein komplettes Menü mit Vor- und Hauptspeise schmecken, andere begnügen sich mit einer Auswahl *medias raciones* (größere Tapas-Portionen) oder *raciones* (Hauptgerichte) in einer Bar.

Nun folgt die Siesta. Am besten sucht man sich für ein bis zwei Stunden ein ruhiges Plätzchen für ein Nickerchen – danach ist man gleich viel entspannter. Gegen 17 Uhr kann man sich dann eine wiederbelebende *merienda* genehmigen, einen kleinen Snack mit Kaffee und Kuchen (am besten in einem Café), um die Zeit zwischen Mittag- und Abendessen zu überbrücken. Ab 20 Uhr werden schon die ersten Tapas bestellt, im Sommer eher ab 21 Uhr. Einfach zur Bar vorkämpfen, seine *platillos* ordern und dabei ein Bier oder vielleicht einen *tinto de verano* (Rotwein mit Limonade und Eis) trinken. Die *cena* (Abendessen) beginnt nie vor 21 Uhr und ist üblicherweise weniger gehaltvoll als das Mittagessen, besonders wenn man sich bereits mit ein paar Tapas aufgewärmt hat. Es kommt einem Fauxpas gleich, sich vor Mitternacht auf den Heimweg zu machen. Am Wochenende dauern viele

ZUM SHERRY DAS PASSENDE ESSEN

Sherry, ist nicht nur einer der am meisten unterschätzten Weine der Welt, sondern auch überaus vielseitig, vor allem die Rebsorten *fino* und *manzanilla*. Man braucht also keinen Abschluss in Önologie, um das passende Essen auszuwählen. Hier ein paar Tipps:

SHERRY-SORTE	TRINKTEMPERATUR	EIGENSCHAFTEN	DAS PASSENDE ESSEN
Manzanilla	gut gekühlt	trocken, frisch, fein, leicht salzige Essenz	Tapas, Mandeln, Sushi, Oliven
Fino	gekühlt	sehr trocken & hell	Aperitif, Tapas, Suppen, Süßwasserfisch, Schellfisch Garnelen, Austern, Käse
Amontillado	kühl, aber nicht gekühlt	halbtrocken	Aperitif, Blauschimmelkäse, Hähnchen & helles Fleisch, reifer Käse, Gänseleber, Innereien, Hase, Consommé
Oloroso	kühl, aber nicht gekühlt	trocken, nussig, dunkel	Dunkles Fleisch & Wild, Käsesoßen
Pale Cream	Zimmertemperatur	gesüßter *fino*	frisches Obst, Blauschimmelkäse
Cream	Zimmertemperatur	süßlich	Trockenfrüchte, Käsekuchen
Pedro Ximénez	Zimmertemperatur	sehr süß	dunkle Schokolade, Cantuccini

TAPAS BESTELLEN

In Andalusien sind Tapas nicht nur kleine Gerichte, sondern eine Lebenseinstellung. *Tapeando* (Tapas essen gehen) stellt hier eine sehr beliebte Freizeitbeschäftigung dar, und obwohl die Snacks eigentlich nur als Einstimmung zum eigentlichen Essen gelten, sind sie oft der wichtigste Teil des Abends. In Andalusien wird das Abendessen gern durch eine Kombination aus Tapas und Getränken in die Länge gezogen, darüber hinaus eignen sich die Snacks ideal, um verschiedene Aromen zu probieren.

Tapas weisen oftmals regionale Besonderheiten auf. In Huelva wäre es ein kulinarisches Verbrechen, etwas anderes als den lokalen *jamón ibérico* zu bestellen, während in Granada nordafrikanische Tajine-Tapas an die Zeit erinnern, als die Stadt historisches Zentrum des islamischen Al-Andalus war. In der Provinz Cádiz sind Meeresfrüchte-Tapas das dekadente Highlight, egal ob mariniert, frittiert oder frisch.

Hier noch ein paar weitere Tipps:

➡ Oft reiht sich eine Tapas-Bar an die nächste, so kann man wunderbar auf eine Essenstour gehen.

➡ Das Bestellen von Tapas gleicht einem körperbetonten Nahkampfsport – häufig hilft auf dem Weg zur Bar Ellenbogeneinsatz.

➡ Ist eine Bar gut besucht, hat das seine Gründe. Gute Läden sind nicht immer hübsch, jedoch immer voller Menschen.

➡ Nicht über die vielen benutzten Servietten auf dem Boden wundern; in Andalusien wischt man sie einfach vom Tisch.

➡ Die beste Zeit zum Tapas-Essen ist von 13 bis 15 und von 19 bis 21 Uhr (im Sommer etwas später).

Partys bis in die Morgenstunden. Geschäftstüchtige Verkäufer von *churro* (frittiertes Gebäck) bieten Nachtschwärmern im Morgengrauen ihre süßen Köstlichkeiten an. Wer kann da schon widerstehen?

Das richtige Restaurant

Wie überall im Land sind Bars die richtigen Adressen zum Essen, geselligen Beisammensein und Ausgehen, es gibt aber mehrere Varianten. Dazu gehören Bodegas (traditionelle Weinbars), *cervecerías* (Bierkneipen), *tascas* (Tapas-Bars), *tabernas* (Tavernen) und sogar Kneipen (besonders jene unter englischem Einfluss). In vielen können die Tapas an der Theke verzehrt werden, meist ist jedoch noch ein *comedor* (Speiseraum) für gehaltvollere Gerichte vorhanden. Wer am Tresen und nicht an einem Tisch isst, zahlt oftmals 10 bis 20 % weniger.

Restaurantes sind in der Regel feinere Adressen, wo man im Sitzen isst. Ein *mesón* ist ein einfaches, einer Bar angeschlossenes Restaurant mit rustikaler Küche. Bei einer *venta* handelt es sich um eine Art Rasthof, dessen Essen sehr lecker sein kann und nicht viel kostet. Eine *marisquería* ist ein Fischrestaurant, ein *chiringuito* eine kleine offene Bar oder ein Kiosk in Strandlage.

Tipps zur Menüauswahl

➡ Am besten fragt man immer zuerst nach den Tapas des Hauses.

➡ *Medias raciones* sind größer als normale Tapas-Portionen. Die kleinen Snackteller lassen sich für Gruppen und Pärchen wunderbar teilen und werden meist gemächlich und im Sitzen verzehrt.

➡ *Raciones* sind größer als *medias raciones*; die ganzen Teller eignen sich für den großen Hunger und ebenfalls zum Teilen.

➡ Andalusische Paella wird oft mit Mandeln, Sherry, Hühnchen und Würsten sowie mit Meeresfrüchten zubereitet.

➡ Zu den meisten Gerichten gibt's Oliven und einen Brotkorb. Grüne und schwarze Oliven werden fast immer separat gereicht.

➡ Gazpacho gibt's normalerweise nur im Frühling und Sommer und wird meist im Glas serviert.

➡ Sangria bekommt man keineswegs überall, doch *tinto de verano* gilt im Frühling und Sommer als guter Ersatz.

➡ In Andalusien wird kaum süßer Sherry getrunken; größerer Beliebtheit erfreuen sich Fino und Manzanilla, besonders mit Tapas.

REISEPLANUNG ESSEN & TRINKEN

Oben: Paella mit Oliven, Brot und Sangria

Unten: *Gazpacho andaluz* (andalusischer Gazpacho; S. 378)

OLIVER STREWE / GETTY IMAGES ©

Reiseplanung
Outdooraktivitäten

Ein Großteil von Andalusien kommt immer noch traditionell und untouristisch daher und steckt voller Möglichkeiten für Outdooraktivitäten. Alte Wanderwege führen zu verwitterten Dörfern und Radwege winden sich an Burgruinen vorbei. Man kann Tauchen, Kitesurfen, Reiten, Snowboarden und Gleitschirmfliegen ausprobieren oder nach dem typischen Wildtierbestand Ausschau halten.

Top-Wanderungen

Bergwanderungen
Sierra Nevada; Parque Natural Sierra de Grazalema

Gipfel erklimmen
Mulhacén (Sierra Nevada); El Torreón (Parque Natural Sierra de Grazalema)

Für den Adrenalinkick
Der neue Caminito del Rey in der Provinz Málaga

Wildtierbeobachtung
Parque Natural Sierras de Cazorla, Segura y Las Villas

Vogelbeobachtung
Parques Nacional und Natural de Doñana; Parque Natural Sierras de Cazorla, Segura y Las Villas; Parque Natural Sierra de Grazalema

Ländliche Wanderungen
Sierra de Aracena; Parque Natural Sierra Norte de Sevilla

Küstenrouten
Parque Natural de Cabo de Gata-Níjar; Parque Natural de la Breña y Marismas del Barbate

Langstrecken
Der Wanderweg GR7 in den Alpujarras; Der GR247 rund um den Parque Natural Sierras de Cazorla, Segura y Las Villas

Wandern

Wanderungen in Andalusien führen in Gegenden, die 95 % der Touristen niemals sehen werden. Wer also ein wenig seine Ruhe haben und durch unberührte ländliche Idylle streifen will, sollte sich auf die *senderos* (Wanderwege) begeben.

Zahlreiche gut gekennzeichnete Wanderwege erschließen alle andalusischen *parques naturales* (Naturparks) und *parques nacionales* (Nationalparks) an je einem Tag. Sie reichen von halbstündigen Spaziergängen bis zu ganztägigen Bergbesteigungen. Die Landschaft ist meist sehr schön, oft sogar majestätisch. Manchmal lassen sich Tageswanderungen zu mehrtägigen Touren verknüpfen. Unterwegs bieten Hotels, *hostales* (Pensionen), Campingplätze oder auch vereinzelte Berghütten Unterkunft.

Das Kartenmaterial und die Beschilderung verbessern sich kontinuierlich, sind oft aber noch dürftig. Am besten beschildert sind die Wege in den *parques naturales* und *nacionales* sowie die Hauptwanderwege wie der GR7, der mit rot-weißen Farbanstrichen gekennzeichnet ist.

In Spanien gibt's zwei Hauptkategorien markierter Wege: *senderos de gran recorrido* (GR, Fernwanderwege) und *senderos de pequeño recorrido* (PR, kürzere Strecken von einigen Stunden bis zu zwei Tagen).

VIA VERDES, WIR KOMMEN!

Spaniens beste und umweltfreundlichste Idee der letzten 20 Jahre könnten gut und gern die *vías verde* (Grüne Wege) sein: Nicht mehr genutzte Eisenbahnlinien wurden in ausgeschilderte Wege für Radfahrer, Wanderer und andere nicht motorisierte Reisende (wie Rollstuhlfahrer) umgewandelt. In Spanien gibt es 7500 km stillgelegter Schienenwege, seit 1993 wurden 2100 km davon zu *vías verdes* gemacht. Andalusien verfügt derzeit über 23 Grüne Wege mit insgesamt 500 km Länge.

Neben den Naturattraktionen (Vogelschutzgebiete, Olivenhaine) zeugen die *vías* auch von ungewöhnlichen Kapiteln der spanischen Geschichte. Auf der Vía Verde del Aceite (Provinz Jaén) brachten einst Züge zum Export bestimmtes Olivenöl an die Küste, während auf der Vía Verde de Riotinto (Provinz Huelva) Bergarbeiter zu den berühmten Tagebauminen von Rio Tinto transportiert wurden. Viele technische Bauwerke sind heute noch original erhalten, darunter Brücken, Viadukte, Tunnel und Bahnhöfe, von denen einige in Cafés oder Landhotels (die Fahrräder vermieten) umgebaut wurden.

Die Vía Verde de la Sierra (S. 144; Cádiz) in der Provinz Cádiz gilt als Andalusiens schönster Grüner Weg. Drei weitere Highlights sind die Vía Verde de la Sierra Norte (S. 109; Sevilla), die Vía Verde del Aceite (S. 238; Jaén) und die Vía Verde de la Subbética (S. 226; Córdoba); die beiden Letzteren treffen am spektakulären Viadukt Guadajoz aufeinander und vereinen sich zu einem nahtlosen 160 km langen Wanderweg.

Die früheren Eisenbahnstrecken haben nur relativ leichte Steigungen, sind gut mit Kilometersteinen gekennzeichnet und mit Übersichtskarten, Aussichtspunkten und Picknickplätzen ausgestattet. Weitere Informationen unter www.viasverdes.com.

Beste Zeit

Die besten Wandermonate sind in der Regel Mai, Juni, September und Oktober. Juli und August sind für die Höhenlagen der Sierra Nevada ideal, während es dann in anderen Gegen unerträglich heiß ist. Einige Wege schließen aufgrund des Waldbrandrisikos.

Praktische Informationen

Bei offiziellen Besucherzentren der *parques naturales* und *nacionales* sowie online unter www.ventanadelvisitante.es erhält man Informationen zum Wandern (manchmal nur auf Spanisch). Auch die örtlichen Touristeninformationen können weiterhelfen.

Zahlreiche englischsprachige Führer sind zu lokalen Zielen erhältlich. Zu den besten Karten zählen die Produkte von Editorial Alpina (www.editorialalpina.com) für die Parks Grazalema, Cabo de Gata, Sierra Nevada und Cazorla, die auf Englisch und Spanisch erhältlich sind.

Radfahren

In Andalusien gibt's viele Radverleihe, immer mehr gut gewartete und ausgeschilderte Radwege sowie Offroad-Strecken und eine wachsende Zahl an städtischen Bike-Sharing-Netzen, insbesondere in Sevilla (S. 68).

Warnung: Im Juli und August ist es brütend heiß.

Bestes Biking

Die sichersten, flachsten und familienfreundlichsten Radwege sind die *vías verdes* (grüne Wege).

Zu den Hotspots des Mountainbiking gehören die Gegenden El Chorro und Ronda/Grazalema, der Parque Natural Sierras de Cazorla, Segura y Las Villas, und die Alpujarras. Im Parque Natural Sierra Nevada gibt es zwölf Mountainbike-Strecken. Der Königsweg unter ihnen ist die 450 km lange Ruta Cicloturística Transnevada, die um die gesamte zwischen 1500 und 2000 m hohe Bergkette herumführt.

Tauchen & Schnorcheln

In Andalusien gibt es ein paar lohnenswerte Spots zur Erkundung der Unterwasserwelt.

Beste Tauchspots

Die Atlantikküste mit ihren starken Strömungen meidet man besser (abgesehen von einigen interessanten Schiffswracks rund um Gibraltar). Auch der westliche Teil von Andalusiens Mittelmeerküste ist nur von begrenztem Interesse für passionierte Taucher und Schnorchler. Anders sieht es an der Ostküste aus:

➡ **Cabo de Gata, Almería** (S. 323) Andalusiens Top-Tauch- und Schnorchelspot hat klares ruhiges Wasser und einen abwechslungsreichen Meeresboden voller Seegras, Sand und Felsen, der von Höhlen, Erdspalten oder Durchlässen übersät ist. Ein Wrack gibt's hier auch.

➡ **Costa Tropical, Granada** (S. 301) Bunte Fische, Tintenfische, Korallen und Krebstiere sowie das (relativ) warme Wasser sorgen ganzjährig für hervorragende Bedingungen zum Tauchen und Schnorcheln. Für Anfänger ideal ist das flache Wasser vor La Herradura (S. 302).

Praktische Informationen

Die meisten Unternehmen bieten PADI- oder NAUI-Kurse, Tauchgänge für erfahrene Taucher und Einführungskurse an. Ein Tauchgang mit kompletter Leihausrüstung kostet ca. 50 €; dreistündige Einführungskurse ca. 70 €.

Reiten

Edle Pferde gehören genauso zu Andalusien wie feuriger Flamenco und Stierkampf. Immer mehr *picaderos* (Reitställe) bieten in der Region geführte Ausritte oder Reitunterricht an. Viele der Reitpferde sind Andalusier oder Kreuzungen aus Andalu-

TIERBEOBACHTUNG

Freilaufendes Wild, majestätische Meeressäuger, Zugvogelschwärme, scheue Pardelluchse – in Andalusien hat eine fantastische Vielfalt an Wildtieren ihren Lebensraum (S. 357). Viele lokale Unternehmen bieten Ausflüge mit Wildtier- und Vogelbeobachtung in den beliebtesten Gegenden an.

Andalusiens bekannte vom Aussterben bedrohte Luchspopulation verteilt sich auf die Parques Nacional und Natural de Doñana (ca. 100 Tiere) und die Sierra Morena (ca. 200–220 Tiere in und um die Naturparks Sierra de Cardeña y Montoro, Sierra de Andújar und Despeñaperros). Lokale Firmen bieten Jeeptouren in den Parque Natural Sierra de Andújar (Provinz Jaén) und die Parques Nacional und Natural de Doñana an, in denen die besten – aber immer sehr noch geringen – Chancen bestehen, Luchse zu sehen.

ORT	TIER	TOURVERANSTALTER
Parques Nacional y Natural de Doñana (S. 90)	Wildschweine, Spanische Kaiseradler, Rot- und Damwild, große Flamingos, Wasservögel	Cooperativa Marismas del Rocío (S. 91), Doñana Reservas (S. 92), Doñana Nature (S. 92)
Parque Natural Sierras de Cazorla, Segura y Las Villas (S. 254)	Steinböcke, Rot- und Damwild, Wildschwein, Mufflons, Rote Eichhörnchen, Bartgeier, Schwarzgeier, Steinadler, Pilgerfalken	Turisnat (S. 253)
Sierra Nevada (S. 291)	Andalusiens größte Steinbockpopulation, Wildschweine, Steinadler, Habichtsadler, Gänsegeier, Turmfalken	Nevadensis (S. 296), Alpujarras Birdwatching & Nature (S. 294)
Parque Natural Sierra de Andújar (S. 240)	Steinböcke, Rot- und Damwild, Wildschweine, Mufflons, Schwarzgeier, Schwarzstörche, Spanische Kaiseradler	Turismo Verde (S. 241), IberianLynxLand (S. 241)
Parque Natural Sierra de Grazalema (S. 144)	Steinböcke, Gänsegeier	Besuch auf eigene Faust empfehlenswert
Straße von Gibraltar (S. 163)	Meeressäuger (April–Okt.), über 300 Zugvogelarten	FIRMM (S. 153), Aviantours (www.aviantours.net)
Laguna de Fuente de Piedra (S. 200)	Vögel, insbesondere große Flamingos (Feb.–Aug.)	Alpujarras Birdwatching & Nature (S. 294)
Peñón de Zaframagón (S. 144)	Gänsegeier	Besuch auf eigene Faust empfehlenswert

Kitesurfer, Tarifa (S. 150)

sier und Araber – mittelgroß, intelligent, verkehrstauglich und normalerweise fügsam und trittsicher.

Highlights für Pferdefreunde

Eine Hochburg der andalusischen Pferdekultur ist Jerez de la Frontera (Cádiz), die Heimat der berühmten Real Escuela Andaluza del Arte Ecuestre (S. 126) und der Feria del Caballo (S. 128). Das nahe gelegene Gestüt Yeguada de la Cartuja – Hierro del Bocado (S. 127) bietet einen faszinierenden Einblick in die andalusische Pferdewelt.

Highlights für Reiter:

➡ Ausritte am Strand und durch die Dünen vor Tarifa (S. 153) an der Costa de la Luz der Provinz Cádiz.

➡ Bergtouren um Lanjarón (S. 294) in den Alpujarras.

➡ Ausritte durch die Wälder um Doñana (S. 92).

➡ Esteponas renommierte Escuela de Arte Ecuestre Costa del Sol (S. 186).

Praktische Informationen

In der Regel kostet Reiten oder Reitunterricht 25 € pro Stunde, 40 € für zwei Stunden und 60 € für einen halben Tag. Die meisten Reitställe bieten etwas für alle Niveaus, von Anfängerunterricht bis zu anspruchsvollen Wanderritten.

Kitesurfen, Windsurfen & Surfen

Dank des starken Winds an der Meerenge von Gibraltar tummelt sich an der Costa de la Luz am Golf von Cádiz die lebhafteste Wind- und Kitesurferszene Europas. Los ging es Anfang der 1980er-Jahre mit einem Windsurf-Boom. Kitesurfen, der jüngere, coolere und extremere Ableger, ist heute genauso beliebt.

Eine Warnung: Der starke Wind und die bewegte See vor der Costa de la Luz eignen sich nicht immer für Anfänger. Mai, Juni und September sind in der Regel die besten Monate (ruhigeres Wasser, weniger Betrieb).

Ziele

➡ **Tarifa** (S. 150) Europas Windsurfer- und Kitesurfer-Hauptstadt.

➡ **Los Caños de Meca** (S. 149) Noch ein Surfer- und Kitesurfer-Hotspot, nordwestlich von Tarifa.

➡ **El Palmar** (S. 149) Andalusiens beste Wellen für Wellenreiter.

Praktische Informationen

In und um Tarifa gibt es über 30 Anbieter.

Kitesurfen Leihausrüstung ganzer Tag 60 €; sechsstündiger Anfängerkurs 120 €.

Windsurfen Leihausrüstung halber Tag 90 €; sechsstündiger Anfängerkurs 70 €.

Surfen Leihausrüstung halber Tag 30 €; zweistündiger Kurs 30 €.

Gleitschirm- & Drachenfliegen

In Andalusien erfreuen sich sowohl *Parapente* (Paragliding) als auch, etwas weniger, *ala delta* (Drachenfliegen) großer Beliebtheit. Von immer mehr Startpunkten kann man ganzjährig in die Luft abheben.

Ziele

Das kaum bekannte Algodonales am Rand des Parque Natural Sierra de Grazalema in der Provinz Cádiz bietet Startpunkte in Hülle und Fülle. Dank der steifen Brise fanden hier 2001 sogar die Weltmeisterschaften im Drachenfliegen statt. Der lokale Anbieter Zero Gravity (S. 145) bietet einwöchige Paragliding-Kurse für Anfänger (900 €).

Ein zweites Zentrum für Paragliding ist El Yelmo in Jaéns Parque Natural de Cazorla, Segura y Las Villas. Im Juni zieht das Festival Internacional del Aire (S. 258) Tausende von Menschen hierher.

In der Sierra Nevada liegen einige der höchsten Startpunkte für Paraglider in ganz Andalusien.

Praktische Informationen

Eine gute Quelle ist www.andalucia.org/en/sports.

Klettern

Wenn Kletterfans das Wort „Andalusien" hören, antworten sie unweigerlich „El Chorro". Über diese steile Kalksteinschlucht oberhalb des Río Guadalhorce, 50 km nordwestlich von Málaga, ziehen sich Hunderte Kletterrouten mit einfachen bis extrem hohen Schwierigkeitsgraden. Viele beginnen an dem berüchtigten Caminito del Rey (S. 198), einem besonders schmalen (und kürzlich wiedereröffneten) Pfad, der förmlich an der Felswand hängt.

Weitere Klettermöglichkeiten an Kalksteinfelsen bieten El Torcal de Antequera (Málaga) und die Schlucht Los Cahorros (Sierra Nevada).

Praktische Informationen

In El Chorro kann man Klettertouren und -kurse über die Finca La Campana (www.fincalacampana.com) oder Andalucía Aventura (S. 196) buchen. Klettersaison ist von Oktober bis April.

Ein guter Kletterführer zur Region ist *Andalucía* von David Munilla (2007).

Skifahren & Snowboarden

Die Sierra Nevada (S. 291) ist Europas südlichstes Skigebiet, und obwohl ihren Hängen die megasteile Off-Pisten-Action der Schweiz und Frankreichs fehlen, sind die Ski-Bedingungen fantastisch. Abgesehen von den Alpen und dem Kaukasus sind es die höchsten Berge Europas. Sie bieten Langlaufloipen und über 100 km Pisten mit Top-Skihängen von bis zu 3300 m Höhe. Außerdem kann es schon im November schneien und die Skisaison bis in den Mai hinein dauern. Die Hänge sind gut für Anfänger und Familien sowie fortgeschrittene Skifahrer geeignet.

Praktische Informationen

Ein Tagesskipass für Erwachsene kostet zwischen 34 und 45 €. Hinzu kommen 23 € für die Leihausrüstung. Sechs Stunden Gruppenunterricht in einer Skischule schlagen mit ca. 60 € zu Buche. Hochsaison ist zwischen Weihnachten und Neujahr sowie von Anfang Februar bis Anfang März.

Der kleine Ort Pradollano am Fuß des Skigebietes (2100 m) ist ein für die Sierra Nevada unattraktives, zweckmäßiges Skiresort, aber durch drei regelmäßig verkehrende Busse (am Wochenende vier) mit den 30 km entfernten, attraktiveren Skigebieten Granadas verbunden.

Reiseplanung
Reisen mit Kindern

Andalusien ist ein familienfreundliches Reiseziel. Die Kultur dreht sich ganz um die (Groß-)Familie und Kinder werden mit Ausnahme von sehr exklusiven Restaurants in allen Lokalen, Bars und den meisten Hotels freundlich empfangen. Die Einrichtungen, das Klima und die Attraktionen sind perfekt für Familien. Um das meiste aus dem Urlaub herauszuholen, sollte man gut planen.

Andalusien für Kinder

Spanien ist ein familienfreundliches Reiseziel. Im Mittelpunkt des kulturellen Lebens steht die (erweiterte) Familie, und Kinder werden heiß geliebt. Jedes Kind, dessen Haarfarbe heller als schwarz ist, wird *rubia* (blondes Mädchen) oder *rubio* (blonder Junge) genannt. Kids in Begleitung von Erwachsenen sind so gut wie überall willkommen.

Abseits der Küste locken vielleicht weniger Attraktionen, aber in jeder Stadt gibt's mindestens einen großen Spielplatz. Markt- und Dorfplätze fungieren ebenfalls als inoffizielle Spielbereiche, wo die Kleinen kicken, radeln und toben können, während die Eltern in einer der umliegenden Terrassenbars bei einem Getränk oder Tapas ihren Akku aufladen. In vielen andalusischen Städten findet man Freibäder, die im Sommer eine willkommene Abkühlung bieten.

Essen

Ein wesentlicher Bestandteil der spanischen Kultur ist es, mit der ganzen Familie, also oftmals mit mehreren Generationen, am Tisch im Restaurant oder in einer Bar zu sitzen, zu essen und sich zu unterhalten. Nur selten sind Kinder in Res-

Die besten Regionen für Kinder

Die Provinz Málaga
Die Themenparks rund um Torremolinos und Benalmádena an der Costa del Sol üben auf Kinder einen riesigen Reiz aus. Strände mit flachem Wasser und Bootsfahrten sind ein tolles Programm für die ganze Familie.

Die Provinz Almería
Wer mal etwas ganz anderes machen möchte, besucht eine der Wildwestshows in den *tabernas* (Kneipen), die die Kleinen aus den Socken hauen werden.

Sevilla
In Sevilla gibt's einen grünen Park, Pferdekutschen, Bootsausflüge und einen Freizeitpark auf dem ehemaligen Expo-Gelände.

Die Provinz Cádiz & Gibraltar
Ein großer Spaß für ältere Kinder ist das Kite- und Windsurfen in Tarifa, eine der europaweit besten Adressen für diese Sportarten. Oder man fährt für einen Tag mit dem Schiff nach Marokko, denn danach haben die Kids zu Hause richtig was zu erzählen.

> **LANGE NÄCHTE**
>
> Spanische Kinder bleiben allgemein lange auf. Bei Fiestas sieht man nicht selten sogar Kleinkinder morgens um 2 Uhr noch fröhlich auf den Straßen herumtoben. Ausländische Kinder sind davon natürlich begeistert, kommen aber meistens nicht ganz so einfach mit dem anderen Rhythmus klar.

taurants nicht willkommen. Nur wenige Lokale haben Kinderkarten, bereiten aber meist eine kleinere Portion zu oder empfehlen für die Kleinen geeignete Tapas.

In immer mehr Restaurants gibt's Hochstühle, jedoch bei Weitem nicht überall, und Wickelräume sind eher selten.

Lieblingsgerichte

Sie sind zwar nicht der gesündeste Snack, aber wenn man seinem Kind *churros* bestellt, macht man kaum etwas verkehrt. Das dicke röhrenförmige Schmalzgebäck ist schlichtweg unwiderstehlich.

Wenn der Nachwuchs groß genug ist, kann man ihn in die andalusische Küche einführen, indem man verschiedene Tapas bestellt. So können Kids im kleinen Rahmen neue Geschmacksrichtungen kennenlernen. Mit *tortilla de patatas* (Kartoffelomelette), *albóndigas* (Fleischbällchen) und natürlich Pommes liegt man eigentlich immer richtig. In Städten mit einer großen nordafrikanischen Bevölkerung findet man auch Döner und Schawarma (heiße Hähnchen-Wraps), die lecker schmecken und eine große Schweinerei beim Essen verursachen.

Neben der normalen Auswahl an alkoholfreien Getränken wird in zahlreichen Bars auch frisch gepresster Orangensaft angeboten. Großer Beliebtheit erfreut sich zudem der Instant-Kakao *Cola Cao*, der heiß oder kalt mit Milch getrunken wird.

Rabatte

Im Hochgeschwindigkeitszug AVE zahlen Kinder zwei Drittel des Fahrpreises, für Busse und Fähren jedoch den vollen Preis. Der Eintritt zu Sehenswürdigkeiten ist oft ermäßigt, Kinder unter vier Jahren erhalten kostenlos Zutritt.

Highlights für Kinder
Freizeitparks

➜ **Tivoli World** (S. 181) Neben Fahrgeschäften und Rutschen gibt's täglich Tanz-, Musical- und Kinderveranstaltungen.

➜ **Isla Mágica** (S. 69) Fahrgeschäfte wie eine Achterbahn, Piratenshows, Raubtierausstellungen und vieles mehr locken Besucher an.

➜ **Oasys Mini-Hollywood** (S. 316) Wildwestshows, Postkutschen, Can-Can-Tänzerinnen und ein Zoo sind auf diesem ehemaligen Filmset für Western zu sehen.

➜ **Aventura Amazonia** (S. 184) Abenteuerpark mit Seilrutschen.

Museen

➜ **Museo Lara** (S. 191) Tolles modernes wissenschaftliches Museum mit Ausstellungsstücken zum Anfassen und Tafeln für Kinder, dazu ein Planetarium.

➜ **Centro de Interpretación Cuevas de Guadix** (S. 289) In diesem Museum kann man nachvollziehen, wie Höhlenmenschen früher gelebt haben.

➜ **Casa Museo de Mijas** (S. 188) Völkerkundemuseum mit Modellen, Artefakten und einem Esel aus Espartogras.

➜ **Museo del Bandolero** (S. 192) Das Museum mit Fotos, Ausstellungsstücken und Waffen sowie einem Souvenirshop ist den Banditen der Gegend gewidmet.

➜ **Museo del Baile Flamenco** (S. 65) Täglich um 19 Uhr wird eine familienfreundliche Flamenco-Show aufgeführt.

Höhlen & Burgen

➜ **Cueva de Nerja** (S. 203) Voll unheimlicher Stalaktiten und Stalagmiten.

➜ **Cueva de San Miguel** (S. 162) Die Höhle des hl. Michael ist eine natürliche Grotte mit einem See und einem stimmungsvollen Konzertsaal.

➜ **Gruta de las Maravillas** (S. 96) Hier kann man zwölf Höhlen erforschen, darunter welche mit beeindruckenden unterirdischen Pools.

➜ **Cueva de la Pileta** (S. 195) Faszinierende Höhlen mit engen, niedrigen Gängen, Seen und Höhlenmalereien.

➜ **Castles** Jaén, Segura de la Sierra, Alcalá La Real, Almodóvar del Rio und Málaga haben Burgen mit Ausstellungen, die für Kinder und ihre Eltern gedacht sind.

Tiere & Pflanzen

➡ **Biopark** (S. 182) Tierfreundlicher Zoo ohne Gehege mitten in der Stadt.

➡ **Selwo Aventura** (S. 186) Afrikanischer Wildtierpark mit Bewohnern wie Nashörnern, Giraffen, Nilpferden und Geparden.

➡ **Delfinbeobachtung** (S. 163) In der Straße von Gibraltar leben mehrere Delfinarten. Gelegentlich bekommt man auch Wale zu Gesicht.

➡ **Parque Ornitológico Loro-Sexi** (S. 303) Riesige Voliere mit Tausenden von Vögeln. Dazu gibt's Papageien- und Raubvogelshows.

➡ **Mariposario de Benalmádena** (S. 181) Ein Schmetterlingspark mit verschiedenen Reptilien, darunter Leguane und Riesenschildkröten.

➡ **Centro de Fauna Silvestre Collado del Almendral** (S. 256) Kids können mit einem Minizug eine 5 km lange Tour rund um das insgesamt 1 km^2 große Gelände machen und bekommen dabei Wildschweine, Mufflon, Steinböcke und Hirsche zu sehen sowie gerettete Vögel, die sich in Käfigen erholen.

Noch mehr Sehenswürdigkeiten & Aktivitäten

➡ **Jahrmärkte & Fiestas** In jedem andalusischen Ort gibt's jährlich ein Fest mit einem Jahrmarkt.

➡ **Ruderboote** Ein Ruderboot leihen und durch den Wassergraben an Sevillas Plaza de España rudern oder mit einem vierrädrigen Fahrrad den Park bis in den letzten Winkel erkunden.

➡ **Windsurfen & Kitesurfen** Ältere Kinder können in Tarifa an Wind- und Kitesurfkursen teilnehmen.

➡ **Ein Ausflug nach Marokko** Mit dem Schnellboot für einen Tag von Tarifa nach Tanger in Marokko.

Reiseplanung

Andalusien ist ein entspanntes, kinderfreundliches Reiseziel. Ein Urlaub kann kurzfristig geplant werden.

Reisezeit

Im Juli und August füllen sich die großen Touristenorte sowohl mit spanischen Familien als auch mit ausländischen Besuchern, und Reiseveranstalter reservieren oft komplette Kontingente in einigen Hotels. Die Monate Mai und Juni sowie September und Oktober sind toll, um mit kleinen Kindern zu reisen: Es ist warm genug für Ausflüge auf dem Meer, aber nicht brütend heiß. Zu dieser Jahreszeit sind Themenparks und Sehenswürdigkeiten (außer in den Osterferien) nicht zu überfüllt.

Unterkunft

In Hotels und *hostales* wird gegen einen Aufpreis ein Extrabett für ein Kind oder Baby bereitgestellt. Immer im Vorfeld erkundigen und dieses mitreservieren, da es nur eine begrenzte Anzahl gibt. Bei der Wahl eines Hotels sollte man darauf achten, ob es einen Miniclub, Aktivitäten für die Kids und/oder einen Babysitterdienst hat.

Was bekommt man wo?

Babynahrung in flüssiger oder Pulverform sowie Sterilisatoren erhält man in *farmacias* (Apotheken), ebenso wie Einwegwindeln, die auch in Supermärkten verkauft werden.

VOR DER REISE

➡ Die meisten Autovermietungen verleihen auch Kindersitze, die man allerdings im Voraus reservieren sollte.

➡ Für eine Reise nach Andalusien sind keine besonderen Gesundheitsvorkehrungen notwendig. Sonnencreme ist zwar durchaus wichtig, man kann sie jedoch auch vor Ort kaufen.

➡ Tränen und Wutanfälle im Urlaub erspart sich, wer im Vorfeld plant, welche Attraktionen auf dem Programm stehen sollen und vor allem bezahlbar sind.

➡ Deutsche Bücher zu finden ist schwierig, also sollte man welche im Gepäck haben.

Andalusien im Überblick

Die Provinzen Huelva & Sevilla

**Tiere
Wandern
Geschichte**

Vogelwelt
Der Parque Nacional de Doñana ist eines von Europas schönsten Schutzgebieten. Er liegt im Flussdelta des Río Guadalquivir und zieht mit seinen Vögeln und Tieren viele Besucher an.

Wanderwege
Spaziergänge sind ein besonderes Highlight im Parque Nacional de Doñana. Im Norden der Provinz Huelva erstreckt sich zudem der vielseitige Parque Natural Sierra de Aracena y Picos de Aroche, ein einstiges Weideland voll einfacher Wanderrouten.

Kolumbus und Konsorten
Huelva und Sevilla gelten oft als die Provinzen „auf dem Weg nach Portugal", warten jedoch mit überraschenden historischen Schätzen auf, darunter Ausrüstungsgegenstände von Christoph Kolumbus, das barocke Osuna, das alte Niebla mit einer Stadtmauer aus der Zeit der Almohaden und das maurische Almonaster La Real.

S. 81

Sevilla

**Festivals
Architektur
Musik**

Frühjahrsfeste
Keine andere Stadt verändert ihre Persönlichkeit innerhalb von nur einer Woche so radikal wie Sevilla, wenn das steife Trauern der Semana Santa in die sorglosen Feierlichkeiten der Feria de Abril übergeht.

Catedral & Alcázar
Bis zum hellen geometrischen Mudéjar-Stil trennen einen weniger als 200 Schritte vom gotischen Stil im Stadtzentrum, wo der Alcázar und die Kathedrale nebeneinander emporragen. Letztere ist ein Zwitter aus maurischem und christlichem Stil und hat einen zu drei Vierteln maurischen Glockenturm.

Flamenco
Sevilla bietet die größte und vielseitigste Auswahl an Flamenco-Bühnen in ganz Andalusien. Triana ist die beste Adresse für intime *peñas* (Clubs). Im Barrio de Santa Cruz locken authentische *tablaos* (Shows), während bei der ausgelassenen Feria de Abril die volkstümliche *sevillana* (Volkstanz) an der Tagesordnung ist.

S. 48

Die Provinz Cádiz & Gibraltar

Essen
Weiße Dörfer
Musik

Fisch & Sherry
Dort, wo der Atlantik und das Mittelmeer zusammentreffen, gibt's großartigen Fisch. Dieser wird traditionell in Olivenöl gebraten und als *pescaito frito* serviert. Eine hervorragende Ergänzung dazu ist der Sherry aus Trauben, die in Küstennähe wachsen.

Bergsiedlungen
Hier liegen sie nun also, die berühmten weißen Dörfer mit Burgruinen auf Hügelkuppen, Blumenkästen voller Geranien und kleinen verschlafenen Kirchen. Einst wachten Arcos, Jimena, Castellar, Vejer und viele andere über eine umkämpfte Grenze, die zwei Kulturen voneinander trennte.

Font de Flamenco
Mit etwas Hilfe aus Sevilla erschufen die Städte der Provinz Cádiz den modernen Flamenco. Hier entstanden auch berühmte Flamenco-Rhythmen – *bulerías* in Jerez oder *alegrías* in Cádiz, die noch heute in lokalen *tablaos* und *peñas* zu hören sind.

S. 113

Die Provinz Málaga

Strände
Kunst
Essen

Küstenresorts
Málagas Strände ziehen mehr Touristen an als im gesamten Rest der Region. Je nach Budget und Trendfaktor hat man die Wahl zwischen Estepona, Marbella, Fuengirola, Torremolinos, Málaga und Nerja.

Picasso & mehr
Picasso mag zwar im Alter von zehn Jahren aus Málaga weggezogen sein, prägte seine Geburtsstadt jedoch nachhaltig. In den letzten Jahren hat sich der Ort gemacht, in zwei Jahren zwei neue Kunstmuseen eröffnet und Sevilla sowie Granada als Andalusiens „Kunsthauptstadt" eventuell sogar auf die Ränge verwiesen.

Regionale Spezialitäten
An der Küste stehen einfache *chiringuitos* (Strandbars) neben Fischrestaurants mit zwei Michelin-Sternen. Antequera lockt mit guten Suppen und Desserts, während in Ronda Suppeneintöpfe und Fleischgerichte auf der Speisekarte stehen.

S. 165

Die Provinz Córdoba

Maurische Architektur
Burgen
Natur

Das Kalifat von Córdoba
Córdoba, ein Kalifat aus dem 10. Jh., war vor 1000 Jahren der Inbegriff islamischer Architektur. Noch immer kann man die berühmte Mezquita (Große Moschee) in all ihrer Pracht bewundern und die eleganten Ruinen der Palaststadt Madinat al-Zahra vor den Toren der Stadt besuchen.

Grenzbefestigungen
Im Norden der Provinz, an der Grenze zu Kastilien, bewachen zahlreiche Burgen die zerklüftete Landschaft. Gekrönt werden sie vom düsteren, aber eindrucksvollen Almodóvar del Río, eine Art andalusische Version von Harry Potters Hogwarts.

Abseits ausgetretener Pfade
Zu den drei selten besuchten Naturparks der Provinz gehören die bewaldete Sierra de Hornachuelos und die bergigen Sierras Subbéticas. Nördlich von Córdoba erstreckt sich die abgelegene Sierra Morena.

S. 207

Die Provinz Jaén

Natur
Tiere
Architektur

Andalusische Wildnis
In der Provinz Jaén liegen eines der größten Naturschutzgebiete Europas, der Parque Natural Sierras de Cazorla, Segura y Las Villas, sowie einige weniger bekannte, aber nicht minder schöne wilde Gegenden wie der unberührte Parque Natural Sierra de Andújar.

Seltene Fauna
Luchse, Wölfe, Wildschweine und Mufflons sieht man in Andalusien nur selten. Die besten Chancen dazu bestehen in den ruhigeren Ecken der Provinz, wo die monotone Landschaft aus Olivenhainen von Naturschutzgebieten und Bergen durchsetzt ist.

Städte aus der Renaissance
Gleich zwei Renaissanceprachtstücke der Provinz stehen auf der Unesco-Welterbeliste: Úbeda und Baeza. Darüber hinaus macht die weniger berühmte Provinzhauptstadt Jaén mit ihrer grandiosen Kathedrale jener von Granada und Sevilla Konkurrenz.

S. 233

Die Provinz Granada

Architektur
Weiße Dörfer
Kultur

Historische Epochen
Granada hat von allem etwas zu bieten: einen berühmten Nasridenpalast, ein maurisches Viertel, den charmanten jüdischen „Realejo" (ehemaliges jüdisches Viertel neben der Alhambra) und eine barocke Renaissancekathedrale. Die Stadt ist ein prächtiges Durcheinander aus so ziemlich allen erdenklichen europäischen Architekturstilen.

Alpujarras-Dörfer
Über den Tälern der Gebirgsregion Las Alpujarras thronen malerische *pueblos* (Dörfer). Sie warten mit Kunsthandwerk sowie herzhafter Bergküche auf und beherbergen große Gemeinden britischer Einwanderer.

Unterhaltungsangebot
In Granada, einer Universitätsstadt mit Künstlerflair und starker literarischer Tradition, wird bestimmt, was in Andalusiens Gesellschaftsleben angesagt ist. Sevilla mag zwar die besten Feste haben, doch Granadas Unterhaltungsangebot kann es nicht toppen.

S. 262

Die Provinz Almería

Küstenlandschaft
Filmsets
Geschichte

Unbesiedelte Küste
Cabo de Gata wurde von Bulldozern verschont. Heute ist es ein Naturschutzgebiet und trumpft mit der reichsten Tierwelt des südlichen Mittelmeerraums auf.

Mini-Hollywood
Hmm, die staubige Wüstenkulisse kommt einem irgendwie bekannt vor. Moment! Hat nicht hier Sergio Leone seine Italowestern mit Clint Eastwood in der Hauptrolle gedreht? Und musste sich hier nicht „der Doktor" in *Doctor Who* einem Cybor-Revolverhelden stellen? In Oasys Mini-Hollywood kann man den Wilden Westen hautnah erleben.

Maurisches Erbe
Die von Besuchern der Alhambra oftmals unbeachtete Stadt Almería blickt auf eine interessante Geschichte zurück, bei der sich vieles in der Zeit vor dem Christentum abspielte. Eine Besichtigung lohnen die Altstadt und die Alcazaba, bevor es gen Osten nach Mojácar geht.

S. 305

Reiseziele in Andalusien

Die Provinzen Huelva & Sevilla (S. 81)

Die Provinz Córdoba (S. 207)

Die Provinz Jaén (S. 233)

◉ **Sevilla** (S. 48)

Die Provinz Granada (S. 262)

Die Provinz Almería (S. 305)

Die Provinz Málaga (S. 165)

Die Provinz Cádiz & Gibraltar (S. 113)

Sevilla

703 000 EW.

Inhalt ➡

Sehenswertes & Aktivitäten	50
Kurse	70
Geführte Touren	70
Feste & Events	70
Schlafen	71
Essen	73
Ausgehen & Nachtleben	77
Unterhaltung	78
Shoppen	78
An- & Weiterreise	79
Unterwegs vor Ort	80

Die besten Plätze für Flamenco

➔ Museo del Baile Flamenco (S. 65)

➔ Casa de la Memoria (S. 78)

➔ Casa de la Guitarra (S. 78)

➔ El Palacio Andaluz (S. 78)

Gut essen

➔ La Brunilda (S. 74)

➔ La Pepona (S. 75)

➔ Bar-Restaurante Eslava (S. 76)

➔ La Azotea (S. 7)

Auf nach Sevilla

Manche Städte sind schön, andere haben Charakter. Und manche, wie Sevilla, warten mit beidem auf. Der Legende nach gründete der griechische Gott Herakles den prächtigen, charismatischen und sich stets wandelnden andalusischen Ort vor 3000 Jahren. Die Stadt, in der fast immer die Sonne scheint, ist ein Ort voller Gefühle und Attraktionen. Die verschiedenen Jahreszeiten sorgen hier für stark kontrastierende Stimmungen: Zur Semana Santa geht es feierlich zu, während der Frühjahrs-Fiesta wird geflirtet, und in der Sommerhitze herrscht eine ruhige, schläfrige Atmosphäre.

Wie in allen bedeutenden Städten finden sich auch in Sevilla noch einige Spuren seiner Vergangenheit. Die römischen Ruinen zeugen von der frühen Geschichte Sevillas, das Viertel Santa Cruz ist von Spuren aus der maurischen Zeit geprägt, und Arenal am Flussufer erinnert an die verlorene Kolonialpracht der Stadt. Eines der erstaunlichsten Merkmale Sevillas jedoch ist seine Fähigkeit, neue und moderne Pinselstriche auf seine antike „Leinwand" zu setzen.

Reisezeit

März–Mai Die beste Reisezeit für Sevilla ist während der beiden großen Feste Semana Santa und Feria de Abril. Dann trägt die Stadt ihre Persönlichkeit zur Schau und lockt mit frischen Farben, warmem Wetter, der Orangenblüte sowie ihrer berühmten *pasión* (Leidenschaft).

Juli & Aug. Megaheiß und geschäftig; die Stadt ist ganz auf den Tourismus eingestellt und alle Sehenswürdigkeiten sind geöffnet.

Sep. & Okt. Die extreme Sommerhitze hat nachgelassen und die meisten Touristen sind abgereist.

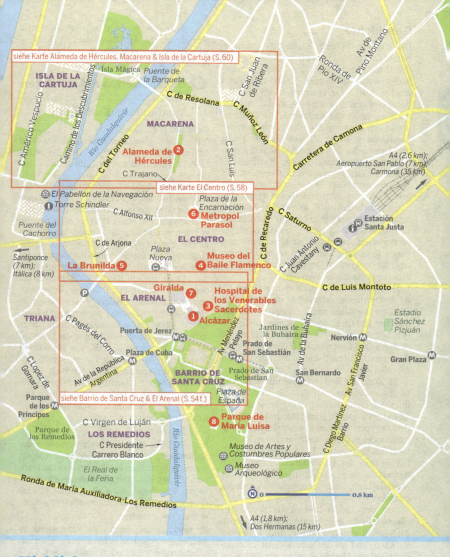

Highlights

1. Sich in **Alcázar** (S. 57) für die Einrichtung von Haus und Garten inspirieren lassen.

2. Am frühen Abend einen ersten Drink auf der **Alameda de Hércules** (S. 69) genießen.

3. Kunst aus dem Goldenen Zeitalter Sevillas im **Hospital de los Venerables Sacerdotes** (S. 64) bewundern.

4. Ein Konzert der *aficionados* (Flamenco-Fans) im **Museo del Baile Flamenco** (S. 65) erleben.

5. Im **La Brunilda** (S. 74) einige der besten Tapas Andalusiens genießen.

6. Über den Panoramaweg des **Metropol Parasol** (S. 66) bummeln.

7. Von der Spitze der **Giralda** (S. 50) auf die beeindruckende gotische Kathedrale hinunterblicken.

8. Sich beim Radfahren mit einem geliehenen Sevici-Bike im **Parque de María Luisa** (S. 67) an dem herrlichen Duft der vielen Orangenblüten erfreuen.

Geschichte

Die von den Römern gegründete Stadt erblühte erst ab 1085 in der maurischen Epoche der Almoraviden, die im 12. Jh. von den Almohaden verdrängt wurden. Kalif Yacub Yusuf machte Sevilla zur Hauptstadt des Almohadenreichs und errichtete die große Moschee dort, wo heute die Kathedrale steht. Als jedoch nach der vernichtenden Niederlage von Las Navas de Tolosa im Jahr 1212 die Macht der Almohaden zunehmend schwächer wurde, konnte Ferdinand III. von Kastilien (El Santo; der Heilige) den Ort 1248 erobern.

Er lockte 24 000 Siedler nach Sevilla, das innerhalb eines Jahrhunderts zur wichtigsten Stadt Kastiliens wurde. Die größte Blütezeit begann 1492 mit Kolumbus' Entdeckung von Amerika. 1503 erhielt sie ein offizielles Monopol auf den spanischen Handel mit dem neuen Kontinent. Daraufhin wuchs sie rasch zu einer der größten, reichsten und kosmopolitischsten Städte der Welt heran.

Doch dieser Status sollte nicht währen. Eine Pestepidemie raffte 1649 die Hälfte der Bevölkerung dahin und bald danach versandete der Río Guadalquivir immer mehr, was den Schiffsverkehr einschränkte. 1717 wurde die Casa de la Contratación (Handelshaus; die Regierungsbehörde, die den Handel mit Amerika kontrollierte) nach Cádiz verlegt.

Im Zuge der Industrialisierung Mitte des 19. Jhs. errichtete man 1852 die erste Brücke über den Guadalquivir, den Puente de Triana (oder Puente de Isabel II.), und 1869 wurden wegen einer Stadterweiterung die alten Almohadenmauern niedergerissen. Zu Beginn des Spanischen Bürgerkriegs 1936 fiel Sevilla trotz des Widerstands in den Arbeitervierteln sehr schnell in die Hände der Nationalisten, die grausame Vergeltung nahmen.

Seit den 1980er-Jahren, als Sevilla zur Hauptstadt des gerade autonom gewordenen Andalusien ernannt wurde, ging es wieder aufwärts (im Lauf des letzten Vierteljahrhunderts gestand Madrid einer ganzen Reihe von Provinzen mehr Autonomie zu). Sevillas Wirtschaft mit ihrer Mischung aus Tourismus, Handel, Technologie und Industrie befand sich bis Anfang 2000 im Aufwind. 2008 versetzte die Rezession ihr wie dem restlichen Andalusien einen schweren Schlag. Obwohl große Projekte wie der Metropol Parasol fortgesetzt wurden, erreichte die wirtschaftliche Situation 2012 ihren Tiefpunkt mit extrem hohen Arbeitslosenraten und einer schweren Rezession. In den letzten drei Jahren ist die spanische Wirtschaft wieder gewachsen, die Arbeitslosigkeit in der Provinz Sevilla hält sich aber immer noch hartnäckig bei über 30 %.

⊙ Sehenswertes & Aktivitäten

⊙ Rund um die Kathedrale

Catedral & Giralda KIRCHE
(Karte S. 54 f.; www.catedraldesevilla.es; Erw./Kind 9 €/frei; ⊙ Mo 11–15.30, Di–Sa 11–17, So 14.30–18 Uhr) Sevillas gigantische Kathedrale ist eine der größten christlichen Kirchen der Welt. Sie steht an der Stelle der großen Almohadenmoschee aus dem 12. Jh., deren Minarett (die Giralda) noch immer daneben aufragt.

Nachdem die Stadt 1248 an die Christen gefallen war, wurde die Moschee bis 1401 als Kirche genutzt. Dann beschloss man, sie angesichts ihres fortschreitenden Zerfalls abzureißen und ein neues Gebäude zu errichten. „Lasst uns ein Bauwerk erschaffen, bei dessen Anblick uns zukünftige Generationen für verrückt erklären", sollen die Kirchenoberen der Legende nach gesagt haben. Als sie 1502 nach einhundert Jahren harter Arbeit fertiggestellt wurde, war die Catedral de Santa María de la Sede, wie sie offiziell bekannt ist, das gotische Bauwerk schlechthin und die größte Kirche der Welt – und bleibt bis heute die drittgrößte. Mit den vielen ausgehängten bedeutenden Werke von Murillo, Goya u. a. kann es außerdem mit jeder Kunstgalerie mithalten.

➔ **Außenansicht**
Aus der Nähe lässt das massive Äußere der Kathedrale mit ihren gotischen Verzierungen kaum die herrlichen Schätze im Inneren erahnen. Umso prachtvoller ist dagegen die **Puerta del Perdón** in der Calle Alemanes, eine Hinterlassenschaft der maurischen Moschee.

➔ **Sala del Pabellón**
Im ersten Raum nach dem Kartenschalter werden ausgewählte Schätze aus der Kunstsammlung der Kathedrale präsentiert. Viele sind (wie überall in der Kathedrale) Werke von Meistern aus dem 17. Jh., dem Goldenen Zeitalter Sevillas.

➔ **Südliche & Nördliche Kapellen**
Die Kapellen an der Süd- und Nordseite der Kathedrale warten mit zahlreichen weiteren Skulpturen und Gemälden auf. In der **Capilla de San Antonio** nahe dem westlichen Ende der Nordseite kann man Murillos gigantisches Gemälde von 1656 bewundern, das die Vision des hl. Antonius von Padua

NICHT VERSÄUMEN

SEVILLA IN FÜNF KUNSTWERKEN

Sevilla stand im Goldenen Zeitalter der spanischen Kunst an vorderster Front, und auf den Gemälden aus jener Zeit kann man viel über die Stadt erfahren. Im Folgenden beschreiben wir fünf bedeutende Meisterwerke und die Geschichten dahinter.

Visión de San Antonio (Die *Vision des Hl. Antonius*, 1656) Dieser riesige Murillo in der Kathedrale von Sevilla wurde 1874 Opfer eines wagemutigen Kunstraubs, als ein Dieb die Figur des knienden Antonius von der Leinwand stahl und mit ihr nach Amerika verschwand. Wie durch ein Wunder tauchte das Gemälde mehrere Monate später in New York wieder auf, wo es von einem findigen Kunsthändler entdeckt wurde, der es für 250 US$ kaufte und zurück nach Sevilla schickte. Dort wurde es sorgfältig wieder in die Leinwand integriert.

Misericordia (*Barmherzigkeit*, 1666–1670) In den 1660er Jahren wurde Murillo vom frisch eingeweihten Hospital de la Caridad beauftragt, eine Werkreihe von sechs Gemälden zu schaffen, die sich um das Thema der Barmherzigkeit drehten – eine Aufgabe, die er mit gewohnter Souveränität ausführte. 1810, als Napoleons Truppen Sevilla besetzten, wurden vier der Bilder gestohlen. Der Dieb war ein französischer General namens Jean de Dieu Soult, der eine riesige persönliche Kunstsammlung aus gestohlenen spanischen Klassikern anhäufte. Die Gemälde wurden nie zurückgegeben (sie befinden sich verteilt in Museen in Paris, London und Kanada); daher sind vier der „Murillos" im Hospital heute Kopien aus dem 21. Jahrhundert.

Santa Rufina (*Hl. Rufina*, 1629–1632) Die Darstellung der hl. Rufina (einer christlichen Märtyrerin aus dem 3. Jh.) ist eines der wenigen Gemälde von Diego Velázquez, die sich in seiner Heimatstadt befinden. Das Gemälde wurde 2007 von der städtischen Focus-Abengoa-Stiftung für stolze 12,4 Millionen € gekauft in der Absicht, den Künstler wieder „nach Hause" zu bringen. Jetzt hängt es neben zwei anderen Werken von Velázquez im Hospital de los Venerables Sacerdotes.

Inmaculada concepción (*Unbefleckte Empfängnis*, 1650) Die spanischen Künstler des 16. und 17. Jahrhunderts beschäftigten sich intensiv mit der unbefleckten Empfängnis der Jungfrau Maria, und überall sind Ikonografien ausgestellt, die Mariä Empfängnis feiern. Allein Murillo malte über ein Dutzend Versionen des heiligen Motivs. Eines seiner bedeutendsten Werke verschönert heute eine restaurierte Klosterkapelle in Sevillas Museo de Bellas Artes. Eine schlichtere Version von Zurbarán kann im Hospital de los Venerables Sacerdotes bewundert werden.

Virgen de los mareantes (*Die Jungfrau der Seefahrer*, 1531–1536) Das Meisterwerk von Alejo Fernández hängt in der Sala de Audiencias im Alcázar, einer Kapelle, in der die Seeleute einst beteten, bevor sie sich auf den Weg nach Indien machten. Dieses Gemälde wurde zwischen 1531 und 1536 gemalt und gilt als älteste bekannte Darstellung der Entdeckung der Neuen Welt in künstlerischer Form. Es zeigt Kolumbus, Amerigo Vespucci, Karl V. und eine Gruppe amerikanischer Ureinwohner, die Schutz unter dem ausgebreiteten Umhang der Jungfrau Maria suchen.

---

darstellt. Das Bild wurde 1874 Opfer eines waghalsigen Kunstraubes.

→ Grabmal von Christoph Kolumbus
Hinter der Puerta del Príncipe (Prinzentor) befindet sich das monumentale Grabmal von Christoph Kolumbus (auf Spanisch Cristóbal Colón), das seit jeher Rätsel aufgibt. Lange Zeit glaubte man, es enthalte die Gebeine des großen Entdeckers, die 1898 aus Kuba hierhergebracht wurden.

Kolumbus starb 1506 im nordspanischen Valladolid. Sein Leichnam befand sich zunächst im Kloster La Cartuja in Sevilla, bevor er 1536 nach Hispaniola überführt wurde. Es gab zwar im Lauf der Jahre Hinweise darauf, dass die Gebeine in der Kathedrale von Sevilla möglicherweise seines Sohnes Diego seien (der mit seinem Vater in Santo Domingo auf Hispaniola bestattet wurde), aber jüngste DNA-Untersuchungen scheinen letztlich bewiesen zu haben, dass in der Kiste tatsächlich Christoph Kolumbus liegt. Die Sache ist allerdings doch etwas komplizierter, denn nach Aussage der Wis-

Die Kathedrale von Sevilla

„Wir bauen eine so große Kirche, dass uns künftige Generationen für verrückt halten werden", erklärten die Architekten der Kathedrale 1402, zu Beginn eines der gewaltigsten Bauprojekte in der Geschichte des Mittelalters. Etwa ein Jahrhundert später wurde ihre Verrücktheit triumphal bestätigt.

HIGHLIGHTS

Damit die Orientierung nicht zu schwer fällt, hält man sich am besten an die wichtigsten Attraktionen. Direkt hinter dem Haupteingang befindet sich das **Kolumbusgrab** ❶. Von dort geht's nach rechts zu den Kunstschätzen in der südöstlichen Ecke, den Gemälden Goyas in der Sacristía de los Cálices, Zurbaráns Werken in der **Sacristía Mayor** ❷ und Murillos hervorragender Inmaculada in der Sala Capitular. An der Ostwand der Kathedrale liegen die **Capilla Real** ❸ mit den Königsgräbern und die **Capilla Mayor** ❹ mit einem fantastischen Altargemälde. Im Nordwesten versteckt sich die **Capilla de San Antonio** ❺ mit einem Gemälde von Murillo. Die große Tür ganz in der Nähe ist die selten geöffnete **Puerta de la Asunción** ❻. Auf dem Weg zur **Giralda** ❼ kann man das hohe Deckengewölbe bewundern. Hat man schließlich die Kathedrale von oben betrachtet, geht's wieder hinab und hinaus über den **Patio de los Naranjos** ❽.

TOP-TIPPS

» **Zeiteinteilung** Für den Alcázar und die Kathedrale sollte man sich je einen Tag Zeit nehmen.

» **Aussichtspunkte** Man sollte sich Zeit nehmen, das Bauwerk von außen zu bewundern. Besonders beeindruckend ist der Anblick bei Nacht von der Plaza Virgen de los Reyes sowie von Triana auf der anderen Seite des Flusses.

Capilla Mayor
Am bedeutendsten Ort der Kathedrale befindet sich auch ihr größter Schatz, ein vergoldetes Altargemälde mit Szenen aus dem Leben Jesu. Es ist das Lebenswerk des flämischen Künstlers Pieter Dancart.

Patio de los Naranjos
Im kühlen Patio kann man den Duft von 60 sevillanischen Orangenbäumen genießen. Der Hof ist der Überrest einer Moschee aus dem 12. Jh. Durch die hufeisenförmige Puerta del Perdón geht's hinaus.

Puerta del Perdón

Iglesia del Sagrario

Puerta del Bautismo

Puerta de la Asunción
Dieses große, seten geöffnete Kirchenportal an der Westseite der Kathedrale ist auch als Puerta Mayor bekannt. In der Karwoche führen feierliche Prozessionen der katholischen *hermanadades* (Bruderschaften) durch die Tür.

El Giraldillo

Capilla Real
Wer die Kapelle besichtigt, die der Virgen de los Reyes gewidmet ist, sollte respektvoll schweigen. In einer silbernen Urne ruhen die Überreste des christlichen Eroberers der Stadt, Ferdinand III., und seines Sohnes Alfons des Weisen.

Giralda
Über eine Rampe gelangt man auf das Minarett aus dem 11. Jh., das mit einem gotisch-barocken Glockenturm überbaut wurde. Sevillas Wahrzeichen ist 104 m hoch.

Sacristía Mayor
In dem überkuppelten Raum hängen wunderbare Gemälde wie Zurbaráns *Santa Teresa* und Pedro de Campañas *Descendimiento*. Hier wird auch der 1248 eroberte Schlüssel zum Stadttor aufbewahrt.

Haupteingang

Capilla de San Antonio
In der Kapelle, einer von 80 in der Kathedrale, hängt ein Gemälde von Murillo aus dem Jahr 1666: *Die Vision des heiligen Antonius*. Das Werk wurde 1874 von Dieben beschädigt, aber später restauriert.

Kolumbusgrab
Christoph Kolumbus wurde 1506 in Valladolid begraben, allerdings sind seine Gebeine viermal verlegt und 1898 in einem kunstvoll geschnitzten Sarg nach Sevilla gebracht worden. Es wird allerdings seit Langem darüber gestritten, ob es sich tatsächlich um die Überreste des Entdeckers handelt oder ob sich diese aufgrund einer posthumen Verwechslung noch immer in der Dominikanischen Republik befinden.

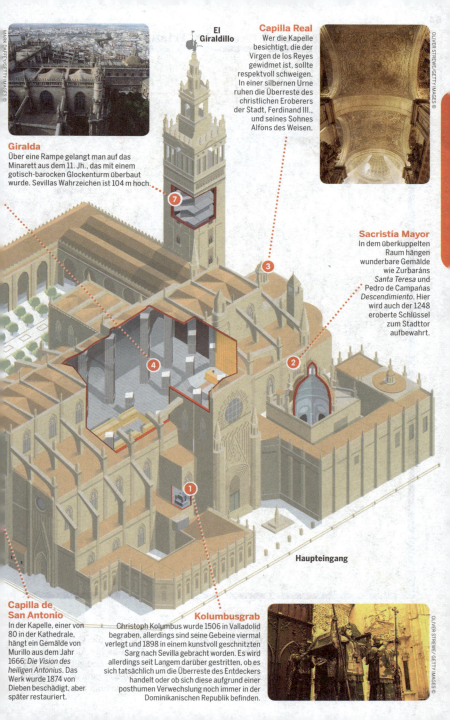

Barrio de Santa Cruz, El Arenal & Triana

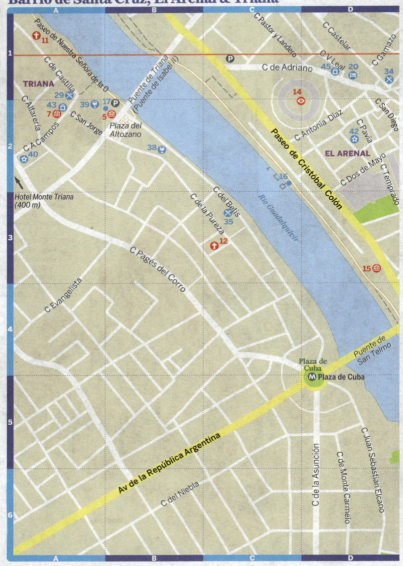

senschaftler könnten die Knochen in Santo Domingo ebenfalls echt sein, da Kolumbus nach seinem Tod mehrmals umgebettet wurde. Offensichtlich konnte selbst der Tod die Reiselust des großen Entdeckers nicht bremsen.

➜ **Capilla Mayor**

Östlich des Chors liegt die Capilla Mayor (Hauptkapelle). Ihr gotischer Altaraufsatz ist das Juwel der Kathedrale und gilt als größtes Altarbild der Welt. 1482 begann der flämische Bildhauer Pieter Dancart mit dem Werk, das

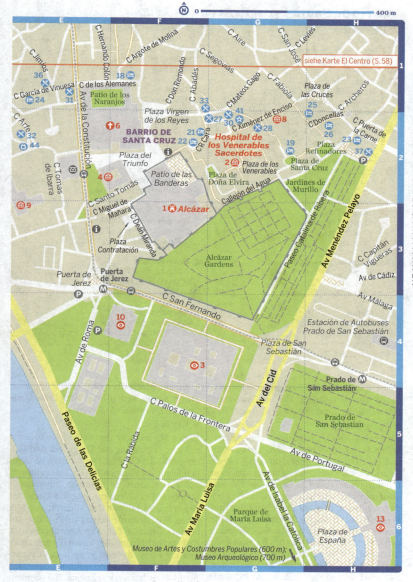

von anderen Künstlern 1564 vollendet wurde. Das Meer aus vergoldetem und mehrfarbigem Holz zeigt über 1000 geschnitzte Bibelfiguren. Im Zentrum des untersten Teils befindet sich das winzige versilberte Zedernbild der Virgen de la Sede (Jungfrau des Heiligen Stuhls) aus dem 13. Jh., der Schutzheiligen der Kathedrale.

➜ **Sacristía de los Cálices**

Die Räume südlich der Capilla Mayor bergen einige der wichtigsten Kunstschätze der Kathedrale. Im westlichsten Raum, der Sakris-

Barrio de Santa Cruz, El Arenal & Triana

◉ Highlights
1 Alcázar F3
2 Hospital de los Venerables
  Sacerdotes G2

◉ Sehenswertes
3 Antigua Fábrica de Tabacos F4
4 Archivo de Indias E2
5 Castillo de San Jorge C3
6 Catedral & Giralda F2
7 Centro Cerámica Triana A2
8 Centro de Interpretación Judería
  de Sevilla G2
9 Hospital de la Caridad E3
10 Hotel Alfonso XIII. F4
11 Parroquia de Nuestra Señora de
   la O A1
12 Parroquia de Santa Ana C3
13 Plaza de España H6
14 Plaza de Toros de la Real
   Maestranza C2
15 Torre del Oro D3

◉ Aktivitäten, Kurse & Touren
16 Cruceros Turísticos Torre del
   Oro C2
17 Taller Andaluz de Cocina B2

◉ Schlafen
18 EME Catedral Hotel F1
19 Hostal Plaza Santa Cruz G2
20 Hotel Adriano D1
21 Hotel Casa 1800 .... F2
22 Hotel Palacio Alcázar F2
23 Hotel Puerta de Sevilla H2
24 Hotel Simón E1
25 Pensión San Pancracio H2
26 Un Patio en Santa Cruz H2

◉ Essen
27 Bodega Santa Cruz G2
28 Café Bar Las Teresas G2
29 Casa Cuesta A1
30 Casa Tomate G2
31 Horno de San Buenaventura E1
32 Infanta E2
33 L'Oca Giuliva F1
34 Mesón Cinco Jotas D1
35 T de Triana C3
36 Taberna Los Coloniales E1
37 Vinería San Telmo H2

◉ Ausgehen & Nachtleben
38 Café de la Prensa B2
39 Cervezas Taifa A2

◉ Unterhaltung
40 Casa Anselma A2
41 Casa de la Guitarra G2
42 Tablao El Arenal D2

◉ Shoppen
43 Cerámica Santa Ana A2
44 El Postigo E2
45 Padilla Crespo D1

---

tei der Kelche, hängt über dem Altar Francisco de Goyas Gemälde der sevillanischen Märtyrerinnen *Santas Justa y Rufina* (1817).

➜ **Sacristía Mayor**

Dieser große Raum mit seiner schön gemeißelten Steinkuppel entstand zwischen 1528 und 1547. Der Bogen über dem Portal ist mit Schnitzereien von Lebensmitteln aus dem 16. Jh. verziert. Pedro de Campañas *Descendimiento* (Kreuzabnahme) von 1547 über dem zentralen Altar am südlichen Ende und Francisco de Zurbaráns *Santa Teresa* rechts daneben sind zwei der kostbarsten Gemälde der Kathedrale. Das Herzstück ist jedoch die **Custodia de Juan de Arfe**, eine riesige, 475 kg schwere Silbermonstranz, die in den 1580er-Jahren vom Renaissancekunstschmied Juan de Arfe geschaffen wurde.

➜ **Sala Capitular**

Das Kapitelhaus, die Sala Capitular – auch Cabildo genannt –, mit einem wunderschönen Gewölbe in der Südostecke wurde ursprünglich von 1558 bis 1592 als Versammlungsraum der Würdenträger der Kathedrale gebaut. Hoch über dem erzbischöflichen Thron am südlichen Ende hängt das Meisterwerk *La inmaculada* von Murillo.

➜ **Giralda**

In der Nordostecke der Kathedrale befindet sich der Durchgang zur Treppe auf den Glockenstuhl der Giralda. Der Aufstieg ist ziemlich leicht, da Rampen bis zur Spitze führen, auf denen einst die Wachen hinaufreiten konnten. Der Zierturm aus Backstein ist 104 m hoch und war das Minarett der Moschee. Erbaut wurde sie von 1184 bis 1198 auf dem Höhepunkt der Almohadenherrschaft. Ihre Proportionen, die feinen Ziegelmuster und die Farbe, die sich je nach Licht verändert, machen sie zum wohl vollendetsten maurischen Bauwerk Spaniens. Die obersten Abschnitte des Turms – oberhalb der Glocke – wurden im 16. Jh. hinzugefügt, als die spanischen Christen damit beschäftigt waren, islamische Bauwerke zu „verbessern". Auf der Spitze thront der El Giraldillo, eine bronzene Wetterfahne aus dem 16. Jh. Sie repräsentiert den Glauben und wurde zum Symbol Sevillas.

➤ Patio de los Naranjos

Früher diente der Hof vor der Nordseite der Kathedrale als Innenhof der Moschee. Er ist mit 66 *naranjos* (Orangenbäumen) bepflanzt, die sich um einen westgotischen Brunnen in der Mitte gruppieren. Von der Decke in der südöstlichen Ecke des Hofs hängt die Replik eines ausgestopften Krokodils. Das Original war ein Geschenk des Sultans von Ägypten an Alfons X.

★ Alcázar BURG

(Karte S. 54 f.; Touren 954 50 23 24; www.alcazarsevilla.org; Erw./Kind 9,50 €/frei; April–Sept. 9.30–19 Uhr, Okt.–März bis 17 Uhr) Wenn es den Himmel wirklich gibt, sieht er hoffentlich ein wenig wie die Innenräume des Alcázar von Sevilla aus. Das Gebäude wurde um 1300 im „finsteren Mittelalter" errichtet, aber seine kunstvolle Architektur ist alles andere als düster. Tatsächlich stellt der Alcázar verglichen mit den heutigen Einkaufszentren einen Höhepunkt der Baugeschichte dar. Auch die Unesco war dieser Meinung und erklärte ihn 1987 zum Welterbe. In der fünften Staffel der Serie *Game of Thrones* diente die Burg als Kulisse für die Stadt Sonnspeer.

Ursprünglich wurde der Alcázar 913 als Festung für die Statthalter aus Córdoba in Sevilla gebaut und in den elf Jahrhunderten seines Bestehens vielfach erweitert sowie umgewandelt. Im 11. Jh. fügten die wohlhabenden muslimischen *taifa*-Herrscher (Kleinkönige) einen Palast namens Al-Muwarak (der Gesegnete) im heutigen Westteil des Alcázar hinzu. Die Almohadenherrscher errichteten im 12. Jh. östlich davon einen weiteren Palast, der den heutigen Patio del Crucero umschließt. 1248 zog der christliche König von Kastilien, Ferdinand III., in den Alcázar ein, nachdem er Sevilla erobert hatte. Einige spätere christliche Herrscher nutzten die Festung als ihre Hauptresidenz. Ferdinands Sohn Alfons X. ließ einen Großteil des Almohadenpalasts durch einen gotischen Bau ersetzen. Zwischen 1364 und 1366 entstand unter Peter I. das Kronjuwel des Alcázar, der opulente Palacio de Don Pedro im Mudéjar-Stil.

➤ Patio del León

Hinter dem Kartenschalter in der **Puerta del León** (Löwentor) öffnet sich der Patio del León (Löwenhof), einst der Garnisonshof des ursprünglichen Al-Muwarak-Palasts. An einer Seite befindet sich die **Sala de la Justicia** (Gerichtssaal) mit herrlichen Mudéjar-Stuckdekorationen und einem *artesonado* (Decke aus ineinander verflochtenen Balken mit dekorativen Einlegearbeiten). Der Raum wurde in den 1340er-Jahren unter dem christlichen König Alfons XI. erbaut, der sich hier mit einer seiner Mätressen, Leonor de Guzmán, vergnügte, damals angeblich die schönste Frau Spaniens. Der Raum führt in den hübschen **Patio del Yeso**, Teil des Almohadenpalasts aus dem 12. Jh. und im 19. Jh. rekonstruiert.

➤ Patio de la Montería

Die Räume an der Westseite des Hofs waren Teil der **Casa de la Contratación** (Handelshaus), die 1503 von den Katholischen Königen zur Kontrolle des spanischen Handels mit den amerikanischen Kolonien gegründet wurde. Der **Salón del Almirante** (Admiralssaal) zeigt Gemälde aus dem 19. und 20. Jh. mit historischen Ereignissen und Persönlichkeiten aus Sevilla. Im angrenzenden Raum an der Nordseite ist eine internationale Sammlung wunderschöner kunstvoller Fächer ausgestellt. In der **Sala de Audiencias** hängen Wandteppiche mit Darstellungen der Wappenschilder spanischer Admirale sowie Alejo Fernández' bahnbrechendes Gemälde *Virgen de los mareantes* (Jungfrau der Seeleute; siehe Kasten S. 51) aus den 1530er-Jahren.

➤ Cuarto Real Alto

Auch heute noch ist der Alcázar ein königlicher Palast. 1995 fand hier nach der Trauung in der Kathedrale von Sevilla die Hochzeitsfeier der Infantin Elena statt, Tochter von König Juan Carlos I. Der **Cuarto Real Alto** (obere Königsräume) wird von der spanischen Königsfamilie bei ihren Besuchen in Sevilla genutzt. Führungen durch die Zimmer finden mehrmals täglich statt, einige auf Spanisch, einige auf Englisch. Eine frühzeitige Reservierung ist aufgrund der großen Beliebtheit unbedingt erforderlich (geführte Tour 4,50 €). Zu den Highlights der Rundgänge gehören der **Salón de Audiencia** aus dem 14. Jh., noch heute der Empfangssaal des Monarchen, und das Schlafzimmer von Peter I. mit herrlichen Mudéjar-Kacheln und Stuckverzierungen.

➤ Palacio de Don Pedro

Die Nachwelt schuldet Peter I. ein großes Dankeschön für diesen Palast (auch Palacio Mudéjar genannt), das atemberaubendste aller Bauwerke in Sevilla.

Der König war mit vielen seiner christlichen Zeitgenossen zerstritten, pflegte aber ein dauerhaftes Bündnis mit Mohammed V., dem muslimischen Emir von Granada, je-

El Centro

Sehenswertes
1. Calle Sierpes ... D3
2. Casa de la Memoria ... E2
3. Casa de Pilatos ... G3
4. Metropol Parasol ... E2
5. Museo Antiquarium ... E2
6. Museo de Bellas Artes ... C2
7. Museo del Baile Flamenco ... F4
8. Palacio de la Condesa de Lebrija ... E2
9. Parroquia del Divino Salvador ... E3
10. Plaza de San Francisco ... D4

Aktivitäten, Kurse & Touren
11. Aire Baños Árabes ... F4
12. CLIC ... D3
    Pancho Tours ... (siehe 17)
    Past View ... (siehe 4)

Schlafen
13. Hotel Abanico ... F3
14. Hotel Amadeus ... F4
15. Hotel América ... D2
16. Hotel Boutique Doña Lola ... D1
17. Oasis Backpackers' Hostel ... C2

Essen
18. Bar Europa ... E3
19. Confitería La Campana ... D2
20. Egaña Santo Restaurante ... E4
21. El Rinconcillo ... F2
22. Horno de San Buenaventura ... F3
23. La Azotea ... D1
24. La Brunilda ... C4
25. La Pepona ... E2
26. Los Coloniales ... F2
27. Luso Tapas ... D2
    Mercado de la Encarnación ... (siehe 4)
28. Mercado del Arenal ... B4
29. Mercado Lonja del Barranco ... B4
30. Redhouse Art & Food ... D1
31. Restaurante Albarama ... E4
32. Robles Laredo ... D3
33. The Room ... E3

Ausgehen & Nachtleben
34. Cabo Loco ... F3
35. El Garlochi ... F3

Unterhaltung
    Casa de la Memoria ... (siehe 2)
    Sevilla de Ópera ... (siehe 28)
36. Teatro Duque La Imperdible ... D2

Shoppen
37. Casa del Libro ... D2
38. El Corte Inglés ... D2
39. Record Sevilla ... D1

---

nem Mann, der für die gestalterischen Highlights der Alhambra verantwortlich war. Als Peter 1364 den Bau eines neuen Palasts innerhalb des Alcázar beschloss, schickte ihm Mohammed zahlreiche seiner besten Kunsthandwerker, zu denen sich Kollegen aus Sevilla und Toledo gesellten. Ihr Werk, mit Anleihen an maurische Traditionen der Almohaden und des Kalifats Córdoba, bildet eine einzigartige Synthese iberisch-maurischer Kunst.

Inschriften an der Fassade des Palasts mit Blick auf den Patio de la Montería bringen die Zusammenarbeit bei diesem Unternehmen auf den Punkt. Einige erklären auf Spanisch, dass der Erbauer des Gebäudes der „hochwohlgeborene edle Eroberer Don Pedro, König von Kastilien und León von Gottes Gnaden" sei, andere verkünden wiederholt auf Arabisch: „Es gibt keinen Eroberer außer Allah."

Im Zentrum des Palastes befindet sich der wunderbare Patio de las Doncellas (Jungfrauenhof), der von wunderschönen Bogen, Stuckverzierungen und Kachelschmuck umgeben ist. Der Senkgarten in der Mitte wurde 2004 von Archäologen unter einer Marmorabdeckung aus dem 16. Jh. entdeckt.

Die Alcoba Real (Königsgemach) an der Nordseite des Hofs ist mit umwerfend schönen Decken sowie herrlichen Stuck- und Kachelarbeiten ausgeschmückt. Vermutlich diente der hintere Raum als Sommerschlafzimmer des Königs.

Von hier geht's westlich in den kleinen Patio de las Muñecas (Puppenhof), den Kern der Privaträume des Palasts. Er ist mit erlesenen Dekorationen im Granada-Stil ausgeschmückt. Tatsächlich kamen die Stuckverzierungen im 19. Jh. aus der Alhambra, als das Mezzanin und die oberste Galerie für Königin Isabella II. angebaut wurden. Der Cuarto del Príncipe (Prinzensaal) nördlich davon hat eine prächtige Kuppeldecke, die den nächtlichen Sternenhimmel nachzuahmen versucht.

Der spektakuläre Salón de Embajadores (Botschaftersaal) an der Westseite des Patio de las Doncellas wurde als Thronsaal genutzt. Seine fabelhafte hölzerne Kuppel mit vielfachen Sternenmustern, die das Universum symbolisieren, stammt aus dem Jahr 1427. Ihre Form verlieh dem Raum seinen zweiten Namen, Sala de la Media Naranja (Saal der halben Orange).

Alameda de Hércules, Macarena & Isla de la Cartuja

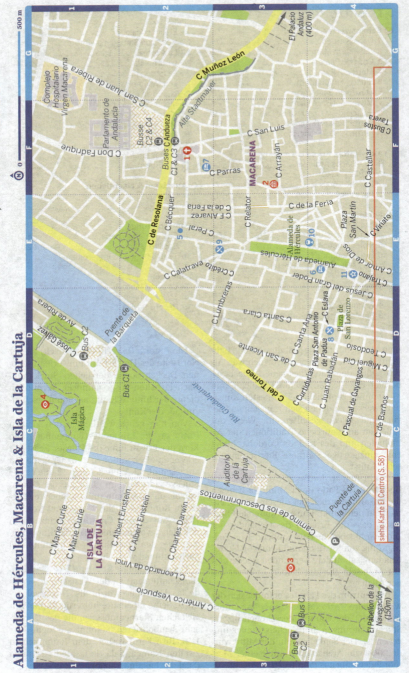

Alameda de Hércules, Macarena & Isla de la Cartuja

⊙ Sehenswertes
1 Basílica de La Macarena F2
  Centro Andaluz de Arte
  Contemporáneo ....(siehe 3)
2 Centro de la Interpretación
  Mudéjar F3
3 Conjunto Monumental de la
  Cartuja B3
4 Isla Mágica C1
  Palacio de los Marqueses
  de la Algaba ....(siehe 2)

⊙ Aktivitäten, Kurse & Touren
5 Taller Flamenco E2

⊙ Schlafen
6 Hotel Sacristía de Santa Ana E4
7 Hotel San Gil... F2

⊙ Essen
8 Bar-Restaurante Eslava D4
9 Duo Tapas E3

⊙ Ausgehen & Nachtleben
10 Bulebar Café E4

⊙ Unterhaltung
11 Naima Café Jazz E4

Der schöne Arco de Pavones (nach den Pfauenmotiven benannt) an der Westseite des Salón de Embajadores liegt vor dem **Salón del Techo de Felipe II.** mit einer Renaissancedecke (1589–91).

➡ **Salones de Carlos V.**
Eine Treppe in der Südostecke des Patio de las Doncellas führt in die häufig umgestalteten Räume des gotischen Palasts aus dem 13. Jh. von Alfons X. Sie sind heute nach dem spanischen König Karl I. aus dem 16. Jh. benannt, der als Karl V. auch den Titel Heiliger Römischer Kaiser trug.

➡ **Patio del Crucero**
Der Hof vor den Salones de Carlos V. war ursprünglich die obere Ebene des Hofs des Almohadenpalasts aus dem 12. Jh. Damals bestand er lediglich aus erhöhten Gängen an den vier Seiten sowie zwei sich in der Mitte kreuzenden Gängen. Darunter wuchsen Orangenbäume, deren Früchte von den Leuten auf den Gängen ganz einfach mit der Hand gepflückt werden konnten. Die untere Ebene des Hofs wurde im 18. Jh. nach Erdbebenschäden überbaut.

➡ **Gärten & Ausgang**
Die Salones de Carlos V. öffnen sich zu den weitläufigen und verschlafenen Gärten des Alcázar. Unmittelbar in der Nähe erstrecken sich mehrere sorgfältig angelegte Grünanlagen mit zahlreichen Wasserbecken und Brunnen. Von einem, dem **Jardín la Danza** (Garten des Tanzes), führt ein Gang unter den Salones de Carlos V. zu den **Baños de Doña María de Padilla** (Bäder der María de Padilla). Es handelt sich um die Gewölbe unterhalb des Patio del Crucero – einst die untere Ebene des Hofs – mit einer Grotte, die das ursprüngliche Wasserbecken des Hofs ersetzt hatte.

Das faszinierendste Bauwerk der Gartenanlage ist die **Galería de Grutesco**, eine erhöhte Galerie mit Säulengängen, die im 16. Jh. aus einer alten maurischen Mauer gefertigt wurden. Vor Ort gibt's auch ein Heckenlabyrinth, das vor allem Kindern Spaß bereitet. Die malerischen Gärten im Osten hinter einer langen Mauer stammen aus dem 20. Jh.

Archivo de Indias MUSEUM
(Karte S. 54 f.; Calle Santo Tomás; ⊙ Mo–Sa 9.30–16.45, So 10–14 Uhr) GRATIS Das Archivo de Indias ist in der früheren Casa de la Contratación (Vertragshaus) an der Westseite der Plaza del Triunfo untergebracht. Es ist seit 1785 das Zentralarchiv für das hispano-amerikanische Kolonialreich und stellt mit seinen 80 Mio. Dokumentseiten von 1492 bis zum Ende des Kolonialreichs im 19. Jh. ein beeindruckendes Symbol der Macht und des Einflusses Spaniens in dessen Goldenem Zeitalter dar.

Innen dokumentiert ein kurzer Film die Geschichte des Archivs, außerdem sind einige faszinierende originale Karten und Dokumente aus der Kolonialzeit zu sehen. Das Renaissance-Gebäude wurde 2005 umfassend renoviert.

⊙ Barrio de Santa Cruz

Die mittelalterliche *judería* (Judenviertel) von Sevilla, östlich von Kathedrale und Alcázar, ist ein Gewirr verwinkelter Straßen voller Atmosphäre und hübsch bepflanzter Plätze, die nach Orangenblüten duften. Benannt wurde das *barrio* (Stadtviertel) nach der Plaza de Santa Cruz. Die nahe gelegene Plaza de Doña Elvira zählt zu den romantischsten Fleckchen Andalusiens, besonders abends.

Flamenco sehen

Die Intensität und Spontaneität von Flamenco hat sich nie besonders gut auf CDs oder Liveaufnahmen einfangen lassen. Wer einmal das überwältigende emotionale Erlebnis, das Liebhaber als *duende* bezeichnen, am eigenen Leib erfahren möchte, muss eine Darbietung besuchen, dabei im Rhythmus mit den Füßen aufstampfen und leidenschaftlich *¡ólé!* rufen.

Peñas

Peñas sind private Clubs vor Ort, betrieben von Flamenco-Fans, die seine traditionelle Form aufrechterhalten wollen. Um ein gutes *peña* zu finden, fragt man am besten in Flamenco-Bars, hält Ausschau nach Postern oder Aushängen und horcht auch einfach auf der Straße auf interessante Klänge. Wie zu erwarten, gehören die Darbietungen in *peñas* zu den leidenschaftlichsten und authentischsten, die man in Spanien zu Gesicht bekommt. Außerdem pflegen sie einen oft vernachlässigten Bestandteil des Flamenco, den *jaleo* (Publikumsbeteiligung).

eña, Jerez de la Frontera (S. 130) **2 & 3.** Flamenco-Tänzer, illa (S. 78) **4.** Schild an der Peña La Platería (S. 286), Granada

Tablaos

Tablaos sind großangelegte und präzise einstudierte Flamenco-Vorführungen, eine sehr professionelle und genau choreographierte Variante der Kunstform. Statt in *peñas* finden *tablao*-Shows in speziellen Theatern und Clubs statt, wo Getränke und manchmal auch Essen im Ticketpreis enthalten sind. Obwohl ihr künstlerischer Anspruch hoch ist, kritisieren manche Kenner *tablaos* dafür, dass ihnen das Raue, Ungeschliffene fehlt, das die Musik so einzigartig macht.

Kulturzentren

Eine authentischere und intimere Alternative zu *tablaos* sind die Kulturzentren, die es in immer mehr größeren Städten von Andalusien gibt. Sie befinden sich manchmal direkt neben Museen und ziehen ein kleines, sachkundiges Publikum an, das die Künstler mit „Olé"-Rufen ermuntert und damit die Darbietung auf ihren Höhepunkt zutreibt. Essen und Getränke gibt es nur selten.

★Hospital de los Venerables Sacerdotes
KUNSTGALERIE

(Karte S. 54 f.; ☎ 954 56 26 96; www.focus.abengoa.es; Plaza de los Venerables 8; Erw./Kind 5,50/2,75 €, So nachmittags frei; ◎ 10–14 & 16–20 Uhr) Früher war der barocke Herrensitz aus dem 17. Jh. ein Heim für alte Priester. Heute beherbergt er eine der größten und hervorragendsten Kunstsammlungen Sevillas. Das dazugehörige Centro Velázquez wurde 2007 von der örtlichen Focus-Abengoa-Stiftung gegründet, um die frühere künstlerische Pracht Sevillas wiederzubeleben. Seine Sammlung von Meisterwerken – allen voran das Gemälde *Santa Rufina* (siehe Kasten S. 51) von Diego Velázquez – ist eine der besten und prägnantesten Kunstlektionen, die die Stadt zu bieten hat. Der exzellente Audiokommentar erläutert, wie das finstere Mittelalter den Realismus von Velázquez beeinflusst hat.

Das Hospital verfügt über einen der typischsten sevillanischen Patios der Stadt – der gemütliche, hübsch bepflanzte Hof inspiriert Geist und Seele – sowie über eine Kapelle, die mit weiteren Gemälden aus dem goldenen Zeitalter Sevillas geschmückt ist.

Centro de Interpretación Judería de Sevilla
MUSEUM

(Karte S. 54 f.; ☎ 954 04 70 89; www.juderiadesevilla.es; Calle Ximenez de Enciso; Eintritt 6,50 €; ◎ Mo-Sa 10.30–15.30 & 17–20, So 10.30–19 Uhr) Eine Neuinterpretation der bedeutenden jüdischen Geschichte Sevillas war seit Langem überfällig und das einstige jüdische Viertel Santa Cruz, das sich niemals von dem brutalen Pogrom und Massaker im Jahre 1391 erholt hat, ist der perfekte Ort dafür. Das neue Museum ist in einem alten sephardischen Haus untergebracht und erläutert die Geschehnisse des Pogroms sowie weitere historische Ereignisse, außerdem gibt's ein paar noch erhaltene Gedenkstücke, z. B. Dokumente, Kleidungsstücke und Bücher, zu sehen. Es ist zwar klein, aber sehr ergreifend.

Man kann auch an geführten Spaziergängen zu den jüdischen Stätten Sevillas teilnehmen (22 €). Sie finden aber nur statt, wenn genug Teilnehmer zusammenkommen. Am besten vorher anrufen.

Aire Baños Árabes
HAMMAM

(Karte S. 58; ☎ 955 01 00 25; www.airedesevilla.com; Calle Aire 15; Bad/Bad mit Massage 26/41 €; ◎ alle 2 Std. von 10–24 Uhr) Dieser Hammam im arabischen Stil wartet mit einer ruhigen Atmosphäre, einer historischen Lage und einer Einrichtung im Stil eines marokkanischen Riads auf. Offensichtlich wussten die Mauren einiges darüber, wie man sich entspannt. Am besten bucht man die Bäder und Massagen einen Tag im Voraus.

◉ El Arenal

In der Kolonialzeit stolzierten wohlhabende Caballeros, die mit dem Gold aus der Neuen Welt reich geworden waren, über die Straßen von El Arenal am Ufer des Río Guadalquivir, bewacht von spanischen Galeonen, die ihre amerikanische Beute entluden. Heute gibt es hier keinen Hafen mehr, aber das kompakte Viertel ist immer noch voller Bars und Seefahrerflair.

Torre del Oro
MUSEUM

(Karte S. 54 f.; Paseo de Cristóbal Colón; Eintritt 3 €, Mo frei; ◎ Mo-Fr 9.30–18.45, Sa & So 10.30–18.45 Uhr) Früher hatte der Wachtturm der Almohaden am Fluss aus dem 13. Jh. vermutlich eine mit goldenen Fliesen bedeckte Kuppel – daher sein Name „Turm aus Gold". Heute beherbergt das Gebäude ein kleines Meeresmuseum auf zwei Stockwerken. Auf dem Dach befindet sich zudem eine Aussichtsplattform.

Der Turm diente einst auch als Lager für die Beute, die zurückgekehrte Eroberer aus den Kolonien Mexiko und Peru in Schatzkisten mitbrachten, und ist seither eines der prägnantesten architektonischen Symbole Sevillas.

Hospital de la Caridad
KUNSTGALERIE

(Karte S. 54 f.; Calle Temprado 3; Eintritt 5 €; ◎ Mo-Sa 9–13 & 15.30–19 Uhr, So 9–12.30 Uhr) Das große, robuste Gebäude einen Straßenzug östlich des Flusses beherbergte einst ein von Miguel de Mañara gegründetes Seniorenhospiz. Mañara war der Legende nach ein verrufener Wüstling, der sein Leben änderte, nachdem er in einer Vision seine eigene Beerdigungsprozession gesehen hatte. Die Hauptattraktion der Galerie ist ihre vergoldete Kapelle, die kunstvoll von mehreren Malern und Bildhauern aus dem goldenen Zeitalter – allen voran Murillo und Roldán – gestaltet wurde.

Das Hospital wurde 1810 von Napoleons Truppen geplündert und ein kleptomanischer französischer Offizier namens General Soult stahl mehrere Murillo-Gemälde von den Wänden der Kapelle. Die Kunstwerke wurden nie zurückgegeben, aber 2008 wurden Kopien angefertigt, die an die ursprünglichen Standorte der Bilder gehängt wurden.

Plaza de Toros de la Real Maestranza
STIERKAMPFARENA, MUSEUM

(Karte S. 54 f.; ☎ 954 22 45 77; www.realmaestranza.com; Paseo de Cristóbal Colón 12; Führungen Erw./Kind 7/4 €; ⓘ Führungen halbstündlich 9.30–20 Uhr, an Stierkampftagen 9.30–15 Uhr) In der Welt des Stierkampfs ist diese Arena, was andernorts große Stadien wie Old Trafford oder Camp Nou für Fußball sind. Kurz gesagt, wer hier kämpfen darf, hat es geschafft. Die Arena wird von Fans nicht nur als Bauwerk von fast religiöser Bedeutung betrachtet, sondern ist auch die älteste Spaniens (Baubeginn war 1758). Hier entstand ebenso wie in Ronda im 18. Jh. der unberittene Stierkampf.

Besucher können die Arena und ihr Museum im Rahmen einer etwas überreiten **Führung** (auf Englisch und Spanisch) besichtigen.

⊙ El Centro

Wie der Name schon sagt, ist das dicht bebaute Gebiet aus engen Straßen und Plätzen nördlich der Kathedrale das Zentrum Sevillas und auch das Herz seiner Shoppingwelt samt einiger exzellenter Bars und Restaurants.

Museo del Baile Flamenco
MUSEUM

(Karte S. 58; www.museoflamenco.com; Calle Manuel Rojas Marcos 3; Erw./Senior & Stud. 10/8 €; ⓘ 10–19 Uhr) Das auf Initiative der sevillanischen Flamenco-Tänzerin Cristina Hoyos entstandene Museum auf drei Stockwerken eines Stadtpalasts aus dem 18. Jh. bemüht sich sehr, die Geheimnisse der Flamenco-Kunst zu lüften. Zu den Exponaten gehören Skizzen, Gemälde, Fotos früherer und zeitgenössischer Flamenco-Größen sowie eine Sammlung Kleider und Schals. Noch interessanter sind aber die fantastischen Abendkonzerte (19 Uhr; 20 €) im Innenhof.

Vor Ort können Kurse und Workshops organisiert werden, außerdem gibt's natürlich auch einen tollen Museumsshop mit einzigartigen Büchern und Kleidungsstücken.

Museo de Bellas Artes
KUNSTGALERIE

(Museum der schönen Künste; Karte S. 58; Plaza del Museo 9; Eintritt 1,50 €, EU-Bürger frei; Di–Sa 10–20.30, So 10–17 Uhr) Das Kunstmuseum im wunderschönen ehemaligen Convento de la Merced wird Sevillas führender Rolle während des musischen Siglo de Oro (Goldenen Zeitalters) Spaniens im 17. Jh. voll gerecht. Viele Werke hier sind düstere, bedrückende religiöse Arbeiten.

Die Sammlung ist in chronologischer Reihenfolge ausgestellt und die Meisterwerke aus dem Goldenen Zeitalter befinden sich in den *salas* VII bis X. Visuell am eindrucksvollsten ist die ehemalige Klosterkirche mit Gemälden von Meistern des *sevillano*-Barock, darunter vor allem Murillo. Seine *Inmaculada concepción grande* (1650) am Kopfende des Gebäudes weist all die kurvigen und verschlungenen Bewegungen auf, die für Barockkunst so typisch sind (siehe S. 51). Auch von Pacheco (der Lehrer und Schwiegervater von Velázquez), Zurbarán (man sollte nach seinem zutiefst trauervollen *Cristo crucificado,* 1630–35, Ausschau halten) sowie dem Bildhauer Juan Martínez Montañes sind einige Werke zu sehen. Wer eine Weile sucht, wird auch El Grecos Porträt seines Sohnes Jorge Manuel entdecken, und – leider – nur ein Bild von Velázquez: *Cabeza de apóstol* (1620).

Casa de Pilatos
PALAST, MUSEUM

(Karte S. 58; ☎ 954 22 52 98; www.fundacionmedinaceli.org; Plaza de Pilatos; Eintritt nur Erdgeschoss 6 €, gesamtes Gebäude 8 €; ⓘ April–Okt. 9–19 Uhr, Nov.–März 9–18 Uhr) Die atemberaubende Casa de Pilatos ist eine der prächtigsten Villen der Stadt. Architektonisch ist sie eine Mischung aus Mudéjar, Gotik und Renaissance samt wunderschönen Kachelarbeiten und *artesonados* (Decken aus verschachtelten Balken mit dekorativen Einsätzen). Alles in allem wirkt sie wie ein Alcázar im kleinen.

Das Treppenhaus in den oberen Stock wartet mit den schönsten Kacheln des Gebäudes und einer wunderbaren goldenen *artesonado*-Kuppel auf. Besichtigungen des teils noch immer von den Herzögen Medinaceli bewohnten Obergeschosses sind nur im Rahmen einer Führung möglich. Beim Rundgang sollte man einen Blick auf die Medinaceli-Porträts aus mehreren Jahrhunderten und das kleine Stierkampfgemälde von Goya werfen.

Palacio de la Condesa de Lebrija
MUSEUM, PALAST

(Karte S. 58; Calle Cuna 8; Eintritt nur Erdgeschoss/gesamtes Gebäude 5/8 €, Mi 9–12 Uhr Erdgeschoss Eintritt frei; ⓘ Mo–Fr 10.30–19.30 Uhr, Sa 10–14 & 16–18 Uhr, So 10–14 Uhr) Einen Straßenzug östlich der Calle Sierpes erhebt sich ein Herrenhaus aus dem 16. Jh. mit einer opulenten Kunst- und Kunsthandwerkssammlung und einem prachtvollen Renaissance-Mudéjar-Hof. 1914 baute die Archäologin Gräfin von Lebrija das Anwesen um und stopfte zahlreiche Räume mit den Schätzen voll, die sie auf ihren Reisen zusammengetragen hatte. Das alte Rom war das Fachgebiet der Gräfin, weswegen die Bibliothek voll mit Büchern über die Antike ist. Darüber hinaus entdeckt man jede Menge Relikte aus dem römischen Itálica, darunter einige erstklassige Mosaiken. Wer den obersten Stock mit den arabischen, barocken und spanischen Zimmern sehen will, muss auf eine Führung warten, was sich aber auf jeden Fall lohnt.

Plaza de San Francisco PLATZ
(Karte S. 58) Seit dem 16. Jh. dient die Plaza de San Francisco als Sevillas Hauptplatz. Das Südende des Ayuntamiento (Rathaus; Karte S. 58) ist mit hübschen Steinmetzarbeiten aus der Renaissance verziert, die aus den 1520er- und 1530er-Jahren stammen.

Calle Sierpes STRASSE
(Karte S. 58) Die Fußgängerzone Calle Sierpes, die nördlich der Plaza de San Francisco verläuft, und die Parallelstraße Calle Tetuán/Velázquez sind der Dreh- und Angelpunkt der beliebtesten Einkaufsgegend der Stadt. Da dies Andalusien ist, sind die Straßen abends zwischen 18 und 21 Uhr am belebtesten.

Parroquia del Divino Salvador ARCHITEKTUR
(Karte S. 58; Plaza Salvador; Eintritt 4 €; ⊙ Mo–Sa 11–18, So 15–19 Uhr) Eine große Barockkirche auf der Plaza Salvador, die zwischen 1674 und 1712 auf dem Gelände der Hauptmoschee des islamischen Ishbiliya errichtet wurde. Ihre Fassade ist im Stil des Manierismus (einer von Michelangelo beeinflussten fantasievolleren Erweiterung der Renaissance) gestaltet. In ihrem Inneren bietet sich Betrachtern ein fantastischer Reichtum an Schnitz- und Vergoldungsarbeiten. Bei Sonnenuntergang verstärkt das durch das Buntglas scheinende Sonne die surreale Schönheit des Schnitzwerks.

Metropol Parasol MUSEUM, WAHRZEICHEN
(Karte S. 58; www.metropolsevilla.com; Plaza de la Encarnación; Eintritt 3 €; ⊙ So–Do 10.30–24, Fr & Sa 10.30–1 Uhr) Der die Geister scheidende Metropol Parasol, der im März 2011 an der Plaza de la Encarnación eröffnet wurde und so extravagant ist wie seinerzeit der Eiffelturm, soll das weltweit größte Bauwerk aus Holz sein. Fünf gigantische pilzartige Pfeiler stützen sein welliges, von Waben durchzogenes Dach und bescherten ihm den Spitznamen *Las Setas de la Encarnación (Die Pilze der Plaza de la Encarnación)*.

Der Gebäudekomplex befindet sich bereits seit sechs Jahren im Bau und bedeckt Gelände, auf dem sich vorher ein hässlicher Parkplatz befand. Bei der Planung des Bauwerkes entdeckte man römische Ruinen, die geschickt in die Fundamente des Museo Antiquarium (Karte S. 58; Plaza de la Encarnación; Eintritt 2,10 €; ⊙ Di–Sa 10–20.30, So 10–14.30 Uhr) integriert wurden. Oben auf Level 2 kann man (für 2,10 €) einen surrealen Panoramagang mit herrlichem Stadtblick entlangspazieren. Das Metropol beherbergt auch den früheren Markt der Plaza, ein Restaurant und eine Konzerthalle. Die wagemutige Konstruktion von Jürgen Mayer-Hermann ist zwar umstritten und teuer, fügt sich aber auf eigenartig harmonische Weise in den alten Stadtkern Sevillas ein und ist zudem ein echter Blickfang.

Casa de la Memoria KULTURZENTRUM
(Karte S. 58; ☎ 954 56 06 70; www.casadelamemoria.es; Calle Cuna 6; Eintritt 3 €; ⊙ 10.30–18.30 Uhr) Die Casa de la Memoria bleibt im Gedächtnis – vor allem, wenn man sie während einer der abendlichen Flamencoshows (S. 78) besucht. Das Flamenco-Kulturzentrum ist in den früheren Stallungen des benachbarten Palacio de la Condesa de Lebrija untergebracht und verfügt über mehrere Ausstellungsräume, die ständig wechselnde Exponate rund um den Flamenco präsentieren. Bei unserem letzten Besuch wurde ein Exposé von Sevillas Cafe Cantantes gezeigt. Die Casa ist das einzige Zentrum dieser Art in Sevilla.

⊙ Triana

Das legendäre *barrio* Triana befindet sich am Westufer des Río Guadalquivir. In dem stimmungsvollen Stadtviertel lebten einst viele der urtypischsten Charaktere Sevillas, und auch heute noch sind hier viele ergreifende Sehenswürdigkeiten zu bestaunen.

Castillo de San Jorge MUSEUM
(Karte S. 54 f.; ☎ 954 33 22 40; Plaza del Altozano; ⊙ Mo–Fr 9–13.30 & 15.30–20, Sa & So 10–14 Uhr) GRATIS „Niemand erwartet die Spanische Inquisition!", witzelte Monty Python einst, aber in Sevilla ist es nicht so leicht, dem Trauma zu entkommen. Schließlich hielt das Inquisitionsgericht hier seinen ersten Rat ab, 1481 in dem berüchtigten Castillo de San Jorge – ein Akt, der 325 Jahre voller Angst und Terror einleitete. Als die Inquisitionsfeuer in den frühen Jahren des 19. Jhs. endlich gelöscht waren, wurde die Burg abgeris-

INSIDERWISSEN

TRIANA – DAS AUSSENSEITERVIERTEL VON SEVILLA

Um das heutige Mosaik von Sevilla zu verstehen, muss man mehrere wichtige Stadtteile besuchen. Der bedeutendste ist wohl Triana, das Viertel am Westufer des Río Guadalquivir – ein Ort, dessen Vergangenheit voller Geschichten von Seefahrern, Stierkämpfern, Flamenco- und Keramikkünstlern sowie religiösem Fanatismus ist und der sich stark mit der Arbeiterklasse identifiziert.

Trianas Ruf als „Außenseiter" entstand erstmals im Mittelalter, als das Viertel von den sevillanischen Behörden als *extramuros* (außerhalb der Mauern) eingestuft wurde – ein Ort, an den unerwünschte Personen geschickt wurden. 1481 festigte sich sein finsterer Ruf, als das Inquisitionsgericht seinen Hauptsitz in der Castillo de San Jorge am Ufer des Guadalquivir einnahm und dort begann, mutmaßliche religiöse Abweichler der Ketzerei anzuklagen. Im 15. Jahrhundert keimte sein Außenseiter-Mythos erneut auf, als umherziehende Roma aus dem Osten eintrafen und sich hier niederließen – ein Einfluss, der Trianas musikalischen Charakter wesentlich geprägt hat.

Bis zum 19. Jh. brachten die miteinander verflochtenen Romafamilien die besten Stierkämpfer und Flamencosänger ihres Zeitalters hervor. Die Bewohner des Stadtviertels begannen, sich neben der alteingesessenen Fischereiindustrie auch der Herstellung von Keramik und Fliesen zu widmen, für die sie dicken Ton am Ufer des Guadalquivir ausgruben.

Die meisten Roma von Sevilla wurden in den 1960er-Jahren in die neuen Vororte umgesiedelt, ein Prozess, der die Demografie, aber nicht den Kern Trianas verändert hat. Anders als das „gesäuberte" Viertel Santa Cruz hat sich Triana viel von seiner Authentizität bewahrt. Sein „Wohnzimmer im Freien" ist im Sommer die von zahlreichen Bars gesäumte Calle Betis, die einen schönen Blick auf den Fluss bietet, und seine Küche der Mercado de Triana, auf dem vor allem Fisch verkauft wird. Von der religiösen Hingabe des Stadtviertels zeugen viele Kirchen, allen voran die im gotischen Mudéjar-Stil erbaute Parroquia de Santa Ana (Karte S. 54 f.; Calle de la Pureza 80; Spende 1,50 €; Mo–Fr 10.30–13.30, Di & Mi 16.40–18.30 Uhr), Trianas sogenannte „Kathedrale". Aber auch die barocke Parroquia de Nuestra Señora de la O (Karte S. 54 f.; Calle Castilla 30) ist einen Besuch wert.

---

sen und ein Markt darüber erbaut; aber ihre Fundamente wurden 1990 wiederentdeckt.

Auf den Überresten der Burg erhebt sich heute ein modernes Museum, das seine Besucher auf eine Reise durch die Ruinen mitnimmt und ihnen detailliert die Funktionen jedes Raumes erläutert, zusammen mit makabren Geschichten über die Grausamkeiten, die in ihnen geschahen. Die Beschreibungen sind manchmal richtig schauerlich.

Das Castillo befindet sich neben der Brücke „Isabel II".

Centro Cerámica Triana MUSEUM
(Karte S. 54 f.; Antillano Campos 14; Eintritt 2,10 €; Mo–Sa 10–14 & 17–20, So 10–15 Uhr) Trianas – und Sevillas – neuestes Museum ist ein Versuch, die Flammen wieder zu entfachen, die einst die Brennöfen der Keramikindustrie des Viertels erleuchteten. Es kombiniert geschickt die Produktionsmethoden und Geschichte der Keramikproduktion mit der historischen Vergangenheit Trianas und seiner Bevölkerung.

Südlich des Zentrums

Südlich von Cruz und El Centro erstrecken sich große Grünflächen und auf den breiten Straßen sind Straßenbahnen, Radfahrer sowie Fußgänger unterwegs.

Parque de María Luisa PARK
(Sept.–Juni 8–22 Uhr, Juli & Aug. bis 24 Uhr;) Mit ihren Ententeichen, dösenden *sevillanos* und unter Bäumen entlangführenden Wegen ist Sevillas grüne Lunge ein entzückender Ort, um dem Lärm der Stadt zu entkommen.

Wer lieber Kultur erleben will, statt mit Pflanzen zu reden, wird ebenfalls fündig. Um die Plaza de España (Karte S. 54 f.) mit ihren Brunnen und Minikanälen krümmt sich das grandioseste aller Gebäude, die für die Exposición Ibero-americana 1929 errichtet wurden. An dem Schmuckstück aus Ziegel und Kacheln, das mit einer Landkarte und historischen Szenen für jede spanische Provinz aufwartet, zeigt sich die Kachelkunst Sevillas von ihrer überschwänglichs-

RADFAHREN IN SEVILLA

Seit der Einführung des Leihfahrradsystems **Sevici** (902 011032; www.sevici.es; 7–21 Uhr) im April 2007 konnte Sevilla einen phänomenalen Anstieg von 1300 % bei der täglichen Nutzung von Fahrrädern verzeichnen und ist damit zu einem Vorbild für die Planung urbaner Fahrradnetze geworden. Das zweite System dieser Art in Spanien (inzwischen gibt's Dutzende) startete wenige Wochen nach Barcelonas Bicing und ist trotz großer Konkurrenz mit 2500 Rädern bis heute eines der größten in Europa. Von jeder der 250 Stationen in der Stadt kann man sich einen Drahtesel nehmen und wird schnell entdecken, dass sich das flache, milde Sevilla so gut zum Herumkurven eignet, als sei es instinktiv dafür angelegt worden.

Die meisten der mindestens 25 000 täglichen Nutzer von Sevici sind Stadtbewohner, aber auch Besucher können auf das System zugreifen, indem sie sich online einen Pass für sieben Tage besorgen (13,33 € plus 150 € Kaution, die zurückerstattet wird). Damit geht's zur nächsten Radstation, wo man einfach nur den Code von der Quittung eingeben muss. Das Radwegenetz erstreckt sich über 130 km (alle Routen sind grün gekennzeichnet und mit eigenen Ampeln ausgestattet). Die ersten 30 Minuten kosten nichts. Anschließend zahlt man für die erste Stunde 1,03 € und für jede weitere Stunde 2,05 €.

Eine andere Möglichkeit, die neue Infrastruktur für Radfahrer in sein Reiseprogramm zu integrieren, ist eine Tour zu den wichtigsten Sehenswürdigkeiten. **Pancho Tours** (S. 70) veranstaltet 2½-stündige geführte Ausflüge zum Preis von 25 € (Fahrradverleih inklusive).

---

ten Seite. Für nur 5 € kann man Boote mieten, um entspannt auf dem Kanal herumzuschippern.

Das **Museo Arqueológico** (Eintritt 1,50 €, EU-Bürger frei; Di–Sa 10–20.30 Uhr, So bis 17 Uhr) am Südrand der Grünanlage ist eine unerwartete Fundgrube römischer Skulpturen, Mosaiken und Statuen, die meisten davon aus Itálica. Es beherbergt auch einen Saal mit Goldschmuck aus dem geheimnisvollen Tartessos-Reich.

Gleich gegenüber präsentiert das **Museo de Artes y Costumbres Populares** (954 23 25 76; Eintritt 1,50 €, EU-Bürger frei; Di–Sa 9–20.30 Uhr, So bis 17 Uhr) Kacheln aus der 1840 gegründeten Fabrik des Engländers Charles Pickman in einem ehemaligen Kartäuserkloster (S. 69).

Kinder können sich im Park wunderbar austoben und am Südrand auf dem Platz vor dem Museum die Tauben füttern. Quad-Bikes für vier Personen sind für 12 € pro halbe Stunde zu haben.

Antigua Fábrica de Tabacos UNIVERSITÄT
(Karte S. 54 f.; Calle San Fernando; Mo-Fr 8–21.30 Uhr, Sa bis 14 Uhr, kostenlose Führungen Mo–Do 11 Uhr) Sevillas riesige ehemalige Tabakfabrik, in der Bizets leidenschaftliche Opernheldin Carmen arbeitete, wurde im 18. Jh. erbaut und ist nach dem Escorial Spaniens zweitgrößtes Gebäude. Inzwischen ist sie der belebte Campus der Universität von Sevilla. Man kann hier nach Belieben herumlaufen oder an einer kostenlosen Führung teilnehmen (montags bis donnerstags 11 Uhr). Der Treffpunkt ist in der Haupteingangshalle.

Hotel Alfonso XIII. WAHRZEICHEN
(Karte S. 54 f.; Calle San Fernando 2) Es ist sicher günstiger, in diesem bemerkenswerten Hotel – sowohl Baudenkmal als auch Unterkunft – nur eine Tasse Kaffee zu trinken statt ein Zimmer zu mieten. Das Gebäude wurde 1928 gleichzeitig mit der Plaza de España für die Weltausstellung von 1929 errichtet und war damals eine der luxuriösesten Bleiben Europas. Seine Architektur mit Kacheln und Terrakottaziegeln entspricht dem klassischen Neo-Mudéjar-Stil.

Drinnen gibt's ein kleines Museum, das auf die Geschichte des Hotels eingeht. In der Lobby links halten.

Isla de la Cartuja

Diese frühere Insel im Río Guadalquivir verdankt ihren Namen dem ehemaligen Kartäuserkloster. Sie wurde 1992 mit Sevillas Westufer verbunden, um den Schauplatz der Expo 1992 zu integrieren. Abgesehen vom Kloster stehen hier nur moderne Gebäude, darunter auch der unübersehbare 2015 fertiggestellte Cajasol-Turm.

El Pabellon de la Navegación MUSEUM
(www.pabellondelanavegacion.es; Camino de los Descubrimientos 2; Erw./Kind 4,90/3,50 €; Di–Sa 11–20.30, So bis 15 Uhr;) Der moderne kas-

tenförmige Pavillon am Ufer des Río Guadalquivir eröffnete 2012 und beherbergt ein ehemaliges Seefahrtsmuseum, das zur Expo 1992 eingerichtet wurde und bis 1999 geöffnet war. Die Dauerausstellung ist in vier Abteilungen zu den Themen Seefahrt, Seeleute, Leben an Bord und historische Ansichten von Sevilla gegliedert. Viele Exponate sind interaktiv und kindgerecht, für Erwachsene aber vielleicht etwas langweilig. Mit dem Ticket kann man auch eine Fahrt auf dem **Torre Schindler** (April–Okt. 9–19, Nov.–März 9–18 Uhr) unternehmen.

Conjunto Monumental de la Cartuja
KLOSTER, KUNSTGALERIE

(Cartuja Monastery; Karte S. 60; 955 03 70 70; www.caac.es; Eintritt komplett/Gebäude oder Wechselausstellungen 3 €/1,80 €, frei Di–Fr 19–21 Uhr & Sa ganztägig; Di–Sa 11–21 Uhr, So bis 15 Uhr) Diese historische, aber abgelegene Kunstgalerie war einst ein Kloster und später eine Keramikfabrik, beherbergt aber heute das **Centro Andaluz de Arte Contemporáneo** (Karte S. 60).

Christoph Kolumbus wohnte im 1399 erbauten Conjunto Monumental de la Cartuja und betete in der Kapelle, bevor er zu seiner Reise nach Amerika aufbrach. Über zwei Jahrzehnte lang ruhten hier in den 1530er- und 1540er-Jahren seine sterblichen Überreste.

1839 kaufte der englische Unternehmer Charles Pickman das Kloster, wandelte es in eine Keramikfabrik um und errichtete die großen flaschenförmigen Öfen, die etwas unpassend neben den Klosterbauten stehen. Die Fabrik stellte ihre Produktion in den 1980er-Jahren ein. 1992 diente das Gebäude während des Expo als königlicher Pavillon. Seitdem hat sich das Bauwerk zu Sevillas Schrein für moderne Kunst entwickelt. Es zeigt Wechselausstellungen und eine Dauersammlung mit einigen bizarren Werken. Unübersehbar ist vor allem *Alicia* von Cristina Lucas, ein massiver Kopf und Arm, die sich durch zwei alte Klosterfenster bohren – *Alice im Wunderland* soll dafür als Inspiration gedient haben. Bei Pedro Moras *Bus Stop* kann es passieren, dass man einfach daran vorbei läuft: Es sieht genauso aus wie eine Bushaltestelle.

Isla Mágica
THEMENPARK

(Karte S. 60; 902 161 716; www.islamagica.es; Erw./Kind 29/20 €; in der Hauptsaison ca. 11–22 Uhr, Dez.–März geschl.;) Kinder und alle Fans von Abenteuerfahrten können einen Tagesausflug in diesen tollen, wenn auch teuren Freizeitpark unternehmen. Bevor man losfährt, sollte man die Öffnungszeiten auf der Website überprüfen, denn sie variieren je nach Saison. Die Isla Mágica ist mit den beiden Buslinien C1 und C2 zu erreichen.

Alameda de Hércules & Umgebung

Einst ging im Barrio de Santa Cruz und der Gegend um die Kathedrale die Post ab, doch heute hat ihm das Viertel Alameda de Hércules den Rang abgelaufen.

Dabei war letzteres *barrio* noch vor nicht allzu langer Zeit ein Sperrgebiet, in dem sich ausschließlich „geschminkte Damen", Zuhälter und diverse zwielichtige Charaktere tummelten. Dann aber wurde die Gegend um die Allee einer Generalüberholung unterzogen. Nun beherbergt sie zahlreiche coole Bars, schicke Boutiquen und viele Hipster. Außerdem ist sie das größte Schwulenviertel der Stadt.

Die beiden Säulen am Südende des Platzes sind 2000 Jahre alt und stammen aus römischer Zeit.

Basílica de La Macarena
KIRCHE, MUSEUM

(Karte S. 60; 954 90 18 00; Calle Bécquer 1; Museum Eintritt 5 €; 9–14 & 17–21 Uhr) In der Basilika mit der meistgeachteten Madonna Sevillas bekommt man eine Vorstellung von der religiösen Inbrunst während der Semana Santa. Die *Virgen de la Esperanza Macarena* (Madonna der Hoffnung aus Macarena), eine prächtige Statue mit goldener Krone und üppigem Gewand, steht in all ihrer Pracht hinter dem zentralen Altarbild. Ihre fünf Broschen aus Diamanten und Smaragden hat der berühmte Matador Joselito El Gallo im 20. Jh. gestiftet.

Zu der Kirche gehört auch ein renoviertes Museum für sakrale Kunst und gegenüber befindet sich das längste Stück der Almohadenmauer aus dem 12. Jh.

Centro de la Interpretación Mudéjar
MUSEUM

(Karte S. 60; Plaza Calderón de la Barca; Mo–Fr 10–14 & 17–20, Sa 10–14 Uhr) GRATIS Mit dem **Palacio de Los Marqueses de la Algaba** (Karte S. 60), einem der typischsten Mudéjar-Gebäude der Stadt, hat der Sevilla lange Zeit beherrschende architektonische Mudéjar-Stil einen Schrein bekommen, der seiner Bedeutung zusteht. Das kleine Museum mit

Mudéjar-Relikten aus dem 12. bis 20. Jh. wirkt in dem wundervoll restaurierten Herrenhaus mit traumhaftem Innenhof etwas verloren, aber die Bildunterschriften und Erklärungstafeln (in Spanisch und Englisch) erläutern die Nuancen des komplexen Baustils sehr umfassend.

Kurse

Sevilla ist eine tolle Stadt für einen längeren Aufenthalt und um etwas Neues zu lernen. Viele ausländische Besucher belegen hier einen Spanischkurs in einer der zahlreichen Sprachschulen.

Wenn einem Sprachunterricht zu akademisch ist, kann man stattdessen z. B. das Tanzbein schwingen. Es gibt in der Stadt viele Tanz- und Flamenco-Schulen, die auch jedem offenstehen, sofern man eine Weile bleibt.

CLIC SPRACHKURS
(Karte S. 58; ☎ 954 50 21 31; www.clic.es; Calle Albareda 19) Alteingesessenes Sprachzentrum in einem hübschen Gebäude mit geselliger Atmosphäre und Bibliothek. Es bietet Kurse für Kinder, Erwachsene und Rentner. Die Preise liegen etwa bei 125 € für zehn Unterrichtsstunden.

Fundación Cristina Heeren de Arte Flamenco FLAMENCOKURS
(☎ 954 21 70 58; www.flamencoheeren.com; Avenida de Jerez 2) Die mit Abstand bekannteste Flamenco-Schule bietet langfristige Kurse für alle Sparten. Im Sommer finden auch einmonatige Intensivkurse statt.

Taller Flamenco FLAMENCOKURS, SPRACHKURS
(Karte S. 60; ☎ 954 56 42 34; www.tallerflamenco.com; Calle Peral 49) Bietet einwöchige Kurse und die Möglichkeit, in Gruppen oder einzeln unterrichtet zu werden. Veranstaltet auch Spanischkurse.

Taller Andaluz de Cocina KOCHKURS
(Karte S. 54 f.; ☎ 672 162621; www.tallerandaluzdecocina.com; Mercado de Triana; 3-std. Kurs 45 €) Das vor Kurzem eröffnete Unternehmen auf dem Markt von Triana bietet drei- bis viermal in der Woche Kurse in spanisch-andalusischer Küche an, jeweils um 11 Uhr. Bei den dreistündigen Kursen werden Zutaten vom örtlichen Markt verwendet; die anschließende Verkostung ist im Preis inbegriffen. Die Mitarbeiter führen auch kostenlose Markttouren durch (an ausgewählten Tagen, Beginn 10.30 Uhr) – die Termine sind auf der Website zu finden.

Geführte Touren

★ Pancho Tours KULTURELLE TOUR
(Karte S. 58; ☎ 664 642 904; www.panchotours.com) GRATIS Hier gibt's die wohl besten Stadtspaziergänge! Sie sind kostenlos, aber die hart arbeitenden Guides freuen sich natürlich über ein Trinkgeld, nachdem sie einem jede Menge Anekdoten, Geschichten, Mythen und Theorien über die faszinierende Vergangenheit Sevillas erzählt haben. Die Führungen finden täglich statt und beginnen normalerweise um 11 Uhr – genaue Details gibt's auf der Website. Pancho bietet auch Fahrradtrips (25 €) und Touren durch das Nachtleben (10 bis 15 €) an.

Past View GEFÜHRTE TOUR
(Karte S. 58; ☎ 954 32 66 46; www.pastview.es; Plaza de la Encarnación; geführte Touren 15 €; ⊙10.30 & 13 Uhr;) Bei dieser genialen Augmented Reality-Videotour erleben die Teilnehmer einen geführten Spaziergang mit 3D-Videobrillen, die Szenen aus der Vergangenheit an den Standorten nachstellen, wo sie geschahen. Das Ticketbüro und der Startpunkt befinden sich im Metropol Parasol (S. 66), und die zweistündige Führung (mit einem Guide) zu den Hauptsehenswürdigkeiten Sevillas endet am Torre del Oro.

Cruceros Turísticos Torre del Oro BOOTSTOUR
(Karte S. 54 f.; ☎ 954 56 16 92; www.crucerostorredeloro.com; Erw./Kind unter 14 J. 16 €/frei) Einstündige Bootstrips alle halbe Stunde ab 11 Uhr vom Ufer beim Torre del Oro aus. Letzter Start ist im Winter um 18 Uhr, im Sommer um 22 Uhr.

Feste & Events

Semana Santa KARWOCHE
(www.semana-santa.org; ⊙März/April) Von Palmsonntag bis Ostersonntag werden täglich lebensgroße Darstellungen (bildhauerische Darstellungen der Passion Christi) von den Kirchen in einstündigen Prozessionen durch die Straßen der Stadt zur Kathedrale getragen. Organisiert wird das Ganze von 50 verschiedenen *hermandades* oder *cofradías* (Bruderschaften, die teilweise auch Frauen aufnehmen).

Höhepunkt der Karwoche ist die *madrugada* (der frühe Morgen) am Karfreitag, wenn einige der bedeutendsten Bruderschaften durch Sevilla ziehen. Die Büßer tragen ein körperverhüllendes Gewand und eine Kapuze mit Schlitzen für die Augen. Ihr Ornat wurde vom US-amerikanischen Ku-Klux-

Klan kopiert, es besteht jedoch kein Zusammenhang mit dessen Ansichten.

Genaue Programme für die Prozessionen sind während der Semana Santa überall in der Stadt erhältlich, außerdem kann man sich auf der Website informieren. Wer am frühen Abend einen Platz in der Nähe der Kathedrale sucht, hat den besten Blick.

Feria de Abril FRÜHJAHRSFEST

(☉April) Das Frühlingsfest in der zweiten Aprilhälfte (manchmal bis Anfang Mai) bildet das fröhliche Gegenstück zur schwermütigen Semana Santa. Die größte und schillerndste aller andalusischen *ferias* (Volksfeste) ist weniger aufdringlich (und auch weniger allgegenwärtig) als die Osterfeierlichkeiten. Sie wird auf dem Real de la Feria im Viertel Los Remedios westlich des Río Guadalquivir abgehalten.

Das zeremonielle Anzünden der Beleuchtung auf dem Festplatz am Abend des Eröffnungsmontags dient als Startschuss für sechs Abende, die den Lieblingsbeschäftigungen der *sevillanos* gewidmet sind: essen, trinken, sich herausputzen und bis zum Morgengrauen tanzen.

Bienal de Flamenco FLAMENCO

(www.labienal.com; ☉Sept.) An diesem bedeutenden Festival, das immer im September in geraden Jahren ausgerichtet wird, nehmen die meisten Größen aus der Flamenco-Welt teil.

🛏 Schlafen

🛏 Barrio de Santa Cruz

Pensión San Pancracio PENSIÓN €

(Karte S. 54 f.; ☏954 41 31 04; Plaza de las Cruces 9; DZ 50 €, EZ/DZ/3BZ mit Gemeinschaftsbad 33/36/52 €) Eine der wenigen Budgetunterkünfte in Santa Cruz. Das alte, weitläufige Familienhaus bietet viele verschiedene Zimmerkategorien (alle billig) und verfügt über eine hübsche, blumengeschmückte Hoflobby. Die freundlichen Mitarbeiter machen den fehlenden Luxus wieder wett, allerdings gibt es hier ausschließlich Gemeinschaftsbäder.

★ Hotel Amadeus HOTEL €€

(Karte S. 58; ☏954 50 14 43; www.hotelamadeussevilla.com; Calle Farnesio 6; EZ/DZ 100/114 €; P❄🛜) Und wir dachten, es gibt keine Hotels mehr mit Klavier im Zimmer … Das Hotel Amadeus wird von einer engagierten Musikerfamilie geführt und befindet sich in der alten *judería* (Judenviertel) – einige der schön dekorierten Zimmer mit Klavier verfügen sogar über schalldichte Wände, damit man auch in Ruhe üben kann.

Weitere Extras sind klassische CDs in den Zimmern, an den Wänden befestigte Instrumente sowie eine Dachterrasse mit Whirlpool. Komponisten und Mozartfreunde werden beeindruckt sein.

Hotel Palacio Alcázar BOUTIQUE-HOTEL €€

(Karte S. 54 f.; ☏954 50 21 90; www.hotelpalacioalcazar.com; Plaza de Alianza 12; EZ 65 €, DZ 76–108 €; ❄@🛜) 🌱 Im ältesten Viertel Sevillas wurde vor Kurzem der Palacio Alcázar eröffnet, der frischen weißen Minimalismus in das opulente *barrio* Santa Cruz bringt. Das Hotel bietet zwölf hübsche Zimmer und eine ebenso schöne Dachterrasse mit Tapasbar, wo Kellner durch das Läuten eines Glöckchens am Tisch gerufen werden.

Hotel Puerta de Sevilla HOTEL €€

(Karte S. 54 f.; ☏954 98 72 70; www.hotelpuertadesevilla.com; Calle Puerta de la Carne 2; EZ/DZ 50/70 €; P❄@🛜) Das freundliche Hotel in großartiger Lage bietet eine tolle Mischung aus Kitsch und Stil. In der Lobby befindet sich eine Wasserinstallation, die von herrlichen Sevillafliesen gesäumt ist. Die Zimmer sind mit geblümten Stoffen, schmiedeeisernen Betten und pastellfarbener Tapete ausgestattet. Es gibt auch eine unschlagbare Dachterrasse, auf der man wunderbar Leute beobachten kann.

Hostal Plaza Santa Cruz HOTEL €€

(Karte S. 54 f.; ☏954 22 88 08; www.hostalplazasantacruz.com; Calle Santa Teresa 15; DZ/Suite 67/95 €; ❄🛜) Diese Unterkunft im alten Stadtviertel bietet zwei Optionen: ein kleines Hotel mit dezenten, in Cremetönen gehaltenen Zimmern gleich vor der Plaza Santa Cruz; und einen Block weiter mehrere gehobene Suiten mit luxuriösen Extras wie Fliesen, Kunst und schweren Holzmöbeln.

Un Patio en Santa Cruz HOTEL €€

(Karte S. 54 f.; ☏954 53 94 13; www.patiosantacruz.com; Calle Doncellas 15; EZ 65–85 €, DZ 65–120 €; ❄🛜) In diesem Hotel fühlt man sich eher wie in einer Kunstgalerie: Seine frischen weißen Wände sind mit auffälligen Kunstwerken, seltsamen Skulpturen und Pflanzen geschmückt. Die Zimmer sind extrem komfortabel, die Mitarbeiter freundlich, und es gibt eine tolle Dachterrasse mit marokkanischen Mosaiktischen. Mit Sicherheit eines der coolsten Hotels der Stadt – und das Preis-Leistungs-Verhältnis ist hervorragend!

SEVILLA FÜR KINDER

Viele der Sehenswürdigkeiten für Erwachsene werden den Kids auf andere Weise ebenfalls gefallen, darunter die Kathedrale (S. 50) und der Alcázar (S. 57) – beide sind für Kinder unter 16 Jahren kostenfrei. Letzterer hat eigens für die Kleinen einen Führer herausgegeben, den man an den meisten Zeitungskiosken bekommt. Es gibt in Sevilla zahlreiche Parks und Grünflächen, oft mit speziellen Kinderbereichen. Schöne Spielplätze findet man z. B. an den Ufern des Río Guadalquivir, im Parque de María Luisa (S. 67) und im Jardines de Murrillo. Eiscreme und *churros* (lange, frittierte Krapfen) sind ebenfalls allgegenwärtig. Wenn einem Tapas zu abgehoben sind, kann man stattdessen ein gutes italienisches Restaurant ansteuern, etwa an der Plaza de la Alfalfa. Die Isla Mágica (S. 69) ist ein auf Kinder ab zehn Jahren zugeschnittener Vergnügungspark und der nahe Pabellon de la Navegación (S. 68) wartet mit etlichen interaktiven Raffinessen auf. Beliebt sind auch Bootstouren und Fahrten im Doppeldeckerbus oder mit der Pferdekutsche.

★ Hotel Casa 1800   LUXUSHOTEL €€€

(Karte S. 54 f.; 954 56 18 00; www.hotelcasa1800sevilla.com; Calle Rodrigo Caro 6; Zi. ab 195 €; ❄@🛜) Das Casa 1800 in Santa Cruz führt die Liste der beliebtesten Hotels Sevillas an und hat eine wahrhaft königliche Atmosphäre (im positiven Sinne). Das Wort *casa* (Haus) wird hier noch wörtlich genommen: Man fühlt sich wirklich wie in einem zweiten Zuhause (wenn auch in einem schickeren als daheim), und die charmanten Mitarbeiter sorgen für alles, was man braucht. Highlights sind das kostenfreie Büfett zum Nachmittagstee und die vier Penthouse-Gartensuiten mit Ausblick auf Giralda.

Das Hotel ist auch eine der wenigen Bleiben der Stadt, das seine Preise zur Karwoche nicht bis ins Lächerliche erhöht.

EME Catedral Hotel   LUXUSHOTEL €€€

(Karte S. 54 f.; 954 56 00 00; www.emecatedralhotel.com; Calle de los Alemanes 27; DZ/Suite ab 250/446 €; ❄@🛜♨) Was passiert, wenn man 14 schöne alte *sevillano*-Häuser zusammenschließt, einen Top-Designer sowie einen der angesehensten Köche Sevillas ins Team holt, schließlich noch ein *hammam*, einen Dachpool, vier Restaurants – darunter auch das Santo Restaurante – sowie schicke Zimmer mit roten Akzenten hinzufügt und das Ganze direkt neben die größte gotische Kathedrale der Welt setzt?

Heraus kommt das EME Catedral Hotel, die meistdiskutierte Unterkunft der Stadt, wo das antike Sevilla mit innovativen Elementen kombiniert wird. Ob es funktioniert? Um das herauszufinden, sollte man die 250 € pro Nacht investieren und das Hotel selbst erleben.

El Arenal

★ Hotel Adriano   HOTEL €€

(Karte S. 54 f.; 954 29 38 00; www.adrianohotel.com; Calle Adriano 12; EZ/DZ 65/75 €; P❄🛜) Eine solide Option in Arenal mit großartigen Angestellten, Zimmern mit hübschen *sevillano*-Elementen und einem der besten Kaffeehäuser Sevillas vor der Tür.

Hotel Simón   HOTEL €€

(Karte S. 54 f.; 954 22 66 60; www.hotelsimonsevilla.com; Calle García de Vinuesa 19; EZ/DZ 88/125 €; ❄@) In die Jahre gekommenes, aber erhabenes Stadthaus aus dem 18. Jh. mit kunstvollem Innenhof und ruhigen, altmodischen Zimmern, die teilweise mit prachtvollen *azulejo*-Fliesen dekoriert sind. Seine zwei Wahrzeichen sind das tolle Flair und die Top-Lage (nur 100 m von der Kathedrale). Zu diesem Preis wird man nichts Besseres finden.

El Centro

Oasis Backpackers' Hostel   HOSTEL €

(Karte S. 58; 955 26 26 96; www.oasissevilla.com; Calle Almirante Ulloa 1; B/DZ inkl. Frühstück 15/50 €; ❄@🛜) Backpacker haben nur selten Gelegenheit, in einem Palast zu übernachten, aber dieses freundliche, einladende Hostel – eine echte Oase im belebten Stadtzentrum – befindet sich in einem palastartigen Herrenhaus aus dem 19. Jh. Es gibt auch einige Privatzimmer, eine Café-Bar und eine Dachterrasse mit kleinem Pool.

Die Mitarbeiter organisieren jede Menge Aktivitäten, und man trifft Traveller aus aller Welt in einer Atmosphäre, die gesellig, aber nie zu laut ist.

Hotel Boutique Doña Lola BOUTIQUE-HOTEL €€
(Karte S.58; 954 91 52 75; www.donalolasevilla.com; Calle Amor de Dios 19; EZ/DZ 79/87 €; ❋ 🛜) Doña Lola, das versteckt hinter einem gewöhnlichen Mietshaus in El Centro liegt, ist ein kleines, aber modernes Paradies, das sich mit seiner zentralen Lage gut als Ausgangspunkt für alle möglichen Unternehmungen eignet. Der Rezeptionsbereich wirkt wie ein psychedelisches Schachbrett und die Zimmer sind eher klein, aber supersauber und klug eingerichtet.

Hotel Abanico HOTEL €€
(Karte S.58; 954 21 32 07; www.hotelabanico.com; Calle Águilas 17; EZ/DZ 86/90 €; ❋ 🛜) Wer schon beim Aufwachen das typische Sevilla vor Augen haben möchte, sollte sich in diesem einfachen Hotel mit charakteristischen Fliesenarbeiten, schmiedeeisernen Balkonen und religiöser Kunst an den Wänden einquartieren.

Hotel América HOTEL €€
(Karte S.58; 954 22 09 51; www.hotelamericasevilla.com; Plaza del Duque de la Victoria 9; EZ/DZ 75/90 €; ❋ @ 🛜) Traveller, die Wert auf Zuverlässigkeit und wenig Aufhebens legen, sollten sich im Hotel América einbuchen. Das praktisch gelegene, professionell geführte Hotel mit Businessflair bietet zwar keine schicken Fliesen oder Nelken auf den Kissen, versorgt seine Gäste aber mit allem, was sie brauchen. Ein guter Ausgangspunkt für's Sightseeing!

Triana

Hotel Monte Triana HOTEL €€
(954 34 31 11; www.hotelesmonte.com; Clara de Jesús Montero 24; DZ ab 79 €; P ❋ 🛜) In Triana zu übernachten hat seine Vorteile – nur einen Steinwurf vom stimmungsvollsten Stadtviertel Sevillas entfernt zu sein ist nur einer davon. Das Monte Triana erinnert ein wenig an ein Businesshotel und bietet geräumige Zimmer, eine Parkgarage für 42 Autos (ein Luxus in Sevilla) und einen Fitnessraum (ebenfalls selten). Es hat auch eine eigene Bar und ein Café. Man kann sogar seine eigenen Kissenfüllungen aussuchen – Latex, Daunen oder Viskoelastik.

Alameda de Hércules & Umgebung

Hotel Sacristía de Santa Ana BOUTIQUE-HOTEL €€
(Karte S.60; 954 91 57 22; www.hotelsacristia.com; Alameda de Hércules 22; DZ ab 95 €; ❋ 🛜) Wahrscheinlich das beste Schnäppchen Sevillas! Das herrliche Hotel an der Alameda hat die perfekte Lage für einen abendlichen Besuch der benachbarten Bars und Restaurants, ist selbst aber ein paradiesischer Zufluchtsort, mit einem kleinen von Bonsais umgebenen Springbrunnen im Innenhof. Die altmodischen Zimmer verfügen über große, kunstvolle Betten, runde Bäder und Kaskadenduschen.

Auch der Service ist hervorragend.

Hotel San Gil HOTEL €€
(Karte S.60; 954 90 68 11; www.hotelsangil.com; Calle Parras 28; EZ/DZ 96/119 €; ❋ 🛜 ≋) San Gil liegt eingezwängt und etwas abgelegen am Nordende des Macarena-Viertels, aber dafür ist das Nachtleben der Alameda de Hércules nur einen Katzensprung entfernt. Das nahe gelegene Netz an Fahrradwegen bietet einen guten Anlass, um sich mit dem Sevici-Bike Sharing System vertraut zu machen. Hinter der prachtvoll gefliesten Lobby erstrecken sich die schlichten, aber modernen Zimmer mit großen Betten und viel Platz.

🍴 Essen

In Sevilla gibt's die kreativsten Tapas Andalusiens, aber wer sich mit den neuen kulinarischen Kreationen nicht anfreunden kann, findet auch jede Menge guter und traditioneller Tapasbars.

Im Zentrum findet man zwei Lebensmittelmärkte, den **Mercado del Arenal** (Karte S.58; Calle Pastor y Landero) und den **Mercado de la Encarnación** (Karte S.58; Plaza de la Encarnación). Letzterer befindet sich unter den gigantischen, an Pilze erinnernden Säulen des Metropol Parasol (S.66). Hier werden hauptsächlich Obst, Gemüse und Fisch verkauft.

🍴 Barrio de Santa Cruz, Alcázar & Kathedrale

Bodega Santa Cruz TAPAS €
(Karte S.54f.; Calle Mateos Gago; Tapas 2 €; ⊙11.30–24 Uhr) In dieser stets überfüllten Bodega wird das Tapasessen zu einem Kontaktsport – immer auf die Ellbogen der anderen Gäste achten – und man bewundert die Kellner, die sich wie Preiskämpfer durch das Chaos bewegen. Die traditionellen Tapas lassen sich am besten draußen mit einem kühlen Bier genießen – hier kann man gut die Armeen von Touristen beobachten, die sich vorbeizwängen.

Café Bar Las Teresas
TAPAS €

(Karte S. 54 f.; Calle Santa Teresa 2; Tapas 3 €; ◷ 10–24 Uhr) Die von der Decke hängenden Schinken wirken so alt wie der verwinkelte Speiseraum, der den beiden kräftigen Kellnern gerade genug Platz bietet, um sich mit den vollgeladenen Tapas-Tellern hindurchzuquetschen. Das Ambiente ist schummerig, aber nicht schmuddelig, die Küche sehr traditionell und das Publikum besteht aus Touristen und Einwohnern von Santa Cruz.

L'Oca Giuliva
ITALIENISCH €

(Karte S. 54 f.; ☎ 954 21 40 30; www.ocagiuliva.es; Mateos Gago 9; Hauptgerichte 9–12 €; ◷ 13.30–16 & 20.30–24 Uhr) Wer mal eine Pause von Tapas braucht, dem gefällt vielleicht ein kleiner Abstecher nach Italien: L'Oca ist wahrscheinlich das beste Restaurant Sevillas für die Küche des „La Dolce Vita"; es repräsentiert alle italienischen Regionen mit Gerichten wie Orecchiette pugliesi, Pesto alla Genovese, Lasagne Bolognese und Agnolotti. Die Pizzas schmecken – wie erwartet – herrlich authentisch.

Die Kronleuchter und Fotos berühmter Italiener tragen zur schönen Atmosphäre bei.

Horno de San Buenaventura
CAFÉ €

(Karte S. 54 f.; www.hornosanbuenaventura.com; Avenida de la Constitución; Gebäck ab 1 €; ◷ Mo–Fr 7.30–22, Sa & So 8–22 Uhr) Sevilla wartet gleich mit zwei dieser hübschen Konditoreien inklusive Snackbar auf. Die eine liegt in der Avenida de la Constitución gegenüber der Kathedrale und die andere (kleinere) an der **Plaza de la Alfalfa** (Karte S. 58; ◷ 9–21 Uhr). Hier kann man das gemütliche kontinentale Frühstück genießen (ja, der Service ist manchmal recht langsam) oder sich spontan am späten Abend etwas Kuchen genehmigen.

La Azotea
FUSION, ANDALUSISCH €€

(Karte S. 58; ☎ 955 11 67 48; Jesús del Gran Poder 31; raciones 10 €; ◷ Do–Mo 13.30–16.30 & 20.30–24 Uhr) Die angesagteste *nueva cocina* gibt's bei Azotea, dessen blühendes Imperium – es hat inzwischen vier Ableger – von seiner wachsenden Beliebtheit zeugt. Das Dekor erinnert an Ikea, die Mitarbeiter tragen Schwarz, und die *raciones* (Platten mit Tapas), gesüßt und gewürzt mit Panache, wirken wie kleine Kunstwerke. Die Tapas sind in einer Vielfalt von Tellern, Gerichten und Boxen erhältlich.

Vinería San Telmo
TAPAS, FUSION €€

(Karte S. 54 f.; ☎ 954 41 06 00; www.vineriasantelmo.com; Paseo Catalina de Ribera 4; Tapas 3,50 €, medias raciones bzw. halbe Portion 10 €; ◷ 13–16.30 & 20–24 Uhr) Zu den Erfindungen des San Telmo gehört die superhohe *rascocielo*-(Wolkenkratzer-)Tapa mit Tomaten, Aubergine, Ziegenkäse und Räucherlachs. Wem diese und andere kreative Leckereien wie Foie gras mit Wachteleiern und Lychees oder die hervorragend zubereiteten Thunfischsteaks keinen Appetit machen, dem ist wahrscheinlich nicht mehr zu helfen.

Casa Tomate
TAPAS, ANDALUSISCH €€

(Karte S. 54 f.; ☎ 954 22 04 21; Calle Mateos Gago 24; Tapas 3–4 €, raciones 12 €; ◷ 9–24 Uhr) Schinken hängen an Haken von den Decken, alte Feriaposter werden mit Art Nouveau- und Art déco-Designs kombiniert, und auf den schwarzen Tafeln vor dem Restaurant stehen die neuesten Gerichte aus der Küche der Casa Tomate. Das Restaurant befindet sich auf dem belebtesten Touristenstreifen von Santa Cruz, und seine Mitarbeiter empfehlen ihren Gästen Gerichte wie Knoblauchgarnelen und Schweinelende in Weißwein- und Pinienkernsoße – wer kann da widerstehen?

El Arenal

★ La Brunilda
TAPAS, FUSION €€

(Karte S. 58; ☎ 954 22 04 81; Calle Galera 5; Tapas 3,50–6,50 €; ◷ Di–Sa 13–16 & 20.30–23.30, So 13–16 Uhr) Rivalen aus den Provinzen versuchen ständig, Sevilla seinen Rang als Andalusiens Tapashauptstadt abzulaufen, deshalb muss sich die Gourmetszene der Stadt ständig neu erfinden und für frischen Wind im Wettbewerb sorgen. Das La Brunilda ist ein noch recht neues Restaurant in einer unscheinbaren Seitenstraße im Viertel Arenal, das Fusion-Tapas serviert. Einfach alles – angefangen vom Essen über die Mitarbeiter bis hin zu den Kunden – ist hier schön.

Wer großen Appetit hat, sollte die ganze Karte durchprobieren. Leuten mit kleinerem Magen empfehlen wir das cremige Pilzrisotto – einfach unschlagbar!

Mesón Cinco Jotas
TAPAS €€

(Karte S. 54 f.; www.mesoncincojotas.com; Calle Castelar 1; medias raciones bzw. halbe Portionen 10 €; ◷ Mo–Fr 8–24, Sa & So ab 12 Uhr) Wenn ein Schinkenhersteller mit dem „Cinco Jotas" (fünf Js) für seinen *jamón* ausgezeichnet wird, ist das in etwa wie die Verleihung des Oscars. Sánchez Romero Carvajal, der Besitzer dieses Ladens, ist der größte Hersteller von Jabugo-Schinken und hat eine tolle Auswahl im Angebot.

Am besten probiert man gleich mehrere Sorten. Aber Vorsicht: Spitzen-*jamones* kosten bis zu 40 €!

Infanta ANDALUSISCH €€€
(Karte S. 54 f.; 954 56 15 54; www.infantasevilla.es; Calle Arfe 34-36; Hauptgerichte 16–24 €; Mo-Sa 12.30–17 & 20–24 Uhr) Diese früher sehr einfache Tapaskneipe ist an einen neuen Standort um die Ecke gezogen und hat sich dabei als etwas schickere und stilvollere Bar neu erfunden. Die helle Inneneinrichtung hat ein paar wunderschön altmodische Elemente, und das Essen wird fast nur aus lokalen Zutaten zubereitet. Wer eine Abwechslung von Tapas braucht, kann das dazugehörige à la carte-Restaurant ausprobieren.

El Centro

Die Plaza de la Alfalfa ist Dreh- und Angelpunkt der Tapas-Szene mit einigen hervorragenden Bars.

★ Redhouse Art & Food INTERNATIONAL €
(Karte S. 58; 661 615 646; www.redhousespace.com; Calle Amor de Dios 7; Snacks ab 4 €; Di-So 11.30–0.30 Uhr;) Das Redhouse ist schwer einzuordnen. Mit seinen nicht zusammenpassenden Stühlen und abstrakter Kunst an den Wänden könnte es ein Tummelplatz für Hipster sein, aber drinnen findet man Familien, Rentner, Studenten und viele nicht sehr cool aussehende Leute vor. Die Küche zaubert alles von lässigem Kaffee bis hin zu romantischen Menüs, aber egal, was man bestellt, man sollte unbedingt noch Platz für den besten hausgebackenen Kuchen Andalusiens lassen.

Im Redhouse finden auch Fashionshows, Kunstausstellungen, Dichterlesungen und Musikkonzerte statt.

Mercado Lonja del Barranco INTERNATIONAL €
(Karte S. 58; www.mercadodelbarranco.com; Calle Arjona; Snacks 5–12 €; So-Do 10–24, Fr & Sa bis 2 Uhr) Ein genialer neuer Food Court in einem an den Eiffelturm erinnernden Gebäude unweit der Isabel II.-Brücke. Die schicken Stände halten die volle Auswahl an *sevillano*-Gerichten bereit. Man kann umherschlendern und sich mit Kuchen, Backfisch, Bier, Miniburgern und Tapas eindecken, die man dann in den vielen Sitzecken und -nischen voller Gemeinschaftstische genießt. Ein köstliches und sehr geselliges Erlebnis.

Bar Europa TAPAS €
(Karte S. 58; 954 22 13 54; www.bareuropa.info; Calle Siete Revueltas 35; Tapas 3 €, medias raciones bzw. halbe Portionen 6–8 €; 8–1 Uhr) Eine klassische, schnörkellose Bar im alten Stil, die seit 1925 Tapas auftischt. Trotzdem hat das Europa keine Angst vor Experimenten. Seine Vorzeige-Tapa ist *quesadilla los balanchares gratinada sobre manzana*. Für das Highlight auf der Speisekarte verwandelt der Koch einen langweiligen Granny-Smith-Apfel in eine geschmackliche Sensation, indem er ihn mit Ziegenkäse bedeckt und auf ein Bett aus Erdbeeren legt.

Confitería La Campana CAFÉ, BÄCKEREI
(Karte S. 58; www.confiterialacampana.com; Ecke Calles Sierpes & Martín Villa; große Kuchen ab 7 €; 8–22 Uhr) Das Bäckerei-Café ist eine wahre Institution, in dem sich schon seit 1885 Süßmäuler drängeln. Ob Arbeiter- oder Oberschicht, alle stürmen Sevillas beliebteste Bäckerei für eine *yema* (weicher Mürbekeks, eingewickelt wie ein Toffee) oder die köstliche *nata* (Vanillecremekuchen).

Wer einen Platz an der Bar ergattern will, sollte früh herkommen und sich von den Weste tragenden Kellnern Kaffee und *pan con tomate* (getoastetes Brötchen mit zerstoßenen Tomaten) servieren lassen.

★ La Pepona TAPAS, MODERN €€
(Karte S. 58; 954 21 50 26; Javier Lasso de la Vega 1; Tapas 3,50–6,50 €; Mo-Sa 13.30–16.30 & 20–24 Uhr) La Pepona, eines der besten Newcomer-Restaurants von 2014, macht einfach alles richtig: Angefangen vom Brot (riesige rustikale Scheiben) bis hin zum Service (schnell, aber diskret) und Dekor (klare Ikea-Formen und viel Holz). Oscar-Status erreicht es jedoch mit seinem Essen, das vor allem aus innovativen Tapas besteht.

Wir empfehlen Ziegenkäse mit Joghurt, Couscous und Minze – eine köstliche Verschmelzung von Andalusien und Marokko.

Restaurante Albarama TAPAS €€
(Karte S. 58; 954 22 97 84; www.restaurantealbarama.com; Plaza de San Francisco 5; Tapas 5,50 €; 13–16.15 & 20.15–23.45 Uhr) Das lange, schmale Restaurant wird meist von langen, schmalen Leuten besucht, die hier Tapas genießen, bei denen es eher um Qualität als um Quantität geht. Hier kann man die wahre Schönheit von Tapas bewundern – ein kleines Stückchen Gourmetküche zu probieren, ohne gleich arm zu werden.

Los Coloniales MODERNE ANDALUSISCHE KÜCHE €€
(Karte S. 58; www.tabernacoloniales.es; Ecke Calle Dormitorio & Plaza Cristo de Burgos; Hauptgerichte 10–12 €; 12.30–24 Uhr) Stille Wasser sind tief.

Von außen macht der Laden nicht viel her, ist aber trotzdem etwas ganz Besonderes. Die hochwertigen Gerichte – *chorizo a la Asturiana*, eine leckere pikante Wurst in einer Zwiebelsoße auf leicht angebratenen Kartoffeln, Auberginen mit Honig und Schweinelenden *al whisky* (Soße mit Whisky-Geschmack) – sind alle echte Highlights.

Nahe der Kathedrale gibt's noch eine weitere, kleinere, etwas touristischere Filiale, die **Taberna Los Coloniales** (Karte S. 54 f.; Calle Jimios).

Luso Tapas TAPAS, PORTUGIESISCH €€
(Karte S. 58; 955 09 75 53; Calle Javier Lasso de la Vega 9; Tapas 4–6,50 €; Di–So 12–17 & 20–23.30 Uhr) Man kann sich den Tagesausflug nach Lissabon sparen und stattdessen im „Luso" Tapas auf portugiesische Art genießen. Die Leute aus dem Nachbarland zaubern beeindruckende Happen mit portugiesischen Aromen – *muito bom* (sehr gut), wie sie auf der anderen Seite der Grenze sagen. Der Fisch ist ein besonderes Highlight. Donnerstagabends ab 21.30 Uhr gibt's Live-*fado*.

The Room INTERNATIONAL €€
(Karte S. 58; 619 200 946; www.theroomartcuisine.com; Calle Cuesta del Rosario 15; Tapas 2,75–5 €; 12–16.30 & 20–1 Uhr;) Ein weiteres Restaurant für „Art Cuisine". Die kurze Speisekarte passt zwar auf eine Kreidetafel, trotzdem umspannen die Gerichte den ganzen Globus – von Fish and Chips im britischen Stil über Thainudeln bis hin zu peruanischem Ceviche und italienischem Risotto wird alles geboten. Die Einrichtung ist superlocker und es werden häufig Chaplin-Filme auf eine Wand projiziert.

El Rinconcillo TAPAS, ANDALUSISCH €€
(Karte S. 58; 954 22 31 83; www.elrinconcillo.es; Calle Gerona 40; Tapas 3 €; raciones 12 €; 13–1.30 Uhr) Manche sagen, das Rinconcillo ruhe sich auf seinen Lorbeeren aus. Das mag stimmen – bei mehr als 345 Jahren Geschichte kommen aber auch eine Menge Lorbeeren zusammen. Sevillas älteste Bar wurde schon 1670 eröffnet, als die Inquisition tobte nur Tapas nur Flaschendeckel waren.

Grund für einen Besuch ist natürlich die historische Atmosphäre, aber die *ortiguillas fritas* (gebratene Seeanemonen) und die Schalen mit den vielleicht größten Oliven der Welt sind durchaus lohnenswert.

Robles Laredo MODERNE SPANISCHE KÜCHE €€
(Karte S. 58; www.casa-robles.com; Plaza de San Francisco; raciones 9–12 €; So–Mi 11–1, Do–Sa bis 2 Uhr) Unter seinen beiden riesigen Kronleuchtern wirkt das kleine italienisch inspirierte Café-Restaurant geradezu winzig. Die vielen köstlichen Nachtischvarianten sind in Glasvitrinen ausgestellt. Auch die Tapas überzeugen. Wir empfehlen Foie gras, Rindfleischburger mit Trüffelsoße oder Austern und Sardellen.

Egaña Santo Restaurante BASKISCH, FUSION €€€
(Karte S. 58; 954 21 28 73; www.eganagastrogroup.com; Calle Argote de Molina 29; Hauptgerichte 24–38 €; Mi–Sa & Mo 12.30–16 & 20 Uhr-open end, So 12.30–16 Uhr) Früher gab hier der Michelinstern-gekrönte baskische Küchenchef Martin Berasategui den Ton an, hat den Stab aber inzwischen an den Basken Josemari Egaña weitergereicht, der in der kulinarischen Szene Sevillas schon lange bekannt ist. Das Restaurant gehört zum schicken EME Catedral Hotel (S. 72) neben der Kathedrale, und serviert wird höchst experimentelle Küche, die an andalusische Traditionen anknüpft.

Highlights auf der Speisekarte des eleganten baskischen Restaurants sind Foie-gras-Schnitzel und gebratener Oktopus.

Triana

Casa Cuesta MODERNE SPANISCHE KÜCHE €
(Karte S. 54 f.; 954 33 33 37; www.casacuesta.net; Calle de Castilla 3-5; Hauptgerichte 10 €; 12.30–16.30 & 20–0.30 Uhr) Durch die massiven Glasfenster blickt man auf eine überfüllte Plaza, Spiegel reflektieren kunstvoll das Flamenco-Dekor sowie die gerahmten Poster von Stierkämpfen, und hinter der mit funkelnden goldenen Zapfanlagen bestückten Bar stehen Flaschen, die älter aussehen als viele der Kunden. Die Casa Cuesta strahlt eine wundervolle, typisch sevillanische Authentizität aus.

T de Triana ANDALUSISCH €€
(Karte S. 54 f.; 954 33 12 03; Calle Betis 20; 20–2 Uhr) Das T verkörpert Triana, wie es ist: einfache Fischtapas, Wände voller historischer Dekoration, *fútbol* auf dem großen Bildschirm, wenn Sevilla oder Real Betis spielt, und Flamenco-Liveshows jeden Freitag um 22 Uhr.

Alameda de Hércules

★**Bar-Restaurante Eslava**
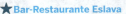 FUSION, ANDALUSISCH €€
(Karte S. 60; www.espacioeslava.com; Calle Eslava 3; medias raciones 9–13 €; Di–Sa 12.30–24, So

12.30–16.30 Uhr) Das Eslava verzichtet auf die in Tapas-Bars allgegenwärtigen traditionellen Kacheln und Stierkampfposter und konzentriert sich aufs Wesentliche: gehobene Küche und guten Service.

Ein Besuch lohnt sich besonders abends, wenn z. B. denkwürdige *costillas a la miel* (Schweinerippchen mit Honig- und Rosmaringlasur) und vegetarischer Strudel mit Käsesoße aufgetischt werden. Das Ambiente ist kein bisschen versnobt, sondern authentisch und nach 21 Uhr wird es immer lebhafter. Eine gute Wahl ist auch das benachbarte Restaurant (gemeinsame Küche).

Duo Tapas TAPAS, FUSION €€
(Karte S. 60; Calle Calatrava 10; Tapas 3–4,50 €, media raciones bzw. halbe Portionen 9–12 €) Es zieht nur wenige Touristen von der Alameda de Hércules Richtung Norden zum Duo Tapas. Im Vergleich zur „alten Schule" des El Rinconcillo (S. 76) serviert das Lokal moderne Küche. Was ihm an *azulejo* (Fliesen) und berühmten früheren Gästen fehlt, macht es durch fantasievolle Tapas mit asiatischem Touch wieder wett. Das schicke Publikum aus Alameda schwört auf das Huhn mit grünem Curry, Reis und scharfen Nudeln.

Ausgehen & Nachtleben

Die Bars sind meist werktags von 18 bis 2 Uhr und am Wochenende von 20 bis 4 Uhr geöffnet. Freitags und samstags (wenn es heiß ist, täglich) geht's erst gegen Mitternacht richtig los, doch dann dauert die Party bis tief in die Nacht.

Im Sommer gibt's an beiden Flussufern Dutzende *terrazas de verano* (Sommerterrassen; provisorische Nachtbars im Freien), viele mit Livemusik und reichlich Platz zum Tanzen. Namen und Ambiente ändern sich von Jahr zu Jahr.

Vor Ort pulsiert das Nachtleben. Klassische Ziele für Nachtschwärmer sind die Bars am Ufer des Río Guadalquivir in Triana (die Mauer an der Calle del Betis dient als Behelfsbar), die Plaza de la Alfalfa (Cocktail- und Kellerbars), das Barrio de Santa Cruz und die Alameda de Hércules (heutzutage *der* Ausgehspot für junge *sevillanos* und auch das Zentrum der städtischen Schwulenszene).

Cervezas Taifa KLEINBRAUEREI
(Karte S. 54 f.; 954 04 27 31; www.cervezastaifa.es; Mercado de Triana 36; Mo–Fr 7.30–15, Sa & So 12.30–17 Uhr) Die winzige Mikrobrauerei auf dem Markt von Triana steht an der vordersten Front der aufblühenden Craft-Beer-Bewegung Andalusiens, die zunehmend das Monopol von Cruzcampo (Spaniens meistverkauftes Bier) bedroht. Ihr kleiner Marktstand (der auf den ersten Blick wie ein Obststand aussieht) fungiert auch als Fabrik, Geschäft und Bar.

Wer auf eine Flasche Pils, Pale Ale oder India Pale Ale (IPA) vorbeischaut, wird mit den freundlichen, zweisprachigen Besitzern wahrscheinlich schnell darüber diskutieren, wie man sein eigenes Bier braut.

Café de la Prensa BAR
(Karte S. 54 f.; 954 00 29 69; Calle del Betis 8; Mo–Do 15–2.30, Fr–So 14–3.30 Uhr) Als Ausgehziel belegt die Calle del Betis hinter der Alameda de Hércules zwar den zweiten Platz, aber das Café de la Prensa ist ein toller Ort, um eine lange Barnacht am Flussufer zu beginnen. Man kann drinnen die mit alten Zeitungen tapezierten Wände bewundern, oder draußen einen Platz ergattern und den schönen Blick auf den Fluss und die Giralda im Hintergrund genießen.

El Garlochi BAR
(Karte S. 58; Calle Boteros 4; 22–6 Uhr) Das ultrakitschige Garlochi hat sich ganz und gar der Ikonografie, den Gerüchen und Klängen der Semana Santa verschrieben und ist ein wahres Wunderwerk. Jeder sollte einmal die Cocktails mit eher abschreckenden Namen wie *Sangre de Cristo* (Blut Christi) oder *Agua de Sevilla* probieren, beide mit kräftigen Schüssen Wodka, Whisky und Grenadine, und dabei beten, dass noch mehr Bars wie diese eröffnen.

Bulebar Café BAR
(Karte S. 60; 954 90 19 54; Alameda de Hércules 83; 9–2 Uhr) Nachts wird es hier recht *caliente* (feurig), doch am frühen Abend lässt es sich angenehm chillen und das Personal ist freundlich. Wir empfehlen auch das belebende Frühstück im Freien, bei dem Frühaufsteher den letzten Nachtschwärmern begegnen. Die Bar befindet sich in der superangesagten Alameda de Hércules.

Cabo Loco BAR
(Karte S. 58; Calle Pérez Galdós 26; Di–Mi 17–1, Do–Sa 17–3, So bis 24 Uhr) Zwei sind wirklich einer zu viel in dieser Kneipe, Spelunke, Trinkloch … oder wie man es auch nennen möchte. Die Bar in Alfalfa ist ein guter Stopp auf jeder langen Kneipentour, solange man nichts gegens Stehen hat – vor der Tür.

⭐ Unterhaltung

⭐ Casa de la Memoria — FLAMENCO
(Karte S. 58; ☎ 954 56 06 70; www.casadelamemoria.es; Calle Cuna 6; €18; ⏱ Shows 19.30 & 21 Uhr) Das Kulturzentrum (siehe S. 66) ist weder ein *tablao* (choreografierte Flamencoshow) noch eine private *peña* (Club, gewöhnlich für Flamenco-Fans), sondern bietet zweifellos die intimsten und authentischsten Flamencoshows in Sevilla. Es ist in den alten Stallungen des Palacio de la Condesa de Lebrija untergebracht.

Das Zentrum ist das ganze Jahr über gut besucht, und es gibt nur 100 Sitzplätze – daher sollte man mindestens einen Tag im Voraus anrufen oder hingehen und Tickets reservieren.

⭐ Sevilla de Ópera — THEATER
(Karte S. 58; ☎ 955 29 46 61; www.sevilladeopera.com; Mercado del Arenal, Calle Pastor y Landero; ⏱ Shows Fr & Sa 21 Uhr) Sevilla diente zahllosen Opern als fiktive Kulisse, deswegen war es für eine Gruppe von Opernsängern und -fans im Jahre 2012 ein logischer Schritt, den Klub Sevilla de Ópera zu gründen. Das Theater auf dem Markt von Arenal ist wie eine Art Opern-*tablao*, deren Shows die Musik besser zugänglich machen sollen.

Man kann auf einen Drink oder zum Essen herkommen und Interpretationen von Werken wie *Carmen, Die Hochzeit des Figaro* und *Der Barbier von Sevilla* genießen. Unbedingt vorher online buchen.

Casa de la Guitarra — FLAMENCO
(Karte S. 54 f.; ☎ 954 22 40 93; Calle Mesón del Moro 12; Tickets Erw./Kind 17/10 €; ⏱ Shows 19.30 & 21 Uhr) Ein winziger neuer Flamencoclub in Santa Cruz (es werden weder Getränke noch Essen serviert), wo ein falscher Schritt der Tänzer zu einem Sturz in die vorderste Reihe des Publikums führen könnte. Die Wände sind mit Glasvitrinen voller Gitarren einstiger Flamencogrößen geschmückt.

El Palacio Andaluz — FLAMENCO
(☎ 954 53 47 20; www.elpalacioandaluz.com; Calle de María Auxiliadora; Eintritt mit Getränk/Abendessen 38/76 €; ⏱ Shows 19 & 21.30 Uhr) Puristen werden einem zweifellos erzählen, dass die stark choreografierten Vorstellungen in dem Theater mit 400 Sitzplätzen nur etwas für Touristen sind, aber das entscheidet am besten jeder selbst. Vielleicht wird man ja überrascht. Die talentierten Tänzer im Palacio sind absolute Meister ihrer Kunst und bieten eine tolle Show.

Tablao El Arenal — FLAMENCO
(Karte S. 54 f.; www.tablaoelarenal.com; Calle Rodo 7; Eintritt inkl. Getränk 37 €, mit Abendessen 72 €; ⏱ Restaurant ab 19 Uhr, Shows 20 & 22 Uhr) Von allen Flamenco-Lokalen mit Dinnershows in Sevilla ist dies eines der besten. Bei 100 Sitzplätzen in der ehemaligen Schultaverne fehlt dem Klub natürlich das Flair und der *duende* (Esprit des Flamenco) der *peñas* (kleine Flamenco-Clubs), an den Künstlern gibt es aber nichts auszusetzen. Im Ticketpreis ist ein Getränk inbegriffen, das Essen sollte man aber ausfallen lassen.

Casa Anselma — FLAMENCO
(Karte S. 54 f.; Calle Pagés del Corro 49; ⏱ Mo–Sa 24 Uhr bis spät) Ja, die Musik erinnert eher an Folklore als an Flamenco, aber die Casa Anselma ist mit ihrem Gedränge und spontanem kunstvollem Tanz ein wahrhaft magischer Ort und alles andere als ein touristischer Flamenco-*tablao*. Achtung: Man erkennt den Laden nur an dem mit Kacheln verzierten Eingang, da ein Schild fehlt.

Die Bar liegt in Triana, etwa 200 m westlich der Puente de Isabel II.

Teatro Duque La Imperdible — THEATER
(Karte S. 58; ☎ 954 38 82 19; www.imperdible.org; Plaza del Duque de la Victoria; Eintritt Erw./Kind 12/5 €) Sevillas Epizentrum der experimentellen Kunst führt auf der kleinen Bühne zeitgenössischen Tanz sowie Theater und Flamenco auf, meist um 21 Uhr. Donnerstags bis samstags finden ab 23 Uhr verschiedene Musikevents in der Bar statt.

Naima Café Jazz — JAZZ
(Karte S. 60; ☎ 954 38 24 85; Calle Trajano 47; ⏱ Livekonzerte Sa & So ab 23 Uhr) Sehr angenehme Bar mit Livejazz an den meisten Abenden, allerdings so klein, dass man wahrscheinlich direkt neben dem Drummer sitzt, mit der Hi-Hat vor der Nase.

Shoppen

Shoppen ist bei *sevillanos* ein beliebter Zeitvertreib, und Kleidung steht da ganz oben auf der Liste. Schuhfetischisten wähnen sich hier geradezu im Paradies, denn die Dichte an Schuhgeschäften ist vielleicht die höchste auf Erden.

Die Calle Sierpes, Calle Velázquez/Tetuán und Calle Cuna haben ihren Charme beibehalten. In diesen Straßen gibt's eine ganze Reihe kleiner Läden mit einem breiten Angebot, von gepunkteten *trajes de flamenca* (Flamenco-Kleider) bis zu Diamantringen und antiken Fächern. Viele Geschäfte sind von 9 bis 21 Uhr geöffnet, aber zwischen 14 und 17 Uhr wegen Siesta geschlossen.

Geschäfte für ein eher alternatives Publikum findet man in der Calle Amor de Dios und der Calle Doctor Letamendi, nahe der Alameda de Hércules.

Triana ist berühmt für seine Ziegeln und Keramik. Dutzende Läden und Ateliers verkaufen an der Kreuzung der Straßen Alfarería and Antillano Campos hübsche und kunstvolle Tonwaren.

Cerámica Santa Ana KERAMIK
(Karte S.54f.; 954 33 39 90; www.ceramicasantaana.com; Calle San Jorge 31; Mo-Fr 10-20.30, Sa 10-15 Uhr) Sevilla ist auf die charakteristischen *azulejos* (Keramikfliesen) spezialisiert, die man sich am besten in Triana ansieht. Dieses Geschäft gibt es seit über 50 Jahren, und auch das Gebäude selbst ist fast eine Touristenattraktion.

El Postigo MARKT
(Karte S.54f.; Ecke Calles Arfe & Dos de Mayo; 11-14 & 16-20 Uhr) In der Markthalle für Kunsthandwerk in Arenal befinden sich ein paar Läden, die u. a. Keramik, Textilien und Silberwaren verkaufen.

Casa del Libro BÜCHER
(Karte S.58; www.casadellibro.com; Calle Velázquez 8; Mo-Sa 9.30-21.30 Uhr) Die Filiale mit vier Stockwerken gehört zu Spaniens ältester Buchhandlungskette und hat eine große Literaturauswahl in mehreren Sprachen sowie Reisebücher (z. B. dieses) im Sortiment.

Record Sevilla MUSIK
(Karte S.58; Calle Amor de Dios 27; So-Fr 10-14 & 17-21, Sa 17-21 Uhr) Wer Lust hat, Flamenco mit House zu mixen, kann sich hier das passende Vinyl dafür holen. Die Mitarbeiter kennen sich auch sehr gut mit der lokalen Musikszene aus.

Padilla Crespo ACCESSOIRES, KLEIDUNG
(Karte S.54f.; 954 21 29 88; Calle Adriano 18B; Mo-Sa 10-20.30 Uhr) Wer richtig in die andalusische Kultur eintauchen will, kann sich hier einen breitkrempigen Hut und ein Reiteroutfit für die Feria de Abril besorgen.

El Corte Inglés EINKAUFSZENTRUM
(Karte S.58; Plaza del Duque de la Victoria 8; Mo-Sa 10-22 Uhr) Das riesige spanische Einkaufszentrum verteilt sich über vier verschiedene Gebäude rund um die Plaza de la Magdalena und die Plaza del Duque de la Victoria.

> **ⓘ SEVILLA CARD**
>
> Mit der Sevilla Card (913 60 47 72; www.sevillacard.es; 24/48/72 Std 30/48/64 €) erhält man Ermäßigungen auf Sehenswürdigkeiten und geführte Touren sowie Rabatt in einigen Geschäften und Restaurants. Sie ist online erhältlich.

ⓘ Praktische Informationen

NOTFALL
Ambulanz (061)
Feuer (085)
Policía Local (092)
Policía Nacional (091)

POST
Postamt (Karte S.54f.; Avenida de la Constitución 32; Mo-Fr 8.30-21.30, Sa bis 14 Uhr)

TOURISTENINFORMATION
Inphor (954 54 19 52; Estación Santa Justa; 8-22 Uhr, Sa & So mittags geschl.) Unabhängige Touristeninformation am Bahnhof.

Regionale Touristeninformation (Karte S.54f.; Avenida de la Constitución 21; Mo-Fr 9-19 Uhr, Sa 10-14 & 15-19 Uhr, So 10-14 Uhr, an Feiertagen geschl.) Das Fremdenverkehrsamt an der Constitución ist gut informiert, aber oft sehr voll. Es gibt auch ein Büro am **Flughafen** (954 44 91 28; Aeropuerto San Pablo; Mo-Fr 9-20.30 Uhr, Sa 10-18 Uhr, So 10-14 Uhr, an Feiertagen geschl.).

Turismo Sevilla (Karte S.54f.; www.turismosevilla.org; Plaza del Triunfo 1; Mo-Fr 10.30-19 Uhr) Infos zur gesamten Provinz Sevilla.

ⓘ An- & Weiterreise

BUS
Sevilla hat zwei große Busbahnhöfe, die verschiedene Ziele bedienen und von unterschiedlichen Busgesellschaften angefahren werden. Die Plaza de Armas ist der größere der beiden.

Estación de Autobuses Plaza de Armas (Karte S.58; www.autobusesplazadearmas.es; Avenida del Cristo de la Expiración) Der Hauptsitz der spanischen Intercity-Busgesellschaft Alsa, die Verbindungen in andere andalusische Großstädte wie Málaga (19 €, 3 Std., 8-mal tgl.), Granada (23 €, 3 Std., 9-mal tgl.), Córdoba (12 €, 2 Std., 7-mal tgl.) und Almería (37 €, 5½ Std., 3-mal tgl.) bietet. Damas schickt Busse in die Provinz Huelva, Eurolines fährt international Ziele wie Deutschland, Belgien, Frankreich u. a. an.

Estación de Autobuses Prado de San Sebastián (Karte S.54f.; Plaza San Sebastián) Hier sitzen kleinere Busunternehmen, die kleinere Städte im Westen Andalusiens anfahren. Die wichtigsten sind Amarillos, das die Provinzen Sevilla, Cádiz und Teile Málagas bedient, und Comes, das einige schwerer zu erreichende „weiße Dörfer" anfährt.

FLUGZEUG

Sevillas **Flughafen** (SVQ; 954 44 90 00; www.aena.es) bietet eine gute Vielfalt an internationalen und an Inlandsflügen.

Zahlreiche internationale Fluggesellschaften bedienen Sevilla, aber die Flugpläne ändern sich regelmäßig, daher sollte man sich vorher bei den jeweiligen Fluglinien oder Online-Buchungsagenten informieren.

ZUG

Die **Estación Santa Justa** (902 43 23 43; Avenida Kansas City) befindet sich 1,5 km nordöstlich des Stadtzentrums.

AVE-Hochgeschwindigkeitszüge halten hier auf dem Weg nach/von Madrid (ab 79 €, 2½ Std., 20-mal tgl.) und Córdoba (ab 30 €, 40 Min., 30-mal tgl.). Langsamere Züge fahren nach Cádiz (16 €, 1¾ Std., 15-mal tgl.), Huelva (12 €, 1½ Std., 3-mal tgl.), Granada (30 €, 3 Std., 4-mal tgl.) und Málaga (44 €, 2 Std., 11-mal tgl.).

❶ Unterwegs vor Ort

AUTO & MOTORRAD

Mietwagen bekommt man bei **Avis** (902 48 03 21; www.avis.com; Avenida de Italia 107) oder **National Atesa** (959 28 17 12; www.atesa.es) in der Bahnhofshalle von Santa Justa sowie am Flughafen, wo alle gängigen Anbieter einen Schalter haben.

BUS

Die Busse C1, C2, C3 und C4 folgen Rundstrecken und verbinden die Terminals mit dem Stadtzentrum. Ein Standardticket kostet 1,40 €, es gibt aber auch Karten und Pässe für Vielfahrer, die in den Bahnhöfen und Kiosken unweit der Haltestellen verkauft werden.

VOM/ZUM FLUGHAFEN
Bus

Zwischen Flughafen und Stadtzentrum verkehren den ganzen Tag über alle 20 bis 30 Minuten EA-Busse (4 €). Sonntags und frühmorgens bzw. spätabends starten sie etwas seltener. Der erste Bus vom Flughafen in die Stadt fährt um 5.45 Uhr, der letzte um 0.15 Uhr. Auf umgekehrter Strecke geht's um 5.15 Uhr los, um 0.45 Uhr findet die letzte Fahrt statt. Der Bus startet am Busbahnhof Plaza de Armas und hält unterwegs am Bahnhof Santa Justa, am Busbahnhof Prado de San Sebastián sowie am Torre del Oro.

Taxi

Ein Taxi vom Flughafen ins Stadtzentrum kostet 22 €. Dazu kommt 1 € pro Gepäckstück. In der anderen Richtung werden dagegen 25 € verlangt – wenn man Glück hat. Nachts, an Wochenenden und Feiertagen gibt's einen Preisaufschlag von 3 bis 4 €.

METRO

Sevillas **Metronetz** (www.sevilla21.com/metro) verbindet die Ciudad Expo mit dem Olivar de Quinto (für Besucher ist sie allerdings eher unwichtig). 2017 sollen drei weitere Linien in Betrieb genommen werden. Ein Einzelticket kostet 1,35 €, eine Tageskarte 4,50 €.

STRASSENBAHN

Tranvia (www.tussam.es) heißt die schicke neue, umweltfreundliche Straßenbahn der Stadt, die 2007 eingeführt wurde. Zwei parallele Linien verkehren zwischen Plaza Nueva und Avenida de la Constitución, Puerta de Jerez, San Sebastián und San Bernardo, der 2011 eröffneten Station. Ein Einzelticket kostet 1,40 €, außerdem gibt's Mehrfahrtenkarten.

TAXI

Taxis sind leicht zu finden. Tagsüber zahlt man für eine Fahrt im Stadtzentrum selten mehr als 5 bis 7 €.

Die Provinzen Huelva & Sevilla

Inhalt ➡
Huelva 84
Moguer. 88
Isla Cristina 89
Parque Nacional de
Doñana. 90
El Rocío 93
Minas de Riotinto 95
Aracena 96
Sierra de Aracena. 99
Carmona 103
Osuna. 106
Écija 108
Parque Natural Sierra
Norte de Sevilla 109

Gut essen
➡ Casa Curro (S. 107)
➡ Jesús Carrión (S. 98)
➡ Restaurante Toruño (S. 95)
➡ Agustina (S. 112)

Schön übernachten
➡ Posada de San Marcos (S. 100)
➡ Las Navezuelas (S. 111)
➡ Finca La Fronda (S. 100)
➡ Hotel Palacio Marqués de la Gomera (S. 107)

Auf nach Huelva und Sevilla

Leuchtend weiße Städte mit Türmen und Palästen, endlose unverfälschte Küstenstreifen, Fischerhäfen, in denen schlichte Restaurants den Fang des Tages servieren, verschlafene Bergdörfer und der beliebteste Nationalpark Spaniens… Der Westteil Andalusiens, der die Provinzen Sevilla und Huelva umfasst, bietet eine unerwartete Kombination aus Geschichte, Natur, kulinarischem Zauber und Sonnenanbetung. Alle Aufmerksamkeit gehört der Stadt Sevilla, dabei locken Carmona, Osuna und Écija weiter östlich ebenfalls mit hinreißenden Altstädten und wunderbaren Tapas-Lokalen und sind zudem nicht so touristisch und überlaufen. Südwestlich von Sevilla erstreckt sich ein ausgedehntes Gebiet geschützter Sümpfe, Dünen und Wälder – der Parque Nacional de Doñana. Von dort reicht die Costa de la Luz bis nach Portugal. Diese traumhafte, aber noch verhältnismäßig unberührte Küstenlinie ist nicht mit dem „Gewühle" aus Pauschaltouristen weiter östlich vergleichbar. Im Norden, Richtung Extremadura, erhebt sich die Sierra Morena, eine kaum besuchte Region, die von ein paar der schönsten Wanderwegen Andalusiens durchzogen und mit alten Dörfern übersät ist.

Entfernungen

	Aracena	Ayamonte	El Rocío	Huelva
Ayamonte	142			
El Rocío	118	107		
Huelva	101	52	60	
Niebla	87	75	35	29

Highlights

1 Die urtümliche Wildnis des **Parque Nacional de Doñana** (S. 90) genießen.

2 In der römischen Siedlung **Itálica** in die Vergangenheit eintauchen (S. 102).

3 Das mit Palästen gespickten **Osuna** besuchen, seine herzogliche Pracht erleben und sich die Stierkampfarena aus *Game of Thrones* ansehen (S. 106).

4 Rund um **Aracena** (S. 96) von einem verzauberten Dorf zum nächsten wandern und dabei die kreative Bergküche kennenlernen.

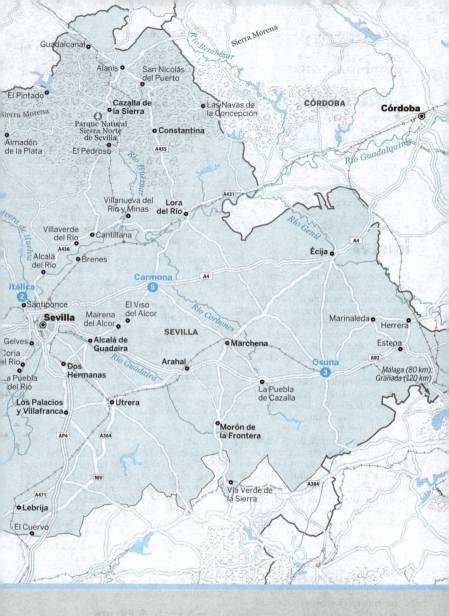

5 Die „Tapas-Route" von **Carmona** (S. 103) ablaufen, einer bildhübschen Enklave voller Türme und Kirchen auf einem Hügel.

6 Auf den Spuren von Christoph Kolumbus wandeln und dabei die **Lugares Colombinos** (S. 86) entdecken.

7 In **El Rocío** (S. 93) auf Spaniens bedeutendster religiöser Wallfahrt eine wahrhaft festliche Stimmung erleben.

8 Islamische Architektur im abgeschiedenen, labyrinthartig verwinkelten **Almonaster la Real** (S. 102) bewundern.

NICHT VERSÄUMEN

DIE BESTEN OUTDOORAKTIVITÄTEN

→ Ab in die Wildnis im **Parque Nacional de Doñana** (S. 90)

→ Jenseits der ausgetretenen Pfade zwischen den Dörfern der **Sierra de Aracena** (S. 99) in Huelva

→ Die **Vía Verde de la Sierra Norte** (S. 111), den stillgelegten Schienenstrang der Bergwerksbahn, zu Fuß oder mit dem Rad erkunden

→ Rund um **El Rocío** (S. 93) Vögel beobachten

HUELVA

147 000 EW.

Die Hauptstadt der Provinz Huelva ist ein moderner, schlichter Industriehafen zwischen den Meeresarmen Odiel und Tinto. Trotz dieser wenig verheißungsvollen Eigenschaften und einem etwas „ungewaschen" wirkenden Äußeren, ist Huelva ein recht lebhafter Ort, dessen Bewohner – *choqueros* genannt, weil sie die hier reichlich vorhandenen *chocos* (Tintenfische) so lieben – für ihre Warmherzigkeit bekannt sind.

Huelvas Geschichte reicht 3000 Jahre bis zum phönizischen Onuba zurück. Dieser Ort lag an einer Flussmündung und diente als Basis für den Export von Mineralien zum Mittelmeer. 1755 wurde die Stadt beim Erdbeben von Lissabon zerstört, doch sie blühte wieder auf, nachdem das britische Unternehmen Río Tinto in den 1870er-Jahren die Minen im Inland der Provinz erschlossen hatte. Heute hat Huelva eine beachtliche Fischereiflotte und ist ein bedeutender Schwerpunkt der petrochemischen Industrie (die in den 1950er-Jahren unter der Franco-Diktatur eingeführt wurde).

ℹ INFOS IM INTERNET

Turismo de Huelva (www.turismohuelva.org) Infos rund um die Provinz Huelva

Sierra de Aracena (www.sierradearacena.com) Wanderinformationen für den bergigen Norden zum Runterladen

Turismo Sevilla (www.turismosevilla.org) Touristische Infos zur Provinz Sevilla

◉ Sehenswertes

Huelva ist eher für seine Atmosphäre als für Sehenswürdigkeiten bekannt, bietet aber dennoch ein paar recht interessante Attraktionen.

Museo de Huelva   MUSEUM

(📞 959 65 04 24; www.museosdeandalucia.es; Alameda Sundheim 13; ⊙ Juni–Mitte Sept. Di–Sa 9–15.30, So 10–17, Mitte Sept.–Mai Di–Sa 9–19.30, So 9–15.30 Uhr) GRATIS Huelvas tolles Stadtmuseum ist bis an die Decke mit Kunstwerken und historischen Exponaten vollgestopft. Die Dauerausstellung im Erdgeschoss widmet sich dem beeindruckenden archäologischen Erbe der Region und zeigt interessante Stücke aus der römischen und der Bergbauzeit. Nicht verpassen: die blauen *azulejos* (Kacheln) aus dem 16. Jh. aus dem nahen Niebla, das von einer historischen Stadtmauer umgeben ist.

Muelle-Embarcadero de Mineral de Río Tinto   HISTORISCHE STÄTTE

Der beeindruckende Stahlpier ist ein Erbe der lokalen Bergbaugeschichte. Er wurde in den 1870er-Jahren für die Río Tinto Group nach einem Entwurf des britischen Ingenieurs George Barclay Bruce erbaut und ragt gut 500 m südlich des Hafens in die Mündung des Odiel hinein. Seine oberen und unteren Ebenen sind mit Plankenwegen ausgestattet und bieten sich für einen Spaziergang oder eine Jogging-„Runde" an, wobei man den Hafen und die Schiffe bewundern kann. Der Pier liegt rund 1 km südwestlich der Plaza de las Monjas.

Santuario de Nuestra Señora de la Cinta   KAPELLE

(Avenida de la Cinta; ⊙ 9–13 & 16–19 Uhr; 🅿) Dieses hübsche, schlicht-weiße Gotteshaus nimmt einen friedlichen Ort an einem Hang 3 km nördlich des Zentrums ein. Es war ursprünglich im Gotik- und Mudéjar-Stil errichtet worden, im 18. und 19. Jh. erfolgte ein Umbau. Der Blick reicht über die Odiel-Mündung. Angeblich gelobte Kolumbus 1493, nach der Überquerung des stürmischen Atlantiks und seiner sicheren Rückkehr nach Spanien hier zu beten. Daniel Zuloaga hat diese Geschichte auf Zierkacheln festgehalten. Vorm Busbahnhof in die Stadtbuslinie 6 steigen.

🎉 Feste & Events

Fiestas Colombinas   HISTORISCH

(⊙ 1. Augustwoche) Huelva feiert jedes Jahr in der ersten Augustwoche Kolumbus' Aufbruch nach Amerika (3. August 1492) mit einem sechstägigen Fest voller Musik, Tanz, Kulturveranstaltungen und Stierkämpfen.

Huelva

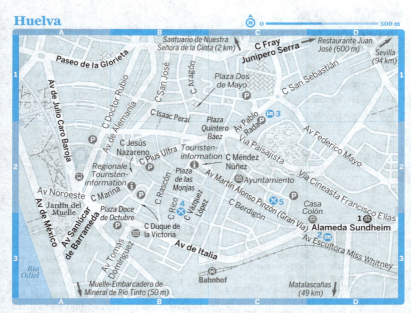

🛏 Schlafen

Hotel Familia Conde BUSINESSHOTEL €
(☎ 959 28 24 00; www.hotelfamiliaconde.com; Alameda Sundheim 14; EZ/DZ 52/60 €; ❄@🛜) Stimmt schon, die Unterkunft befindet sich in einem unpersönlichen Häuserblock, doch sie ist zentral gelegen, effizient geführt und hat freundliches Personal. Zu den luftigen, frisch riechenden Zimmern gehören blitzsaubere Bäder in kräftigen Farben. Bis zur von Cafés gesäumten Gran Vía (Avenida Martín Alonso Pinzón) sind es nur wenige Schritte gen Westen.

Hotel Monte Conquero BUSINESSHOTEL €€
(☎ 959 28 55 00; www.hotelesmonte.com; Avenida Pablo Rada 10; Zi. ab 65 €; ❄🛜) Das sehr gepflegte Businesshotel ist die wahrscheinlich beste Wahl vor Ort. Leuchtend rote, mit Pflanzen begrünte Geländer sorgen dafür, dass die Lobby ein lebendiges Flair hat, und die Angestellten sind freundlich sowie effizient. In den „Executive"-Zimmern für Frauen sind sogar Haarpflegeprodukte und Schönheitsartikel inklusive! Sämtliche 162 Zimmer sind smart ausgestattet: Die Schreibtische bestehen aus dunklem Holz, die Bettwäsche ist schön frisch und auch die ach so wichtigen Internetkabel als Back-Up sind vorhanden.

Huelva

👁 Sehenswertes
1 Museo de Huelva D3

🛏 Schlafen
2 Hotel Familia Conde D3
3 Hotel Monte Conquero C1

🍴 Essen
4 Azabache B2
5 La Mirta C2

🍴 Essen

In einer Salzstadt wie Huelva sollte es nicht überraschen, dass Meeresfrüchte ganz oben auf der Speisekarte stehen. Zahlreiche gut besuchte Tapas-Bars säumen die Avenida Pablo Rada nördlich vom Zentrum.

Restaurante Juan José ANDALUSISCH €
(☎ 959 26 38 57; Calle Villamundaka 1; Tapas 2–3 €, raciones 8–14 €; ⏰ Mo-Sa 6.30–18 & 20–24 Uhr) Das bescheidene Lokal 1,5 km nordöstlich der Plaza de las Monjas wird von Einheimischen beinahe überrannt, denn die *tortilla de patatas* (Kartoffelomelett mit Zwiebeln) ist legendär. Der Thunfisch (frisch aus Isla Cristina) und *carne mechada* (Rindfleisch in einer Paprika-Soße) sind ebenfalls köstlich. Vor 14 Uhr hier sein, um noch einen Tisch zu ergattern!

> **NICHT VERSÄUMEN**
>
> ### DIE SCHÖNSTEN STRÄNDE IN HUELVA
>
> **Matalascañas** (S. 90)
> **Isla Cristina** (S. 89)
> **Flecha del Rompido** (S. 89)
> **Isla Canela** (S. 90)

Man nimmt Bus 6 vom Stadtbusbahnhof und steigt an der Plaza Huerto Paco aus. Dann läuft man einen Block die Avenida de las Adoratrices hinunter (nach Süden) und biegt links in die Calle Villamundaka.

Azabache   TAPAS, ANDALUSISCH €€
(☎ 959 25 75 28; www.restauranteazabache.com; Calle Vázquez López 22; raciones 6–16 €; ⓒ Mo–Fr 8–23, Sa bis 16 Uhr) Lust auf ein Stück traditionelles Huelva? Dann ist diese schmale, mit Kacheln verzierte Tapasbar genau das Richtige. Im Handumdrehen tragen die bienenfleißigen, hilfsbereiten Kellner Platten mit Käse und *jamón* (Schinken), *gurumelos* (wilde Pilze aus der Gegend), gebratene *chocos* (Tintenfisch) und frischen Fisch auf.

La Mirta   TAPAS, ANDALUSISCH €€
(☎ 959 28 36 57; www.lamirta.com; Avenida Martín Alonso Pinzón 13; Tapas 3,50–5,50 €, raciones 6,50–15 €; ⓒ 12–16 & 20–24 Uhr) Die Spezialität dieses beliebten modern-rustikalen Restaurants plus Weinbar an der lebendigen Gran Vía sind lokaltypische Zutaten, die nach modernen Rezepten kombiniert werden. Zu den *chocos* werden Krabben gereicht, die Pilze sind mit Ziegenkäse und *pisto* (spanisches Ratatouille) gefüllt und zu allem gibt's warmes, knuspriges Brot.

ⓘ Praktische Informationen

Regionale Touristeninformation (www.turismohuelva.org; Calle Jesús Nazareno 21; ⓒ Mo–Fr 9–19.30, Sa & So 9.30–15 Uhr) Infos zur gesamten Provinz.
Touristeninformation (☎ 959 54 18 17; Plaza de las Monjas; ⓒ Mo–Fr 10–14 & 17–20.30, Sa bis 14 Uhr)

ⓘ Anreise & Unterwegs vor Ort

AUTO & MOTORRAD
Überall im Stadtzentrum kann man am Straßenrand innerhalb der blauen und orangen Linien gebührenpflichtig parken (Mo–Sa). Unweit der Calle Duque de la Victoria befindet sich ein praktischer Parkplatz.

BUS
Die meisten Busse, die vom **Busbahnhof** (☎ 959 25 69 00; Calle Doctor Rubio) abfahren, werden von **Damas** (☎ 959 25 69 00; www.damas-sa.es) betrieben. Sie verkehren zu Zielen wie Almonte (zur Weiterfahrt nach El Rocío), Aracena, Isla Cristina, La Rábida, Moguer, Matalascañas, Palos de la Frontera, Sevilla und Faro (Portugal). Samstags, sonntags und an Feiertagen fahren weniger Busse.

ZUG
Renfe (☎ 902 43 23 43; www.renfe.com) betreibt täglich drei Verbindungen nach Sevilla (12 €, 1½ Std.) und einen Hochgeschwindigkeits-ALVIA-Zug nach Córdoba (38 €, 1¾ Std.) und Madrid (72 €, 3¾ Std.).

LUGARES COLOMBINOS

Die Lugares Colombinos (Kolumbusstätten) bestehen aus den Gemeinden La Rábida, Palos de la Frontera und Moguer am Ostufer des Tinto-Meeresarms. Alle drei spielten eine Schlüsselrolle bei der Vorbereitung von Kolumbus' Entdeckungsreise und können auf einer vergnüglichen Tagestour von Huelva, dem Nationalpark Doñana oder Huelvas Ostküste aus erkundet werden. Die vielen Treibhäuser lassen es erahnen: Dies ist Spaniens größtes Anbaugebiet für Erdbeeren (90 % der spanischen Erdbeeren kommen aus der Provinz Huelva).

ⓘ An- & Weiterreise

Täglich machen sich mindestens elf Busse in Huelva auf den Weg nach La Rábida (1,55 €, 25 Min.) und Palos de la Frontera (1,55 €, 30 Min.); eine Handvoll fährt anschließend weiter nach Moguer (1,55 €, 45 Min.).

La Rábida
500 EW.

Monasterio de la Rábida   KLOSTER
(☎ 959 35 04 11; www.monasteriodelarabida.com; Paraje de la Rábida; Eintritt 3 €; ⓒ Di–So 10–13 & 16–19 Uhr; Ⓟ) In der hübschen, friedlichen Stadt La Rábida sollte man unbedingt dieses Franziskanerkloster aus dem 14. und 15. Jh. besuchen, wo Kolumbus vor seiner berühmten Entdeckungsreise zu Gast war.

Hier begegnete er dem Abt Juan Pérez, der sich für ihn einsetzte und für dessen aberwitzige Pläne warb, neue Länder zu entdecken und Spanien dadurch sehr reich zu machen. Im Kloster befindet sich eine Ka-

DIE VIER SEEREISEN DES CHRISTOPH KOLUMBUS

Im April 1492 gewann Christoph Kolumbus (span. Cristóbal Colón) endlich die Unterstützung der Reyes Católicos (die Katholischen Könige Isabella und Ferdinand) für seine Entdeckungsreise Richtung Westen in den gewürzreichen Orient. Daraus sollten schlussendlich vier Reisen werden, die das sagenhafte Goldene Zeitalter Spaniens einläuteten. Allerdings vertreten mittlerweile viele Historiker die Meinung, dass die eigentlichen Entdecker der Neuen Welt Kolumbus' Kapitäne, die Brüder Pinzón, waren.

Am 3. August 1492 stach Kolumbus mit 100 Männern und drei Schiffen in Palos de la Frontera in See. Nachdem die Besatzung die Hoffnung auf Land aufgegeben hatte und beinahe meuterte, betraten sie endlich am 12. Oktober die Bahamasinsel Guanahaní und nannten sie San Salvador. Auf der Weiterfahrt entdeckten sie Kuba und Hispaniola, wo die *Santa María* sank. Aus ihrem Holz bauten die Männer die Festung Fuerte Navidad und ließen 33 Spanier als Besatzung zurück. Die Niña und die Pinta kehrten am 15. März 1493 nach Palos zurück.

Kolumbus brachte Tiere, Pflanzen, Goldschmuck und sechs karibische Indianer mit nach Europa und wurde als Held empfangen, da alle überzeugt waren, er habe das legendäre Ostindien erreicht (tatsächlich lag er mit seinen Berechnungen um ganze 16 000 km daneben).

1493 und 1498 unternahm Kolumbus weitere Reisen, auf denen er Jamaika, Puerto Rico, Trinidad und die Mündung des Orinoco entdeckte. Jedoch erwies er sich als katastrophaler Kolonialverwalter, der die Ureinwohner versklavte und die spanischen Siedler gegen sich aufbrachte. Schließlich wurde er von einem Abgesandten der spanischen Krone verhaftet und in Ketten nach Hause verfrachtet. In einem Versuch, sich zu rehabilitieren und einen Seeweg nach Indien zu finden, brach Kolumbus im Mai 1502 zu seiner vierten und letzten Reise auf. Diesmal erreichte er Honduras und Panama, saß dann aber ein Jahr lang auf Jamaika fest, nachdem Meereswürmer seine Schiffe unbrauchbar gemacht hatten.

Kolumbus starb 1506 im nordspanischen Valladolid, völlig verarmt und noch immer im Glauben, er habe Indien erreicht. Sein Leichnam wurde schließlich seinem Willen gemäß zurück in die Karibik überführt, aber dann nach Sevilla zurückgebracht (S. 54). Oder doch nicht? Die posthumen Reisen des Kolumbus sind zu einer richtiggehenden Saga geworden.

pelle mit einer Alabastermadonna aus dem 13. Jh., vor der Kolumbus gebetet hat. Der mit Fresken verzierte Mudéjar-Kreuzgang ist eines der wenigen Überbleibsel des Originalbauwerks, die das Erdbeben von 1755 überlebt haben. Hübsche Fresken aus dem frühen 20. Jh. zeichnen Kolumbus' Abenteuer nach; sie wurden von dem kubistischen Maler Daniel Vázquez Díaz gestaltet, der gebürtig aus Huelva stammt.

Muelle de las Carabelas   HISTORISCHE STÄTTE
(Kai der Karavellen; Eintritt 3,55 €; ⊙ Mitte Juni-Mitte Sept. Di–So 10–21, Mitte Sept.–Mitte Juni Di–So 9.30–19.30 Uhr; P) Am Ufer unterhalb des Monasterio de la Rábida befindet sich dieser Kai im Stil des 15. Jhs. mit Nachbauten von Kolumbus' winziger Flotte (drei Schiffe). Die Schiffe ankern hinter einem interessanten Museum, das sich den Reisen des großen Entdeckers widmet.

Palos de la Frontera
5300 EW.

Es war der Hafen von Palos de la Frontera, in dem Kolumbus und seine fröhliche Schar ihre Segel zu der wagemutigen Reise ins Unbekannte setzten. Die Stadt stellte dem Entdecker zwei ihrer Schiffe, zwei Kapitäne (Martín Alonso Pinzón und Vicente Yañez Pinzón) und über die Hälfte seiner Crew zur Verfügung.

⊙ Sehenswertes

Casa Museo Martín Alonso Pinzón   MUSEUM
(✆ 959 10 00 41; Calle Colón 24; Eintritt 1 €; ⊙ Mo-Fr 10–14 Uhr) Im früheren Wohnhaus des *Pinta*-Kapitäns befindet sich eine Dauerausstellung zu der wichtigen Rolle, die Palos bei Kolumbus' berühmter erster Expedition gespielt hat.

NICHT VERSÄUMEN

MOGUER & JUAN RAMÓN JIMÉNEZ

Moguer hat sein ganz eigenes, bezauberndes andalusisches Barockflair, dessen sonnige Schönheit der lokale Dichter Juan Ramón Jiménez (1881–1958) auf vollendete Weise rühmte. Er erhielt 1956 den Nobelpreis für Literatur. Die Casa Museo Zenobia y Juan Ramón Jiménez (959 37 21 48; Calle Juan Ramón Jiménez 10; Eintritt 3,50 €; Di–So 10.15–13 & Di–Sa 17.15–19 Uhr), in dem der Poet und seine Frau, eine Schriftstellerin, einst lebten, ist für Besichtigungen geöffnet.

Bei einem Spaziergang durch die Stadt werden einem die Skulpturen bekannter Jiménez-Charaktere und die auf Kacheln verewigten Zitate ins Auge fallen, die wichtige Orte aus dem berühmtesten Werk des Dichters, *Platero y yo* (Platero und ich), markieren. Es feierte 2014 seinen 100. Geburtstag. Als Inspiration für die lyrische Prosa diente Jiménez' innig geliebter Esel Platero.

Museo Naval — MUSEUM
(959 10 55 69; Calle Colón 52; Mo–Fr 10–14 Uhr) GRATIS Das Schifffahrtsmuseum nimmt ein altes Seemannskrankenhaus ein und zeigt darin eine beeindruckende Sammlung an Schiffsmodellen: Von prähistorischen Kanus bis hin zu Kolumbus' *Niña* ist wirklich alles dabei.

Iglesia de San Jorge — KIRCHE
(Calle Fray Juan Pérez) Nahe dem nördlichen Ende der Calle Colón erhebt sich die gotische Mudéjar-Kirche (15. Jh.), in der Kolumbus und seine Männer die heilige Kommunion empfingen, bevor sie an Bord ihrer Schiffe gingen, um die Neue Welt zu entdecken. Außerdem schöpfte man das Trinkwasser für ihre Fahrt aus dem Brunnen La Fontanilla um die Ecke.

✕ Essen

El Bodegón — GRILLRESTAURANT, ANDALUSISCH €€
(959 53 11 05; Calle Rábida 46; Hauptgerichte 12–25 €; Mi–Mo 12–16 & 20.30–23.30 Uhr) In dem lauten, aber trotzdem stimmungsvollen Restaurant kann man sich mit leckerem Fisch und Fleisch vom Holzkohle-Grill stärken.

Moguer
14 300 EW.

Das verschlafene, weiß getünchte Moguer, wo Kolumbus' Schiff *Niña* gebaut wurde, liegt 8 km nordöstlich von Palos de la Frontera an der A494. Die wichtigste Kolumbusstätte im Ort ist das Monasterio de Santa Clara (959 37 01 07; www.monasteriodesantaclara.com; Plaza de las Monjas; Führungen 3,50 €; Führungen Di–So 10.30, 11.30 & 12.30 & 16.30, Di–Sa 17.30 & 18.30 Uhr). Zu sehen sind dort ein hübscher Mudéjar-Kreuzgang und eine eindrucksvolle Sammlung religiöser Renaissancekunst. Hier wachte und betete Kolumbus nach der Rückkehr von seiner ersten Reise im März 1493 eine Nacht lang. Besichtigungen sind im Rahmen einer Führung möglich.

Das Hotel Plaza Escribano (959 37 30 63; www.hotelplazaescribano.com; Plaza Escribano 5; EZ/DZ 39/56 €; P ❋ ☏) ist ein nettes, modernes Hotel im historischen Herzen von Moguer. Die großen, stylischen Zimmer sind in Pastelltönen gehalten, auf den Betten liegen Tagesdecken in fröhlichen Farben. Für Gäste stehen eine kleine Bücherei und ein niedlicher Hof zur Verfügung. Überall fallen hübsche Kachelarbeiten ins Auge.

Ca. 300 m südwestlich der zentralen Plaza del Cabildo gibt's riesige, preisgünstige Portionen traditioneller Landküche im Mesón El Lobito (959 37 06 60; Calle Rábida 31; Hauptgerichte 7–19 €; 10.30–17 & 20.30–24 Uhr), einer verwinkelten Bodega (Weinkeller); Fisch und Fleisch werden über einem offenen Holzfeuer gegrillt.

Die Touristeninformation (959 37 18 98; Calle Andalucía 17; Di–Sa 10–14 & 17–19 Uhr) im Teatro ist exzellent.

HUELVAS COSTA DE LA LUZ

Die nur wenig erschlossene Costa de la Luz der Provinz Huelva zeichnet sich durch ihre wunderschönen, breiten weißen Sandstände aus, hinter denen sich Dünen und Pinien erstrecken. Die bekanntesten Strandorte westlich von Huelva sind Punta Umbría, Flecha del Rompido, Isla Cristina und Ayamonte. Es sind alles nette, bescheidene Orte und eher bei spanischen Urlaubern beliebt als bei ausländischen Touristen. Die Costa de la Luz setzt sich südöstlich von Huelva fort; fast die gesamte Küstenlinie der benachbarten Provinz Cádiz gehört dazu (S. 146).

Flecha del Rompido

Der wohl spektakulärste Strand an Huelvas Costa de la Luz ist dieser 8 km lange Sandstreifen an der Mündung des Río Piedras, der nur mit der Fähre zu erreichen ist. Deshalb bleiben die Menschenmassen sogar im Hochsommer fern. Das Wasser auf der Festlandseite ist sehr ruhig; die Südseite des Strandes geht aufs offene Meer hinaus. Flecha el Rompido gehört zum Feuchtreservat Río Piedras und ist von großem Interesse für Ornithologen und Botaniker.

Von Frühling bis Herbst setzen stündlich in **Flechamar** (959 39 99 42; www.flechamar.com; einfache Fahrt/hin & zurück 2,50/4 €; April–Okt.) Boote vom Hafen am westlichen Ende von El Rompidos (23 km westlich von Huelva) zum Strand über. Täglich legen mindestens zwei Busse die Strecke Huelva–El Rompido zurück (2,35 €, 50 Min.).

Isla Cristina

18 500 EW.

Isla Cristina wurde nach dem Erdbeben von 1775 gegründet und ist in erster Linie ein geschäftiger Fischereihafen mit einer 250 Boote starken Flotte. Die Stadt ist für Thunfisch und Sardinen bekannt, aber auch für den bunten **Karneval im Februar**.

◉ Sehenswertes & Aktivitäten

Wer die Stadt nicht im Februar beim Karneval erlebt, kann einen Blick in das **Museo del Carnaval** (959 33 26 94; Touristeninformation, Calle San Francisco 12; 10–14 Uhr) GRATIS werfen, wo preisgekrönte Kostüme ausgestellt sind.

Am südlichen Ende der Avenida Federico Silva Muñoz (die Verlängerung der zentralen Gran Vía) überspannt eine Brücke eine Lagune. Dort erstreckt sich die breite **Playa de la Gaviota**. Am Rand des Strandes verläuft ein Fußgängerweg nach Osten zur **Playa Central**, der Haupttouristenzone mit ein paar Hotels und Restaurants. Weiter östlich windet sich ein Naturpfad durch die bewaldeten Sümpfe; hier kann man wunderbar Vögel beobachten.

🛏 Schlafen & Essen

Hotel Sol y Mar HOTEL €€
(959 33 20 50; www.hotelsolymar.org; Playa Central; EZ/DZ 70/114 €; Mitte Feb.–Okt.; P ✱ ✈) Das Hotel mit dem wohl besten Preis-Leistungs-Verhältnis an diesem Küstenabschnitt wartet mit genialen Balkonen auf, von denen die Gäste den Blick auf ein breites Stück Strand – und sonst nichts – genießen. Die Unterkunft ist zudem ganz schön stilvoll und steckt voller willkommener Extras wie Regenduschen etc. Das Personal ist freundlich und in dem **Restaurant** (959 33 20 50; Playa Central; Hauptgerichte 10–14 €; Mitte Feb.–Okt.) vor Ort gibt's jede Menge Meeresfrüchte, serviert auf einer wunderbaren Terrasse mit Blick auf den Strand.

Hermanos Moreno FISCH & MEERESFRÜCHTE €€
(959 34 35 71; Avenida Padre Mirabent 39; raciones 6–10 €; April–Sept. 12–16 & 20–24, Okt.–März 12–16 Uhr) Eine beliebte Wahl zwischen mehreren gut besuchten Fischrestaurants an einem Platz an der nordwestlichen Spitze der Halbinsel. Die Fischauktionshalle ist gleich gegenüber, sodass man Restauranteinkäufern aus ganz Spanien dabei zusehen kann, wie sie ihre Gebote für den Tagesfang abgeben, bestehend aus *chocos* (Tintenfische), *castañuelas* (Mini-Tintenfische), *chipirones* (Mini-Kalamares) und gefülltem Thunfisch – frischer geht nicht.

ℹ An- & Weiterreise

Täglich machen sich wenigstens fünf Busse der Firma **Damas** (www.damas-sa.es) von Isla Cristinas **Busbahnhof** (Calle Manuel Siurot) aus auf den Weg nach Huelva (4 €, 1 Std.).

Ayamonte

15 800 EW.

Ayamonte, mit Blick über den Río Guadiana nach Portugal, verströmt eine fröhliche Grenzstadtatmosphäre.

◉ Sehenswertes & Aktivitäten

Die Altstadt – zwischen dem Paseo de la Ribera und dem Fährendock (400 m westlich) gelegen – steckt voller attraktiver Plätze, alter Kirchen, Cafés, Boutiquen und Restaurants.

Portugal-Fans können die moderne A49 außer Acht lassen, einen langsameren Rhythmus einschlagen und mit der Fähre von **Transporte Fluvial del Guadiana** (959 47 06 17; www.rioguadiana.net; Muelle de Portugal; Passagier/Fahrrad/Auto 1,80/1,15/5,50 €; Abfahrt Juli–Mitte Sept. 9.30–21 halbstündl., Mitte Sept.–Juni 10–19 Uhr stündl.) über den Guadiana nach Vila Real de Santo António in Portugal übersetzen (15 Min.). Das Unternehmen veranstaltet auch Schifffahrten den Río Guadiana (einen der längsten Flüsse Spaniens) hinauf nach Sanlúcar de Guadiana (9 Std.). Die genauen Abfahrtszeiten und Fahrkarten gibt's in dem Kiosk gegenüber vom Fähranleger.

Südlich der Stadt locken zwei breite bebaute Strände: **Isla Canela** und **Punta del Moral**.

✕ Essen

Casa Luciano FISCH & MEERESFRÜCHTE €€
(www.casaluciano.com; Calle de la Palma 1; Hauptgerichte 10–20 €; ⊙ Di–Sa 13–16.30 & 20.30–24, So 13–16.30 Uhr) In Ayamonte gibt es eine ganze Reihe von Fischrestaurants, aber die Casa Luciano hat sich die Poleposition redlich verdient. Alles, was auf den Teller kommt, ist frisch zubereitet und schwamm wenige Minuten zuvor noch im Wasser! Der Thunfisch (an diesem Küstenabschnitt besonders gut) ist hervorragend. Die *tortilla de patatas* und die Paella-Tapas haben allerdings auch jede Menge Fans.

ⓘ Praktische Informationen

Touristeninformation (☏ 959 32 07 37; Plaza de España; ⊙ Mo–Fr 9–20, Sa bis 14 Uhr)

ⓘ An- & Weiterreise

Am **Busbahnhof** (Avenida de Andalucía) fahren täglich vier Busse nach Isla Cristina (1,55 €, 25 Min.), sechs nach Huelva (5,30 €, 1¼ Std.) und einer nach Faro in Portugal (15 €, 40 Min.) ab.

ÖSTLICH VON HUELVA

Matalascañas

Angrenzend an die Nationalparks Parque Nacional und Natural de Doñana 50 km südöstlich von Huelva liegt der lieblos zusammengeschusterte Touristenort Matalascañas (erinnert sehr an Mazagón weiter westlich). Dank der Nationalparkbestimmungen durfte nur eine Fläche von 4 mal 1 km bebaut werden, und der Strand ist wirklich wunderschön.

Auf der Hauptstraße geht's nach Osten zu einem Fußweg, der am Rand des Nationalparks entlang zum schönsten Teil des Strandes führt. Von einem Kontrollposten am Strand unterhalb des Gran Hotel El Coto schlängelt sich der 1,5 km lange Pfad durch die Dünen, die von Pinien und Kriechwacholder überwuchert sind.

Am westlichen Ende von Matalascañas liegt das 1,3 km² große Areal des **Parque Dunar** (Avenida de las Adelfas; ⊙ 8–21 Uhr), geprägt von hohen, mit Pinien gekrönten Dünen und einem Netzwerk aus sandigen Pfaden und Holzstegen. An diesem Ende der Stadt befindet sich ein Strand mit einem halben Dutzend *chiringuitos* (Strandbars), wo es frischen Fisch und Meeresfrüchte gibt.

Als Unterkunft bietet sich das **Hotel Doñana Blues** (☏ 959 44 98 17; www.donanablues.com; Sector I, Parcela 129; EZ/DZ ab 88/99 €; ⊙ Mitte März–Okt.; ✱ @ ☎ ☷) an. Die Anlage ist mit vielen Blumen bepflanzt, das Dekor ist typisch ländlicher Kitsch, aber mit Liebe arrangiert. Die Gäste haben jeweils ihre eigene Terrasse bzw. einen privaten Balkon inmitten von Jasmin, Rosen, Bougainvilleen und Efeu. Hinten befindet sich ein Pool.

Parque Nacional de Doñana

Der Parque Nacional de Doñana gehört zum Weltkulturerbe. Mutter Natur zeigt sich hier von einer besonders schönen Seite: Am Horizont ist der Abendhimmel von exotischen pinkfarbenen Punkten übersät: Flamingoschwärme. Dies ist eines der größten Feuchtgebiete Europas (das Guadalquivir-Delta) und die größte straßenfreie Region Westeuropas. Große Herden von Rotwild und Wildschweinen bahnen sich ihren Weg durch *coto* (Wald), und der scheue Pardelluchs kämpft ums Überleben seiner Art. In dem meistgerühmten Nationalpark Spaniens kann man die Natur in ihrer ursprünglichsten und kraftvollsten Form erleben.

Der 542 km² große Nationalpark erstreckt sich 30 km entlang oder nahe der Atlantikküste und bis zu 25 km landeinwärts. Über weite Strecken grenzt er an den gesonderten **Parque Natural de Doñana** (Doñana-Naturpark), der weniger streng geschützt ist und eine 538 km² große Pufferzone für den Nationalpark bildet. Beide Gebiete zusammen beherbergen 360 Vogel- und 37 Säugetierarten, darunter gefährdete Tiere wie den Pardelluchs und den Spanischen Kaiseradler (etwa neun Brutpaare). Außerdem sind sie ein wichtiger Lebensraum für eine halbe Million Zugvögel.

Seit seiner Gründung im Jahr 1969 wird der Park bedroht durch Tourismus, Landwirtschaft, Jäger, Entwickler und Bauunternehmer, die gegen die Einschränkungen der Landnutzung kämpfen. Ökologen hingegen weisen darauf hin, dass Doñana zunehmend durch touristische und agrarische Projekte, Straßen und weitere Infrastrukturmaßnahmen eingeschnürt wird, was den Wasserzu-

LEBENSZYKLEN IM PARQUE NACIONAL DE DOÑANA

Die zahlreichen ineinander verflochtenen Ökosysteme des Parque Nacional de Doñana bringen eine fantastische Artenvielfalt hervor. *Marismas* (Marschen) machen um die 380 km² des Parks aus. Sie sind von Juli bis Oktober nahezu trocken, füllen sich aber im Herbst mit Wasser, bis nur noch kleine Inseln herausragen. Hunderttausende Wasservögel aus dem Norden überwintern hier, darunter schätzungsweise 80 % der westeuropäischen Wildenten. Wenn das Wasser im Frühjahr zurückgeht, kommen Flamingos, Störche, Reiher, Löffler, Säbelschnäbler, Wiedehopfe, Bienenfresser und Albatrosse in den Park, um hier den Sommer zu verbringen, viele davon auch zum Nisten. Jungvögel tummeln sich dann um die Tümpel, die *lucios*. Wenn diese im Juli austrocknen, machen sich Reiher, Störche und Milane über die gestrandeten Flussbarsche her.

Zwischen den Marschen und dem 28 km langen Strand des Parks erstreckt sich ein Streifen aus Sanddünen, die vom Wind jährlich 2 bis 5 m landeinwärts geweht werden. Wenn der Sand schließlich das Marschland erreicht, tragen ihn Flüsse zurück ins Meer, das ihn wieder an den Strand spült – der Zyklus beginnt von Neuem.

In anderen Teilen des Parks bildet fester Sand die Grundlage für 144 km² *coto*, wie hier Wald- und Buschland genannt werden. Er ist das bevorzugte Biotop vieler Nistvögel und der zahlreichen Säugetiere – zu den 37 Arten zählen Rot- und Damwild, Wildschweine, Wild- und Ginsterkatzen.

lauf zu erschöpfen droht und den Park von anderen unerschlossenen Gebieten trennt.

Einige in Doñana heimische Luchse wurden überfahren, als sie versuchten, Straßen zu überqueren (2014 kamen 20 Luchse auf diese Weise ums Leben!). Aktuell sind 80 bis 100 Tiere im Park zu Hause, obwohl die Hasenpopulation schwindet – die Leibspeise und Hauptnahrungsquelle der Luchse. Die Parkaufsicht wilderte 2015 als Reaktion darauf 10 000 neue Hasen in der Region aus und es besteht zudem ein zunehmend erfolgreiches Projekt zur Aufzucht in Gefangenschaft, das 2015 27 Pärchen hervorgebracht hat (mehr auf der Website www.lynxexsitu.es). Das Centro de Visitantes El Acebuche (S. 92) streamt ein Live-Video der Tiere in der nahe gelegenen Zuchtstation, die leider nicht öffentlich zugänglich ist.

Der Zugang zum Nationalpark ist eingeschränkt, doch auf dem 28 km langen Atlantikstrand zwischen Matalascañas und der Mündung des Guadalquivir kann man sich frei bewegen, solange man nicht landeinwärts abschweift. Der Guadalquivir kann per Boot von Sanlúcar de Barrameda in der Provinz Cádiz überquert werden.

Ein „richtiger" Besuch des Nationalparks ist nur mit einer Jeeptour mit einem von drei offiziellen Anbietern möglich: die Cooperativa Marismas del Rocío (S. 91) vom Centro de Visitantes El Acebuche, Doñana Reservas (S. 92) ab El Rocío und Visitas Doñana (S. 136) ab Sanlúcar de Barrameda in der Provinz Cádiz.

Aktivitäten

Wer sich den Park genauer ansehen möchte, muss eine der vierstündigen Touren in einem geländegängigen Wagen für 20 bis 30 Personen buchen. Dabei fühlt man sich ein bisschen wie in einem Themenpark, aber die Guides haben viele spannende Infos parat. Rotwild und Wildschweine bekommt man ziemlich sicher zu Gesicht, aber Hobby-Ornithologen werden eventuell etwas enttäuscht sein. Luchse lassen sich auch kaum blicken.

Im Frühling, Sommer und in den Ferien ist eine Reservierung mindestens einen Monat im Voraus ein Muss. Zu anderen Zeiten reicht eine Woche Vorlauf. Fernglas einstecken, wer mag, außerdem Trinkwasser und Insektenschutz (im Winter nicht nötig). Einige Guides sprechen Englisch, Deutsch und/oder Französisch – vorher Bedarf anmelden!

Cooperativa Marismas del Rocío
TIERBEOBACHTUNG

(☎ 959 43 04 32; www.donanavisitas.es; Centro de Visitantes El Acebuche; Führungen 29,50 €) Vierstündige geführte Touren durch den Nationalpark in geländegängigen Fahrzeugen für 20 bis 30 Personen. Abfahrt ist am Centro de Visitantes El Acebuche (S. 92). Die Ausflüge decken eine 75 km lange Route im südlichen Teil des Parks und alle wichtigen Ökosysteme ab: Küste, Dünen, Marschland und mediterranen Wald. Zum Auftakt geht es ein gutes Stück am Strand entlang.

NICHT VERSÄUMEN

WANDERN IM PARQUE NACIONAL DE DOÑANA

Die Wanderwege, die unweit des Besucherzentrums beginnen, sind leicht genug, dass sie von den meisten Besuchern erkundet werden können. Am aufregendsten für Vogelbeobachter ist die Zugvogelzeit von März bis Mai und September bis November.

Sendero Lagunas del Acebuche Vom **Centro de Visitantes El Acebuche** (S. 92) führen die zwei Senderos del Acebuche (Rundwege mit 1,5 und 3,5 km Länge) zu Vogelbeobachtungssitzen mit Blick auf die nahe gelegenen Lagunen, die allerdings manchmal stark ausgetrocknet sind.

Sendero Charco de la Boca Der Sendero Charco de la Boca beginnt am **Centro de Visitantes La Rocina** (S. 92). Der 3,5 km lange Rundweg folgt zunächst einem Fluss, dann durchquert man mehrere Biotope und passiert unterwegs vier Hochsitze zur Vogelbeobachtung.

Centro de Visitantes José Antonio Valverde (671 564145; April–Sept. 10–20, Okt.–März bis 18 Uhr) Das abgelegene Centro de Visitantes José Antonio Valverde am Ostrand des Parks eignet sich exzellent zum Beobachten von Vögeln, denn es überblickt einen ganzjährigen *lucio* (Teich). Am einfachsten erreicht man das Valverde-Zentrum mit einer autorisierten Tour von El Rocío; wer auf eigene Faust herkommen will, fährt von Villamanrique de la Condesa oder La Puebla del Río über holprige Straßen in Richtung Nordosten.

Raya Real Eine der bedeutendsten Routen ist Raya Real – sie wird von *romería*-Pilgern auf der Reise nach/von El Rocío (S. 93) genutzt und ist vom nordöstlichen Rand des Dorfes aus zu erreichen. Unterwegs überquert man den Puente del Ajolí und folgt dem Pfad in Richtung Waldgebiet. Die Route führt durch den Coto del Rey, eine große Waldung, wo man frühmorgens oder spätabends Hirsche und Eber beobachten kann.

Doñana Reservas TIERBEOBACHTUNG
(959 44 24 74; www.donanareservas.com; Avenida de la Canaliega, El Rocío; Führungen 28 € pro Pers.) Dieser Veranstalter bietet vierstündige Führungen in geländegängigen Wagen für 20 bis 30 Mann. Der Fokus liegt auf den Feuchtgebieten und Waldstücken im Norden. Zudem gehört ein Halt am Centro de Visitantes José Antonio Valverde zum Programm (dort kann man normalerweise gut Vögel beobachten). Unlängst wurden Luchse gesichtet!

Doñana Nature TIERBEOBACHTUNG
(959 44 21 60; www.donana-nature.com; Calle Las Carretas 10, El Rocío; Führungen 28 € pro Pers.) Halbtägige Touren durch den Parque Natural de Doñana ohne spezielles Motto. Los geht's täglich um 8 und 15 Uhr (Ferngläser werden gestellt). Spezialtouren für (Hobby-)Vogelkundler und Fotografen sowie englischsprachige Guides auf Wunsch.

Doñana a Caballo REITEN
(674 219568; www.donanaacaballo.com; Avenida de la Canaliega, El Rocío; 20/30/60 € für 1 Std./2 Std./einen halben Tag) Geführte Ausritte für alle Niveaus durch das Waldgebiet Coto del Rey östlich von El Rocío.

Praktische Informationen

Im Park gibt es sieben Infozentren.
Centro de Visitantes El Acebuche (959 43 96 29; April–Mitte Sept. 8–21, Mitte Sept.–März bis 19 Uhr) 12 km südlich von El Rocío über die A483 und dann 1,6 km westlich liegt El Acebuche, das Hauptbesucherzentrum des Nationalparks. Es bietet Wege zu Vogelbeobachtungsstellen. Außerdem kann man die Pardelluchse aus der Zuchtstation live auf dem Bildschirm verfolgen.
Centro de Visitantes El Acebrón (671 593138; 9–15 & 16–19 Uhr) Über eine asphaltierte Nebenstraße gelangt man 6 km westlich des Centro de Visitantes La Rocina (S. 92) zu diesem Besucherzentrum mit einem Infoschalter und einer ethnografischen Ausstellung zum Park in einem palastartigen Bauwerk aus den 1960ern. Wanderwege dürfen natürlich auch nicht fehlen.
Centro de Visitantes La Rocina (959 43 95 69; 9–15 & 16–19 Uhr) Neben der A483, 1 km südlich von El Rocío. Hier gibt's noch einen Infoschalter zum Nationalpark und Wanderwege.

An- & Weiterreise

Der Park kann nicht mit dem eigenen Fahrzeug erkundet werden. **Damas-Busse** (www.damassa.es) fahren täglich acht- bis zehnmal zwischen

El Rocío und Matalascañas und halten auf Wunsch an der Abzweigung nach El Acebuche an der A483. Bei rechtzeitiger Anmeldung holen verschiedene Tourveranstalter ihre Kunden auch in Matalascañas ab.

El Rocío

1340 EW.

El Rocío, die bedeutendste Stadt in der Umgebung des Parque Nacional de Doñana, versetzt jeden Besucher, der zum ersten Mal herkommt, in Erstaunen. Die Straßen sind nicht befestigt, sondern sandbedeckt und von farbenprächtigen einstöckigen Häusern mit breiten Veranden gesäumt. Die Hälfte der Zeit stehen sie leer, das heißt aber nicht, dass dies eine Geisterstadt wäre. Die gepflegten Bauten gehören 115 *hermandades* (Bruderschaften), denen Pilger jedes Jahr zu Pfingsten zur Romería del Rocío, Spaniens größtem religiösem Fest, in den Ort strömen. Und da an den meisten Wochenenden irgendeine Feierlichkeit ansteht, wimmelt es stets von gut gelaunten, festlich gestimmten Angehörigen der *hermandades*.

Als wäre die einzigartig exotische Atmosphäre noch nicht genug, beeindruckt El Rocío seine Besucher mit einer hinreißenden Lage vor schimmernden Doñana-*marismas* (Feuchtgebieten), wo Hirschrudel im Morgengrauen trinken und, zu bestimmten Jahreszeiten, rosafarbene Flamingoschwärme sich massenhaft versammeln.

Ob nun das Spiel des Lichts auf den Marschen, eine alte Frau, die in der Kirche zur Madonna betet, oder eine junge Frau in einem sinnlichen Flamencokleid – in den staubigen, sanddurchwehten Straßen gibt's immer etwas Interessantes zu sehen.

⊙ Sehenswertes & Aktivitäten

Die Marschen vor El Rocío, die den Großteil des Jahres Wasser führen, bieten einige der besten Reviere für Vogel- und Wildtierbeobachtung in der gesamten Doñana-Region. Rotwild und Pferde grasen in den Untiefen, und mit etwas Glück ist eine Flamingoschar zu sehen, die in einer großen rosa Wolke durch die Luft rauscht. Ein Spaziergang über die Uferpromenade lohnt sich unbedingt – Fernglas mitnehmen!

Ermita del Rocío KIRCHE

(⊙ April–Sept. 8–21, Okt.–März bis 19 Uhr) Mitten im Dorf steht die strahlend weiße Ermita del Rocío, die in ihrer heutigen Form 1964 gebaut wurde. Hier befindet sich die berühmte **Nuestra Señora del Rocío** (Unsere Liebe Frau von El Rocío), eine kleine Holzfigur der Madonna in einem langen, glitzernden Ge-

---

NICHT VERSÄUMEN

SPANIENS GRÖSSTE WALLFAHRT: DIE ROMERÍA DEL ROCÍO

Jedes Jahr am Pfingssonntag, sieben Wochen nach Ostern, verwandelt sich El Rocío von einem stillen Kaff in ein explosives Chaos aus Lärm, Farben und Ekstase. Es ist der Höhepunkt der Romería del Rocío, Spaniens größter Wallfahrt. Sie zieht Hunderttausende festlich gestimmter Pilger an.

Im Mittelpunkt der Feierlichkeiten steht die winzige Figur der Nuestra Señora del Rocío. Im 13. Jh. fand sie ein Jäger aus dem Dorf Almonte in einem Baum im Marschland und wollte sie mit nach Hause nehmen. Als er jedoch unterwegs eine Pause machte, kehrte die Madonna wundersamerweise zurück in den Baum. Bald darauf wurde eine Kapelle am Standort des Baums (El Rocío) gebaut und entwickelte sich zum Wallfahrtsort. „Nüchtern" ist das letzte Wort, das einem im Zusammenhang mit dem urandalusischen Fest in den Sinn käme. Die in feinste andalusische Gewänder gekleideten Teilnehmer tanzen, trinken, lachen und flirten auf ihrem Weg nach El Rocío nach Herzenslust. Die meisten von ihnen gehören einer von 115 *hermandades* (Bruderschaften) an und unternehmen die Reise zu Fuß, zu Pferd und in bunt geschmückten Planwagen aus Orten in ganz Südspanien.

Ekstatischer Höhepunkt ist der sehr frühe Montagmorgen. Mitglieder der *hermandad* Almonte, die die Madonna für sich reklamiert, stürzen in die Kirche und tragen sie auf einem Podest heraus. Wenn andere um die Ehre kämpfen, La Blanca Paloma (die Weiße Taube) zu transportieren, brechen gewalttätige Rangeleien aus. Gedränge und Chaos sind kolossal, aber irgendwie wird die Madonna zu jedem *hermandad*-Gebäude gebracht, bevor sie am Nachmittag wieder in die Kirche zurückgeleitet wird. Die nächsten Termine: 15. Mai 2016, 4. Juni 2017 und 20. Mai 2018.

wand, die normalerweise über dem Hauptaltar steht.

Die Madonna empfängt täglich Besucher, besonders an Wochenenden, wenn die Bruderschaften von El Rocío sich hier häufig zu farbenprächtigen Feierlichkeiten treffen.

Francisco Bernis Birdwatching Centre VOGELBEOBACHTUNG
(959 44 23 72; www.seo.org; Di-So 9–14 & 16–18 Uhr) GRATIS Wenn man von der Ermita 700 m Richtung Osten die Uferpromenade entlangläuft, gelangt man zu diesem Vogelbeobachtungszentrum am Rand des Sumpflandes. Von den Rückfenstern und der Beobachtungsplattform aus (Hochleistungsferngläser werden bereitgestellt) kann man Flamingos, Braunsichler, Löffler und andere Tiere beobachten. Die Experten vor Ort helfen bei der Artenbestimmung und informieren Besucher darüber, welche Zugvögel den Park passieren und wo man sie beobachten kann.

Schlafen

Die Hotels sind für die Romería del Rocío (S. 93) manchmal schon ein Jahr im Voraus ausgebucht.

Pensión Cristina PENSIÓN €
(959 44 24 13; pensioncristina@hotmail.com; Calle El Real 58; EZ/DZ inkl. Frühstück 40/55 €; ﷽) Gleich östlich der Ermita bietet die freundliche Pensión Cristina komfortable, bunte Zimmer rund um einen mit Kacheln verzierten Patio voller Pflanzen (leider kann man nicht bis zum Feuchtgebiet blicken). Das hauseigene Restaurant (Hauptgerichte 9–14 €; 14–17 & 20–23 Uhr) unten ist sehr beliebt. Dort kommen Paella, Fisch, Meeresfrüchte und Wild (die Spezialität des Hauses) auf den Tisch.

Hotel Toruño HOTEL €€
(959 44 23 23; www.toruno.es; Plaza Acebuchal 22; EZ/DZ inkl. Frühstück 48/67 €; ﷽) Ca. 350 m östlich der Ermita, gleich neben den *marismas* (Feuchtgebieten), steht diese leuchtend weiße Villa. Hier kann man den Flamingos bei der Morgentoilette zusehen. Drinnen greifen Wandbilder aus Kacheln das Vogelmotiv auf, selbst in der Dusche. Die Zimmer sind hell und gemütlich, aber nur ein paar wenige gewähren einen direkten Blick auf das Marschland. Das Frühstück wird in dem Restaurant (S. 95) gegenüber serviert.

Hotel La Malvasía HOTEL €€
(959 44 38 70; www.lamalvasiahotel.com; Calle Sanlúcar 38; EZ/DZ 66/94 €; ﷽) Das idyllische Hotel erstreckt sich über eine prächtige *casa señorial* (Herrenhaus) mit Blick über die Marschen am östlichen Stadtrand. Die Zimmer sprühen nur so vor Persönlichkeit: rustikale Kachelböden, Vintage-Fotos von El

---

ABSEITS DER ÜBLICHEN PFADE

NIEBLA

30 km östlich von Huelva auf der A472 nach Sevilla (4 km nördlich der A49) gelangt man in das wunderbar erhaltene Mittelalterstädtchen Niebla. Es ist ein faszinierender Ort, umgeben von einer 2 km langen staubig-orangefarbenen Stadtmauer aus maurischer Zeit, durchbrochen von fünf Originaltoren und 46 Türmen. Die schmalen Gassen der Altstadt atmen Geschichte.

Castillo de los Guzmán (959 36 22 70; Calle Campo del Castillo; Eintritt 4,50 €; 10–14 & 16–19 Uhr) Nieblas Hauptsehenswürdigkeit ist das majestätische Castillo de los Guzmán aus dem 15. Jahrhundert. Es wurde wahrscheinlich von den Römern errichtet, doch die Mauren bauten es zu einem befestigten Palast aus. Er wurde um zwei offene Patios angelegt. Der Kerker birgt ein gruseliges Foltermuseum. Darüber hinaus ist das Castillo Standort der **Touristeninformation** (959 36 22 70; www.turismoniebla.com; 10–14 & 16–19 Uhr) von Niebla.

Iglesia de San Martín (Plaza de San Martín; Messe Fr 9 Uhr) Gleich hinter der Puerta del Socorro, dem Haupttor zur Altstadt, erhebt sich die Kirche im Gotik-Mudéjar-Stil. Ein Platz teilt sie in zwei Hälften.

Iglesia de Santa María de Granada (Plaza de Santa María; Messe Mo–Sa 19, So 12 Uhr) Das schöne Gotteshaus an der zentralen Plaza de Santa María diente ursprünglich als westgotische Kathedrale, im 9. Jh. als Moschee und schließlich im 15. Jh. als gotische Mudéjar-Kirche.

Rocío, Eisenbettgestelle mit Blumenmustern... In den Zimmern unterm Dach kann man auch prima Vögel beobachten.

✖ Essen

★ **Restaurante Toruño** ANDALUSISCH €€
(☏ 959 44 24 22; www.toruno.es; Plaza Acebuchal 22; Hauptgerichte 12–20 €; ⊙ 8–24 Uhr) Traditionell andalusische Atmosphäre, authentische, gute Küche und große Portionen – das Toruño ist das eine Restaurant in El Rocío, das man ausprobiert haben muss. Ein Highlight ist *mostrenca*, ein Kalb aus Freilandhaltung, das ganz typisch für Doñana ist. Vegetarier werden die großartige vegetarische Grill-*parrillada* lieben. An warmen Abenden kann man vor dem Restaurant neben dem 1000 Jahre alten *acebuche*-Baum speisen.

La Ermita ANDALUSISCH €€
(Calle El Real 5; Hauptgerichte 8,50–15 €; ⊙ Juni-Mitte Sept. tgl. 8.30–23.30, Mitte Sept.–Mai So–Do bis 19.30 Uhr) In dem auf Touristen zugeschnittenen Restaurant hinter der Ermita sind Ortsfremde wirklich willkommen. Hier werden Bestellungen quer durch den Laden gebrüllt, Tische stehen auch im Sand und es gibt Hausmannskost: *salmorejo* (eine sämige, knoblauchlastige Art Gazpacho auf Tomatenbasis mit Schinkenstückchen), gegrillten Fisch oder *mostrenca*-Kalb.

❶ Praktische Informationen

Touristeninformation (☏ 959 44 23 50; www.turismoalmonte.com; Calle Muñoz Pavón; ⊙ 9.30–14 Uhr) Im Rathaus.

❶ An- & Weiterreise

Busse von **Damas** (www.damas-sa.es) starten an Sevillas Plaza de Armas nach El Rocío (6,36 €, 1½ Std., 2-mal tgl.) und weiter nach Matalascañas. In Huelva steigt man erst in einen Damas-Bus nach Almonte, dann in einen weiteren nach El Rocío (8-mal tgl.).

NÖRDLICH VON HUELVA

Nördlich von Huelva gehen die geraden Schnellstraßen in kurvige Landstraßen über und führen in eine gemäßigtere Zone, die bis auf 960 m Höhe hinaufreicht. Die sanften Hügel des Huelva-Teils der Sierra Morena sind dicht mit Korkeichen und Pinien bewachsen, dazwischen stößt man immer wieder auf gewundene Flusstäler, bezaubernde Dörfer aus Stein und Ziegel und umtriebige Marktstädte wie Aracena, die „Hauptstadt" der Gegend.

Langsam spricht sich herum, dass es hier eine noch wenig bekannte ländliche Welt zu entdecken gibt, durchzogen von herrlichen Wanderwegen und gesegnet mit einer herzhaften Küche mit reichlich Wild, einheimischem Käse und frischem Gemüse. Das berühmteste Produkt der Region ist aber der hervorragende *jamón serrano* (geräucherter Bergschinken). Ein Großteil des Gebiets befindet sich im 1870 km² umfassenden Parque Natural Sierra de Aracena y Picos de Aroche, Andalusiens zweitgrößtem Schutzgebiet.

Minas de Riotinto

3260 EW. / 420 M

Versteckt am Südrand von Huelvas Sierra Morena liegt eines der ältesten Bergbaugebiete der Welt – so alt, dass angeblich selbst König Salomon aus dem fernen Jerusalem hier für seinen berühmten Tempel Gold schürfen ließ. Im 4. Jh. v. Chr. bauten die Römer Silber in den Stollen ab, doch dann wurden die Bergwerke lange Zeit kaum genutzt. In den 1870er-Jahren schließlich verwandelte die britische Rio Tinto Company das Areal in eines der wichtigsten Kupferabbaugebiete der Welt (dass es zugleich zur Gründung des ersten spanischen Fußballclubs kam, war eher zufällig). 1954 wurden die Minen an Spanien zurückverkauft. Der Bergbau wurde zwar 2001 aufgegeben, aber dank des hervorragenden Museums und der Möglichkeit, die alten Minen zu besichtigen und mit der Minenbahn zu fahren, macht die Erkundung der Gegend immer noch großen Spaß.

Einige Kilometer nordöstlich der Stadt erstreckt sich der Río Tinto. Sein Name („Roter Fluss") stammt von der rotbraunen Farbe, die bei der Reaktion des säurehaltigen Wassers mit dem reichlich vorhandenen Eisen- und Kupfererz entsteht.

◉ Sehenswertes & Aktivitäten

Museo Minero MUSEUM
(☏ 959 59 00 25; www.parqueminerodeoriotinto.es; Plaza Ernest Lluch; Erw./Kind 4/3 €; ⊙ 10.30–15 & 16–19 Uhr; Ⓟ) Das faszinierende Bergbaumuseum von Riotinto ist eine metaphorische Goldmine für Liebhaber industrieller Archäologie. Es führt durch die einzigartige Geschichte des Riotinto-Gebiets, von den megalithischen Gräbern aus dem 3. Jahrtau-

send v. Chr. über die römischen und britischen Kolonialzeiten und den Aufstand 1888, dem *año de los tiros* (Jahr der Schüsse), bis hin zur Schließung der Minen 2001. Beim Rundgang besichtigt man auch einen aufwendigen 200 m langen Nachbau einer römischen Mine.

Das Museum zeigt zudem eine Ausstellung zum Schienenverkehr, der die Minen bediente. Stolz des Hauses ist der Vagón del Maharajah, ein luxuriöser Transportwagen, den die Königin von Großbritannien, Queen Victoria, 1892 für eine Reise nach Indien erbauen ließ – allerdings ist sie niemals darin gefahren.

Peña de Hierro MINE
(959 59 00 25; www.parquemineroderiotinto.es; Erw./Kind 8/7 €; 10.30–15 & 16–19 Uhr) Die alten Kupfer- und Schwefelminen liegen 3 km nördlich von Nerva und 6 km östlich von Minas de Riotinto. Hier lassen sich die Quelle des Río Tinto sowie eine 65 m tiefe Tagebaumine besichtigen. Außerdem werden Besucher durch eine 200 m lange unterirdische Minengalerie geführt. Täglich finden mindestens drei Führungen statt. die Öffnungszeiten variieren jedoch. Deshalb muss man sich vorher telefonisch oder online im Museo Minero anmelden.

Ferrocarril Turístico-Minero ZUGFAHRT
(959 59 00 25; www.parquemineroderiotinto.es; Erw./Kind 10/9 €; Mitte Juli–Mitte Sept. 13.30 & 17.30, Mitte Sept.–Mitte Juli 13.30 Uhr, Nov.–Jan. Mo–Fr geschl.) Es macht viel Spaß (besonders mit Kindern), sich die Region auf einer Fahrt mit dem alten Bergbauzug anzusehen. Mit restaurierten Waggons aus dem frühen 20. Jh. tuckert er 22 km (hin & zurück) durch die surreale Landschaft. Die ganze Zeit über verkehrt der Zug parallel zum Fluss und gibt den Passagieren die Möglichkeit, die ständig wechselnden Farbtöne zu bewundern. Nur mit vorheriger Reservierung! Fahrkarten gibt's im Stadtmuseum und am Bahnhof.

Die Fahrten starten an den alten Zugreparatur-Werkstätten, die 4 km östlich von Minas de Riotinto unweit der Straße nach Nerva liegen. Kommentiert wird die Tour auf Spanisch (es stehen Faltblätter auf Englisch zur Verfügung).

❶ An- & Weiterreise

Montags bis freitags verkehren täglich fünf Busse von **Damas** (www.damas-sa.es) auf der Strecke Minas de Riotinto–Huelva (6,88 €, 1¾ Std.), am Wochenende drei.

Aracena
6700 EW. / 730 M

Die florierende alte Marktstadt Aracena, strahlend weiß in einem Bergkessel gelegen, ist ein sympathischer, lebhafter Ort, der sich wie ein Band um eine mittelalterliche Kirche und eine Burgruine schlingt. Mit reichlich guten Unterkünften und Restaurants ist er der ideale Standort für die Erkundung der wunderbaren Sierra de Aracena.

◉ Sehenswertes

Gruta de las Maravillas HÖHLE
(Höhle der Wunder; 663 937876; Calle Pozo de la Nieve; Führungen Erw./Kind 8,50/6 €; 10–13.30 & 15–18 Uhr) Unter dem Burghügel durchzieht ein Netz aus Höhlen und Tunneln den Karst. Eine außergewöhnliche 1 km lange Route führt durch zwölf Kammern und an sechs unterirdischen Seen vorbei. Alle sind wunderschön beleuchtet und voller bizarrer Felsformationen, die dem Film *Die Reise zum Mittelpunkt der Erde* als Hintergrundkulisse dienten.

Die Führungen starten nach Bedarf und werden in spanischer Sprache durchgeführt, aber es gibt Audioguides. Nachmittags und an Wochenenden, wenn ganze Busladungen an Besuchern hierherkommen, sind die Tickets oft ausverkauft.

Museo del Jamón MUSEUM
(Gran Vía; Erw./Kind 3,50/2,50 €; 10.45–14.15 & 15.30–19 Uhr) Das moderne Museum widmet sich ganz dem *jamón*, für den die Sierra so berühmt ist. Hier erfährt man, warum das Iberische Schwein, das vor allem Eicheln frisst, so saftiges Fleisch gibt, und welche Bedeutung die einheimischen Weiden haben, auf denen sie gezüchtet werden. Außerdem lernt man traditionelle und moderne Schlachtmethoden kennen. Ein Raum ist lokalen Wildpilzen gewidmet.

Wer eine Eintrittskarte für die Gruta de las Maravillas vorlegen kann, erhält eine Ermäßigung!

◉ Altstadt

Die Plaza Alta, ein attraktiver gepflasterter Platz, bildete ursprünglich das Zentrum der Stadt. Hier befindet sich das elegante, im 15. Jh. erbaute Cabildo Viejo. Das frühere Rathaus verfügt über ein schönes Renaissancetor (und ein Infozentrum zum Naturpark). Von der Plaza Alta verläuft die Calle Francisco Rincón den Hügel hinunter in

Aracena

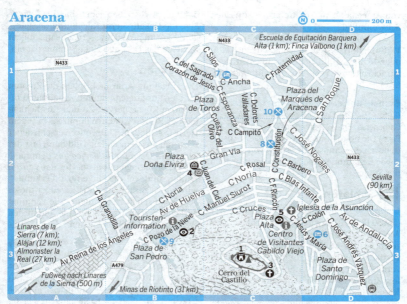

Aracena

⊙ Sehenswertes
1. Castillo...C3
2. Gruta de las Maravillas......................B3
3. Iglesia Prioral de Nuestra
   Señora del Mayor Dolor C3
4. Museo del Jamón..............................B2
5. Plaza Alta...C3

🛏 Schlafen
6. Hotel Convento Aracena....................D3
7. Molino del Bombo..............................C1

✴ Essen
8. Café-Bar Manzano..............................C2
9. Jesús Carrión B3
10. Rincón de Juan C1

Richtung Stadt. Unterwegs passiert sie ein paar schmale Straßen, die von hübschen weißen Häuschen gesäumt sind, bevor sie schließlich auf die **Plaza del Marqués de Aracena** trifft, einen lebhaften Platz mit ein paar guten Café-Restaurants.

Castillo de Aracena BURG
Über der Stadt thront dramatisch die bröckelnde Ruine des **Castillo**, einer stimmungsvollen Festung, die von den Königreichen Portugal und Kastilien im 12. Jh. auf dem Hügel errichtet wurde. Gleich nebenan steht die **Iglesia Prioral de Nuestra Señora del Mayor Dolor** (⊙ 10–17, Juli & Aug. bis 19.30 Uhr), die etwa 100 Jahre später entstand. Sie ist eine Mischung aus Gotik und Mudéjar, mit Ziegelmaßwerk am Turm. Bemerkenswert sind die charakteristischen maurischen Einflüsse. Kirche und Festung sind über eine steile Gasse von der Plaza Alta aus zu erreichen.

🏃 Aktivitäten

Die Hügel und Berge um Aracena bilden eines der schönsten und unbekanntesten Wandergebiete Andalusiens. Wandern lohnt hier das ganze Jahr über, aber das Frühjahr, wenn die Wiesen voller Wildblumen stehen und von karnevalsbunten Schmetterlingen nur so wimmeln, ist die bei Weitem beste Zeit. Das Centro de Visitantes Cabildo Viejo (S. 99) kann unterschiedlich schwierige Wanderungen empfehlen und gibt einfache Karten heraus. Die Touristeninformation (S. 99) verkauft derweil eine gute Karte mit Dutzenden Wanderwegen.

Linares de la Sierra WANDERN
Die schöne, ziemlich leichte Wanderung (5 km) dauert zwei Stunden und führt in ein grünes Tal hinab in das verschlafene Linares de la Sierra (S. 100). Der markierte Weg (PRA48) ist einfach zu finden: Er geht von der HU8105 am südwestlichen Stadtrand

von Aracena ab, 500 m hinterm städtischen Schwimmbad.

Wer mag, kann bis Alájar laufen (4 km, 1½ Std.); dort besteht die Möglichkeit, um 16 oder 16.30 Uhr mit dem Bus nach Aracena zurückzukehren (kein Busverkehr am Sonntag!).

Escuela de Equitación Barquera Alta REITEN
(627 594929; Finca Valbono, Carretera Aracena-Carboneras Km 1; 2-stündige Ausritte 30 € pro Pers.) Die nette Reitschule organisiert Ausritte durch die Landschaft östlich von Aracena sowie Reitstunden. Sie liegt 1 km nordöstlich der Stadt.

🛏️ Schlafen

Molino del Bombo BOUTIQUE-HOTEL €
(959 12 84 78; www.molinodelbombo.com; Calle Ancha 4; EZ/DZ 36/60 €; ❄️ 📶) Nicht so richtig retro ist das Molino del Bombo, doch der rustikale Stil fügt sich gut in die von der Zeit zernagte Architektur Aracenas. In den hellen Zimmern warten sehr gemütliche, mit Kissen überladene Betten, Fresken sowie unverputzte Stein- und Ziegelelemente. Manche Bäder sind wie malerische Grotten gestaltet. Der lauschige Salon und der Hof mit dem plätschernden Springbrunnen sind wie gemacht zum Hinfläzen.

Finca Valbono LÄNDLICHES HOTEL €€
(959 12 77 11; www.fincavalbono.com; Carretera Aracena-Carboneras Km 1; EZ 64–80 €, DZ 80–100 €; P❄️📶🏊🐕) Das mit viel Herz betriebene Bauernhaus 1 km nordöstlich von Aracena ist von reichlich Grün umgeben. Die 20 *casitas* (Hütten) warten mit Holzkaminen, Küchenzeilen und zusätzlichen Ausziehcouches auf (ideal für Gruppen oder Familien). Alternativ bezieht man eines der sechs rustikalen Zimmer. Meist sind zwei Betten zusammengeschoben. Weitere tolle Extras sind das ganztägige Frühstück für 8 €, der hübsche Pool und die Reitschule vor Ort (S. 98).

Hotel Convento Aracena HISTORISCHES HOTEL €€
(959 12 68 99; www.hotelconventoaracena.es; Calle Jesús y María 19; EZ 84–130 €, DZ 94–145 €; P❄️📶🏊) Die stromlinienförmigen, modernen Zimmer wie aus dem Hochglanzmagazin stehen im Kontrast zu der original andalusischen Barockarchitektur dieses erst vor Kurzem umgebauten Klosters aus dem 17. Jh., der edelsten Übernachtungsmöglichkeit von Aracena. Zimmer 9 hat eine Toplage im Kirchendom! Zum Genießen laden das hauseigene Spa, die leckere Sierra-Küche und der ganzjährig geöffnete Salzwasserpool samt tollem Blick auf das Dorf und einer Sommerbar ein.

🍴 Essen

Die Hügel um Aracena bringen die Zutaten für eine ausgezeichnete und zunehmend innovative Küche hervor. Zu den Köstlichkeiten der Region zählen Wildpilze – in jedem Herbst schießen Dutzende verschiedener Pilzarten aus dem Boden. Und dann erst der Schinken! Der *jamón ibérico* aus dem nahe gelegenen Jabugo gilt als bester des ganzen Landes, und wer die Hügelregion erkundet, wird unweigerlich auch die Erzeuger dieses Segens zu sehen bekommen – die vergnügt wirkenden schwarzen Schweine, die in den Wäldern nach Eicheln suchen.

⭐ **Rincón de Juan** TAPAS €
(Calle José Nogales; Tapas 1,80–3 €, raciones 7–10 €; ⏰Mo–Sa 7.30–16 & 18.30–24, So 7.30–16 Uhr) In dieser keilförmigen Eckbar mit Steinmauern gibt's nur Stehplätze, aber sie ist wahrscheinlich das beste Tapas-Lokal der Stadt. Der iberische Schinken ist zweifellos die Hauptattraktion; er bildet die Grundlage für eine Vielzahl an *montaditos* (kleine belegte Brote) und *rebanadas* (geschnittene Brotlaibe für mehrere Personen). Auch der lokale Ziegenkäse ist sehr empfehlenswert.

⭐ **Jesús Carrión** TAPAS, ANDALUSISCH €€
(959 46 31 88; www.jesuscarrionrestaurante.com; Calle Pozo de la Nieve 35; Tapas 5–9 €, Hauptgerichte 10–17 €; ⏰Do–Sa 13–16.30 & 20–23, Mi & So 13–16.30 Uhr; 📶🍴) Der hingebungsvolle Koch, Jesús, segnet in diesem wunderbaren Familienbetrieb die kreativen Gerichte ab. Der Laden sorgt mit seinen liebevoll zubereiteten, modern interpretierten Versionen traditioneller Rezepte aus Aracena für einiges an Wirbel. Wir empfehlen das Carpaccio aus iberischem Schinken oder das Pilzrisotto (aus lokalen Pilzen). Das hausgemachte Brot kommt direkt aus dem Ofen und die Salate sind ebenfalls frisch – hier wird kein Gemüse aus der Konserve serviert!

Café-Bar Manzano TAPAS €€
(959 12 81 23; Plaza del Marqués de Aracena 22; raciones 6–14 €; ⏰Mi–Mo 8.30–24 Uhr) In diesem eleganten Terrassencafé auf der Hauptplaza kann man wunderbar das Leben an sich vorbeiziehen lassen. Es gibt Tapas und *raciones* (große Tapas-Portionen), die vor allem aus Wildpilzen und anderen regiona-

len Zutaten hergestellt werden. Köstliche *tentullos, gurumelos* und *tanas* werden z. B. als Pilzpfanne serviert.

❶ Praktische Informationen

Centro de Visitantes Cabildo Viejo (☏ 959 12 95 53; Plaza Alta; ⊙ Do–So 9.30–14 Uhr) Infos für Wanderer und Karten sowie eine Ausstellung zum Parque Natural Sierra de Aracena y Picos de Aroche.
Touristeninformation (☏ 663 937877; www. aracena.es; Calle Pozo de la Nieve; ⊙ 10–14 & 16–18 Uhr) Gegenüber der Gruta de las Maravillas; verkauft eine gute Wanderkarte.

❶ Anreise & Unterwegs vor Ort

Der **Busbahnhof** (Avenida de Sevilla) liegt 700 m südöstlich der Plaza del Marqués de Aracena.
Damas (www.damas-sa.es) betreibt einen Morgen- und zwei Nachmittagsbusse (sonntags nur einen) von Sevilla nach Aracena (7,46 €, 1¼ Std.), die weiter nach Cortegana via Alájar oder Jabugo fahren. Von Huelva starten montags bis freitags täglich zwei Nachmittagsbusse, am Wochenende jeweils einer (11 €, 3 Std.). Es verkehren auch lokale Verkehrsmittel zwischen Aracena und Cortegana via Linares, Alájar und Almonaster la Real.

Sierra de Aracena

Westlich von Aracena erstreckt sich eine der traumhaftesten Landschaften Andalusiens, eine blumenübersäte Hügellandschaft mit alten Steindörfern und imposanten Burgen. Waldgebiete wechseln sich mit ausgedehnten *dehesa* ab, Steineichenhainen, in denen die berühmten schwarzen Schweine der Region Eicheln futtern. Ein weitläufiges Netzwerk von gepflegten Wanderwegen mit immer wieder neuen Aussichten und überwiegend sanften Steigungen durchzieht die Landschaft – eine der reizvollsten Wandergegenden Andalusiens.

Besonders viele tolle Wanderrouten gibt's in dem Gebiet zwischen Aracena und Cortegana. Dort stößt man auch auf jede Menge hübsche Örtchen, wie Alájar, Castaño del Robledo, Galaroza und Almonaster la Real, die sich prima als Ausgangspunkte eignen.

Karten und Informationen für Wanderer in spanischer und englischer Sprache können unter www.sierradearacena.com und www.ventanadelvisitante.es heruntergeladen werden, idealerweise besorgt man sich aber eine verlässliche Karte und einen Wanderführer. Zu empfehlen sind *Sierra de Aracena* und die dazugehörende *Sierra de Aracena Tour & Trail Map* von Discovery Walking Guides.

❶ Anreise & Unterwegs vor Ort

BUS
Damas (www.damas-sa.es) unterhält sämtliche Busse. Montags bis samstags folgen morgendliche und nachmittägliche Verbindungen auf der HU8105 von Cortegana via Almonaster la Real, Alájar und Linares de la Sierra nach Aracena. Die Rückfahrt ist jeweils am Nachmittag.

ZUG
Täglich verkehrt mindestens ein Zug pro Strecke zwischen Huelva und den Bahnhöfen Almonaster-Cortegana (9,50 €, 1¾ Std.) und Jabugo-Galaroza (11 €, 2 Std.). Der Bahnhof Almonaster-Cortegana liegt 1 km abseits der Straße Almonaster–Cortegana, etwa auf halber Strecke zwischen beiden Dörfern.

Sierra de Aracena

Linares de la Sierra

230 EW. / 505 M

Nur 7 km westlich von Aracena befindet sich an der HU8105 eines der hübschesten Dörfer der Region: Linares de la Sierra. Es ist von einem üppig grünen Flusstal umgeben, die mit Kopfsteinen gepflasterten Straßen säumen verwinkelte, schiefergedeckte Häuser. Die *llanos* (Mosaiken vor den Hauseingängen) – insgesamt um die 300 Stück – sind weithin bekannt. Im Ortszentrum liegt direkt neben der Pfarrkirche Iglesia de San Juan Bautista (18. Jh.) eine winzige kreisrunde Stierkampfarena mit einem blumengeschmückten Wappen in der Mitte. In dem kleinen Besucherzentrum (www.elvalleescondido.com; Di–So 9–18 Uhr) gibt es (begrenzt) Infos zu Wanderungen rund um Linares.

In der Nähe befindet sich eines der besten Restaurants der gesamten Sierra, das Restaurante Arrieros (959 46 37 17; www.arrieros.net; Calle Arrieros 2; Hauptgerichte 9–15 €; Di–So 13.30–16 Uhr, Mitte Juni–Mitte Juli geschl.). Dort kann man köstliche, kreative Gerichte mit lokalen Schweinefleischprodukten und wilden Pilzen kosten, z. B. mit Pilzen und Äpfeln gefülltes *solomillo* (Schweinelende).

Alájar

800 EW. / 570 M

Alájar, das wohl malerischste Dorf der Region, liegt 5 km westlich von Linares de la Sierra. Obwohl es größer ist, hat es sich seine schmalen Kopfsteinpflasterstraßen, würfelförmigen Steinhäuser und sogar die schöne Barockkirche bewahrt. Mehrere nette Wanderrouten starten bzw. führen hier vorbei.

◉ Sehenswertes & Aktivitäten

Peña de Arias Montano HISTORISCHE STÄTTE

(P) Oberhalb des Dorfes bietet ein Felsvorsprung einen tollen Blick auf Alájar. Die Felsnase ist nach Benito Arias Montano benannt, einem außergewöhnlichen Universalgelehrten und Humanisten, der im 16. Jh. lebte und den Hügel zur Erholung und Meditation nutzte. In der Kapelle der Peña, der **Ermita de Nuestra Señora Reina de los Ángeles** (11 Uhr–Sonnenuntergang) aus dem 16. Jh., steht eine kleine Madonnenfigur, die als Schutzherrin der gesamten Sierra de Aracena gilt. Vor der Kapelle befinden sich Buden, an denen lokal produzierter Käse und Honig verkauft werden, wie auch ein **Wandererinformationskiosk** (Fr–So, Öffnungszeiten variieren).

Castaño del Robledo WANDERN

Neben der Bushaltestelle am Westrand von Alájar, führt auf der anderen Seite der HU8105 ein mittelschwerer Weg 5 km bergauf, vorbei an dem einst verlassenen Dorf El Calabacino, das sich inzwischen in eine Hippie-Künstler-Kolonie verwandelt hat. Danach geht es durch einen Wald voller Korkeichen und Kastanien zu dem bildschönen kleinen Dorf Castaño del Robledo. Dafür sollte man zwei Stunden einplanen.

🛏 Schlafen

★ Posada de San Marcos CASA RURAL €€

(959 12 57 12; www.posadasalajar.com; Calle Colón 12; EZ/DZ inkl. Frühstück 60/95 €; P ❋ @ 🛜 ♨) In dem toll restaurierten, 200 Jahre alten Landgasthof wird Nachhaltigkeit großgeschrieben. Es steht an einem Bach am südöstlichen Ende des Orts. Das Haus wird mit geothermaler Energie betrieben, das Regenwasser wird gesammelt und wiederverwendet und die Dämmung besteht aus Naturkork. Die sechs komfortabel-rustikalen, großzügigen Zimmer warten mit großen Terrassen auf, die Zutaten fürs Frühstück sind hausgemacht und die freundlichen Gastgeber, Ángel und Lucy, sind absolute Experten, was Wanderungen in der Umgebung angeht. Der Pool gewährt zudem eine Aussicht quer übers Dorf bis zur *peña*.

Ángel und Lucy sind auch Besitzer der gemütlichen, preiswerteren **Posada de Alájar** (Calle Médico Emilio González 2; EZ/DZ 40/55 €; ❋ 🛜 ♨). Zimmer 6 bietet einen tollen Blick auf die *peña*.

★ Finca La Fronda LÄNDLICHES HOTEL €€

(959 50 12 47; www.fincalafronda.com; Carretera Cortegana-Aracena Km 22; Zi. inkl. Frühstück 115–145 €; P ❋ 🛜 ♨ 🐕) La Fronda liegt versteckt inmitten eines Korkeichen-/Kastanienwaldes und ist das ideale Refugium. Die modern-rustikale Schönheit des Anwesens zeigt sich in der hellen Lounge und auf dem vom Mudéjar-Stil inspirierten Patio, aber auch in den großzügig geschnittenen Zimmern mit britischem Flair (warme Pastellfarben, smarte Sessel). In dem von Rosen umsäumten Pool können die Gäste den Blick über die *peña* von Alájar schweifen lassen.

Die effizienten Besitzer organisieren *jamón*-Verkostungen, Ausritte, Pianokonzerte und Wanderungen. Die Unterkunft abseits der HU8105 (2 km nordöstlich von Alájar) ist ausgeschildert.

Essen

Casa El Padrino
ANDALUSISCH €€

(☎ 959 12 56 01; Plaza Miguel Moya 2; Hauptgerichte 10–15 €; ⏲ Fr & Sa 13.30–16 & 21–24, So 13.30–16 Uhr) In der Casa El Padrino diniert man stimmungsvoll an einem ringförmigen, aus Ziegeln gemauerten Kamin oder auf der sonnigen Terrasse. Das Restaurant serviert leckere Landkost, die teilweise auf traditionellen Rezepten basiert. Besonders herausragend ist der *pencas de acelgas* (mit Iberischem Schweinefleisch gefüllter Mangold), aber auch perfekt gebratener *lomo ibérico* (iberische Schweinelende) mit Maronensoße schmeckt köstlich.

Castaño del Robledo
188 EW. / 740 M

Das kleine Dorf Castaño del Robledo, nördlich von Alájar an der Nebenstraße HU8114 zwischen Fuenteheridos und Jabugo gelegen, ist ein idyllisches Örtchen, das von dunstigen grünen Oliven- und Korkeichenwäldern umgeben ist. Das Mosaik aus roten Ziegeldächern wird von zwei großen Kirchen überragt (eine davon ist noch unvollendet), von denen jede allein die gesamte Dorfbevölkerung fassen könnte.

Aktivitäten

Rundweg Castaño del Robledo–Galaroza
WANDERN

Der PRA38 bietet sich für eine wunderbare, 10 km lange Wanderung von Castaño del Robledo nach Galaroza an. Zurück kann man über den SLA129 am Fluss entlanglaufen. Ein Großteil des Wegs führt durch verschiedene Waldbestände, aber es gibt dort auch schöne Fernsichten und im Frühjahr zahlreiche Wildblumen. Unterwegs lassen sich häufig *pata-negra*-Schweine (Iberische Schweine) bei der Eichelsuche beobachten. Für die gesamte Strecke benötigt man etwa drei Stunden (ohne Pausen).

Auf einem nicht markierten Pfad neben dem Schrein in der Área Recreativa Capilla del Cristo an der HU8114, die an der Nordseite des Dorfs entlangführt, läuft man los. Links sind bald schon Cortegana und Jabugo zu sehen, bevor es nach 15 Minuten nach rechts abgeht. Der Pfad windet sich allmählich bergab, bis er nach zehn Minuten die Kreuzung mit dem Wanderweg Jabugo–Fuenteheridos erreicht. Etwa 50 m dahinter biegt man an der Gabelung rechts ab. Nach zehn Minuten kommt Galaroza in Sicht und man passiert einige *fincas* (Bauernhöfe). Dann erreicht man eine Fußgängerbrücke über einen kleinen Fluss. Nach drei Minuten endet der Pfad an der N433. Hier geht man rund 800 m links in Richtung Galaroza. Kurz vor der mit Palmen bestandenen Plaza biegt man nach links auf den Pfad mit dem Schild „Sendero Ribera del Jabugo" ab.

Eine Gehminute später hält man sich an dem grün-weiß gestreiften Pfosten rechts, nach fünf Minuten an dem Schild „Camino Galaroza-Castaño Bajo" wieder links, hinab zu einer Fußgängerbrücke über einen Bach. Nun windet sich der Pfad durch das Tal des Río Jabugo, ein besonders schöner Abschnitt mit Pappeln, Weiden und Erlen. Eine halbe Stunde nach der Fußgängerbrücke erreicht man einen Fahrweg mit der Markierung „Camino de Jabugo a Fuenteheridos". Nach rechts geht's an ein paar *cortijos* (Gehöften) vorbei und auf einer niedrigen Brücke über den Fluss. 50 m hinter der Brücke führt der Weg nach links und an der Gabelung 30 m weiter nochmals links. Auf Trittsteinen überquert man den Fluss erneut. Nach 15 Minuten folgt an einem Haus mit rotem Ziegeldach und einem mit Pfeil versehenen Baumstumpf ein Abzweig nach links und nach weiteren 15 Minuten (meist bergauf) ist Castaño del Robledo erreicht.

Schlafen

Posada del Castaño
CASA RURAL €

(☎ 959 46 55 02; www.posadadelcastano.com; Calle José Sánchez Calvo 33; EZ/DZ inkl. Frühstück 40/50 €; ☎) In der entspannten Unterkunft mit den durchgebogenen Dachbalken, der großen Büchersammlung und den bunten Überwürfen spielen Wanderer die erste Geige. Die jungen, britischen Besitzer, selbst erfahrene Reisende und Wanderer, kennen sich bestens aus und organisieren Wandertouren und Reitferien. Je nach Wetter wird das Frühstück auf der hinteren Terrasse mit Blick auf den schönen Garten serviert.

Essen

Restaurante Maricastaña
ANDALUSISCH €€

(☎ 654 248583; Plaza del Álamo 7; Hauptgerichte 14–19 €; ⏲ Do–So 13–16.30, Fr & Sa 20.30–24 Uhr) Das Maricastaña ist besonders beliebt bei Wochenendbesuchern aus Sevilla. Es tischt gehobene Variationen von Sierra-Klassikern auf, z. B. Wildpilze und *jamón de bellota* (serviert mit Auberginen, Esskastanien und Zuckerrohrsirup). Gespeist wird am offenen

Almonaster la Real

650 EW. / 613 M

Almonaster la Real ist ein friedlicher Ort mit einem wunderschönen Juwel islamischer Architektur.

Sehenswertes & Aktivitäten

★ Mezquita MOSCHEE
(Moschee; ⊙ 9 Uhr–Sonnenuntergang) GRATIS Die kleine *mezquita* steht nur fünf Gehminuten vom Hauptplatz auf einem Hügel. Das fast perfekt erhaltene Bauwerk, eine echte Rarität in dieser Gegend, gleicht einer Miniaturversion der Großen Moschee von Córdoba. Obwohl die Mezquita im 13. Jh. christianisiert wurde, besitzt sie noch all ihre ursprünglichen muslimischen Elemente: die Hufeisenbogen, den halbrunden Mihrab, einen Brunnen für Waschungen und verschiedene arabische Inschriften. Noch älter sind die Säulenkapitele in der Nähe des Mihrab – sie stammen aus der Römerzeit. An das Gebäude grenzt das originale, viereckige Minarett. Unterhalb liegt die Stierkampfarena aus dem 19. Jh.

Iglesia de San Martín KIRCHE
(Placeta de San Cristóbal) Die Mudéjar-Kirche Iglesia de San Martín (Placeta de San Cristóbal) verfügt über ein Portal aus dem 16. Jh. im portugiesischen Manueline-Stil, der in der Region einzigartig ist

Cerro de San Cristóbal WANDERN
Vom westlichen Ende der Stadt aus führt dieser Rundweg (5,5 km, ca. 2½ Std.) auf den Cerro de San Cristóbal (912 m). Dort eröffnet sich ein fantastischer Blick über die Sierra.

🛏 Schlafen & Essen

Posada El Camino HOTEL €
(☎ 959 50 32 40; www.posadaelcamino.es; Carretera Cortegana-Aracena Km 6,8; EZ/DZ/3BZ 36/50/65 €; P ❄ 🛜 🐕) Die lachsrosafarbene, an ein Motel erinnernde Unterkunft ist beliebt bei spanischen Familien. Sie steht am Fuß eines von Korkeichen bestandenen Hügels und ringsum verlaufen Wanderwege. Das Restaurant (Hauptgerichte 10–16 €; ⊙ Di–Sa 9–24, So bis 18 Uhr) im Landhausstil (inkl. Kamin) kredenzt gute regionale Küche (Wildpilze, mit Schinken gefüllter Mangold etc.). Die Posada liegt einen halben Kilometer östlich von Almonaster, direkt neben der HU8105 nach Alájar.

Restaurante Casa García ANDALUSISCH €€
(☎ 959 14 31 09; Avenida San Martín 2; Hauptgerichte 11–17 €; ⊙ 13–16 & 20.30–23.30 Uhr) In der Casa García gibt's Gourmetversionen lokaler Gerichte, serviert in gemütlicher Umgebung mit Kamin und Ziegelbogen.

DIE PROVINZ SEVILLA

Gleich nordwestlich von Sevilla liegen bei Santiponce die römischen Ruinen von Itálica. Weiter östlich erstrecken sich die flachen und fruchtbaren Ackerböden von La Campiña bis zum Horizont. Die Region besteht aus riesigen Landwirtschaftsgütern, die nur wenigen Landbesitzern gehören und mit romantischen, alten Städten wie Carmona, Osuna und Écija gesprenkelt sind. In nördlicher Richtung erheben sich die ruhigen, untouristischen Hügel der Sierra Norte de Sevilla.

Santiponce

In der einfachen Stadt Santiponce, 6 km nordwestlich von Sevilla (abseits der A66), befinden sich zum einen Itálica, die beeindruckendste römische Stätte Andalusiens, und zum anderen ein früheres gotisches Mudéjar-Kloster, das Monasterio de San Isidoro del Campo. Beide Orte eignen sich perfekt für einen Tagesausflug von Sevilla aus.

Sehenswertes

★ Itálica ARCHÄOLOGISCHE STÄTTE
(☎ 955 12 38 47; www.museosdeandalucia.es; Avenida de Extremadura 2; Eintritt 1,50 €, EU-Bürger frei; ⊙ Mitte Juni–Mitte Sept. Di–So 9–15.30, Mitte Sept.–Mitte Juni Di–Sa 9–17.30 & So 9–15.30 Uhr; P) Itálica wurde 206 v. Chr. erbaut und war die erste römische Stadt in Spanien. Hier wurde im 2. Jh. der römische Kaiser Trajan geboren, möglicherweise auch sein Adoptivsohn und Nachfolger Hadrian. Heute machen Kaiser sich rar in Itálica, doch aus jener Zeit erhalten sind breite Pflasterstraßen und Ruinen von Häusern samt Innenhöfen mit wunderschönen Mosaiken. In Itálica befindet sich auch eines der größten aller römischen **Amphitheater**, das 20 000 Zuschauern Platz bot.

Die bemerkenswertesten Gebäude sind die Casa del Planetario (Haus des Planetariums) mit einem Mosaik, das die Götter der sieben Wochentage darstellt, und die Casa de los Pájaros (Haus der Vögel).

Monasterio de San Isidoro del Campo
KLOSTER

(☏ 955 62 44 00; Avenida de San Isidoro del Campo 18; ⊕ Mi-Sa 10–14 ganzjährig, Okt.–März Fr & Sa 16–19, April–Sept. Fr & Sa 17.30–20.30 Uhr; P) GRATIS Am südlichen Ende von Santiponce steht ein tolles altes Kloster mit zwei Kirchen, gegründet 1301 von Guzmán El Bueno (S. 151), dem Helden der Schlacht von Tarifa 1294. Im Verlauf der Jahrhunderte beherbergte es verschiedene religiöse Orden, darunter eine geschlossene Gemeinschaft von Hieronymiten-Mönchen, die den Patio de Evangelistas im 15. Jh. mit bemerkenswerten Wandbildern von Heiligen und Blumen- und geometrischen Mustern im Stil des Mudéjar verschönerten. In diesem Kloster wurde die Bibel erstmals ins Spanische übersetzt (1569).

Die beeindruckende Sammlung spanischer Kunst umfasst ein Altarbild (17. Jh.) des sevillanischen Bildhauers Juan Martínez Montañés.

❶ An- & Weiterreise

Von Sevillas Plaza de Armas fährt der Bus M172 halbstündlich nach Santiponce (1,17 €, 25 Min.). Seine Endhaltestelle liegt direkt am Eingang zur archäologischen Stätte.

Carmona

23 200 EW.

Mit seinen alten Palästen und imposanten Bauten ist Carmona ein weniger bekanntes Highlight im westlichen Andalusien. Es kauert 35 km östlich von Sevilla auf einem niedrigen Hügel mit Blick auf eine wunderbare *vega* (Tal), die in der Sommerhitze flimmert. Die strategische Lage war bereits für die Karthager von Bedeutung. Das Straßennetz, das die Römer später anlegten, ist bis heute unverändert geblieben: Die Via Augusta, die von Rom bis nach Cádiz verlief, führt an der östlichen Puerta de Córdoba in die Stadt hinein und an der westlichen Puerta de Sevilla wieder hinaus (beide Tore haben nichts von ihrer Standhaftigkeit eingebüßt). Die Mauren zogen einen soliden Verteidigungswall um Carmona, doch 1247 fiel die Stadt an Ferdinand III. Später wurde sie von Mudéjar- und christlichen Handwerkern mit schönen Kirchen, Klöstern und Palästen bebaut.

◉ Sehenswertes

Von der Puerta de Sevilla kann man problemlos zu Fuß durch den schönsten Teil der Altstadt laufen. Im ayuntamiento (Rathaus; ☏ 954 14 00 11; Calle El Salvador; Eintritt frei; ⊕ Mo-Fr 8–15 Uhr) ist ein großes, sehr detailliertes römisches Mosaik der Medusa zu sehen.

Alcázar de la Puerta de Sevilla
TOR

(Erw./Kind 2/1 €, Mo frei; ⊕ Mo-Sa 10–18, So bis 15 Uhr) Das beeindruckende Haupttor zur Altstadt gehört zu einer Festung, die schon fünf Jahrhunderte gestanden hatte, bevor die Römer sie weiter ausbauten und einen Tempel daraufsetzten. Die muslimischen Almohaden fügten eine *aljibe* (Zisterne) im oberen Hof hinzu, die bis heute erhalten ist und wie ein habichtförmiger Hochsitz aussieht. Von hier kann man wunderbar das typisch andalusische Tableau aus weißen Würfeln und hohen Turmspitzen überblicken.

Iglesia Prioral de Santa María de la Asunción
KIRCHE

(☏ 954 19 14 82; Plaza Marqués de las Torres; Eintritt 3 €; ⊕ Di-Fr 9.30–14 & 17.30–18.30, Sa bis 14 Uhr) Die prachtvolle Kirche wurde hauptsächlich im 15. und 16. Jh. an der Stelle der früheren Hauptmoschee erbaut. Man betritt sie durch den Patio de los Naranjos, in dem eine der Säulen ein eingraviertes westgotisches Kalendarium aufweist. Der plateresk Altar im Inneren ist beinahe übertrieben detailreich gestaltet und trägt 20 Tafeln mit biblischen Szenen, die von goldumrankten Säulen eingerahmt werden.

Museo de la Ciudad
MUSEUM

(☏ 954 14 01 28; www.museociudad.carmona.org; Calle San Ildefonso 1; Erw./Kind 3/1 €, Di frei; ⊕ Mitte Juni-Aug. tgl. 10–14 & Mo-Fr 18.30–20.30 Uhr, Sept.–Mitte Juni Di-So 11–19 & Mo 11–14 Uhr) Einen Besuch wert ist auch dieses interessante Museum, das sich der Geschichte der Stadt widmet. Es ist in einem jahrhundertealten Palast untergebracht und stellt Exponate aus, die bis in die Altsteinzeit zurückreichen. Die Abteilungen zu Tartessos und seinen römischen Nachfolgern zählen zu den Highlights des Hauses: Erstere beinhaltet eine einzigartige Sammlung großer Tongefäße mit orientalischem Dekor, Letztere zeigt exzellente Mosaiken.

Convento de Santa Clara
KLOSTER

(☏ 954 14 21 02; www.clarisasdecarmona.wordpress.com; Calle Torno de Santa Clara; Erw./Kind 2/1 €; ⊕ Do-Mo 11–14 & 16–18 Uhr) Mit seinem gotischen Rippengewölbe, der geschnitzten

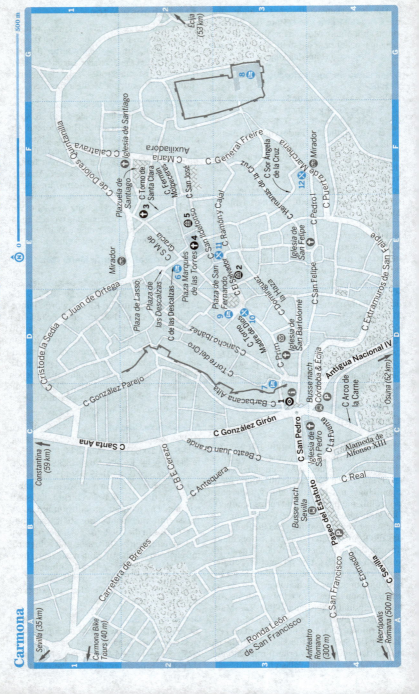

Carmona

◎ Highlights
1. Alcázar de la Puerta de Sevilla C3
2. Ayuntamiento E3
3. Convento de Santa Clara E2
4. Iglesia Prioral de Santa María de la Asunción E2
5. Museo de la Ciudad E2

◉ Schlafen
6. El Rincón de las Descalzas E2
7. Hostal Comercio C3
8. Parador de Carmona G3
9. Posada San Fernando D3

⊗ Essen
10. Bar Goya D3
11. Mingalario E3
12. Molino de la Romera F3

Decke im Mudéjar-Stil und dem wunderschönen Altargemälde sollte das Kloster Santa Klara – ein leuchtendes Beispiel für den sevillanischen Barock – sowohl Kunst- als auch Architekturfans begeistern. Der Besuch beginnt mit einer Besteigung des Spiralturms, der im 18. Jh. hinzugefügt wurde. Nicht verpassen: den hübschen, mit steinernen Bögen versehenen Kreuzgang hinten.

★ **Necrópolis Romana** HISTORISCHE STÄTTE
(Römischer Friedhof ☏ 600 143632; www.museos deandalucia.es; Avenida de Jorge Bonsor 9; ⊙ April & Mai Di–Sa 9–19, So 9–15.30 Uhr, Juni–Mitte Sept. Di–So 9–15.30 Uhr, Mitte Sept.–März Di–Sa 9–17.30, So 9–15.30 Uhr) GRATIS Am Südwestrand von Carmona liegen die Überreste der römischen Totenstadt. Im 1. und 2. Jh. n. Chr. wurden hier über ein Dutzend Familiengrüfte in die Felsen gehauen, einige davon kunstvoll und mit mehreren Kammern. Da die meisten Toten eingeäschert wurden, befinden sich in den Grüften Mauernischen für die Urnen mit der Asche. Die große **Tumba de Servilia**, das Grabmal einer hispano-römischen Bonzenfamilie, und mehrere andere Gräber sind öffentlich zugänglich.

Vor Ort kann auch ein interessantes Museum mit Grabbeigaben besichtigt werden. Auf der anderen Straßenseite erstreckt sich ein **römisches Anfiteatro** (1. Jh. v. Chr.), das allerdings nicht betreten werden darf.

🏃 Aktivitäten

Carmona Bike Tours RADTOUR
(☏ 617 265798; www.carmonabiketours.com; Calle Mimosa 15; geführte Touren 18 € pro Pers., Leihfahrrad 10 € pro Tag) Das dynamische Unternehmen wird von zwei eifrigen einheimischen Radliebhabern betrieben. Ihre Touren (in englischer oder spanischer Sprache) folgen historischen Routen durch die Stadt oder führen hinaus in die wunderschöne, aber eher unbekannte Campiña. Reservieren.

🛏 Schlafen

Hostal Comercio HOSTAL €
(☏ 954 14 00 18; hostalcomercio@hotmail.com; Calle Torre del Oro 56; EZ/DZ 35/50 €; ✻ ⌘) Das Comercio steht direkt an der Puerta de Sevilla. Die 14 schicken, einfachen Zimmer sind um einen mit Bogen im Mudéjar-Stil gesäumten Hof voller Pflanzen angeordnet. Der freundliche Service wurde über mehrere Generationen kultiviert und passt zu dem unprätentiösen Dekor dieser altmodischen, alteingesessenen Unterkunft.

Posada San Fernando BOUTIQUE-HOTEL €€
(☏ 954 14 14 08; www.posadasanfernando.es; Plaza de San Fernando 6; EZ/DZ 55/68 €; ✻ ⌘) Ein Hotel in einem Gebäude aus dem 16. Jh. mit exzellentem Preis-Leistungs-Verhältnis, direkt am lebendigsten Platz von Carmona. Alle Zimmer haben ihre ganz eigene Persönlichkeit; dafür sorgen handbemalte Badkacheln, antike Möbel und die eine oder andere Badewanne auf Klauenfüßen. Teils verfügen die Räumlichkeiten auch über einen Balkon mit Blick auf die Palmen an der Plaza. Treppab ist ein Frühstückscafé untergebracht.

El Rincón de las Descalzas BOUTIQUE-HOTEL €€
(☏ 954 19 11 72; www.elrincondelasdescalzas.com; Calle de las Descalzas 1; inkl. Frühstück EZ 52 €, DZ 66–82 €; ✻ ⌘) In einer ruhigen Ecke der Altstadt locken 13 elegante Zimmer in einem stilvoll modernisierten Bauwerk aus dem 18. Jh. Die Farbgebung ist bunt, und sie sind um Höfe in Orangetönen mit Springbrunnen angeordnet. Hinzu kommt, dass sie alle über ein spezielles Alleinstellungsmerkmal verfügen, wie z. B. unverputzte Steinmauern oder 100 Jahre alte geschnitzte Betten. Manche sind eindeutig netter als andere. Uns hat „Antífona" besonders gut gefallen, wegen dem erhöhten Bad und den Ziegelsteinbogen.

Parador de Carmona HISTORISCHES HOTEL €€€
(☏ 954 14 10 10; www.parador.es; Calle Alcázar; Zi. 188 €; P ✻ @ ⌘ ≋) Der Blick auf das Tal ringsum, das in der sevillanischen Sonne vor sich hin brutzelt, ist unerwartet und schlichtweg umwerfend! Die Alcázar-Ruinen auf

dem Gelände lassen den luxuriös ausgestatteten *parador* (Nobelhotel in Staatsbesitz) noch einen Tick schicker und opulenter erscheinen. Ein Großteil der smart aufgemachten Zimmer mit den glänzenden Terrakottaböden überblickt die Ebene unterhalb. In dem bildschönen Speisesaal werden dreigängige Menüs für 33 € aufgetragen, man kann aber auch einfach auf einen Kaffee vorbeischauen: Die Terrasse ist ein Traum! Die günstigsten Übernachtungstarife gibt's online.

Essen

Mingalario
TAPAS, ANDALUSISCH €

(954 14 38 93; Calle El Salvador; montaditos 2,50 €, Tapas 2–4 €; Mi-Mo 13–16 & 19.30–24 Uhr) Spezialität dieses kleinen, uralten Speiselokals, in dem überall Schinken von den Dachsparren hängen, sind *montaditos* – kleine, getoastete Weißbrotscheiben, auf denen sich Leckereien wie gebratenes Schweinefleisch oder Knoblauchkrabben türmen. Darüber hinaus gibt's jede Menge hausgemachte lokale Delikatessen wie *presa ibérica* (Iberisches Schwein), Spinat mit Kichererbsen (ein typisches Gericht aus Carmona) und *bacalao*-(Stockfisch-)Gratin.

Bar Goya
TAPAS, RACIONES €€

(Calle Prim 2; raciones 5–12 €; Sa-Mo & Do 8–23, Di 8–15, Fr 12–23 Uhr;) Aus der Küche dieser stets prall gefüllten Bar an der Plaza San Fernando kommt eine hervorragende Auswahl leckerer Tapas. Abgesehen von beliebten Köstlichkeiten mit Fleisch wie *carrillada* (Schweinebäckchen) und *menudo* (Kutteln), zaubert die Küchenchefin Isabel auch vegetarische Gerichte wie *alboronía*, einen ausgezeichneten Gemüseeintopf, sowie eine exzellente Version von Carmona-Spinat (vermischt mit Kichererbsen).

Molino de la Romera
TAPAS, ANDALUSISCH €€

(954 14 20 00; www.molinodelaromera.com; Calle Sor Ángela de la Cruz 8; Hauptgerichte 17–20 €; Di-Sa 13–16 & 20–23, So 13–16 Uhr) Der Ausblick über die *vega* (Tal) in der gemütlichen, beliebten Olivenmühle aus dem 15. Jh. ist sensationell! Dazu gibt es herzhafte, gut zubereitete Mahlzeiten mit moderner Note. Traditionell andalusische Aromen sind Trumpf (wir empfehlen den Carmona-Spinat), aber auch die innovativeren Gerichte wie in Wodka flambierter Fisch und das *secreto ibérico* (ein saftiges Lendenstück von Iberischem Schwein) mit glaciertem Kürbis schmecken toll.

Praktische Informationen

Touristeninformation (954 19 09 55; www.turismo.carmona.org; Alcázar de la Puerta de Sevilla; Mo-Sa 10–18, So bis 15 Uhr)

An- & Weiterreise

AUTO & MOTORRAD
Auf dem Paseo del Estatuto befindet sich ein rund um die Uhr geöffnetes Parkhaus (1,20 € pro Std.).

BUS
Montags bis freitags machen sich Busse von **Casal** (www.autocarescasal.com) stündlich auf den Weg nach Sevilla (2,80 €, 1 Std.), von der **Haltestelle** auf dem Paseo del Estatuto. Am Wochenende bestehen weniger Verbindungen. **Alsa** (www.alsa.es) schickt täglich drei Busse via Écija (4,71 €, 35 Min.) nach Córdoba (9,72 €, 1½ Std.); Abfahrt ist auf dem Parkplatz neben der Puerta de Sevilla.

Osuna

17 300 EW.

Das Erbe der unglaublich reichen Adelslinie, die der Stadt ihren Namen gegeben hat, lockt viele Besucher nach Osuna, die die wundervoll erhaltenen Barockpaläste und das beeindruckende spanische Renaissancekloster voller Kunstschätze besichtigen. Als ob diese Juwelen an Architektur und Kunst nicht schon genug wären, entfaltet sich auch die aufsehenerregende Stadt selbst wie eine Fata Morgana innerhalb der ansonsten leeren Landschaft.

Osuna liegt 91 km südöstlich von Sevilla an der A92 zwischen Granada und Sevilla.

Sehenswertes

★ Colegiata de Santa María de la Asunción
KIRCHE

(954 81 04 44; Plaza de la Encarnación; Führungen 3 €; Di-So 10–13.30 & 16–18.30 Uhr) Der imposante Renaissancebau mit zwei Kirchen über einer Krypta steht an der Stelle der uralten Pfarrkirche und überblickt von dort aus die Stadt. Seine Hallen bergen zahlreiche Kunstschätze, die von der Familie der Osunas gesammelt wurden, darunter mehrere Gemälde von José de Ribera alias „El Españoleto" und Bildhauerarbeiten von Juan de Mesa.

Besichtigungen sind im Rahmen einer (spanischsprachigen) Führung möglich. Dabei geht's zum prächtigen unterirdischen Sepulcrum, das 1548 als Familiengruft der Osunas gebaut wurde. Sie wurden in den Mauernischen bestattet.

OSUNAS BAROCKPALÄSTE

Das Dreieck westlich der Plaza Mayor ist von Villen und Kirchen übersät und von zauberhaften Gassen und Passagen durchzogen. Auf der Calle Sevilla, die vom Hauptplatz nach Westen führt, und der Calle San Pedro, die ein paar Blocks weiter nördlich verläuft, befinden sich besonders viele prachtvolle Bauwerke. Zu den meisten Palästen in Osuna hat man keinen Zutritt, aber schon ihre Fassaden sind eine Augenweide.

Der Palacio de los Cepeda (Calle de la Huerta 10) aus dem ausgehenden 18. Jh. ist einer der beeindruckendsten Paläste. Er ist mit Reihen von churriguereskem Säulen geschmückt, auf denen Hellebardenträger das Familienwappen der Cepeda halten. Er liegt gleich hinter dem Rathaus und beherbergt inzwischen das Gericht von Osuna. Die Säulen am Portal des Palacio de Govantes y Herdara (Calle Sevilla 44), ebenfalls aus dem 18. Jh., sind von Reben und Weinblättern umwunden. Dieses Bauwerk erhebt sich 350 m westlich der Plaza Mayor. An der Fassade (1773) der Cilla del Cabildo Colegial (Calle San Pedro 16) ist eine kleine Darstellung der Giralda von Sevilla angebracht.

Die Fassade des Palacio Marqués de la Gomera (Calle San Pedro 20) schmücken aufwendige Säulen, an deren Spitze sich das Familienwappen befindet. Der Palast dient heute als Hotel (S. 107).

Museo de Osuna   MUSEUM
(954 81 57 32; Calle Sevilla 37; Eintritt 2 €; Di–Sa 10–14 & 17–20, So bis 14 Uhr) Das Stadtmuseum im Palacio de los Hermanos Arjona y Cubas (18. Jh.) zeigt eine bunte Mischung von Exponaten aus der Gegend, darunter auch Stücke zur wissenschaftlichen Expertise der Region.

Monasterio de la Encarnación   MUSEUM
(Plaza de la Encarnación; Eintritt 2,50 €; 10–13.30 & 15.30–18.30 Uhr) In dem früheren Kloster ist heute das Museum für Religiöse Kunst untergebracht. Die Kirche ist mit Barockskulpturen und -kunstwerken ausgestattet, und das Kloster selbst verfügt über gefliese *tableaux* mit verschiedenen biblischen sowie Jagd-, Stierkampf- und Klosterszenen, die zu den schönsten Werken sevillanischer Fliesenkunst zählen. Der Eintritt ist nur mit einer Führung möglich (auf Spanisch), die von einer der anwohnenden Nonnen geleitet wird.

Schlafen

Five Gates Hostal   HOSTAL €
(626 620717; www.fivegates.es; Calle Carrera 79; EZ/DZ 30/50 €;) Ein einfaches, modernes Hostal mit viel Farbe und Flair. Die 14 kompakten Zimmer sind stilvoll gestaltet (fröhliche Tagesdecken, bunte Wände, Massageduschen) und auch die übrige Einrichtung ist top: Es gibt eine große Lounge mit Spielen und DVDs, eine tolle Gästeküche sowie Gratis-Kaffee und -Gebäck. Die Unterkunft liegt 350 m nördlich von Osunas Hauptplaza.

★ Hotel Palacio Marqués de la Gomera   HISTORISCHES HOTEL €€
(954 81 22 23; www.hotelpalaciodelmarques.es; Calle San Pedro 20; inkl. Frühstück EZ 68–79 €, DZ 78–98 €;) Dieses außergewöhnlich hübsche Hotel nimmt eine der schönsten Barockvillen von Osuna ein. Die individuell aufgemachten Räumlichkeiten haben königliche Ausmaße und strahlen dezenten Luxus aus. Der Komplex verfügt sogar über eine eigene reich verzierte Privatkapelle an einem Hof mit zahlreichen Steinbogen, ein schickes Restaurant und einen friedlichen Hinterhof.

Von der Plaza Mayor aus 300 m die Calle Carrera hochlaufen und links in die Calle San Pedro abbiegen; einen Block westlich, mit Blick auf die Plaza del Marqués, steht das Palacio Marqués.

Essen

★ Casa Curro   TAPAS €
(955 82 07 58; www.facebook.com/restaurantecasacurro; Plazuela Salitre 5; Tapas 2 €, Hauptgerichte 6–12 €; Di–So 12–16 & 20–24 Uhr;) Hier ist die Tapas-Bar der Träume, eine wundervolle Mischung aus traditioneller und moderner Küche. Auf die Tische in der sehr beliebten Halle 500 m westlich der Plaza Mayor wandern Teller voller knusprig gegrillter Wildpilze, Zucchini mit einer Füllung aus Käse und Schinken und *secreto ibérico* in einer Quittensoße. Und natürlich gibt's auch das *Game of Thrones*-Menü: Der *Khaleesi*-Salat mit Avocado, Spinat und Granatapfel ist köstlich!

Das Restaurant befindet sich 500 m westlich der Plaza Mayor.

Confitería Santo Domingo BÄCKEREI €
(Calle Carrera 63; süße Teilchen 1 €; Mi–Mo 10–14 & 16–21.30 Uhr) Die kleine Bäckerei auf der Hauptstraße Osunas ist berühmt für ihre *aldeanas*: längliches Gebäck mit einer Art Vanillecremefüllung, bestäubt mit Puderzucker.

Restaurante Doña Guadalupe ANDALUSISCH €€
(954 81 05 58; Plaza Guadalupe 6; Hauptgerichte 11–21 €; Di–Sa 12–17 & 20–24 Uhr) Das Restaurant an einem halböffentlichen Hof zwischen der Calle Quijada und der Calle Gordillo serviert erstklassige andalusische Kost, wie Rebhuhn mit Reis, Spargelauflauf oder leckere Tortillas, und verfügt über eine gute Auswahl spanischer Weine.

ⓘ Praktische Informationen

Oficina Municipal de Turismo (954 81 57 32; www.turismosuna.org; Calle Sevilla 37; Di–Sa 10–14 & 17–20, So 10–14 Uhr) Im Museo de Osuna.

ⓘ An- & Weiterreise

Der **Busbahnhof** (Avenida de la Constitución) befindet sich 1 km südöstlich der Plaza Mayor. Montags bis samstags machen sich mindestens sieben Busse von **Autocares Valenzuela** (954 98 82 20; www.grupovalenzuela.com) auf den Weg nach Sevilla (8,05 €, 1¼ Std.), am Sonntag sind es vier.

Täglich fahren zehn Züge nach Sevilla (11 €, 1 Std.) und fünf nach Málaga (14 €, 1½ Std.). Der Bahnhof liegt 1 km westlich der Plaza Mayor.

OSUNAS GROSSER AUFTRITT IN GAME OF THRONES

Ende 2014 rückte Osuna ins Rampenlicht – für die fünfte Staffel der TV-Serie *Game of Thrones*. Und das, obwohl die Stadt eine eher ungewöhnliche Wahl für einen Drehort ist. Die 100 Jahre alte **Plaza de Toros** (Erw./Kind 2/1 €; Sa 10–14 & 16–18, So 10–14 Uhr) diente als Arena von Daznak, die größte Arena von Meereen. Um die 600 einheimische Statisten mimten kämpfende Sklaven und adeliges Publikum. Osuna genießt den neu gewonnenen Bekanntheitsgrad; man muss nur den spanischen Seriennamen, *Juego de Tronos*, im **Hotel Palacio Marqués de la Gomera** (S. 107) fallen lassen – dort kamen die Schauspieler unter –, oder sich eine Portion *Game of Thrones*-Tapas im **Casa Curro**, dem Lieblingsrestaurant des Ensembles, bestellen.

Écija

38 700 EW.

Écija mag zwar von allen Städten in der Campiña die wenigsten Touristen empfangen, dafür bekommt man hier aber auch den authentischsten Einblick in den andalusischen Kleinstadtalltag. Willkommen in *la ciudad de las torres* (die Stadt der Türme), in der sich gotische Mudéjar-Paläste und -Kirchen drängen, deren Türme in der Sonne blitzen. Die Römer hatten einen anderen Namen für Écija: Colonia Augusta Firma Astigi. Sie war eine der wichtigsten Siedlungen in ihrem iberischen Herrschaftsgebiet. Von hier wurden die entlegenen Märkte des Reiches mit Olivenöl versorgt. Allenthalben stößt man auf Relikte aus römischen Zeiten, auch unter der wichtigsten Plaza.

Écija ist 53 km östlich von Carmona an der A4 zwischen Córdoba und Sevilla zu finden. Am besten kommt man allerdings nicht im Juli und August hierher – dann steigt das Thermometer schon mal auf grausige 45 °C und die Stadt verwandelt sich in *la sartén de Andalucía* (die Bratpfanne von Andalusien).

⊙ Sehenswertes

Der Mittelpunkt des Lebens ist die Plaza de España mit ihren zahlreichen Cafés. Sie wird auch gern El Salón, das „Wohnzimmer" genannt. Ringsum erstreckt sich die Altstadt.

Museo Histórico Municipal MUSEUM
(954 83 04 31; http://museo.ecija.es; Plaza de la Constitución 1; Juni–Sept. Di–So 10–14 Uhr, Okt.–Mai Di–Sa 10–13.30 & 16.30–18.30, So 10–15 Uhr) GRATIS Der Palacio de Benamejís aus dem 18. Jh. beherbergt das faszinierende Museo Histórico Municipal. Den Ehrenplatz nehmen die schönsten römischen Fundstücke aus der Gegend ein, darunter die lebensgroße Marmorskulptur einer Amazone (legendäre Kriegerin). In der oberen Etage befindet sich eine Halle mit sechs fantastisch erhaltenen römischen Mosaiken, die teilweise unterhalb der Hauptplaza Écijas gefunden wurden; eines davon stellt die „Geburt" des Weines dar. Auf Nachfrage wird man zum *mirador* (Aussichtspunkt) mit tollem Panoramablick auf die Stadt geführt.

Palacio de Peñaflor PALAST
(Calle Emilio Castelar 26) Der gewaltige Palacio de Peñaflor oder „Palast der langen Balkone" (18. Jh.) 300 m östlich der Plaza de España ist Écijas charakteristischstes Bauwerk. Auch

ÉCIJAS KIRCHEN & GLOCKENTÜRME

Écijas von Turmspitzen geprägtes Stadtbild ist ein Zeugnis seiner reichen Vergangenheit, obwohl einige Bauwerke beim Großen Erdbeben von Lissabon 1755 zerstört wurden. Einer der schönsten Türme gehört zur **Iglesia de Santa María** (Plaza Santa María; ⊙ Mo–Sa 9.30–13.30 & 17–20.30, So 9.30–13.30 Uhr), die gleich vor der Plaza de España steht, während ein paar Blocks weiter nordöstlich die Spitze der **Iglesia de San Juan** (Plaza San Juan; Eintritt 2 €; ⊙ Di–Sa 10.30–13.30 & 16–19, So 10.30–13.30 Uhr) wie eine mit Zuckerguss überzogene Hochzeitstorte in den Himmel ragt; dies ist übrigens der einzige Glockenturm, den man besteigen darf. Der Turm der **Iglesia de San Pablo-Santo Domingo** (Plaza de Santo Domingo; ⊙ Di–Fr 18.30–19.30, Sa 19–20, So 11.30–12.30 & 19–20 Uhr), der gotischen Mudéjar-Kirche nördlich des Platzes, ist mit einem riesigen Rosenkranz behängt.

Die **Parroquia Mayor de Santa Cruz** (Plazuela de Nuestra Señora del Valle; ⊙ Di–Sa 10–13 & 16–20, So 10–13 & 18–21 Uhr) war einst die wichtigste Moschee der Stadt und zeigt noch immer maurische Spuren und einige arabische Inschriften. Hinter dem offenen Atrium liegt ein Innenraum voller religiöser Utensilien und Barocksilber. Der Sarkophag vor dem Altar stammt aus der frühchristlichen Zeit und weist ein eingemeißeltes Porträt des hl. Daniel, flankiert von zwei Löwen, auf.

wenn das Innere auf unbestimmte Zeit wegen Renovierungen nicht zugänglich ist, bezaubert seine geschwungene, mit Fresken bemalte Fassade zu jeder Tageszeit.

Schlafen

Hotel Palacio de los Granados

HISTORISCHES HOTEL €€

(☎ 955 90 53 44; www.palaciogranados.com; Calle de Emilio Castelar 42; DZ/Suite inkl. Frühstück 88/110 €; P ❋ ☎ ≋) Der Besitzer dieses Hotels ist Architekt und hat den Palast, der teils schon im 16. Jh. erbaut wurde, sorgfältig restauriert. Die opulent ausgestatteten Zimmer umgeben einen ruhigen Hof. Von der zentralen Plaza de España geht man auf der Avenida Miguel de Cervantes nach Süden und dann auf der Calle de Emilio Castelar 450 m nach Osten.

Hinten liegt, ganz versteckt, ein romantischer kleiner Hof voller Jasmin und Orangenbäume mit Blick auf einen türkisfarbenen Swimmingpool.

Essen

Hispania TAPAS €€

(☎ 954 83 26 05; www.hispaniacafe.com; Pasaje Virgen de Soterraño; Tapas 2–5 €, Hauptgerichte 10–16 €; ⊙ Di–So 12–16 & 20.30–1 Uhr) Stylish, freundlich und stets vollgepackt mit *ecijanos* (die Bewohner Écijas): Dieses Seitenstraßencafé ist so bunt wie die Speisen, die aus seiner experimentierfreudigen Küche kommen. Die innovativen Küchenchefs entwickeln immer neue Kreationen und verleihen klassischen spanischen Gerichten einen modernen Touch – egal, ob man Tapas, *bocatas* (Sandwiches), Desserts oder *revueltos* (Rühreigerichte) bestellt. Donnerstags bis samstags nur mit Reservierung.

❶ Praktische Informationen

Touristeninformation (☎ 955 90 29 33; www.turismoecija.com; Calle Elvira 1; ⊙ 9–15 & 17–19 Uhr)

❶ An- & Weiterreise

Alsa-Busse (www.alsa.es) fahren vom **Busbahnhof** (Avenida del Gil) aus nach Carmona (4,71 €, 35 Min., 2-mal tgl.), Córdoba (5,01 €, 1 Std., 5-mal tgl.) und Sevilla (7,32 €, 1¼ Std., 3-mal tgl.).

Parque Natural Sierra Norte de Sevilla

Der Parque Natural Sierra Norte ist ein 1775 km² großes Schutzgebiet, das sich im Norden der Provinz in der ständig wechselnden Landschaft aus grünen Tälern, Hügeln, Wäldern, Flüssen und stimmungsvollen alten Städtchen und Dörfern mit engen weißen Straßen und Festungen oder Burgen aus der islamischen Zeit erstreckt. Mit dem Parque Natural Sierra de Aracena y Picos de Aroche (S. 99) in der Provinz Huelva bildet die Sierra Norte den westlichsten Teil der andalusischen Sierra Morena. Man könnte tagelang über die ruhigen Nebenstraßen der Sierra streifen und die zahlreichen Wander-

Autotour: Sierra Norte de Sevilla

START LORA DEL RÍO
ZIEL LA CAPITANA
LÄNGE/DAUER 105 KM; 10 STD.

Vom Süden aus hat man eine schöne, aufregende Fahrt in den Parque Natural Sierra Norte de Sevilla. Von Sevilla folgt man der A4 und A431 nach ❶ **Lora del Río**, dann der A455 Richtung Norden. Nach den Orangenhainen geht's bergauf – mit tollem Ausblick auf die grünen Hügel. Bald naht der eigentliche Park; weiter bergauf gelangt man nach ❷ **Constantina** (S. 112) mit vielen traditionellen Cafés zum Einkehren. Anschließend nimmt man die A452 nach Westen zum ❸ **Centro de Visitantes El Robledo** (S. 112). Dort gibt's Wanderkarten und der botanische Garten lädt zum Bummeln ein. Die A452 windet sich gen Westen durch die Hügellandschaft und entlang nebelverhangener Berge. Nachdem man den Río Huéznar überquert hat, taucht ein altes Aquädukt auf. Dann geht's rechts auf die A432 und 12 km gen Norden bis ❹ **Cazalla de la Sierra** (S. 111). Dies ist die strahlende „Hauptstadt" der Sierra. Zum Mittagessen locken traditionelle „Berg-Tapas".

Danach kann man den Ort erkunden und sich eine Übernachtungsmöglichkeit suchen. Am nächsten Morgen verlässt man Cazalla gen Norden und folgt der A455 zurück Richtung Constantina. Die Straße überquert den Río Huéznar östlich des Bahnhofs Cazalla-Constantina. Ein holpriger Pfad führt 1 km stromabwärts zur Eisenbahnbrücke ❺ **Puente del Castillejo**. Stromaufwärts verläuft der Fluss parallel zur SE7101, die nach 13 km in das Dorf San Nicolas del Puerto führt. 2 km davor befinden sich die mächtigen Wasserfälle ❻ **Cascadas del Huéznar**. Von ❼ **San Nicolás del Puerto** nimmt man die SE8100 nach Nordwesten. Hier wird die Landschaft dramatischer und man erreicht bald ❽ **Alanís**, gekrönt von einer mittelalterlichen Burg. Weiter geht's nach Nordwesten auf der A433, am Rand des Parks entlang, bis ins entlegene, windgepeitschte ❾ **Guadalcanal**. Nördlich der Stadt zieht man die Wanderschuhe an: Der 5 km (2 Std.) lange Sendero Sierra del Viento folgt einem Grat zur ❿ **La Capitana**, dem höchsten Gipfel im Park (959 m) mit dem perfekten Aussichtspunkt – ein krönender Abschluss!

und Radwege erkunden, ohne von anderen Travellern gestört zu werden.

In verschiedenen Gebieten sind insgesamt 18 Wanderwege von meist ein paar Stunden Dauer ausgeschildert. Die Touristeninformationen in Cazalla de la Sierra (S. 111) und Constantina (S. 112) bieten Infos zu Wanderungen und eine einfache Karte. Eine gute Online-Quelle ist www.ventanadelvisitante.es. Auch das Centro de Visitantes El Robledo (S. 112) 1 km westlich von Constantina kümmert sich um die Belange von Wanderern.

ℹ An- & Weiterreise

Autocares Valenzuela (www.grupovalenzuela.com) schickt montags bis freitags jeweils vier Busse via El Pedroso von Cazalla de la Sierra nach Sevilla (6,79 €, 1¾ Std.), an den Wochenenden fahren täglich zwei.

Cazalla de la Sierra
4800 EW. / 600 M

Die Häuser der hübschen weißen Ortschaft sprenkeln die Kuppe eines Hügels 85 km nordöstlich von Sevilla. Dies ist das Herz des Parque Natural Sierra Norte, deshalb ist Cazalla auch ein idealer Ausgangspunkt für Erkundungstouren in den Park. Es gibt eine große Auswahl an Unterkünften und Restaurants und natürlich jede Menge schöne Wanderwege in den umliegenden Wäldern.

🏃 Aktivitäten

Rundweg Las Laderas–Camino Viejo WANDERN
Von Cazalla führen zwei Wege hinab ins Huéznar-Tal, die zusammen einen Rundweg von 9 km bilden (Dauer: ca. 3 Std.). Sie verlaufen durch Steineichenwälder, wie sie für die Sierra Norte typisch sind, durch Olivenhaine und über kleine Äcker, unterbrochen von Kastanienwäldchen und Weinbergen.

Einer der Wege, der **Sendero de las Laderas**, beginnt am Brunnen El Chorrillo am Ostrand von Cazalla an der unteren Calle Azahín. Das Schild „Sendero de las Laderas 900 m" am Paseo El Moro nicht weit von der Posada del Moro weist auf den Startpunkt hin. Der Pfad führt zur Brücke Puente de los Tres Ojos über den Río Huéznar und dann ein kurzes Stück am Westufer des Flusses entlang. Unter der Eisenbahnbrücke Puente del Castillejo biegt man in Richtung Westen ab. Zurück nach Cazalla geht's über den **Camino Viejo de la Estación** (Alter Bahnhofsweg).

Vía Verde de la Sierra Norte RADFAHREN
(www.viasverdes.com) Eine der beliebtesten der insgesamt 23 *vías verdes* (Grüne Wege) ist 18 km lang und sowohl für Wanderer als auch Radfahrer geeignet. Richtung Norden geht es durch das Huéznar-Tal zu Cazallas Füßen. Ziel sind das Dorf San Nicolás del Puerto und, weiter südlich, die alten Minen von Cerro del Hierro. Man folgt einem stillgelegten Schienenweg der Bergwerksbahn. Leihräder gibt's z. B. im Paraíso del Huéznar (S. 111) am Ausgangspunkt der *vía*, 8 km östlich von Cazalla an der A455.

🛏 Schlafen

La Plazuela CASA RURAL €
(✆ 954 42 14 96; casaruralaplazuela.es; Calle Caridad 4; EZ 42 €, DZ 60–75 €; ❄ 🛜) Geschmackvoll umgebautes Stadthaus mit Blick auf eine Fußgängerstraße im Zentrum von Cazalla. Die Hauptzielgruppe sind Wochenendgäste aus Sevilla. Die neun Zimmer sind im neo-rustikalen Stil renoviert worden, die Wände sind in kräftigen Farben gestrichen. Außerdem wurden lebendige Kachelarbeiten und smarte weiße Tagesdecken hinzugefügt.

Paraíso del Huéznar LANDGASTHOF €
(✆ 955 95 42 03; www.paraisodelhueznar.com; Carretera A455 Km 8; inkl. Frühstück 30 € pro Pers.; 🅿 🛜) Am Anfang der Vía Verde (S. 111), 8 km östlich von Cazalla an der A455 nach Constantina, steht das effizient geführte Paraíso mit seinen fünf einladenden *casitas* (Hütten; ein paar für 2 Pers., andere für bis zu 8 Pers.). Voll ausgestattete Küchen, Holzkamine und Massageduschen sind Standard. Praktisch ist der **Fahrradverleih** (5/10 € für Übernachtungsgäste/andere Kunden; ⊙ 9 Uhr–Sonnenuntergang) vor Ort.

⭐ **Las Navezuelas** LANDGASTHOF €€
(✆ 954 88 47 64; www.lasnavezuelas.com; Carretera A432 Km 43,5; EZ/DZ/Suite inkl. Frühstück 50/62/88 €, 4-Personen-Apt. 130 €; ⊙ März–Dez.; 🅿 🛜) 🌿 Ein Öko-*cortijo* (Landgut) par excellence, angefangen bei dem staubigen, von Olivenbäumchen gesäumten Weg. Das Gebäude aus dem 16. Jh. beherbergt rustikale Zimmer mit Balkonen. Wir könnten hier wochenlang am Pool herumliegen oder die sonnenverbrannten Hügel erkunden. Las Navezuelas ist 3 km südlich von Cazalla an der A432 nach Sevilla ausgeschildert.

Der italienische Besitzer Luca und seine Familie bereiten wunderbares Essen für die Gäste zu. Dabei verwendet er Zutaten frisch aus dem eigenen Garten. Geheizt wird mit Sonnen- und Geowärme.

✖ Essen

★ Agustina TAPAS, ANDALUSISCH €€
(☏ 954 88 32 55; Plaza del Concejo; Tapas 3,50–7 €; Hauptgerichte 8–12 €; ⊙ Mi–Mo 12–17 & 19–24 Uhr) Die jugendlichen Besitzer des kultivierten Bar-Restaurants mit dem urbanen Flair zaubern traditionelle Sierra-Küche mit kreativem, internationalem Einschlag auf den Tisch – eine nette Überraschung im kleinen Cazalla. Spezialitäten des Hauses sind der *queso de cabra con miel* (Ziegenkäse mit Honig) und das *revuelto* mit Wildpilzen aus der Umgebung. Von der Hauptstraße Calle La Plazuela auf der Calle Cervantes 300 m nach Süden spazieren.

Cortijo Vistalegre ANDALUSISCH, ITALIENISCH €€
(☏ 954 88 35 13; www.cortijovistalegre.es; Carretera Real de la Jara Km 0,5; Hauptgerichte 8–15 €; ⊙ Mi–So 12–16 & 20–24 Uhr) Lust auf Sierra-Weine und Platten voller *jamón ibérico* oder Ziegenkäse, gefolgt von köstlicher hausgemachter Pizza oder Pasta mit Pilzen? Dann ist dieser smart-rustikale *cortijo* gleich neben der A450 am südwestlichen Stadtrand genau das Richtige! Drinnen bestimmen bunte Wandbehänge, Kerzen auf den Tischen und ein offenes Kaminfeuer das Ambiente, es kann aber auch auf der großen Terrasse gespeist werden.

❶ Praktische Informationen

Touristeninformation (☏ 954 88 35 62; www.cazalladelasierra.es; Plaza Mayor; ⊙ Di–Do 10–14, Fr & Sa 10–14 & 16–19, So 11–13 Uhr)

Constantina

6300 EW. / 555 M

Constantina ist der größte Ort in der Sierra Norte und über die zentrale Calle del Peso rumpeln Autos und Lastwagen, das tut seinem Charme jedoch keinerlei Abbruch. Die Stadtbevölkerung entspannt sich in traditionellen Cafés, wo aus silbernen Krügen das edelste Olivenöl gegossen wird.

◉ Sehenswertes & Aktivitäten

Castillo Árabe FESTUNG
(⊙ 9–21 Uhr) GRATIS Die Westseite von Constantina wird von der Ruine einer Maurenfestung aus der Almoravidenzeit überragt. Allein für die Aussicht lohnt sich ein Aufstieg. Darunter befinden sich die mittelalterlichen Straßen und Paläste aus dem 18. Jh. des Barrio de la Morería.

Los Castañares WANDERN
Am Nordende des Paseo de la Alameda im Norden der Stadt ist der 5,5 km lange **Sendero Los Castañares** ausgeschildert. Er führt durch dichte, friedliche Kastanienwälder zu einem Aussichtspunkt auf einem Hügel und wieder zurück nach Constantina, zu einer Auffahrt der Festungsruinen (insgesamt etwa zwei Stunden).

✖ Essen

Asador Los Navarro GRILLRESTAURANT €
(☏ 954 49 63 61; www.asadorlosnavarro.com; Paseo de la Alameda 39; Tapas 2,50 €, raciones 7–12 €; ⊙ Do–Di 9–23 Uhr) In der urigen Scheune am nördlichen Stadtrand wimmelt es immer von Familien und Freunden, die sich über saftiges Fleisch vom Grill oder Tapas hermachen und dazu Weine aus der Region trinken.

❶ Praktische Informationen

Centro de Visitantes El Robledo (☏ 610 663214; Carretera Constantina-El Pedroso Km 1; ⊙ Feb.–Mai Mi–So 10–14 Uhr, Okt.–Dez. & Jun Do–So 10–14 Uhr, Juli–Sept. & Jan. Fr–So 10–14 Uhr) Das Hauptbesucherzentrum im Park, 1 km westlich von Constantina auf der A452, hat nur begrenzt Infos und Karten für Wanderer vorrätig. Außerdem gibt es einen botanischen Garten mit deutlich beschilderten andalusischen Pflanzen, getrennt nach regionalen Landschaften.

Oficina Municipal de Turismo (☏ 955 88 12 97; Avenida de Andalucía; ⊙ Di–So 10–14 Uhr)

El Pedroso

El Pedroso, ein nettes Dorf mit breiten Kopfsteinpflasterstraßen, liegt 16 km südlich von Cazalla de la Sierra an der A432 aus Sevilla. Eine der schönsten Wanderrouten im Park ist der **Sendero del Arroyo de las Cañas**, ein 10 km langer (ca. 3½ Std.) markierter Rundweg. Er führt durch die recht ebene, von Felsen durchzogene Landschaft westlich von El Pedroso. Im Frühling sorgen die Wildblumen für eine Farbexplosion. Los geht's gegenüber von der Bar Triana am Westrand von El Poderoso.

Die Provinz Cádiz & Gibraltar

Inhalt ➜

Cádiz 116
Jerez de la Frontera . . 124
El Puerto de
Santa María 132
Arcos de la Frontera . 138
Grazalema 142
Parque Natural Sierra
de Grazalema 144
Olvera 146
Vejer de la Frontera . . 147
Tarifa 150
Parque Natural Los
Alcornocales 156
Gibraltar 159

Schön übernachten

➜ V... (S. 148)
➜ La Casa Grande (S. 141)
➜ La Casa del Califa (S. 148)
➜ Hostal África (S. 153)
➜ Parador de Cádiz (S. 159)

Die besten Strände

➜ Punta Paloma (S. 151)
➜ El Palmar (S. 149)
➜ Bolonia (S. 156)
➜ Zahara de los Atunes (S. 150)
➜ Playa de la Victoria (S. 120)

Auf in die Provinz Cádiz & nach Gibraltar

Müsste man sich für nur eine Provinz entscheiden, um Andalusien in seiner ganzen, komplexen Schönheit zu erklären, so wäre es wohl die Provinz Cádiz: spektakulär gelegene weiße Städte, zerklüftete Berge, zahllose Olivenbäume, eine atemberaubende Küste mit weißen Sandstränden und coolen Surfer-Orten, Flamenco in seiner reinsten Form, die Wiege andalusischer Pferdekultur, kräftiger Sherry, jede Menge Feste und – gerade wenn man glaubt, sich ein Bild der Region gemacht zu haben – diese eigenwillige britische Besonderheit namens Gibraltar. Inmitten dieser reichen Kultur erstrecken sich zwei weitläufige Naturparks über eine zusammenhängende Fläche von Olvera im Norden bis nach Algeciras im Süden. Dieselbe Linie markierte einst die verschwommene Grenze zwischen dem christlichen Spanien und dem maurischen Granada, an der noch heute von Burgen gekrönte weiße Städte liegen. Viele tragen den Beinamen „de la Frontera", ein Zeugnis ihrer bewegten, faszinierenden Geschichte.

Entfernungen

	Cádiz	Jerez de la Frontera	Tarifa	Gibraltar
Jerez de la Frontera	32			
Tarifa	103	113		
Gibraltar	144	113	43	
Arcos de la Frontera	63	32	113	115

Highlights

① Sich in **Tarifa** (S. 150) unter die coole Kitesurfer-, Windsurfer- und Strandszene mischen.

② In **Jerez de la Frontera** (S. 124) die elegante Welt des Flamencos, des Sherrys und der Pferde entdecken.

③ Beim Spaziergang durch die vom Meer umschlossene Altstadt von **Cádiz** (S. 116) 3000 Jahre Geschichte einatmen.

④ Sich in dem magischen weißen Dorf **Vejer de la Frontera** (S. 147) verlaufen.

⑤ Durch die steile Schlucht **Garganta Verde** (S. 145) in der Sierra de Grazalema wandern.

⑥ In den Ruinen der römischen Stadt **Baelo Claudia** (S. 156) eine Zeitreise in die Vergangenheit unternehmen.

⑦ In Sanlúcar de Barramedas **Bajo de Guía** (S. 137) fangfrischen Fisch genießen.

⑧ Vom **Castillo** (S. 158) in Jimena de la Frontera nach Afrika hinüberspähen.

CÁDIZ

121 700 EW.

Auch mehrere dicke Wälzer könnten Cádiz nicht annähernd gerecht werden. Ein Grund für die Vielschichtigkeit dieses Ortes ist sein Alter: Die Stadt wurde etwa 1100 v. Chr. als Gadir von den Phöniziern gegründet und gilt als älteste dauerhaft bewohnte Siedlung Europas. Das Stadtzentrum – ein romantischer Wirrwarr aus verschlungenen Straßen – ist bereits über 4000 Jahre alt und fast vollständig von Wasser umgeben. Die Wellen des Atlantiks klatschen hier gegen erodierte Hafenmauern, an salzigen Stränden wimmelt es von Sonnenanbetern und der fröhliche Lärm der Tavernen konkurriert mit den Schreien der Möwen und dem Geräusch von brutzelndem Fisch.

1812 wurde in Cádiz Spaniens erste freiheitliche Verfassung (La Pepa) unterzeichnet. Außerdem diente das charakteristische Stadtbild als Modell für befestigte spanische Kolonialsiedlungen in Lateinamerika. Tatsächlich erinnern die mit Zinnen versehenen Hafenmauern und klobigen Festungen stark ans kubanische Havanna oder ans puerto-ricanische San Juan.

Die immer wiederkehrenden Besucher erzählen begeistert von den Meeresfrüchten, den Stränden und den zahlreichen interessanten Denkmälern und Museen. Vor allem aber schwärmen sie von den *gaditanos* (Einwohner von Cádiz), einem offenherzigen, geselligen Völkchen, dessen verrückter Carnaval (S. 117) ein Paradebeispiel ironischen Humors ist und dessen fröhliche *alegrías* (Flamenco-Lieder) das Herz erwärmen.

Sehenswertes

Wer Cádiz verstehen möchte, muss sich zunächst mit seinen *barrios* (Vierteln) befassen. Die Altstadt ist in traditionelle Bezirke unterteilt: das Barrio del Pópulo mit der Kathedrale, das Herz der einst florierenden mittelalterlichen Siedlung; das Barrio de Santa María, das alte Roma- und Flamenco-Viertel; das Barrio de la Viña, ein ehemaliger Weinberg und heute das Fischerviertel der Stadt und Epizentrum des Karnevals; und das Barrio del Mentidero im Nordwesten (von dem einige glauben, sein Name ginge auf die vielen Gerüchte zurück, die in seinen Straßen verbreitet werden).

Plaza de San Juan de Dios   PLATZ
Die von Cafés gesäumte Plaza San Juan de Dios erstrahlt anlässlich des 200. Jahrestages der Verfassung von 1812 in neuem Glanz und wird vom prächtigen neoklassizistischen ayuntamiento (Rathaus) beherrscht, das um 1800 erbaut wurde.

★ Catedral de Cádiz   KATHEDRALE
(956 28 61 54; Plaza de la Catedral; Erw./Kind 5/3 €; Mo-Sa 10-18, So 13.30-18 Uhr) Die schöne, von einer gelben Kuppel gekrönte Kathedrale ist ein neoklassizistischer Bau mit beeindruckenden Ausmaßen. Den besten Blick auf das Gebäude genießt man in der Abendsonne vom am Meer gelegenen Campo del Sur. Ihr Bau wurde zwar 1716 in Auftrag gegeben, beendet wurde er aber erst 1838, und zu diesem Zeitpunkt hatten sich neoklassizistische Elemente (Kuppel, Türme und Hauptfassade) gegen Vicente Aceros ursprünglich geplanten Barockstil durchgesetzt.

Mit dem Ticket kann man auch die sakralen Schätze im Museo Catedralicio (Kathedralenmuseum; 956 25 98 12; Plaza de Fray Félix; Erw./Kind 5/3 €; Mo-Sa 10-18, So 13.30-18 Uhr) gleich östlich der Kathedrale bewundern. Und möglicherweise ist auch der Aufstieg auf den Torre de Poniente (Westturm) der Kathedrale möglich; zur Zeit der Recherche für dieses Buch war er auf unbestimmte Zeit geschlossen.

Casa del Obispo   MUSEUM
(www.lacasadelobispo.com; Plaza de Fray Félix; Erw./Kind 5/4 €; 10-20 Uhr, Sept.-Mitte Juni bis 18 Uhr) Vor der Ostfassade der Kathedrale liegt dieses weitläufige Museum. Fußwege aus Glas führen über 1500 m² ausgegrabener Ruinen aus der ereignisreichen Geschichte von Cádiz, vom 8. Jh. v. Chr. bis zum 18. Jh. Die Stätte diente als phönizische Bestattungsanlage, als römischer Tempel und als Moschee, ehe sie im 16. Jh. zum Bischofspalast der Stadt wurde. Zur Zeit der Recherche war das Haus vorübergehend geschlossen; am besten erkundigt man sich bei der Touristeninformation (S. 131).

Teatro Romano   ARCHÄOLOGISCHE STÄTTE
(Campo del Sur) Am seewärts gelegenen Rand des Barrios del Pópulo liegt das Teatro Romano. Das Theater selbst ist wegen Renovierungsarbeiten geschlossen, Teile davon kann man jedoch im angrenzenden, vor Kurzem wiedereröffneten Centro de Interpretación del Teatro Romano besichtigen (Calle Mesón 12; April-Sept. Mo-Sa 11-17, So 10-14 Uhr, Okt.-März Mo-Fr 10-16.30, So 10-14 Uhr, April-Sept. jeden 1. Montag im Monat geschl.) GRATIS.

INSIDERWISSEN

CARNAVAL IN CÁDIZ

Keine andere spanische Stadt feiert den Carnaval (⊗Feb.) mit so viel Begeisterung, Leidenschaft und Humor wie Cádiz. Zwischen zwei Wochenenden im Februar wird in den Straßen zehn Tage lang eine riesige Kostümparty mit Tanz, Gesang und Trinkgelagen gefeiert. Die ausgelassene Stimmung, von gewaltigen Mengen Alkohol beflügelt, ist einfach ansteckend. Infos zum nächsten Karneval findet man auf der Seite www.turismo.cadiz.es.

Kostümierte Gruppen mit bis zu 45 Personen, *murgas* genannt, ziehen zu Fuß oder auf Festwagen und Traktoren durch die Stadt. Sie tanzen, trinken, singen satirische Liedchen oder führen Sketche auf. Highlight der Veranstaltung sind die *chirigotas*, Gruppen von zwölf Personen, mit ihrem bösen Humor, ihrer Ironie und den doppeldeutigen Anspielungen, die sich oft gegen Politiker richten. Wer nicht fließend Spanisch spricht, dem wird ein Großteil des berühmten Sprachwitzes leider entgehen.

Dies ist das unbeschwerte Cádiz, und deshalb mischen sich unter die 300 offiziell anerkannten *murgas* (die von einem Gremium im Gran Teatro Falla bewertet werden) noch jede Menge *ilegales* – jede Gruppe, die singt und Lust dazu hat, auf der Straße mitzumischen.

Am ersten Karnevalswochenende strömen in der Regel Massen von Feierlustigen von außerhalb nach Cádiz, während die *gaditanos* (Einwohner von Cádiz) erst am zweiten Wochenende wirklich feiern. Zur Wochenmitte hin kann es dagegen überraschend ruhig sein.

Wer zum Karneval in die Stadt reisen will, sollte die Unterkunft Monate im Voraus buchen.

Plaza de Topete   PLATZ
Der dreieckige, wohl intimste Platz der Stadt liegt etwa 250 m nordwestlich der Kathedrale. Dass er meist Plaza de las Flores (Blumenplatz) genannt wird, liegt an den zahlreichen leuchtend bunten Blumenständen. Direkt daneben befindet sich der sanierte **Mercado Central de Abastos** (Plaza de la Libertad; ⊗9–15 Uhr), der 1837 erbaut wurde und damit der älteste überdachte Markt Spaniens ist.

Torre Tavira   TURM
(www.torretavira.com; Calle Marqués del Real Tesoro 10; Eintritt 6 €; ⊗10–20 Uhr, Okt.–April 10–18 Uhr) Nordwestlich der Plaza de Topete eröffnet der Torre Tavira spektakuläre Blicke über Cádiz. Eine Camera obscura projiziert zudem bewegte Bilder der Stadt live auf eine Leinwand (alle halbe Stunde).

★ Museo de Cádiz   MUSEUM
(www.museosdeandalucia.es; Plaza de Mina; Eintritt 1,50 €, EU-Bürger Eintritt frei; ⊗ Mitte Juni–Mitte Sept. Di–So 9–15.30 Uhr, Mitte Sept.–Mitte Juni Di–Sa 9–19.30, So 9–15.30 Uhr) Zugegeben, es ist ein bisschen angestaubt, doch das Museo de Cádiz ist das führende Museum der Region. Highlights der archäologischen Sammlung im Erdgeschoss sind zwei menschengleich geschnitzte phönizische Marmorsarkophage, jede Menge kopflose römische Statuen sowie eine gigantische Marmorstatue des Kaisers Trajan (mit Kopf) aus den Ruinen von Baelo Claudia (S. 156). Die Kunstsammlung im Obergeschoss umfasst auch 18 großartige Gemälde mit Heiligen, Engeln und Mönchen von Francisco de Zurbarán.

Nicht weniger bedeutend ist das großartig gestaltete Altarbild aus der Kapelle des Convento de Capuchinas in Cádiz, das den Künstler Bartolomé Esteban Murillo das Leben kostete, als er dort 1682 vom Gerüst stürzte.

Museo de las Cortes de Cádiz   MUSEUM
(Calle Santa Inés 9; ⊗Di–Fr 9–18, Sa & So bis 14 Uhr) GRATIS Das sanierte Museo de las Cortes de Cádiz steckt voller Erinnerungsstücke an das revolutionäre Parlament von 1812. Besonders bemerkenswert ist ein großes, wunderbar detailliertes Modell von Cádiz im 18. Jh. Es wurde von 1777 bis 1779 von Alfonso Ximénez aus Mahagoni und Elfenbein gefertigt.

Puerta de Tierra   TOR
(Landtor; ⊗Di–So 10–18 Uhr) GRATIS Die imposante Puerta de Tierra aus dem 18. Jh. bewacht den südöstlichen Zugang (den einzigen Landzugang) zur Altstadt von Cádiz. Auf den oberen Festungsmauern und dem Verteidigungsturm kann man herumspazieren; von dort sichtbare Sehenswürdigkeiten werden auf Tafeln erklärt (Spanisch und Englisch).

Cádiz

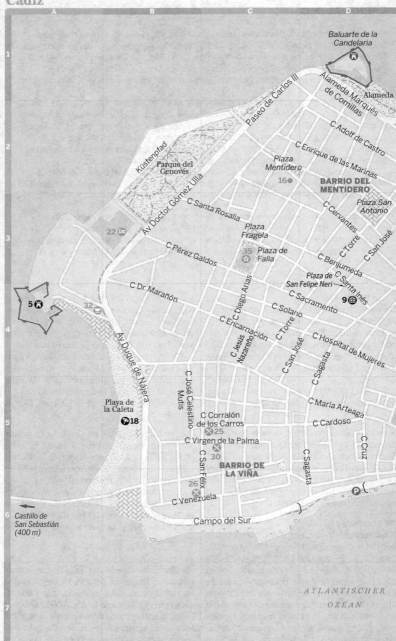

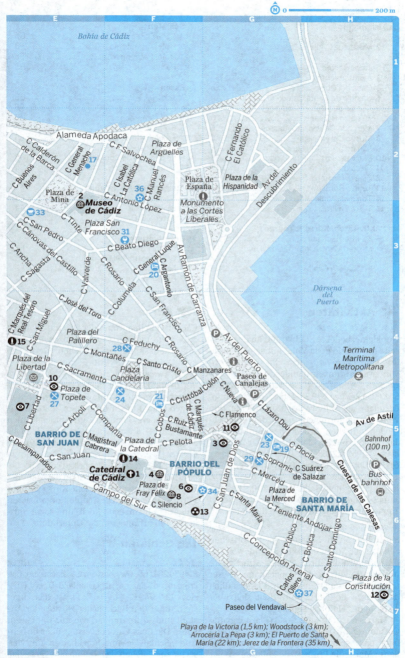

Cádiz

◎ Highlights
1. Catedral de Cádiz F5
2. Museo de Cádiz E3

◎ Sehenswertes
3. Ayuntamiento G5
4. Casa del Obispo F5
5. Castillo de Santa Catalina A4
6. Centro de Interpretación del Teatro Romano F6
7. Mercado Central de Abastos E5
8. Museo Catedralicio F6
9. Museo de las Cortes de Cádiz D4
10. Plaza de San Juan de Dios G5
11. Plaza de Topete E5
12. Puerta de Tierra H7
13. Teatro Romano F6
14. Torre de Poniente F5
15. Torre Tavira E4

❂ Aktivitäten, Kurse & Touren
16. K2 Internacional C2
17. Melkart Centro Internacional de Idiomas E2
18. Playa de la Caleta B5

⌂ Schlafen
19. Casa Caracol G5
20. Hotel Argantonio F3
21. Hotel Patagonia Sur F5
22. Parador de Cádiz B3

⊗ Essen
23. Atxuri G5
24. Café Royalty F5
25. Casa Manteca C5
26. El Faro B6
27. Freiduría Las Flores E5
28. La Candela F4
29. La Esquina de Sopranis G5
30. Mesón Criollo C5

◉ Ausgehen & Nachtleben
31. Nahu F3
32. Quilla A4
33. Tetería El Oasis E3

✪ Unterhaltung
34. El Pay Pay F6
35. Gran Teatro Falla C3
36. La Cava F2
37. Peña Flamenca La Perla G7

Aktivitäten

Playa de la Caleta STRAND

Der kleine, beliebte Stadtstrand an der Westseite des Barrio de la Viña mit seinem pseudo-maurischen *balneario* (Badehaus) wird von zwei Festungen flankiert: vom **Castillo de San Sebastián** (Paseo Fernando Quiñones; Erw./Kind 2€/frei; ◷9.30–17 Uhr), das jahrhundertelang als Militäreinrichtung diente, und vom sternenförmigen, nach der englisch-niederländischen Eroberung der Stadt im Jahr 1596 erbauten **Castillo de Santa Catalina** (✆956 22 63 33; Calle Antonio Burgos; ◷11–19 Uhr, März–Okt. bis 20.30 Uhr) GRATIS.

Ganz wie Ursula Andress in *007 jagt Dr. No* entstieg hier Halle Berry 2002 für den James-Bond-Film *Stirb an einem anderen Tag* im orangefarbenen Bikini dem Meer.

Playa de la Victoria STRAND

Sie stehen oft im Schatten der historischen Schätze der Stadt, doch die Strände von Cádiz erinnern in ihrer Größe, Atmosphäre und Schönheit an die Copacabana. Dieser tolle, breite Sandstrand beginnt 1 km südlich der Puerta de Tierra und zieht sich über 4 km an der Halbinsel entlang.

Man erreicht ihn mit Bus 1 (Plaza España-Cortadura; 1,10 €) von der Plaza de España oder man geht oder joggt vom Barrio de Santa María die Promenade entlang.

Kurse

Cádiz ist ein inspirierender Ort, um Spanisch zu lernen und Kurse zur spanischen Kultur und Landeskunde zu besuchen. **Gadir Escuela Internacional de Español** (✆956 26 05 57; www.gadir.net; Calle Pérgolas 5), etwa 300 m südöstlich der Puerta de Tierra, ist eine renommierte Schule mit einem breiten Angebot an Kursen in kleinen, spezialisierten Gruppen. Weitere gute Sprachschulen sind u.a. **K2 Internacional** (✆956 21 26 46; www.k2internacional.com; Plaza Mentidero 19) und **Melkart Centro Internacional de Idiomas** (✆956 22 22 13; www.centromelkart.com; Calle General Menacho 7), beide im Barrio del Mentidero. Beide bieten auch spezielle Kurse für über Fünfzigjährige an. Die Schulen organisieren außerdem Flamenco-, Koch- und sogar Surfkurse und arrangieren die Unterkunft.

🛏 Schlafen

★**Casa Caracol** HOSTEL €

(✆956 26 11 66; www.hostel-casacaracol.com; Calle Suárez de Salazar 4; Hängematte/B/DZ inkl. Frühstück 10/18/40 €; @ 🛜) 🌿 Es ist das Urgestein unter den Backpacker-Hostels der Altstadt und so freundlich, wie nur Cádiz sein kann. Die Casa Caracol verfügt über farbenfrohe Schlafsäle mit Stockbetten für vier, sechs und sieben Personen, eine gesellige

Gemeinschaftsküche und eine Dachterrasse mit Hängematten. Weitere Extras sind die Abendessen mit Hausmannskost, Yoga sowie Fahrrad- und Surfboardverleih. Kein Fahrstuhl.

Hotel Argantonio — HOTEL €€
(956 21 16 40; www.hotelargantonio.com; Calle Argantonio 3; EZ/DZ inkl. Frühstück 75–95/100–125 €; ❄@🛜) Das charaktervolle kleine, aber feine Hotel in der Altstadt besticht mit handgemalten Türen mit Holzschnitzereien, farbenfrohen Fliesenböden in den Bädern und Fluren und einem kunstvollen maurischen Bogen und Brunnen in der Lobby. Der erste Stock steht im Zeichen des Mudéjar-Stils, der zweite hat das Motto „Romantik der Kolonialzeit" und der dritte ist eine Mischung aus beidem. Auf dem Dach versteckt sich eine als Lounge eingerichtete Terrasse.

Hotel Patagonia Sur — HOTEL €€
(856 17 46 47; www.hotelpatagoniasur.es; Calle Cobos 11; EZ/DZ 105/110–135 €; ❄@🛜) Dieses funkelnde Juwel ist noch recht neu und wird von Argentiniern geführt. Nur Schritte von der Kathedrale entfernt, punktet es mit modernem Stil und klaren Linien. Die eleganten, frischen und gemütlichen Zimmer sind mit Tee- und Kaffeeutensilien ausgestattet. Außerdem gibt's ein Café mit Glaswänden und sonnige Dachgeschoss-Zimmer in der 5. Etage mit Blick auf die Kathedrale sowie private Terrassen samt Liegestühlen.

★ Parador de Cádiz — HOTEL €€€
(956 22 69 05; www.parador.es; Avenida Duque de Nájera 9; EZ/DZ inkl. Frühstück 192–272/210–290 €; ❄🛜♨) Auffällig, schön und direkt neben der Playa de la Caleta gelegen, bildet der sogenannte Parador Atlántico einen kräftigen Kontrast zu den anderen *paradores* (luxuriöse staatliche Hotels), denn er ist supermodern und ein kompletter Neubau. Kräftige Rot- und Blautöne prägen den Charakter der eleganten, modernen Zimmer mit raumhohen Fenstern und Balkon. Es gibt Zimmer mit Meerblick und Zimmer mit Poolblick.

✕ Essen

So wie die Luft in Jerez de la Frontera von Sherry erfüllt ist, so weht durch Cádiz der unvergleichliche Duft nach frischem Fisch. Wer hier Fisch und Meeresfrüchte essen will, begibt sich am besten in die Calle Virgen de la Palma im Barrio de la Viña, wo die fantastischen Fischrestaurants den Fang des Tages an Tischen im Freien servieren. Gourmetrestaurants findet man in der Calle Plocia und in der Calle Sopranis, die von der Plaza de San Juan de Dios abgehen.

★ Casa Manteca — TAPAS €
(956 21 36 03; Calle Corralón de los Carros 66; Tapas 2,50 €; 12–16 & 20.30–0.30 Uhr, etwa Nov.–März So abends & Mo abends geschl.) In der Casa Manteca, dem Zentrum des Karnevalstrubels in La Viña, sind alle Wände mit Flamenco-, Stierkampf- und Karneval-Erinnerungsstücken gepflastert. Es ist ein altes *barrio*-Restaurant und serviert jede Menge beliebte Tapas. Man sollte den Kellner nach Tapas mit Muscheln fragen oder nach *chicharrones* (Schweinekruste mit etwas Zitrone), serviert auf Wachspapier.

La Candela — SPANISCH, TAPAS €
(956 22 18 22; www.lacandelatapasbar.com; Calle Feduchy 3; Tapas 3,50–7 €; 13.30–16 & 20.30–23 Uhr; 🛜) La Candela erinnert mit seinen blumengeschmückten Fenstern und der rustikal-industriellen Inneneinrichtung an ein ausgefallenes Londoner oder Melbourner Café, das sich in eine coole, bunte Tapas-Bar verwandelt hat. Aus der geschäftigen, kleinen offenen Küche im hinteren Bereich kommen leckere, innovative Kreationen, die lokal inspiriert sind: Thunfisch-Schaschlik mit Wasabi-Mayonnaise, Lasagne mit *rabo de toro* (Ochsenschwanz) und Honig-Ziegenkäse-Salat.

Café Royalty — CAFÉ €
(956 07 80 65; www.caferoyalty.com; Plaza Candelaria; Snacks 3,50–12 €; Juni–Sept. 9–24 Uhr, Okt.–Mai 11–23 Uhr) Das Royalty, 1912 zum 100. Jahrestag der Verfassung von 1812 eröffnet, war einst ein Diskussionsforum für die zeitgenössischen Intellektuellen, darunter der beliebte *gaditano*-Komponist Manuel de Falla. Das Café schloss in den 1930er-Jahren, doch dank eines engagierten Sanierungsprojekts unter Leitung eines lokalen *gaditano* wurde es 2012 wiedereröffnet, genau 100 Jahre nach seiner ursprünglichen Eröffnung.

Die Inneneinrichtung mit Wandbildern, Spiegeln und kunstvollen Schnitzereien ist ohne Übertreibung atemberaubend. Wunderbar für einen Brunch oder eine *merienda* (Nachmittags-Snack).

Freiduría Las Flores — FISCH & MEERESFRÜCHTE €
(956 22 61 12; Plaza de Topete 4; Tapas 1,50 €, raciones 6–8 €; 12–16.30 & 20.30–24 Uhr) Cádiz' Sucht nach frittiertem Fisch erreicht

hier ganz neue Höhen. Was auch immer aus dem Meer stammt – im Las Flores hat es große Chancen darauf, frittiert und als Tapa serviert zu werden: als *media racion* (größere Tapas-Portion), *orracion* (ganzer Teller) oder in einem improvisierten Pappbecher. Wer sich nicht entscheiden kann, bestellt ein *surtido* (gemischter Teller mit Gebratenem). Man sollte sich nicht darauf verlassen, dass man problemlos einen Tisch bekommt.

★ La Esquina de Sopranis   TAPAS €€

(956 26 58 42; www.sopranis.es; Calle Sopranis 5; Tapas 1,50–5,50 €; Di–Sa 13–16 & 20.30–23.30, So 13–16 Uhr) Das rammelvolle Sopranis ist eines jener quirligen, modernen Tapas-Restaurants, die man gar nicht mehr verlassen möchte. Ungezwungenheit und hohes Niveau vereinen sich hier auf geradezu perfekte Weise. Das Essen ist ebenso exquisit. Regionale Zutaten vereinen sich zu wunderschön präsentierten Kombinationen, etwa Mini-*solomillo* (Schweinefilet) mit Chorizo-Soße oder *timbal de verduras* (kleine Gemüse-Stapel) frisch vom Markt. Unser Top-Tipp: die verschiedenen Käse, die einem tatsächlich auf der Zunge zergehen.

Atxuri   BASKISCH, ANDALUSISCH €€

(956 25 36 13; www.atxuri.es; Calle Plocia 7; raciones 12–18 €; Di–Do 13.15–17 & 21–23.30, So–Mi 13.15–17 Uhr) Eines der ältesten Restaurants der Stadt, das Atxuri, vereint baskische und andalusische Einflüsse zu diversen feinen Geschmacksvariationen. Wie in einem Restaurant mit baskischen Wurzeln nicht anders zu erwarten, spielen *bacalao* (Kabeljau; eventuell zerkleinert oder *al pil pil*) und erstklassige Steaks eine große Rolle. Andalusische Fisch- und Fleischgerichte lassen die (Geschmacks-)Grenzen jedoch verschwimmen.

Arrocería La Pepa   SPANISCH, FISCH & MEERESFRÜCHTE €€

(956 26 38 21; www.restaurantelapepa.es; Paseo Marítimo 14; Paella pro Pers. 12–15 €; Do–Sa 13.30–16 & 20.30–23 Uhr) Wer Lust auf eine gute Paella hat, lässt die Altstadt hinter sich und legt 3 km Richtung Südosten zur Playa de la Victoria zurück – entweder appetitfördernd zu Fuß am Meer entlang oder mit dem Bus 1 Richtung Estadio (Plaza España-Cortadura; 1,10 €). Der Fisch in der Meeresfrüchte-Paella des La Pepa schmeckt, als sei er aus dem 100 m entfernten Atlantik direkt auf den Teller gesprungen.

Mesón Criollo   FISCH & MEERESFRÜCHTE €€

(www.mesoncriollo.com; Ecke Calle Virgen de la Palma & Calle Lubet; Hauptgerichte 7–14 €; 12–16 & 20–23.30 Uhr, Okt.–Feb. So–Di & Mi abends geschl.) Mit seinen Garnelen, Fisch-Schaschliks und – wenn man zur richtigen Zeit kommt – individuellen Paellas sticht das Mesón Criolla aus der Fülle der Fischlokale im Barrio La Viña heraus. Wer zur Tapas-Zeit an der von Palmen gesäumten Straße sitzt, gewinnt von Cádiz' wichtigstem Karnevalsviertel schnell den Eindruck, hier werde das ganze Jahr über gefeiert.

El Faro   FISCH & MEERESFRÜCHTE €€€

(956 21 10 68; www.elfarodecadiz.com; Calle San Félix 15; Hauptgerichte 16–25 € 13–16 & 20.30–23.30 Uhr) Fragt man einen *gaditano* nach seinem Lieblingsrestaurant in Cádiz, wird er wahrscheinlich das El Faro nennen: eine vollgepackte Tapas-Bar, zugleich aber auch ein gehobenes, mit schönen Keramiken dekoriertes Restaurant. Die Leute kommen vor allem wegen der Meeresfrüchte hierher, wobei auch der *rabo de toro* seine treuen Anhänger hat.

Wenn es in dieser entspannten Stadt überhaupt eine Kleidervorschrift gibt, dann hier – doch selbst im El Faro beschränkt sie sich auf das Verbot, Badekleidung zu tragen …

🍷 Ausgehen & Nachtleben

Angesichts der Auflagen für Open-Air-Bars und -Kneipen und der Schließzeiten ist das Nachtleben von Cádiz nicht mehr das, was es einmal war. Dennoch gibt es immer noch genügend Orte, an denen man sich nach Sonnenuntergang amüsieren kann.

Zentrum der nächtlichen Barszene in der Altstadt ist das Dreieck Plaza de Mina – Plaza San Francisco – Plaza de España, besonders die Calle Beato Diego. Gegen Mitternacht geht es hier so richtig los, am Wochenanfang kann es aber recht ruhig sein. Weitere Bars liegen verstreut im Barrio del Pópulo, östlich der Kathedrale. In Punta San Felipe (La Punta) an der Nordseite des Hafens gibt es eine Reihe von Bars zum Trinken und Tanzen. Donnerstags bis samstags versammelt sich hier zwischen etwa 3 und 6 Uhr ein recht jugendliches Publikum.

Cádiz' anderer nächtlicher Treffpunkt, besonders im Sommer, erstreckt sich an der Playa de la Victoria und am Paseo Marítimo sowie in der und rund um die Calle Muñoz Arenillas unweit des Hotels Playa Victoria (ca. 2,5 km südlich der Puerta de Tierra).

Quilla
CAFÉ, WEINBAR
(www.quilla.es; Playa de la Caleta; ⊙10–23 Uhr 🛜)
Die kultivierte Kombination aus Café und Bar mit Blick auf die Playa de la Caleta wird von einer Art rostigem Schiffsrumpf eingeschlossen. Sie bietet Kaffee, Gebäck, Tapas, Wein, Kunstausstellungen und tolle Sonnenuntergänge. Im Sommer ist oft länger geöffnet.

Nahu
BAR
(www.nahucadiz.es; Calle Beato Diego 8; ⊙Mo–Sa 16–3 Uhr; 🛜) Auf Studenten ausgerichtete stilvolle Bar mit stimmungsvoller Beleuchtung, marokkanischen Lampen und Sofas zum Chillen. Am schönsten ist es hier, wenn man mit einem Gin Tonic an der Bar sitzt. Guten Kaffee und WLAN gibt's hier aber ebenfalls. Freitags oder samstags legen DJs auf.

Tetería El Oasis
TEESTUBE
(Calle San José 6; ⊙Mo–Fr 17–24, Sa 16–2 Uhr) In den dunklen Nischen unter rot-orangefarbenen Spitzenvorhängen kann man sich ganz in Ruhe einen Darjeeling genehmigen – jedenfalls bis die Bauchtänzerinnen ihren Auftritt haben (freitags um 23 Uhr)!

Woodstock
BAR
(Paseo Marítimo 11; ⊙14–3 Uhr) Beliebte Bierbar mit Blick auf die Playa de la Victoria, mehr als 80 internationalen Bieren und manchmal Auftritten von Jazz-, Rock- oder Bluesmusikern.

☆ Unterhaltung

★ Peña Flamenca La Perla
FLAMENCO
(📞956 25 91 01; www.laperladecadiz.es; Calle Carlos Ollero; Eintritt 3 €) In diesem Laden – abseits der Calle Concepción Arenal im Barrio de Santa María – mit seinem abblätternden Anstrich und seiner romantischen Lage neben dem tosenden Atlantik finden an den meisten Freitagabenden um 22 Uhr Flamenco-Aufführungen statt. Im Publikum sind viele *aficionados* – ein unvergessliches Erlebnis!

Gran Teatro Falla
THEATER
(📞956 22 08 34; www.facebook.com/TeatroFalla; Plaza de Falla) Das rote Backstein-Theater im Neo-Mudéjar-Stil ist nach Andalusiens bestem klassischen Komponisten benannt: dem in Cádiz geborenen Manuel de Falla. Hier finden die jährlichen Karneval-Wettbewerbe (S. 117) der Stadt statt, das restliche Jahr über werden zahlreiche Theater-, Tanz- und Musikaufführungen geboten.

ⓘ INFOS IM INTERNET
Cádiz Turismo (www.cadizturismo.com) Offizielle Touristeninformation der Provinz Cádiz.

La Cava
FLAMENCO
(📞956 21 18 66; www.flamencolacava.com; Calle Antonio López 16; Eintritt 22 €, mit Abendessen 37 €; ⊙März–Dez.) Cádiz' wichtigster *tablao* (choreografierte Flamenco-Show) findet dienstags (nur April bis November), donnerstags und samstags um 21.30 Uhr in einer rustikalen Taverne statt, in der Getränke und Tapas serviert werden.

El Pay Pay
MUSIK, THEATER
(www.cafeteatropaypay.com; Calle Silencio 1; ⊙Mi–Sa 10–3 Uhr) Das „Café-Theater" im Barrio del Pópulo stellt ein unglaublich vielfältiges kulturelles Programm auf die Beine, darunter Theater, Geschichtenerzählen, Stand-up-Comedy, Blues und Flamenco sowie regelmäßige Jamsessions am Donnerstag (22.30 Uhr).

ⓘ Praktische Informationen
Centro de Recepción de Turistas (📞956 24 10 01; www.turismo.cadiz.es; Paseo de Canalejas; ⊙Mo–Fr 9–18.30, Sa & So bis 17 Uhr) Neben dem Busbahnhof und Bahnhof.
Hospital Puerta del Mar (📞956 00 21 00; Avenida Ana de Viya 21) Das größte allgemeine Krankenhaus, 2,5 km südöstlich der Puerta de Tierra.
Policía Nacional (📞091, 956 29 75 00; Avenida de Andalucía 28) Nationale Polizei; 500 m südöstlich der Puerta de Tierra.
Regionale Touristeninformation (📞956 20 31 91; Avenida Ramón de Carranza; ⊙Mo–Fr 9–17.30, Sa & So 9.30–15 Uhr)

ⓘ Anreise & Unterwegs vor Ort

AUTO & MOTORRAD
Für die Nutzung der Autobahn AP4 von Sevilla nach Puerto Real auf der Ostseite der Bahía de Cádiz wird eine Maut in Höhe von 7,25 € fällig. Es gibt viele Tiefgaragen, z. B. am Paseo de Canalejas in der Nähe des Hafens (24 Std., 20 €).

BUS
Alle Busse, die stadtauswärts fahren, starten zur Zeit vom provisorischen **Busbahnhof** (📞956 80 70 59; Plaza Sevilla) neben dem Bahnhof. Sobald Cádiz' neuer Busbahnhof in der Avenida Astilleros an der Ostseite des Bahnhofs fertiggestellt ist, werden vermutlich alle Busse von dort fahren.

BUSSE AB CÁDIZ

ZIEL	PREIS (€)	FAHRTDAUER	HÄUFIGKEIT
Arcos de la Frontera	7,25	1½ Std.	1–4-mal tgl.
El Bosque	8,80	2½ Std.	2–4-mal tgl.
El Puerto de Santa María	2,65	45 Min.	stündlich
Granada	36	5¼ Std.	4-mal tgl.
Jerez de la Frontera	3,75	50 Min.	3–7-mal tgl.
Málaga	28	4½	4-mal tgl.
Ronda	16	3½ Std.	1–2-mal tgl.
Sanlúcar de Barrameda	5	1 Std.	5–10-mal tgl.
Sevilla	13	1¾ Std.	9-mal tgl.
Tarifa	9,91	1¾ Std.	7-mal tgl.
Vejer de la Frontera	5,67	1½ Std.	5–7-mal tgl.

Comes (956 29 11 68; www.tgcomes.es) und **Los Amarillos** (902 210317; www.samar.es) betreiben die meisten Busse. Busse des **Consorcio de Transportes Bahía de Cádiz** (856 10 04 95; www.cmtbc.es) verkehren zwischen dem Flughafen Jerez de la Frontera und Cádiz und fahren über Jerez.

FAHRRAD
Urban Bike (www.urbanbikecadiz.es; Calle Marques de Valdeíñigo 4; Fahrradverleih je 1/3/24 Std. 5/10/16 €; Mo–Fr 10–17 Uhr) verleiht Fahrräder.

SCHIFF/FÄHRE
Vom **Terminal Marítima Metropolitana** verkehren von Montag bis Freitag täglich 17 Katamarane nach El Puerto de Santa María (2,65 €, 30 Min.), am Samstag sechs und am Sonntag fünf.

ZUG
Vom Bahnhof am südöstlichen Stadtrand fahren Züge von/nach El Puerto de Santa María (3,40 €, 35 Min., 23-mal tlg.), Jerez de la Frontera (4,05–6,05 €, 45 Min., 33-mal tgl.) und Sevilla (16–24 €, 1¾ Std., 15-mal tgl.). Täglich brausen drei oder vier ALVIA-Hochgeschwindigkeitszüge nach Madrid (74 €, 4½ Std.).

DAS SHERRY-DREIECK

Jerez de la Frontera, Sanlúcar de Barrameda und El Puerto de Santa María nördlich von Cádiz bilden die drei Ecken des berühmten „Sherry-Dreiecks". Doch auch für jene, die keinen Geschmack an Andalusiens einzigartigem sanftem Wein finden, hat die Region einiges zu bieten: Geschichte, Strände, Pferde, Essen, Flamenco und das Naturjuwel Parque Nacional de Doñana.

Jerez de la Frontera
190 600 EW.

Diese Stadt bedarf nicht vieler Worte, denn wie gute Spanienkenner wissen: Jerez *ist* Andalusien, stellt dies jedoch nicht so zur Schau wie Sevilla und Granada. Jerez ist Hauptstadt der andalusischen Pferdekultur, erster Stopp auf dem berühmten Sherry-Dreieck und – trotz der Proteste aus Cádiz und Sevilla – Wiege des spanischen Flamencos. Die *bulería*, Jerez' witzig-ironische Antwort auf Sevillas tragische *soleá*, hat in den legendären Roma-*barrios* Santiago und San Miguel ihren Ursprung. Doch Jerez ist auch eine lebhafte, moderne andalusische Stadt, wo Modelabels in alten Palästen beheimatet sind und stilvoll gekleidete Geschäftsleute in Restaurants mit ausgesprochen moderner Küche speisen. Wer die Geheimnisse Andalusiens wirklich lüften möchte, sollte hier beginnen.

⊙ Sehenswertes

Jerez' unprätentiöse Sehenswürdigkeiten sind recht weit verstreut und oft hinter anderen Gebäuden verborgen. Sie offenbaren ihren Reiz nur ganz allmählich, und es kann schon ein, zwei Tage dauern, bis man mit der Stadt warm wird. Doch wenn sie einen in ihren Bann gezogen hat, ist es wie mit dem *duende* (Geist des Flamencos) – man kann sich ihr nicht mehr entziehen.

In Jerez (das Wort *bedeutet* sogar „Sherry") gibt es etwa 20 Sherry-Bodegas. Bei den meisten muss man sich vor einem Besuch anmelden, einige bieten aber auch Führungen für Spontan-Besucher an. Einzelheiten dazu erfährt man bei der Touristeninformation (S. 131).

★ Alcázar FESTUNG

(✆956 14 99 55; Alameda Vieja; Eintritt ohne/mit Camera obscura 5/7 €; ◷ Juli–Mitte Sept. Mo–Fr 9.30–19.30 Uhr, Mitte Sept.–Okt. & März–Juni Mo–Fr 9.30–17.30 Uhr, Nov.–Feb. & ganzjährig Sa & So 9.30–14.30 Uhr) Jerez' massive, aber elegante Festung aus dem 11. oder 12. Jh. gehört zu den besterhaltenen Relikten aus der Zeit der Almohaden (1140–1212) in Andalusien. Besonders bemerkenswert ist der achteckige Turm, ein klassisches Beispiel für die Verteidigungsfestungen der Almohaden und ein toller Aussichtspunkt für einen großartigen Blick auf die Stadt.

Besucher gelangen über den **Patio de Armas** in den Alcázar. Links befindet sich die wunderschöne Mezquita (Moschee), die 1264 von Alfons X. in eine Kirche umgewandelt wurde. Der **Palacio Villavicencio** aus dem 18. Jh. auf der rechten Seite wurde über den Ruinen eines alten Almohaden-Palastes erbaut. Er beherbergt auch Kunstwerke, ist aber vor allem für die Vogelperspektive auf Jerez vom Palastturm aus bekannt. Im Turm befindet sich auch eine Camera obscura, die für ein malerisches Livepanorama der Stadt sorgt.

Die friedlichen Gärten hinter dem Beyo Patio de Armas lassen mit ihren geometrischen Blumenrabatten und plätschernden Brunnen die Atmosphäre maurischer Zeiten wieder aufleben. Besonders sehenswert sind die gut erhaltenen überkuppelten Baños Árabes (Arabische Bäder) mit ihren Lichtschächten.

★ Catedral de San Salvador KATHEDRALE

(Plaza de la Encarnación; Eintritt 5 €; ◷ Mo–Sa 10–18.30 Uhr) Ein Hauch von Sevilla weht über der wunderbaren Kathedrale von Jerez, einem überraschend harmonischen Mix aus barocken, neoklassizistischen und gotischen Elementen. Ins Auge fallen vor allem die breiten Strebebogen und die kunstvoll verzierten Steindecken. Hinter dem Hauptaltar beherbergen mehrere Räume und Kapellen die Sammlung der Kathedrale, die Kunst (darunter Werke von Zurbarán und Pacheco), religiöse Trachten und Silber umfasst.

Zur Kathedrale (Alfons X. ließ sie an einer Stelle errichten, an der zuvor eine Moschee stand) gehören auch ein von Orangenbäumen gesäumter Innenhof und eine „Geheimtreppe", die ins Nichts führt. Das Bauwerk entstand zwar zwischen 1695 und 1778, es wurde jedoch erst 1980 offiziell zur Kathedrale erklärt.

Centro Andaluz de Flamenco KULTURZENTRUM

(Andalusisches Flamenco-Zentrum; ✆956 90 21 34; www.centroandaluzdeflamenco.es; Plaza de San Juan 1; ◷ Mo–Fr 9–14 Uhr) **GRATIS** Das einzigartige Kulturzentrum ist schon rein architektonisch interessant: Man beachte etwa die originale Mudéjar-*artesonado*-Decke (eine Decke aus verschlungenen Holzelementen mit dekorativen Intarsienarbeiten) aus dem 15. Jh. im Eingang und den kunstvollen Innenhof im andalusischen Barockstil aus dem 18. Jh. Darüber hinaus ist es auch eine fantastische Infoquelle zum Flamenco. Im Archiv befinden sich Tausende Werke in gedruckter Form oder auf Tonträgern. Flamenco-Videos werden um 10, 11, 12 und 13 Uhr gezeigt. Zudem hat das Personal Listen mit 17 lokalen *peñas* (kleine private Clubs) sowie Informationen zu Flamenco-Tanz- und Gesangskursen in Jerez und zu kommenden Aufführungen.

Museo Arqueológico MUSEUM

(✆956 14 95 60; Plaza del Mercado; Eintritt 5 €; ◷ ganzjährig Di–So 10–14 Uhr, Mitte Sept.–Mitte Juni Di–Fr 16–19 Uhr) Jerez' frisch aufpoliertes archäologisches Museum im Viertel Santiago zeigt faszinierende lokale Relikte, die von der Altsteinzeit bis zum 16. Jh. reichen. Besonders sehenswert sind der griechische Helm aus dem 7. Jh., der im Río Guadalete gefunden wurde, und das Fragment eines seltenen Gemäldes im gotischen Mudéjar-Stil aus dem 15. Jh.

★ Bodegas Tradición SHERRY-BODEGA

(✆956 16 86 28; www.bodegastradicion.com; Plaza Cordobeses 3; Führungen 20 €; ◷ Juli–Aug. Mo–Fr 10–15 Uhr, Sept.–Juni Mo–Fr 10–18, Sa 10–14 Uhr, Dez.–Feb. Sa geschl.) Diese Bodega ist nicht nur wegen ihrer besonders lange gereiften Sherrys (mindestens 20 Jahre alt) faszinierend, sondern auch, weil sich hier die Colección Joaquín Rivera befindet, eine kleine, private spanische Kunstsammlung mit wichtigen Werken von Goya, Velázquez und Zurbarán. Für die Führungen (auf Englisch, Spanisch und Deutsch) muss man sich vorher anmelden.

Bodegas González Byass SHERRY-BODEGA

(Bodegas Tío Pepe; ✆956 35 70 16; www.bodegastiopepe.com; Calle Manuel María González 12; Führungen 13 €; ◷ Führungen stündlich. Mo–Sa 12–17, So 12–14 Uhr) Die Kellerei, zu der die berühmte Marke Tio Pepe gehört, ist einer der größten Sherry-Produzenten und befindet sich in

Jerez de la Frontera

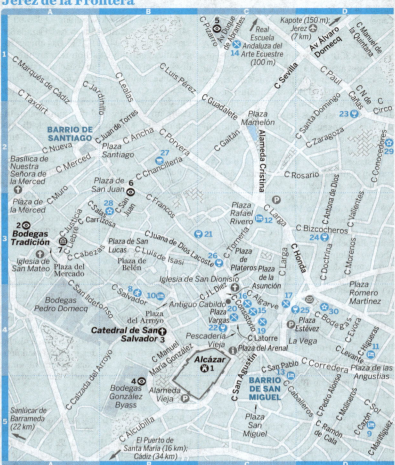

praktischer Lage gleich westlich des Alcázar. Täglich gibt's fünf oder sechs Führungen auf Englisch und Spanisch sowie einige auf Deutsch. Man kann online buchen, es ist aber nicht zwingend nötig.

Bodegas Sandeman SHERRY-BODEGA
(☏ 675 647177; www.sandeman.com; Calle Pizarro 10; Führungen 7,50 €; ⊙ Führungen Mo, Mi & Fr 11–14.30, Di & Do 10.15–14 Uhr) Täglich drei oder vier Führungen (Reservierung nicht notwendig) auf Englisch, Spanisch und Deutsch sowie eine auf Französisch, inklusive Verkostung. Die aktuellen Termine finden sich auf der Website. Zu Ehren ihres schottischen Schöpfers ziert die schwarze Silhouette des in einen Umhang gewandeten „Don" die Sandeman-Sherrys.

🏃 Aktivitäten

★ Real Escuela Andaluza del Arte Ecuestre PFERDESHOW
(☏ 956 31 80 08; www.realescuela.org; Avenida Duque de Abrantes; Trainingsstunden Erw./Kind 11/6,50 €, exhibicións Erw./Kind 21/13 €; ⊙ Trainingsstunden Mo, Mi & Fr 10–13 Uhr, exhibicións Di & Do 12 Uhr) Die berühmte Königliche Andalusische Reitschule trainiert Pferde und Reiter. Besucher können sich das Training und das

Jerez de la Frontera

◉ Highlights
1. Alcázar C4
2. Bodegas Tradición A3
3. Catedral de San Salvador B4

◉ Sehenswertes
4. Bodegas González Byass B5
5. Bodegas Sandeman C1
6. Centro Andaluz de Flamenco B2
7. Museo Arqueológico A3

⊕ Aktivitäten, Kurse & Touren
8. Hammam Andalusí B4

⊟ Schlafen
9. Hostal Fenix D5
10. Hotel Bellas Artes B4
11. Hotel Casa Grande D4
12. Hotel Palacio Garvey C3
13. Nuevo Hotel C4

⊗ Essen
14. Albalá C1
15. Albores C4
16. Cruz Blanca C4
17. El Gallo Azul C4
18. La Carboná E4
19. Mesón del Asador C4
20. Reino de León C4

⊕ Ausgehen & Nachtleben
21. Damajuana C3
22. Dos Deditos C4
23. Plaza de Canterbury D2
24. Tabanco El Guitarrón de San
    Pedro D3
25. Tabanco El Pasaje C4
26. Tabanco Plateros C3
27. Tetería La Jaima B2

⊕ Unterhaltung
28. Centro Cultural Flamenco Don
    Antonio Chacón B3
29. Puro Arte D2
30. Teatro Villamarta D4

Museo del Enganche (Kutschenmuseum; Erw./Kind 4,50/2,50 €; ⊙ Mo–Fr 10–14 Uhr) anschauen. Absolutes Highlight ist jedoch die offizielle *exhibición* (Show), bei der die stattlichen Pferde ihr Können zu klassischer Musik zeigen. Die Tickets kann man online buchen.

Hammam Andalusí HAMMAM
(⏵ 956 34 90 66; www.hammamandalusi.com; Calle Salvador 6; Bäder 24 €, mit 15-/30-minütiger Massage 34/53 €; ⊙ 10–22 Uhr) Jerez steckt voller Anklänge an seine maurische Vergangenheit, doch keiner ist magischer als der Hammam Andalusí. Schon am Eingang wird man begrüßt vom Duft nach Weihrauch und ätherischen Ölen und vom besänftigenden Geräusch plätschernden Wassers. Dahinter liegen drei türkisblaue Wasserbecken (lauwarm, heiß und kalt). Auch Massagen sind möglich. Die Besucherzahl ist begrenzt, eine Reservierung ist deshalb ratsam.

Yeguada de la Cartuja – Hierro del Bocado PFERDESHOW
(⏵ 956 16 28 09; www.yeguadacartuja.com; Finca Suerte del Suero; Erw./Kind 16/10 €; ⊙ 11–13.30 Uhr) Dieses Gestüt hat sich der Arbeit mit guten Kartäuser-Pferden verschrieben. Die Führung durch das Gestüt wird gekrönt durch

eine spektakuläre Show mit frei laufenden Hengstfohlen, Vorführungen einer Reihe von Stuten und Dressurreiten. Vorab reservieren! Zum Gestüt fährt man die A381 11 km Richtung Südosten und biegt am Schild „Yeguada de la Cartuja" ab.

✦ Feste & Events

Festival de Jerez FLAMENCO
(www.facebook.com/FestivalDeJerez; ◉ Ende Feb.–Anfang Mai) Jerez' größtes Flamenco-Fest.

Motorcycle Grand Prix MOTORRÄDER
(◉ Mai) Auf dem Circuito de Jerez (Rennstrecke; ☎ 956 15 11 00; www.circuitodejerez.com) an der A382, 10 km östlich der Stadt, werden im März, April oder Mai verschiedene Motorrad- und Autorennen veranstaltet, darunter ein Grand-Prix-Rennen des World Motorcycle Championship.

Feria del Caballo PFERDE
(◉ Ende April–Anfang Mai) Jerez' einwöchiges Reiterfest ist eines der prächtigsten Feste Andalusiens Zum Programm gehören Musik und Tanz sowie verschiedene Reitwettbewerbe und Paraden.

🛌 Schlafen

Hostal Fenix HOSTAL €
(☎ 956 34 52 91; www.hostalfenix.com; Calle Cazón 7; EZ/DZ inkl. Frühstück 30–35/35–40 €; ❄ 🛜) Es gibt rein gar nichts Protziges am Fenix – und das macht einen Teil seines Charmes aus. Die 14 einfachen Zimmer sind sehr gepflegt, und das Frühstück wird von den superfreundlichen Besitzern aufs Zimmer gebracht. Zum Gebäude gehören mehrere hübsche Innenhöfe im arabischen Stil. Die beeindruckenden Bilder an den Wänden stammen teils von der der *dueña* (Besitzerin).

Hotel Bellas Artes HOTEL €
(☎ 956 34 84 30; www.hotelbellasartes.net; Plaza del Arroyo 45; EZ/DZ 48/55 €; ❄ @ 🛜) Wer einen Blick auf die Catedral de San Salvador werfen will, kann dies von den Suiten und der Dachterrasse dieses umgebauten neoklassizistischen Palastes aus tun. Außen ziert ein kunstvoll behauener steinerner Eckpfeiler die sandfarbene Fassade. Im Inneren bilden kräftige Farben einen schönen Kontrast zu den weißen Marmorböden. Die Zimmer sind mit Nespresso-Maschinen und frei stehenden Badewannen (die teilweise etwas zu alt wirken) ausgestattet, und auf der Dachterrasse steht im Sommer ein Whirlpool.

Nuevo Hotel HOTEL €
(☎ 956 33 16 00; www.nuevohotel.com; Calle Caballeros 23; EZ/DZ/3BZ 30/42/57 €; ❄ 🛜 🐾) Das spektakulärste Zimmer des Nuevo, eines der nettesten familiengeführten Hotels Andalusiens, ist Zimmer 108: Es wartet mit Stuck und *azulejos* (Kacheln) im islamischen Stil auf – und beim Aufwachen kann man sich leicht in der Alhambra wähnen. Auch Frühstück (5 €) ist erhältlich.

Hotel Casa Grande HOTEL €€
(☎ 956 34 50 70; www.hotelcasagrande.eu; Plaza de las Angustias 3; Zi./Suite 100/165 €; P ❄ 🛜) Ein prächtiges Hotel in einem wunderbar restaurierten Herrenhaus aus den 1920er-Jahren. Die Zimmer liegen auf drei Etagen um einen Innenhof mit hellem Boden oder ganz oben neben der fantastischen Dachterrasse mit Blick über die Stadt. Über das Hotel wacht die sympathische Monika Schröder, die eine wahre Fülle an Informationen über Jerez auf Lager hat.

Hotel Palacio Garvey HOTEL €€
(☎ 956 32 67 00; www.sferahoteles.com; Calle Tornería 24; Zi./Suite inkl. Frühstück 70/100 €; P ❄ 🛜) Jerez' Nobelhotel ist ein umgebauter sensationeller Palast aus dem 19. Jh. Aus dem Fahrstuhl heraus kann man sogar Teile der alten Stadtmauer sehen. Die öffentlichen Bereiche sind geprägt von Leopardenmustern, Bildern mit afrikanischen Motiven und niedrigen Tischen. Subtile Farben, luxuriöse Ledermöbel, gefliese Bäder und marokkanisch angehauchte Glasschalen kennzeichnen die 16 individuell gestalteten Zimmer.

🍴 Essen

Die Küche von Jerez vereint maurisches Erbe und maritime Einflüsse mit internationalen Anleihen. Natürlich kommt Sherry zum Einsatz, wenn es ums Verfeinern traditioneller Gerichte geht, wie etwa bei *riñones al jerez* (in Sherry geschmorte Nieren) und *rabo de toro* (Ochsenschwanz). Darüber hinaus ist ein Wandel hin zur kreativ-modernen Küche spürbar.

Cruz Blanca TAPAS, ANDALUSISCH €
(www.restaurantelacruzblanca.com; Calle Consistorio 16; Tapas 2,50-4 €; ◉ Mo–Fr 8–24, Sa 9–24, So 13–24 Uhr) Im Cruz gibt's gute Meeresfrüchte, *revueltos* (Gerichte mit Rührei), Fleischgerichte und Salate, die an Tischen im Freien an einer ruhigen kleinen Plaza oder im elegant und modern eingerichteten Gastraum

DAS WUNDERBARE REVIVAL DER TABANCOS

Quirlige Tavernen, die Sherry vom Fass ausschenken – das sind die berühmten alten *tabancos* von Jerez. Sie verteilen sich über das ganze Stadtzentrum und die meisten von ihnen entstanden Anfang des 20. Jhs. Das Wort *tabanco* ist zwar eine Verbindung aus *tabaco* (Tabak) und *estanco* (Tabakgeschäft), doch im Mittelpunkt steht ohne Frage das regionale Getränk: Sherry. Nachdem die *tabancos* der Stadt schon vor einigen Jahren Gefahr liefen auszusterben, haben sie in jüngerer Zeit ein plötzliches Comeback als angesagte Treffs erlebt. Stilbewusste junge *jerezanos* gehören ebenso zu ihren Gästen wie Mitglieder der älteren Generation. Einige *tabancos* veranstalten regelmäßig Flamenco-Aufführungen, es kann aber genauso gut passieren, dass man einen spontanen Auftritt erlebt. Alle *tabancos* sind fantastische, billige, bodenständige Lokale, in denen man mit einem Sherry in der Hand die Atmosphäre des einstigen Jerez erleben kann.

Die **Touristeninformation** (S. 131) bietet Informationen zur offiziellen **Ruta de los Tabancos de Jerez** (www.facebook.com/rutadelostabancosdejerez).

Tabanco El Pasaje (956 33 33 59; www.tabancoelpasaje.com; Calle Santa María 8; 11–15 & 19–23 Uhr, Shows Do–So 20.30 & Fr & Sa 14.30 Uhr) Der 1925 eröffnete Laden ist der älteste *tabanco* der Stadt und serviert seinen Sherry mit dem dazu passenden rauen Flamenco.

Tabanco El Guitarrón de San Pedro (www.facebook.com/guitarrondesanpedro; Calle Bizcocheros 16; 12–24 Uhr, Shows Do & Fr 22, Sa 15, So 20 Uhr) Hier gibt's regelmäßig Flamenco und gelegentlich Jazz. Die Flamenco-Sessions am Sonntag sind spontan und für alle geöffnet!

Tabanco Plateros (www.tabancoplateros.com; Calle Francos 1; 12–15.30 & 19.30–1 Uhr) Bis auf die Straße stehen die Gäste dieses beliebten *tabancos*, in dem es Sherry, Bier, Wein und einfache Fleisch- und Käse-Tapas gibt.

---

serviert werden. Spezialitäten des Hauses sind der marinierte Fisch in *salsa verde* (Soße mit Pesto und Petersilie) und der wilde Thunfisch mit Sojasoße.

★ **Albores** MODERN ANDALUSISCH €€
(956 32 02 66; Calle Consistorio 12; Tapas 2,40–5 €, Hauptgerichte 10–16 €; Mo–Sa 9–24, So 11–24 Uhr) Mitten in der Altstadt wagt sich das Albores an traditionelle Gerichte, verleiht seinen originellen Tapas und Kombitellern (Hauptgericht) aber eine raffiniert-moderne Note. Besonders hervorzuheben ist der Fisch, vor allem die Blätterteigpastete mit Seeteufel, Spargel und Schinken. Doch auch die perfekt angerichtete Ziegenkäse-*tosta* (offenes, getoastetes Sandwich) ist fantastisch. Eines der besten Frühstücksrestaurants der Stadt!

Reino de León MODERN ANDALUSISCH €€
(956 32 29 15; www.reinodeleongastrobar.com; Calle Latorre 8; Hauptgerichte 10–17 €; Mo–Fr 8–24, Sa & So 12–24 Uhr) Die selbst ernannte Gastrobar, noch „moderner" als die meisten anderen Restaurants der Stadt, verarbeitet heimische Grundzutaten – Sherry, Thunfisch, Rohschinken – und verfeinert sie auf kreative Weise. Das Ergebnis sind Gerichte wie Lachs gefüllt mit Nüssen und Mascarpone oder Mini-Tandoori-Chicken-Spieße. Dazu gibt's leckere Salate und Wein von der fantastischen Weinkarte, auf der auch Sherry und andere Weine aus Cádiz stehen. In der Stadt sorgte das Restaurant bereits für einiges Aufsehen.

Mesón del Asador SPANISCH, GRILLGERICHTE €€
(956 32 26 58; www.mesondelasador.com; Calle Remedios 2; Tapas 2,80–3,25 €, Hauptgerichte 8–16 €; 12–16 & 20.30–23.30 Uhr) Das große, gut besuchte Restaurant ist ein Traum für alle Fleischfans. Neben reichhaltigen gegrillten Fleisch-Tapas serviert es eine beträchtliche Auswahl an Fleischgerichten – von brutzelndem Schweine-/Rinder-/Hähnchen-Schaschlik bis zu einem *chuletón de buey* (großes Rinderkotelett) für zwei Personen. Sehr zu empfehlen ist das *solomillo de cerdo* (Schweinefilet) in Cabrales oder Roquefort.

Albalá MODERN ANDALUSISCH €€
(956 34 64 88; www.restaurantealbala.com; Ecke Calle Divina Pastora & Avenida Duque de Abrantes; Tapas 2–4 €, Hauptgerichte 8–15 €; 12–16 & 20.30–24 Uhr) In Nischen aus hellem Holz, umgeben von minimalistischem orientalischem Dekor, genießen Gäste die wunderbar kreativen Fleisch-, Fisch- und vegetarischen Gerichte des israelischen Kochs Ramos, die mit typisch andalusischen Zutaten

zubereitet sind. Zu den Spezialitäten des Hauses zählen Ochsenschwanz-Kroketten und Riesen-Garnelenburger mit Ingwernudeln sowie das köstlich knusprige Spargel-Tempura. Das Restaurant befindet sich 1 km nördlich von der Plaza del Arenal.

La Carboná ANDALUSISCH €€
(956 34 74 75; www.lacarbona.com; Calle Francisco de Paula 2; Hauptgerichte 13–20 €; Mi–Mo 13–16 & 20–24 Uhr) Das beliebte, großzügige Restaurant mit seiner kreativen Speisekarte befindet sich in einer alten Bodega, in der im Winter ein hängender Kamin für gemütliche Wärme sorgt. Zu den kunstvoll präsentierten Spezialitäten zählen Fleisch vom Grill, frischer Fisch und der ungewöhnliche Mini-Wildschein-Burger mit Mango-Joghurt-Soße. Außerdem gibt es gute lokale Weine. Wer sich nicht entscheiden kann, der sollte das mit Sherry gepaarte Menü probieren (32 €).

El Gallo Azul SPANISCH, TAPAS €€
(Calle Larga 2; Tapas 2,50–4 €, Hauptgerichte 9–15 €; Mo–Sa 12.30–16.30 & 20–23.30, So 12.30–16.30 Uhr) Das Gebäude ist mittlerweile zu einem Wahrzeichen der Stadt geworden – mit seiner kreisförmigen Fassade, auf der ein Sherry-Logo prangt. Hier hat El Gallo Azul ein elegantes Restaurant in der ersten Etage, das ein Drei-Gänge-Menü (13,50 €) offeriert, und eine winzige Tapas-Bar im Erdgeschoss. Die Lage ist perfekt, um bei Kaffee und Kuchen zu beobachten, wie die Stadt nach der Siesta wieder zum Leben erwacht.

DIE KREATIVE FLAMENCO-SZENE VON JEREZ

Jerez' Status als „Wiege des Flamenco" wird regelmäßig von Kennern aus Cádiz und Sevilla in Frage gestellt, ist jedoch durchaus gerechtfertigt. In der überraschend untouristischen Stadt gibt's gleich zwei Romaviertel: Santiago und San Miguel. Sie haben jede Menge berühmte Künstler hervorgebracht, darunter die Sänger Manuel Torre und Antonio Chacón. Jerez wartet – wie seine Konkurrenten im Norden und Westen – mit einem eigenen Flamenco-*palo* (Musikstil) auf, der außerordentlich beliebten *bulería*. Der schnelle rhythmische Stil folgt demselben *compás* (betonter Rhythmus) wie die *soleá*.

Wer die hiesige Flamenco-Szene entdecken möchte, startet am besten im Centro Andaluz de Flamenco (S. 125), Spaniens einzig wahrem Flamenco-Archiv. Hier bekommt man Infos zu Clubs und Vorstellungen sowie zu Gesangs-, Tanz- und Gitarrenunterricht. Ein Spaziergang die Calle Francos hinunter führt zu einigen legendären Flamenco-Bars, in denen sich auch heute noch Sänger und Tänzer versammeln. Nördlich vom Centro Andaluz de Flamenco im Viertel Santiago im Norden liegen Dutzende *peñas*. Die kleinen Privatclubs sind bekannt für ihre günstigen Preise und die intime Atmosphäre. Besonders erlebenswert ist die *peña*-Szene während des Flamenco-Festivals (S. 128) im Februar. Tolle Orte für spontane Flamenco-Auftritte sind die *tabancos* von Jerez (S. 129). Die Tavernen schenken Sherry vom Fass aus und feiern gerade ein Comeback.

Centro Cultural Flamenco Don Antonio Chacón (956 34 74 72; www.facebook.com/pages/D-Antonio-Chacón-Centro-Cultural-Flamenco; Calle Salas 2) Eine der besten *peñas* der Stadt (und damit ganz Andalusiens). Benannt wurde das Chacón nach dem berühmten in Jerez geborenen Flamenco-Sänger; geleitet wird es von den geselligen Tota-Zwillingen. Auftritte erstklassiger Flamenco-Künstler sind hier keine Seltenheit. Die Vorführungen sind oft spontan, besonders während des Flamenco-Festivals im Februar. Über kommende Veranstaltungen kann man sich telefonisch oder beim Centro Andaluz de Flamenco (S. 125) informieren.

Puro Arte (647 743832; www.puroarteflamencojerez.com; Calle Conocedores 28; 25 €, mit Abendessen 42 €) Jerez' nagelneuer *tablao* (choreografierte Flamenco-Show) bringt jeden Abend um 22 Uhr beliebte lokale Künstler auf die Bühne. Unbedingt vorher reservieren!

Damajuana (www.facebook.com/damajuanajerez; Calle Francos 18; Di–Do 20–3.30, Fr–So 16–4 Uhr) Eine von zwei historischen Bars in der Calle Francos, wo sich seit Langem Flamenco-Sänger und Tänzer treffen und zusammen trinken, mit abwechslungsreicher Livemusik und einer fröhlichen *movida flamenca* (Flamenco-Szene).

🍷 Ausgehen & Nachtleben

Versteckt in den engen Straßen nördlich der Plaza del Arenal liegen einige Bars, die hauptsächlich die Unter-Dreißigjährigen zu ihren Gästen zählen. Nordöstlich vom Zentrum an der **Plaza de Canterbury** (Ecke Calles Zaragoza & N de Cañas; ⊙ Mo–Mi 8.15–2.30, Do–Sa 8.15–4, So 16–4 Uhr) gibt's ein paar beliebte Kneipen mit einem Zwanziger-Publikum, während die bis spät in die Nacht geöffneten *bares de copas* (Bars) im Nordosten entlang der Avenida de Méjico vor allem jüngere Gäste anziehen. Auch in den *tabancos* (S. 129) der Stadt herrscht viel Betrieb.

Kapote   BAR
(www.kapote.es; Avenida Álvaro Domecq 45; ⊙ So–Do 15.30–3, Fr & Sa bis 5 Uhr) Das Kapote ist eine von drei beliebten *bares de copas*, die nördlich vom Zentrum direkt nebeneinander beim Hotel Sherry Park stehen. Hier sorgen ein gemischtes Publikum und die Charthits bis spät in die Nacht für Stimmung.

Dos Deditos   BAR
(Plaza Vargas 1; ⊙ So–Do 19–24, Fr 18–3, Sa 16–3 Uhr) Diese freundliche, zentral gelegene Bierbar wartet mit einer schier unendlichen Auswahl spanischer und internationaler Sorten auf.

Tetería La Jaima   TEEHAUS
(Calle Chancillería 10; Gerichte 9–14 €; ⊙ Di–Do 16–23.30, Fr & Sa bis 2, Mo & So bis 21 Uhr; 🛜) Man fühlt sich wie ein maurischer Sultan, wenn man sich mit einem fruchtigen, aromatischen Tee in diesem dunklen, atmosphärischen Teehaus mit der edlen marokkanischen Deko niederlässt. Wer Hunger hat, dem kann mit Couscous oder Tajine geholfen werden.

☆ Unterhaltung

In Jerez gibt es eine der lebendigsten und authentischsten Flamenco-Szenen (S. 130) Andalusiens.

Teatro Villamarta   THEATER
(☎ 956 14 96 85; www.teatrovillamarta.es; Plaza Romero Martínez) Dichtes Programm, das von Bizet, Verdi, Mozart und Shakespeare bis zu – natürlich – Flamenco reicht.

ℹ️ Praktische Informationen

Oficina de Turismo (☎ 956 33 88 74; www.turismojerez.com; Plaza del Arenal; ⊙ Mo–Fr 9–15 & 17–18.30, Sa & So 9.30–14.30 Uhr)

ℹ️ An- & Weiterreise

AUTO & MOTORRAD
Unterhalb der Alameda Vieja (neben dem Alcázar) befindet sich ein 24-Stunden-Parkhaus (5 €); man muss den roten Knopf drücken, um hineinzukommen.

BUS
Der **Busbahnhof** (☎ 956 14 99 90; Plaza de la Estación) liegt 1,3 km südöstlich vom Zentrum.

ZIEL	PREIS (€)	FAHRT-DAUER	HÄUFIGKEIT
Arcos de la Frontera	1,90	30 Min.	1–4-mal tgl.
Cádiz	3,75	1 Std.	3–9-mal tgl.
El Puerto de Santa María	1,60	20 Min.	3–10-mal tgl.
Ronda	13	2¼ Std.	1–2-mal tgl.
Sanlúcar de Barrameda	1,90	35 Min.	7–13-mal tgl.
Sevilla	8,90	1¼ Std.	5–7-mal tgl.

FLUGZEUG
Der **Flughafen Jerez** (☎ 956 15 00 00; www.aena.es), der einzige in der Provinz Cádiz, liegt 7 km nordöstlich der Stadt an der A4. Taxis zum/vom Flughafen kosten 15 €. Täglich verkehren acht bis zehn Züge zwischen dem Flughafen und Jerez (1,80 €, 10 Min.), El Puerto de Santa María (2 €, 15 Min.) und Cádiz (4,05 €, 45 Min.). Lokale Flughafenbusse fahren an Werktagen zweimal, am Wochenende einmal täglich; sie kommen aus Jerez (1,30 €, 30 Min.) und fahren weiter nach El Puerto de Santa María (1,60 €, 50 Min.) und Cádiz (3,75 €, 1½ Std.).

Ryanair (www.ryanair.com) Von/nach Barcelona, London Stansted und Frankfurt (saisonal).

Air Berlin (www.airberlin.com) Von/nach Mallorca, Frankfurt, Berlin und Düsseldorf (via Madrid).

Vueling (www.vueling.com) Von/nach Barcelona.

Iberia (www.iberia.com) Täglich von/nach Madrid.

ZUG
Der Bahnhof befindet sich neben dem Busbahnhof.

ZIEL	PREIS (€)	FAHRT-DAUER	HÄUFIGKEIT
Cádiz	4,05	45 Min.	16-mal tgl.
Córdoba	24	2½ Std.	13-mal tgl.
El Puerto de Santa María	2	10 Min.	Alle 30 Min.
Sevilla	11	1¼ Std.	15-mal tgl.

El Puerto de Santa María

88 700 EW.

Wer von solch kulturellen Schwergewichten wie Cádiz, Jerez de la Frontera und Sevilla umgeben ist, wird leicht vergessen. Das gilt auch für El Puerto de Santa María, und das trotz seiner bekannten Attraktionen. Hier wurde etwa der Osborne-Sherry mit seinem berühmten Stier-Logo, dem Nationalsymbol Spaniens, erfunden. Noch immer hat das Unternehmen seinen Hauptsitz in der Stadt, und das gilt auch für ein halbes Dutzend weiterer Sherry-Bodegas. Mit seinen vielen schönen Stränden, Sherry-Bodegas und einigen architektonischen Perlen wirkt El Puerto wie Südandalusien im Kleinformat. Von Cádiz oder Jerez aus kann man problemlos einen Tagesausflug in die Stadt unternehmen.

◉ Sehenswertes

Castillo de San Marcos　　　　　　BURG
(☏627 569335; servicios.turisticos@caballero.es; Plaza Alfonso X El Sabio; Erw./Kind 6/3 €, Di Eintritt frei; ⊙Führungen stündlich Di 11.30–13.30, Do & Sa 10.30–13.30 Uhr) Nach der Einnahme der Stadt im Jahr 1260 ließ Alfons X. von Kastilien eine stattliche Burg über einer islamischen Moschee errichten. Im 20. Jh. wurde sie umfassend restauriert. Das Highlight ist die alte Moschee im Inneren, die zu einer Kirche umgebaut wurde. Für die Führungen am Dienstag ist eine Reservierung erforderlich. Die Touren am Donnerstag und Samstag enden mit einer Sherry-Verkostung (die Burg gehört zur Bodega Caballero). Die Führungen um 11.30 Uhr sind an allen Tagen auf Englisch.

Fundación Rafael Alberti　　　　MUSEUM
(☏956 85 07 11; www.rafaelalberti.es; Calle Santo Domingo 25; Erw./Kind 4/2 €; ⊙Di–So 10–14 Uhr) Ein paar Straßen landeinwärts von der Plaza Alfonso X El Sabio gelegen, zeigt diese Stiftung interessante, gut präsentierte Ausstellungsstücke zu Rafael Alberti (1902–1999), der hier aufwuchs und als einer der großen Dichter der „Generación del 27" gilt. Es gibt kostenlose Audioguides in Englisch, Französisch und Spanisch.

★ Bodegas Osborne　　　　SHERRY-BODEGA
(☏956 86 91 00; www.osborne.es; Calle los Moros 7; Führungen 8 €; ⊙Führungen 12 & 12.30 Uhr, auf Englisch 10.30 Uhr) Osborne, das Unternehmen mit dem legendären Logo eines schwarzen Stiers, das man noch immer in ganz Spanien auf lebensgroßen Reklamebildern sieht (heute ohne den Markennamen), ist die bekannteste der sieben Sherry-Bodegas von El Puerto. Gegründet wurde das Unternehmen 1772 von dem Engländer Thomas Osborne Mann, und es gehört bis heute zu den ältesten Betrieben Spaniens, die kontinuierlich von einer Familie geführt werden.

Die prächtige weiß getünchte Bodega, die sich in einem von Blumen gesäumten Garten versteckt, bietet von Juni bis Mitte September zusätzliche Führungen an. Vorab reservieren.

Bodegas Gutiérrez Colosía　　SHERRY-BODEGA
(☏956 85 28 52; www.gutierrezcolosia.com; Avenida de la Bajamar 40; Führungen 6 €; ⊙Führungen Mo–Fr 12.15, Sa 13 Uhr) Die kleine familiengeführte Sherry-Bodega liegt direkt neben der Katamaran-Anlegestelle. An den Führungen auf Englisch, Spanisch oder Deutsch kann man ohne Anmeldung teilnehmen. Sie enden mit einer Verkostung von fünf Weinen, auf Wunsch inklusive Tapas und Flamenco. Die Zeiten variieren.

Plaza de Toros　　　　　　STIERKAMPFARENA
(www.plazadetorospuertosantamaria.es; Plaza Elías Ahuja; Eintritt 4; ⊙Di–Fr 10–14 & 17–19, Sa 10–14 Uhr; [P]) Vier Blocks südwestlich der Plaza de España steht El Puertos prächtige Plaza de Toros, die 15 000 Zuschauern Platz bietet. Sie wurde 1880 gebaut und ist noch heute eine der bedeutendsten Stierkampfarenen Andalusiens. Der Eingang liegt in der Calle Valdés.

🎉 Feste & Events

**Feria de Primavera y Fiestas
del Vino Fino**　　　　　　　　　　WEIN
(Frühlingsfest; ⊙April–Mai) An die 200 000 kleine Flaschen *fino* (Sherry) werden während dieses sechstägigen Festes getrunken.

Festividad Virgen del Carmen　　RELIGION
(⊙16. Juli) In ganz Andalusien ehren Fischer ihre Schutzpatronin; in El Puerto wird das Bild der Jungfrau auf einer Parade am Río Guadalete entlanggetragen.

🛏 Schlafen

El Baobab Hostel　　　　　　HOSTEL €
(☏956 54 21 23; www.casababab.es; Calle Pagador 37; B/EZ/DZ 18–20/22–30/45–55 €; ❄🛜) Das kleine Hostel mit sechs Zimmern befindet sich in einem umgebauten Gebäude aus dem 19. Jh. mit Blick auf die Plaza de Toros. Die Atmosphäre in dieser besten Budgetunterkunft der Stadt ist gemütlich und freundlich, und die Zimmer sowie die Gemeinschaftsküche und -bäder sind geschmackvoll gestaltet.

★ **Palacio San Bartolomé** LUXUSHOTEL €€€
(956 85 09 46; www.palaciosanbartolome.com; Calle San Bartolomé 21; EZ/DZ 54–98/78–195 €; ❄@☎) Ab und an stößt man auf ein Hotel, das selbst den abgebrühtesten Hotelbewerter vom Hocker haut. Wie wär's mit einem Zimmer mit Minipool, Sauna, Whirlpool, Bademänteln und Liegestühlen? Für 198 € ist all das zu haben im einladenden San Bart, das sich in einem früheren Palast befindet und mit vollendetem Design besticht.

Falls man das Poolzimmer nicht abbekommt – die anderen Zimmer sind gleichermaßen luxuriös: Himmelbetten, riesige Duschen und coole, moderne Eleganz.

✖ Essen

El Puerto ist berühmt für seine exzellenten Meeresfrüchte und seine Tapas-Bars. Man findet sie im Zentrum in der Calle Luna und der Calle Misericordia, im Norden in der Calle Ribera del Marisco und im Süden in der Avenida de la Bajamar und der Avenida Aramburu de Mora.

Romerijo FISCH & MEERESFRÜCHTE €
(956 54 12 54; www.romerijo.com; Ribera del Marisco 1; Meeresfrüchte pro 250 g ab 4,50 €, raciones 8–12 €; ⊙11–23.30 Uhr) Das riesige, immer gut besuchte Romerijo ist eine Institution. Es besteht aus drei Bereichen: In einem werden die Meeresfrüchte gekocht, in einem zweiten (gegenüber) frittiert, und im dritten befindet sich eine *cervecería* (Bierbar). Man kauft das Essen in 250-g-Portionen in einem Papierkegel. Die *freiduría* (Geschäft für frittierten Fisch) schließt zwischen 16 und 19 Uhr.

★ **Mesón del Asador**
SPANISCH, GRILLGERICHTE €€
(www.mesondelasador.com; Calle Misericordia 2; Tapas 2–3 €, Hauptgerichte 10–20 €; ⊙12.30–16 & 20–24 Uhr) Es spricht für die gastronomischen Qualitäten El Puertos, dass es in dieser von Fisch geprägten Stadt ein derart gutes Fleischrestaurant gibt. Sobald man die Tür des Ladens öffnet, schlägt einem ein unwiderstehlicher Duft entgegen. Das brutzelnde Rind- und Schweinefleisch wird den Gästen auf kleinen Holzkohlegrills direkt am Tisch serviert. Sehr zu empfehlen sind Chorizo sowie das Hühnchen- und Schweinefleisch-Schaschlik.

El Faro del Puerto ANDALUSISCH, FISCH & MEERESFRÜCHTE €€
(956 87 09 52; www.elfarodelpuerto.com; Carretera de Fuentebravía Km 0,5; Tapas 6–10 €, Hauptgerichte 17–22 €; ⊙Mo–Sa 13–16.30 & 21–23, So 13–16.30 Uhr; ♪) Traditionelle, leicht innovativ zubereitete Meeresfrüchte, eine hervorragende Weinkarte und schöne Räume in einer alten *casa señorial* (Herrenhaus) – das El Faro lohnt einen Besuch. Ein wahres Highlight ist das Thunfisch-Tatar. Das (günstigere) Bar-/Tapas-Angebot wartet mit leckeren vegetarischen und glutenfreien Optionen auf. Das El Faro befindet sich am Kreisverkehr am nordwestlichen Ende der Calle Valdés.

Aponiente FISCH & MEERESFRÜCHTE, FUSIONSKÜCHE €€€
(956 85 18 70; www.aponiente.com/en; Calle Francisco Cossi Ochoa, s/n; 12-Gänge-Probiermenü 136 €; ⊙April–Nov. Di–Sa 13.45–14.45 & 20.45–21.45 Uhr) Das Wort „tollkühn" beschreibt die Experimentierfreudigkeit des spanischen Küchenchefs Angel León, der in der Küche des Aponiente das Sagen hat, wohl am besten. Seine von Meeresfrüchten geprägte *nueva cocina* wurde vielfach prämiert, u. a. mit zwei Michelin-Sternen. Außerdem erklärte die New York Times das Aponiente 2011 zu einem der

---

EL PUERTOS STRÄNDE

El Puertos weiße Sandstrände, an denen sich vorwiegend spanische Urlauber drängen, zählen zu den beliebtesten südspanischen Ferienorten. Der Stadt am nächsten liegt die von Kiefern gesäumte **Playa de la Puntilla**. Man erreicht sie mit einem 1,5-km-Fußmarsch Richtung Südwesten oder mit Bus 1 und 2 (1,05 €) von der Avenida Aramburu de Mora aus. Ein paar Kilometer weiter westlich befindet sich die elegante Marina Puerto Sherry; dahinter folgen die kleine **Playa de la Muralla** und die 3 km lange **Playa de Santa Catalina** mit mehreren Strandbars. Bus 3 fährt vom Stadtzentrum hinaus zur **Playa Fuentebravía** (Playa Fuenterrabía) am hinteren Ende der Playa de Santa Catalina. Autofahrer folgen am Kreisverkehr am nordwestlichen Ende der Calle Valdés der Straße nach Rota.

An der Ostseite des Río Guadalete findet sich die beliebte **Playa de Valdelagrana** vor Hotel- und Apartmenthochhäusern, Bars und Restaurants. Sie wird ebenfalls von Bus 3 angesteuert.

El Puerto de Santa María

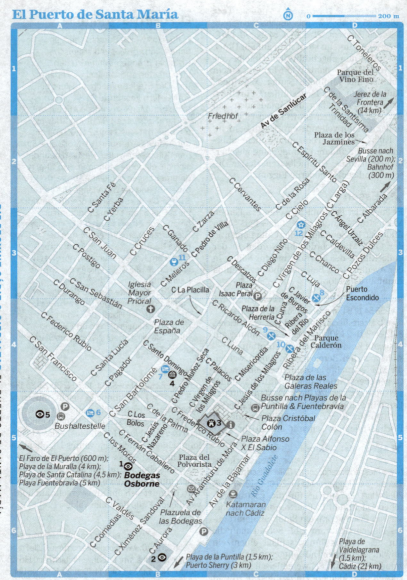

zehn Restaurants weltweit, die „einen Flug wert sind".

Die Bewohner des traditionellen El Puerto sind, was das Restaurant angeht, geteilter Ansicht. Manche kritisieren die Preise und den Hype, anderen läuft bereits beim Gedanken an Fisch-„Chorizo", in Bierhefe fermentierte Makrele und cremigen Reis mit Minialgen das Wasser im Mund zusammen. Das Restaurant ist im Sommer 2015 in eine restaurierte Mühle aus dem 18. Jh. in der Nähe des Bahnhofs umgezogen.

El Puerto de Santa María

◉ Highlights
1 Bodegas Osborne B5

◉ Sehenswertes
2 Bodegas Gutiérrez Colosía B6
3 Castillo de San Marcos C5
4 Fundación Rafael Alberti B4
5 Plaza de Toros A5

🛏 Schlafen
6 El Baobab Hostel A5
7 Palacio San Bartolomé B4

⊗ Essen
8 Aponiente D3
9 Mesón del Asador C4
10 Romerijo C4

🍷 Ausgehen & Nachtleben
11 Bodega Obregón B3

🎭 Unterhaltung
12 Peña Flamenca Tomás El Nitri C3

Ausgehen & Nachtleben

Bodega Obregón BAR
(Calle Zarza 51; ⊙ Mo–Fr 9–15 & 18–21, Sa 9–16, So 10–15 Uhr) Wer glaubt, Sherry sei etwas für Omas, kann sich in dieser blitzeblanken Bar vom Gegenteil überzeugen. Hier kommt das süßliche Getränk aus Holzfässern und die hausgemachten *guisos* (Eintöpfe) zum Mittagessen am Samstag erfreuen sich auch bei Einheimischen großer Beliebtheit.

☆ Unterhaltung

Peña Flamenca Tomás El Nitri FLAMENCO
(☏ 956 54 32 37; Calle Diego Niño 1) Die gute, ehrliche *peña* (kleiner Privatclub) versprüht die Atmosphäre einer stimmungsvollen Flamenco-Bar aus dem 19. Jh. Vor einem treuen Stammpublikum treten einige bemerkenswerte Gitarristen, Sänger und Tänzer auf. Die Shows finden meistens samstagabends statt.

❶ Praktische Informationen

Touristeninformation (☏ 956 48 37 15; www.turismoelpuerto.com; Plaza de Alfonso X El Sabio 9; ⊙ Mo–Sa 10–14 & 18–20, So 10–14 Uhr)

❶ An- & Weiterreise

AUTO & MOTORRAD
Bewachte Parkplätze gibt's an der Plaza de Toros und an der Katamaran-Anlegestelle. An der Plaza Isaac Peral befindet sich eine Tiefgarage (24 Std. 3,95 €).

BUS
In El Puerto gibt es zwei Bushaltestellen. Busse nach Cádiz (2,65 €, 45 Min., stündlich), Jerez de la Frontera (1,60 €, 20 Min., 2–7-mal tgl.) und Sanlúcar de Barrameda (1,90 €, 25 Min., 13-mal tgl.) starten an der **Bushaltestelle** vor der Plaza de Toros. Busse nach Sevilla (10 €, 1¾ Std., 2-mal tgl.) fahren vor dem Bahnhof ab.

SCHIFF/FÄHRE
Der **Katamaran** (www.cmtbc.es) legt an Wochentagen 16-mal täglich und am Wochenende 5-mal täglich vor dem Hotel Santa María nach Cádiz ab (2,65 €, 30 Min.).

ZUG
Vom Bahnhof im Nordosten der Stadt fahren häufig Züge von und nach Jerez de la Frontera (2 €, 10 Min.), Cádiz (3,40 €, 35 Min.) und Sevilla (14 €, 1¼ Std.).

Sanlúcar de Barrameda
67 300 EW.

Sanlúcar gehört zu den weniger bekannten Städten Andalusiens, hält aber einige Überraschungen für Besucher bereit. Zunächst wäre da einmal die Gastronomie: Hier kommen mit die besten Fischgerichte der Region auf den Tisch, und zwar an einem Uferstreifen namens Bajo de Guía. Zum Zweiten wäre die einzigartige Lage Sanlúcars an der Nordspitze des berühmten Sherry-Dreiecks zu nennen. Sie sorgt dafür, dass seine bodenständigen Bodegas in der schläfrigen, mit Sehenswürdigkeiten gespickten Altstadt den hoch gelobten, einzigartigen *Manzanilla* (Sherry) produzieren können. Und schließlich ist die Stadt, die an der Mündung des Río Guadalquivir liegt, ein ruhigerer Startpunkt für Ausflüge in den großartigen Parque Nacional de Doñana als die überfüllteren Ausgangsorte in der Provinz Huelva im Westen.

Als wäre das noch nicht genug, wartet der Hafen der Stadt auch noch mit einer stolzen Seefahrtsgeschichte auf. Kolumbus (bei seinem dritten Aufenthalt; S. 87) und der portugiesische Seefahrer Ferdinand Magellan brachen von hier aus zu ihren Entdeckungsreisen auf. Diese Stadt sollte man sich nicht entgehen lassen!

◉ Sehenswertes

Palacio de Orleans y Borbón PALAST
(Ecke Cuesta de Belén & Calle Caballeros; ⊙ Mo–Fr 10–13.30 Uhr) GRATIS Um zu diesem schönen Palast im Neo-Mudéjar-Stil in der Altstadt zu gelangen, geht man von der zentralen Plaza del Cabildo über die Calle Ancha und

hoch zur Calle Bretones, die zur Calle Cuesta de Belén wird. An ihrem oberen Ende steht der Palast, der im 19. Jh. als Sommersitz für die Aristokratenfamilie Montpensier erbaut wurde und heute als Rathaus von Sanlúcar dient. Besucher können nur den Garten besichtigen.

Palacio de los Duques de Medina Sidonia
PALAST, MUSEUM

(📞 956 36 01 61; www.fcmedinasidonia.com; Plaza Condes de Niebla 1; Eintritt 5 €; ⏱ Führungen Di–Fr 12, So 11.30 & 12 Uhr) Das weitläufige Gebäude gleich abseits der Calle Caballeros war einst das Wohnhaus jener Aristokratenfamilie (S. 346), der einst größere Teile Spaniens gehörten als irgendwem sonst. Das Haus stammt überwiegend aus dem 17. Jh. und ist mit Antiquitäten sowie Bildern von Goya, Zurbarán und anderen berühmten spanischen Künstlern angefüllt. Im *Café* (Kuchen 2,50–3 €; ⏱ Di–So 9–21, Mo 9–13 & 16–20.30 Uhr) im Kolonialzeitstil kann man eine Pause mit Kaffee und Kuchen einlegen.

Iglesia de Nuestra Señora de la O
KIRCHE

(Plaza de la Paz; ⏱ Messe Mo & Mi–Fr 19, So 12 & 19 Uhr) Am Anfang der Calle Caballeros in der Altstadt sticht diese mittelalterliche Kirche unter den Kirchen Sanlúcars hervor. Besonders bemerkenswert ist – neben ihrem wunderschönen Hauptportal im gotischen Mudéjar-Stil aus den 1360er-Jahren und ihrer prächtigen Innenausstattung – der Mudéjar-*artesonado* (verzierte Kassettendecke).

Castillo de Santiago
BURG

(📞 956 92 35 00; www.castillodesantiago.com; Plaza del Castillo de Santiago; Erw./Kind 6/4 €; ⏱ Di–Sa 10–14.30, So 11–14.30 Uhr) Sanlúcars restaurierte Burg aus dem 15. Jh. ist umgeben von Barbadillo-Bodegas und bietet vom sechseckigen Torre del Homenaje (Turm) tolle Ausblicke. Es heißt, Isabella I. habe von hier aus zum ersten Mal das Meer gesehen. Der Eintritt in den Patio de Armas und zum Restaurant ist kostenlos.

★ Bodegas Barbadillo
BODEGA

(📞 956 38 55 00; www.barbadillo.com; Calle Sevilla; Führungen 6 € ⏱ Führungen Di–Sa 12 & 13, So 12 Uhr, auf Englisch Di–Sa 11 Uhr) Die Barbadillos füllten als erste Familie Sanlúcars berühmten *Manzanilla* ab. Außerdem produzieren sie einen der beliebtesten spanischen Weine. Führungen durch die Bodega enden mit einer Verkostung. Das Gebäude aus dem 19. Jh. beherbergt auch das informative **Museo de la Manzanilla** (⏱ Di & Do–Sa 10–15, Mi 10–18, So 11–14 Uhr) GRATIS, das die 200-jährige Geschichte des Manzanillas erzählt.

👉 Geführte Touren

Sanlúcar ist eine mögliche Ausgangsbasis für einen Besuch des Parque Nacional de Doñana (S. 90), der sich direkt auf der anderen Seite des Río Guadalquivir befindet.

Visitas Doñana (📞 956 36 38 13; www.visitasdonana.com; Bajo de Guía; geführte Touren 35 €; ⏱ 9–19 Uhr), ein lizenziertes Unternehmen, veranstaltet Touren mit seinem Boot *Real Fernando*, das zur Tierbeobachtung flussaufwärts fährt. Die erste Option ist eine dreistündige Boot-Jeep-Ausfahrt, die mit Geländewagen für 20 Personen 30 km durch die Dünen, Feuchtgebiete und Kiefernwälder des Parks führt. Üblicherweise findet eine Tour am Morgen und eine am Nachmittag statt. Die zweite (weniger interessante) Option ist eine Hop-on-Hop-off-Bootsfahrt mit kleinen Wandereinheiten. Im **Centro de Visitantes Fábrica de Hielo** (📞 956 38 65 77; Bajo de Guía; ⏱ 9–19 Uhr) erfährt man mehr über Doñana und kann die Touren buchen. Sie starten am Bajo de Guía. Am besten eine Woche im Voraus reservieren.

DAS SHERRY-GEHEIMNIS

Sherry-Trauben werden nach der Ernte gepresst und der dabei gewonnene Most wird der Gärung überlassen. Sobald sich an der Oberfläche eine schaumige Hefeablagerung (*flor*) bildet, wird der Wein in großen Fässern aus amerikanischer Eiche in die Bodegas gebracht.

Wenn der Wein ein Jahr alt ist, beginnt die *solera*-Phase (von *suelo*, Boden). Die etwa zu fünf Sechstel vollen Fässer werden in hohen Reihen à mindestens drei Fässer gestapelt. In den untersten, den *solera*, lagert der älteste Wein. Ihnen werden etwa dreimal pro Jahr 10 % ihres Inhalts entzogen und durch die gleiche Menge aus den direkt darüberliegenden Fässern ersetzt. Diese wiederum werden aus der darüberliegenden Reihe aufgefüllt. Die Weine reifen drei bis sieben Jahre. Vor der Abfüllung wird eine kleine Menge Brandy hinzugefügt. Dadurch erhöht sich der Alkoholgehalt auf 16 bis 18 %; das beendet die Vergärung.

EIN SEHR BRITISCHES GETRÄNK

Die Namen sprechen für sich: Harvey, Sandeman (S. 126), Terry, Humbert, Osborne (S. 132). Andalusiens Sherry-Industrie mag spanisch sein, ihre Ursprünge sind jedoch anglo-irisch. Als Francis Drake im Jahr 1587 plündernd durch Cádiz zog, sich dabei über 3000 Fässer des lokalen *vino* unter den Nagel riss und sie am britischen Hof ablieferte, begründet er damit eine komplett neue Industrie.

Thomas Osborne Mann aus Exeter stieg als einer der Ersten ins Geschäft ein. 1772 nahm er Kontakt zu lokalen Winzern aus El Puerto de Santa María auf und gründete Osborne, heute eines der ältesten Familienunternehmen Spaniens und bekannt für sein imposantes Logo mit dem schwarzem Stier. George Sandeman, ein Schotte aus Perth, gründete sein junges Imperium 1790 in Tom's Coffee House in der City von London. John Harvey aus Bristol begann 1796 mit dem Import von Sherry aus Spanien und kreierte in den 1860er-Jahren den ersten Cream Sherry der Welt, Harvey's Bristol Cream. Die Familie Terry aus Südirland gründete 1865 in El Puerto de Santa María ihre berühmten Bodegas. Sogar Spaniens bekannteste Sherry-Dynastie Gonzalez-Byass, Hersteller der Marke Tío Pepe, ist eine anglo-spanische Kooperation. 1835 nahm sie mit dem Andalusier Manuel Maria Gonzalez und seinem englischen Agenten Robert Byass ihren Anfang.

Viajes Doñana (956 36 25 40; viajesdonana@hotmail.com; Calle San Juan 20; geführte Touren 35€; Mo–Fr 9–14 & 17–20.30, Sa 10.30–14 Uhr) Die Agentur nimmt Buchungen für dieselben Touren an.

Feste & Events

Feria de la Manzanilla WEINFEST
(Ende Mai/Anfang Juni) Ein großes, vom Manzanilla angeheiztes Sommerfest.

Romería del Rocío RELIGIÖSES FEST
(7. Wochenende nach Ostern) Zahlreiche Pilger und überdachte Wagen machen sich am siebten Wochenende nach Ostern von Sanlúcar aus auf den Weg nach El Rocío (S. 93).

Carreras de Caballos PFERDE
(www.carrerassanlucar.es; Aug.) Seit 1845 finden am Strand neben der Mündung des Guadalquivir fast jedes Jahr ein oder zwei Pferderennen statt.

Schlafen

★ Hostal Alcoba HOTEL €€
(956 38 31 09; www.hostalalcoba.es; Calle Alcoba 26; EZ/DZ 70–80/80–90€; P❄🛜🏊) Man könnte meinen, das wunderbar unkonventionelle, aber stilvolle Alcoba mit seinen elf Zimmern und einem eleganten modernistischen Hof samt Sonnenliegen, Pool und Hängematten stammt von dem Architekten Frank Lloyd-Wright. Dem sorgfältig gebauten (und gepflegten), genialen Designerhaus gelingt es, gleichzeitig gemütlich und funktional zu sein. Zudem liegt es sehr zentral (gleich abseits des nordöstlichen Endes der Calle Ancha).

Hotel Barrameda HOTEL €€
(956 38 58 78; www.hotelbarrameda.com; Calle Ancha 10; EZ/DZ 70–85/68–90€; ❄🛜) Eine ausgezeichnete Option im Zentrum ist dieses glänzende Hotel mit seinen 40 Zimmern, einem Innenhof im Erdgeschoss, Marmorböden, super Service und Blick auf die fröhlichen Tapas-Bars an der Plaza del Cabildo. Besonders empfehlenswert sind die modernen Zimmer im neuen Flügel (teilweise mit kleinen Terrassen). Außerhalb der Hochsaison im Juli und August sinken die Preise.

Hotel Posada de Palacio HISTORISCHES HOTEL €€
(956 36 50 60; www.posadadepalacio.com; Calle Caballeros 11; DZ inkl. Frühstück 88–174€; März–Okt.; ❄🛜) Begrünte Innenhöfe, hohe Decken, anmutiger historischer Charme und ein Hauch von 18.-Jh.-Luxus prägen eines der elegantesten Hotels der Region. Ob loftartiges Design, Ziegel- oder Lehmböden – jedes Zimmer ist individuell gestaltet, doch echt herausragend sind die Superior-Doppelzimmer. Einige antike Möbel gehören auch zum Interieur, jedoch nirgends in übertriebenem Maße.

Von der zentralen Plaza del Cabildo kommend überquert man die Calle Ancha und geht die Calle Bretones hinauf, die zur Calle Cuesta de Belén wird.

Essen

Entlang des Bajo de Guía, 750 m nordöstlich vom Zentrum, erstreckt sich eine der berühmtesten Restaurantmeilen Andalusiens. Das einstige Fischerdorf ist heute ein Mekka für Liebhaber hochwertiger Fisch- und Meeresfrüchtegerichte, die in ihrer Schlichtheit begeistern. Hiesige Spezialität ist *arroz caldoso a la marinera* (Reis mit Meeresfrüchten); sehr beliebt sind außerdem die lokalen *langostinos* (Riesengarnelen).

★ Casa Balbino   TAPAS, FISCH & MEERESFRÜCHTE €

(www.casabalbino.com; Plaza del Cabildo 11; Tapas 2-3 €; ⊙12-17 & 18-23.30 Uhr) Egal zu welcher Zeit man kommt, die Casa Balbino platzt vor lauter Gästen fast aus allen Nähten. Und das liegt an den fantastischen Tapas, die es hier gibt. Ob an der Bar, in eine Ecke gezwängt oder mit viel Glück an einem der Straßentische, in jedem Fall braucht es Ellbogen, wenn man zum Tresen vordringen und einem Kellner die Bestellung zuschreien will. Dieser schreit üblicherweise zurück – händigt einem aber schließlich den Teller aus.

Die Auswahl ist schier endlos, wir empfehlen aber vor allem die unvergleichlichen *tortillas de camarones* (knusprige Garnelentortillas), die von einem Spiegelei gekrönten *tagarninas* (Golddisteln) und die *langostinos a la plancha* (gegrillte Riesengarnelen).

Helados Artesanos Toni   EISCREME €

(www.heladostoni.com; Plaza del Cabildo 2; Eiscreme 1,30-4 €; ⊙März–Mitte Okt. 9-24 Uhr) Seit 1986 familiengeführt, gibt's hier mit das beste Eis Andalusiens und heutzutage sogar Frozen Yogurt.

★ Poma   FISCH & MEERESFRÜCHTE €€

(☎956 36 51 53; www.restaurantepoma.com; Bajo de Guía 6; Hauptgerichte 10-16 €; ⊙13-16.30 & 19.30-24 Uhr) Mindestens anständige Fischgerichte bekommt man in Sanlúcar praktisch an jeder Ecke. Die wahrscheinlich beste Adresse ist aber das Poma, wo kurz angebratene Fischsorten aus dem nahen Meer und Fluss als *frito variado* (14 €) in fünf Varianten serviert werden.

Casa Bigote   FISCH & MEERESFRÜCHTE €€€

(☎956 36 26 96; www.restaurantecasabigote.com; Bajo de Guía 10; Hauptgerichte 12-20 €; ⊙Mo-Sa 12.30-16 & 20-24 Uhr) Die überdurchschnittlich elegante Casa Bigote ist das renommierteste der reinen Meeresfrüchterestaurants in Bajo de Guía. Die Kellner eilen über eine kleine Straße zur ständig überfüllten Tapas-Bar an der gegenüberliegen Ecke und wieder zurück.

❶ Praktische Informationen

Oficina de Información Turística (☎956 36 61 10; www.sanlucarturismo.com; Avenida Calzada Duquesa Isabel; ⊙10-14 & 16-18 Uhr)

❶ An- & Weiterreise

AUTO & MOTORRAD
Eine Tiefgarage befindet sich in der Avenida Calzada Duquesa Isabel.

BUS
Vom **Busbahnhof** (Avenida de la Estación) fahren Busse von **Los Amarillos** (☎902 21 03 17; www.losamarillos.es) stündlich von/nach El Puerto de Santa María (2,17 €, 30 Min.), Cádiz (2,65 €, 1 Std.) und Sevilla (8,84 €, 2 Std.), am Wochenende seltener.

Busse von **Autocares Valenzuela** (☎956 18 10 96; www.grupovalenzuela.com) fahren an Wochentagen stündlich von/nach Jerez de la Frontera (1,90 €, 40 Min.), am Wochenende seltener.

WEISSE DÖRFER

Arcos de la Frontera
22 450 EW.

Arcos de la Frontera (33 km östlich von Jerez) vereint auf magische Weise alles, was man mit einem typischen weißen Dorf (*pueblo blanco*) verbindet: eine spektakuläre Klippen-Lage, eine verschlafene, geheimnisvolle Altstadt mit verwinkelten Straßen und einem prächtigen *parador* sowie eine wechselvolle Geschichte als Grenzstadt. Angesichts dieses Schauspiels stören gelegentliche Reisebusse und die eine oder andere von Ausländern betriebene Pension nur wenig.

Im 11. Jh. war Arcos für kurze Zeit ein unabhängiges, von den Berbern geführtes *taifa* (kleines Königreich). 1255 wurde es vom christlichen König Alfons X., dem „Weisen", an Sevilla angeschlossen. Der Ort verblieb bis zum Fall Granadas 1492 „de la Frontera" („an der Grenze").

⊙ Sehenswertes

★ Plaza del Cabildo   PLATZ

Die Plaza del Cabildo, gesäumt von schönen alten Gebäuden, bildet das Zentrum der Stadt. Von ihrem hoch aufragenden **mirador** (Aussichtspunkt) hat man einen herrlichen Ausblick auf die Altstadt und den Río Guadalete. Das von den Mauren errichtete **Castillo de los Duques** aus dem 11. Jh. ist nicht für Besucher zugänglich, von den Außenmauern bietet sich jedoch eine gute Sicht auf die Stadt. An der Ostseite des Platzes steht der Parador Casa del Corregidor (S. 141), ein restauriertes Magistratenhaus aus dem 16. Jh.

Arcos de la Frontera

★ Basílica Menor de Santa María de la Asunción
KIRCHE

(Plaza del Cabildo; Eintritt 2 €; ⊙ März–Dez. Mo–Fr 10–13 & 16–18.30, Sa 10–14 Uhr) Das Bauwerk mit seinem Stilmix aus Gotik und Barock zählt zu den schönsten und faszinierendsten kleinen Kirchen Andalusiens. Es wurde im Lauf mehrerer Jahrhunderte an der Stelle einer früheren Moschee errichtet. Besonders toll sind das kunstvoll mit Blattgold verzierte Altarbild (eine Miniaturausgabe des Exemplars aus der Kathedrale von Sevilla), das zwischen 1580 und 1608 entstand, ein eindrucksvolles Gemälde von Christophorus, eine Wandmalerei aus dem 14. Jh., die in den 1970er-Jahren entdeckt wurde, eine reich verzierte, aus Holz geschnitzte Chorempore und die hübschen isabellinischen Deckenornamente.

Iglesia de San Pedro
KIRCHE

(Calle San Pedro 4; Eintritt 1 €; ⊙ Mo–Fr 9.30–13.30 & 15.30–18.30, Sa 9.30–13.30 Uhr) Mit dem unheimlich prachtvollen Innenleben dieses

Arcos de la Frontera

◉ Highlights
1 Basílica Menor de Santa María de la Asunción B2
2 Plaza del Cabildo B3

◉ Sehenswertes
3 Castillo de los Duques B2
4 Iglesia de San Pedro D4
5 Mirador B3

◉ Schlafen
6 Casa Campana D3
7 La Casa Grande C3
8 Parador de Arcos de la Frontera C3

◉ Essen
9 Babel A1
10 Bar La Cárcel B2
Parador de Arcos de la Frontera .... (siehe 8)
11 Taberna Jóvenes Flamencos B2

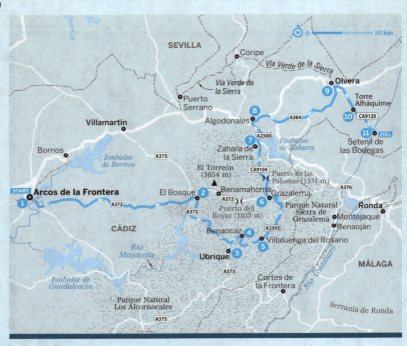

Autotour
Weiße Dörfer

START ARCOS DE LA FRONTERA
ZIEL SETENIL DE LAS BODEGAS
LÄNGE/DAUER 130 KM; ZWEI TAGE

Vom ❶ **Arcos de la Frontera** (S. 138) geht's auf der A372 für 32 km Richtung Osten nach ❷ **El Bosque**, dem westlichen Tor zum Parque Natural Sierra de Grazalema in der Provinz Cádiz und Sitz des Hauptinformationszentrums des Parks (S. 144). Nach weiteren 13 km auf der A373 erreicht man das für Lederwaren berühmte ❸ **Ubrique** nahe der Grenze der Naturparks Grazalema und Acornocales. Auf den nächsten 7 km entlang der A2302 werden die Berge rasch höher. Im winzigen ❹ **Benaocaz** starten/enden mehrere Wanderwege im Grazamela-Park. Das ebenso winzige ❺ **Villaluenga del Rosario** mit seinem Museum für handgemachten Käse folgt nach weiteren 7 km. Über den zerklüfteten Osthang der Sierra führt die A372 gen Westen nach ❻ **Grazalema** (S. 142), ein guter Ausgangspunkt für viele Aktivitäten im Park, ein perfekter Übernachtungsort auf dieser Tour und auch für die Herstellung von Decken und Honig bekannt. Auf der steilen CA9104 heißt es Serpentinen zählen und die tolle Aussicht auf der Puerta de las Palomas genießen. Dann gelangt man in ein typisches weißes Dorf: ❼ **Zahara de la Sierra** (S. 143), dessen Häuser sich am Rand eines felsigen Steilhangs und über einem Stausee am Fuß der Grazamela-Berge drängen. Die A2300 windet sich nordwärts in das weiße Dorf ❽ **Algodonales** am Rand des Naturparks, für ihre Gitarrenwerkstätten und die Leidenschaft fürs Drachen- und Gleitschirmfliegen (S. 145) berühmt. Der A384 Richtung Osten folgend, vorbei am Peñón de Zaframagón (ein Refugium für Gänsegeier), erreicht man ❾ **Olvera**. Dank der arabischen Burg ist das Städtchen schon von Weitem sichtbar; berühmt ist es für sein hochwertiges Olivenöl und den Rad- und Wanderweg Vía Verde (S. 144). Auf der CA9106 geht es an dem wenig bekannten weißen Dorf ❿ **Torre Alháquime** vorbei. Von hier aus windet sich die CA9120 südwärts zur Grenze mit der Provinz Málaga und ins Dorf ⓫ **Setenil de las Bodegas**, das man an seinen unverwechselbaren Höhlenhäusern erkennt. In ihnen wurde früher Wein gelagert; heute bieten sie schattige Erholung in der Sommerhitze und gute Tapas-Bars.

gotisch-barocken Bauwerks kann wohl keine andere kleine Kirche in Andalusien mithalten.

Geführte Touren

Führung durch die Altstadt STADTSPAZIERGANG
(5€/Pers.) Die Touristeninformation (S. 142) organisiert täglich um 11 und 17 Uhr (von Juni bis September um 18 Uhr) geführte Spaziergänge durch die Altstadt, die man im Voraus buchen sollte.

Feste & Events

Semana Santa KARWOCHE
(⊙ März/April) Bei den dramatischen Osterprozessionen ziehen verhüllte Büßer durch die engen Straßen der Stadt. Haarsträubend ist der Stierlauf am Ostersonntag.

Feria de San Miguel FEST
(⊙ Ende Sept.) Arcos feiert seinen Schutzpatron mit einem farbenprächtigen fünftägigen Fest.

Schlafen

Casa Campana PENSION €
(☏ 600 284928; www.casacampana.com; Calle Núñez de Prado 4; Zi./Apt. 50/80 €; ❄@🌐🐾) In der Altstadt sind mehrere charmante Pensionen zu finden, die Casa Campana ist eine davon. Sie verfügt über zwei einfache Doppelzimmer und ein riesiges, ausgesprochen charaktervolles 5-Personen-Apartment. Der wunderschöne blumengeschmückte Innenhof mit Sonnenliegen wirkt wie eine geschützte Oase und von der Dachterrasse bietet sich ein traumhafter Blick. Die Besitzer wissen viel über die Stadt und verteilen eine hervorragende Broschüre für einen Altstadt-Spaziergang.

★ La Casa Grande HISTORISCHES HOTEL €€
(☏ 956 70 39 30; www.lacasagrande.net; Calle Maldonado 10; Zi./Suite 79–105/94–105 €; ❄@🌐) Das prächtige, weitläufige Herrenhaus auf den Klippen geht bis auf das Jahr 1729 zurück und gehörte einst dem großen Flamenco-Tänzer Antonio Ruiz Soler. Mit seinen sieben Zimmern – alle unterschiedlich, aber äußerst geschmackvoll eingerichtet und mit herrlichem Blick – wirkt es mehr wie das Heim eines Künstlers als wie ein Hotel. Gekrönt wird der wunderbare Aufenthalt von einem tollen Frühstück, einer gut ausgestatteten Bibliothek und einer traumhaften Dachterrasse. Massagen und Yoga gibt's außerdem.

Ende Januar schließt das Hotel für zwei Wochen.

Parador de Arcos de la Frontera
HISTORISCHES HOTEL €€€
(☏ 956 70 05 00; www.parador.es; Plaza del Cabildo; Zi. 100–170 €; ❄@🌐) Das wieder aufgebaute Magistratenhaus aus dem 16. Jh. verbindet den typischen Luxus eines *parador* mit der atemberaubenden Lage auf einer Klippe und der besten Aussicht der Stadt. Acht der 24 Zimmer haben Balkons mit Panoramaaussicht; die meisten anderen blicken auf die hübsche Plaza del Cabildo. Das klassisch-elegante Restaurant (Hauptgerichte 10–21 €; ⊙ 8–11, 12–16 & 20.30–23 Uhr) offeriert eine kleine, aber erlesene regionale Karte. Im Internet gibt's gute Rabatte.

Essen

Taberna Jóvenes Flamencos ANDALUSISCH, TAPAS €
(☏ 657 133552; www.tabernajovenesflamencos.blogspot.com; Calle Deán Espinosa 11; Tapas 2–3 €, raciones 6–10 €; ⊙ Do–Do 12–24 Uhr; 🌿) Man kann diesem beliebten Restaurant eigentlich gar nicht genug Respekt zollen, denn es öffnete 2012 mitten in der Rezession. Die Speisen werden an leuchtend roten Tischen serviert, die von einer wunderbaren Flamenco- und Stierkampfdekoration umrahmt sind. Auf der übersichtlich gehaltenen Karte finden sich Fleisch-, Fisch-, vegetarische sowie Rühreigerichte wie beispielsweise köstliche Zucchini und ein Omelett mit Parmesan. Ein tadelloser Service und regelmäßige Musik- und Tanzeinlagen vervollständigen den Genuss.

Bar La Cárcel TAPAS €€
(☏ 956 70 04 10; Calle Deán Espinosa 18; Tapas 2,50 €, raciones 8–13 €; ⊙ Di–So 12–1 Uhr) In dieser zwanglosen Bar, die nur dem Namen nach wie *cárcel* (Gefängnis) ist, werden unprätentiöse Tapas wie Aubergine in Honig mit Ziegenkäse und Spinat-Käse-Crêpes serviert. Dazu passen das eiskalte Bier und der *tinto de verano* (Rotwein mit Limonade und Eis). Freundlich und authentisch.

Babel MAROKKANISCH, FUSIONSKÜCHE €€
(www.restaurantebabel.es; Calle Corredera 11; Gerichte 8–12 €; ⊙ Mo–Sa 13–16 & 19.30–23.30 Uhr) Das maurische Fusionsrestaurant der Stadt ist geschmackvoll eingerichtet (die verzierten Stühle wurden aus Casablanca eingeschifft) und offeriert ebenso geschmackvolle Gerichte wie Tajines, Couscous und Hummus. Außerdem kann man traditionellen arabischen Tee in Silberkannen nebst Gebäck genießen.

❶ Praktische Informationen

Touristeninformation (✆ 956 70 22 64; www.turismoarcos.es; Calle Cuesta de Belén 5; ⊙ Mo–Sa 9.30–14 & 15–19.30, So 10–14 Uhr) Fungiert mit seinen historischen Exponaten und einem Modell des modernen Arcos als Centro de Interpretación.

❶ Anreise & Unterwegs vor Ort

AUTO & MOTORRAD
Eine Tiefgarage befindet sich westlich der Altstadt unter dem Paseo de Andalucía. Von der angrenzenden Plaza de España fährt alle 30 Minuten ein „Mikrobus" (0,90 €) hoch zur Altstadt.

BUS
Vom **Busbahnhof** (Calle Los Alcaldes), westlich der Altstadt in der Neustadt, unweit der Avenida Miguel Mancheño, fahren Busse von **Los Amarillos** (✆ 902 21 03 17; www.losamarillos.es), **Comes** (www.tgcomes.es) und/oder **Consorcio de Transportes Bahía de Cádiz** (www.cmtbc.es). An den Wochenenden fahren die Busse seltener.

ZIEL	PREIS (€)	FAHRT-DAUER	HÄUFIG-KEIT
Cádiz	7,25	1 Std.	12-mal tgl.
Jerez de la Frontera	1,90	40 Min.	23-mal tgl.
Málaga	19	3¾ Std.	2-mal tgl.
Olvera	7,83	1½ Std.	1-mal tgl.
Ronda	9,56	2 Std.	2-mal tgl.
Sevilla	8,97	2 Std.	2-mal tgl.

Grazalema

1650 EW. / 825 M

Nur wenige weiße Dörfer sind so perfekt wie Grazalema mit seinen makellosen weiß getünchten Häusern mit rostroten Dächern und schmiedeeisernen Fenstergittern, die weit verstreut auf den steilen, felsigen Hängen der gleichnamigen Gebirgskette liegen. Von hier aus führen zahlreiche Wanderwege in alle Richtungen, weshalb Grazamela der beliebteste Ausgangsort für Ausflüge in den Parque Natural Sierra de Grazalema (S. 144) ist. Hier werden schon seit Jahrhunderten Decken, Honig und Käse hergestellt und die typischen Eintöpfe mit viel Fleisch gelten als Spezialität. Zudem findet in dieser Stadt, die ihren ganz eigenen Gebirgscharme hat, ein adrenalingeschwängertes Stierlauf-Festival statt.

◉ Sehenswertes

Plaza de España   PLATZ
Ortszentrum ist die Plaza de España mit der **Iglesia de la Aurora** (⊙ 11–13 Uhr) aus dem 18. Jh. und einem westgotischen **Brunnen** mit vier Wasserspeiern.

Museo de Artesanía Textil   MUSEUM
(www.mantasdegrazalema.com; Carretera de Ronda; ⊙ Mo–Do 8–14 & 15–18.30, Fr 8–14 Uhr; P) Grazalemas feingewebte Wollschals und Decken erlangten im 18. und 19. Jh. Berühmtheit. Wer die traditionellen Webmethoden kennenlernen will, kann das in dieser Textilmanufaktur, 350 m südwestlich der Plaza, tun.

🏃 Aktivitäten

Horizon   ABENTEUERSPORT
(✆ 956 13 23 63; www.horizonaventura.com; Calle Las Piedras 1; ⊙ Mo–Sa 10–14 & 17–20 Uhr) Nur ein paar Meter von der Plaza de España entfernt, bietet das kompetente Horizon sämtliche spannenden Aktivitäten an, die im Parque Natural Sierra de Grazalema möglich sind. Dazu gehören Wandern, Kajakfahren, Klettern, Canyoning, Höhlenklettern und Gleitschirmfliegen. Die Führer sprechen Englisch, Französisch oder Deutsch; die Preise liegen bei 13 € für eine halbtägige Wanderung und gehen bis zu 90 € für Gleitschirm-Tandemflüge (bei weniger als sechs Personen kann es auch teurer werden).

El Calvario-Corazón de Jesús   WANDERN
Ein ausgeschilderter, 500 m langer Weg führt auf zwei Pfaden hinauf zu El Calvario – einer Kapelle, die während des Bürgerkriegs zerstört wurde – und zu einer überlebensgroßen Jesus-Statue (Corazón de Jésus). Auf beiden Strecken bietet sich ein wunderschöner Ausblick auf die Berge und das Dorf. Der Weg beginnt links von der A372, 500 m oberhalb des Pools am östlichen Ende von Grazamela.

🛏 Schlafen

Casa de las Piedras   HOTEL €
(✆ 956 13 20 14; www.casadelaspiedras.net; Calle Las Piedras 32; EZ/DZ 35/48 €, mit Gemeinschaftsbad 15/25 €; ❄ 🛜) Die Bergluft und die anheimelnde Atmosphäre passen in diesem rustikalen Hotel mit seiner gemütlichen Lounge im Erdgeschoss so gut zusammen wie Isabella und Ferdinand. Die einfachen, behaglichen Zimmer unterscheiden sich in Form und Größe und sind mit Decken ausgestattet, die in Grazamela hergestellt wurden.

Das Hotel liegt 100 m westlich der Plaza de España und bietet jede Menge Infos zu Aktivitäten im Nationalpark.

La Mejorana CASA RURAL €
(956 13 23 27, 649 613272; www.lamejorana.net; Calle Santa Clara 6; EZ/DZ inkl. Frühstück 45/58 €; ✱@☎✈) Das schöne, freundliche Haus am oberen Ende von Grazalema hat seine sechs farbenfrohen, komfortablen Zimmer ordentlich aufgemöbelt. Einige verfügen über eigene Wohnbereiche mit leuchtend blaue Bögen im marokkanischen Stil. Andere sind mit Balkons, riesigen Spiegeln oder schmiedeeisernen Betten ausgestattet. Es gibt ein großes Wohnzimmer im Landhausstil, eine Terrasse mit herrlichem Blick aufs Dorf und außerdem einen dicht bewachsenen Garten mit Pool.

Essen

Cafetería Rotacapa CAFÉ €
(www.facebook.com/cafeteria.rotacapa; Calle Las Piedras 9; Gerichte 1–2,50 €; ⊙ Mo–Do 8–13.30 & 17–21, Fr–So 8–21Uhr) Ein quirliges Café, in dem man sich unter Einheimischen und inmitten von geblümten Wänden selbst gebackene Kuchen, Croissants, Kaffee und warmes Frühstück schmecken lassen kann.

Restaurante El Torreón ANDALUSISCH €€
(956 13 23 13; www.restauranteeltorreongrazalema.com; Calle Agua 44; Hauptgerichte 7–15 €; ⊙ Do–Di 13–15.30 & 19.30–23.30 Uhr) Das gemütliche, freundliche Restaurant mit offenem Kamin hat sich auf die traditionelle Bergküche spezialisiert. Die Palette reicht von heimischem Chorizo und Käseplatten bis hin zu *agarnina* (Golddistel) aus der Pfanne (einer Delikatesse aus Cádiz), Rinderlende in einer Soße mit grünem Pfeffer und leckerem Spinat mit Pinienkernen. Bei schönem Wetter werden auch auf dem Bürgersteig Tische aufgestellt.

🛈 Praktische Informationen

Touristeninformation (www.grazalema.es; Plaza de Asomaderos; ⊙ Mo–Sa 10–14 & 16–19 Uhr) Informationen zu Wanderungen im Parque Natural Sierra de Grazalema.

🛈 An- & Weiterreise

Täglich fahren zwei Busse von **Los Amarillos** (www.losamarillos.es) von/nach Ronda (2,87 €, 1 Std.) und drei Busse von/nach Ubrique (2,34 €, 30 Min.) via Benaocaz (1,62, 20 Min.); von Montag bis Freitag verkehrt ein Bus nach El Bosque (1,45 €, 30 Min.), wo man nach Arcos de la Frontera umsteigt.

Zahara de la Sierra

1320 EW. / 550 M

Das zerklüftete Zahara, an einem schwindelerregend hohen Fels am Fuße der Sierra de Grazalema mit Blick auf den türkisblauen Embalse de Zahara gelegen, steckt voller maurischer Geheimnisse. Im 14. und 15. Jh. behauptete sich der Ort über 150 Jahre lang an der alten mittelalterlichen Grenze – das christliche Olvera in direkter Sichtweite. Heute vereint Zahara die schönsten Eigenschaften eines klassischen weißen Dorfes in sich. Weil es zugleich eine tolle Ausgangsbasis für Wanderungen in der Garganta Verde (S. 145) ist, erfreut es sich großer Beliebtheit. Wer zur Siesta am Nachmittag kommt, kann allerdings nach wie vor eine Stecknadel fallen hören.

Die abschüssige Straße CA9104 über den 1331 m hohen, sehr steilen Puerto de las Palomas (Taubenpass) verbindet Zahara mit dem 17 km entfernten Grazalema. Die spektakuläre Route ist mit schweißtreibenden Serpentinen gespickt.

⊙ Sehenswertes & Aktivitäten

Hohe Palmen und rosa leuchtende Bougainvilleen – Zaharas Straßen laden zur Erkundung ein. Das Dorfzentrum liegt um die Calle San Juna, an derem östlichen Ende die barocke **Iglesia de Santa María de Mesa** (⊙ variabel) aus dem 18. Jh. thront. Wer den **Bergfried** (Eintritt frei; ⊙ 24 Std.) aus dem 12. Jh. erklimmen möchte, startet (fast) gegenüber dem Hotel Arco de la Villa und folgt dem Weg für zehn bis fünfzehn Minuten. Die Rückeroberung der Burg von den Christen durch Abu al-Hasan von Granada in einem nächtlichen Angriff 1481 war der Zündfunke für die letzte Phase der Reconquista Andalusiens durch die Reyes Católicos (Katholische Könige). Sie endete mit dem Fall Granadas.

Zahara Catur ABENTEUERSPORT
(657 926394; www.zaharacatur.com; Plaza del Rey 3) Der in Zahara ansässige Veranstalter verleiht Kanus für zwei Personen (18 €/Std.) und organisiert geführte Wanderungen und Canyoning. Mindestteilnehmerzahl sind sechs Personen, man kann sich aber anderen Gruppen anschließen.

🛏 Schlafen

Los Tadeos LANDHOTEL €€
(956 12 30 86; www.alojamientoruralcadiz.com; Paseo de la Fuente; EZ/DZ/Suite 45/63/100 €;

(P✱☎🛏) Los Tadeos am westlichen Rand von Zahara hat sich von einer familiengeführten *pensión* (kleines, günstiges Hotel) zu einem komfortablen, gut ausgestatteten Landhotel mit Restaurant gemausert. Die 17 Zimmer sind geschmackvoll im modernrustikalen Stil gestaltet; viele verfügen über einen großen Balkon und drei sogar über einen eigenen Whirlpool. Highlight des Hauses ist der schöne Infinity-Pool mit Blick auf die Landschaft und das Dorf.

🛈 Praktische Informationen

Punto de Información Zahara de la Sierra (☎956 12 31 14; Plaza del Rey 3; ⊙Di–Fr 9–14.30 & 14–16, Sa & So 11–15 & 16–18 Uhr) Offizielle Nationalpark-Information des Parque Natural Sierra de Grazalema.

🛈 An- & Weiterreise

Täglich fahren zwei Busse von **Comes** (☎956 29 11 68; www.tgcomes.es) von/nach Ronda (4,47 €, 1 Std.).

Parque Natural Sierra de Grazalema

Ganz unvermittelt erheben sich die zerklüfteten, säulenartigen Gipfel des Parque Natural Sierra de Grazalema über den Ebenen nordöstlich von Cádiz. Vor einer herrlichen Kulisse begeistert der Park mit steilen Schluchten, seltenen Tannen, wilden Orchideen und den höchsten Bergen der Provinz. Neben Galicien und Kantabrien gehört die Gegend zu den regenreichsten Teilen Spaniens; in Grazamela fallen im Schnitt jährlich 2000 mm Niederschlag. Wer das wunderbare Wandergebiet erkunden will, macht das am besten im Mai, Juni, September und Oktober. Auf Wagemutige warten jede Menge abenteuerliche Aktivitäten. Der 534 km² große Park wurde 1977 von der Unesco zum ersten Biosphärenreservat Spaniens ernannt und erstreckt sich bis in den Nordwesten der Provinz Málaga, wo er die Cueva de la Pileta (S. 195) einschließt.

🏃 Aktivitäten

Wandern, Höhlentouren, Kajakfahren, Klettern, Radfahren, Vogelbeobachtung, Gleitschirmfliegen – all das ist in diesem großartigen Schutzgebiet möglich. Benötigt man technische Ausrüstung, ist ein Guide von Vorteil; Zahara Catur (S. 143) und das in Grazalema ansässige Horizon (S. 142) sind renommierte Veranstalter und Ausrüster.

Durch die Sierra de Grazalema zieht sich ein hervorragend gekennzeichnetes Routennetz. Vier der besten – die Wege Garganta Verde (S. 145), El Pinsapar (S. 145), Llanos del Rabel und El Torreón (S. 145) – führen in Ge-

---

NICHT VERSÄUMEN

VÍA VERDE DE LA SIERRA

Die **Vía Verde de la Sierra** (www.fundacionviaverdedelasierra.com) gilt als eine der schönsten *vías verdes* (stillgelegte, in verkehrsbefreite Rad-, Wander- und Reitwege verwandelte Bahnstrecken) Spaniens. Sie verläuft zwischen Olvera und Puerto Serrano und ist eine von 23 Routen solcher Art in Andalusien. Neben der wilden, zerklüfteten Landschaft zeichnet sich der 36 km lange Weg durch vier spektakuläre Viadukte, 30 Tunnel (mit sensoraktivierter Beleuchtung) und drei alte, zu Hotels und Restaurants umfunktionierte Bahnhöfe aus. Die Bahnstrecke wurde in den 1920er-Jahren als Teil der nie vollendeten Bahnlinie von Jerez nach Almargen gebaut, der Spanische Bürgerkrieg setzte den Bauarbeiten jedoch ein Ende. Anfang des neuen Jahrtausends wurde die Strecke restauriert.

Offizieller Startpunkt der Route ist das **Hotel/Restaurante Estación Verde** (☎661 463207; Calle Pasadera 4; EZ/DZ/3BZ 25/40/60 €). Verschiedene Fahrräder, darunter Tandems, Kinderräder und Anhänger stehen hier ab 12 € pro Tag zum Verleih. Außerdem lohnt ein Besuch des **Centro de Interpretación Vía Verde de la Sierra** (Erw./Kind 2/1 €; ⊙Do–Mo 9.30–17.30 Uhr). Fahrräder gibt's auch an den Bahnhöfen Coripe und Puerto Serrano. Bei **Patrulla Verde** (☎638 280184; ⊙Sa & So 9–17 Uhr), einem Team von Radexperten, bekommt man jede Menge Infos und Hilfe, wenn Reparaturen anstehen.

Ein Highlight der Vía Verde ist der Peñón de Zaframagón, ein markanter Felsen, der Gänsegeiern als Brutstätte dient. Das **Centro de Interpretación y Observatorio Ornitológico** (☎956 13 63 72; Erw./Kind 2/1 €; ⊙Sa & So 11–16 Uhr) befindet sich im ehemaligen Bahnhofsgebäude von Zaframagón, 16 km westlich von Olvera. Es bietet Besuchern Einblicke aus nächster Nähe mittels einer am Felsen angebrachten High-Definition-Kamera.

biete mit beschränktem Zugang; die dafür nötige kostenlose Genehmigung erhält man im Centro de Visitantes El Bosque (956 70 97 33; cv_elbosque@agenciamedioambienteyagua.es; Calle Federico García Lorca 1; So–Di 9.30–14, Mi–Sa 9.30–14 & 16–18 Uhr). Idealerweise sollte man sich die Genehmigung ein oder zwei Monate im Voraus besorgen. Auf Anfrage erteilt das Centro die Genehmigungen per E-Mail, in der Regel aber nur auf Spanisch. Zusätzliche (bzw. restliche) Genehmigungen sind manchmal noch für den gleichen Tag erhältlich. Man kann telefonisch oder per E-Mail nachfragen, muss die Genehmigung aber am entsprechenden Tag persönlich im Centro abholen. Wegen der hohen Waldbrandgefahr sind einige Wege von Juni bis Ende Oktober gesperrt.

Im Centro de Visitantes El Bosque, im Punto de Información Zahara de la Sierra (S. 144) und in der Touristeninformation in Grazalema (S. 143) bekommt man brauchbare Karten mit den wichtigsten Wanderwegen. Auf www.ventanadelvisitante.es stehen Wanderinformationen mit Karten auf Spanisch und Englisch zum Download bereit.

Wanderung El Pinsapar   WANDERN

An einem Parkplatz 2 km oberhalb von Grazamela und 1 km in Richtung Zahara de la Sierra an der CA9104 startet der 12 km lange Sendero del Pinsapar nach Benamahoma. Unterwegs sollte man unbedingt auf den *pinsapo* achten, eine seltene dunkelgrüne Tanne. Dieses Überbleibsel der riesigen mediterranen Tannenwälder der Tertiärzeit hat nur im Südwesten Andalusiens und im Norden Marokkos überlebt. Eine Strecke dauert etwa sechs Stunden.

Für diese Wanderung ist eine Genehmigung vom Centro de Visitantes El Bosque (S. 145) erforderlich.

Wanderung Salto del Cabrero   WANDERN

Der 7,2 km lange Sendero Salto del Cabrero zwischen Puerto del Boyar und Benaocaz führt an der Westflanke der Sierra del Endrinal entlang und ist der spektakulärste unter den frei zugänglichen Wegen des Parks. Der Camino de los Charcones führt vom obersten Ende Grazalemas nach Puerto del Boyar (1,8 km). Von dort verläuft der gut ausgeschilderte Sendero Salto del Cabrero überwiegend bergab durch ein breites Tal voller herrlicher Aussichten.

Für den Weg von Grazalema nach Benaocaz benötigt man drei bis vier Stunden. Täglich um 15.40 Uhr fährt ein Bus von Benaocaz nach Grazalema. Während unserer Recherchen war der Sendero Salto del Cabrero am Grazamela-Ende gesperrt, wird aber möglicherweise wieder geöffnet. In jedem Fall kann man den eigentlichen Salto del Cabrero (Ziegenhirtensprung), einen gähnenden Spalt im Erdboden, von Benaocaz aus erreichen (ca. 1 Std.).

Wanderung El Torreón   WANDERN

(Nov.–Mai) El Torreón (1654 m) ist der höchste Berg der Provinz Cádiz. Von seinem Gipfel aus sieht man an klaren Tagen Gibraltar, die Sierra Nevada und das Rif-Gebirge in Marokko. Die Wanderung beginnt 100 m östlich der Km-40-Markierung an der A377 zwischen Grazalema und Benamahoma, etwa 8 km westlich von Grazalema. Bis zum Gipfel benötigt man etwa 2½ Stunden. Für diese Tour ist eine Genehmigung vom Centro de Visitantes El Bosque (S. 145) erforderlich.

Zero Gravity   ABENTEUERSPORT

(615 372554; www.paraglidingspain.es; Calle Zahara de la Sierra 11-13, Algodonales; 1-wöchige Kurse 900 €) Das wenig bekannte Algodonales, 6 km nördlich von Zahara de la Sierra, überrascht als bedeutendes andalusisches Zentrum für Gleitschirm- und Drachenflieger.

> **NICHT VERSÄUMEN**
>
> ## GARGANTA-VERDE-WANDERUNG
>
> Eine der spektakulärsten Wanderungen in der Sierra de Grazalema. Der 2,5 km lange Pfad windet sich hinunter in die steile, üppig bewachsene Schlucht Garganta Verde (Grüner Schlund). Eine große Kolonie riesiger Gänsegeier, deren Federn sich im Wind aufplustern, während sie ganz dicht vorbeizischen, macht den einstündigen Abstieg noch dramatischer. Der beste Aussichtspunkt kommt nach 30 Minuten.
>
> Am Grund der Schlucht folgt man dem Flussbett zu einer gespenstischen Höhle namens Cueva de la Ermita. Danach geht es an den 1½-stündigen Aufstieg.
>
> Der Weg beginnt 3,5 km südlich von Zahara de la Sierra bei Km 10 der CA9104 nach Grazalema. Vor der Wanderung muss man sich vom Centro de Visitantes El Bosque (S. 145) eine kostenlose Genehmigung besorgen. Von Juni bis Mitte Oktober ist die Strecke teilweise gesperrt.

Der bewährte Veranstalter Zero Gravity bietet eine breite Palette an Anfänger- und Auffrischungskursen im Gleitschirmfliegen sowie Tandemflüge mit Lehrern (100 €).

Olvera

8180 EW. / 643 M

Spektakulär überragt von einer arabischen Burg, ist Olvera (27 km nordöstlich von Zahara de la Sierra) schon von Weitem über das von Olivenbäumen bedeckte Land hin sichtbar. Bis zur Mitte des 19. Jhs. war die Stadt ein Rückzugsort für Banditen; heute gibt es hier mehr familiengeführte landwirtschaftliche Kooperativen als irgendwo sonst in Spanien. Die meisten Besucher kommen wegen der Vía Verde de la Sierra hierher. Darüber hinaus ist Olvera eine weiße Stadt wie aus dem Bilderbuch, bekannt für ihr Olivenöl, die markante neoklassizistische Kirche und ihre bewegte Geschichte, die vermutlich mit den Römern begann.

Sehenswertes & Aktivitäten

Castillo Árabe BURG
(Plaza de la Iglesia; Erw./Kind 2/1€; Di-So 10.30-14 & 16-19 Uhr) Auf einem Felsen hoch über der Stadt thront die arabische Burg aus dem späten 12. Jh., die später Teil des Verteidigungssystems der Nasriden aus Granada war.

La Cilla MUSEUM
(Plaza de la Iglesia; Erw./Kind 2/1€; Di-So 10.30-14 & 16-19 Uhr) Im alten Getreidelager der Herzöge von Osuna neben der Burg befinden sich heute die Touristeninformation, das Museo La Frontera y los Castillos und eine Ausstellung zum Rad- und Wanderweg Vía Verde de la Sierra (S. 144).

Iglesia Parroquial Nuestra Señora de la Encarnación KIRCHE
(Plaza de la Iglesia; Eintritt 2€; Di-So 11-13 Uhr) Olveras neoklassizistische Kirche wurde von den Herzögen von Osuna in Auftrag gegeben und im gotischen Mudéjar-Stil an der Stelle einer früheren Kirche gebaut; 1843 wurde sie fertiggestellt.

Schlafen & Essen

Hotel Sierra y Cal HOTEL €
(956 13 03 03; www.tugasa.com; Calle Nuestra Señora de los Remedios 2; EZ/DZ inkl. Frühstück 36/56€; ❄❀☎) Das einfache, aber gut geführte Hotel im östlichen, untouristischen Teil der Stadt wartet mit einigen Überraschungen auf. Neben freundlich gestalteten Zimmern gibt es einen Pool, einen Leseraum und ein anständiges Café mit Restaurant (Hauptgerichte 8–12 €), das vor allem an Fußballabenden viele Einheimische anzieht.

Taberna Juanito Gómez TAPAS €
(Calle Bellavista; Tapas 2–3€; Mo-Sa 13.30-16.30 & 20.30-23.30 Uhr) Ein schlichtes kleines Restaurant mit leckeren, recht preiswerten Tapas und *montaditos* (kleine gefüllte Brötchen) im Angebot, darunter alles, was beliebt ist: Knoblauchgarnelen, gegrillte Pilze, Manchego-Käse und iberischer Schinken.

Praktische Informationen

Touristeninformation (956 12 08 16; www.turismolvera.es; Plaza de la Iglesia; 10.30-14 & 16-19 Uhr)

An- & Weiterreise

Los Amarillos (902 21 03 17; www.losamarillos.es) bietet täglich einen oder zwei Busse von/nach Jerez de la Frontera (9,18 €, 2 Std.) und Málaga (12 €, 3 Std.) sowie von Montag bis Freitag täglich einen Bus von/nach Ronda (5,44 €, 1½ Std.). Von Montag bis Freitag fährt täglich ein Bus von **Comes** (956 29 11 68; www.tgcomes.es) von/nach Cádiz (15 €, 3 Std.).

COSTA DE LA LUZ & DER SÜDOSTEN

Eine Reise von der Costa del Sol an die Costa de la Luz fühlt sich an, als hätte man ein Fenster aufgerissen und ganz tief frische Luft eingesogen. Völlig ohne geschmacklose Resorts und zügellose touristische Erschließung, ist dies ein Land der Bauern mit Baskenmützen und der grasenden Stiere. Der Sonntag beginnt hier mit der Messe und findet seine Fortsetzung in einem verstohlenen Schluck trockenen Sherrys und Tapas zum Mittagessen. Schöne, breite und helle Sandstrände mit ihrer fröhlichen Surfszene und eine Kette spektakulär gelegener weißer Dörfer tun das Ihrige dazu – das ist das Spanien, von dem man geträumt hat. Doch dies ist auch den Spanier bewusst, die im Juli und August scharenweise herkommen. Ein Geheimtipp ist die großartige Costa de la Luz wirklich nicht mehr, und dennoch hat sie sich ihren alten, entspannten Strandtreff-Charakter erhalten.

Im Westen erstreckt sich die Costa de la Luz in die benachbarte Provinz Huelva (S. 88) bis an die portugiesische Grenze.

Vejer de la Frontera

9280 EW.

Hier klappt einem die Kinnlade herunter, die Augen glänzen und die passenden Adjektive gehen aus. Die ruhige, kompakte weiße Stadt auf einem felsigen Hügel über der vielbefahrenen N340, 50 km südlich von Cádiz, ist wirklich etwas ganz Besonderes. Dafür sind nicht nur das Labyrinth verschlungener Altstadtstraßen, ein paar tolle Aussichtspunkte, eine Burgruine, eine überraschend raffinierte kulinarische Szene und der spürbare maurische Einfluss verantwortlich. Noch etwas anderes macht Vejer aus: eine geheimnisvolle, magische Atmosphäre – ein gewisser, kaum fassbarer Hauch von *duende* (Beseeltheit).

Sehenswertes

Plaza de España   PLATZ

Die von Palmen gesäumte Plaza de España ist mit ihrem kunstvollen Brunnen aus dem 20. Jh., verziert mit Fliesen aus Sevilla, und dem schneeweißen Rathaus der beliebteste Treffpunkt Vejers. Über der Westseite befindet sich ein kleiner Aussichtspunkt, der von der Calle de Sancho IV El Bravo zugänglich ist.

Casa del Mayorazgo   HAUS

(Callejón de la Villa; Eintritt gegen Spende; ⊙ variieren) Wenn die Türen dieses Privathauses aus dem 18. Jh. geöffnet sind, sollte man die Chance ergreifen und reingehen. Zu sehen gibt es zwei hinreißende blumengeschmückte Höfe und einen von nur drei Originaltürmen, die einst als Wachtürme dienten und heute eine Panoramaaussicht auf die Plaza de España und über die Stadt ermöglichen.

Iglesia del Divino Salvador   KIRCHE

(Plaza Padre Ángel; ⊙ Messe Mo, Mi & Fr 18.30, Sa 19, So 10 Uhr) Diese ungewöhnliche Kirche mit einem Altarbereich im Mudéjar-Stil aus dem 14. Jh. und einem gegenüberliegenden gotisch gestalteten Teil aus dem 16. Jh. wurde über einer früheren Moschee erbaut. Am späten Nachmittag schafft die durch die Buntglasfenster scheinende Sonne eine surreale Atmosphäre, indem sie bunte Lichter an die Wand über dem Altar wirft.

Castillo   BURG

(Calle del Castillo; Führungen 4–6 €/Pers.; ⊙ 10–14 & 16–20 Uhr) Vejers mehrfach umgebaute Burg, in der einst die Duques de Medina Sidonia lebten, stammt aus dem 10. oder 11. Jh. Das kleine, nur sporadisch geöffnete Museum präsentiert einen der schwarzen Umhänge, die Frauen aus Vejer noch bis vor ein paar Jahrzehnten trugen und die bis auf die Augen alles bedecken.

Zurzeit kann man das Museum nur mit einer privaten Führung besichtigen; am besten erkundigt man sich bei der Touristeninformation (S. 149).

Altstadtmauer   STADTMAUER

Eine imposante Stadtmauer aus dem 15. Jh. umschließt die 40 000 m² große Altstadt. Besonders gut sieht man sie zwischen dem Arco de la Puerta Cerrada und dem Arco de la Segur, zwei der vier ursprünglichen Tore in die Stadt. Die Gegend um den Arco de la Segur war im 15. Jh. die *judería* (das jüdische Viertel).

Kurse

★ Annie B's Spanish Kitchen   KOCHKURSE

(📞 620 560649; www.anniebspain.com; Calle Viñas 11; eintägige Kurse 135 €) Dies ist die Chance, die hohe Kunst der guten andalusischen Küche zu erlernen – und das unter erstklassiger einheimischer Anleitung. Annies beliebte Tageskurse (mit den Schwerpunkten andalusische Küche, marokkanische Küche sowie Fisch und Meeresfrüchte) enden mit einem Mittagessen am Pool oder auf der tollen Dachterrasse ihres wunderschönen Altstadthauses. Darüber hinaus bietet sie einige ausgezeichnete sechstägige Kurse an, darunter „Low-Carb Deliciousness" („kohlenhydratarm & köstlich") und „Spanish Culinary Classics" („Klassiker der spanischen Küche").

La Janda   SPRACHKURSE

(📞 956 44 70 60; www.lajanda.org; Calle José Castrillón 22; 20 Stunden/Woche 180 €) Wo könnte man besser Spanisch lernen als in Vejer mit seinen verwinkelten Straßen, den authentischen Bars und der mysteriösen Atmosphäre? La Jandas Kurse legen großen Wert auf einen kulturellen Bezug und reichen von Flamenco über Yoga und Kochkurse bis hin zu Pedro-Almodóvar-Filmabenden – und das alles in einem schönen Herrenhaus aus dem 18. Jh.

Feste & Events

Velada de Nuestra Señora de la Oliva   MUSIK, RELIGION

(⊙ 10.–24. Aug.) Abendliche Musik- und Tanzaufführungen mit thematischen Schwerpunkten auf der Plaza de España (Flamenco, Jazz und mehr).

🛏 Schlafen

★ La Casa del Califa BOUTIQUE-HOTEL €€
(☎ 956 44 77 30; www.lacasadelcalifa.com; Plaza de España 16; EZ/DZ/Suite inkl. Frühstück 88–123/99–148/169–220 €; ⊗ Mitte Feb.–Mitte Dez.; P❄@🖥) Ein sehr charaktervolles altes Hotel, das sich über mehrere verwinkelte Etagen erstreckt. Alle Zimmer sind ruhig, schick, herrlich komfortabel und in marokkanischem Stil gestaltet. Besonders schön: die „Afrika"-Suite in der obersten Etage. Zum speziellen „Emir"-Service (45 €) gehören frische Blumen, Schokolade und Champagner. Frühstück gibt's vom wunderbaren Büfett und im Erdgeschoss befindet sich ein fantastisches marokkanisch-nahöstliches Restaurant (S. 148).

★ V... BOUTIQUE-HOTEL €€€
(☎ 956 45 17 57; www.hotelv-vejer.com; Calle Rosario 11-13; DZ 218–328 €; ❄@🖥) Das V... (V steht für Vejer und die drei Pünktchen sind Bestandteil des Namens) ist eines der exquisitesten Hotels Andalusiens. Das hervorragend geführte Boutique-Hotel mit Kolonialzeit-Flair verfügt über zwölf Zimmer. Ihre Ausstattung vereint trendig-moderne Designelemente (offene Luxusbäder mit großen Badewannen und riesigen Spiegeln) und antike Objekte wie präkolumbianische Türen.

Zum Hotel gehören außerdem ein Massageraum in der antiken *aljibe* (Zisterne) und ein sprudelnder Whirlpool nebst Wasserfall auf einer Dachterrasse mit herrlicher Aussicht.

Essen

Vejer hat sich schnell zu einem gastronomischen Highlight innerhalb Andalusiens entwickelt. Hier kann man traditionelle, uralte Gerichte ebenso genießen wie die marokkanische Fusionsküche.

Mercado de Abastos
ANDALUSISCH, INTERNATIONAL €

(Calle San Francisco; Gerichte 2–8 €; ⊗ 11–16.30 & 19–1 Uhr) Aufgemotzt im coolen Gastrobar-Stil hat sich Vejers Mercado de San Francisco in einen Gourmet-Hotspot verwandelt. Am besten besorgt man sich erst einmal einen *vino* und trifft dann seine Auswahl an den wunderbar vielfältigen Tapas-Ständen. Offeriert werden traditionelle Klassiker und moderne Kreationen wie Schinken-*raciones*, *tortilla de patatas* (Kartoffel-Zwiebel-Omelett), gebratener Fisch in Pappbechern und sogar Sushi.

★ El Jardín del Califa

MAROKKANISCH, FUSIONSKÜCHE €€

(☎ 956 44 77 30; www.jardin.lacasadelcalifa.com; Plaza de España 16; Hauptgerichte 12–18 €; ⊗ Mitte Feb.–Mitte Dez. 13–16 & 20–23.30 Uhr; 🖥) In diesem hübschen exotischen Restaurant, zu dem auch ein Hotel (S. 148) und eine *tetería* gehören, steht die knisternde Atmosphäre dem Essen in nichts nach. Das Lokal versteckt sich in einem wunderbar verwinkelten Haus, das sogar den Gang zur Toilette zum Abenteuer macht. Auf der Karte stehen vor allem marokkanische und nahöstliche Gerichte wie Tajines, Couscous, Hummus und Falafel. Sie werden großartig präsentiert, die eigentlichen Highlights sind jedoch die Maghreb-Aromen (Safran, Feigen und Mandeln). Es ist ratsam, im Voraus zu buchen.

Valvatida ANDALUSISCH, FUSIONSKÜCHE €€
(☎ 622 468594; Calle Juan Relinque 3; Gerichte 7–12 €; ⊗ 12–16 & 20–23.30 Uhr; 🖥) In diesem modern-rustikalen Restaurant – ausgestattet mit Faltstühlen, Fischernetzen und Postern in den Fenstern – trifft kreatives Kochen auf frische andalusische Marktware. Die kurze, saisonale Karte spielt mit zeitgenössischen Varianten regionaler Fisch- und Fleischgerichte (Wie wär's mit Schweinebacken-Fajitas?), offeriert aber auch leckere, vegetarierfreundliche Pastas, Salate und pfannengerührte Gerichte. Der *café* wird auf einem winzigen Holztablett serviert.

Mesón Pepe Julián ANDALUSISCH €€
(☎ 956 45 10 98; Calle Juan Relinque 7; Gerichte 7–12 €; ⊗ Do-Di 12.30–17 & 19.30–23.30 Uhr) Das familiengeführte Pepe Julián gegenüber vom Markt überzeugt mit herzhafter Hausmannskost. Großen Erfolg hat die gefliese Bar bei den Einheimischen, die wegen der sorgsam zubereiteten Fleisch- oder Fischgerichte, *platos combinados* (mit Fleisch und drei Gemüsesorten) und Tortillas (Tipp: die Käse-Tortilla) sowie der perfekt einfach gehaltenen *jamón*- und *ensaladilla* (Olivier-Salat)-Tapas herkommen.

☆ Unterhaltung

Peña Cultural Flamenca „Aguilar de Vejer" FLAMENCO
(Calle Rosario 29) Einen Teil von Vejers Zauber macht die authentisch-kleinstädtische Flamenco-Szene aus – und die lässt sich am besten in dieser stimmungsvollen Bar beobachten. Die kostenlosen Vorstellungen finden meist samstags um 21.30 Uhr statt; die Touristeninformation kann Auskunft geben.

ℹ️ Praktische Informationen

Oficina Municipal de Turismo (📞 956 45 17 36; www.turismovejer.es; Avenida Los Remedios 2; ⊗ Mo–Fr 8–15 Uhr) Etwa 500 m unterhalb des Stadtzentrums neben einem kostenlosen Parkplatz.

ℹ️ Anreise & Unterwegs vor Ort

Von der Avenida Los Remedios fahren Busse von **Comes** (📞 956 29 11 68; www.tgcomes.es) nach Cádiz, Barbate, Jerez de la Frontera und Sevilla. Mehr Busse halten bei La Barca de Vejer, am Fuß des Hügels an der N340. Von hier aus geht es 20 Minuten steil bergauf in die Stadt; eine Taxifahrt kostet 6 €.

ZIEL	PREIS (€)	FAHRT-DAUER	HÄUFIGKEIT
Algeciras	7,17	1¼ Std.	8-mal tgl.
Barbate	1,35	15 Min.	6-mal tgl.
Cádiz	5,68	1½ Std.	5-mal tgl.
Jerez de la Frontera	7,79	1½ Std.	Mo–Fr 1-mal tgl.
La Línea (nach Gibraltar)	9,05	1¾ Std.	5-mal tgl.
Málaga	22	3¼ Std.	2-mal tgl.
Sevilla	15	2 Std.	4-mal tgl.
Sevilla (von der Avenida Los Remedios)	16	2 Std.	Mo–Fr 1-mal tgl.
Tarifa	4,52	45 Min.	8-mal tgl.

Los Caños de Meca

170 EW.

15 km südwestlich von Vejer erstreckt sich das kleine, entspannte Los Caños de Meca entlang mehrerer weißer Sandstrände, bei deren Anblick man sich fragt, warum es Marbella eigentlich gibt. Das einstige Hippieparadies Caños ist noch immer – vor allem im Sommer – ein Magnet für Strandgäste aller Art und aus aller Welt. Dafür sorgen die alternative, spaßorientierte Szene, die FKK-Strände und die Möglichkeiten zum Kitesurfen, Windsurfen und Surfen.

👁 Sehenswertes & Aktivitäten

Der **Hauptstrand** liegt direkt vor der Kreuzung der Avenida de Trafalgar mit der A2233 nach Barbate. Freunde der Freikörperkultur zieht es ans östliche Ende zu den etwas einsameren Buchten, z. B. an die **Playa de las Cortinas** und die **Playa del Faro** neben dem Cabo de Trafalgar.

Im verschlafenen **El Palmar**, 5 km nordwestlich von Caños, finden Surfer von Oktober bis Mai die besten Wellen Andalusiens.

Cabo de Trafalgar   KAP
Am westlichen Ende von Los Caños de Meca führt eine Seitenstraße zu einem Leuchtturm auf einer niedrigen Landzunge. Das ist der berühmte Cabo de Trafalgar, vor dem die spanische Seemacht 1805 von der britischen Flotte unter Admiral Nelson in kurzer Zeit vernichtet wurde. (Aus dem Leuchtturm soll ein Hotel werden.)

⭐ Parque Natural de la Breña y Marismas del Barbate   WANDERN
Der 50 km² große Park schützt bedeutende Sümpfe und Kiefernwälder an der Küste vor touristischer Erschließung im Stil der Costa del Sol. Am besten erreicht man ihn auf einer Wanderung entlang des 7,2 km langen **Sendero del Acantilado** zwischen Los Caños de Meca und Barbate. Die Tour führt über Klippen, deren Schönheit es leicht mit dem Cabo de Gata aufnehmen kann.

Höhepunkt der Wanderung ist der aus dem 16. Jh. stammende **Torre del Tajo** mit einem friedlichen *mirador* (Aussichtspunkt) hoch über dem Atlantik. Der Weg beginnt direkt hinter dem Hotel La Breña am östlichen Ende von Los Caños de Meca und endet am Fischerhafen in Barbate.

Escuela de Surf 9 Pies   SURFEN
(📞 620 104241; www.escueladesurf9pies.com; Avenida de la Playa, El Palmar; Surfboard- & Neoprenanzug-Verleih 2/4 Std. 13/20 €, Unterricht 28 €) Die empfehlenswerte Surfschule am nördlichen Ende des Strandes El Palmar verleiht Surfboards und bietet das ganze Jahr über Unterricht für alle Niveaus an.

🛏 Schlafen

Casas Karen   HOTEL €€
(📞 956 43 70 67, 649 780834; www.casaskaren.com; Camino del Monte 6; DZ/4BZ 85–125/155–190 €; P 🛜 🐾) In diesem exzentrischen, lässigen Refugium auf einem blühenden Grundstück und unter holländischer Leitung gibt es rustikale, charaktervolle Zimmer und Apartments. Die Optionen reichen von einem umgebauten Bauernhaus über strohgedeckte *chozas* (traditionelle Hütten) und zwei vor Kurzem renovierte „Studios" mit zwei Ebenen. Die zwanglos andalusisch-marokkanische Einrichtung kommt mit vie-

len Überwürfen, Hängematten und sehr farbenfroh daher. Es liegt 1 km östlich vom Abzweig zum Cabo de Trafalgar.

✗ Essen

Las Dunas CAFÉ, BAR
(www.barlasdunas.es; Carretera del Faro de Trafalgar; Gerichte 6–11 €; ⏱ Sept.–Juni 10.30–23.30 Uhr, Juli & Aug. 10.30–3 Uhr; 🛜) Entspannung pur verspricht dieses Café, in dem Kitesurfer zwischen ihren atemberaubenden Aktionen eine Pause einlegen. Musik von Bob Marley, tolle *bocadillos* (belegte Brötchen), im Winter ein wärmendes Feuer und die relaxte Atmosphäre einer Strandhütte.

ℹ An- & Weiterreise

An Wochenendtagen fahren täglich zwei Busse von **Comes** (📞 956 29 11 68; www.tgcomes.es) von Los Caños de Meca (1,25 €, 15 Min.) nach Cádiz (6,25 €, 1½ Std.) via El Palmar (2,02 €, 30 Min.). Im Sommer können zusätzliche Busse nach Cádiz und Sevilla verkehren.

Zahara de los Atunes

1115 EW.

Etwa 20 km südöstlich von Los Caños de Meca, gen Westen ausgerichtet, erstreckt sich ein fantastisch breiter, 12 km langer Sandstrand. Jahrelang war Zahara de los Atunes ein traditionelles Fischerdorf – berühmt für seinen Blauflossen-Thunfisch, der mit der uralten *almadraba*-Methode gefangen wurde. Heute ist Zahara im Sommer ein zunehmend beliebter Ferienort und entwickelt ganz allmählich auch eine gastronomische Szene. Im Zentrum des winzigen alten, von verwinkelten Gassen und lebendigen Bars geprägten Stadtkerns steht die Ruine des **Castillo de las Almadrabas** aus dem 15. Jh. In früheren Zeiten wurde der Thunfisch hier weiterverarbeitet. Zur Sommerzeit beleben *chiringuitos* (Strandbars) den Strand, ansonsten kann es sehr ruhig zugehen. Südlich von Zahara liegt der ausgebautere Ferienort Atlanterra.

🛏 Schlafen

Hotel Avenida Playa HOTEL €€
(📞 956 43 93 38; www.avenidaplayahotel.com; Avenida Hermanos Doctores Sánchez Rodríguez 12; EZ/DZ 90–118/100–128 € inkl. Frühstück; ⏱ Ende Jan.–Dez.; ❄🛜) Ein freundliches Hotel mit acht Zimmern im Zentrum von Zahara. Die Gestaltung ist sehr geschmackvoll im rustikalen Stil gehalten – mit Blumengemälden und warmen Gelbtönen. Am schönsten sind die beiden luftigen „Suiten" nebst großen Terrassen mit Sonnenliegen und Burg-/Meerblick in der oberen Etage. Die Besitzer vermieten auch drei Apartments in der Nähe.

✗ Essen

Restaurante Antonio FISCH & MEERESFRÜCHTE €€
(📞 956 43 95 42; www.restauranteantoniozahara.com; Bahía de la Plata Km 1, Atlanterra; Hauptgerichte 12–25 €; ⏱ Feb.–Nov.) Das preisgekrönte Antonios, 1 km südlich von Zahara mit Blick aufs Meer gelegen, ist wegen seiner hochwertigen Meeresfrüchtegerichte sehr zu empfehlen. Serviert werden sie von Kellnern in frisch gestärkten weißen Hemden. Highlight der Küche ist natürlich Thunfisch, der in unzähligen Varianten zubereitet wird. Von *atún encebollado* (Thunfisch-Eintopf) bis Sashimi ist alles zu haben. Eine Spezialität: Tatar aus heimischem Thunfisch.

ℹ An- & Weiterreise

Comes (📞 956 29 11 68; www.tgcomes.es) bietet täglich Verbindungen nach Vejer de la Frontera (2,50 €, 25 Min.), Los Caños de Meca (2,12 €, 30 Min.) und Cádiz (8,21 €, 2 Std., nur an Wochentagen). Im Sommer fahren zusätzliche Busse.

Tarifa

13 500 EW.

Aufgrund seiner Lage am unteren Zipfel Spaniens, wo sich Mittelmeer und Atlantik treffen, setzt sich Tarifa in Sachen Klima und Charakter vom Rest Andalusiens ab. Starke Atlantikwinde ziehen Surfer, Windsurfer und Kitesurfer an – und diese verleihen dem alten, erstaunlich kleinen Ort ein entspanntes, internationales Flair. Tarifa ist der letzte Stopp in Spanien vor Marokko, was man auch deutlich spürt. Der befestigten Altstadt mit ihren verwinkelten, weiß getünchten Straßenzügen und dem unaufhörlichen Wind ist eine Ähnlichkeit mit Chefchaouen oder Essaouira nicht abzusprechen. Ein Geheimtipp ist die Stadt nun wirklich nicht. Vor allem im August strömen die Touristen hierher – doch das ist Teil des Vergnügens.

Tarifa ist vielleicht so alt wie das phönizische Cádiz und war auf jeden Fall eine römische Siedlung. Benannt wurde die Stadt aber nach Tarif ibn Malik, der 710 – ein Jahr vor der großen islamischen Invasion der Halbinsel – einen muslimischen Raubzug führte.

TARIFA: STRANDVERGNÜGEN

Sie gehören zu den schönsten Andalusiens: die herrlichen hellen Sandstrände, die sich von Tarifa entlang der N340 Richtung Norden ziehen. Bunte Drachen und Kitesurfer-Segel, die über das türkisblaue Wasser düsen, vervollständigen die Szenerie. Im Sommer füllen sie sich mit sonnengebräunten Badelustigen und legeren Strandbars. Der beständige Wind kann allerdings nerven. Wer genug am Strand gechillt hat, kann kitesurfen, windsurfen und reiten.

Playa Chica Die Playa Chica liegt auf der zur Isla de las Palomas führenden Landenge, am südlichsten Zipfel von Tarifa – und ist geschützter als die meisten anderen Strände der Gegend.

Playa de los Lances Ein spektakulärer breiter Sandstrand, der sich von Tarifa aus 7 km nach Nordwesten an der Küste entlangzieht. Die flachen Dünen in seinem Rücken sind *paraje natural* (Naturschutzgebiet). Man kann sie auf dem 1,5 km langen **Sendero de los Lances** erwandern (ausgeschildert am nordwestlichen Ende der Calle Batalla del Salado).

Playa de Valdevaqueros Die 3 km lange Playa de Valdevaqueros nordwestlich von Tarifa (zwischen Km 7 und Km 10) ist der beliebteste Kitesurfer-Spot Tarifas. Er grenzt an die große weiße Düne an der Playa Punta Paloma.

Punta Paloma Seine riesige Sanddüne hat den Strand Punta Paloma (10 km nordwestlich von Tarifa) berühmt gemacht. An seinem westlichsten Ende kann man ein natürliches Schlammbad nehmen.

Sehenswertes

Tarifas enge Altstadtstraßen sind überwiegend islamischen Ursprungs und erinnern stark an Marokko. Am besten geht man zuerst durch die (nach der Reconquista gebaute) **Puerta de Jerez** im Mudéjar-Stil, macht dann einen Abstecher zum betriebsamen **Mercado de Abastos** (Calle Colón; ⊙ Di–Sa 8.30–14 Uhr) und und sucht sich schließlich über verwinkelte Gassen seinen Weg zur überwiegend aus dem 16. Jh. stammenden **Iglesia de San Mateo** (Calle Sancho IV El Bravo; ⊙ Mo 8.45–13, Di–Sa 8.45–13 & 18–20, So 10–13 & 19–20.30 Uhr). Danach geht es südlich der Kirche die Calle Coronel Moscardó entlang und die Calle Aljaranda hinauf. Vom **Miramar** (auf einem Abschnitt der Burgmauern) bietet sich eine spektakuläre Aussicht hinüber nach Afrika.

★ **Castillo de Guzmán** BURG
(Calle Guzmán El Bueno; Erw./Kind 2/0,60 €; ⊙ Mai–Mitte Sept. 11–14.30 & 16–21 Uhr, Mitte Sept.–April bis 18.30 Uhr) Errichtet wurde die restaurierte Burg 960 zwar im Auftrag des Kalifen von Córdoba, Abd ar-Rahman III., benannt wurde sie jedoch nach dem Reconquista-Helden Guzmán El Bueno. 1294 entführten angreifende Meriniden aus Marokko El Buenos Sohn und drohten mit dessen Ermordung, sollte El Bueno die Festung nicht aufgeben. Daraufhin warf dieser den Angreifern sein eigenes Messer vor die Füße, um damit seinen Sohn zu töten. Seine Nachfahren sind die Duques de Medina Sidonia, eine der mächtigsten Familien Spaniens (S. 346).

Mittlerweile sollte ein neues Burgmuseum geöffnet sein, und die Zeiten könnten sich auch geändert haben.

Aktivitäten

Kitesurfen & Windsurfen

Tarifas legendäre Winde haben den Ort zu einem der besten Surferspots gemacht. Ausgesprochen beliebt ist der Küstenstreifen zwischen Tarifa und Punta Paloma, 10 km Richtung Nordwesten. Über 30 Veranstalter bieten hier Ausrüstung und Kurse an, von Anfängern bis zu Fortgeschrittenen. Am besten surft man im Mai, Juni und September. Aber aufgepasst: Die raue See ist nicht immer für Anfänger geeignet!

Gisela Pulido Pro Center KITESURFEN
(☎ 608 577711; www.giselapulidoprocenter.com; Calle Mar Adriático 22; dreistündige Gruppenkurse 70 € pro Pers.) In der bestens bewerteten Kitesurfschule der Weltmeisterin Gisela Pulido kann man das ganze Jahr über Gruppen- und Einzelkurse buchen, darunter sechsstündige „Taufen" (140 €) und neunstündige „komplette" Kurse (210 €) auf Spanisch, Französisch, Englisch und Deutsch.

Tarifa

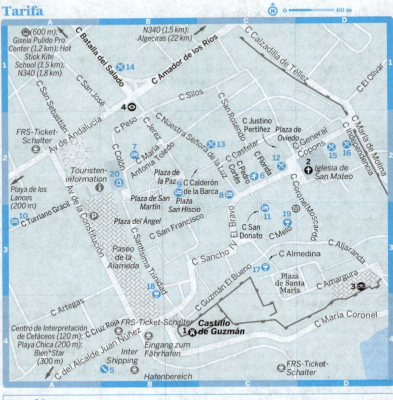

Tarifa

◎ Highlights
1 Castillo de Guzmán B4

◉ Sehenswertes
2 Iglesia de San Mateo D2
3 Miramar D3
4 Puerta de Jerez B1

✪ Aktivitäten, Kurse & Touren
5 Aventura Marina B4
6 FIRMM C2

🛏 Schlafen
7 Hostal África B2
8 Hotel Misiana C2
9 La Casa de la Favorita B2
10 Melting Pot A3
11 Posada La Sacristía C3

✖ Essen
12 Bar-Restaurante Morilla C2
13 Café 10 .... C2
14 Café Azul B1
15 La Oca da Sergio D2
16 Mandrágora D2

♦ Ausgehen & Nachtleben
17 Almedina C3
18 La Ruina B3
19 Moby Dick C3

🛍 Shoppen
20 Mercado de Abastos B2

Hot Stick Kite School KITESURFEN, SURFEN
(☎ 647 155516; www.hotsticktarifa.com; Calle Batalla del Salado 41; eintägige Kurse 70–80 €, Ausrüstungsverleih 60 € pro Tag; ⊙ März–Mitte Nov.) Täglich drei- bis vierstündiger Unterricht im Kitesurfen und zwei- bis fünftägige Kurse

(auf Spanisch, Englisch, Französisch und Deutsch) sowie zweistündiger Unterricht im Surfen und Paddleboarden (50 €).

Club Mistral
WINDSURFEN, KITESURFEN

(☎ 619 340913; www.club-mistral.com; Hurricane Hotel, Carretera N340 Km 78; Ausrüstungsverleih 90 € pro Tag; ⓢ März–Dez.) Empfohlener Gruppen-/Einzelunterricht im Windsurfen und Kitesurfen (Anfänger, mittleres Niveau und Fortgeschrittene) und Paddleboarden (25 € pro Stunde). Dreistündiger Gruppenunterricht im Windsurfen schlägt mit 80 € pro Person zu Buche, Kitesurfen mit 110 €. Der Unterricht findet auf Spanisch, Englisch, Französisch und Deutsch statt. Der Club Mistral befindet sich 7 km nordwestlich von Tarifa und hat auch eine Filiale in **Valdevaqueros**, 9 km nordwestlich der Stadt.

Reiten

Aventura Ecuestre
REITEN

(☎ 956 23 66 32; www.aventuraecuestre.com; Hotel Dos Mares, Carretera N340 Km 79,5) Gut organisierter englischsprachiger Reitveranstalter. Im Angebot sind einstündige Ausritte an der Playa de los Lances (30 €) und vierstündige Ausflüge in den Parque Natural Los Alcornocales (60 €) sowie Einzelunterricht (30 €/Std.) und Ponyreiten für Kinder (25 €/Std.). 5 km nordwestlich von Tarifa.

Molino El Mastral
REITEN

(☎ 679 193503; www.mastral.com; Carretera Santuario Virgen de la Luz; 30 € pro Std.) Der hervorgehende Reitveranstalter organisiert tolle Exkursionen in die hügelige Landschaft. Er befindet sich 5 km nördlich von Tarifa und ist von der CA9210 (von der N340 abgehend) ausgeschildert.

Tauchen

Aventura Marina
TAUCHEN

(☎ 956 68 19 32; www.aventuramarina.org; Recinto Portuario) In Tarifa taucht man in der Regel rund um die Isla de las Palomas von Booten aus. Auf Entdeckung warten Schiffswracks, Korallen, Delfine und Tintenfische. Die Aventura Marina am Hafen offeriert dreistündige „Taufen" (75 €) und verleiht Ausrüstung (50 €).

Walbeobachtung

Die Gewässer vor Tarifa gehören zu den besten Wal- und Delfinbeobachtungsorten Europas. Von April bis Oktober kreuzen die Meeressäuger zwischen Atlantik und Mittelmeer, Sichtungen sind während dieser Zeit nahezu garantiert. Neben Streifendelfinen, Tümmlern, Grindwalen, Großen Schwertwalen (Killerwale) und Pottwalen lassen sich vielleicht auch die gefährdeten Finnwale und Gemeine Delfine blicken. Pottwale bevölkern die Straße von Gibraltar von April bis August, Orcas sieht man am wahrscheinlichsten im Juli und August. Mehr über die Meerestiere erfährt man im nagelneuen **Centro de Interpretación de Cetáceos** in Tarifa (Avenida Fuerzas Armadas 17; ⓢ März–Okt. Di–So 11–15 Uhr) GRATIS.

FIRMM
WALBEOBACHTUNG

(☎ 956 62 70 08; www.firmm.org; Calle Pedro Cortés 4; Erw./Kind 30/20 €; ⓢ April–Okt.) Unter den Dutzenden Walbeobachtungsanbietern ist die gemeinnützige Stiftung FIRMM eine gute Wahl. Ihr vorrangiger Zweck ist die Erforschung der Wale, die Datenerfassung und die Förderung umweltfreundlicher Touren.

★ Feste & Events

Feria de la Virgen de la Luz
FEST

(ⓢ 1. Septemberwoche) Das Stadtfest zu Ehren der Schutzpatronin ist eine Mischung aus religiösen Prozessionen, herrlichen Pferden und der typischen spanischen Fiesta.

🛏 Schlafen

★ Hostal África
HOSTAL €

(☎ 956 68 02 20; www.hostalafrica.com; Calle María Antonia Toledo 12; EZ/DZ 50/65 €, mit Gemeinschaftsbad 35/50 €; ⓢ März–Nov.; 🕸) Eines der besten *hostales* (Budgethotels) an der Costa de la Luz mit sehr gastfreundlichen Besitzern. Das umgebaute Haus aus dem 19. Jh. gleich südwestlich der Puerta de Jerez ist mit Topfpflanzen und himmelblau-weißen Bögen geschmückt, seine 13 Zimmer sind völlig unterschiedlich und äußerst farbenfroh. Zudem gibt's eine große hübsche Dachterrasse mit einer exotischen *cabaña* und Aussicht auf Afrika.

La Casa de la Favorita
HOTEL, APARTMENT €€

(☎ 690 180253; www.lacasadelafavorita.com; Plaza de San Hiscio 4; Zi. 80–115 €; 🕸 🕸 🕸) La Favorita hat viele Fans und ist immer schnell ausgebucht. Das hat wohl mit den cremefarbenen modernen Möbeln, der klinischen Sauberkeit, den Miniküchen und Kaffeezubereitern in jedem Zimmer, der kleinen Bibliothek und der Dachterrasse sowie den dynamischen, farbenfrohen Kunstwerken zu tun.

Hotel Misiana
BOUTIQUE-HOTEL €€

(☎ 956 62 70 83; www.misiana.com; Calle Sancho IV El Bravo 16; DZ/Suite 95/200 €; 🕸 🕸) Mit seiner edlen Penthouse-Suite nebst eigener Dachterrasse und Blick auf Marokko ist das superzentral gelegene Misiana die beste Unterkunft der Stadt. Vorausgesetzt, man hat das nötige Kleingeld. Doch auch die Doppelzimmer – in stilvollem Weiß und Hellgrau und mit Treibholz-Deko – sind ausgesprochen schön. Das ist echter Tarifa-Chic und verständlicherweise sehr beliebt. Es ist ratsam, lange im Voraus zu buchen.

Posada La Sacristía — BOUTIQUE-HOTEL €€
(956 68 17 59; www.lasacristia.net; Calle San Donato 8; Zi. 135 €; ❄ 🌐 📶) In einem wunderschön renovierten Stadthaus aus dem 17. Jh. versteckt sich die eleganteste Boutique-Unterkunft der Stadt. Die zehn Doppelzimmer liegen auf zwei Etagen um einen zentralen Hof und sind mit viel Liebe zum Detail ausgestattet: stilvoller Schick, geschmackvolle Farben, große, komfortable Betten und eine luxuriöse Lounge. Das Frühstücksbüfett kostet 6 €; im Sommer öffnet ein **Restaurant** (Hauptgerichte 10–18 €), das mediterrane Fusionsküche serviert.

Hotel Dos Mares — HOTEL €€€
(956 68 40 35; www.dosmareshotel.com; Carretera N340 Km 79,5; Zi. inkl. Frühstück 195–225 €; ❄ 🌐 🏊 🐎) In Tarifa dreht sich alles um den Strand. Direkt an diesem liegt auch das marokkanisch angehauchte Dos Mares – eine der vielen einladenden Unterkünfte an der Küste im Nordwesten der Stadt. Seine komfortablen hellen Zimmer und Bungalows sind mit Fliesenböden ausgestattet und in Gelb-, Blau- sowie dunklen Orangetönen eingerichtet. Einige von ihnen verfügen über einen Balkon mit Meerblick. Weitere Extras: ein verschlafenes Café, ein Fitnessraum, ein Pool und eine Reitschule auf der Anlage (S. 153).

🍴 Essen

Leckeres Essen gibt es zuhauf in Tarifa – oft mit internationalem, vor allem italienischem Einschlag. Und auch die besten Frühstückslokale Andalusiens sind hier zu finden. Eine gute Gelegenheit, der üblichen Monotonie aus *tostada* (Toast) mit Kaffee ein Ende zu setzen! Weitere Gaumenfreuden, nach denen man hier Ausschau halten sollte, sind Smoothies, die ethnische Fusionsküche, Biozutaten und wunderbare vegetarische Gerichte.

★ Café Azul — FRÜHSTÜCK €
(www.facebook.com/cafeazultarifa; Calle Batalla del Salado 8; Frühstück 3,50–7,50 €; ⏰ 9–15 Uhr) Das wahrscheinlich beste Frühstück der Stadt, wenn nicht ganz Andalusiens, gibt's in diesem exzentrischen, italienisch geführten Café mit seinem auffälligen blau-weißen, marokkanisch inspirierten Dekor. Ach könnte man doch einfach alles essen! Im Angebot sind wunderbar frischer Obstsalat mit Müsli und Joghurt, köstlicher Kaffee, Smoothies, Säfte, *bocadillos* (belegte Brötchen) und warme Leckereien. Fast ein Kunstwerk sind die mit Früchten und Joghurt gefüllten Crêpes.

Café 10 — CAFÉ €
(Calle Nuestra Señora de la Luz 10; Gerichte 2–6 €; ⏰ März–Sept. 9.30–14.30 Uhr, Okt.–Mitte Dez. & Feb. 9.30–14.30 & 17.30–23 Uhr; 📶) Frühstück und Snacks kann man sich in diesem Altstadtcafé schmecken lassen: in einer gemütlichen neorustikalen Lounge, auf mit rosa Kissen bestückten Stühlen, die bis auf die abschüssige Straße hinaus stehen. Es locken selbst gebackene Kuchen, toller Kaffee, frische Säfte, süße und salzige Crêpes sowie *revueltos* und *bocadillos* in ausgefallenen, international inspirierten Kombinationen (Avocado, Mozarella). Selbst „Latte Art" wird serviert. Zu späterer Stunde sind dann eher Gin Tonic und Cocktails gefragt.

Mandrágora — MAROKKANISCH, ANDALUSISCH €€
(956 68 12 91; www.mandragoratarifa.com; Calle Independencia 3; Hauptgerichte 12–18 €; ⏰ März–Jan. Mo–Sa 18.30–24 Uhr) In einer ruhigen Straße gleich hinter der Iglesia de San Mateo serviert das intime, palmengeschmückte Mandrágora andalusisch-arabische Speisen der Spitzenklasse. Die Auswahl fällt schwer bei so verführerischen Gerichten wie Lamm mit Pflaumen und Mandeln, marokkanischer Gemüse-Couscous, Hühner-Tajine oder Seeteufel mit einer Soße aus Wildpilzen und Seeigeln.

La Oca da Sergio — ITALIENISCH €€
(615 686571; Calle General Copons 6; Hauptgerichte 10–20 €; ⏰ Juni–Okt. tgl. 13–16 & 20–24 Uhr, Dez.–Mai Mo & Mi–Fr 20–24, Sa & So 13–16 & 20–24 Uhr) Kulinarisch gesehen haben die Italiener in Tarifa das Sagen. Auch in diesem beliebten Café hinter der Iglesia de San Mateo, wo der freundliche Sergio mit Tellern und witzigen Anekdoten bewaffnet um die Tische herumwuselt und über die ehrliche, bodenständige Küche wacht. Hier kann man sich auf hausgemachte Pasta, Holzofenpizza mit dünner Kruste, Cappuccinos und einen Limoncello nach dem Essen freuen.

Bar-Restaurante Morilla TAPAS, ANDALUSISCH €€
(956 68 17 57; Calle Sancho IV El Bravo 2; Hauptgerichte 10–15 €; 8.30–23.30 Uhr) Das geschäftige, schnörkellose Morilla ist nur eines von vielen Lokalen in der Calle Sancho IV El Bravo im Herzen der Altstadt. Es lockt aber mehr Einheimische an als die Konkurrenz. Sie kommen wegen der erstklassigen Tapas, Meeresfrüchte-*raciones* und Lammgerichte sowie wegen der ausgezeichneten *cazuela de pescados y mariscos* (Fisch- und Meeresfrüchtekasserolle).

Ausgehen & Nachtleben

Surfer, Kitesurfer und Sonnenanbeter haben für eine vor allem im Sommer lebhafte Barszene in Tarifa gesorgt. Ein paar gut besuchte, bis spät in die Nacht geöffnete Clubs runden das Ausgehangebot ab. Das Nachtleben konzentriert sich größtenteils in den schmalen Straßen Calle Cervantes, Calle San Francisco und Calle Santísima Trinidad, gleich östlich des Paseo de la Alameda. Vor 23 Uhr braucht man aber gar nicht erst loszugehen. An der Playa de los Lances und an den Stränden nordwestlich der Stadt sorgen einige *chiringuitos* für Musik und *copas* (Drinks).

 Bien*Star STRANDBAR
(www.bienstartarifa.com; Playa de los Lances; Juli & Aug. Sa–Do 14.30–1, Fr bis 3 Uhr, Okt.–Juni So–Do 12.30–21, Fr bis 3 Uhr) Die schäbig-schicke, wettergegerbte Strandbar auf schneeweißem Sand ist ein perfektes Sinnbild für das, was Tarifa ausmacht: coole Drinks, viele Kitesurfer und eine lockere Atmosphäre, die ansteckend ist. Freitags gegen 22 Uhr gibt's Livemusik. Eine der wenigen *chiringuitos*, die praktisch das ganze Jahr über geöffnet sind.

Almedina BAR
(956 68 04 74; www.almedinacafe.net; Calle Almedina 3; 20.30–24 Uhr;) Im verwinkelten, in die Stadtmauer integrierten Almedina treten donnerstags um 22.30 Uhr Flamenco-Ensembles auf.

La Ruina CLUB
(www.facebook.com/pages/La-Ruina-Tarifa; Calle Santísima Trinidad 2; So–Do 12–3, Fr & Sa bis 4 Uhr) Einst Altstadtruine, jetzt Club. Hir gibt's Elektro und House bis in die frühen Morgenstunden.

Moby Dick BAR
(www.facebook.com/TabernaMobyDyck; Calle Melo 2; Mi–So 19.30–1 Uhr) Freundliche Bierbar mit traditioneller Atmosphäre, internationalen und regionalen Bieren, Tapas und regelmäßiger Live-Musik. Wenn Gigs stattfinden, ist's brechend voll.

Praktische Informationen

Touristeninformation (956 68 09 93; Paseo de la Alameda; Mo–Fr 10–13.30 & 16–18, Sa & So 10–13.30 Uhr)

GR7: SPANIENS CAMINO NUMMER ZWEI

Der Sendero de Gran Recorrido 7 (GR7) ist nach dem Camino de Santiago (Jakobsweg) der wohl bekannteste Wanderweg Spaniens. Er führt durch das ganze Land, von Tarifa bis nach Andorra, und bildet einen wichtigen Abschnitt der E4-Route, die über 10 000 km durch Europa verläuft und in Athen endet.

Der andalusische Teil des Wegs verläuft vorwiegend auf alten Jagd- und Handelswegen und führt durch sieben Naturreservate und den Parque Nacional Sierra Nevada (S. 291), zahlreiche Gebirgsketten und weites kultiviertes sowie ursprüngliches Land.

Von Tarifa geht der GR7 268,5 km Richtung Nordosten durch die Provinzen Cádiz und Málaga und teilt sich dann südöstlich von Antequera in Villanueva de Cauche. Die beliebtere Südroute (451 km) führt südlich der Sierra Nevada durch Las Alpujarras. Die abgeschiedene Nordstrecke (443 km) durchquert die Provinzen Córdoba und Jaén mit dem zerklüfteten Hochland von Cazorla. Bei Puebla de Don Fadrique vereinen sich die Wege wieder. Hier endet der andalusische Abschnitt des GR7.

35 bis 40 Tage dauert die Tour auf beiden Routen. Die meisten Wanderer konzentrieren sich aber auf einen kleineren Abschnitt, besonders in Las Alpujarras und rund um Grazalema/Ronda. Unterkünfte gibt es unterwegs fast überall – *hostales* (Budgethotels) und Hotels –, auf einigen Strecken benötigt man jedoch ein Zelt. Die Ausschilderung (rot-weiße Markierungen und Schilder mit den Entfernungen und/oder Zeiten bis zum nächsten Zwischenziel) ist mancherorts recht dünn gesät. Abhilfe verschafft der umfassende und detailreiche Wanderführer von Cicerone mit dem Titel *Walking the GR7 in Andalucía* (2013; Kirstie Shirra und Michelle Lowe).

ℹ An- & Weiterreise

AUTO & MOTORRAD
An der Avenida de la Constitución neben dem Paseo de la Alameda gibt's Parkplätze mit Parkautomaten (2 € pro 2 Std.; 20–10 Uhr kostenlos).

BUS
Busse von **Comes** (📞 956 29 11 68; www.tgcomes.es) starten am **Busbahnhof** neben der Tankstelle am nordwestlichen Ende der Calle Batalla del Salado. Busse von **Horizonte Sur** (www.horizontesur.es) fahren im Juli und August mehrmals täglich vom Busbahnhof über Tarifas Strände nach Punta Paloma.

ZIEL	PREIS (€)	FAHRT-DAUER	HÄUFIGKEIT
Cádiz	9,91	1½ Std.	5-mal tgl.
Jerez de la Frontera	11	2½ Std.	1-mal tgl.
La Barca de Vejer (nach Vejer de la Frontera)	4,52	40 Min.	6-mal tgl.
La Línea (nach Gibraltar)	4,49	1 Std.	6-mal tgl.
Málaga	17	2¾ Std.	3-mal tgl.
Sevilla	20	3 Std.	4-mal tgl.

SCHIFF/FÄHRE
Fähren von **FRS** (📞 956 68 18 30; www.frs.es; Avenida de Andalucía 16) fahren bis zu 8-mal täglich in nur 35 Minuten von Tarifa nach Tangier in Marokko und wieder zurück (einfach Erw./Kind/Auto/Motorrad 37/20/102/30 €). Alle Fahrgäste benötigen einen Reisepass. Fähren von **Inter Shipping** (📞 956 68 47 29; www.intershipping.es; Recinto Portuario, Local 4) fahren etwa gleich oft nach Tangier (37/19/100/60 €).

Bolonia
111 EW.

Das winzige Dorf Bolonia, an der N340 15 km nordwestlich von Tarifa ausgeschildert, liegt zwischen einem herrlich weißen, von einer großen Düne geschützten Strand und sanften grünen Hügeln. Hier befinden sich die eindrucksvollen Überreste des römischen Baelo Claudia.

Im Juli und August pendeln jeden Tag drei Busse zwischen Tarifa und Bolonia – wem das nicht reicht, der benötigt ein eigenes Fahrzeug.

⊙ Sehenswertes

★ **Baelo Claudia** ARCHÄOLOGISCHE STÄTTE
(📞 956 10 67 96; www.museosdeandalucia.es; Eintritt 1,50 €, EU-Bürger frei; ⊙ Jan.–März & Mitte Sept.–Dez. Di–Sa 9–17.30, So bis 15.30 Uhr, April–Mitte Juni 9–19.30, So 9–15.30 Uhr, Mitte Juni–Mitte Sept. tgl. 9–15.30 Uhr) Die Ruinen von Baelo Claudia zählen zu den bedeutendsten römischen Stätten Andalusiens. Am Strand – mit schönem Blick hinüber nach Afrika – liegen das relativ gut erhaltene Theater, ein gepflastertes Forum, Thermalbäder, der Markt, die Marmorstatuen und Säulen der Basilika. Außerdem sind hier die Ruinen jener Werkstätten zu finden, die mit ihren Produkten für Baelo Claudias Berühmtheit in der römischen Welt sorgten: eingesalzener Fisch und *garum* (eine Würzsoße auf Fischbasis) Zur Stätte gehört ein gutes Museum.

Der Ort florierte besonders zu Kaiser Claudius' Zeiten (41–54 n. Chr.), verfiel aber nach einem Erdbeben im 2. Jh. Im Juli und August finden hier an manchen Abenden Konzerte statt.

Parque Natural Los Alcornocales

Der schöne 1677 km² große Parque Natural Los Alcornocales hat in Sachen Archäologie, Geschichte und Natur eine Menge zu bieten, liegt aber noch immer abseits der Touristenpfade. Er zieht sich fast von der Straße von Gibraltar über 75 km nach Norden bis zur Grenze des Parque Natural Sierra de Grazalema (S. 144) und hinein in die Provinz Málaga. Spaniens ausgedehnteste *alcornocales* (Korkeichenwälder) bedecken viele seiner spektakulären – teils sanften, teils schroffen – Hügel mittlerer Höhe. Möglichkeiten zum Wandern gibt es viele, und auch andere Outdoor-Aktivitäten sind möglich. Wer den Park richtig erkunden will, benötigt allerdings ein Auto.

Für insgesamt fünf Wanderrouten, darunter auch eine über den 3,3 km langen **Sendero Subida al Picacho** auf den zweithöchsten Gipfel des Parks (El Picacho; 882 m), ist eine Genehmigung erforderlich, die aber kostenlos erhältlich ist. Sie muss mindestens drei Tage im Voraus beim **Oficina del Parque Natural Los Alcornocales** (📞 856 58 75 08; pn.alcornocales.cmaot@juntadeandalucia.es; Carretera Alcalá-Benalup Km 1, Alcalá de los Gazules; ⊙ Mo–Fr 9–14 Uhr) angefordert werden und wird dann auch per Mail erteilt.

ALGECIRAS: ABSTECHER NACH MAROKKO

Der größte Hafen, der Spanien mit Afrika verbindet, liegt vor einer hässlichen, von Industrie und Fischerei geprägten Stadt. Sie hat aber immerhin den besten Flamenco-Gitarristen der Moderne hervorgebracht: Paco de Lucía, der 1947 hier geboren wurde und 2014 in Playa del Carmen in Mexiko starb. Bei der Touristeninformation (670 949047; Paseo Río de la Miel; Mo–Fr 9–19.30, Sa & So 9.30–15 Uhr) bekommt man Infos zu einer individuellen Tour auf den Spuren Paco de Lucías. Neuankömmlinge kehren der Stadt in der Regel schnell wieder den Rücken und fahren entweder mit der Fähre nach Marokko oder mit dem Bus nach Tarifa.

Vom Busbahnhof und Bahnhof der Stadt zum Hafen sind es 600 m; einfach der Calle San Bernardo Richtung Osten folgen.

Busse ab Algeciras

Busbahnhof (Calle San Bernardo)

ZIEL	PREIS (€)	FAHRTDAUER	HÄUFIGKEIT
Cádiz	13	2½ Std.	7-mal tgl.
Jerez de la Frontera	11	1½ Std.	6-mal tgl.
La Línea (nach Gibraltar)	2,45	30 Min.	Alle 30 Min.
Málaga	15	2½ Std.	15-mal tgl.
Sevilla	22	3 Std.	12-mal tgl.
Tarifa	2,25	30 Min.	12-mal tgl.

Züge ab Algeciras

Bahnhof (956 63 10 05; Avenida Gesto por la Paz)

ZIEL	PREIS (€)	FAHRTDAUER	HÄUFIGKEIT
Granada	30	4¼ Std.	3-mal tgl.
Madrid	7	5½ Std.	3-mal tgl.
Ronda	20	1½ Std.	3-mal tgl.

Fähren von Algeciras

Fähren von Algeciras nach Tanger legen in Tanger-Med an, 40 km östlich der Stadt Tanger. Wer dorthin fährt, muss seinen Pass mitnehmen. Für die spanische Enklave Ceuta in Marokka benötigt man keinen Pass, beim Besteigen der Fähre muss man aber ein Ausweispapier vorzeigen (Pass oder Personalausweis).

FRS (956 68 18 30; www.frs.es)

Inter Shipping (956 65 73 69; www.intershipping.es)

Trasmediterránea (902 45 46 45; www.trasmediterranea.es)

ZIEL	FÄHRUNTERNEHMEN	PREIS (€; EINFACH), ERW./KIND/AUTO	FAHRTDAUER	HÄUFIGKEIT
Ceuta	FRS	38/15/117	1 Std.	5-mal tgl.
Ceuta	Trasmediterránea	35/20/115	1¼ Std.	4-mal tgl.
Tanger-Med	FRS	21/15/115	1½ Std.	7-mal tgl.
Tanger-Med	Inter Shipping	20/10/105	1½ Std.	3-mal tgl.
Tanger-Med	Trasmediterránea	21/15/120	1½ Std.	5-mal tgl.

Auf der Website www.ventanadelvisitante.es stehen zahlreiche Wanderinfos zum Download bereit.

ℹ Praktische Informationen

Ayuntamiento de Jimena de la Frontera (Rathaus; ☎ 956 64 02 54; Calle Sevilla 61, Jimena de la Frontera; ⊙ Mo–Fr 9–14 Uhr;
Centro de Visitantes El Aljibe (Carretera Alcalá-Benalup Km 1, Alcalá de los Gazules; ⊙ Mitte Mai–Mitte Sept. Di–So 9–15 Uhr, Mitte Sept.–Mitte Mai Di–So 10–14 & 15–17 Uhr) Abseits der A381 von Jerez nach Los Barrios, 4 km südwestlich von Alcalá de los Gazules.
Centro de Visitantes Huerta Grande (☎ 671 590887; Km 96 N340; ⊙ Di–So 9.30–14 Uhr) Abseits der N340 von Tarifa nach Algeciras, am westlichen Ende von Pelayo. Informationen zu Wanderungen und Karten sowie ein Schmetterlings- und Vogelbeobachtungsgarten.

Jimena de la Frontera

3090 EW.

Das strahlend weiße Städtchen Jimena versteckt sich inmitten schroffer Hügel am östlichen Rand des Parque Natural Los Alcornocales in einer von Korkeichen geprägten Landschaft. Von der Burgruine aus der Nasriden-Ära hat man einen herrlichen Blick auf Gibraltar und Afrika. Britische Anleger haben den Ort für sich entdeckt, bisher konnte er sich jedoch seine spanische Seele bewahren. Er ist eine gute Basis für die Erkundung des Nationalparks. Die Wanderwege, darunter Routen auf dem europäischen Fernwanderweg E4 (GR7), sind überaus eindrucksvoll und führen u.a. zu Höhlenmalereien aus der Bronzezeit bei Laja Alta.

⊙ Sehenswertes & Aktivitäten

Castillo de Jimena BURG
(⊙ 24 Std.) GRATIS Jimenas romantische Nasridenburg-Ruine aus dem 13. Jh. wurde vermutlich auf römischen Ruinen erbaut. Sie war einst Bestandteil einer Verteidigungslinie, die sich von Olvera über Setenil, Zahara de la Sierra, Castellar und Algeciras bis nach Tarifa erstreckte. Besonders sehenswert sind die islamischen Zisternen und die Überreste einer alten aus dem Fels gehauenen Mozarab-Kirche mit dem Namen El Baño de la Reina Mora (das Bad der maurischen Königin).

Sendero Río Hozgarganta WANDERN
Der 3 km lange, am leichtesten zugängliche Wanderweg der Gegend beginnt kurz hinter den letzten Häusern am nordwestlichen Ende der Stadt. Westlich der Straße führt ein Pfad zum Río Hozgarganta. Auf denselben Pfad stößt man auch westlich der Plaza del Puerto Mora (auf der nordwestlichen Seite von Jimena). Für die Wanderung benötigt man eine bis zwei Stunden.

Am Fluss biegt man links ab und spaziert einen steinigen Weg entlang, vorbei an alten Windmühlen, raschelnden Korkeichen und den Überresten der Real Fábrica de Artillería, einer alten Militärfabrik aus den 1780er-Jahren. Von dort stammen die Kanonenkugeln, die während der großen Belagerung von Gibraltar (1779–1783) zum Einsatz kamen. Der Weg endet am südwestlichen Stadtrand.

🛏 Schlafen & Essen

Posada La Casa Grande GASTHOF, APARTMENT €
(☎ 956 64 11 20; www.posadalacasagrande.es; Calle Fuente Nueva 42; Zi./Apt. 50/60–70 €; ❄ @ 🛜 🐕) La Casa Grande liegt um einen mit Pflanzen geschmückten Hof und hat alles, was man sich für einen wunderbaren Aufenthalt im Zentrum Jimenas nur wünschen kann: farbenfrohe rustikale Zimmer und Apartments für zwei bis vier Personen, freundliche Mitarbeiter, eine Bibliothek/Atelier mit Aussicht in alle Himmelsrichtungen und jede Menge Informationen für Wanderer.

Restaurante El Anón INTERNATIONAL, FUSIONSKÜCHE €€
(☎ 956 64 01 13; www.hostalanon.com; Calle Consuelo 34; Hauptgerichte 12–15 €; ⊙ Do–Di 13.30–15.30 & 20–23.30 Uhr; 🛜 🐕) Man stelle sich ein weitläufiges Stadthaus mit versteckten Nischen, gekachelten Tischen, großen Terrassen mit Blumen und eine Dachterrasse mit Pool und herrlichem Blick auf Afrika vor: Das ist das El Anón. Dazu kommt eine unglaublich vielfältige Speiseauswahl, die von köstlichem Hummus und Falafel über Tajines, Griechischen Salat und Lamm-Moussaka bis hin zu in Honig glasierten Wildpilzen reicht. Zwölf rustikale **Zimmer** (EZ/DZ 38/60 €; 🛜 🐕) gibt's außerdem.

ℹ An- & Weiterreise

Vom Bahnhof in Los Ángeles, 1 km südöstlich von Jimena, fahren täglich drei Züge nach Algeciras (5,05 €, 40 Min.), Granada (26 €, 4 Std.) und Ronda (7,35 €, 1 Std.). Die Bushaltestelle am unteren Ende der Stadt bedient an Wochentagen Busfahrgäste nach Ronda (6,48 €, 2 Std.) und Algeciras (4,59 €, 50 Min.).

Gibraltar

Gibraltar

Highlights
1 Upper Rock Nature Reserve B3

Sehenswertes
2 Great Siege Tunnels B2
3 Military Heritage Centre A2
4 Nelson's Anchorage A4
5 O'Hara's Battery B4
6 St. Michael's Cave B4
7 WWII Tunnels A2

Aktivitäten, Kurse & Touren
8 Dolphin Adventure A1
 Dolphin Safari .... (siehe 8)
9 Mediterranean Steps B4

ze etwas befremdlich. Gibraltar, strategisch spannend zwischen Europa und Afrika gelegen, bietet auf jeden Fall ein interessantes Kontrastprogramm zu den weißen Dörfern und den Tapas der Provinz Cádiz. Nicht zu verachten ist auch die abenteuerliche Geschichte der Stadt, die übrigens schon länger britisch ist als die USA amerikanisch.

Das aufragende 5 km lange Kalksteinmassiv erreicht an seiner höchsten Erhebung 426 m und wird an der Nord- und Ostseite von spektakulären Klippen begrenzt. Die Einwohner sprechen Englisch, Spanisch und Llanito, eine merkwürdig betonte Singsangmischung aus beiden Sprachen, in der die Gibraltarer von einer zur nächsten wechseln, manchmal mitten im Satz. Schilderbeschriftungen sind auf Englisch.

Geschichte

Sowohl die Phönizier als auch die alten Griechen haben ihre Spuren auf Gibraltar hinterlassen. Doch erst 711 betrat der Felsen wirklich die geschichtliche Bühne, als Tariq ibn Ziyad, muslimischer Statthalter von Tanger, ihn zum Brückenkopf für die islamische Invasion der Iberischen Halbinsel erkor und mit einer Armee von 10 000 Mann landete. Der Name Gibraltar leitet sich von Jebel Tariq (Tariqs Berg) ab.

GIBRALTAR

32 700 EW.

Rote Briefkästen, Fish-and-Chips-Läden und knarrende Strandhotels aus den 1970er-Jahren: Gibraltar scheint – so drückte es einst der britische Autor Laurie Lee aus –, als sei ein Stück Portsmouth abgetrennt und 500 Meilen nach Süden versetzt worden. Wie viele andere koloniale Außenposten übertreibt es auch „The Rock" ein wenig mit seiner Britishness. Das mag Liebhaber von Pubessen und Nachmittagstee freuen. Auf moderne Briten jedoch, für die Lord-Nelson-Erinnerungsstücke der Vergangenheit angehören, wirkt das Gan-

Die muslimischen Almohaden gründeten hier 1159 eine Stadt, 1462 wurden sie von den Kastiliern verdrängt. Während des Spanischen Erbfolgekriegs, im Jahr 1704, nahm eine englisch-niederländische Flotte Gibraltar ein. 1713 trat Spanien Gibraltar im Vertrag von Utrecht an Großbritannien ab, versuchte bis zum Scheitern der Großen Belagerung (1779 bis 1783) aber immer wieder, die Halbinsel mit militärischen Mitteln zurückzuerobern. Seitdem möchte Spanien Gibraltar wieder zurück.

1969 ließ Francisco Franco die Grenze zwischen Spanien und Gibraltar schließen – eine wütende Reaktion auf einen Volksentscheid, bei dem sich die Bewohner des Felsens mit 12 138 zu 44 Stimmen für den Verbleib unter britischer Herrschaft entschieden hatten. Im selben Jahr verpflichtete eine neue Verfassung Großbritannien dazu, den Wunsch der Gibraltarer nach Souveränität anzuerkennen. Gibraltar erhielt eine eigene Verwaltung und ein eigenes Parlament, das House of Assembly. 1985, ein Jahr vor dem Beitritt Spaniens zu den Europäischen Gemeinschaften (heute EU), wurde die Grenze schließlich nach 16 langen Jahren wieder geöffnet.

2002 lehnte eine überwältigende Mehrheit der Einwohner den Vorschlag einer geteilten britisch-spanischen Hoheit ab. Heute kommt die schwierige Frage nach der langfristigen Zukunft Gibraltars immer mal wieder hoch. Die jüngsten Debatten wurden vom Streit über die Kontrolle der Gewässer vor Gibraltar angeheizt. Die Einwohner glauben fest an ihr Recht zur Selbstbestimmung; die großen Probleme bleiben weiter ungelöst.

Sehenswertes

Gibraltar-Stadt

Die meisten Besucher starten mit ihrer Erkundungstour am Grand Casemates Square, der durch den Landport Tunnel (früher der einzige Landzugang durch die Mauern Gibraltars) erreichbar ist. Von dort geht es auf der Main Street weiter, einem Stückchen Großbritannien unter mediterraner Sonne.

★ **Gibraltar Museum** MUSEUM
(Karte S.159; www.gibmuseum.gi; 18-20 Bomb House Lane; Erw./Kind 2/1£; Mo–Fr 10–18, Sa bis 14 Uhr) Gibraltars abenteuerliche Geschichte wird in diesem schönen Museum lebendig. Seine labyrinthartigen Räume widmen sich Themen von der Steinzeit über das phönizische Gibraltar bis zur berühmten Belagerung (1777–1793). Besonders sehenswert sind das gut erhaltene muslimische Badehaus und eine kunstvoll verzierte ägyptische Mumie aus dem 7. Jh., die im 19. Jh. in der Bucht angespült wurde.

Trafalgar Cemetery FRIEDHOF
(Karte S.159; Prince Edward's Rd; 8.30 Uhr–Sonnenuntergang) Auch dieser Friedhof in Gib-

---

ℹ️ GIBRALTAR: PRAKTISCHE INFORMATIONEN

Geld
Währungen in Gibraltar sind das Gibraltar-Pfund (£) und das Pfund Sterling; beide sind im Verhältnis 1:1 miteinander austauschbar. Auch der Euro wird akzeptiert, der Wechselkurs ist aber meist recht ungünstig. Nicht ausgegebenes Geld in der Landeswährung sollte man vor der Abreise zurücktauschen. Die Banken sind in der Regel an Wochentagen von 8.30 bis 16 Uhr geöffnet.

Grenzübergang
Die Grenze ist jeden Tag durchgängig geöffnet. Der Zoll durchsucht Taschen meistens nur oberflächlich.

Strom
Wie in Großbritannien beträgt die Stromspannung 220 V oder 240 V; man benutzt dreipolige Flachstecker. Für spanische Stecker benötigt man einen Adapter (erhältlich in Elektronikläden in der Main Street).

Telefon
Für Gespräche von Spanien nach Gibraltar gilt die Vorwahl 00350 vor der achtstelligen Teilnehmernummer. Von anderen Ländern aus wählt man die internationale Vorwahl, dann 350 (Gibraltars Ländervorwahl) und die Teilnehmernummer. Für Telefonate von Gibraltar nach Spanien wählt man die 0034 und dann die neunstellige Teilnehmernummer.

Visa & Dokumente
EU-Bürger und Schweizer benötigen für die Einreise nach Gibraltar lediglich einen Personalausweis oder Reisepass. Nähere Informationen erhält man beim **Civil Status and Registration Office** (Karte S.159; 20070071; www.gibraltar.gov.gi; 6 Convent Pl) in Gibraltar.

Gibraltar-Stadt

Gibraltar-Stadt

◎ Highlights
1 Gibraltar Museum..................A4

◎ Sehenswertes
2 Alameda Botanic Gardens.................B6
3 Apes' Den............................B6
4 Maurenburg B2
5 Trafalgar Cemetery B5

🛏 Schlafen
6 Hotel Bristol........................A4
7 Rock Hotel B6

✕ Essen
8 Clipper A2
9 House of Sacarello................A2
10 Star Bar A2
11 Verdi Verdi A2

Alameda Botanic Gardens GÄRTEN
(Karte S. 159; Grand Pde; ⊗ 8 Uhr–Sonnenuntergang) GRATIS Der üppige Garten lädt zu einer entspannten Pause vom hektischen Verkehr Gibraltars ein. In James Joyce *Ulysses* ist er Schauplatz von Molly Blooms sexuellen Abenteuern.

Nelson's Anchorage DENKMAL
(Karte S. 159; Rosia Rd; Eintritt 1 £; ⊗ 9–18.15 Uhr) Südlich des Trafalgar Cemetery erinnert Nelson's Anchorage an jene Stelle, an der Nelsons Leichnam von der HMS *Victory* an Land gebracht wurde – in einem Rumfass „konserviert", wie die Legende behauptet. Eine 100 t schwere, 1870 in Großbritannien gegossene viktorianische Kanone markiert den Platz.

◉ Upper Rock

★**Upper Rock**
Nature Reserve NATURSCHUTZGEBIET
(Karte S. 159; Erw./Kind inkl. Attraktionen 10/5 £, Auto 2 £. Fußgänger ohne Attraktionen 0,50 £; ⊗ 9–18.15 Uhr, letzter Einlass 17.45 Uhr) „The Rock" gilt als eine der dramatischsten Landschaftsformen Südeuropas. Der größte Teil des oberen Felsabschnitts (ohne die Hauptaussichtspunkte) gehört zum Upper Rock Nature Reserve. Mit der Eintrittskarte hat man Zutritt zur St. Michael's Cave, zum Apes' Den (Affenfelsen), zu den Great Siege Tunnels, zur maurischen Burg, zum Military Heritage Centre und zur 100 t schweren Kanone. Der oberen Bereich des Felsens beheimatet 600 Pflanzenarten und ist zudem ein idealer Aussichtspunkt, wenn man die Zugvögel

raltar-Stadt erzählt von der (schmerzlichen) Geschichte des Felsens. Hier liegen die Gräber der britischen Matrosen, die nach der Schlacht von Trafalgar im Jahr 1805 in Gibraltar starben, und der Opfer des Gelbfiebers im 19. Jh.

> **ℹ KOMBITICKET FÜR DIE SEILBAHN UND DAS NATURSCHUTZGEBIET**
>
> Am besten erkundet man „The Rock", indem man – gutes Wetter vorausgesetzt – mit der *Seilbahn* (Untere Seilbahnstation; Red Sands Rd; Erw. einfach/hin & zurück 8,50/11 £, Kind einfach/hin & zurück 4,50/5 £; ⊙ April–Okt. 9.30–19.45 Uhr, Nov.–März 9.30–17.15 Uhr) hochfährt, zu Fuß hinuntergeht und unterwegs an allen Attraktionen haltmacht. Es gibt eine spezielle Kombikarte für die Seilbahn und das Naturschutzgebiet (Erw./Kind 20/12 £). Erhältlich ist sie an der unteren Seilbahnstation bis etwa 2 Stunden vor Schließung des Naturschutzgebiets. Wer zum Ape's Den will, steigt an der Mittelstation aus.

(S. 159) zwischen Europa und Afrika beobachten will.

Die berühmtesten Felsbewohner sind die schwanzlosen Berberaffen, die vermutlich im 18. Jh. aus Nordafrika herkamen. Der Legende nach werden die Briten Gibraltar verlassen, wenn die Affen aus Gibraltar verschwunden sind. Viele der 200 Tiere treiben sich unweit der oberen Seilbahnstation herum, andere am *Apes' Den* (Karte S. 161) nahe der Mittelstation und an den Great Siege Tunnels. Neugeborene Affen sieht man am besten im Sommer. Dann ist allerdings ein Sicherheitsabstand angeraten, um Auseinandersetzungen mit fürsorglichen Affeneltern zu vermeiden. In den vergangenen Jahren wurden mehrere Besucher von Affen attackiert, was dazu führte, dass einige Tiere 2014 „exportiert" wurden.

Nach einem 15-minütigen Fußmarsch (etwa 1 km) von der Seilbahnstation aus Richtung Süden entlang der St. Michael's Road führt die O'Hara's Road links hoch zur *O'Hara's Battery* (Karte S. 159; Erw./Kind 3/2 £; ⊙ Mo-Fr 10–17 Uhr), einem Geschützstand mit großen Kanonen auf dem Felsengipfel (nicht im Ticket für das Naturschutzgebiet enthalten). Etwas weiter unten befindet sich die *St. Michael's Cave,* (Karte S. 159; St. Michael's Rd; ⊙ 9–17.45 Uhr, April-Okt. bis 18.15 Uhr), eine spektakuläre Höhle voller Stalagmiten und Stalaktiten. Früher glaubten die Menschen, dass sie möglicherweise eine unterirdische Verbindung zu Afrika sei. Heute ist sie u. a. Schauplatz für Konzerte, Theater und sogar Modeschauen. Einen ausführlichen Einblick in das Höhlensystem vermittelt die abenteuerliche *Lower St. Michael's Cave Tour* (Führung 10 £ pro Pers., 3 Std.). Die Touristeninformation (S. 164) vermittelt Guides. Passendes Schuhwerk ist vonnöten und Kinder müssen älter als zehn Jahre sein.

1,5 km (30 Gehminuten) von der obersten Seilbahnstation nach Norden (bergab) befindet sich die Princess Caroline's Battery mit dem *Military Heritage Centre* (Karte S. 159; ⊙ 9–17.45 Uhr, April-Okt. bis 18.15 Uhr). Von dort führt eine Straße hinunter zur Princess Royal Battery mit weiteren Geschützstellungen und eine andere 300 m hinauf zu den *Great Siege Tunnels* (Karte S. 159; ⊙ 9.30–18.15 Uhr), einem komplexen Verteidigungssystem. Die Briten schlugen es während der Belagerung 1779 bis 1783 als Geschützstellungen aus dem Fels. Die *WWII Tunnels* (Karte S. 159; Erw./Kind 8/4 £; ⊙ Mo-Sa 10–16 Uhr), in denen die Alliierten die Invasion Nordafrikas vorbereiteten, können ebenfalls besichtigt werden, allerdings sind sie nicht im Eintrittspreis für das Naturschutzgebiet inbegriffen. Selbst beide Tunnelsysteme zusammen bilden nur einen winzigen Teil des über 70 km langen Tunnel- und Gängenetzes im Felsen. Ein Großteil davon ist für die Öffentlichkeit nicht zugänglich.

Von der Princess Caroline's Battery über die Willis Road hinunter Richtung Stadt geht's zur *Maurenburg* (Tower of Homage; Karte S. 161; ⊙ April–Sept. 9.30–18.45 Uhr, Okt.–März 9–17.45 Uhr), die 1333 nach der Rückeroberung von den Spaniern wieder aufgebaut wurde.

🏃 Aktivitäten

Wandern

★ Mediterranean Steps WANDERN
(Karte S. 159) Der alte, schmale Pfad mit seinen steilen, oft direkt in den Kalkstein gehauenen Stufen ist vielleicht nicht die bekannteste Attraktion Gibraltars, aber sicherlich die spektakulärste. Er beginnt am Eingang zum Naturschutzgebiet am Jew's Gate und führt zunächst über das südliche Ende Gibraltars, bevor er steil auf die Klippe an der östlichen Felswand hinaufsteigt und auf dem Kamm endet. Am besten geht man auf der Straße zurück.

Die Aussicht ist grandios; Ornithologen wissen kaum, wohin sie zuerst schauen sollen – angesichts der Vögel, die über ihnen, unter ihnen und um sie herum kreisen. Der 1,5 lange Weg ist nicht ganz einfach. Man sollte mit 45 Minuten bis einer Stunde rechnen.

Vogelbeobachtung

Eine der spannendsten Attraktionen Gibraltars befindet sich direkt über den Köpfen der Besucher, denn die Straße von Gibraltar spielt für den Flug der Zugvögel zwischen Afrika und Europa eine entscheidende Rolle. Über 300 Arten wurden rings um den Felsen verzeichnet. Hoch fliegende, gleitende Vögel wie Raubvögel, Störche und Geier sind für ihre Reise auf die Thermal- und Aufwinde angewiesen; außerdem gibt es lediglich zwei Stellen, an denen Störche nur eine kurze Strecke über das Meer überwinden müssen. Die eine ist der Bosporus, die andere die Straße von Gibraltar. Weiße Störche fliegen manchmal in Schwärmen von 5000 Vögeln über die Meerenge. Die Wanderzüge nach Norden finden im Allgemeinen zwischen Mitte Februar und Anfang Juni statt, nach Süden zwischen Ende Juli und Anfang November. Gibraltar ist bei Westwind meist ideal zur Vogelbeobachtung. Bei schwachem oder östlichem Wind sollte man eher die Gegend um Tarifa ansteuern.

Delfinbeobachtung

In der Bahía de Algeciras lebt das ganze Jahr über eine beträchtliche Delfinpopulation, und eines der Highlights von Gibraltar ist ihre Beobachtung. **Dolphin Adventure** (Karte S.159; 20050650; www.dolphin.gi; 9 The Square, Marina Bay; Erw./Kind 25/13£) und **Dolphin Safari** (Karte S.159; 20071914; www.dolphinsafari.gi; 6 The Square, Marina Bay; Erw./Kind 25/15£; Feb.–Nov.) veranstalten hervorragende Delfinbeobachtungtouren, die eine bis anderthalb Stunden dauern. In der Regel finden drei Exkursionen pro Tag statt, von April bis September können es auch mehr sein. Dolphin Adventure bietet gelegentlich auch Walbeobachtungstouren an (Erw./Kind 40/25£). Unbedingt im Voraus buchen!

Schlafen

Hotel Bristol HOTEL €€
(Karte S.161; 20076800; www.bristolhotel.gi; 10 Cathedral Sq; EZ/DZ/3BZ 69/86/99£; P ❄ 🛜 🏊) Wo sonst kann man in einem 1970er-Jahre-Retro-Hotel übernachten, das nicht einmal versucht, retro zu sein? Das altmodische, aber ordentliche Bristol hat knarrende Holzdielen, rot gemusterte Teppiche, einen hübschen ummauerten Garten und ein kleines Schwimmbad. Das Personal überschlägt sich nicht gerade, die Lage gleich abseits der Main Street ist aber super.

Rock Hotel HOTEL €€€
(Karte S.161; 20073000; www.rockhotelgibraltar.com; 3 Europa Rd; EZ/DZ inkl. Frühstück 150–174/160–184£; P ❄ 🛜 🏊) Gibraltars Grand Old Dame ist so berühmt wie die Affen und sieht nach einer umfangreichen Sanierung fabelhaft und frisch aus. Die 86 eleganten, aber gemütlichen Zimmer mit Holzböden, frischen Blumen und Meerblick rochen bei unserem Besuch noch nach Farbe. Ebenfalls im Angebot des Hotels: ein Fitnessraum, ein Pool, ein Begrüßungsgetränk, Schreibtische, Bademäntel, ein glitzerndes Café mit Bar und britischer Sonntagsbraten (25£).

Essen

Nun heißt es *adiós* Tapas und *hello* Fish and Chips! In Gibraltar kommt durch und durch britisches – und für andalusische Verhältnisse ziemlich teures – Essen auf den Tisch, also Pubkost und Bier, Sandwiches, Pommes frites und schwer verdauliche Desserts. Immerhin findet man am Queensway Qay, an der Marina Bay und im Ocean Village auch ein paar internationale Restaurants.

Verdi Verdi INTERNATIONAL €
(Karte S.161; www.verdiverdi.com; International Commercial Centre, Main St 2A; Gerichte 2–5£; Mo-Fr 7.30–17Uhr) In dem energiegeladenen koscheren Café gibt's gute hausgemachte Quiches, Salate, Suppen, Hummus, Wraps und Kuchen zum Mitnehmen oder Vor-Ort-Essen.

House of Sacarello INTERNATIONAL €€
(Karte S.161; www.sacarellosgibraltar.com; 57 Irish Town; Hauptgerichte 8–11£; Mo-Fr 8.30–19.30, Sa 9–15Uhr; 🛜) In einem alten mehrstöckigen Kaffeelager offeriert das Sacarello von allem etwas (aber nichts wirklich Überragendes), darunter eine breite Palette vegetarischer Optionen (Pasta, Quiches) und Pubgerichte. Es gibt gute Kaffees, viele Kuchen, eine Salatbar und Tagesgerichte. Von 15.30 bis 19.30 kann man sich einen gemütlichen Nachmittagstee (5,90£) genehmigen.

Clipper BRITISCH, PUB €€
(Karte S.161; 78B Irish Town; Hauptgerichte 5–9£; Mo-Fr 9–22, Sa 10–16, So 10–22Uhr; 🛜) Ob man fünf, zehn oder gar 20 Menschen in Gibraltar nach ihrem Lieblingspub fragt – die Wahrscheinlichkeit ist hoch, dass sie alle das Clipper nennen. Nach der Renovierung – und der Entsorgung von Teilen der veralteten Marine-Dekoration – strahlt es nun in modernem Design. Die Portionen im Clip-

per sind traditionell groß; zu den typischen britischen Gerichten zählen Backkartoffeln, Chicken Tikka Masala, der Sonntagsbraten und das unerlässliche, ganztägig servierte Frühstück (5,95 £).

Star Bar PUB, INTERNATIONAL €€
(Karte S.161; www.starbargibraltar.com; 12 Parliament Lane; Hauptgerichte 7–11 £; ☺ Mo–Sa 8–23, So 10–21Uhr) Die älteste Bar Gibraltars – wenn man der hauseigenen Werbung glauben darf – wurde mit modernem Flair und einer mediterran angehauchten Karte aufgepeppt. Hier gibt's sogar Tapas. Ansonsten kann man sich Wraps, Burger, Salate, Ribeye-Steak sowie Spinat und Ziegenkäse schmecken lassen – und natürlich Fish and Chips.

Shoppen

Was die Läden angeht, ist die Main Street eine typisch britische Einkaufsstraße voller Läden wie Topshop, Next, Monsoon und Marks & Spencer. An Wochentagen sind die Geschäfte in der Regel von 10 bis 19 Uhr (ohne Mittagspause), samstags bis 14 Uhr geöffnet.

Praktische Informationen

Notfall (☎199) Polizei und Ambulanz.
Polizeipräsidium Headquarters (☎20 072500; New Mole House, Rosia Rd)
St. Bernard's Hospital (☎20079700; Harbour Views Rd) Die Notaufnahme ist rund um die Uhr geöffnet.
Touristeninformation (Karte S. 161; www.visitgibraltar.gi; Grand Casemates Sq; ☺ Mo–Fr 9–17.30, Sa 10–15, So & Feiertage 10–13 Uhr)

An- & Weiterreise

AUTO & MOTORRAD
Angesichts der langen Fahrzeugschlangen an der Grenze und der verstopften Straßen in Gibraltar ist es ratsam (und schneller), in La Línea zu parken und zu Fuß über die Grenze zu gehen (1,5 km bis zum Casemates Square). Wer mit dem Auto nach Gibraltar (kostenlos) fahren will, benötigt einen Versicherungsnachweis, den Fahrzeugschein, den Führerschein und ein nationales Kfz-Kennzeichen. In Gibraltar herrscht Rechtsverkehr.

Parkhäuser findet man in der Line Wall Road, der Reclamation Road und der Devil's Tower Road. Die Straßenparkplätze in La Línea kosten 1,25 € pro Stunde, einfacher und sicherer ist es aber, die Tiefgaragen gleich nördlich der Avenida Príncipe de Asturias anzufahren.

BUS
Direkt nach Gibraltar fahren keine Busse, der **Busbahnhof** in La Línea de la Concepción (Spain) befindet sich aber nur 400 m von der Grenze entfernt. Von hier verkehren Busse von/nach Algeciras, Cádiz, Málaga, Sevilla und Tarifa.

FLUGZEUG
EasyJet (www.easyjet.com) Fliegt täglich nach/von London Gatwick und dreimal wöchentlich nach/von Bristol.

British Airways (www.britishairways.com) Fliegt täglich nach/von London Heathrow.

Monarch (www.monarch.co.uk) Fliegt fünfmal wöchentlich nach/von Luton, viermal nach/von Manchester und dreimal nach/von Birmingham.

SCHIFF/FÄHRE
Eine Fähre von **FRS** (www.frs.es) fährt freitags um 19 Uhr von Gibraltar nach Tanger-Med (Marokko; Erw./Kind einfache Fahrt 38/25 £, 1 Std.). Tickets bekommt man bei **Turner & Co** (Karte S. 161; ☎20078305; 67 Irish Town; ☺ Mo–Fr 9–13 & 14–17 Uhr).

ⓘ Unterwegs vor Ort

Bus 5 fährt alle zehn bis 20 Minuten zwischen Stadt und Grenze. Bus 2 bedient Europa Point, Bus 3 die südliche Stadt und Bus 4 und 8 steuern Catalan Bay an. Alle Busse halten am Market Place, direkt nordwestlich vom Grand Casemates Square. Einzelfahrscheine kosten 1,50 £, Tageskarten 2,25 £.

Die Provinz Málaga

1,64 MIO. EW.

Inhalt ➜

Málaga	168
Marbella	183
Estepona	185
Mijas	188
Ronda	189
Ardales & El Chorro	196
Antequera	196
Paraje Natural Torcal de Antequera	200
La Axarquía	201
Nerja	203

Gut essen

- La Consula (S. 182)
- Óleo (S. 174)
- El Mesón de Cervantes (S. 174)
- Casanis (S. 185)
- Arte de Cozina (S. 203)

Schön übernachten

- El Molino de los Abuelos (S. 201)
- El Molino del Santo (S. 192)
- Hotel Linda Marbella (S. 184)
- La Fructuosa (S. 196)

Auf nach Málaga

Málaga ist die hippe, revitalisierte andalusische Stadt, über die alle reden – und das, nachdem sie jahrzehntelang geflissentlich ignoriert wurde, insbesondere von den Touristen an der Küste. Um die 30 Museen und eine exzentrische Kunstszene werden durch moderne, schicke Restaurants, die neue Metrolinie und eine Einkaufsstraße komplementiert, die als eine der elegantesten (und teuersten) Spaniens gilt. Doch auch außerhalb der Stadt, in den übrigen Regionen der Provinz, herrscht eine ähnlich faszinierende Vielfalt, angefangen bei den atemberaubenden Bergen von La Axarquía und dem Touritrubel an der Costa del Sol.

Landeinwärts locken *pueblos blancos* (weiße Dörfer), angeführt vom spektakulär gelegenen Ronda. Die schicke Altstadt von Antequera samt archäologischer Stätte direkt um die Ecke wird oft unterschätzt. Unbedingt kosten: die *porra antequera* (eine Suppe mit ordentlich Knoblauch!).

Besonders lebendig geht es in Málaga anlässlich der jährlichen Feria zu. Die Feierstimmung wird mit Flamenco, *fino* (trockener, strohfarbener Sherry) und jeder Menge ausgelassenem Fiesta-Flair befeuert.

Entfernungen

	Málaga	Antequera	Ronda	Mijas
Antequera	40			
Ronda	64	87		
Mijas	25	70	70	
Nerja	53	89	117	88

Highlights

① In **Málaga** (S. 168) Museen von Weltrang besuchen.

② Bei der größten jährlichen Fiesta der Provinz, der **Feria de Málaga** (S. 173), mitfeiern.

③ Die architektonischen Juwelen in der Altstadt von **Antequera** (S. 196) bewundern.

④ Atemberaubende Gipfelaussichten in **Comares** (S. 201) genießen.

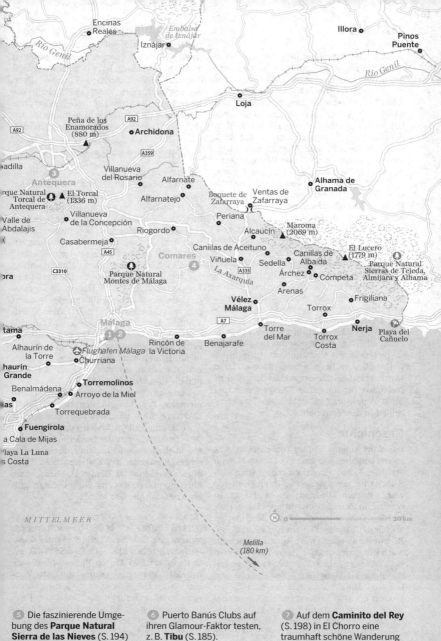

5 Die faszinierende Umgebung des **Parque Natural Sierra de las Nieves** (S. 194) bei Ronda erkunden.

6 Puerto Banús Clubs auf ihren Glamour-Faktor testen, z. B. **Tibu** (S. 185).

7 Auf dem **Caminito del Rey** (S. 198) in El Chorro eine traumhaft schöne Wanderung unternehmen.

MÁLAGA

568 479 EW.

Málaga hat sehr wenig mit der angrenzenden Costa del Sol zu tun. Die historisch und kulturell bedeutende Provinzhauptstadt stand lange Zeit im Schatten der andalusischen Vorzeigestädte Granada, Córdoba und Sevilla. Mit seiner sogenannten Kunstmeile hat sich Málaga aber schnell zur Kulturhochburg der Provinz gemausert und wird, was das betrifft, mit Madrid verglichen, während seine Dynamik und Restaurantszene gern mit Barcelona gleichgesetzt werden.

Das geschmackvoll restaurierte historische Zentrum ist ein Genuss: Rings um die gotische Kathedrale verlaufen enge Fußgängerstraßen, an denen sich traditionelle und moderne Bars aneinanderreihen. Es gibt sowohl ausgefallene, alternative Boutiquen als auch Familienbetriebe und schicke, moderne Geschäfte. Zwischendurch sollte man ruhig mal den Kopf in den Nacken legen, um die Skyline zu begutachten, die den vielseitigen Charakter der Stadt widerspiegelt: Kirchtürme wechseln sich mit rötlichbraunen Dächern und hohen Apartmentgebäuden ab und darüber thront wie eine Grande Dame die Burg Gibralfaro aus dem 11. Jh. – sie bietet die mit Abstand beste Aussicht.

Der ehedem heruntergekommene Hafen wurde ebenfalls saniert, sodass Kreuzfahrtpassagiere für klingelnde Kassen sorgen und ihren Anteil an den steigenden Touristenzahlen in der Stadt haben.

Geschichte

Das Wort Málaga kommt von *malaka,* was so viel bedeutet wie „salzen". Diesen Namen verliehen die Phönizier der Stadt im 8. Jh. v. Chr., denn sie salzten ihren Fisch – so war es Brauch. Die Stadt wuchs und war in römischen Zeiten ein wichtiger Hafen. Hier wurden Olivenöl und *garum* (Fischpaste), aber auch Kupfer, Blei und Eisen aus den Bergwerken rund um Ronda verschifft. Auch unter maurischer Herrschaft (ab dem 8. Jh.) florierte Málaga, insbesondere in seiner Rolle als Haupthafen des Emirats von Granada. Die Stadt leistete den christlichen Heeren bis 1487 Widerstand und demonstrierte später im Kampf gegen Francos Faschisten während des Spanischen Bürgerkriegs die gleiche Zähigkeit. Unlängst zeigte Málaga erneut die Zähne und wehrte sich erfolgreich gegen die umfangreichen Bauprojekte, die das Aussehen der angrenzenden Costa del Sol prägen.

Sehenswertes

Die bedeutendsten Sehenswürdigkeiten verteilen sich in oder um den wunderschönen alten Ortskern unterhalb der Alcazaba und des Castillo de Gibralfaro. Ein guter Ausgangspunkt für eine Stadtbesichtigung ist die Kathedrale, die über den umliegenden Straßen aufragt und daher leicht zu finden ist. Am Hafen sind weitere drei Museen angesiedelt.

Historisches Zentrum

★ Catedral de Málaga   KATHEDRALE

(Karte S.176 f.; 952 21 59 17; Calle Molina Lario; Kathedrale & Museum 5 €, Turm 6 €; Mo–Sa 10–18 Uhr) Im 16. Jh. begann man mit der Errichtung der Kathedrale; ursprünglich befand sich hier eine Moschee. Von dieser ist nur noch der Patio de los Naranjos erhalten, ein kleiner Hof mit duftenden Orangenbäumen.

Im Innenraum sieht man deutlich, warum das Ganze so lange dauerte. Die großartige Kuppel reicht 40 m in die Höhe, und das riesige säulenbestandene Schiff mündet in einen enormen Chor aus Zedernholz. In den Seitenschiffen reihen sich 15 Kapellen mit herrlichen Altaraufsätzen und religiösen Kunstwerken des 18. Jhs. aneinander. 200 Stufen führen in den Turm hinauf; oben angekommen wird man mit einem genialen Blick auf die Stadt und die Küste belohnt.

Der Bau der Kathedrale war ein monumentales Projekt und dauerte 200 Jahre. 1782 erreichten die Baukosten ein solches Ausmaß, dass die Arbeiten eingestellt werden mussten. Einer der beiden Glockentürme blieb unvollendet, daher der abgedroschene Spitzname der Kathedrale: *La Manquita* (die einarmige Dame). Das hauseigene Museum präsentiert eine Sammlung religiöser Artefakte aus 500 Jahren.

★ Museo Picasso Málaga   MUSEUM

(Karte S.176 f.; 902 44 33 77; www.museopicassomalaga.org; Calle San Agustín 8; Eintritt 7 €, inkl. Wechselausstellung 10 €; Di–Do & So 10–20, Fr & Sa bis 21 Uhr) Das Museo Picasso birgt eine beneidenswerte Sammlung von 204 Werken, davon 155 gestiftet und 49 ausgeliehen von Christine Ruiz-Picasso (Frau von Paul, Picassos ältestem Sohn) und Bernard Ruiz-Picasso (Enkel des Malers). Darunter sind einige wunderbare Bilder der Familie, etwa das berührende *Paulo con gorro blanco* (Paulo mit weißer Mütze), ein in den 1920er-Jahren entstandenes Porträt des ältesten Sohns Picassos.

Auch die archäologischen Überreste aus der phönizischen, römischen und islamischen Ära sowie aus der Renaissance im Untergeschoss, die bei Bauarbeiten entdeckt wurden, sollte man sich nicht entgehen lassen.

Toll sind auch die Wechselausstellungen (ganzjährig).

★ Alcazaba BURG
(Karte S. 176 f.; Calle Alcazabilla; Eintritt 2,20 €, inkl. Castillo de Gibralfaro 3,40 €; ⊙ Di–So 9.30–20 Uhr) Keine Zeit, die Alhambra in Granada zu besuchen? Dann gewährt die Alcazaba in Malaga zumindest einen Vorgeschmack. Der Eingang liegt neben dem römischen Amphitheater, von wo sich ein Pfad durch purpurrote Bougainvilleen, hohe Palmen, duftende Jasminbüsche und Reihen von Orangenbäumen hinaufwindet. Die umfassend restaurierte palastartige Festung aus dem 11. Jh. stammt aus der maurischen Periode. Ihre Hufeisenbogen, Höfe und sprudelnden Brunnen sind Zeugen dieser einflussreichen Periode in der Stadtgeschichte.

Einen Besuch lohnt auch das kleine archäologische Museum im früheren Dienstbotenquartier des Nasriden-Palasts, das maurische Keramik und Töpferei zeigt.

Museo Carmen Thyssen MUSEUM
(Karte S. 176 f.; www.carmenthyssenmalaga.org; Calle Compañía 10; Eintritt 4,50 €, inkl. Wechselausstellung 9 €; ⊙ Di–So 10–19.30 Uhr) Ein ästhetisch restaurierter Palast aus dem 16. Jh. im Herzen des früheren maurischen Viertels beherbergt eine umfangreiche Sammlung, die sich auf spanische und andalusische Kunst aus dem 19. Jh. konzentriert, darunter Werke herausragender nationaler Künstler des Landes wie Joaquín Sorolla y Bastida, Ignacio Zuloaga und Francisco de Zurbarán. Die Kunst des 19. Jhs. steht auch im Zentrum der Sonderausstellungen.

Castillo de Gibralfaro BURG
(Karte S. 170; Eintritt 2,20 €, inkl. Alcazaba 3,40 €; ⊙ April–Sept. 9–21 Uhr) Eines der Überbleibsel aus Málagas maurischer Vergangenheit sind die markanten Mauern des Castillo de Gibralfaro, das spektakulär auf einem Hügel thront. Die Burg wurde unter Abd ar-Rahman I. (Emir von Córdoba) im 8. Jh. errichtet und im 14. Jh. umgebaut, als Málaga der Haupthafen des Emirats von Granada war. Ursprünglich diente sie als Leuchtturm und als Militärkaserne.

Im Inneren ist nicht viel von der Originaleinrichtung erhalten, aber der Gang hoch oben auf den Mauerzinnen bietet die schönste Aussicht auf Málaga.

Es gibt auch ein Militärmuseum mit einem Modell des gesamten Burgkomplexes und der unteren Residenz, der Alcazaba.

Der schönste Weg zur Festung führt über den malerischen Paseo Don Juan de Temboury bis südlich der Alcazaba. Von dort schlängelt sich ein hübscher (und steiler) Pfad über üppig bepflanzte Terrassen mit Aussichtspunkten über die Stadt nach oben. Alternativ fährt man mit dem Auto über den Camino de Gibralfaro hinauf oder nimmt den Bus 35 in der Avenida de Cervantes.

Museo de Málaga MUSEUM
(Palacio de la Aduana; Karte S. 176 f.; ☎ 951 29 40 51; Plaza de la Aduana; ⊙ Di–So 10–19 Uhr) **GRATIS** Das Málaga-Museum öffnete 2015. Eine Abteilung widmet sich der archäologischen Geschichte. Dort sind Nachbildungen von Wandmalereien ausgestellt, die in Höhlen in Nerja entdeckt wurden, sowie eine fantastische Skulptur eines 1,70 m großen römischen Soldaten aus dem 2. Jh. In einer anderen Galerie steht die maurische Herrschaftsperiode im Mittelpunkt. Ein großes Modell zeigt Málagas einstigen Markt, der an eine Medina erinnert. Des Weiteren sind viele nasridische Tonarbeiten zu bewundern. Ein Teil des Museums beherbergt spanische Gemälde des 19. und 20. Jhs.

Museo de Arte Flamenco MUSEUM
(Karte S. 176 f.; ☎ 952 22 13 80; www.museoflamencojuanbreva.com; Calle Franquelo 4; empfohlene Spende 1 €; ⊙ Di–So 10–14 Uhr) In der Zentrale der ältesten und prestigeträchtigsten *peña* (privater Flamenco-Club) der Stadt wurde das Flamenco-Museum auf zwei Etagen angelegt. Die vielen Poster, Fächer, Kostüme und anderen Utensilien zeugen von Málagas illustrer Tanzszene.

Museo del Vidrio y Cristal MUSEUM
(Fenster- und Glasmuseum; Karte S. 170; ☎ 952 22 02 71; www.museovidrioycristalmalaga.com; Plazuela Santísimo Cristo de la Sangre 2; Eintritt 5 €; ⊙ Di–So 11–19 Uhr) In einem charmant herunterge-

> **ℹ KOSTENLOSER MUSEUMSEINTRITT**
>
> Im **Museo Picasso** (S. 168) und im **Centre Pompidou Málaga** (S. 171) ist der Eintritt sonntags ab 18 Uhr (Picasso-Museum) bzw. 16 Uhr (Centre Pompidou) frei.

Málaga

DIE PROVINZ MÁLAGA MÁLAGA

Map labels:

- Eugenio Gross
- C Bailén
- C Sevilla
- C Pelayo
- Av de Barcelona
- C A de Palencia
- C Maldonado
- C Trinidad
- C Mármoles
- Carreteria
- C Armengula de la Mota
- Av Hilera
- C Fátima
- Av de la Rosaleda
- Av de Andalucía
- Callejones del Perchel
- C Eslava
- Explanada de la Estación
- Málaga-Renfe
- Bus-bahnhof
- Málaga-Centro
- Cuarteles
- C Mauricio Moro Pareto
- Paseo de los Tilos
- Museo Ruso de Málaga (2,8 km); Museo Automovilístico Málaga (2,8 km); La Térmica (3 km)
- Torremolinos (14 km)
- C Mauricio
- Río Guadalmedina
- Plazuela Santísimo Cristo de la Sangre
- C Madre de Dios
- C Álamos
- Plaza de la Merced
- C Victoria
- Caminito Gibralfaro
- Cementerio Inglés
- Av de Priés
- Paseo de Reding
- Jardines Alcalde Pedro Ruiz Alonso
- Fußweg
- Plaza General Torrijos
- LA MALAGUETA
- Paseo Marítimo Picasso
- El Balneario de los Baños del Carmen (750 m); Playa de Pedregalejo (3,5 km); Playa del Palo (4,5 km)
- Playa de la Malagueta
- Paseo Marítimo Ciudad de Melilla
- Mittelmeer
- Av Cánovas del Castillo
- Pasaje Doctor Carrillo Casaux
- Centre Pompidou Málaga
- Paseo de la Farola
- Antepuerto
- Paseo de los Curas
- Av de Cervantes
- C Guillén Sotelo
- C Cister
- Alcazabilla
- ALTSTADT
- C Compañía
- C Nueva
- Plaza de la Constitución
- Paseo del Parque
- Muelle Uno
- Trasmediterránea
- Fährstrecke nach Melilla
- Puerto
- Atarazanas
- Alameda Principal
- C Trinidad Grund
- C Vendeja
- C Córdoba
- C Barroso
- C Duquesa de Parcent
- Av Manuel Agustín Heredia
- Plaza de la Marina
- C Blasco de Garay
- Busse zur Costa del Sol
- C Alemania
- siehe Karte Málaga Zentrum (S. 176 f.)

0 – 400 m

Málaga

◎ Highlights
1 Centre Pompidou Málaga E2

◎ Sehenswertes
2 Castillo de Gibralfaro F1
3 Centro de Arte Contemporáneo C4
4 Muelle Uno E3
5 MUES C3
6 Museo del Vidrio y Cristal D1

⊕ Aktivitäten, Kurse & Touren
7 Málaga Bike Tours D3

⊜ Schlafen
8 Feel Málaga Hostel C3
9 Parador Málaga Gibralfaro F1

⊗ Essen
10 Al Yamal D3
11 Óleo C4

⊜ Ausgehen & Nachtleben
12 Antigua Casa de Guardia D3

---

kommenen Viertel findet man dieses palastähnliche Haus aus dem 18. Jh. mit drei Innenhöfen. Unlängst ließ es der Besitzer, der Sammler und Historiker Gonzalo Fernández-Prieto, restaurieren. Seine spannende, private Sammlung umfasst antike Möbel, wertvolle Teppiche, präraffaelitische Buntglasfenster und riesige Ahnenporträts aus dem 16. Jh.

⊙ Alameda Principal & Umgebung

Die Alameda Principal, eine belebte Durchgangsstraße, wurde im 18. Jh. als Boulevard auf der damaligen sandigen Ufer der Guadalmedina-Mündung gebaut. Links und rechts von ihr stehen alte Bäume aus Amerika sowie Gebäude aus dem 18. und 19. Jh., der Mittelstreifen wird von Blumenverkäufern in Beschlag genommen.

★ Centre Pompidou Málaga   MUSEUM
(Karte S. 170; ☏ 951 92 62 00; www.centrepompidou.es; Pasaje Doctor Carrillo Casaux, Muelle Uno; Eintritt 7 €, inkl. Wechselausstellung 9 €; ⊙ Mi–Mo 9.30–20 Uhr) Der Ableger des Pariser Centre Pompidou öffnete 2015 seine Pforten am Hafen. Das Museumsgebäude ist eine niedrige, moderne Konstruktion, auf der ein verspielter vielfarbiger Würfel hockt. Die ständige Sammlung umfasst Kader Attias erstaunliche Installation *Ghost*; aus herkömmlicher Aluminiumfolie schuf der Künstler mehrere Reihen muslimischer Frauen in gebeugter Haltung, wie zum Gebet verneigt. Darüber hinaus sind Werke zeitgenössischer Größen wie Frida Kahlo, Francis Bacon und Antoni Tàpies zu sehen. Es gibt auch einige audiovisuelle Installationen, sprechende Köpfe sowie Wechselausstellungen.

Der Museumsvertrag hat zunächst eine Laufzeit von fünf Jahren; die jährlichen Kosten belaufen sich auf stattliche eine Million Euro.

Centro de Arte Contemporáneo   MUSEUM
(Museum für zeitgenössische Kunst; Karte S. 170; www.cacmalaga.org; Calle Alemania; ⊙ Di–So 10–20 Uhr) GRATIS Das Museum für zeitgenössische Kunst befindet sich in einer pfiffig umgebauten Großmarkthalle aus den 1930er-Jahren. Der extravagante dreieckige Grundriss des Gebäudes blieb erhalten; seine kubistischen Linien und Formen präsentieren die moderne Kunst auf geradezu geniale Weise. Das komplett (einschließlich Fenstern) weiß gestrichene Bauwerk stellt Werke bekannter Künstler des 20. Jhs. wie Tracey Emin und Damien Hirst aus.

Paseo de España   PARK
(Karte S. 176 f.; Paseo del Parque; P) Diese palmenbestandene Verlängerung der Alameda entstand in den 1890er-Jahren auf Land, das dem Meer entrissen wurde. Im Garten an der Südseite des Parks wachsen exotische Tropenpflanzen und -bäume; sie bieten eine wohltuende Zuflucht von der Großstadthektik. Hier schlendern zahlreiche junge und alte *malagueños* (so werden die Einwohner Málagas genannt) umher und suchen Erholung im Schatten. Sonntags unterhalten Musiker und Straßenkünstler die Menge.

Mercado Atarazanas   MARKT
(Karte S. 176 f.; Calle Atarazanas; P) Nördlich der Hauptverkehrsader, der Alameda Principal, steht ein auffälliges, mit Eisen verziertes Gebäude aus dem 19. Jh. Das ursprüngliche maurische Tor, das einst die Stadt mit dem Hafen verband und kürzlich restauriert wurde, ist darin integriert. Das herrliche Buntglasfenster zeigt historische Höhepunkte der Stadt.

In der herrlich lebhaften, täglich geöffneten Markthalle stehen herabbaumelnde ganze Schinken, Wurstkringel, Käse, Fisch und unzählige Olivensorten zur Auswahl. Am buntesten sind die Obst- und Gemüsestände, an denen man alle Erzeugnisse der Saison kaufen kann. Das Angebot reicht von großen deformierten Tomaten, die in Scheiben geschnitten mit Olivenöl serviert werden, über gehackten Knoblauch und grobes Salz bis zu milden roten, süß schmeckenden Zwiebeln.

Muelle Uno HAFEN

(Karte S. 170; P) Lange Zeit hat man den Hafen vernachlässigt, doch 2013 erfolgte ein radikaler Umbau, u. a. wegen der steigenden Zahl an Kreuzfahrtpassagieren, die in Málaga an Land gehen. Jetzt verschönern breite, von Palmen, Geschäften, Restaurants und Bars gesäumte Gehwege Muelle 1 und Muelle 2. Außerdem befindet sich hier ein nettes kleines Aquarium, das **Museo Alborania** (Karte S.176 f.; 951 60 01 08; www.museoalborania.com; Palmeral de las Sospresas, Muelle 2; Erw./Kind 7/5 €; Juli–15. Sept. 11–14 & 17–24, 15. Sept.–Juni 10.30–14.30 & 16.30–18.30 Uhr;).

◉ Westlich des Zentrums

Museo Ruso de Málaga MUSEUM

(951 92 61 50; www.coleccionmuseoruso.es; Avenida de Sor Teresa Plat 15; Erw./Kind 8 €/frei; Di–So 11–22 Uhr; P) Dies ist ein Ableger des russischen Staatsmuseums in St. Petersburg. Es wurde 2015 eingeweiht und nimmt eine ehemalige Tabakfabrik aus den 1920er-Jahren ein. Thematisch steht die russische Kunst des 16. bis 20. Jhs. mit Werken von Ilya Repin, Wassily Kandinsky, Vladimir Tatlin und vielen anderen im Mittelpunkt. An der Station Málaga Centro Alameda Principal in die Buslinien 3, 15 oder 16 setzen und bis Avenida La Paloma fahren (1,35 €, 10 Min.).

NICHT VERSÄUMEN

SOHOS ERSTAUNLICHE WIEDERGEBURT

Das Gegenstück zu Málagas prestigeträchtigen Kunstmuseen von Weltrang ist das erfrischend bodenständige **MUES** (Málaga Arte Urbano en el Soho; Karte S. 170), das auf die Vielzahl von Straßenkünstlern in der Umgebung zurückgeht. Sie haben den ehemals heruntergekommenen Bezirk zwischen dem Zentrum und dem Hafen (heute als Soho bekannt) komplett umgekrempelt und mit avantgardistischen Wandmalereien versehen, die mehrere Stockwerke hoch sind. Coole Cafés, Restaurants aus aller Herren Länder, Kunsthandwerksläden und Straßenmärkte runden das alternative Flair ab.

Das Museum wird (zunächst) zehn Jahre in Málaga verbleiben.

Museo Automovilístico Málaga MUSEUM

(951 13 70 01; www.museoautomovilmalaga.com; Avenida Sor Teresa Prat 15; Erw./Kind 7,50 €/frei; Di–So 10–19 Uhr) Autofans wie Fashionistas werden dieses Museum in einer ehemaligen Tabakfabrik lieben, denn thematisch kombiniert es die Geschichte des Automobils mit der Mode des 20. Jhs. von Designergrößen wie Chanel, Yves Saint Laurent und Dior. 85 Autos wurden mit viel Hingabe restauriert. Zu sehen sind u. a. ein Bugatti, ein Bentley und ein fantastischer Rolls Royce mit Flower-Power-Lackierung. Bei Málaga Centro Alameda Principal die Buslinien 3, 15 oder 16 nehmen und an der Avenida La Paloma aussteigen (1,35 €, 10 Min.).

La Térmica KULTURZENTRUM

(www.latermicamalaga.com; Avenida de Los Guindos 48; Öffnungszeiten variieren; P) GRATIS Allein die Architektur ist Grund genug für einen Besuch: Dieses erstaunliche Modernisme-Bauwerk verzaubert mit aufwendigen Kachelarbeiten, Höfen und Springbrunnen. Seinerzeit diente es als Militärkrankenhaus, Verwaltungszentrum und Waisenhaus. Heute findet hier ein abwechslungsreiches Programm aus Konzerten, Kursen und Ausstellungen statt (bei einer Show war z. B. Graffiti-Guru Banksy Thema) und am ersten Sonntag im Monat kann man den Antiquitätenmarkt besuchen.

◉ La Malagueta & die Strände

Am Ende des Paseo del Parque erstreckt sich das exklusive Wohnviertel La Malagueta. Dank ihrer Lage auf einer schmalen Landzunge bieten die Wohnungen einen wunderbaren freien Blick aufs Meer, zudem findet man nahe der **Playa de la Malagueta**, dem stadtnächsten Strand, einige der besten Lokale Málagas. 2 km östlich lockt ein Fischrestaurant in wunderbarer Lage, El Balneario de los Baños de Carmen (S. 175).

Östlich der Playa de la Malagueta dehnen sich nahezu überall Sandstreifen über mehrere Kilometer aus, darunter die **Playa de Pedregalejo** und die **Playa el Palo**. Letztere war ursprünglich das Fischerviertel der Stadt. Der Strand ist nicht nur toll für Kinder, sondern auch für Erwachsene, die einen faulen Nachmittag mit einem kalten Bier und einem Teller voll brutzelnder Meeresfrüchte erleben möchten. Bus 11 fährt vom Paseo del Parque zu diesen Stränden.

🏃 Aktivitäten

Hammam Al-Andalus
HAMMAM

(Karte S. 176 f.; ☎ 952 21 50 18; www.hammamalandalus.com; Plaza de los Mártires 5; 30 €; ⊙ 10–24 Uhr) In diesem Hammam im maurischen Stil können es sich *malagueños* und andere Besucher ähnlich gut gehen lassen wie in vergleichbaren Badehäusern in Granada und Córdoba. In dem luxuriösen Marmorambiente kann man sich außerdem auch massieren lassen.

Málaga Bike Tours
RADFAHREN

(Karte S. 170; ☎ 606 978513; www.malagabiketours.eu; Calle Trinidad Grund 1; Touren 25 €) Sightseeing vom Rad aus ist eine tolle Sache – und einen besseren Anbieter für Radtouren als Málaga Bike Tours wird man kaum finden. Täglich um 10 Uhr starten Ausflüge vor der städtischen Touristeninformation an der Plaza de la Marina. Nur mit Reservierung! Wenigstens 24 Stunden vorab buchen.

Wer lieber auf eigene Faust losradeln will, bekommt ein Leihrad für 10 € am Tag.

🎉 Feste & Events

Das ganze Jahr über finden in der Provinz Málaga Feste statt. Sie sind in der monatlichen Broschüre *¿Qué Hacer?* aufgelistet, die man in der städtischen Touristeninformation bekommt.

Fiesta Mayor de Verdiales
VOLKSMUSIK

(⊙ 28. Dez.) Tausende strömen im Dezember zum großen Treffen der *verdiales*-Volksmusikgruppen am Puerto de la Torre. Diese pflegen eine fröhliche Musik- und Tanzrichtung, die typisch für die Gegend um Málaga ist. Die Buslinien 20 und 21 verkehren von der Alameda Principal zum Puerto de la Torre.

Semana Santa
KARWOCHE

Jeden Abend von Palmsonntag bis Karfreitag tragen sechs oder sieben *cofradías* (Bruderschaften) stundenlang ihre Heiligenfiguren vor Zuschauermassen durch die Stadt.

Feria de Málaga
VOLKSFEST

(⊙ Mitte Aug.) Málagas neuntägige *feria* (Volksfest) ist das ausgelassenste Sommerfest Andalusiens. Eingeläutet wird sie mit einem riesigen Feuerwerk am Eröffnungsfreitag. Zu diesem Anlass gibt's jede Menge Flamenco und reichlich *fino* (Sherry) – das Ganze erinnert an eine überschwängliche Straßenparty in Rio. Am meisten ist im Stadtzentrum los.

Abends verlagern sich die Aktivitäten auf große Festplätze und zu den allabendlichen Rock- und Flamenco-Shows am Cortijo de Torres, 3 km südwestlich des Stadtzentrums. Nun fahren überall in Málaga Sonderbusse umher.

🛏️ Schlafen

★ Dulces Dreams
HOSTEL €

(Karte S. 176 f.; ☎ 951 35 78 69; www.dulcesdreamshostel.com; Plaza de los Mártires 6; Zi. inkl. Frühstück 45–60 €; ❄ 🛜) Ein enthusiastisches, junges Team regiert das Dulces (süße) Dreams, in dem die Zimmer passenderweise nach Desserts benannt sind: „Cupcake" ist z. B. eine nette Wahl mit Terrasse und Blick auf eine Kirche aus roten Ziegeln. Das Gebäude ist schon älter, deshalb gibt's keinen Aufzug und die Zimmer sind unterschiedlich groß, dafür aber hell und ausgefallen. Es wurde so viel Recyclingmaterial verwendet wie möglich.

Zum Frühstück wird gesundes, kosmopolitisches Essen serviert: Avocados, Käse, Obst und Müsli sowie Bio-Kaffee, der laut Gästevotum der „beste der Stadt" ist.

Feel Málaga Hostel
HOSTEL €

(Karte S. 170; ☎ 952 22 28 32; www.feelmalagahostel.com; Calle Vendeja 25; DZ 45 €, ohne Bad 35 €, Mehrbettzimmer ab 16 € pro Pers.; @ 🛜) In Gehweite vom Bahnhof im Stadtzentrum (auch mit Gepäck) bietet dieses saubere, gut ausgestattete Hostel verschiedene Doppel- und Mehrbettzimmer. Der farbenfrohe Gemeinschaftsbereich unten sorgt für Strandfeeling mit seinen gestreiften Liegestühlen und dem Kickertisch, die Bäder sind mit klassischen Mosaikkacheln geschmückt und die Küche im Obergeschoss hält jegliches „Zubehör" bereit, das zum Zubereiten einer anständigen Mahlzeit notwendig ist.

★ Molina Lario
HOTEL €€

(Karte S. 176 f.; ☎ 952 06 20 02; www.hotelmolinalario.com; Calle Molina Lario 20–22; Zi. 116–130 €; ❄ 🛜 🏊) Die perfekte Unterkunft für verliebte Pärchen. Das Molina Lario hat ein kultiviertes, modernes Flair und verfügt über geräumige Zimmer, die in Erdtönen gehalten sind. Dazu gibt's frische, weiße Bettwäsche, butterweiche Kissen und geschmackvolle Gemälde sowie eine Dachterrasse und einen Pool mit Blick bis zum Meer. Und die Kathedrale liegt gewissermaßen in „Beichtweite".

El Hotel del Pintor
BOUTIQUE-HOTEL €€

(Karte S. 176 f.; ☎ 952 06 09 81; www.hotelpintor.com; Calle Álamos 27; EZ/DZ 59/70 €; ❄ @ 🛜) Die Farbpalette aus Rot, Schwarz und Weiß orientiert sich an den abstrakten Werken von Pepe Bornov, einem *malagueño*. Seine Bilder hängen in den öffentlich zugänglichen Bereichen und auf den Zimmern dieses netten, kleinen Hotels. Die Lage ist praktisch – man ist schnell bei den Hauptsehenswürdigkeiten –, allerdings sind die Zimmer vorn nicht eben leise, vor allem nicht am Samstagabend. Ohrstöpsel einstecken!

El Ríad Andaluz
PENSION €€

(Karte S. 176 f.; 952 21 36 40; www.elriadandaluz.com; Calle Hinestrosa 24; EZ/DZ/3BZ 62/89/119 €;) Eine Pension in französischem Besitz im historischen Teil der Stadt. Die acht Zimmer sind um einen stimmungsvollen Innenhof angeordnet; in Marokko würde man von einem Riad sprechen. Auch das Dekor ist marokkanisch, die Zimmer sind aber unterschiedlich gestaltet. Die Bäder sind bunt gekachelt. Auf Wunsch gibt's Frühstück.

Parador Málaga Gibralfaro
HISTORISCHES HOTEL €€€

(Karte S. 170; 952 22 19 02; www.parador.es; Castillo de Gibralfaro; Zi. inkl. Frühstück 130–155 €;) Die Lage auf dem von Pinien bestandenen Berg Gibralfaro ist schwer zu toppen. Auch aus diesem Grund ist Málagas *parador* (Luxushotel in staatlichem Besitz), ein Steinbau, sehr beliebt. Die Zimmer sind zwar eher durchschnittlich, die meisten ihrer Terrassen warten jedoch mit einem fantastischen Ausblick auf. Oder man lässt es sich in dem exzellenten Terrassenrestaurant gutgehen – auch wenn man kein Gast ist.

Essen

In Málaga gibt's eine schier unglaubliche Zahl von Tapas-Bars und Restaurants, besonders im sowie rund um das historische Zentrum (bei der letzten Zählung waren es über 400). Es ist also kein Problem, einen Ort zum Essen zu finden. Bei Redaktionsschluss hieß es, dass die Eröffnung eines Feinschmeckermarkts, des Mercado de La Merced, im historischen Zentrum (nahe der Plaza de la Merced) ins Haus steht. Dort wird eine vielseitige Auswahl an internationaler und lokaltypischer Küche bereitstehen (zum dortigen Verzehr und auch zum Mitnehmen).

El Calafate
VEGETARISCH €

(Karte S. 176 f.; Calle Andrés Pérez 6; Hauptgerichte 7–10 €; Mo–Sa 13.30–16 & 20.30–23 Uhr;) In einem Gewirr aus schmalen, verkehrsberuhigten Straßen finden Vegetarier all ihre Lieblingsgerichte vor, ob paniertes Seitan oder Tofu-Kotelett, thailändischen Reis oder griechische Moussaka.

Casa Aranda
CAFÉ €

(Karte S. 176 f.; www.casa-aranda.net; Calle Herrería del Rey; churro €0.45; Mo–Sa 8–15 Uhr;) Casa Aranda liegt in einer engen Gasse neben dem Markt und ist seit 1932 *der* Ort in der Stadt für Schokolade und *churros* (ringförmiges Spritzgebäck). Mittlerweile gibt's in der Straße mehrere Filialen, alle beherrscht von einem Team überwiegend älterer Kellner in weißen Hemden, die jeden Gast wie einen alten Freund begrüßen.

★ Óleo
FUSIONSKÜCHE €€

(Karte S. 170; 952 21 90 62; www.oleorestaurante.es; Edificio CAC, Calle Alemania; Hauptgerichte 12–16 €; Mo–Sa 10–24 Uhr;) Das minimalistische Dekor ist Weiß in Weiß und den Gästen wird eine ungewöhnliche Auswahl mediterraner oder asiatischer Gerichte geboten. Dabei sind auch ein paar raffinierte Kombinationen wie Entenbrust mit Seetang und Hoisinsoße, aber natürlich auch puristischere asiatische Kreationen und Feinschmeckerleckerbissen wie kandierter Spanferkelbraten.

Auch Vegetarier müssen nicht verhungern, und der Service ist aufmerksam und schnell. Im Museum für zeitgenössische Kunst.

★ El Mesón de Cervantes
TAPAS, ARGENTINISCH €€

(Karte S. 176 f.; 952 21 62 74; www.elmesondecervantes.com; Calle Álamos 11; Hauptgerichte 13–16 €; Mi–Mo 19–24 Uhr) Das Cervantes begann seine Karriere als bescheidene Tapasbar, betrieben von einem Einwanderer aus Argentinien (Gabriel Spatz). Die Originalbar gibt es immer noch; sie befindet sich um die Ecke. Doch Spatz hat inzwischen expandiert: Das Restaurant ist schick und groß, hat eine offene Küche und bietet einen fantastischen, freundlichen Service. Die Fleischgerichte sind unglaublich gut.

INSIDERWISSEN

ABENDESSEN IN DER STADT

Der letzte Renfe-Zug auf der Route Málaga–Fuengirola fährt um 23.30 Uhr, sodass Resortgäste in der Stadt dinieren bzw. etwas trinken gehen können, ohne gezwungenermaßen in Málaga zu stranden.

Al Yamal
MAROKKANISCH €€

(Karte S. 170; Calle Blasco de Garay 7; Hauptgerichte 9–12 €; Mo–Sa 12–15 & 19–23 Uhr) Im Herzen des quirligen *barrio* (Viertel) Soho wird köstliche, authentische marokkanische Küche aufgetischt, darunter Tajinen, Couscous, Humus und *kefta* (Fleischbällchen). In dem Speisesaal des Familienbetriebs stehen gerade mal sechs Tische. Er ist in ebenfalls typisch marokkanischen, warmen Farben gehalten und mit Stoffen dekoriert. Nach dem Essen gibt's dann einen Minztee mit herrlicher Orangenblütenessenz.

Batik
MODERNE SPANISCHE KÜCHE €€

(Karte S. 176 f.; 952 22 10 45; www.batikmalaga.com; Calle Alcazabilla 12; Hauptgerichte 12–20 €; 10–24 Uhr;) Das Batik ist im Obergeschoss eines Hostels untergebracht; einen besseren Ausblick kann man sich kaum vorstellen, denn von der Terrasse blickt man auf die Alcazaba. Die Küche ist so etwas wie Kunst auf dem Teller und hat ein innovatives Flair mit Gerichten wie gegrilltem Rind an Schokoladenjus mit Wacholderaroma. Besser reservieren.

Vino Mio
INTERNATIONAL €€

(Karte S. 176 f.; www.restaurantevinomio.com/en; Plaza Jeronimo Cuervo 2; Hauptgerichte 10–15 €; 13–2 Uhr;) Das Restaurant ist in niederländischem Besitz und wartet mit einer abwechslungsreichen Speiseauswahl auf – es gibt Kängurusteaks, pfannengerührtes Gemüse und Entenbrust mit süßer Chilisoße – die oft für kleine Aha-Erlebnisse sorgt. Wer mag, kann sich auch über die internationalen Tapas wie Humus und Roquefort-Kroketten hermachen.

El Balneario de los Baños del Carmen
FISCH & MEERESFRÜCHTE €€

(www.elbalneariomalaga.com; Calle Bolivia 40, La Malagueta; Hauptgerichte 8–15 €; So–Mi 11–21, Do–Sa bis 2 Uhr; P) Ein wunderbarer Ort, um an einem warmen Abend einen Teller Garnelen oder gegrillte Sardinen im Freien zu teilen und dazu ein paar kühle Getränke zu genießen. Das Balneario wurde 1918 für Málagas Bourgeoisie errichtet und ist heute wieder einer der beliebtesten Orte der Stadt zum Kontakteknüpfen und Geselligsein.

Im Speisesaal ist der Glanz der früheren Ballsaaltage noch deutlich spürbar. Samstags wird sogar für alle Tanzwilligen Livemusik gespielt. Auf dem Parkplatz findet jeden Sonntag ein Biolebensmittel- & Kunsthandwerkermarkt statt (9–15 Uhr).

> **GASTROARTE**
>
> 2012 gründeten etwa 30 Feinschmecker, darunter Köche und Lebensmittelproduzenten, vornehmlich mit Sitz in Málaga, Gastroarte (www.gastroarte.es), mit dem Ziel, die andalusische Küche wiederzuentdecken und zu feiern. Gastroarte ist eine Art Reaktion auf den generischen internationalen Einheitsbrei, der in so vielen Restaurants an der Costa del Sol serviert wird. Sowohl Arte de Cozina (S. 199) in Antequera und das Óleo (S. 174) in Málaga sind Gastroarte-Mitglieder, und die Teilnehmerzahl steigt, denn immer mehr Köche und Gastronomen zelebrieren die Vielfalt und Qualität der andalusischen Erzeugnisse. Dazu gehören hervorragende Olivenöle, lokale Weine, frischer Fisch und Meeresfrüchte.

El Chinitas
ANDALUSISCH €€€

(Karte S. 176 f.; 952 21 09 72; Calle Moreno Monroy; Hauptgerichte 16–25 €; 12–24 Uhr) Das alteingesessene, beliebte Restaurant ist auf durch und durch traditionelle andalusische Küche spezialisiert, wobei der Schwerpunkt auf Fleisch- und Fischgerichten liegt. Besonders stolz ist man auf den Ochsenschwanz! Die Atmosphäre ist elegant und typisch „alte Welt" mit opulenten Kachelarbeiten, blinkenden Kerzenleuchtern und einem fantastischen Service. Hier wird Liebe zum Detail zelebriert.

Ausgehen & Nachtleben

Die besten Gegenden für eine Kneipentour befinden sich zwischen der Plaza de la Merced im Nordosten und der Calle Carretería im Nordwesten sowie auf der Plaza Mitjana und der Plaza de Uncibay.

Los Patios de Beatas
WEINBAR

(Karte S. 176 f.; Calle Beatas 43; Mo–Sa 13–17 & 20–24, So 13–18 Uhr;) Zwei Herrenhäuser aus dem 18. Jh. wurden zu einer prachtvollen Weinbar zusammengefügt. Deren erlesene Weinkarte gilt als die umfangreichste der Stadt. Das kunstverliebte Flair wird durch die Buntglasfenster und wunderschönen Kunstharztische mit eingelassenen Mosaiken und Muscheln unterstrichen. Die Kellner tragen fantasievolle Tapas und *raciones* auf.

Málaga Zentrum

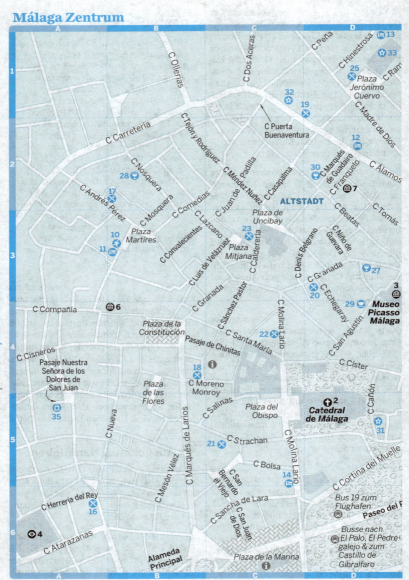

Bodegas El Pimpi BAR
(Karte S. 176 f.; www.bodegabarelpimpi.com; Calle Granada 62; 11–2 Uhr;) Eine echte Institution. Die weitläufige Bar besteht aus einem Gewirr von Räumen, einem Innenhof und einer offenen Terrasse samt Blick auf das römische Amphitheater. Ihre Wände sind mit historischen *feria*-Postern und Fotos von Gästen dekoriert, und auf den riesigen Fässern haben Berühmtheiten wie Tony Blair und Antonio Banderas unterschrieben. Wer hungrig ist, kann Tapas und verschiedene Hauptspeisen bestellen.

Málaga Zentrum

◎ Highlights
1 Alcazaba...................................F4
2 Catedral de Málaga....................D5
3 Museo Picasso Málaga..............D3

◎ Sehenswertes
4 Mercado Atarazanas..................A6
5 Museo Alborania........................F6
6 Museo Carmen Thyssen............B4
7 Museo de Arte Flamenco..........D2
8 Museo de Málaga......................E5
9 Paseo de España.......................F5

✪ Aktivitäten, Kurse & Touren
10 Hammam Al-Andalus.................B3

🛏 Schlafen
11 Dulces Dreams...........................B3
12 El Hotel del Pintor.....................D2
13 El Riad Andaluz.........................D1
14 Molina Lario...............................C5

✕ Essen
15 Batik...E3
16 Casa Aranda..............................A6
17 El Calafate.................................B2
18 El Chinitas.................................B4
19 El Mesón de Cervantes............D1
20 El Piyayo...................................D3
21 Gorki..C5
22 La Rebaná.................................C4
23 Pepa y Pepe..............................C3
24 Uvedoble Taberna....................E4
25 Vino Mio....................................D1

◉ Ausgehen & Nachtleben
26 Bodegas El Pimpi.....................E3
27 Casa Lola..................................D3
28 La Casa Invisible......................B2
29 La Tetería.................................D4
30 Los Patios de Beatas...............D2

✪ Unterhaltung
31 Clarence Jazz Club..................D5
32 Kelipe..C1
33 Teatro Cervantes.....................D1

🛍 Shoppen
34 Alfajar.......................................E4
35 La Recova................................A5
36 Ultramarinos Zoilo...................E3

Antigua Casa de Guardia BAR
(Karte S. 170; www.antiguacasadeguardia.net; Alameda Principal 18; ⊙ 11–24 Uhr) Málagas älteste, herrlich stimmungsvolle Bar stammt aus dem Jahr 1840. Ihre abblätternde gelbliche Farbe, die Schwarz-Weiß-Fotos von Picasso und das Barpersonal im reiferen Alter wirken passend antiquiert. Am besten trinkt man dunkelbraunen, an Sherry erinnernden trockenen Málaga-Wein oder den romantisch klingenden *lagrima tranañejo* (sehr alte Träne).

La Casa Invisible BAR
(Karte S. 176 f.; www.lainvisible.net; Calle Nosquera 11; ⊙ Mo–Sa 11 Uhr–spät; ☎) Das „unsichtbare

Haus" ist in der Tat nicht ganz leicht zu finden, aber wer hartnäckig sucht, findet ein wunderbares (wenn auch leicht marodes) Hofambiente vor, das mit schattenspendenden Palmen, einem Goldfischteich und bunten Wandmalereien bezaubert. Regelmäßig wird Livemusik gespielt, von afrikanischer Percussion bis zu Flamenco, und man kann Yoga- und Tangounterricht nehmen.

La Tetería
TEESTUBE
(Karte S. 176 f.; www.la-teteria.com; Calle San Agustín 9; Spezialtees 2,50 €; ⊙ Mo–Sa 9–24 Uhr) Hier werden jede Menge aromatisierte und klassische Tees von den Sorten Pfefferminz bis *„antidepresivo"*, Kaffee und Säfte serviert. Zum Frühstück locken frische Säfte und *bocadillos* (belegte Brötchen), Crêpes gibt's erst ab etwa 14 Uhr. Wer draußen sitzt, hat die schöne Kirche gegenüber im Blick, drinnen locken dagegen Weihrauchduft und Hintergrundmusik.

Casa Lola
BAR
(Karte S. 176 f.; Calle Granada 46; ⊙ 11–16 & 19–24 Uhr) In der eleganten Bar, deren Front mit traditionellen blau-weißen Kacheln geschmückt ist, hat man sich auf Wermut vom Fass spezialisiert, der eiskalt serviert wird und nur wenige Euros kostet. Von den hohen Hockern kann man wunderbar die künstlerische Dekoration und die Gäste beobachten.

☆ Unterhaltung

Teatro Cervantes
THEATER
(Karte S. 176 f.; www.teatrocervantes.com; Calle Ramos Marín; ⊙ Sept.–Mitte Juli) Stattliches Art-déco-Theater mit einer tollen Programmmischung aus Musik, Schauspiel und Tanz samt einigen bekannten Namen.

Kelipe
FLAMENCO
(Karte S. 176 f.; ☏ 692 829885; www.kelipe.net; Calle Pena 11; 24–35 €; ⊙ Vorführung Do–Sa 21 Uhr) Málaga hat eine beachtliche Flamenco-Tradition. Deren Dreh- und Angelpunkt ist dieses Zentrum nordwestlich der Plaza de la Merced. Donnerstags bis samstags um 21 Uhr werden authentische Flamenco-Shows geboten; im Eintritt von 24 € sind zwei Getränke inbegriffen; nur mit Reservierung!

Clarence Jazz Club
LIVEMUSIK
(Karte S. 176 f.; ☏ 951 91 80 87; www.clarencejazzclub.com; Calle Cañón 5; Eintritt 5 €; ⊙ Mi & Do 20–2, Fr & Sa 16–4 Uhr) Der Club gegenüber der Kathedrale hat eine intime Atmosphäre und die Jazzkonzerte sind erstklassig. An Wochenenden tut man gut daran, vorab zu reservieren.

AUF DER TAPAS-ROUTE

Málagas kulinarische Genüsse sind generell einfach, leicht zu bekommen und preiswert. Dazu gehört z. B. eine gemächliche Tour durch die unzähligen Tapas-Bars und alten Bodegas (Weinkeller) der Stadt.

El Piyayo (Karte S. 176 f.; ☏ 952 22 90 57; www.entreplatos.es; Calle Granada 36; raciones 6–10 €; ⊙ 12.30–24 Uhr) Das beliebte, traditionell gekachelte Bar-Restaurant ist berühmt für seine *pescaitos fritos* (gebackener Fisch) und typische lokale Tapas wie den bröckligen Manchego-Käse, der ideal zu einem Gläschen Rioja passt.

Uvedoble Taberna (Karte S. 176 f.; www.uvedobletaberna.com; Calle Císter 15 ; Tapas 2,70 €; ⊙ Mo–Sa 12.30–16 & 20–24 Uhr; 🔊) Wenn einem der Sinn nach etwas Modernerem steht, ist dieses beliebte Lokal eine gute Wahl. Hier gibt's traditionelle Tapas mit innovativer Note.

La Rebaná (Karte S. 176 f.; www.larebana.com; Calle Molina Lario 5; raciones 7–12 €; ⊙ Mo–Fr 12.30–17 & 19.30–24, Sa & So 12.30–1 Uhr) Diese tolle, laute und zentrale Tapas-Bar wartet mit viel dunklem Holz und einer schmiedeeisernen Galerie auf, was für ein einladendes Ambiente sorgt. Es gibt Köstlichkeiten wie Ziegenkäse mit Kirschen, Leberpastete und Schinken.

Pepa y Pepe (Karte S. 176 f.; ☏ 615 656984; www.barpepaypepe.com; Calle Calderería 9; Tapas 1,50–2 €, raciones 3,60–5,50 €; ⊙ 12.30–16.30 & 19.30–0.30 Uhr) Ein gemütliches Lokal voll junger Leute, die sich Tapas wie *calamares fritos* (Tintenfisch in Backteig) und frittierte grüne Paprika schmecken lassen.

Gorki (Karte S. 176 f.; www.grupogorki.com; Calle Strachan 6; Hauptgerichte 9–12 €; ⊙ 12.30–24 Uhr) Eine geschmackvoll aufgemachte Tapasbar, in der edle, kleine Happen auf dem Teller landen, z. B. Miniburger und Bries in zartem Blätterteig.

🛍 Shoppen

Die schicke Calle Marqués de Larios (man beachte den Marmorboden) zieht immer mehr Designerläden und Boutiquen an, aber in den umliegenden Straßen findet man noch viele kleine Läden in Familienbesitz, die hübsch restaurierte, alte Gebäude einnehmen. Sie sind auf die unterschiedlichsten Dinge spezialisiert, von Flamenco-Kleidern bis zu lieblichen Weinen aus Málaga. Nicht verpassen: den täglichen Markt Mercado Atarazanas (S. 171).

La Recova   KUNSTHANDWERK
(Karte S. 176 f.; www.larecova.es; Pasaje Nuestra Señora de los Dolores de San Juan; ⊙ Mo–Do 9.30–13.30 & 17–20, Fr 9.30–20, Sa 10–14 Uhr) Eine wahre Fundgrube voller Kunst, Handwerk und Antiquitäten. Verkauft werden traditionelle sevillanische Ziegel, handgefertigter Schmuck, antike Bügeleisen, Textilien und vieles mehr. In einer Ecke ist eine kleine Bar untergebracht – praktisch, wenn man beim Stöbern ein Bier trinken möchte.

Ultramarinos Zoilo   ESSEN
(Karte S. 176 f.; Calle Granada 65; ⊙ Mo–Fr 10–14 & 17–19, Sa bis 14 Uhr) Zum Angebot des hübschen familiengeführten Feinkostladens, der bereits Anfang der 1950er-Jahre eröffnet wurde, gehören große Stücke des bröckligen Manchego-Käses, verschiedene Sorten Chorizo aus der Region und die Spezialität *jamón serrano*: Die Schinken hängen über der Haupttheke und trocknen sanft in der Luft, wobei ihr Duft immer intensiver wird.

Alfajar   KUNST & KUNSTHANDWERK
(Karte S. 176 f.; www.alfajar.es; Calle Císter 3; ⊙ Mo–Fr 10–14 & 17–20, Sa bis 14 Uhr) Andalusische Keramiken von lokalen Kunsthandwerkern mit traditionellen Mustern und Glasuren bis hin zu modernen, künstlerisch-individuellen Stücken.

ℹ Praktische Informationen

Regionale Touristeninformation (Karte S. 176 f.; www.andalucia.org; Plaza de la Constitución 7; ⊙ Mo–Fr 9.30–19.30, Sa 10–19, So 10–14 Uhr) In einer ehemaligen Jesuitenschule aus dem 18. Jh. sind auf kleinem Raum u. a. Karten von den Städten in der Umgebung erhältlich. In dem schönen Gebäude finden das ganze Jahr über Kunstausstellungen statt.

Städtische Touristeninformation (Karte S. 176 f.; Plaza de la Marina; ⊙ März–Sept. 9–20, Okt.–Feb. bis 18 Uhr) Die Mitarbeiter der Touristeninformation haben diverse Stadtpläne und Broschüren auf Lager. Es gibt außerdem Infokioske am Eingang zur Alcazaba (Calle Alcazabilla), am Hauptbahnhof (Explanada de la Estación), an der Plaza de la Merced und an den östlichen Stränden (El Palo und La Malagueta).

> **INSIDERWISSEN**
>
> ## TINTO DE VERANO
>
> Wer im Sommer Málaga besucht, sollte in einer lokalen Bar mal einen *tinto de verano* bestellen. Dieser kalte Longdrink besteht aus Rotwein, hiesiger Limonade (nicht zu süß), viel Eis und einer Scheibe Zitrone. Er ist sehr erfrischend und macht an ein einem heißen Tag nicht gleich beschwipst.

ℹ An- & Weiterreise

BUS
Vom **Busbahnhof** (Karte S. 170; ☏ 952 35 00 61; www.estabus.emtsam.es; Paseo de los Tilos) 1 km westlich des Stadtzentrums bestehen Verbindungen in alle großen Städte Spaniens.

Zu den Fahrzielen gehören (bei den aufgelisteten Preisen handelt es sich um die jeweils günstigsten):

ZIEL	PREIS	FAHRT-DAUER (STD.)	HÄUFIGKEIT (TGL.)
Almería	19 €	4¾	8
Cádiz	27 €	4	3
Córdoba	12 €	3–4	4
Granada	12 €	2	18
Jaén	20 €	3¼	4
Madrid (Flughafen)	45 €	10	5
Sevilla	19 €	2¾	6

VOM/ZUM FLUGHAFEN
Málagas **Flughafen** (AGP; ☏ 952 04 88 38; www.aena.es) 9 km südwestlich der Stadt ist das internationale Tor nach Andalusien. Er ist ein wichtiger Verkehrsknotenpunkt in Südspanien, der sowohl von führenden internationalen Airlines als auch von Billigfliegern angesteuert wird.

Auto
Zahlreiche lokale und internationale Autovermietungen haben Büros am Flughafen.

Bus
Die Buslinie 75 ins Stadtzentrum (1,50 €, 20 Minuten) fährt zwischen 7 und 24 Uhr im 20-Minuten-Takt vor der Ankunftshalle ab. In umgekehrter Richtung startet sie am westlichen Ende

des Paseo del Parque und hält vor dem Busbahnhof sowie dem Bahnhof. Sie verkehrt zwischen 6.30 und 23.30 Uhr etwa alle 30 Minuten.

Taxi
Vom Flughafen ins Zentrum zahlt man 20 €.

Zug
Züge fahren zwischen 6.50 und 23.54 Uhr alle 20 Minuten zum **Bahnhof María Zambrano** (www.renfe.es; Explanada de la Estación) und zum Bahnhof Málaga-Centro neben dem Río Guadalmedina. Züge aus der Stadt zum Flughafen starten zwischen 5.30 und 23.30 Uhr alle 20 Minuten.

ZUG
Der **Bahnhof Maria Zambrano** (Málaga-Renfe; www.renfe.es) liegt neben dem Busbahnhof. Von hier geht's u. a. nach Córdoba (26 €, 2½ Std., 18-mal tgl.), Sevilla (24 €, 2¾ Std., 11-mal tgl.) und Madrid (80 €, 2½ Std., 10-mal tgl.). Córdoba und Sevilla werden zudem täglich von Schnellzügen angesteuert, die etwa doppelt so teuer sind.

ⓘ Unterwegs vor Ort

AUTO
Es gibt in Málaga mehrere gut ausgeschilderte Tiefgaragen. Die günstigste Lage haben die an der Avenida de Andalucía, an der Plaza de la Marina und an der Plaza de la Merced.

BUS
Zu den wichtigen Stadtbussen (1,35 € für alle Fahrten im Zentrum), die alle in der Avenida de Cervantes starten, gehören die Linie 11 nach El Palo, die 34 nach El Pedregalejo und El Palo und die 35 zum Castillo de Gibralfaro. Entferntere Ziele sind Antequera (7,45 €, 1 Std., 9-mal tgl.) und Ronda (12,75 €, 2½ Std., 9-mal tgl.).

METRO
Metro Málaga (www.metrodemalaga.info) Seit 2015 verbinden zwei Metrolinien die östlichen Vororte mit der Universität (einfache Fahrt 1,35 €). Damit ist aber noch längst nicht Schluss: Es sind weitere Linien geplant, eine davon ins Stadtzentrum. Aktuelle Infos auf der Website.

TAXI
Taxis kosten etwa 6 € pro 2 bis 3 km. Die Preise innerhalb des Stadtzentrums (einschließlich der Fahrt zu den Zug- und Busbahnhöfen und zum Castillo de Gibralfaro) liegen bei 8 €.

ZUG
Zwischen 5.30 und 23.30 Uhr verkehrt alle 20 Minuten ein Zug von Málaga (Zentrum) nach Fuengirola. In die entgegengesetzte Richtung fahren die Züge von 6.20 bis 12.40 Uhr.

COSTA DEL SOL

An den Stränden der Costa del Sol tummeln sich schon lange Wahlspanier und Touristen, in den vergangenen Jahren hat es jedoch auch einiges an negativer Schlagzeilen gegeben, vor allem über die allgegenwärtige Bauwut und die in die Höhe schießenden Bierpreise. Tatsächlich dominiert eine hässliche ausufernde Bebauung, doch es locken auch noch wirklich malerische Nischen traditionellen Charmes abseits der unpersönlichen Urbanisierung und kitschigen Touristenbars.

In den Ferienorten an der Costa del Sol gibt es jede Menge internationale Hotels mit mehrsprachigen Angestellten. Darunter sind auch einige der bekannteren Ketten. Allein in Torremolinos befinden sich 75 Unterkünfte.

Torremolinos & Benalmádena

128 340 EW.

Torremolinos entstand in den 1950er-Jahren. Obwohl viele der grimmigen, längst nicht mehr modernen Hochhäuser an die Stalinära erinnern, gibt's auch schöne Gegenden wie La Carihuela. Die Stadt gilt seit Langem als Schwulenhotspot der Costa del Sol. 1962 eröffnete hier die erste Schwulenbar Spaniens. Die größte Dichte an Schwulenbars und -clubs findet man westlich der Plaza La Nogalera im Zentrum.

Das angrenzende Baderesort Benalmádena besteht aus einem langweiligen zugebauten Küstenstreifen. Zu seinen Highlights zählen der **Puerto Deportivo** (Sporthafen), und das unverdorbene **Benalmádena Pueblo** (Dorf) im Landesinneren. Auch der Urlaubsort **Arroya de la Miel** mit dem Tivoli-Freizeitpark gehört noch zu Benalmádena.

⊙ Sehenswertes & Aktivitäten

Torremolinos' Zentrum erstreckt sich um die Fußgängereinkaufsstraße San Miguel, von der mehrere Treppen zum Strand Playamar hinabführen (es gibt aber auch einen Lift). Benalmádena hat sich gemeinsam mit Mijas seinen traditionellen Charme bewahrt. Kopfsteinpflasterstraßen, Orangenbäume und einfache, blumengeschmückte Häuser prägen das Dorf. Von der winzigen Kirche ganz oben im Ort bietet sich eine prächtige Aussicht auf die Küste.

La Carihuela STRAND
Das frühere Fischerviertel La Carihuela grenzt an den Strand und ist einer der weni-

gen Teile der Stadt, die nicht übertrieben zugebaut wurden. An der Strandpromenade drängen sich niedrige Geschäfte, Bars und Restaurants. An den Wochenenden wimmelt es hier von *malagueños*, die Lust auf frischen Fisch und Meeresfrüchte haben.

Puerto Deportivo de Benalmádena — HAFEN
(Benalmádena; P) Der Sporthafen in Benalmádena fällt sofort ins Auge. Schuld ist die Architektur, die irgendwo zwischen gaudí-esk, asiatisch und Phantasialand liegt. In dem Komplex befinden sich viele Bars, Restaurants und Geschäfte mit Blick auf die Boote.

Playamar — STRAND
An dem langen Strand in Torremolinos stehen mehrere gute *chiringuitos* (Strandbars). Außerdem ist Playamar sehr familienfreundlich: Man kann Tretboote, Sonnenliegen und -schirme leihen, außerdem gibt's Spielplätze für die Kids. Die Promenade wird von Spaziergängern und Joggern bevölkert und im Hochsommer werden am Strand Filme gezeigt.

Mariposario de Benalmádena — SCHMETTERLINGSPARK
(www.mariposariodebenalmadena.com; Benalmádena Pueblo; Erw./Kind 9/5 €; 10–18 Uhr; P) Der thailändische Tempel neben dem buddhistischen Stupa beherbergt 1500 flatternde Geschöpfe, darunter exotische subtropische Arten, Motten und Raupenpuppen in Aktion. Außerdem sind einige beeindruckende Gewächse und Wasserspiele sowie zwei Leguane, ein Wallaby und eine Riesenschildkröte zu sehen.

Buddhistischer Stupa — MUSEUM, DENKMAL
(Benalmádena Pueblo; Di-Sa 10–14 & 15.30–18.30, So 10–19.30 Uhr; P) GRATIS In Benalmádena Pueblo steht der größte buddhistische Stupa Europas. Er erhebt sich ganz und gar unpassend, aber sehr majestätisch am Rand des Dorfes, umringt von neuen Häusern. Von hier reicht der Blick bis zur Küste. Der hohe Innenraum ist mit wunderschön gearbeiteten, frommen Bildern geschmückt.

Tivoli World — VERGNÜGUNGSPARK
(www.tivolicostadelsol.com; Arroyo de la Miel; Eintritt 8 €, Supertivolino-Ticket 15 €; April–Sept. 16–24 Uhr) Der älteste und größte Vergnügungspark in der Provinz Málaga trumpft mit verschiedenen Fahrgeschäften und Rutschen auf. Außerdem werden tagtäglich Tanz- und Flamenco-Darbietungen sowie Programm speziell für die Kleinen angeboten. Das Ticket „Supertivolino" ist supergünstig: Es umfasst den Eintritt und unbegrenzte Fahrten mit den 35 Fahrgeschäften.

> **DIE COSTA-DEL-SOL-HIGHLIGHTS FÜR FAMILIEN**
>
> An der Costa del Sol können sich Familien so richtig wohl fühlen. Für die Kinder wird immer einiges geboten, sodass keine Langeweile aufkommt.
>
> **Biopark** (S. 182)
> **Tivoli World** (S. 181)
> **Selwo Aventura** (S. 186)
> **Mariposario de Benalmádena** (S. 181)
> **Aventura Amazonia** (S. 184)

🛏 Schlafen

Hotel Zen — HOTEL €
(952 37 38 82; www.hotelzen.es; Urbanizacion El Pinar, Torremolinos; Zi. inkl. Frühstück 50 €; P ❄ 🛜 🏊) Zwischen dem Flughafen und Torremolinos liegt dieses Hotel, bei dem das Flughafenshuttle im Preis inbegriffen ist (es fährt auch zum Strand und ins Zentrum). Der Name erschließt sich uns nicht so ganz, denn an der Aufmachung (beige, beige und noch mal beige) ist so gar nichts Fernöstliches. Zumindest der Standort – ein ruhiges Wohnviertel – ist annähernd „Zen".

Zu den meisten Zimmern gehören Balkone und der Pool ist im Winter beheizt.

Hostal Guadalupe — HOSTAL €€
(952 38 19 37; www.hostalguadalupe.com; Calle del Peligro, Torremolinos; EZ 35–70 €, DZ 45–80 €, Apt. 55–90 €; 🛜) Eine sehr gute Unterkunft gegenüber vom Strand. Die Zimmer sind einfach, aber komfortabel und mehrere Terrassen erlauben den Blick aufs Meer. Das Apartment ist mit einer Küche ausgestattet – prima für alle, die länger bleiben wollen! Das Personal ist sehr aufmerksam, findet Parkplätze für seine Gäste und weiß, wo in der Stadt etwas los ist. Es gibt keinen Aufzug.

🍴 Essen & Ausgehen

Die besten Fischrestaurants findet man in dem ehemaligen Fischerbezirk La Carihuela an der Küste, gleich westlich des Zentrums. Die beste Infoquelle zur Schwulen- und Lesbenszene ist www.gaytorremolinos.eu.

Rincon de la Paquita
FISCH & MEERESFRÜCHTE €

(Calle del Cauce, Arroyo de la Miel, Benalmádena; Hauptgerichte 8–9 €, raciones 5–6 €; ⊙12–23 Uhr) Dieses Lokal würde besser in ein Fischerdorf passen als in einen touristischen Badeort. Es zwängt sich in eine schmale Fußgängerstraße und ist mit Plastiktischen, Fernsehern, auf denen Fußballspiele gezeigt werden, und einer Tafel mit den Tagesangeboten ausgestattet. Einheimischen zufolge ist dies das beste Fischrestaurant in der Stadt. Am Besten teilt man sich ein paar *raciones*.

La Zoca
FISCH & MEERESFRÜCHTE €€

(☎ 95 238 5925; www.restaurantelazoca.com; Calle Bulto 61, La Carihuela, Torremolinos; Hauptgerichte 15–20 €; ⊙9.30–23.30 Uhr;) Der Schwerpunkt liegt auf Fisch und Meeresfrüchten wie *gambas pil-pil* (Garnelen in einer scharfen Soße auf Ölbasis) und Reisgerichten (es stehen immer fünf zur Auswahl). Gleich gegenüber befindet sich ein Spielplatz. Sonntags bevölkern lautstarke spanische Familien die Tische – vielleicht nicht der richtige Zeitpunkt für ein romantisches Essen zu zweit.

Vinoteca Las Tablas
ANDALUSISCH €€

(☎ 95 237 3740; Calle de las Mercedes 12, Torremolinos; Hauptgerichte 10 €; ⊙13–16.30 & 20–23.30 Uhr) Mit dem Aufzug hochfahren und auf die Terrasse hinaustreten, um einen sensationellen Panoramablick über die Küste genießen zu können. Davon abgesehen gibt's viele tolle offene Weine und eine Speisekarte, die sowohl leichte Mahlzeiten wie Käseplatten und Salate als auch deftigere Gerichte wie gegrilltes Fleisch umfasst.

★ La Consula
MODERNE SPANISCHE KÜCHE €€€

(☎ 952 436 026; www.laconsula.com; Finca Consula Churriana; Menü 27,50 €; ⊙Juli–Sept. Mo–Fr 13–16 Uhr) Eine der Top-Kochschulen an der Küste. Der Ort Churriana liegt 6 km westlich von Torremolinos. Auf der Tageskarte stehen traditionelle spanische Gerichte mit einem innovativen Touch, die wunderschön angerichtet werden und ihr volles Aroma entfalten.

Auch der Service kann sich sehen lassen, da sich die Schüler sehr anstrengen, alles richtig zu machen. Die Atmosphäre ist elegant und formell – Flipflops müssen also im Schrank bleiben!

Literaturfreunde dürften sich zudem für die Geschichte des Haupthauses interessieren, denn es gehörte Amerikanern, die offenbar gut mit Ernest Hemingway befreundet waren. Der Autor verfasste hier bei seinem Aufenthalt 1959 nur zwei Jahre vor seinem Tod *Gefährlicher Sommer*.

Monet
BAR

(www.monetbar.com; Puerto Deportivo, Benalmádena; ⊙11 Uhr–spät) In erster Reihe am Hafen steht das Monet, tagsüber eine coole Café-Bar mit schummeriger Beleuchtung, nach Sonnenuntergang dann ein Club mit regelmäßigen Salsa- und anderen Mottoabenden.

❶ Praktische Informationen

Touristeninformation (www.pmdt.es; Plaza de la Independencia, Torremolinos; ⊙Mo–Fr 9.30–13.30 Uhr) Weitere Informationsschalter befinden sich an den Stränden Playamar und La Carihuela.

❶ An- & Weiterreise

BUS
Avanza (www.avanzabus.com) bietet Busverbindungen nach Málaga (2,50 €, 25 Min., 14-mal tgl.) und Marbella (5,50 €, 1¼ Std., 24-mal tgl.).

ZÜGE
Züge fahren von 5.40 bis 22.30 Uhr im 20-Minuten-Takt von Málaga (2,35 €, 20 Min.) nach Torremolinos sowie Arroyo de la Miel in Benalmádena und weiter zur Endstation Fuengirola.

Fuengirola
78 000 EW.

Fuengirola zieht zwar jede Menge Touristen an, darunter zahlreiche Nordeuropäer, ist aber trotzdem eine authentische, lebendige spanische Stadt. Im Laufe der Jahre haben sich hier etliche Ausländer niedergelassen, viele schon in den 1960er-Jahren (deshalb sieht man auch so einige graue Pferdeschwänze). Der Strand, an dem u. a. das frühere Fischerviertel Los Boliches liegt, ist stolze 7 km lang.

◉ Sehenswertes

Biopark
ZOO

(☎ 952 66 63 01; www.bioparcfuengirola.es; Avenida Camilo José Cela; Erw./Kind 18/13 €; ⊙10 Uhr–Sonnenuntergang; P) Dieser Zoo behandelt seine Tiere richtig gut und kommt ganz ohne Käfige und Gitter aus. Stattdessen setzen die Betreiber auf geräumige Gehege, Tierschutz- und Zuchtprogramme und Bildungsaktivitäten. Außerdem gibt's eine Fledermaushöhle, eine Reptilienanlage, Cafés und einen großen Souvenirladen.

Essen

La Cepa — FISCH & MEERESFRÜCHTE €
(Plaza Yate 21; Tapas 3 €, Hauptgerichte 7–10 €; Mo–Sa 12–16 & 19–23, So bis 15.30 Uhr) Versteckt an einem hübschen Platz, an dem sich Bars und Restaurants aneinanderreihen, bietet La Cepa eine Speisekarte mit eindeutigem Fokus auf Fisch und Meeresfrüchten. Wie wär's z. B. mit gebratenem Tintenfisch oder Garnelen im Speckmantel?

Cafe Fresco — INTERNATIONAL €
(Las Rampas; Wraps 4,80 €, Salate 7,50 €; Mo–Sa 10–16 Uhr) Gesundheitsbewussten liegen das luftige Restaurant und seine Speisekarte mit hausgemachten Suppen, Salaten und Wraps (z. B. mit Hühnchencurry und griechischem Salat) sowie belebenden Smoothies. In Los Boliches befindet sich eine zweite Filiale.

Ausgehen

Viele touristische Disco-Kneipen säumen den Paseo Marítimo (die Uferpromenade), zudem gibt's gegenüber dem Hafen Musikbars und weitere Discos.

Colón — BAR
(www.casacolon.es; Plaza de los Chinorros; 18 Uhr–spät; ☎) Die Bar ist einer von mehreren ähnlichen traditionellen spanischen Schuppen mit großen Terrassen hinter der Hauptpost. Es gibt guten Wein und am Wochenende kommt echte Großstadtatmosphäre auf. Obwohl das Colón nur ein paar Straßen von den Liegestühlen am Strand trennen, kommt es angenehm spanisch daher.

Pogs — LIVEMUSIK
(www.pogsfuengirola.com; Calle de Lamo de Espinosa; Mi–Sa 18 Uhr–spät, So 13.30–20 Uhr) Eine der beliebtesten Livemusik-Locations der Stadt. Von Blues bis Jazz wird in dem Irish Pub mit Guinness vom Fass alles gespielt. Sonntagnachmittags findet eine Session für die reifere Generation statt, die nicht mehr bis in die Puppen aufbleiben möchte.

Praktische Informationen

Touristeninformation (www.visitfuengirola.com; Paseo Jesús Santos Rein; Mo–Fr 9.30–13.30 Uhr; ☎) Viele Infos zur Stadt.

An- & Weiterreise

AUTO
Von Fuengirola führt eine Mautstraße (AP-7) nach Estepona (14 €), eine teure Alternative zur gefährlichen Küstenstraße N340.

PARTYTIME IN FUENGIROLA

In Fuengirola findet die wohl beste und größte jährliche *feria* (Volksfest) an der Costa statt. Sie dauert vom 6. bis zum 12. Oktober. Zu den Festlichkeiten gehören eine *romeria* (religiöse Wallfahrt), bei der sich die Einwohner Richtung *campo* (Land) aufmachen, um sich bei Flamenco, Paella und großen Krügen *cerveza* (Bier) zu amüsieren, sowie eine Flamenco-Messe (6. Oktober), die in der Hauptkirche abgehalten wird und den Auftakt zum Trinken und Tanzen in den Straßen bildet. Die meisten Frauen tragen dann die traditionelle Flamenco-Tracht.

BUS
Avanza (www.avanzabus.com) bietet Busverbindungen von Málaga (4,20 €, 40 Min., 15-mal tgl.) und Estepona (8,75 €, 1¾ Std., 11-mal tgl.) nach Fuengirola.

ZUG
Täglich zwischen 6.30 und 0.40 Uhr starten alle 20 Minuten Züge (www.renfe.es) nach Málaga. Sie halten u. a. am Flughafen und in Torremolinos.

Marbella

136 322 EW.

Marbella ist der nobelste und teuerste Urlaubsort der Costa del Sol, das zeigt sich besonders entlang der „Goldenen Meile". Die Aneinanderreihung teurer Clubs, Restaurants und Hotels zieht sich bis nach Puerto Banús, der exklusivsten Marina der Gegend, wo schwarz getönte Mercedes-Karossen über einen Kai voller Luxusjachten rollen. Die natürliche Lage der Stadt, die von den schönen Bergen der Sierra Blanca geschützt wird, ist einfach wunderschön, und auch der *casco antiguo* (Altstadt) mit seinen zahlreichen Gässchen und gepflegten Blumenkästen kann sich sehen lassen.

Marbellas Geschichte reicht weit zurück: In der Stadt waren schon die Phönizier, Westgoten und Römer zu Hause, außerdem war dies in der maurischen Ära der wichtigste Ort an der Küste. Noch immer besitzen arabische Könige hier Häuser, ebenso wie viele Reiche und Berühmte, darunter der in Málaga geborene Schauspieler Antonio Banderas.

◉ Sehenswertes & Aktivitäten

Wie aus dem Bilderbuch wirkt die malerische Altstadt mit ihren blendend weißen Häusern, engen, oft verkehrsfreien Gassen und Balkonen voller Geranien. Ein Vormittag vergeht wie von allein bei der Erkundung der Cafés, Restaurants, Bars, Designerläden und Kunsthandwerksgeschäfte.

Plaza de los Naranjos — PLAZA
Zentrum von Marbellas *casco antiguo* ist die 1485 angelegte hübsche Plaza de los Naranjos mit tropischen Pflanzen, Palmen, Orangenbäumen und völlig überteuerten Bars.

Museo Ralli — MUSEUM
(www.therallimuseums.com; Urbanización Coral Beach; ⊙ Di–Sa 10–14 Uhr) GRATIS Dieses großartige private Kunstmuseum stellt die Bilder vorwiegend lateinamerikanischer und europäischer Künstler in hellen, gut ausgeleuchteten Räumen aus. Es ist Teil einer gemeinnützigen Stiftung und präsentiert u. a. Skulpturen von Henry Moore und Salvador Dalí, lebhafte Bilder der argentinischen Surrealistin Alicia Carletti und des Kubaners Wilfredo Lam sowie Arbeiten von Joan Miró, Chagall und Chirico.

Museo del Grabado Español — MUSEUM
(Calle Hospital Bazán; Eintritt 3 €; ⊙ 10–14 & 17.30–20.30 Uhr) Neben anderen, meist spanischen Malern zeigt das kleine Kunstmuseum in der Altstadt auch die Werke einiger großer Meister wie Pablo Picasso, Joan Miró und Salvador Dalí.

Aventura Amazonia — ABENTEUERSPORT
(📞 952 83 55 05; www.aventura-amazonia.com; Avenida Valeriano Rodriguez 1; Erw./Kind 24/20 €; ⊙ Di–Fr 10–18, Sa & So bis 19 Uhr) Insgesamt 20 Ziplines bilden sechs verschiedene „Abenteuerrouten"; eine davon ist mit einer Länge von 240 m die längste in der Provinz. Auch für die Kleinsten ist mit einem Abenteuerspielplatz gesorgt. Und Eltern, die schnell eine Runde zwischen den Baumwipfeln hindurchsausen wollen, können den Nachwuchs im zur Anlage gehörenden Hort abgeben.

🛏 Schlafen

★ Hotel Linda Marbella — HOTEL €€
(📞 952 85 71 71; www.lindamarbella.com; Calle Ancha 21; EZ 25–38 €, DZ 60–82 €; 🕸) Das kleine Hotel in der Altstadt (nach den leuchtblauen Fensterläden und der purpurfarbenen Bougainvillea Ausschau halten) bietet sehr komfortable, wenn auch recht beengte Zimmer. Man sollte versuchen, eines mit Terrasse und Blick auf die malerische Fußgängerstraße zu ergattern. Im Mittelpunkt des Gebäudes befindet sich ein mit Efeu begrünter Hof.

Hotel San Cristóbal — HOTEL €€
(📞 952 86 20 44; www.hotelsancristobal.com; Avenida Ramñón y Cajal 3; EZ/DZ inkl. Frühstück 60/85 €; 🕸) Dieses solide Mittelklassehotel stammt aus den 1960ern, die Unterkünfte wurden aber kürzlich modernisiert. Sie besitzen ein geschmackvolles blassgraues und cremefarbenes Dekor, von dem sich die dunkelblauen Stoffe elegant abheben. Die meisten Zimmer warten mit Balkonen auf. Ein Pool ist in Planung.

Claude — BOUTIQUE-HOTEL €€€
(📞 952 90 08 40; www.hotelclaudemarbella.com; Calle San Francisco 5; DZ/Suite 280/330 €; ❄🕸) Im ruhigeren, oberen Teil der Stadt erhebt sich ein historisch interessantes, opulentes Herrenhaus aus dem 17. Jh.: Es war dereinst die Sommerresidenz von Napoleons dritter Frau. Das moderne Dekor fügt sich harmonisch in die Originalarchitektur, die klauenfüßigen Wannen und Kristallkerzenleuchter unterstreichen das klassisch-historische Flair.

🍴 Essen

Die Preise der Altstadtrestaurants sind auf Touristen ausgerichtet. Eine Ausnahme bildet die malerische Calle San Lázaro nahe der Plaza de los Naranjos: Hier findet man viele tolle Tapas-Bars, die hauptsächlich von Einheimischen frequentiert werden.

El Estrecho — TAPAS
(Calle San Lázaro; Tapas 2,50–3,50 €; ⊙ 12–24 Uhr) Hier ist es immer so voll, dass man sich schon mit aller Macht in den kleinen Speiseraum hinten drängen muss. Auf der umfangreichen Karte stehen Tapas wie z. B. *salmorejo*, eine dickflüssige Gazpacho aus Córdoba, und Meeresfrüchtesalat.

Mirto — ITALIENISCH €€
(Travesia Carlos Mackintosh 15; Hauptgerichte 10–14 €; ⊙ Di–So 12–16 & 19–23 Uhr) Ein sehr unauffälliges Lokal an einer verkehrsberuhigten Gasse. Die Handvoll Tische ist immer sofort besetzt, denn die Kunde von dem besten Italiener der Stadt hat sich in Windeseile verbreitet. Die Besitzer stammen aus Neapel. Besonders gut ist ihre Pasta, die jeden Tag frisch gemacht wird. Großzügige Portionen, leckerer Kaffee und liebenswerte Kellner runden das wunderbare Esserlebnis ab.

Garum
INTERNATIONAL €€

(952 858 858; www.garummarbella.com; Paseo Marítimo; Hauptgerichte 12–15 €; 11–23.30 Uhr;) Das Garum in finnischem Besitz hat eine traumhafte Lage direkt an der Strandpromenade. Die Speisekarte wird vor allem diejenigen glücklich machen, denen der Sinn nach ein wenig abwechslungsreicher Gourmetkost steht. Typische Speisen sind z. B. die Suppe aus Räucherkäse, marokkanische Hühnchen-Samosas und Falafel aus roten Linsen.

★ Casanis
BISTRO €€€

(952 90 04 50; www.casanis-restaurante-marbella.es; Calle Ancha 8; Hauptgerichte 20–25 €; Mo–Sa 10.30–16 & 19.30–23 Uhr) Der Speisesaal dieses Bistros an einer der hübschesten Straßen der Stadt kann mit einer Art Wunderland verglichen werden: Die Wände sind mit Cartoons bepinselt und dazwischen stehen Farne und andere (echte) Pflanzen. Die Küche ist vielseitig: Es gibt Schnecken aus der Bourgogne, Filet Wellington und Blauflossenthunfisch aus Barbate an der Küste von Cadíz – alles mit viel kulinarischem Flair zubereitet.

Ausgehen

Die lebendigsten Bars und das wildeste Nachtleben findet man 6 km westlich von Marbella in Puerto Banús, vor allem rund um den kleinen Puerto Deportivo. Im Sommer öffnen dort auch einige legere Strandclubs.

Buddha
CLUB

(www.buddhamarbella.net; Avenida del Mar; 19 Uhr–spät;) Unter dem heiteren Blick buddhistischer Statuen legt der DJ von Funk und Acid Jazz bis zu Hip-Hop und Rock so ziemlich alles auf. Der Club ist mit noblen Stoffen ausgestattet und verfügt über eine dezente Beleuchtung sowie bequeme Sofas. Hier werden regelmäßig Themenabende veranstaltet.

Nikki Beach
CLUB

(www.nikkibeach.com; Don Carlos Hotel; April–Sept. 12 Uhr–spät;) Gäste können es sich auf den Sofas mit Meerblick gemütlich machen, edle Tapas knabbern und der Livemusik oder dem DJ lauschen. Der Musikmix ist fesselnd. Weil das Nikki Beach fest zur glamourösen Clubbing-Szene gehört, sollte man sich in seine besten Partyklamotten schmeißen, die guten Schuhe putzen und cool und selbstbewusst rüberkommen, sonst hat man in dem Schuppen nichts zu suchen.

Tibu
CLUB

(www.tibubanus.com; Plaza Antonio Banderas, Puerto Banús; 23–7 Uhr) Ein temperamentvoller, sexy Club mit Tänzern, Akrobaten, Gast-DJs und erwartungsgemäß teure Cocktails.

Shoppen

Déjà Vu
SECOND HAND

(952 82 55 21; Calle Pedraza 8; Mo–Fr 11.30–15 & 17–20.30, Sa 12–15 Uhr) Die Adresse für Vintage-Designermoden, von Chanel-Anzügen aus den 1960ern bis zu klassischen Dreiteilern von Yves Saint Laurent. Außerdem: Accessoires, Schmuck und wahrhaft erstaunliche Hüte.

Praktische Informationen

Touristeninformation (www.marbellaexclusive.com; Plaza de los Naranjos; Mo–Fr 9–20, Sa 10–14 Uhr) Jede Menge Faltblätter und ein guter Stadtplan.

An- & Weiterreise

AUTO

Marbellas Straßen sind vom Verkehr verstopft und Parkplätze am Straßenrand extrem rar. Die zentralste Tiefgarage liegt an der Avenida del Mar (2,20 €/Std.).

BUS

In der Avenida Ricardo Soriano fahren etwa alle 30 Minuten Busse nach Fuengirola (3,75 €, 1 Std.), Puerto Banús (2,10 €, 20 Min.) und Estepona (3,30 €, 1 Std.) ab.

Estepona
67 100 EW.

Vor über 45 Jahren war dies einer der ersten Urlaubsorte für ausländische Touristen und Einwanderer. Trotz der überbordenden Bebauung ringsum herrscht in der Altstadt noch immer eine gemütliche, herrlich altmodische Atmosphäre. Das ist auch kein Wunder, schließlich liegen Esteponas Wurzeln im 4. Jh. Während der maurischen Ära, also Jahrhunderte später, erlebte der Ort dank seiner strategischen Nähe zur Straße von Gibraltar seine Blütezeit.

Esteponas Promenade wird immer länger und reckt sich gen Marbella. Das Herzstück ist der nette Strand **Playa de la Rada**. Der Puerto Deportivo ist das Zentrum des Nachtlebens, vor allem am Wochenende, und eignet sich hervorragend für Wassersport. Darüber hinaus gibt's jede Menge Bars und Restaurants.

ABSEITS DER ÜBLICHEN PFADE

DIE RÖMISCHEN SCHWEFELBECKEN VON HEDIONDA

Diese natürlichen Schwefelquellen gab es schon zu Zeiten der Römer. Angeblich hat hier bereits niemand Geringeres als Julius Caesar ein Bad genommen, um einen gemeinen Hautausschlag zu kurieren. Ein eher klotziger Betonbau schützt die Anlage, das Steingewölbe über dem ersten Pool ist aber noch intakt. Durch einen kleinen Bogen gelangt man zu dem zweiten, größeren Becken. In der Nähe befindet sich eine hübsche Lichtung am Wasser, die an einen Streifen angeschwemmten Schlammes grenzt. Die vielen „Löcher" zeugen von seiner Verwendung als Gesichtspackung und Beauty-Wickel – es wird ordentlich gegraben und geschmiert!

Die Bäder liegen im Einzugsgebiet zweier Ortschaften, die sich beide nicht darum reißen, in sie zu investieren und ordentlich Werbung dafür zu machen. Dadurch ist die Anlage nicht sehr bekannt, was aber auch Vorteile hat. Am Wochenende sind hier trotzdem immer reichlich picknickende Spanier anzutreffen. Es riecht, natürlich, nach faulen Eiern und das Wasser hat die charakteristische milchig-trübe Farbe, dafür ist dieses Gesundheitsprogramm absolut kostenlos!

Die Anfahrt erfolgt auf der A377, die von der mautpflichtigen AP7 abgeht (auf dem Schild steht „Casares" und „Gaucín". Dann nach den Schildern zum Restaurant („römische Oase") folgen und vor dem Eingang auf den Holperpfad abbiegen. Diesem 1 km folgen, bis rechts der Picknickbereich auftaucht. Die Bäder sind direkt dahinter.

👁 Sehenswertes

Orchidarium GARTEN
(www.orchidariumestepona.es; Calle Terraza 86; Di–Do & So 11–14 & 17–21, Fr & Sa bis 23 Uhr) GRATIS Das Orchidarium ist in einem modernen Gebäude mit Glaskuppel untergebracht, inmitten eines prächtigen, gepflegten Gartens, und beherbergt um die 1500 Orchideenarten – die größte Kollektion in ganz Europa. Darüber hinaus wachsen hier mehr als 5000 subtropische Pflanzen, Blumen und Bäume. Ein Pfad mäandert durch den „Ausstellungsbereich", vorbei an einem beeindruckenden 17 m hohen Wasserfall; das beruhigende Geräusch des plätschernden Wassers begleitet die Besucher während ihres gesamten Besuchs. Achtung: Möglicherweise wird irgendwann demnächst doch Eintritt erhoben!

Colección Arte Garó KUNSTMUSEUM
(Plaza de las Flores; Mo–Fr 9–15.30, Sa 10–14 Uhr) GRATIS Sechs Jahrhunderte Kunst auf drei sehr gut aufgeteilten Etagen teilen sich das Gebäude mit der Touristeninformation.

Museo Arqueológico MUSEUM
(Plaza Blas Infante 1; Mo 8–15, Di–Fr 8–20, Sa 10–14 & 16–20.30 Uhr) GRATIS Das Archäologiemuseum zeugt von Esteponas langer Geschichte, die bis ins 4. Jh. zurückreicht. Zahlreiche Gegenstände stammen aus Schiffswracks; viele von ihnen wurden von Tauchern und Fischern aus der Gegend gefunden.

Ruta de los Murales KUNST IM ÖFFENTLICHEN RAUM
(Calle Terraza) Riesige Wandbilder schmücken Häuser entlang der Calle Terraza und in den umliegenden Straßen (die Touristeninformation hat eine Karte für Touristen). Der Künstler heißt José Fernández Ríos und kommt von hier. Bislang hat er 26 Bilder gemalt, Anzahl steigend! Die Motive reichen von lebensechter Botanik bis hin zu skurrilen Kinderporträts.

🏃 Aktivitäten

Selwo Aventura NATURSCHUTZGEBIET
(www.selwo.es; Carretera A7 Km 162,5; Erw./Kind 25/17 €; 10–18 Uhr) Der beliebte Safaripark bietet über 200 exotischen Tierarten eine Heimat, wartet mit verschiedenen Abenteueraktivitäten auf und lässt sich mit einem Jeep oder zu Fuß erkunden. Hier ist der einzige in Spanien geborene Elefant zu Hause. Wer einmal fast wie in Afrika übernachten möchte, kann sich in einer Lodge einquartieren.

Buceo Estepona TAUCHEN
(645 610374; www.buceoestepona.com; Puerto Deportivo; Tauchgang 25 €; 10–15 & 16.30–20 Uhr) Renommierter Tauchveranstalter mit einem breiten Spektrum an Tauchangeboten und Kursen, darunter Tauchexkursionen nach Tarifa, Gibraltar und Algeciras.

Escuela de Arte Ecuestre Costa del Sol REITEN
(952 80 80 77; www.escuela-ecuestre.com; El Padrón; 45 Min. Unterricht 67 €; 10–14 & 17–19 Uhr)

Die Reitschule mit dem Siegel der British Horse Society bietet Reitunterricht und Treks für alle Altersgruppen und Niveaus an.

🛏 Schlafen

Hostal El Pilar
HOSTAL €

(☏ 952 80 00 18; www.hostalelpilar.es; Plaza de las Flores 10, Estepona; EZ/DZ 35/50 €; ❄) Dies ist ein charmantes, altmodisches *hostal* mit Original-Kachelarbeiten und einem zentralen Innenhof. Hochzeitsfotos, Pflanzen, Antiquitäten u. Ä. sorgen für ein anheimelndes Flair. Auch die Lage an einem historisch bedeutenden Platz ist ideal.

🍴 Essen

Es gibt in Estepona viele gute Restaurants, besonders in der Altstadt und am Hafen.

La Escollera
FISCH & MEERESFRÜCHTE €

(Puerto Pesquero, Puerto Deportivo; Hauptgerichte 7–10 €; ⊙ Di-Sa 13–16.30 & 20–23.30, So 13–16.30 Uhr) Die Stadtbewohner kommen scharenweise her, um sich die wohl frischesten und leckersten Fische und Meeresfrüchte Esteponas schmecken zu lassen. In dem Lokal am Hafen wird auf jeglichen Schnickschnack verzichtet, stattdessen gibt's Plastiktische und Papiertischtücher. Aber wen stört das schon, wenn das Bier so herrlich kalt und das Essen derart köstlich ist?

Thai Thapa
THAILÄNDISCH €

(13 Edificio Poniente, Puerto Deportivo; Hauptgerichte 6,50–8 €, menú 11 €; ⊙ 12.30–16.30 & 18.30–24 Uhr) Irgendwie geht man automatisch davon aus, dass sich die tolle Lage am Hafen auch in den Preisen fürs Essen niederschlagen müsste! Doch tatsächlich sind die Gerichte preiswert – und dabei authentisch. Es gibt duftende Currys und Suppen, die mit genug Chili gewürzt sind, um für einen kleinen Schweißausbruch zu sorgen. Das *menú del día* (Tagesmenü) besteht aus zwei Gängen plus Reis, und die Auswahl ist groß, sodass auch mäkelige Kinder etwas finden werden.

La Esquina del Arte
TAPAS €

(Calle Villa; Tapas 2–3 €; ⊙ Mo-Sa 12–24 Uhr; 🌐) Die Tapasbar liegt zwar im Herzen des historischen Zentrums, an den kreativen Tapas und *pintxos* (baskische Tapas) ist aber rein gar nichts Angestaubtes. Es gibt leckere Häppchen wie Garnelen in Blätterteig, Pâté mit Feigenmarmelade und Paprika, gefüllt mit gesalzenem Stockfisch. Auch die vielen offenen Weine sind exzellent.

Venta Garcia
MODERN EUROPÄISCH €€

(☏ 952 89 41 91; Carretera de Casares Km 7; Hauptgerichte 12–18 €; P) 7 km vom Stadtzentrum entfernt bietet das an der Straße nach Casares gelegene Venta Garcia wundervoll präsentierte und durchdachte Gerichte aus lokalen Erzeugnissen. Der Fokus liegt auf Wild, und Kaninchen und Wachteln werden formvollendet zubereitet und mit einfachen Beilagen wie wildem Spargel mit frischer Zitrone serviert. Auch der Blick auf die Landschaft ist großartig. Das hat sich natürlich herumgesprochen, deshalb: vorab reservieren, insbesondere am Wochenende.

🍷 Ausgehen

Die beste Gegend für einen Barbesuch am späten Abend ist der Puerto Deportivo. Im Sommer öffnen auch Strandclubs ihre Pforten. Auf Flyer achten, um rauszufinden, wo man feiern kann.

Puro Beach
BAR

(www.purobeach.com; Laguna Village; ⊙ April–Okt. 12 Uhr–spät) Die Bar hat eine tolle Lage in Laguna Village und wartet mit privaten „Nomadenzelten", einem Pool, DJs und einem herrlichen Strandpartyambiente auf.

Das Laguna Village ist ein asiatisch angehauchter Komplex aus Bars, Restaurants und Geschäften mit üppigen Grünanlagen, plätschernden Brunnen und verschlungenen Wasserläufen.

Siopa
CAFÉ

(80 Calle Real; ⊙ 9 Uhr–spät) Stilvolles, gefühlt briefmarkengroßes Café an einer verkehrsberuhigten Straße, das vor allem Craft-Beer serviert, darunter auch einige Sorten aus der lokalen Brauerei Babel. Davon abgesehen bekommt man hier aber auch den besten Kaffee der gesamten Stadt und ein gutes Frühstück.

ℹ Praktische Informationen

Touristeninformation (www.estepona.es; Plaza de las Flores; ⊙ Mo-Fr 9–20 Uhr) An einem historischen Platz gelegen, bietet die Touristeninformation Faltblätter und einen recht manierlichen Stadtplan.

ℹ An- & Weiterreise

AUTO
An der Avenida España gibt's mehrere gut ausgeschilderte Parkplätze (1,50 € pro Std.).

BUS
Es bestehen regelmäßige Busverbindungen nach Marbella (3,30 €, 1 Std.) und Málaga (8 €, 2 Std.).

Mijas

82124 EW. / 428 M

Mijas' Geschichte bringt die der Costa del Sol auf den Punkt. Das ursprüngliche bescheidene Dorf ist heute der reichste Ort der Provinz. Seit es anspruchsvolle, freigeistige Künstler und Schriftsteller in den 1950er- und 1960er-Jahren für sich entdeckten, hat es sich über die umliegenden Hügel und bis zur Küste ausgedehnt, behielt aber den malerischen Charme des ursprünglichen *pueblo* (Dorf).

Die Einwohner sind zu mindestens 40 % Ausländer. Zur Gemeinde gehören auch Mijas Costa und La Cala de Mijas an der Küste südwestlich von Fuengirola.

⊙ Sehenswertes & Aktivitäten

Virgen de la Peña   HISTORISCHE STÄTTE
(Avenida Virgen de la Peña) Am *ayuntamiento* (Rathaus) vorbei geht's zu einer Grotte. Hier soll die Madonna 1856 zwei Kindern erschienen sein, die von einer Taube hergeführt wurden. Ihr Bildnis wird bei der alljährlichen Prozession am 8. September 2 km bis hoch zur **Ermita del Calvario** getragen, einer winzigen Kapelle der Karmelitermönche. Schwarze Eisenkreuze markieren den kurzen Wanderweg.

Centro de Arte Contemporáneo de Mijas   MUSEUM
(CAC; www.cacmijas.info; Calle Málaga 28; Eintritt 3 €; ⊙ Di-So 10-19 Uhr) Dieses Kunstmuseum beherbergt viele außergewöhnliche Töpferarbeiten von Picasso (die zweitgrößte Sammlung der Welt!) und ein paar exquisite Bronzefiguren, Glaskunst und Basreliefs von Dalí. Dazu werden Wechselausstellungen ausgerichtet. Mit dem CAC Museum in Málaga hat Mijas' Museum für zeitgenössische Kunst übrigens trotz Namensgleichheit nichts zu tun.

Casa Museo de Mijas   MUSEUM
(Plaza Libertad 2; Erw./Kind 1 €/frei; ⊙ 10-14 & 17-20 Uhr) Carmen Escalona, Gründerin und Betreiberin des altmodischen Folkloremuseums, hat sich auf die Herstellung volkstümlicher Modelle spezialisiert. Diese und andere Exponate veranschaulichen wunderbar die Lebensweise vor 50 Jahren.

Plaza de Toros   STIERKAMPF
(Museum 3 €; ⊙ 10-20 Uhr) Die ungewöhnliche viereckige Stierkampfarena liegt am oberen Ende des Dorfes inmitten dekorativer Gärten samt herrlichen Aussichten auf die Küste. Ein kleines Museum widmet sich der örtlichen Stierkampfgeschichte.

Küstenwanderweg   WANDERN
(Playa La Luna, La Cala de Mijas, Mijas Costa; 🚻) Eine 6 km lange Holzpromenade (erb. 2014) von La Cala de Mijas nach Calahonda lädt zu einem gemütlichen Spaziergang an der Küste ein. Sie soll weiter verlängert werden und schließlich bis Estepona führen. Der mäandernde Weg passiert verschiedene *chiringuitos* (Strandbars), menschenleere Buchten und felsige Landzungen.

🛏 Schlafen

Casa Tejón   APARTMENT €
(☎ 661 669469; www.casatejon.com; Calle Málaga 15; 2-Pers.-Apt. 45 €) Die kleinen Apartments wirken mit ihrem bunten Mischmasch aus Möbeln und Stoffen sehr heimelig. Auch die zentrale Lage ist ein Pluspunkt. In dem kleinen Hof blühen scharlachrote Geranien in ihren Töpfen. Nebenan unterhalten die Besitzer noch ein Bar-Restaurant.

TRH Mijas   HOTEL €€
(☎ 952 48 58 00; www.trhhoteles.com; Plaza de la Constitución; EZ/DZ 65/85 €; P❄☼) Geschmackvoll möbliertes Hotel im andalusischen Stil mit hervorragender Einrichtung. Außerdem werden Reiten, Tennis und Wassermassagen angeboten. In dem gepflegten Garten kann man den Blick bis zur Küste schweifen lassen – bis zum Strand ist es allerdings ein ganzes Stück. Online nach Sondertarifen stöbern!

🍴 Essen & Ausgehen

Mijas ist nicht gerade ein kulinarisches Highlight, hat aber ein paar ganz gute Restaurants.

Aroma   INTERNATIONAL €€
(www.aromacafeandsecretgarden.com; Calle San Sebastián 8; Hauptgerichte 7-15 €; ⊙ 12-1 Uhr; 🚻) Das Haus stammt von 1872, noch interessanter ist aber (mal abgesehen von dem kanadischen Besitzer) der „geheime Garten" hinten – ein himmlisches Fleckchen für ein Abendessen im Schatten alter Orangen-, Feigen- und Olivenbäume. Der Brunnen wurde zu Zeiten der Mauren ausgehoben. Jeden Abend wird argentinisches Barbecue angeboten, es gibt aber auch traditionelle Tapas, Crêpes, Pasta und Pizza.

Lew Hoad   SPANISCH €€
(☎ 952 46 76 73; www.lew-hoad.com; Carretera de Mijas, Km 3,5; Hauptgerichte 11-18 €; ⊙ 13-17 & 19.30-23 Uhr; P☎) 1964 eröffnete der einstige Wimbledon-Gewinner Lew Head, ein Australier, ein elegantes Restaurant umge-

ben von alten Bäumen, Tennis- und Padel-Courts (können stundenweise gemietet werden). Die Küche passt zum Ambiente: Klassische Gerichte wie *zarzuela* (Meeresfrüchteeintopf) und Ochsenschwanz sind Trumpf, und leichte Snacks werden denjenigen zusagen, die im Anschluss an die Mahlzeit noch eine Runde über den Platz fegen wollen, statt ins Siesta-Koma zu fallen.

Museo de Vino WEINBAR
(www.museovinomalaga.org; Calle San Sebastián 14; 11–16 & 19 Uhr–spät) An einer der hübschesten Straßen des Dorfes liegt dieses „Museum", das eher eine Weinbar ist, auch wenn es schon das eine oder andere Buch und verschiedene Fotos zum lokalen Weinbau birgt. Allein die Menge der sich an den Wänden aufreihenden Flaschen haut einen schier um! Für 6 € können drei Weine verkostet werden. Zu essen gibt's Käse- und Schinkenplatten.

❶ Praktische Informationen

Mijas Touristeninformation (958 58 90 34; www.mijas.es; Plaza Virgen de la Peña; Mo-Fr 9–20, Sa 10–15 Uhr) Hilfsbereite Angestellte liefern massig Infos rund um das Dorf und die Umgebung.

❶ An- & Weiterreise

Viele Busse fahren nach Fuengirola (2,10 €, 25 Min.).

DAS LANDESINNERE

Die raue Berglandschaft der Provinz Málaga steckt voll natürlicher Schönheit und romantischer weißer Dörfer. Jenseits der Berge, eine Region weitab der touristischen Küste, flacht das grüne Land in schachbrettartig gemusterte Niederungen ab.

Ronda

37 000 EW. / 744 M

Ronda ist die spektakulärste Stadt der Provinz Málaga, denn es kauert in grandios dramatischer Lage auf einem Felsplateau, das vom 100 m tiefen Spalt der El-Tajo-Schlucht zerrissen wird. Seinen Namen („umringt" von Bergen) verdankt es der umgebenden Serranía de Ronda.

Spaniens ältester Ort wurde bereits im 9. Jh. v. Chr. gegründet. **La Ciudad** („die Stadt"), die heutige Altstadt, stammt überwiegend aus maurischen Zeiten, als Ronda

RONDAS WEINROUTE

Die Region um Ronda war in römischen Zeiten ein wichtiges Weinanbaugebiet; **Ronda la Vieja** (S. 196) ist die archäologische Ausgrabungsstätte der bedeutenden Römerstadt Acinipo, was so viel wie „zwischen den Weingärten" heißt. Hier wurden auch mit Weintrauben geschmückte Münzen gefunden. Weitere Zeugnisse der Weinbaukultur sind die Überreste von Keramiköfen und ein Bronzekopf von Bacchus in einem römischen Haus im nahe gelegenen Los Villares. Seit 1990 erlebt der hiesige Weinanbau eine Renaissance, sodass man 21 Weingüter besichtigen kann (nach vorheriger Anmeldung). Mehr Infos hierzu unter www.ruta-vinos-ronda.com.

ein bedeutendes Kulturzentrum voller Moscheen und Paläste war. Die reiche Handelsstadt lockte zwar auch jede Menge Räuber und Schieber an, doch in der spanischen Folklore wird die Vergangenheit in schillernden, verträumten Farben geschildert.

Im 19. Jh. schwärmten die Romantiker von Ronda. Zu dieser Zeit kamen zahlreiche Künstler und Schriftsteller aus aller Welt hierher, darunter David Wilkie, Alexandre Dumas, Rainer Maria Rilke, Ernest Hemingway und Orson Welles.

◉ Sehenswertes

La Ciudad, die Altstadt auf der Südseite der El-Tajo-Schlucht, ist mit ihrer noch immer spürbaren Geschichte, ihren Renaissance-Villen und den vielen Museen eine stimmungsvolle Gegend für Spaziergänge. Besucher sollten trotzdem nicht die Neustadt verpassen, die einen ganz eigenen Charme hat. Hier befinden sich die berühmte Stierkampfarena, viele gute Tapas-Bars und Restaurants und der üppige Alameda-del-Tajo-Garten. Drei Brücken führen über die Schlucht und verbinden Alt- und Neustadt.

Plaza de Toros STIERKAMPFARENA
(Calle Virgen de la Paz; Eintritt 7 €, 8,50 € inkl. Audioguide; 10–20 Uhr) Die Plaza de Toros, ein Mekka für Stierkampfenthusiasten, hat schon über 200 Jahre auf dem Buckel und ist eine der ältesten sowie ehrwürdigsten Arenen Spaniens. Sie war auch Schauplatz einiger der bedeutendsten Ereignisse in der Geschichte des Stierkampfs.

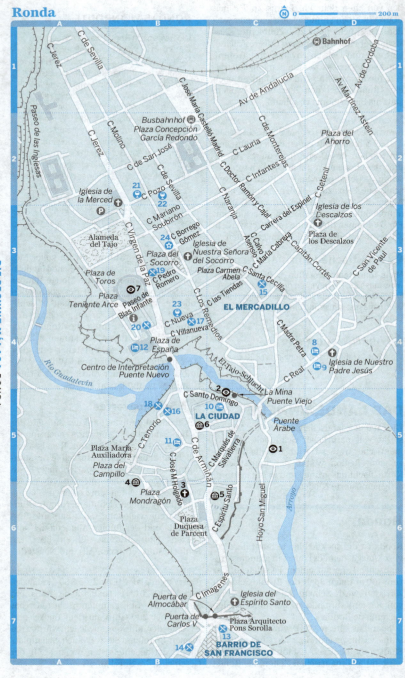

Ronda

◎ Sehenswertes
- **1** Baños Arabes C5
- **2** Casa del Rey Moro C5
- **3** Iglesia de Santa María La Mayor B6
- **4** Museo de Ronda B6
- **5** Museo del Bandolero C6
- **6** Museo Lara B5
- **7** Plaza de Toros B3

⊜ Schlafen
- **8** Aire de Ronda D4
- **9** Enfrente Arte D4
- **10** Hotel Ronda C5
- **11** Hotel San Gabriel B5
- **12** Parador de Ronda B4

⊗ Essen
- **13** Almocábar C7
- **14** Casa María B7
- **15** Faustino C3
- **16** La Casa del Dulce B5
- **17** Nonno Peppe B4
- **18** Restaurante Albacara B5
- **19** Restaurante Pedro Romero B3
- **20** Restaurante Tragabuches B4

⊙ Ausgehen & Nachtleben
- **21** Entre Vinos B2
- **22** Malastrana B2
- **23** Tragatapas B4

⊙ Unterhaltung
- **24** Círculo de Artistas B3

Das dazugehörige Museo Taurino ist vollgestopft mit Memorabilien, darunter blutbespritzte Matadorenkostüme von dem Star der 1990er-Jahre, Jesulín de Ubrique. Dazu gehören auch Kunst von Picasso und Fotos berühmter Fans wie Orson Welles und Ernest Hemingway.

Das von Martín Aldehuela errichtete Bauwerk wird vor allem für seine sanften Sandsteinfarben und Bogengalerien bewundert. Mit 66 m Durchmesser ist dies die größte und deswegen auch gefährlichste Arena. Dennoch hat sie nur Platz für 5000 Zuschauer – verschwindend wenig im Vergleich zur riesigen Stierkampfarena in Mexiko-Stadt mit 50 000 Plätzen.

Hinter der Plaza de Toros eröffnet sich vom Paseo de Blas Infante und dem benachbarten Park Alameda del Tajo ein spektakulärer Blick von den Klippen.

Museo Lara   MUSEUM
(www.museolara.org; Calle de Armiñán 29; Erw./Kind 4/2 €; ⊙ 11–20 Uhr; ⏵) Juan Antonio Lara Jurado betätigt sich bereits seit seinem zehnten Lebensjahr als Sammler. Heute, im Alter von über 70, lebt er noch immer über dem Museum, doch der Platz schrumpft, weil er seine Sammlung – unbezahlbare historische Uhren, Waffen, Radios, Grammofone, Nähmaschinen, Telefone, Operngläser, spanische Fächer, Waagen, Kameras und vieles, vieles mehr – nach wie vor erweitert.

Neben den aufgezählten Stücken sind auch beeindruckende archäologische Exponate, eine gruselige Ausstellung zur Inquisition mit verschiedenen Folterinstrumenten wie Kopfquetschen und Fußböcke und ein Hexenkunstraum mit eingelegten Kröten und dergleichen zu sehen.

Casa del Rey Moro   GARTEN
(Haus des maurischen Königs; Calle Santo Domingo 17; Eintritt 4 €; ⊙ 10–19 Uhr) Die Terrassengärten führen zu La Mina, einer maurischen Treppe mit über 300 Stufen. Diese wurde bis zum Fluss am Grund der Schlucht in den Fels gehauen und diente der Wasserversorgung bei einem Angriff der Stadt. Über sie drangen 1485 auch die christlichen Truppen ein. Vorsicht: Der Treppengang ist nicht gut beleuchtet und an manchen Stellen steil und glitschig.

Museo de Ronda   MUSEUM
(Palacio Mondragón, Plaza Mondragón; Eintritt 3 €; ⊙ Mo–Fr 10–19, Sa & So bis 15 Uhr) Das Stadtmuseum bietet u. a. Gegenstände und Informationen zu römischen und islamischen Bestattungsritualen. Noch interessanter ist aber das prunkvolle Gebäude selbst. Der Palast mit den original erhaltenen Brunnen und dem Patio Mudéjar, von dem ein Hufeisenbogen in den Garten auf eine Klippe mit herrlicher Aussicht führt, wurde 1314 für Abomelic, Herrscher von Ronda, gebaut.

Iglesia de Santa María La Mayor   KIRCHE
(Calle José M Holgado; Erw./Kind 4/1,50 €; ⊙ 10–20 Uhr) Rondas ursprüngliche Moschee wurde in diese elegante Kirche verwandelt. Im Eingangsbereich des Nationaldenkmals befindet sich ein Bogen voll arabischer Inschriften, ehemals ein Teil des Mihrab (Gebetsnische in Richtung Mekka), und der Innenraum ist eine Orgie aus diversen Stilrichtungen und Ausschmückungen. Ein gewaltiges zentrales

Chorgestühl aus Zedernholz teilt den Sakralbau in zwei Abschnitte: Der Adel saß vorne, alle anderen hinten.

Museo del Bandolero
MUSEUM

(www.museobandolero.com; Calle de Armiñán 65; Erw./Kind 3,75 €/frei; ⊙ 10.30–20 Uhr) Das kleine Museum ist dem Banditentum gewidmet, für das Zentralandalusien einst berühmt war. Alte Drucke zeigen, dass die jugendlichen *bandoleros* (Banditen), falls sie nicht von der Obrigkeit erschossen, erhängt oder erdrosselt wurden, sich gegenseitig in den Rücken fielen, und zwar sowohl buchstäblich als auch im übertragenen Sinn. Im Souvenirladen werden Spielzeugpistolen und Katapulte verkauft.

Baños Arabes
HISTORISCHE STÄTTE

(Arabische Bäder; Hoyo San Miguel; Eintritt 3 €, Mo frei; ⊙ Mo–Fr 10–19, Sa & So bis 15 Uhr) Vom Stadtzentrum führt ein netter Spaziergang zu den Thermalbädern aus dem 13. und 14. Jh. an Rondas Fluss. Mit ihren Hufeisenbogen, Säulen und klaren Abgrenzungen zwischen warmen und kalten Becken ist die Anlage in gutem Zustand und gehört zu den am besten erhaltenen Einrichtungen ihrer Art in ganz Andalusien.

Feste & Events

Corpus Cristi (Fronleichnam)
RELIGIÖSES FEST

(⊙ Mai–Juni) Am Donnerstag nach Dreifaltigkeit (meist irgendwann im Mai oder Juni) gibt's Stierkämpfe und Festlichkeiten nach einer Kreuzwegsprozession, bei der ein 900 kg schweres Kreuz 6 km durch die Stadt geschleppt wird.

Feria de Pedro Romero
STIERKAMPF

(⊙ 1.–14. Sept.) Eine Partyorgie einschließlich des bedeutenden Festival de Cante Grande, ein Flamenco-Fest. Höhepunkt sind die Corridas Goyescas, Stierkämpfe zu Ehren des legendären Matadors Pedro Romero.

Schlafen

Ronda verfügt über ein paar der schönsten und preiswertesten Unterkünfte in der gesamten Provinz. In der ersten Maihälfte und von Juli bis September sollte man auf jeden Fall reservieren.

★ Hotel San Gabriel
HOTEL €€

(☎ 952 19 03 92; www.hotelsangabriel.com; Calle José M Holgado 19; EZ/DZ inkl. Frühstück 72/100 €; ❄ 🛜) Das charmante Hotel zieren viele Antiquitäten und Fotos, die einen Einblick in Rondas Geschichte liefern – Stierkampf, Berühmtheiten, alles ist dabei. Farne hängen an der ausladenden Mahagonitreppe und es gibt ein Billardzimmer sowie einen gemütlichen Aufenthaltsraum voller Bücher. Im DVD-Zimmer stehen zehn mit Samt bezogene Sitze, die aus dem Theater von Ronda gerettet wurden.

Auf der Website nach Pauschalangeboten Ausschau halten, die private Weinproben, Pralinen und Cava (spanischer Sekt) auf dem Zimmer sowie ein Abendessen für zwei im namhaften Restaurante Pedro Romero (S. 194) umfassen.

★ El Molino del Santo
HOTEL €€

(☎ 952 16 71 51; www.molinodelsanto.com; Estación de Benaoján, Benaoján; EZ/DZ inkl. Frühstück 89/127 €; ⊙ Feb.–Nov.; 🅿 ❄ 🏊) Neben dem gut ausgeschilderten Bahnhof Benaoján thront dieses Hotel in britischem Besitz. Das Hauptgebäude diente ehemals als Olivenmühle, ein Fluss gluckert fröhlich an der Anlage vorbei und ein hübscher Garten umgibt die Zimmer mit Privatterrassen und Balkonen. Die Einheimischen lieben das Restaurant, in dem moderne internationale Küche zubereitet wird.

Das Management versorgt die Gäste mit Wanderkarten, und bis Benaoján ist es nicht weit (ca. 15 km südwestlich von Ronda). Man beachte, dass es keine Fernseher gibt!

Aire de Ronda
BOUTIQUE-HOTEL €€

(☎ 952 16 12 74; www.airederonda.com; Calle Real 25; Zi. ab 85 €; 🅿 🛜) Nahe den Thermalbädern in einem besonders ruhigen Teil der Stadt wartet dieses Hotel mit smarten, minimalistischen Zimmern in Schwarz und Weiß auf. Die großartigen Bäder mit bodengleichen Duschen sind mit glänzenden Mosaiken aus silbernen oder goldenen Kacheln geschmückt. In einem romantischen Pärchenzimmer trennt eine Glasscheibe die Dusche vom Schlafzimmer.

Enfrente Arte
HOTEL €€

(☎ 952 87 90 88; www.enfrentearte.com; Calle Real 40; Zi. inkl. Frühstück 80–90 €; ❄ @ 🏊) An einer Straße mit Kopfsteinpflaster bietet das Enfrente eine große Vielfalt an Einrichtungen und ein ausgefallenes orientalisch angehauchtes Dekor. Zur Anlage gehören eine Bar, ein Pool, eine Sauna, ein Freizeitraum, ein mit Blumen bestückter Hof mit schwarzem Bambus, ein Filmzimmer und natürlich die tolle Aussicht zur Sierra de las Nieves. Und das Beste zum Schluss: Im Zimmerpreis sind die Getränke inbegriffen; man darf sich einfach bedienen. Auch das üppige Frühstücksbüfett ist inklusive.

DIE ROMEROS – RONDAS STIERKAMPFLEGENDEN

Ronda kann unwidersprochen behaupten, die Wiege des Stierkampfs zu sein – und das tut es auch ausgiebig. Mit Stolz verweist die Stadt auf die Real Maestranza de Ronda, die 1572 als Reit- und Kampfschule für den spanischen Adel gegründet wurde. Zu den Trainingsmethoden gehörte es, Stiere in einer Arena zu reizen. So entstand der erste Stierkampf.

Der Legende nach ging einer dieser Kämpfe schief, als ein Adliger von seinem Pferd fiel und beinahe aufgespießt wurde. Ohne zu zögern sprang der lokale Held Francisco Romero (geb. 1698) in die Arena und lenkte den Stier ab, indem er seinen Hut schwenkte. In der nächsten Generation führte Franciscos Sohn Juan die *cuadrilla* (Hilfsmatadore) ein, die aus zwei oder drei *banderilleros* (Fußkämpfern) und zwei oder drei *picadores* (Reitern mit Spießen) bestanden.

Juans Sohn Pedro Romero (1754–1839) erfand die Regeln und die eleganten tänzerischen Bewegungen des modernen Stierkampfs. Zudem führte er die *muleta* (eine Variante des Huts seines Großvaters) ein, ein rotes Cape, das die Aufmerksamkeit des Stiers erregen sollte.

1932 wurde ebenfalls in Ronda einer der größten Stierkämpfer Spaniens des 20. Jhs. geboren, der charismatische Antonio Ordóñez. Ihn machte Hemingway in seinem Roman *Gefährlicher Sommer* unsterblich.

Hotel Ronda
BOUTIQUE-HOTEL €€

(☎ 952 87 22 32; www.hotelronda.net; Ruedo Doña Elvira; EZ/DZ 53/70 €; ❄ 🛜) Die mit Geranien gefüllten Blumenkästen und die weiß getünchte Fassade lassen gar nicht vermuten, dass die Zimmer dieses niedlichen, kleinen Hotels derart modern sein könnten. Lebendige Farben und abstrakte Bilder setzen Akzente. Zum Teil kann man bis zum hübschen Mina-Garten blicken.

Essen

Typisch für Ronda ist die deftige Landküche mit einem Schwerpunkt auf sättigenden Eintöpfen (*cocido*, *estofado* oder *cazuela*), *trucha* (Forelle), *rabo de toro* (Ochsenschwanz) und Wild wie *conejo* (Kaninchen), *perdiz* (Rebhuhn) und *codorniz* (Wachtel).

La Casa del Dulce
BÄCKEREI €

(Calle Tenorio 11; Kuchen 0,80 €; 🍴) In der Bäckerei locken Tabletts frisch gebackener *mantecada*-Küchlein, eine leckere, krümelige Spezialität auf Mandelbasis, die mit Puderzucker garniert wird. Keine Sorge, das kann gar keine Sünde sein – die Kuchen werden nämlich von Nonnen gemacht.

Casa María
ANDALUSISCH €

(☎ 951 083 663; Plaza Ruedo Alameda 27; menú 20 €; ⏰ Do–Di 12–15.30 & 19.30–22.30 Uhr; 🍴) In der Küche des schnörkellosen Restaurants wirbelt und werkelt ein leidenschaftlicher Koch, der die Gerichte streng nach dem auswählt, was es frisch auf dem Markt gibt. Entsprechend gibt es auch keine Karte und das Angebot ist überschaubar, aber die meisten Gäste entscheiden sich für das fünfgängige Probiermenü *poco de todo* (ein bisschen von allem), das Aufschluss über Marias wunderbare (Hausmanns-)Kochkünste gibt.

Nonno Peppe
ITALIENISCH €

(Calle Nueva 18; Pastagerichte ab 7 €; ⏰ 11–24 Uhr; 🍴) Wer erst mal genug von Tapas hat, kann mit einem Zwischenstopp hier eigentlich nichts falsch machen. Nonno Peppe ist ein günstiger, „echter" Italiener, der von einem Pärchen aus Salerno bei Neapel geführt wird. Die *spaghetti alla vongole* (mit Muscheln) ist ein Gedicht, aber auch das Pesto und die Pizzas schmecken köstlich. Und dazu gibt's den typisch warmherzigen, italienischen Service.

Faustino
ANDALUSISCH €

(Calle Santa Cecilia; Tapas 1,50 €, raciones 6–8 €; ⏰ Di–So 11.30–24 Uhr) Eine lebhafte, stimmungsvolle Tapas-Bar mit Sitzplätzen im traditionellen offenen Atrium voller Pflanzen, *feria*-Postern sowie Bildern samt Stierkampf- und religiösen Motiven. Die Tapas und *raciónes* sind großzügig bemessen. Zu den Empfehlungen des Hauses (immer eine gute Wahl) gehören *champignones a la plancha* (gegrillte Pilze mit viel Knoblauch). Leider sind die hübsch im rustikalen Stil bemalten Stühle sehr unbequem. Aua!

Almocábar
ANDALUSISCH €€

(Calle Ruedo Alameda 5; Tapas 2 €, Hauptgerichte 10 €; ⏰ Mi–Mo 12–17 & 20–23 Uhr) Als Tapas werden u. a. *montaditos* (Brotscheiben mit Belag) mit verschiedenen Köstlichkeiten wie Entenbrust und Chorizo gereicht, Hauptgerichte gibt's in dem eleganten Speisesaal, wobei der Schwerpunkt auf lokaltypischen Spezialitäten wie herzhaften Eintöpfen und Ochsenschwanz liegt. Im Obergeschoss befindet sich eine Bodega; für Gruppen ab acht Personen können kombinierte Weinproben mit Abendessen arrangiert werden (ca. 50 € pro Pers.).

Restaurante Pedro Romero ANDALUSISCH €€
(952 87 11 10; www.rpedroromero.com; Calle Virgen de la Paz 18; menú 16 €, Hauptgerichte 15–18 €; 12–16.30 & 19.30–23 Uhr;) Das hochgelobte Restaurant gegenüber der Stierkampfarena steht ganz im Zeichen des Sports. Hier gibt's klassische *rondeño*-Leibspeisen (Gerichte aus Ronda) wie Rebhuhneintopf mit getrockneten Früchten oder den viel gepriesenen *rabo de toro* (geschmorter Ochsenschwanz). Das neue Gericht auf der Speisekarte – Hühnchen-Curry mit Pommes – passt so gar nicht ins Bild. Hoffentlich bleibt es bei dieser Ausnahme.

Die Wände sind geradezu zugekleistert mit Stierkampfmemorabilien. Der Umhang gehörte niemand Geringerem als Manolete aus Córdoba.

Restaurante Albacara INTERNATIONAL €€€
(952 16 11 84; www.hotelmontelirio.com; Calle Tenorio 8; Hauptgerichte 15–22 €) Dieses wunderbare Lokal residiert in den alten Stallungen des Montelirio-Palasts direkt am Rand der Schlucht. Auf der Karte stehen jede Menge köstliche Gerichte wie Beouf Stroganoff oder klassisches Entenmagret sowie zahlreiche Weine. Vorab reservieren!

Restaurante Tragabuches MODERNE SPANISCHE KÜCHE €€€
(952 19 02 91; Calle José Aparício 1; Menü 59–87 €; Di–Sa 13.30–15.30 & 20–22.30 Uhr) Das berühmteste Restaurant der Stadt ist das genaue Gegenteil des allgegenwärtigen „rustikalen" Ambientes mit entsprechender Küche. Es kommt modern und kultiviert daher und überzeugt mit innovativen Speisen. Die Gäste reisen von weit her an, um die Kreationen des einfallsreichen Kochs zu genießen.

Ausgehen & Nachtleben

Tragatapas BAR
(www.tragatapas.com; Calle Nueva 4; 12–16.30 & 20–23.30 Uhr;) Wie die meisten Bars in Ronda ist auch diese ein bisschen zu hell erleuchtet, doch der Hintergrund-Jazz, schwarze Deckenbalken und ausgefallene Köstlichkeiten wie *pinchos* (Snacks) aus Curryhuhn sorgen für ein modernes Ambiente.

Malastrana BAR
(Calle Pozo 13; Di–So 12–16 & 20 Uhr–spät) Wer Wein vorübergehend über hat, darf sich hier auf Importbiere (natürlich handwerklich gebraut) aus Norwegen, Deutschland, England und den USA freuen. Es sind sogar ein paar spanische Sorten dabei. Außerdem gibt's asturischen Cidre und Wermut aus der Region.

ABSTECHER

PARQUE NATURAL SIERRA DE LAS NIEVES

Südöstlich von Ronda erstreckt sich der 180 km² große Parque Natural Sierra de las Nieves, bekannt für die seltene Spanische Tanne (*pinsapo*) und die hiesige Tierwelt, darunter 1000 Steinböcke und verschiedene Adlerarten. Der Schnee (*nieve*), nach dem die Berge benannt sind, fällt meist zwischen Januar und März. **El Burgo**, ein abgelegenes, aber reizvolles Dorf 10 km nördlich von Yunquera an der A366, dient als guter Startpunkt für Erkundungstouren in den Osten und Nordosten des Schutzgebietes. Genaueres über den Park erfährt man in der **Touristeninformation** (Calle del Pozo 17; Di–Fr 8–15 Uhr) in Yunquera.

Die spannendste Wanderung in der Sierra de las Nieves ist der Aufstieg zum **Torrecilla** (1918 m), der höchste Gipfel Westandalusiens. Los geht's in der Área Recreativa Los Quejigales, zu der eine 10 km lange Piste von der A376 (die Straße zwischen Ronda und San Pedro de Alcántara) führt. Der Abzweig 12 km von Ronda ist mit Schildern „Parque Natural Sierra de las Nieves" gekennzeichnet. Von Los Quejigales windet sich der Weg über 470 m leicht steil hoch durch die **Schlucht Cañada de los Cuernos** mit ihren stillen Tannenwäldern bis zum Pass **Puerto de los Pilones**. Nach einer relativ ebenen Strecke geht's nochmals 230 m steil hinauf zum Gipfel, der eine herrliche Aussicht bietet. Die Wanderung dauert fünf bis sechs Stunden hin und zurück und ist einfach bis mittelschwer.

ABSEITS DER ÜBLICHEN PFADE

CUEVA DE LA PILETA

20 km südwestlich von Ronda la Vieja verbirgt sich eine der ältesten Höhlen Andalusiens, die **Cueva de la Pileta** (952 16 73 43; www.cuevadelapileta.org; Benaoján; Erw./Kind 8/5; stündliche Führungen 10–13 & 16–18 Uhr;). Führungen in ihren dunklen Bauch offenbaren im Licht der Fackeln paläolithische Malereien von Pferden, Ziegen und Fischen, die 20 000 bis 25 000 Jahre alt sind. Wunderschöne Stalaktiten und Stalagmiten tragen zur Atmosphäre bei. Als Guides betätigen sich Mitglieder der Bullón-Familie, die die Malereien 1905 entdeckt hatte. Sie sprechen auch etwas Englisch.

Es ist ein echter Pluspunkt, dass die Höhle so unkommerziell ist. Der Familie fällt es zwar schwer, den Betrieb zu sichern, doch es wäre ihr ein Gräuel, dem Druck der lokalen Behörden nachzugeben, die diese Besucherattraktion am liebsten maximal touristisch vermarkten würde.

Das Dorf Benaoján ist der nächstgelegene Ort zur Cueva de la Pileta und mit öffentlichen Verkehrsmitteln erreichbar. Die Höhle liegt 4 km südlich vom Dorf, etwa 250 m abseits der Straße zwischen Benaoján und Cortés de la Frontera. Es gibt dorthin keine Transportmöglichkeiten, ein eigenes Auto ist also sinnvoll. Der Abzweig ist ausgeschildert. Nach Benaoján fahren zwei Busse von Los Amarillos (Mo–Fr) und täglich bis zu vier Züge von Ronda. Benaoján und Ronda sowie die Dörfer im Guadiaro-Tal sind durch Wanderwege miteinander verbunden.

Entre Vinos
WEINBAR

(Calle Pozo; Mo-Sa 12–16 & 19–23 Uhr;) Stylische, kleine Weinbar mit unverputzten Steinwänden und Holzvertäfelung. Das Publikum ist größtenteils von hier. Dies ist der richtige Ort, wenn man Weine aus Ronda kosten möchte; sie machen einen Großteil der Karte aus. Dazu schmecken auch die kreativen Tapas.

⭐ Unterhaltung

Círculo de Artistas
FLAMENCO

(Plaza del Socorro; Eintritt 15 €; Mai–Sept. Mi-Mo) In dem prächtigen Gebäude finden ab 22 Uhr Flamenco-Aufführungen sowie andere Gesangs- und Tanzveranstaltungen statt.

ℹ Praktische Informationen

Touristeninformation (www.turismoderonda. es; Paseo de Blas Infante; Mo–Fr 10–19, Sa bis 17, So bis 14 Uhr) Hilfsbereites Personal und jede Menge Infos zur Stadt und zur Region.

ℹ Anreise & Unterwegs vor Ort

AUTO
Es gibt etliche Tiefgaragen, zudem bieten einige Hotels Parkmöglichkeiten für Gäste an. Ein Parkplatz kostet etwa 1,50 € pro Stunde oder 18 bis 25 € für 14 bis 24 Stunden.

BUS
Der Busbahnhof befindet sich in der Plaza Concepción García Redondo 2. **Comes** (www.tgcomes.es) bedient Arcos de la Frontera (9,56 €, 2 Std., 2-mal tgl.), Jerez de la Frontera (13 €, 3 Std., 1- bis 3-mal tgl.) und Cádiz (18 €, 2 Std., 1- bis 3-mal tgl.). **Los Amarillos** (www.losamarillos.es) verkehrt über Algodonales und Grazalema nach Sevilla sowie über Ardales nach Málaga.

ZUG
Rondas **Bahnhof** (952 87 16 73; www.renfe. es; Avenida de Andalucía) liegt an der Strecke zwischen Bobadilla und Algeciras. Von hier fahren Züge via Gaucín und Jimena de la Frontera nach Algeciras. Die Strecke ist unglaublich malerisch und lohnt sich schon allein der Aussichten wegen. Außerdem bestehen Verbindungen nach Málaga, Córdoba, Madrid und über Antequera nach Granada. Wer nach Sevilla will, muss in Bobadilla oder Antequera umsteigen. Vom Bahnhof ist es bis zu den meisten Unterkünften nicht mal 1 km. Ein Taxi kostet um die 7 €.

Serranía de Ronda

Die Serranía de Ronda rund um den Süden und Südosten der Stadt mag zwar nicht die höchste oder dramatischste Berglandschaft Andalusiens sein, gehört aber sicherlich zu den hübschesten Gegenden. Jede der Straßen durch die Serranía zwischen Ronda und der südlichen Provinz Cádiz, Gibraltar oder der Costa del Sol ist malerisch. Zu den schönsten Zwischenstopps zählen Cortés de la Frontera mit Blick auf das Guadiaro-Tal, und Gaucín, von wo die Aussicht über das Genal-Tal bis zur Sierra Crestellina reicht.

Im Westen und Südwesten von Ronda erstrecken sich die wildere Sierra de Grazalema und der Naturpark Los Alcornocales.

ABSTECHER

GAUCÍN

Gaucín ist ein malerisches weißes Dorf am Rande des Gebirgszugs Serranía de Ronda. Hier reicht der Blick bis nach Gibraltar und Marokko. Bis Ende der 1970er-Jahre war der Ort verarmt, doch dann entdeckte ihn eine Gruppe Freigeister und Künstler, vornehmlich aus dem kühleren Norden Europas, für sich. Seither hat sich Gaucín zu einer Künstlerkolonie gemausert. Jeden Mai öffnen um die 25 hiesige Maler, Bildhauer und Fotografen anlässlich der Art Gaucín (www.artgaucin.com) ihre Ateliers für Besucher.

Vor Ort gibt es das Boutique-Hotel La Fructuosa (617 692784; www.lafructuosa.com; Calle Luís de Armiñán 67; EZ/DZ inkl. Frühstück 80/90 €;) und mehrere Restaurants, darunter das superschicke La Granada Divino (951 70 90 75; www.lagranadadivino.com; Calle de las Piedras; Hauptgerichte 13–23 €; Mi–So 12–15 & 19–23, Mo & Di 19–23 Uhr), das von Gordon Ramsey umgemodelt wurde (wir empfehlen sein Vorzeigegericht mit Riesengarnelen), und das bodenständige Casa Antonia (Plaza del Santo Niño 10; Hauptgerichte 7–9 €; Di–So 9–23 Uhr) mit einer Terrasse am Hauptplatz (der niedliche Springbrunnen stammt aus dem 17. Jh.). Gaucín ist ein fantastischer Ort für Vogelbeobachter; in den schmalen Straßen wurden zahlreiche praktische Infotafeln angebracht, und wer den Blick nach oben richtet, wird vielleicht einen Geier oder einen Zwergadler erspähen.

In Manilva verlässt man die A7 (oder die Mautstraße AP7) und folgt dem Schild („Casares" und „Gaucín") auf die A377; von der Abzweigung aus sind es noch ca. 25 km Fahrt.

Hier locken jede Menge Wander- und Radfahrmöglichkeiten. Die Touristeninformation in Ronda hat Streckenbeschreibungen und Karten.

👁 Sehenswertes

Ronda la Vieja ARCHÄOLOGISCHE STÄTTE
(Di–Sa 9–15, So 8–14 Uhr) GRATIS Nördlich von Ronda befindet sich abseits der A374 in Ronda la Vieja die römische Stätte Acinipo. Bis auf das teilweise rekonstruierte Theater ist diese zwar völlig verfallen, aber dennoch ein wunderbar verwilderter Ort mit einem fantastischen Ausblick auf die Landschaft. Besucher können ein paar Stunden zwischen den verfallenen Steinen vertrödeln und darüber rätseln, wo die verschiedenen Bäder und Foren wohl einst standen.

Ardales & El Chorro

50 km nordwestlich von Málaga bahnt sich der Río Guadalhorce seinen Weg durch die großartige Garganta del Chorro (Chorro-Schlucht). Die Schlucht, auch Desfiladero de los Gaitanes genannt, ist etwa 4 km lang, bis zu 400 m tief und an manchen Stellen nur 10 m breit. Ihre steilen Wände und andere Felsen in der Nähe sind ein großer Magnet für Kletterer. Auf die Kalksteinklippen führen Hunderte von Steigen mit Haken.

Ardales (2700 Ew.), ein netter, ruhiger Ort und das Zentrum der Gegend, dient als gute Basis für weitere Erkundungen. Der hübsche Embalse del Conde del Guadalhorce, ein riesiger die Landschaft dominierender Stausee und guter Angelgrund für Karpfen, ist 6 km entfernt. Die meisten Menschen zieht es jedoch in das Wander- und Klettermekka El Chorro, ein kleines Dorf inmitten einer spektakulären und surrealen Landschaft aus hohen Kalksteinwänden. Am Stausee starten mehrere einfache Rundwege wie der 5 km lange Sendero del Guaitenejo.

Aktivitäten

Andalucía Aventura KLETTERN
(www.andalucia-aventura.com) Andalucía Aventura organisiert Klettertouren und Abseilen in verschiedenen Schwierigkeitsstufen sowie Wanderexkursionen. Einzelheiten dazu findet man auf der Website.

Antequera

42 000 EW. / 577 M

Antequera fasziniert sowohl mit seiner Architektur als auch mit seiner Geschichte, ist bisher jedoch vom Massentourismus unberührt geblieben, was seinen Reiz nur noch vergrößert.

Die drei prägenden Kulturen in der Region (Römer, Mauren und Spanier) haben in der Stadt einen dichten Teppich architektonischer Juwelen hinterlassen. Zu den Highlights gehören die opulenten spanischen Barockbauten, die Antequeras Charakter prägen. Die kommunalen Behörden tun viel dafür, sie zu restaurieren und zu erhalten. Außerdem gibt's eine erstaunliche Anzahl an Kirchen, nämlich über 30, die innen oft prächtig dekoriert sind. Kein Wunder eigentlich, dass die Stadt gern als „das Florenz Andalusiens" bezeichnet wird.

Doch das ist noch nicht alles! Einige der größten und ältesten Dolmen Europas (Grabkammern aus gewaltigen Steinplatten), die aus der Zeit von 2500 bis 1800 v. Chr. stammen, befinden sich gleich außerhalb des lebhaften Stadtzentrums.

Letzteres bildet einen Kontrast zu den vielen historischen Schätzen. Es wartet mit einigen der besten Tapas-Bars diesseits von Granada auf.

Sehenswertes

Die umfangreichen Ruinen der Alcazaba, einer von Muslimen erbauten Festung auf einem Hügel, dominieren das historische Viertel und liegen nur ein kleines Stück vom Stadtzentrum entfernt (allerdings bergauf).

★ Alcazaba   FESTUNG

(Erw./Kind inkl. Colegiata de Santa María la Mayor 6/3 €; Mo-Sa 10-19, So 10.30-15 Uhr) Antequeras maurische Festung thront auf einem Hügel und war zu islamischen Zeiten ein Lieblingssitz der Emire von Granada. Sie hat eine faszinierende Geschichte und nimmt eine gewaltige Fläche von 62 000 km² ein. Wer sie besuchen möchte, geht von der Plaza de San Sebastián die Treppenstufen der Cuesta de San Judas hoch und tritt dann durch einen eindrucksvollen Torbogen, den **Arco de los Gigantes**. Dieser wurde 1585 gebaut und trug einst riesige Skulpturen von Herkules. Heute sind nur noch die römischen Inschriften auf den Steinen zu sehen.

Der im Eintrittspreis enthaltene Audioguide (mehrsprachig) bringt einem den historischen Hintergrund nahe und liefert gute Erklärungen auf der gewundenen Tour über winzige Pfade zwischen Buschwerk sowie archäologischen Überresten einer gotischen Kirche und römischer Siedlungen aus dem 6. Jh. n. Chr.

Man kann zudem die 50 Stufen des **Torre del Homenaje** hinaufsteigen, um die tolle Aussicht zu bewundern, vor allem Richtung Nordosten und zur **Peña de los Enamorados** (Fels der Liebenden), um die sich zahlreiche Legenden ranken.

Auch der Eintritt zur Colegiata de Santa María la Mayor ist mit dem Eintrittsticket kostenlos. Nicht verpassen sollten Besucher die **römischen Bäder** aus dem 3. Jh. n. Chr.; sie sind von der Plaza Santa María gleich vor dem Kircheneingang zu sehen. Das Gelände ist zwar etwas überwuchert, doch man erkennt deutlich die Grundanlage, außerdem gibt's eine Infotafel.

Colegiata de Santa María la Mayor   KIRCHE

(Plaza Santa María; Erw./Kind inkl. Alcazaba 6/3 €; Mo-Fr 10-19, So 10.30-15 Uhr) Gleich unterhalb der Alcazaba steht die große Colegiata de Santa María la Mayor aus dem 16. Jh. Die Kirche mit dazugehörigem Kolleg spielte in der humanistischen Bewegung Andalusiens im 16. Jh. eine wichtige Rolle. Bemerkenswert sind ihre wunderschöne Renaissancefassade, die reizenden kannelierten Steinsäulen innen und ein Mudéjar-*artesonado* (eine Decke aus verschlungenem Gebälk mit dekorativen Einfügungen). Vor Ort finden auch einige hervorragende Konzerte und Ausstellungen statt.

Museo de la Ciudad de Antequera   MUSEUM

(www.antequera.es; Plaza del Coso Viejo; obligatorische Führung 3 €; Di-Fr 9.30-14 & 16.30-18.30, Sa 9.30-14, So 10-14 Uhr) Der ganze Stolz des Museo Municipal im Stadtzentrum ist die 1,40 m große, elegante und athletische Bronzestatue eines Epheben (junger Mann nach der Pubertät). Vermutlich handelt es sich bei der in den 1950er-Jahren auf einem Bauernhof der Gegend entdeckten römischen Figur um die einzige Sehenswürdigkeit ihrer Art, die in Spanien je gefunden wurde.

Das Museum zeigt auch Funde aus einer römischen Villa in Antequera, wo 1998 großartige Mosaiken freigelegt wurden. Darüber hinaus gibt es eine ganze Schatzkammer voller Sakralobjekte, die so viel Silber enthält, dass eine Besichtigung nur alle halbe Stunde im Rahmen einer Führung möglich ist.

Dolmen   ARCHÄOLOGISCHE STÄTTE

(Cerro Romeral; Di-Sa 9-19.30, So bis 15.30 Uhr) GRATIS Der **Dolmen de Menga** und der **Dolmen de Viera** entstanden beide um 2500 v. Chr. und befinden sich 1 km vom Stadtzentrum in einem kleinen bewaldeten Park neben der Straße, die nordostwärts zur A45 führt. Zu erreichen sind sie ab der zentralen Plaza de San Sebastián über die Calle Encarnación (einfach den Schildern folgen).

Eine dritte Grabkammer, der **Dolmen del Romeral** (Cerro Romeral; Di-Sa 9-18, So 9.30-14.30 Uhr) GRATIS, liegt 5 km außerhalb der Stadt. Er wurde später (um 1800 v. Chr.) und aus zahlreichen kleinen Wandsteinen errichtet.

> **NICHT VERSÄUMEN**
>
> ### CAMINITO DEL REY
>
> Die Schlucht El Chorro ist bekannt für den Wanderweg **Caminito del Rey** (www.caminitodelrey.info; 6 €; ⊙ 10–18 Uhr). Der „Königspfad" erhielt seinen Namen, nachdem ihn 1921 König Alfonso XIII. zur Eröffnung des Staudamms Guadalhorce beschritten hatte. Ende der 90er war der Königspfad stark reparaturbedürftig und als gefährlichste Wanderroute der Welt verschrien – auf YouTube findet man ein paar überzeugende Videos dazu. Nachdem mehrere Menschen in den Tod gestürzt waren, schlossen die Behörden den *caminito*. Seit März 2015 darf er nun wieder begangen werden. Das Land hat 5,5 Mio. Euro in die Instandsetzung gesteckt und jetzt gilt der Weg als sicher und machbar für jeden, der einigermaßen schwindelfrei ist.
>
> Er verläuft 100 m oberhalb des Río Guadalhorce und kurvt um Felsvorsprünge herum; an so ziemlich jeder Biegung eröffnet sich ein traumhafter Ausblick. Der 3 km lange Steg wurde aus Holzlatten gezimmert. Gesichert ist er durch eine 1,2 m hohe „Brüstung". An manchen Stellen erspäht man den verfallenen Originalpfad unterhalb. Auf der Website findet man viele Informationen, auch zur Reservierung. Wanderer zahlen 6 € pro Person und sollten vier Stunden für die Gesamtstrecke einplanen (inkl. Wanderung zum Zugangspunkt und Rückkehr vom Endpunkt des *caminito* (Alora oder Ardales). Der Weg wird nur in eine Richtung beschritten; mit Bussen gelangt man zum Startpunkt zurück (1,55 €, 20 Min.).
>
> Wer auf öffentliche Verkehrsmittel angewiesen ist, nimmt am besten den Zug ab Málaga; dort gibt es täglich acht Verbindungen nach Alora (3,60 €, 40 Min.). Der Fahrplan ist auf www.renfe.com abrufbar.

Während der Kupferzeit schleppte man für diese Grabkammern Dutzende riesiger Felsplatten von den Hügeln der Umgebung hinab. Einst war das Steingerüst mit einem Erdhügel bedeckt. Für die damalige Zeit waren die bautechnischen Kenntnisse erstaunlich. Menga, der größere Dolmen, ist 25 m lang sowie 4 m hoch und besteht aus 32 Platten; die schwerste davon wiegt 180 Tonnen. Zur Sommersonnenwende scheint die aufgehende Sonne hinter der Peña de los Enamorados im Nordosten direkt in die Grabkammer.

Der Weg dorthin führt 2,5 km hinter Menga und Viera durch ein Gewerbegebiet, dann geht's über den Abzweig nach links den Schildern „Córdoba, Sevilla" nach. Nach 500 m muss man am Kreisverkehr der Ausschilderung „Dolmen del Romeral" weitere 200 m nach links folgen.

Museo Conventual de las Descalzas   MUSEUM
(Plaza de las Descalzas; obligatorische Führung 3,30 €; ⊙ Di–Sa 10.30–14 & 17–20, So 10–13.30 Uhr) 150 m östlich des Museo Municipal werden im Klostergebäude der Carmelitas Descalzas (Barfüßige Karmeliterinnen) aus dem 17. Jh. die Highlights aus Antequeras reichem Schatz an Sakralkunst präsentiert. Zu den herausragenden Werken gehören Lucas Giordanos Gemälde der hl. Teresa von Ávila (sie hatte im 16. Jh. die Carmelitas Descalzas gegründet), Pedro de Menas Büste der Dolorosa und eine Skulptur der *Virgen de Belén* von La Roldana.

Iglesia del Carmen   KIRCHE
(Plaza del Carmen; Eintritt 2 €; ⊙ Di–Fr 11–13.30 & 16.30–17.45, Sa & So 11–14 Uhr) Nur vollkommen abgestumpfte Traveller werden nicht von der Iglesia del Carmen und ihrem prachtvollen churriguresken Altaraufsatz aus dem 18. Jh. beeindruckt sein. Antonio Primo, ein Sohn der Stadt, schuf die prächtigen Schnitzereien aus Rotkiefer. Geschmückt wird der Altar von Diego Márquez y Vegas Engelfiguren und den Statuen Heiliger, Päpste und Bischöfe aus der Hand José de Medinas. Der Hauptaltar selbst ist nicht bemalt, dafür jedoch das gesamte Innere, das an traditionelle Kacheln erinnert.

✨ Feste & Events

Semana Santa   KARWOCHE
(⊙ März) Eine der traditionellsten Feierlichkeiten in Andalusien. Zu diesem Anlass werden die Schätze der Sakralkunst auf Prozessionen herumgetragen.

Real Feria de Agosto   VOLKSFEST
Das Erntefest wird Mitte August ausgiebig mit Stierkämpfen, Tanz und Paraden gefeiert.

🛌 Schlafen

Die Übernachtungspreise sind erfrischend günstig.

Hotel San Sebastián HOTEL €
(☎ 952 84 42 39; www.hotelplazasansebastian.com; Plaza de San Sebastián 4; EZ/DZ 25/40 €; P ✱ 🛜) Viel zentraler als in diesem clever modernisierten Hotel kann man kaum übernachten. Es steht an einem hübschen Platz gegenüber der prächtigen Iglesia de San Sebastián. Die Terrasse ist der Topspot an der Plaza zum Beobachten des abendlichen *paseo*. Die Zimmer sind schlicht und haben ein überholtes Dekor, doch dafür gibt es einige willkommene Extras wie Kühlschränke und kleine Balkone. Das Frühstück ist nicht im Preis inbegriffen, aber in der Nähe befinden sich zahlreiche Bars. Für den Parkplatz zahlt man 7 € pro Tag.

Hotel Coso Viejo HOTEL €
(☎ 952 70 50 45; www.hotelcosoviejo.es; Calle Encarnación 9; EZ/DZ inkl. Frühstück 44/54 €; P ✱ 🛜) Der umgebaute klassizistische Palast (17. Jh.) erhebt sich im Herzen der Stadt, gegenüber der Plaza Coso Viejo und dem städtischen Museum. Die einfach eingerichteten Zimmer ohne Fernseher sind um einen ansprechenden Hof mit Springbrunnen angeordnet. Tapasbar und Restaurant sind top.

Parador de Antequera HISTORISCHES HOTEL €€€
(☎ 952 84 02 61; www.parador.es; Paseo García del Olmo; EZ/DZ inkl. Frühstück 125/150 €; P ✱ 🛜 ≋) Der *parador* ist in einem ruhigen Park nördlich der Stierkampfarena nahe dem Busbahnhof zu finden. Das historische Hotel ist komfortabel eingerichtet und der nette Garten bietet einen traumhaften Ausblick, insbesondere bei Sonnenuntergang.

🍴 Essen & Ausgehen

Zu den einheimischen Spezialitäten, die auf fast jeder Speisekarte in Antequera stehen, zählen *porra antequerana* (eine sämige Suppe mit viel Knoblauch, ähnlich der Gazpacho), das Biskuitdessert *bienmesabe* (wörtlich „schmeckt mir gut") und *angelorum*, eine Süßspeise aus Baiser, Biskuit und Eigelb. Außerdem gibt's leckere Frühstücks-*mollete* (weiche Brötchen) mit unterschiedlichem Belag.

Rincon de Lola TAPAS €
(www.rincondelola.net; Calle Encarnación 7; Tapas 2 €, raciones 7 €; ⊙ Di–So 12–23.30 Uhr) Ein toller Ort, um die verschiedenen preiswerten Tapas zu probieren, die einen Vorgeschmack auf die regionalen Gerichte wie z. B. *cochinillo* (Spanferkel) und *porra antequerana* bieten. Außerdem kann man großzügig belegte *tostas* (getoastete Sandwiches) und *raciones* wie Tomaten gefüllt mit Käse, Lachs, Wildpilzen und Krabben bestellen.

Capella Cafe y Tapas ANDALUSISCH, CAFÉ €
(☎ 951 23 58 06; Calle Infanta Don Fernando 20; Tapas, Gebäck 1 €; ⊙ Mo–Do 8–23, Fr & Sa bis 24 Uhr; 🛜) Ein sehr angenehmer Ort für einen Kaffee, ein Glas Wein, Tapas oder *meriendas* (kleine Mahlzeiten am Nachmittag). Und nebenbei kann man im Internet surfen. Das Lokal bietet aber noch einen besonderen Clou: die **Maqueta de Antequera** (www.maquetadeantequera.es; Eintritt 1 €; ⊙ 8–23, Fr & Sa bis 24 Uhr), ein großes, maßstabsgetreues Modell der Stadt, wie sie im 18. Jh. ausgesehen hat. Es wurde 2013 eingeweiht und ist angeblich das größte Modell seiner Art in ganz Spanien.

★ Arte de Cozina ANDALUSISCH €€
(www.artedecozina.com; Calle Calzada 27–29; Hauptgerichte 12–15 €, Tapas 2 €; ⊙ 13–23 Uhr) Die *simpática* (freundliche) Besitzerin dieses Hotelestaurants hat einen eigenen Garten, der frische Zutaten für ihre Gerichte liefert. Sie verpasst Traditionellem eine ganz neue Note. Die Gazpacho macht sie z. B. mit grünem Spargel, die *porra* mit Orangen. Außerdem gibt's Fleisch, Fisch und Antequera-Spezialitäten. Donnerstag- und freitagabends sorgt klassische Livemusik für Unterhaltung.

Die angrenzende Tapas-Bar serviert ungewöhnliche Häppchen wie Schnecken in pikanter Mandelsoße oder Flusskrebse mit Chili und Paprika, und die Dessertauswahl ist vielfältig, was in dieser Gegend nicht selbstverständlich ist.

Reina Restaurante MODERN ANDALUSISCH €€
(☎ 952 70 30 31; Calle San Agustín 1; Hauptgerichte 14–18 €, menú 14 €; ⊙ Di–So 13–16 & 20–23 Uhr) In einer hübschen Sackgasse voller Restaurants abseits der Calle Infante Don Fernando befindet sich dieses Lokal samt Kochschule. Neben einigen internationalen Gerichten wie Pasta kredenzt es eine wunderbare Auswahl an Antequera-Spezialitäten, darunter Hühnchen in Mandelsoße und Rebhuhnpastete, sowie verwegenere Kreationen wie Erdbeer-Gazpacho mit Ziegenkäse.

Der elegante Speisesaal ist in dunklem Pink gestrichen und die Fliege tragenden Kellner machen die Atmosphäre eines noblen Dinners perfekt.

El Angelote
BAR

(Plaza del Carmen 10; Di–Sa 12.30 Uhr–spät; 📞)
Quirlige Bar samt Terrasse an einem pittoresken Platz; hin und wieder treten Bands auf.

❶ Praktische Informationen

Städtische Touristeninformation (📞 952 70 25 05; www.antequera.es; Plaza de San Sebastián 7; Mo–Sa 11–14 & 17–20, So bis 14 Uhr) Hilfsbereite Angestellte informieren über die Stadt und das Umland.

❶ Anreise & Unterwegs vor Ort

AUTO
21 km südöstlich der Stadt verläuft eine Mautstraße (AP-46) von Torremolinos nach Las Padrizas (5 €). Tiefgaragen findet man an der Calle Diego Ponce, nördlich von der Plaza de San Sebastián (pro Std. 1,50 €, 12–24 Std. 18 €).

BUS
Der **Busbahnhof** (Paseo Garcí de Olmo) liegt 1 km nördlich des Zentrums. **Alsa** (www.alsa.es) bedient Sevilla (14 €, 2½ Std., 5-mal tgl.), Granada (9 €, 1½ Std., 5-mal tgl.), Córdoba (11 €, 2 Std. 40 Min., 1-mal tgl.), Almería (23 €, 6 Std., 1-mal tgl.) und Málaga (6 €, 1½ Std., 2-mal tgl.).

Darüber hinaus bestehen Verbindungen zwischen Antequera und dem Dorf Fuente de Piedra (2,45 €, 25 Min., 3-mal tgl.).

TAXI
Taxis (6–7 € pro 2–3 km) warten auf halber Strecke in der Calle Infante Don Fernando. Telefonisch erreicht man sie unter der 📞 952 84 55 30.

ZUG
Vom **Bahnhof** (www.renfe.es; Avenida de la Estación) 1,5 km nördlich des Zentrums fahren täglich sechs Züge nach Granada (11 €, 1½ Std.), vier machen sich auf den Weg nach Sevilla (18 €, 1½ Std.). Drei weitere Züge verkehren nach Málaga oder Córdoba, allerdings muss man in Bobadilla umsteigen.

Paraje Natural Torcal de Antequera

Südlich von Antequera erstrecken sich die wunderbar bizarren Felsformationen des Paraje Natural Torcal de Antequera. Das 12 km² große Gebiet aus knorrigem, gezacktem und säulenförmigem Kalkstein entstand vor 150 Mio. Jahren auf dem Boden eines Meeres und ragt nun bis zu 1336 m (El Torcal) hoch. Die Landschaft wirkt übernatürlich, und die Luft ist rein und frisch. Es gibt vor Ort ein **Infozentrum** (📞 952 24 33 24; www.visitasfuentepiedra.es; 10–21 Uhr), in dem man mehr über Wanderungen sowie die hiesige Fauna und Flora erfährt.

Zwei markierte Pfade, die 1,5 km lange „Ruta Verde" (Grüner Weg) und die 3 km lange „Ruta Amarilla" (Gelber Weg), starten und enden ganz in der Nähe. Dramatischere Ausblicke bietet nur die begrenzt zugängliche „Ruta Rojo" (Roter Weg; über die Touristeninformation in Antequera (S. 196) werden geführte Ausflüge angeboten). Aufgrund des felsigen Bodens sind Schuhe mit starker Profilsohle nötig.

El Torcal ist nur mit dem eigenen Auto oder einem Taxi zu erreichen. Zunächst folgt man von Antequeras Zentrum der Calle Picadero, die bald in die Straße nach Zalea mündet. Etwa 1 km weiter weisen Schilder links nach Villanueva de la Concepción. Nach 11 km auf dieser Straße kommt ein Abzweig nach rechts, der nach 4 km bergauf am Infozentrum endet.

Laguna de Fuente de Piedra

20 km nordwestlich von Antequera nahe der *autovía* A92 (mautfreie Autobahn) liegt die Laguna de Fuente de Piedra. Wenn sie bei Dürre nicht ausgetrocknet ist, bildet sie den größten natürlichen See Andalusiens und damit einen der zwei europäischen Hauptbrutplätze von Flamingos (der andere befindet sich in der Camargue, Südwestfrankreich). Nach einem regenreichen Winter nisten hier bis zu 20 000 Flamingopaare. Sie treffen im Januar oder Februar ein, und die Küken schlüpfen im April und Mai.

Die Flamingos bleiben bis ungefähr August, wenn der See, der selten tiefer als 1 m wird, nicht mehr genug Wasser für sie hat. Sie teilen die Gegend mit Tausenden von anderen Vögeln, etwa 170 verschiedene Arten.

Im **Centro de Información Fuente de Piedra** (📞 952 71 25 54; www.visitasfuentepiedra.es; Laguna de Fuente de Piedra; 10–14 & 17–19 Uhr) am See wird ein informativer audiovisueller Film über die Flamingos gezeigt. Die Mitarbeiter geben gern Tipps zu den besten Plätzen zur Vogelbeobachtung, verkaufen Karten und verleihen Ferngläser (unbedingt notwendig).

Unweit der Laguna bietet sich der renommierte **Caserío de San Benito** (📞 952 11 11 03; Km 108 Carretera Córdoba-Málaga; menú 14 €; Di–So 12–17 & 20–24 Uhr) für ein ausgezeichnetes traditionelles Mittagessen an. Das wunderschön umgebaute Bauernhaus steckt zudem voller Antiquitäten.

ÖSTLICH VON MÁLAGA

Die Küste östlich von Málaga, manchmal auch Costa del Sol Oriental genannt, ist weniger erschlossen als ihr Pendant im Westen. Málagas Vororte gehen ostwärts in eine Reihe öder und eintöniger Küstenstädte voll gesichtsloser Hochhäuser über – Rincón de la Victoria, Torre del Mar, Torrox Costa –, bis schließlich das attraktivere Nerja auftaucht, wo zahlreiche Briten und Skandinavier leben.

Die einzige schöne Landschaft hier ist die kaum bekannte zerklüftete Axarquía-Region, die sich mit Granadas Las Alpujarras messen kann. Hier erstrecken sich zahlreiche Wanderwege, die noch nicht so ausgetreten sind wie jene im Nordwesten der Provinz um Ronda. 1999 wurden 406 km^2 der Bergregion zum Parque Natural Sierras de Tejeda, Almijara y Alhama ernannt.

La Axarquía

211 447 EW.

Die Axarquía-Region ist von tiefen Tälern mit Terrassen und Bewässerungsgräben aus maurischer Zeit durchzogen. Auch fast alle Dörfer inmitten der von Oliven- und Mandelhainen und Weinstöcken bepflanzten Hänge stammen von den Mauren. Einst war die wilde und unzugängliche Gegend, besonders um die Sierra de Tejeda, ein Nest der *bandoleros* (Banditen), die hier unbehelligt durch die Berge schweifen konnten. Heute bilden die fantastische Landschaft, hübsche weiße Dörfer, starker süßer Wein aus sonnengereiften Trauben und gute Wandermöglichkeiten im Frühjahr sowie Herbst die Hauptattraktionen.

Wichtigster Ort der Axarquía ist **Vélez Málaga** 4 km nördlich von Torre del Mar. In dem betriebsamen, aber reizlosen Städtchen lohnt lediglich die restaurierte Burg einen Blick. Von Vélez führt die A335 nordwärts zum türkisfarbenen Stausee Embalse de la Viñuela und hoch durch die **Boquete de Zafarraya** (eine dramatische Kluft in den Bergen) Richtung Granada. Auf dieser Strecke verkehrt täglich ein Bus zwischen Torre del Mar und Granada.

Eine der dramatischsten Landschaften der Axarquía erwartet einen rund um die beiden höchsten Dörfer **Alfarnate** (925 m) und **Alfarnatejo** (858 m). Südlich davon erheben sich schroffe Felsen wie der Tajo de Gomer und der Tajo de Doña Ana.

Infos zu der Gegend bieten die Touristeninformationen in Málaga, Nerja, Torre del Mar und Cómpeta. Wanderer sollten sich nach dem Faltblatt für Routen im Parque Natural Sierras de Tejeda, Almijara y Alhama erkundigen. Zu den besten Karten gehören die *Mapa Topográfico de Sierra Tejeda* und die *Mapa Topográfico de Sierra Almijara* von Miguel Ángel Torres Delgado, beide im Maßstab 1:25 000. Unter www.axarquia.es findet man außerdem interessante Links zu Wanderwegen in der Region.

Comares

1435 EW.

Comares sitzt wie eine Schneewehe auf einer majestätischen Bergspitze. Das eigentliche Abenteuer ist die Anfahrt, denn man sieht den Ort schon kilometerweit, bevor eine letzte Kurve der schier endlosen Serpentinenstraße unterhalb des hängenden Gartens auf einem Felsvorsprung endet. Von einem kleinen Parkplatz führen steile, verwinkelte Treppen in das Dorf. Fußabdrücke aus Keramik leiten durch ein Gewirr aus engen, verwinkelten Gassen an der **Iglesia de la Encarnación** vorbei zur **Burgruine** von Comares und zu einem eindrucksvollen **Friedhof** auf der Bergkuppe.

Einst galt der Ort als Rebellenhochburg, da sich hier Omar ibn Hafsun verschanzte. Heute genießen die Einheimischen ebenso wie die vielen Zugezogenen seine behagliche Abgeschiedenheit. Der Blick über die Axarquía ist atemberaubend.

Typisch spanische Küche und viele Reisgerichte (der Besitzer stammt gebürtig aus Valencia), serviert das **El Molino de los Abuelos** (952 50 93 09; Plaza de la Axarquía; Hauptgerichte 8–16 €, Menü 9 €). Die umgebaute Olivenmühle an der Hauptplaza ist gleichzeitig ein charmantes, kleines **Hotel** (952 50 93 09; www.hotelmolinodelosabuelos.com; Plaza de la Axarquía 2; DZ mit/ohne Bad ab 75/55 €, Suite 120 €; P). Im Dorfzentrum gibt's zudem einige nette Bars.

Werktags fährt um 18 Uhr ein Bus nach Málaga, zurück geht's am nächsten Morgen um 7 Uhr (3,20 €, 1½ Std.).

Cómpeta

3459 EW.

Das malerische Dorf mit seiner herrlichen Panoramaaussicht, den steilen, gewundenen Straßen und der zentralen, von Bars gesäumten Plaza samt einer Kirche aus dem 16. Jh. zieht seit Langem Ausländer aus den verschiedensten Ländern an. Diese sorgen für eine aktive Kulturszene. Darüber hinaus erwarten Besucher ein paar überdurchschnittlich gute Restaurants, die moderne Küche servieren, einige Läden von Wohltätigkeitsorganisationen (in Spanien eine Seltenheit) und ein Buchladen für fremdsprachige Bücher. Cómpeta ist ein guter Ausgangsort für Wanderungen und andere Aktivitäten, die den Adrenalinspiegel in die Höhe treiben.

Aktivitäten

Salamandra   OUTDOORAKTIVITÄTEN
(952 55 34 93; www.malaga-aventura.com; Calle El Barrio 47; Höhlenexkursionen/Kajakfahren/Canyoning ab 25/25/45 € pro Pers.; 10–14 & 17–19 Uhr;) Der Veranstalter organisiert eine breite Palette an Aktivitäten, darunter geführte Wanderungen, Höhlentouren, Canyoning, Kajakfahrten und Exkursionen mit speziellen Themenschwerpunkten wie Orchideen im Frühling, Pilze und historische Routen. Zu Letzteren gehört der 20 km lange frühere Handelsweg zwischen Cómpeta und Játar.

Los Caballos del Mosquin   REITEN
(608 658108; www.horseriding-andalucia.com; Canillas del Albaida; halbtägiger Trek inkl. Picknick 65 €) Reitausflüge von einer Stunde bis zu drei Tagen (inkl. Vollpension und Unterkunft) in die Umgebung.

Feste & Events

Noche del Vino   WEIN
(Nacht des Weins; 15. Aug.) Im Dorf wird der beste Wein der Gegend produziert. Kostproben gibt's z. B. während der beliebten **Noche del Vino** (Nacht des Weins) mit Flamenco und sevillanischer Musik und Tanz auf der zentralen und hübschen Plaza Almijara – dort bekommt man so viel kostenlosen Wein, wie man trinken kann.

Schlafen

Hotel Balcón de Cómpeta   HOTEL €€
(952 55 36 62; www.hotel-competa.com; Calle San Antonio 75; EZ/DZ inkl. Frühstück 54/77 €;) Alteingesessenes, modernes Hotel am oberen Ende des Dorfs; der Panoramablick ist gratis. Die Zimmer sind gründlich renoviert worden, das erkennt man auch an ihren Farben: Dunkelgrau und Himbeerrosa bilden einen coolen Kontrast zu den Pastelltönen und reinem Weiß. Zur Anlage gehören ein Tennisplatz und ein Pool.

Essen & Ausgehen

Taberna de Oscar   MODERN ANDALUSISCH €
(952 51 66 31; www.tabernadeoscar.es; Plaza Pantaleón Romero 1; halbe raciónes 3,50–5,50 €; Restaurant Mi–Mo 11–23 Uhr; Bar Mi–Mo 18 Uhr–spät;) In einer Ecke hinter der Kirche steht ein Lokal, in dem (soweit möglich) mit Bio-Olivenöl und -Zutaten gekocht wird. Der robuste Hauswein stammt aus der Familien-Bodega. Die Karte für Vegetarier trumpft mit Leckerbissen wie gebratener Roter Bete und mariniertem Tofu auf. Auch andalusische Leibspeisen wie Gazpacho und *zarzuela* (Fisch- und Meeresfrüchteeintopf) dürfen nicht fehlen.

Die Gerichte werden als *medias raciónes* (die doppelte Tapas-Menge) serviert. Auf der Terrasse oben befindet sich eine Cocktailbar mit tollem Ausblick über die Dächer und noch besseren Erdbeer-Daiquiris.

El Pilón   INTERNATIONAL €€
(952 55 35 12; www.restauranteelpilon.com; Calle Laberinto; Hauptgerichte 13–18 €; Mo, Mi–Sa 19–23, 13–15.30 Uhr;) In der früheren Tischlerei befindet sich eines der beliebtesten Dorfrestaurants. Die Zutaten zu den Gerichten stammen aus der Region, die Inspirationen aus der ganzen Welt: Es gibt Tandoori-Hähnchen, Blutwurst nach Burgos-Art und jede Menge vegetarische Optionen. Von der Cocktaillounge mit regelmäßigen Veranstaltungen, z. B. Weinproben und Livemusik, genießt man eine tolle Aussicht.

Museo del Vino   ANDALUSISCH €€
(Avenida Constitución; Hauptgerichte 9,50–17 €; 13–16 & 19.30–10.30 Uhr) Das bei Touristen seit Langem beliebte Restaurant verströmt mit seinen unverputzten Ziegeln und den Deckenbalken rustikale Wärme und serviert erstklassige *raciónes* mit Schinken, Käse und Würstchen sowie Wein vom Fass. Dank des einheimischen Kunsthandwerks und der vielen marokkanischen Details erinnert es ein wenig an Aladins Wunderlampe.

Praktische Informationen

Touristeninformation (952 55 36 85; Avenida de la Constitución; Mo–Sa 10–15, So bis 14 Uhr) Die Touristeninformation befindet sich neben der Bushaltestelle am Fuß des Orts. Dort sind Infos zur Stadt und zur Region erhältlich.

An- & Weiterreise

AUTO
Oberhalb von der Touristeninformation befindet sich ein kostenloser Parkplatz.

BUS
Drei Busse fahren täglich von Málaga via Torre del Mar nach Cómpeta (4,60 €, 1½ Std.).

Frigiliana
3093 EW.

Frigiliana gilt als das hübscheste Dorf in der Axarquía. Es liegt 7 km nördlich von Nerja und ist damit mehrmals täglich per Bus verbunden (außer sonntags). Einfache, weiß getünchte Häuser, die mit Töpfen blutroter Geranien geschmückt sind, säumen die engen Straßen. Die Angestellten in der örtlichen Touristeninformation (www.frigiliana.es; Plaza del Ingenio; ⊙ Mo-Fr 9-20, Sa & So 10-13.30 & 16-20 Uhr) kümmern sich gern um Besucher.

El Fuerte, der Hügel hinter dem Weiler, war der Schauplatz der endgültigen blutigen Niederlage der *moriscos* (konvertierte Muslime) von La Axarquía nach deren Rebellion 1569. Angeblich stürzten sie sich dort lieber in den Tod als von den Spaniern getötet oder gefangen genommen zu werden. Ein Weg führt über die Straße bergauf ins Dorf und dann über einen staubigen Pfad hierher.

Darüber hinaus rühmt sich Frigiliana eines süßen einheimischen Weins, seines Honigs, seiner Künstler und natürlich des malerischen, kubistischen Anblicks.

Nerja
20 700 EW.

Nerja, 56 km östlich von Málaga mit der Sierra Almijara im Rücken, hat es tatsächlich geschafft, seine niedrigen Häuser und seinen Charme gegen den allgegenwärtigen Bauwahn zu verteidigen – und das trotz der vielen Souvenirgeschäfte und Tagesausflügler. Das Herz der Stadt bildet der sehenswerte Balcón de Europa, ein palmengesäumter Platz und Aussichtspunkt, der auf den Ruinen einer alten Festung gebaut wurde und einen einmaligen Blick auf das kobaltblaue, von honigfarbenen Felsbuchten gesäumte Meer bietet.

Weil sich Nerja zunehmender Beliebtheit bei Pauschal- und „Dauertouristen" erfreut, dehnen sich seine Grenzen immer weiter aus. Vor allem nach Osten hin wird massiv gebaut. Der Besucherandrang und ein verschmutztes Meer können von Juli bis September relativ lästig sein, aber für den Rest des Jahres ist die Stadt weitaus ruhiger und das Wasser sauberer.

◉ Sehenswertes & Aktivitäten

Das Stadtzentrum erstreckt sich um den Balcón de Europa, der über das tiefblaue Meer hinausragt und an lauen Sommerabenden *der* Ort für den *paseo* (Spaziergang) der Einwohner ist. Hier gibt's auch ein paar schöne Terrassenbars, und die Pferdekutschen dürfen natürlich auch nicht fehlen. Alle, die ein Herz für Tiere haben, sollten sich gegen diese Aktivität entscheiden.

★ **Cueva de Nerja** HÖHLE
(www.cuevadenerja.es; Erw./Kind 9/5 €; ⊙ Besichtigung ohne Führung Sept.–Juni 10–13 & 16–17.30, Juli & Aug. 10–18 Uhr; mit Führung Sept.–Juni 13–14 & 17.30–18.30, Juli & Aug. 11–12 & 18.30–19.30 Uhr) Nerjas größte Touristenattraktion liegt 3 km östlich der Stadt an den Hängen der Sierra Almijara, abseits der N340. Das weitläufige 4 km lange Höhlensystem, das vor rund 5 Mio. Jahren vom Wasser ausgewaschen und von Steinzeitjägern bewohnt wurde, präsentiert sich als theatralisches Wunderland voller ungewöhnlicher Felsformationen, subtiler Farbspiele sowie Stalaktiten und Stalagmiten. Im Sommer finden in der Höhle Ballet- und Flamencoveranstaltungen statt.

Täglich fahren um die 14 Busse von Málaga nach Nerja (nur nicht sonntags!). Der Komplex hat eine gute Infrastruktur für Touristen; es gibt ein großes Restaurant und einen Parkplatz. Die Besichtigung der Höhle dauert ca. 45 Minuten. Die Führungen sind im Eintritt inbegriffen.

Museo de Nerja MUSEUM
(☎ 952 52 72 24; Plaza de España; Erw./Kind 4/2 €; ⊙ Di–So 10–14 & 16–18.30, Juli & Aug. bis 22 Uhr) Das Stadtmuseum zeichnet die Geschichte der Stadt von den Höhlenbewohnern der Altsteinzeit bis zum Touristenboom der 1960er-Jahre nach. Es zeigt beispielsweise Artefakte, die in der Cueva de Nerja gefunden wurden und von dem nachdenklich stimmenden Skelett eines erwachsenen Höhlenbewohners bis zum faszinierend weltlich anmutenden Käsegericht reichen.

Playa Calahonda STRAND
Die kleine, malerische Bucht liegt östlich des Balcón de Europa. Besucher können Sonnenliegen und -schirme mieten, im Hochsommer kann es aber schon mal richtig voll werden – insbesondere, wenn die Gäste des nahen Hotel Balcón de Europa (☎ 952 52 08 00; www.hotelbalconeuropa.com; Paseo Balcón de Europa 1; EZ/DZ 82/115 €; ❄) vorbeischauen.

Nerja

Nerja

◎ Sehenswertes
1 Museo de Nerja B3
2 Playa Burriana D1
3 Playa Calahonda C3
4 Dienstagsmarkt C2

🛏 Schlafen
5 Hotel Balcón de Europa B3
6 Hotel Carabeo C2

✖ Essen
7 Bakus D2
8 Gusto B2
9 La Piqueta B2
10 Lan Sang A3
11 Oliva B3
Restaurante 34 .... (siehe 6)

🍸 Ausgehen & Nachtleben
12 Cochran's Irish Bar B3

✪ Unterhaltung
13 Centro Cultural Villa de Nerja B3

🛍 Shoppen
14 Rastro B1

Playa Burriana   STRAND
(P) Nerjas längster und schönster Strand bietet genügend Platz, um sein Handtuch auszubreiten. Über die idyllische Calle Carabeo und eine Treppe gelangt man zum Meer und von dort weiter zur Playa Burriana.

Playa del Cañuelo   STRAND
Östlich von Nerja wird die Küste schroffer. Mit einem eigenen Wagen sind aber einige tolle Strände über den Abzweig von der A7 zu erreichen. Am schönsten ist die Playa del Cañuelo unmittelbar vor der Grenze zur Provinz Granada. Sie verfügt über ein paar Sommerrestaurants.

Buceo Costa Nerja   TAUCHEN
(☎ 952 52 86 10; www.nerjadiving.com; Playa Burriana; Schnorcheln ab 30 €; ⏱ 9–13 Uhr) Die Unterwasserwelt von Nerja lässt Taucherherzen höher schlagen, denn die atlantische Strömung sorgt für eine erstaunliche Artenvielfalt. Der renommierte Veranstalter Buceo Costa Nerja organisiert verschiedene Kurse für die meisten Niveaus.

🎉 Feste & Events

Noche de San Juan   SOMMERSONNENWENDE
(⏱ 23. Juni) Jedes Jahr am 23. Juni feiern die Nerjaner die Johannisnacht. Sie packen ihre Grillroste und -zangen ein und machen sich auf zum Strand. Dort grillen sie Sardinen sowie sonstige Fische und Meeresfrüchte, trinken Wein und Bier, schwimmen und machen bis zum Morgen durch.

Virgen del Carmen — RELIGIÖSES FEST
(⊙ 16. Juli) Am Festtag der Fischer gibt's eine Prozession der Fischerboote, bei der die Madonna durch die Gegend gefahren wird.

🛌 Schlafen

Nerja bietet Schlafgelegenheiten en masse, im Sommer sind die besseren Hotels allerdings oft schon mindestens zwei Monate im Voraus ausgebucht.

★ Hotel Carabeo — HOTEL €€
(☎ 952 52 54 44; www.hotelcarabeo.com; Calle Carabeo 34, Nerja; DZ/Suite inkl. Frühstück ab 85/180 €; ⊙ April–Okt.; ❄@ 🛜 ♨) Das kleine, familienbetriebene Hotel am Wasser ist vollgestopft mit stilvollen Antiquitäten und edlen Gemälden. Es erhebt sich über einem gepflegten Terrassengarten. Das hauseigene Restaurant ist gut und der Pool befindet sich auf einer Terrasse mit Blick aufs Meer. Das Gebäude selbst, zu erkennen an den bunten Bougainvilleen, war einmal eine Schule und steht an einer der schönsten Fußgängerstraßen der Stadt.

🍴 Essen

Viele der zahlreichen Restaurants und Bars in Nerja zielen auf ahnungslose Touristen ab. Läden, die mit ganztägigem englischem Frühstück werben oder sonnengebleichte Poster ihrer Gerichte ausstellen, sollte man eher meiden. Die Playa Burriana, der beste Strand der Stadt, wird von lebhaften Bars und Restaurants gesäumt.

La Piqueta — TAPAS €
(Calle Pintada 8; Tapas 2 €, raciónes 4,50–6 €; ⊙ Mo–Sa 10–24 Uhr) Es gibt zwei gute Gründe dafür, dass La Piqueta die populärste Tapasbar der Stadt ist. Zum einen schmeckt der Hauswein, zum anderen gibt's zu jedem Drink eine *tapa* gratis dazu (oft ein Miniburger; Vegetarier dürfen alternativ Käse bestellen). Die Speisekarte ist gespickt mit Klassikern wie Innereien und *huevos estrellados* (wörtlich übersetzt zerbrochene Eier), die mit Schinken, Knoblauch, Kartoffeln und Paprika zubereitet werden.

Gusto — INTERNATIONAL €
(Calle Pintada 23; Snacks 5–7 €; ⊙ 11–23 Uhr; 👶) Hausgemachte Burger, auch vegetarisch mit Käse, sowie mediterrane Sandwiches, z. B. mit gebratener Paprika und Ziegenkäse, aber auch Salate, gegrilltes Halloumi und Quiches machen das Gusto zu einem beliebten Snackstop. Zum Frühstück gibt's Räucherlachs, Waffeln, gesundes Schweizer Müsli und weniger gesundes English Breakfast. Die Kinderkarte ist ungewöhnlich vielseitig.

Lan Sang — THAI €€
(www.lansang.com; Calle Málaga 12; Hauptgerichte 7–14 €; ⊙ Di–Sa 13.30–15 & 19.30–23, So 19–22.30 Uhr) Der Besitzer und der Koch stammen aus Laos, deswegen kombinieren sie in diesem Lokal die thailändische und die laotische Landesküche. Neben Currys, Pfannengerichten und Suppen werden Fisch und Meeresfrüchte serviert, die mit Gewürzen wie Tamarinde, Ingwer, Kaffernlimettenblättern und Chili verfeinert werden. Die Suppen und Salate sind ähnlich aromatisch.

Bakus — BISTRO €€
(Calle Carabeo 2; Hauptgerichte 12–17 €; ⊙ Di–So 12.30–15.30 & 19–22.30 Uhr) Himbeerrosa und Dunkelgrau prägen den Innenraum die meisten Besucher zieht es aber hinaus, auf die weitläufige Terrasse mit Blick auf die Playa Carabello. Die Karte sollte auch anspruchsvollen Gourmets zusagen, angefangen bei leichten Häppchen wie Gorgonzola-Tarte und Kürbissuppe bis hin zu Fleischgerichten mit gehaltvoller klingenden Soßen wie Estragon, Lauch und Speck, Trüffelcreme oder Portwein mit wilden Pilzen.

Merendero Ayo — FISCH & MEERESFRÜCHTE €€
(www.ayonerja.com; Playa Burriana; Hauptgerichte 9–13 €; ⊙ 9–24 Uhr; P 👶) Ein Open-Air-Lokal, in dem Pfannen mit Paella über einem offenen Feuer vor sich hin brutzeln – man darf sich sogar einen Nachschlag holen, ganz umsonst. Der nette Betreiber Ayo war einst an der Entdeckung der Cueva de Nerja beteiligt. Er schmeißt den Reis in die *paellera* wie kein Zweiter – ein echter Unterhaltungsfaktor.

Restaurante 34 — MODERN EUROPÄISCH €€
(☎ 952 52 54 44; www.hotelcarabeo.com; Hotel Carabeo, Calle Carabeo 34; Hauptgerichte 15–25 €; ⊙ Di–So 13–15.30 & 19–23 Uhr; 🛜) Sowohl drinnen als auch draußen im Garten, wo sanfte Stufen zum Rand des Grundstücks mit Meerblick führen, herrscht eine wunderbare Atmosphäre. Die Gerichte sind köstlich und exotisch. Für den kleinen Hunger bietet sich ein Abstecher in die angrenzende Tapasbar an. Mittwoch- und sonntagabends Livemusik.

Oliva — MODERN EUROPÄISCH €€€
(☎ 952 52 29 88; www.restauranteoliva.com; Calle Pintada 7; Hauptgerichte 19–23 €; ⊙ 13–16 & 19–23 Uhr) Perfekter Service, einzelne Orchideen, ein Soundtrack aus Drum'n'Bass sowie jede

Menge Dunkelgrau und Grün zeugen von Klasse. Die Karte ist kurz – ein Zeichen von Qualität – und ändert sich je nach Saison. Die fantasievollen Gerichte bestehen aus augenscheinlich wenig harmonierenden Zutaten. Wie wär's z. B. mit einer Pistazienfalafel oder Mango-Panna-Cotta mit Karamell aus schwarzen Oliven. Am besten reservieren!

Ausgehen

Cochran's Irish Bar IRISH PUB
(www.cochransirishpub.com; Paseo Balcón de Europa 6; ⊙ Di–Sa 20–3, So 17–24 Uhr) In dem alteingesessenen irischen Pub geht's herrlich geschwätzig zu und am Wochenende locken mitreißende Liveauftritte. Von der Bar im Freien genießt man einen weiten Blick aufs Meer, außerdem ist dies dank des romantischen Trauminselambientes das perfekte Plätzchen für einen Cocktail, besonders für Frischverliebte.

Tropy Sol CAFÉ
(Playa Burriana; ⊙ 10–22 Uhr) Bester Kaffee- und Eisladen an der Playa Burriana.

Unterhaltung

Centro Cultural Villa de Nerja KULTURZENTRUM
(☎ 952 52 38 63; Calle Granada 45) Das gut geführte Kulturzentrum stellt ein anspruchsvolles Jahresprogramm mit klassischer Musik, Theater, Jazz und Flamenco auf die Beine, bei dem spanische und internationale Künstler auftreten.

Shoppen

Dienstags wird in Nerja ein lebhafter **Markt** (Calle Almirante Ferrandíz; ⊙ Di 9–15 Uhr) veranstaltet, zudem findet sonntagmorgens nördlich der Stadt in der Urbanización Flamingo ein **rastro** (Flohmarkt; Urbanización Flamingo, Calle Almirante Ferrandiz; ⊙ So 9–14 Uhr) statt.

Praktische Informationen

Touristeninformation (www.nerja.org; Calle Carmen; ⊙ 10–14 & 18–22 Uhr) Hat viele nützliche Prospekte vorrätig.

Anreise & Unterwegs vor Ort

AUTO
Schilder weisen den Weg zur zentralen **Tiefgarage** (1/24 Std. 1,20/18 €) der Plaza de España.

BUS
Alsa (☎ 952 52 15 04; www.alsa.es; Avenida Pescía) bietet regelmäßige Verbindungen von/nach Málaga (5,75 €, 1¾ Std., 23-mal tgl.), Marbella (9,50 €, 1¼ Std., 1-mal tgl.) und Antequera (9 €, 2¼ Std., 2-mal tgl.). Andere Busse fahren nach Almería und Granada.

Die Provinz Córdoba

798 000 EW.

Inhalt ➜
Córdoba............210
Baena............. 224
Parque Natural Sierras
Subbéticas 224
Almodóvar del Río .. 230
Parque Natural Sierra de
Hornachuelos 230

Gut essen
➜ Restaurante La Fuente (S. 229)
➜ La Boca (S. 221)
➜ Garum 2.1 (S. 221)
➜ Bodegas Campos (S. 224)
➜ El Astronauta (S. 221)

Schön übernachten
➜ Casa Olea (S. 228)
➜ Balcón de Córdoba (S. 220)
➜ Bed and Be (S. 219)
➜ Casa Baños de la Villa (S. 229)
➜ Hotel Zuhayra (S. 227)

Auf in die Provinz Córdoba

Córdobas historische Altstadt, einst das strahlende Symbol von Al-Andalus, ist die größte Attraktion der gleichnamigen Provinz. Ihre Zeugnisse des glanzvollen Kalifats, darunter vor allem die Große Mezquita (Moschee), sind historisch und architektonisch höchst interessant. Darüber hinaus wartet die Altstadt mit guten Restaurants und wunderschönen Gärten auf. Doch auch jenseits der Provinzhauptstadt gibt's eine Menge zu entdecken. Im Norden erhebt sich die Sierra Morena, ein Gebirge voller geschützter Wälder, entlegener Dörfer und Burgruinen. Richtung Süden überzieht ein Teppich von Olivenbäumen und Weinbergen das hügelige Land, deren Früchte zu samtigem Öl und den einzigartigen süßen Montilla- und Moriles-Weinen verarbeitet werden. Noch weiter südlich prägen Höhlen und Canyons das Kalksteinmassiv der Sierras Subbéticas mit dem trubeligen Priego de Córdoba und dem von Klippen umgebenen Zuheros, einer idealen Basis zum Bergwandern und Genießen hausgemachter lokaler Gerichte.

Entfernungen

Priego de Córdoba	103			
Almodóvar del Río	30	133		
Baena	60	34	90	
Montilla	46	58	76	37
	Córdoba	Priego de Córdoba	Almodóvar del Río	Baena

Highlights

❶ Im farbenprächtigen **Córdoba** (S. 210) die fantastische Mezquita und andere Zeugnisse des goldenen Zeitalters der drei Kulturen von Al-Andalus erkunden.

❷ Berge, Täler und Höhlen des **Parque Natural Sierras Subbéticas** (S. 224) erforschen.

❸ In **Montilla** (S. 225) süße Weine aus der Gegend probieren.

❹ Die barocken Bauten von **Priego de Córdoba** (S. 228) bewundern.

❺ Durch die mediterranen Wälder des **Parque Natural Sierra de Hornachuelos** (S. 230) wandern.

❻ Die Burgen, Eichenwälder und entlegenen Dörfer von **Los Pedroches** (S. 231), dem geheimnisvollen hohen Norden Andalusiens, erkunden.

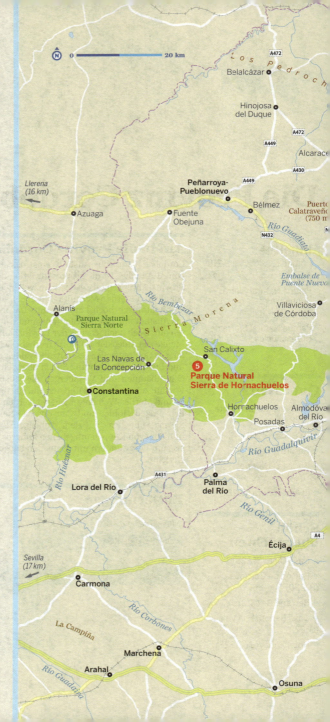

CÓRDOBA

296 000 EW. / 110 M

Ein Bauwerk reicht aus, um Córdoba weit oben auf die Liste jedes Travellers zu setzen: die faszinierende, mit unzähligen Säulenbogen geschmückte Mezquita. Sie ist eines der größten islamischen Gebäude der Welt und ein Symbol für die weltoffene, hochentwickelte islamische Kultur, die hier vor über einem Jahrtausend florierte, als Córdoba die Hauptstadt des islamischen Spaniens sowie Westeuropas größte und kultivierteste Stadt war. Doch dieser Ort, dessen jahrtausendealte Geschichte an jeder Ecke spürbar ist, hat noch viel mehr zu bieten: Man kann ihn wunderbar zu Fuß oder mit dem Fahrrad erkunden, in alten Häusern mit grünen Innenhöfen übernachten und speisen und alte Weinbars besuchen. Die schmalen Gassen der alten Judería (jüdisches Viertel) und des muslimischen Viertels erstrecken sich wie Adern von der Großen Moschee nach Nordosten und Nordwesten. Einige bieten jede Menge Tand für Touristen, andere sind herrlich friedvoll. Das Leben der modernen Großstadt hat sein Zentrum etwas weiter im Norden, an der Plaza de las Tendillas. Hier herrscht eine lebhafte Atmosphäre und es gibt viele hervorragende Bars und Restaurants. Der größte Fluss Andalusiens, der Guadalquivir, verläuft gleich unterhalb der Mezquita, und die Straßen am Ufer sind von quirligen Lokalen und Bars gesäumt, die den Ausblick noch schöner machen.

Von Mitte April bis Mitte Juni feiert die Stadt einen Großteil ihrer Feste. Dann geht's in Córdoba besonders lebhaft zu. In dieser Zeit ist der Himmel zumeist blau, die Temperaturen sind perfekt und überall grünt und blüht es. Auch im September und Oktober ist das Wetter sehr gut, doch im Juli und August kann es heiß werden.

Geschichte

Die Römer gründeten die Kolonie Corduba 152 v. Chr. als strategischen Versorgungspunkt für ihre Truppen. Im 1. Jh. n. Chr. ernannte Kaiser Augustus sie zur Hauptstadt von Baetica, einer der drei römischen Provinzen auf der Iberischen Halbinsel, und leitete damit eine Ära des Wohlstands und der kulturellen Blüte ein, die der Welt die Dichter Seneca und Lucan schenkte. Die römische Brücke über den Guadalquivir und der Tempel in der Calle Claudio Marcelo sind die noch heute sichtbaren Spuren der bedeutenden römischen Stadt, deren Überreste einen oder zwei Meter unterhalb des modernen Córdobas liegen. Im 3. Jh., als das Christentum hierherkam, war das römische Córdoba schon im Untergang begriffen. 711 fiel es an die islamischen Eroberer.

Die Stadt rückte wieder in den Mittelpunkt, als Abd ar-Rahman I. sich 756 n. Chr. zum Emir von Al-Andalus, dem von Muslimen beherrschten Teil der Iberischen Halbinsel, ernannte und die Dynastie der Omaijaden begründete, die Al-Andalus für zweieinhalb Jahrhunderte mehr oder weniger vereinte. 785 ließ Abd ar-Rahman I. die Große Mezquita erbauen. Die Blütezeit von Córdoba und Al-Andalus brach jedoch erst unter Abd ar-Rahman III. an, der von 912 bis 961 herrschte. Er machte sich 929 zum „Kalif" (Titel der muslimischen Nachfolger des Propheten) und leitete damit die Ära des Kalifats von Córdoba ein.

Mit etwa 250 000 Einwohnern war Córdoba inzwischen die größte Stadt Westeuropas. Der Handel mit landwirtschaftlichen und kunstgewerblichen Gütern florierte und der Ort wartete mit Hunderten von funkelnden Moscheen, öffentlichen Bädern, Patios, Gärten und Brunnen auf. In der berühmten „Stadt der drei Kulturen" lebten Muslime, Juden und Christen friedlich zusammen und der Hof Abd ar-Rahmans III. zog Gelehrte aller drei Religionsgruppen an. Die Universität, die Bücherei und die Sternwarten machten Córdoba zu einem Zentrum der Wissenschaften, dessen Einfluss noch viele Jahrhunderte später im christlichen Europa zu spüren war.

Gegen Ende des 10. Jhs. übernahm der skrupellose General Al-Mansur (Almanzor) die Herrschaft im Kalifat. Seine Raubzüge im Norden versetzten den christlichen Teil Spaniens in Angst und Schrecken. Als Al-Mansurs Sohn Abd al-Malik 1008 starb, stürzte das Kalifat in Anarchie. Berbertruppen überzogen die Stadt mit Gewalt und Plünderungen, und 1031 war die Herrschaft der Omaijaden vorbei. 1069 wurde Córdoba zu einem unbedeutenden Teil des Kleinkönigreichs (taifa) Sevilla und steht seit dieser Zeit im Schatten seines Nachbarn.

Das 12. Jh. brachte die beiden berühmtesten andalusischen Gelehrten Córdobas hervor: den muslimischen Philosophen Averroës (1126–1198) und seinen jüdischen Kollegen Maimonides (1135–1204). In Erinnerung geblieben sind die vielfältig talentierten Männer vor allem durch ihre Bemühungen, den religiösen Glauben mit der aristotelischen Vernunft in Einklang zu bringen. Als Córdoba 1236 von Ferdinand III. von Kastilien eingenommen wurde, wurde das einstige Bildungszentrum zur Provinzstadt. Erst Ende des 19. Jhs. beendete die aufkommende Industrialisierung den Abstieg und führte zu einem neuen Aufschwung. Das christliche Córdoba war zudem der Geburtsort eines berühmten spanischen Dichters: Luis de Góngora (1561–1627) wird in der Stadt bis heute sehr verehrt.

◉ Sehenswertes

★ **Mezquita** MOSCHEE, KATHEDRALE
(Moschee; ☏ 957 47 05 12; www.catedraldecordoba.es; Calle Cardenal Herrero; Erw./Kind 8/4 €, Mo–Sa 8.30–10 Uhr Eintritt frei; ⊙ März–Okt. Mo–Sa 8.30–9.30 & 10–19, So 8.30–11.30 & 15–19 Uhr, Nov.–Feb. tgl. bis 18 Uhr) Es ist nahezu unmöglich, die Schönheit der Großen Moschee (siehe auch S. 212) mit ihrem bemerkenswert und trotz der Touristenmassen ruhigen, weitläufigen Innenraum in Worte zu fassen. In der herrlich gestalteten Mezquita, einem der prachtvollsten Bauwerke der islamischen Architektur, denkt man an Zeiten der Freigebigkeit und Bildung, in denen Muslime, Juden und Christen Seite an Seite lebten und die Stadt durch den regen Austausch zwischen ihren so unterschiedlichen wie lebendigen Kulturen bereicherten.

Arabische Chroniken berichten, dass Abd ar-Rahman I. eine Hälfte der spanisch-römischen San-Vicente-Kirche für die Freitagsgebete der islamischen Gläubigen erwarb. 784 kaufte er auch noch die andere Hälfte der Kirche, um eine neue Moschee zu errichten. Drei Jahre später hatte sich die Größe der Moschee durch Anbauten beinahe verfünffacht und das Bauwerk nahm seine heutige Form an – mit einer Veränderung: Genau in der Mitte steht eine Kathedrale aus dem 16. Jh. (daher die häufig gebrauchte Bezeichnung „Moschee-Kathedrale").

Der Gottesdienst wird von Montag bis Samstag um 9.30 Uhr sowie sonntags um 12 und 13.30 Uhr in der zentralen Kathedrale abgehalten.

➤ Patio de los Naranjos

Dieser zauberhafte Innenhof mit seinen Orangenbäumen, Palmen, Zypressen und Brunnen bildet den Eingang zur Mezquita. Einst fanden dort die rituellen Waschungen vor dem Gebet in der Moschee statt. Die Puerta del Perdón, ein Portal im Mudéjar-Stil aus dem 14. Jh. auf dem Fundament des Glockenturms, ist das eindrucksvollste Tor zur Mezquita. Hier befindet sich auch das Ticketbüro.

➤ Glockenturm

Seit 2014 ist der 54 m hohe Glockenturm nach 24 Jahren Restaurierung wieder für Besucher geöffnet. Nun kann man bis zu den Glocken hinaufsteigen und einen tollen Panoramablick genießen. Das Gebäude wurde 951 bis 952 von Abd ar-Rahman III. als Minarett der Mezquita errichtet. Im 16. und 17. Jh. fügten die Christen eine neue, höhere Ummantelung hinzu. Im Inneren sind immer noch die Gewölbe und Bogen aus der Kalifatszeit zu bewundern.

Ursprünglich dürfte der Turm etwa wie die Giralda in Sevilla ausgesehen haben, die praktisch eine Kopie war. Das Minarett von Córdoba hat alle anderen Minarette beeinflusst, die danach in der westlichen islamischen Welt gebaut wurden.

➤ Die Inneneinrichtung der Mezquita

Was die Mezquita architektonisch so einmalig macht, ist der Umstand, dass sie als Bauwerk für ihre Zeit revolutionär war. Frühere islamische Bauten wie der Felsendom in Jerusalem und die Große Moschee von Damaskus waren vor allem vertikal ausgerichtet und hatten einen basilikalen Grundriss. Die Mezquita dagegen sollte einen schlichten Raum schaffen, der keine Hierarchien kennt und in die Horizontale geht, einen Raum, in dem der Geist ungehindert umherschweifen und mit Gott in Kontakt treten kann – eine prachtvolle Metapher für den ursprünglichen islamischen Gebetsbereich (bei Behausungen in der Wüste meist ein offener Hof).

Hier beteten die Männer nebeneinander auf der *argamasa,* einem Boden aus festem, rötlichem Löschkalk und Sand. Ein flaches Dach, verziert mit goldenen und bunten Motiven, wurde von gestreiften Rundbogen gestützt, die einen Wald aus Dattelpalmen suggerieren sollten. Ehemals ruhten die Bogen auf 1293 Säulen, von denen heute nur noch 856 übrig sind. Der Patio de los Naranjos, in dem die Brunnen für die Waschung gluckerten, bildete die Oase.

Die erste Moschee von Abd ar-Rahman I. hatte einen quadratischen Grundriss, der in zwei rechteckige Hälften aufgeteilt war: einen überdachten Gebetssaal und einen offenen Hof für die rituelle Waschung. Den Gebetsraum – der Bereich direkt hinter der Tür, durch die Besucher das Gebäude betreten – unterteilten Reihen von gestreiften Bogen aus rotem Ziegel und weißem Stein in elf „Schiffe". Die Säulen in der Mezquita waren ein buntes Durcheinander: Teils stammten sie aus der Kathedrale, die zuvor an der-

Mezquita

ZEITACHSE

600 Gründung der christlichen Basilica de San Vicente auf dem Gelände der heutigen Mezquita.

785 Kalif Abd ar-Rahman I. rettet den Bau, indem er die Kirche durch eine Mezquita (Moschee) ersetzt.

833–856 Unter Abd ar-Rahman II. wird die Moschee erweitert.

951–952 Abd ar-Rahman III. fügt ein neues Minarett hinzu.

962–971 Al-Hakam II. vergrößert die Moschee und baut einen neuen **Mihrab** ❶.

978–979 Auch Al-Mansur Ibn Abi Aamir lässt die Moschee erweitern, ebenso wie den heutigen **Patio de los Naranjos** ❷, womit das Gebäude seine heutige Größe erreicht.

1236 Nach der Rückeroberung Córdobas durch Ferdinand III. von Kastilien wird die Moschee in eine christliche Kirche umgewandelt.

1271 Statt die Moschee zu zerstören, bauen die Christen sie um und schaffen die **Capilla de Villaviciosa** ❸ und die **Capilla Real** ❹.

1523 Das Innere der Mezquita wird mit Erlaubnis von Karl V. im Gotik-/Renaissance-stil umgestaltet. Als der König das Resultat sieht, klagt er: „Ihr habt etwas Einzigartiges zerstört."

1593–1664 Das Minarett aus dem 10. Jh. wird zu einem **Glockenturm** ❺ im Renaissance-Barock-Stil umgebaut.

2004 Die spanischen Muslime bitten den Papst darum, wieder in der Mezquita beten zu dürfen, was dieser ablehnt.

TIPPS

» **Unter Orangenbäumen** Der Patio de los Naranjos kann jederzeit kostenlos besucht werden.

» **Frühaufsteher** Zwischen 8.30 und 9.30 Uhr (außer sonntags) wird kein Eintritt für die Mezquita verlangt.

» **Ruhe vor dem Sturm** Vor 10 Uhr morgens sind Gruppenbesuche verboten. Zu dieser Zeit herrscht hier eine ruhige, stimmungsvolle Atmosphäre.

Der Mihrab
Der größte Schatz der Moschee – die muschelförmige Gebetsnische, die in Richtung Mekka zeigt – wurde im 10. Jh. hinzugefügt. Die goldenen Mosaikwürfel sind Arbeiten byzantinischer Bildhauer.

Die Maksura
In diesem separaten Bereich beteten einst die Kalifen und ihr Gefolge. Die edlen Gewölbebogen der Maksura wurden so gebaut, dass sie den Blick in Richtung Mihrab und Mekka lenken.

Altarraum der Kathedrale
Der beeindruckende *coro* (Chorraum) entstand im 16. und 17. Jh. Er wartet mit einer herrlichen Barockdecke und kunstvoll geschnitzten Chorstühlen aus Mahagoni auf, die einzelne Szenen aus der Bibel darstellen.

Torre del Alminar
Nach 24 Jahren Restaurierung wurde der 54 m hohe Glockenturm wieder für Besucher geöffnet. Er entstand im 17. Jh. über dem Minarett der Mezquita aus dem 10. Jh.

Die Gewölbebogen der Mezquita
Als charakteristischste Elemente der Mezquita gelten ihre einzigartigen Gewölbebogen mit terrakottafarbenen und weißen Streifen. 856 Säulen, die aus römischen und anderen Ruinen stammen, stützen die Bogen. Im düsteren Licht kommen sie etwas unheimlich daher.

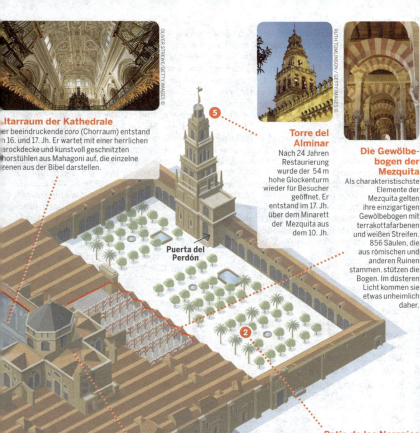

Puerta del Perdón

❺

❷

Patio de los Naranjos
Hier kann man all seine architektonischen Vorkenntnisse ablegen. Der Waschbereich der früheren Moschee ist ein schattiger, mit Orangenbäumen geschmückter Hof, der als Haupteingang zur Mezquita dient.

Capilla Mayor
Ein christliches Baudenkmal innerhalb eines islamischen Gebäudes: Die gotische Kapelle wurde im 16. Jh. von Karl V. in Auftrag gegeben und genau in die Mitte der drittgrößten Moschee der Welt gesetzt.

Capilla de Villaviciosa
Die Kapelle ist ein früher christlicher Umbau, der maurische Elemente mit gotischen Gewölbebogen und Säulen kombiniert. Bis in die 1520er-Jahre diente sie als Capilla Mayor.

selben Stelle gestanden hatte, teils aus den römischen Bauten in Córdoba, und teils kamen sie von noch weiter her – bis aus Konstantinopel. Um die Decke zu erhöhen und so den Eindruck von Offenheit zu erzeugen, ersannen einfallsreiche Baumeister eine Zwei-Stufen-Konstruktion: Die großen Säulen wurden als Basis verwendet und die kürzeren daraufgestellt.

Erweiterungen der Moschee – Richtung Süden durch Abd ar-Rahman II. im 9. Jh. und Al-Hakam II. in den 960er-Jahren sowie Richtung Osten durch Al-Mansur um 970 – führten diese Bogenlinien fort, bis sie eine Fläche von fast 23 000 m² überspannten: Nun war die Mezquita eine der größten Moscheen der Welt. Die Schlichtheit und Vielzahl ihrer Arkaden lassen sie beinahe unendlich wirken.

Das fertiggestellte Bauwerk hatte 19 Türen an der Nordseite, durch die Licht ins Innere flutete. Dies erzeugte ein Gefühl der Offenheit. Heute fällt nur noch durch eine Tür Licht in den schummrigen Innenraum, wodurch die rot-weißen Doppelbogen nicht mehr so lebendig wirken. Christliche Erweiterungsmaßnahmen wie die massive Kathedrale in der Mitte und die etwa 50 Kapellen am Rand begrenzen und beeinträchtigen den luftigen Raum weiter.

➤ Mihrab & Maksura

Wie schon Abd ar-Rahman II. ein Jahrhundert zuvor verlängerte auch Al-Hakam II. um 960 die Schiffe des Gebetssaals und schuf eine neue Qibla-Mauer (zeigte die Richtung an, in der Mekka liegt) sowie einen neuen Mihrab (Gebetsnische) am Südende. Die Nische direkt davor und die beiden Nischen daneben bildeten die Maksura, den Platz, an dem die Kalifen und ihre Höflinge beteten. Der Mihrab und die Maksura sind die am schönsten und kunstvollsten verzierten Bereiche der gesamten Moschee.

Das Prachtvollste an den Anbauten Al-Hakams II. ist das Portal des Mihrab – ein halbmondförmiger Bogen mit rechteckiger Einfassung, dem sogenannten alfiz. Für die Ausschmückung des Portals bat Al-Hakam den byzantinischen Kaiser Nikephoros II. Phokas, ihm einen Mosaikkünstler zu senden, der die prächtigen Mosaiken in der Großen Moschee von Damaskus, einem der großen Bauwerke der syrischen Omaijaden des 8. Jhs., imitieren könne. Der christliche Herrscher schickte nicht nur den Künstler, sondern auch 1600 kg Mosaiksteine aus Gold. Die glitzernden Würfel verzieren als Blumenmotive und Koranzitate das gesamte Mihrab-Portal, was ihm seinen magischen Glanz verleiht. Im Mihrab wurde ein massiver weißer Marmorblock zu einer Muschel geformt, die den Koran symbolisiert. Diese Kuppel verstärkte die Stimme des Imam, der den Gottesdienst hielt, in die ganze Moschee hinein.

Die Bogen in der Maksura sind die komplexesten und raffiniertesten der ganzen Moschee. Sie bilden einen Wald aus verschwenderisch dekorierten Hufeisenformen, die genial ineinander verschlungen sind. Die vom Tageslicht beschienenen Kuppeln der Maksura mit dem Sternenmuster im Steingewölbe üben eine ähnliche Anziehungskraft aus. Jede Kuppel wurde von vier Paaren aus ineinander verschränkten, parallelen Rippen gestützt – im Europa des 10. Jhs. eine sehr fortschrittliche Technik.

➤ Die Kathedrale

Nach der christlichen Eroberung Córdobas im Jahr 1236 wurde die Mezquita als Kathedrale genutzt. Dennoch blieb sie drei Jahrhunderte lang nahezu unverändert. Im 16. Jh. gab Karl I. der Kathedralenverwaltung die Erlaubnis, den Mittelpunkt des Bauwerks herauszureißen, um dort die Capilla Mayor (den Altarraum der Kathedrale) und den *coro* (Chor) zu errichten.

Vom Ergebnis war der König der Legende nach nicht gerade entzückt, woraufhin er seine berühmten Worte sprach: „Ihr habt etwas weltweit Einmaliges zerstört." Es dauerte fast 250 Jahre (1523–1766), bis die Kathedrale fertig war, sodass sich hier die ganze Bandbreite von Architekturstilen und Vorlieben zeigt: vom Plateresk-Stil über die Spätrenaissance bis hin zum üppigen spanischen Barock.

Zu den jüngeren Elementen der Capilla Mayor zählen ein reich verzierter Altaraufsatz aus Jasper und rotem Marmor (17. Jh.) sowie das edle Mahagoni-Chorgestühl, das im 18. Jh. von Pedro Duque Cornejo angefertigt wurde.

👁 Rund um die Mezquita

⭐ Alcázar de los Reyes Cristianos

FESTUNG, GÄRTEN

(Burg der Christlichen Könige; www.alcazardelosreyescristianos.cordoba.es; Campo Santo de Los Mártires; Eintritt 8.30–14.30 Uhr 4,50 €, andere Zeiten Erw./Kind 7 €/frei inkl. Wasser, Licht- und Sound-Show; ⓢ Sept.–Juni Di–Fr 8.30–20.45, Sa bis 16.30, So bis 14.30 Uhr, Juli–Aug. Di–So bis 15 Uhr; 🚻) Diese Festung wurde im 13. und 14. Jh. unter kastilischer Herrschaft auf den Überresten eines arabischen Vorgängers errichtet. Hier wohnten Ferdinand und Isabella, und hier

CÓRDOBAS PATIOS

Geranientöpfe, von den Wänden rankende Bougainvilleen und in der Mitte ein Springbrunnen – die berühmten Patios von Córdoba spendeten in der Hitze des Sommers jahrhundertelang kühlenden Schatten. Wahrscheinlich gehen die Ursprünge der viel geliebten Höfe auf das römische Atrium (offene Bereiche innerhalb von Gebäuden) zurück. Die Araber setzten die Tradition fort. Für sie war der Innenhof ein Ort, wo sich die Frauen dem Familienleben und den Dingen des Haushalts widmeten. Sie führten den Springbrunnen in der Mitte ein, der ebenso wie die zahlreichen Pflanzen kühlend wirkt.

Einen Blick auf schöne Patios erhascht man leider meist nur durch geschlossene schmiedeeiserne Tore in Córdobas Judería, aber auch in zahlreichen anderen Stadtteilen. Am prächtigsten sehen die Innenhöfe im Frühling aus. Glücklicherweise sind sie dann im Rahmen der beliebten Fiesta de los Patios de Córdoba (S. 219) auch öffentlich zugänglich.

Asociación de Amigos de los Patios Cordobeses (Calle San Basilio 44; 11–14 & 17.30–20 Uhr, Nov.–Feb. Di geschl. & ganzjährig So abends geschl.) Dieser besonders hübsche Patio voller Bougainvilleen und anderer Pflanzen kann das ganze Jahr über kostenfrei besucht werden.

Ruta de Patios del Alcázar Viejo (www.patiosdelalcazarviejo.com; Calle San Basilio 14; Eintritt 6 €; März–April & Okt. Mi–Mo 11–14 & 17–20 Uhr, Mai, Juni & 2. Septemberhälfte Mi–Mo 11–14 & 18–21 Uhr, Nov.–Mitte Dez. Fr–Mo 11–14 & 17–20, geschl. Juli–Mitte Sept., Mitte Dez.–Feb. & ganzjährig So abends) Bietet die Möglichkeit, außerhalb des Patio-Festivals sechs Innenhöfe im Viertel Alcázar Viejo zu besichtigen.

---

empfingen sie 1486 erstmals Kolumbus. Es ist ein Vergnügen, die großen Terrassengärten voller Fischteiche, Brunnen, Orangenbäume und Blumen zu durchstreifen oder vom Turm aus zu betrachten. In einer Halle sind bemerkenswerte römische Mosaiken ausgestellt, die in den 1950er-Jahren auf der Plaza de la Corredera ausgegraben wurden.

Wer sich die Festung ansieht, sollte auch die interessanten nahegelegenen Baños del Alcázar Califal (Campo Santo de los Mártires; Eintritt 2,50 €; Mitte Sept.–Mitte Juni Di–Fr 8.30–20.45, Sa bis 16.30, So bis 14.30 Uhr, Mitte Juni–Mitte Sept. Di–Sa bis 15, So bis 14.30 Uhr) besuchen. Das eindrucksvolle Badehaus des maurischen Alcázar wurde im 10. Jh. erbaut.

Puente Romano BRÜCKE
Die hübsche römische Brücke über den Río Guadalquivir war Teil der alten Via Augusta, die von Gerona in Katalonien nach Cádiz führte. Sie besteht aus 16 Steinbogen und befindet sich gleich unterhalb der Mezquita. Im Laufe der Jahrhunderte wurde sie mehrmals wieder aufgebaut und ist heute eine verkehrsfreie Zone, die sich für einen Spaziergang anbietet.

Torre de la Calahorra MUSEUM
(957 29 39 29; www.torrecalahorra.com; Puente Romano; Erw./Kind 4,50/3 €; Okt.–April 10–19 Uhr, Mai–Sept. bis 20.30 Uhr) Am Südende der Puente Romano steht dieser untersetzte Turm, der unter muslimischer Herrschaft errichtet wurde. Heute hat hier das interessante Museo Vivo de Al-Andalus seinen Sitz, das die kulturellen Errungenschaften von Al-Andalus veranschaulicht. Um möglichst viel aus dem Besuch herauszuholen, sollte man einen Audioguide ausleihen.

Judería

Das alte Judenviertel westlich und nördlich der Mezquita ist ein bezauberndes Gewirr aus engen Gassen und kleinen Plätzen, weiß gekalkten Häusern und schmiedeeisernen Gittertoren, die einen Blick in die grünen Patios erlauben. Einige Straßen sind voller kitschiger Touristenläden und Restaurants, andere herrlich friedvoll und ursprünglich. Die unmittelbare Nachbarschaft der Judería zur Mezquita und den Machtzentralen der Stadt unterstreicht die einstige Bedeutung der jüdischen Gemeinschaft. Einst lebte in Spanien eine der größten jüdischen Gemeinden Europas; schon im 2. Jh. n. Chr. tauchen Juden in Dokumenten auf. Von den Westgoten wurden sie verfolgt und nach der Eroberung Spaniens durch die Araber verbündeten sie sich mit den Mauren. Im 10. Jh. hatten sie sich bereits etabliert und gehörten zu den Antriebskräften der Gesellschaft:

Córdoba

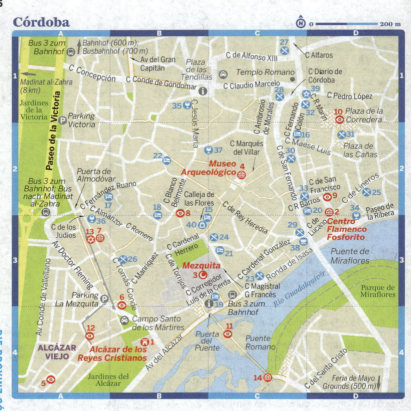

Sie waren Beamte, Ärzte, Juristen, Philosophen und Dichter. Einer der größten jüdischen Theologen, Maimonides, kam aus Córdoba. Er wurde 1135 in der Stadt geboren, verließ sie aber aufgrund der Almohadenverfolgung schon in jungen Jahren mit seiner Familie und ließ sich schließlich in Ägypten nieder. Maimonides vollendete hier sein Opus Magnum, die *Mischne Tora* (eine Zusammenfassung der jüdischen Lehren und systematische Sammlung des gesamten jüdischen Rechts).

Sinagoga
SYNAGOGE

(Calle de los Judíos 20; Eintritt EU-Bürger/Nicht-EU-Bürger frei/0,30 €; ⊙ Mitte Juni–Mitte Sept. Di–So 9–15.30 Uhr, Mitte Sept.–Mitte Juni Di–Sa bis 19.30 Uhr) Wahrscheinlich war das kleine 1315 errichtete Gebäude früher eine private oder Familiensynagoge. Es ist eines der wenigen Zeugnisse der jüdischen Präsenz in Andalusien, auch wenn es seit der Vertreibung der Juden aus Spanien 1492 nicht mehr genutzt wurde. Die Synagoge ist mit ausladendem Stuck – hebräische Inschriften und verschlungene Stern- und Pflanzenmuster im Mudéjar-Stil – verziert und ihre obere Galerie ist ausschließlich für Frauen reserviert.

Casa de Sefarad
MUSEUM

(www.casadesefarad.es; Ecke Calles de los Judíos & Averroes; Eintritt 4 €; ⊙ Mo–Sa 10–18, So 11–18 Uhr) Das kleine Museum im Herzen der Judería, das einst ein unterirdischer Tunnel mit der Synagoge verband, widmet sich den sephardisch-jüdischen Traditionen in Spanien. Verschiedene Räume befassen sich mit Themen wie Essen, Handwerk, Ritualen, Musik, prominenten Juden Córdobas und der Inquisition. Darüber hinaus gibt's einen Bereich für die intellektuellen Frauen (Dichterinnen, Sängerinnen und Denkerinnen) von Al-Andalus.

Casa Ramón García Romero
KUNSTHANDWERK

(Plaza Agrupación de Cofradías; Eintritt frei; ⊙ Mo–Sa 11–14 & 16.30–20 Uhr) Hier werden wunder-

Córdoba

Highlights
1. Alcázar de los Reyes Cristianos B4
2. Centro Flamenco Fosforito D2
3. Mezquita B3
4. Museo Arqueológico C2

Sehenswertes
5. Asociación de Amigos de los Patios Cordobeses A4
6. Baños del Alcázar Califal B3
7. Casa de Sefarad A3
8. Casa Ramón García Romero B2
9. Museo Julio Romero de Torres D2
10. Plaza de la Corredera D1
11. Puente Romano C4
12. Ruta de Patios del Alcázar Viejo A4
13. Sinagoga A3
14. Torre de la Calahorra C4

Schlafen
15. Balcón de Córdoba B3
16. Casa de los Azulejos C2
17. Hospedería Alma Andalusí A2
18. Hospedería del Atalia B2
19. Hotel Hacienda Posada de Vallina C3
20. Hotel Maestre D2
21. Hotel Mezquita C3
22. Option Be Hostel B2

Essen
23. Amaltea C3
24. Bar Santos C3
25. Bodegas Campos D2
26. Casa Mazal B3
27. Delorean Bar de Tapas C1
28. El Astronauta C1
29. Garum 2.1 .... C3
30. La Boca C2
31. Mercado de la Corredera D2
32. Taberna Salinas C1
33. Taberna Sociedad de Plateros C2

Ausgehen & Nachtleben
34. Amapola D3
35. Bar Correo B1
36. Bodega Guzmán A3
37. Califa C2
38. La Bicicleta C3

Unterhaltung
39. Jazz Café C1

Shoppen
40. Meryan B3

---

schöne Arbeiten aus geprägtem Leder (ein traditionelles Kunsthandwerk Córdobas) gezeigt, für die Techniken eingesetzt wurden, die omaijadische Künstler schon im 10. Jh. verwendeten.

Andere Stadtviertel

★ Centro Flamenco Fosforito   MUSEUM
(☏ 957 47 68 29; www.centroflamencofosforito.cordoba.es; Plaza del Potro; Eintritt 2 €; ⊙ Di–Fr 8.30–19.30, Sa 8.30–14.30, So 9.30 –14.30 Uhr) Das Fosforito-Zentrum ist wohl das beste Flamenco-Museum Andalusiens. Es verfügt über Exponate, Filme und Infotafeln auf Englisch und Spanisch, die von der Geschichte der Gitarre und von Flamenco-Berühmtheiten berichten. Anhand von Touchscreen-Videos erfährt man alles über die bedeutenden Techniken der Lieder, die Gitarren sowie die typischen Tanz- und Percussion-Stile. Zudem kann man seine eigenen Fähigkeiten testen und den *compás* (Rhythmus) verschiedener *palos* (Songformen) anschlagen. Vor Ort finden auch regelmäßige Flamenco-Shows statt.

Das Museum profitiert von seiner fantastischen Lage in der Posada del Potro, einem legendären Gasthof, der eine Rolle in *Don Quijote* spielte, wo Cervantes ihn als „Höhle der Diebe" bezeichnete. Der berühmte Platz, auf dem das Gebäude steht, war einst ein Pferdemarkt und wartet mit einem Steinbrunnen aus dem 16. Jh. auf, der von einem aufgerichteten *potro* (Fohlen) gekrönt ist.

Museo Julio Romero de Torres   KUNST
(Plaza del Potro 1; Eintritt 4,50 €; ⊙ Di–Fr 8.30–20.45, Sa 8.30–16.30, So 8.30 –14.30 Uhr) Córdobas meistbesuchtes Museum ist in einem ehemaligen Hospital untergebracht. Es widmet sich dem beliebten lokalen Maler Julio Romero de Torres (1874–1930), der vor allem für seine Werke Ruhm erlangte, auf denen er die Schönheit andalusischer Frauen festhielt. Der Künstler ließ sich auch vom Flamenco und Stierkampf inspirieren.

★ Museo Arqueológico   MUSEUM
(Plaza de Jerónimo Páez 7; EU-Bürger/Nicht-EU-Bürger frei/1,50 €; ⊙ Mitte Sept.–Mitte Juni Di–Sa 9–19.30, So 9–15.30 Uhr, Mitte Juni–Mitte Sept. Di–So 9 –15.30 Uhr) Das exzellente Archäologische Museum erläutert Córdobas zahlreiche Veränderungen in puncto Größe, Erscheinungsbild und Lebensstil von der vorrömischen bis zur frühen Reconquista-Zeit. Es zeigt

schöne Skulpturen, eine eindrucksvolle Münzsammlung und interessante Exponate über das Stadtleben und lokale religiöse Riten. Im Kellergeschoss befinden sich die wieder ausgegrabenen Ruinen des römischen Stadttheaters.

Templo Romano — TEMPEL

(Calle Claudio Marcelo) Der römische Tempel aus dem 1. Jh. n. Chr. ist nicht für Besucher zugänglich, kann aber auch gut von der Straße aus besichtigt werden. Elf hohe weiße Säulen verleihen dem Gebäude ein eindrucksvolles Erscheinungsbild, besonders wenn sie mit Flutlicht angestrahlt werden. Die Katzen, die vor Ort herumstreunen, tauchen vermutlich auf mehr Urlaubsfotos auf als alle anderen Tiere in Spanien.

Plaza de la Corredera — PLAZA

Die prächtige Plaza de la Corredera aus dem 17. Jh. hat eine wechselvolle Geschichte als Schauplatz zahlreicher öffentlicher Spektakel erlebt. Hier stand das römische Amphitheater, Pferderennen wurden ebenso ausgerichtet wie Stierkämpfe, und auch die Scheiterhaufen der Inquisition brannten hier. Heute säumen Apartments mit Balkonen und einige beliebte, wenn auch kulinarisch wenig anspruchsvolle Cafés und Restaurants den Platz. Der **Mercado de la Corredera** (☉ Mo–Sa 8–14.30 Uhr) ist ein quirliger Lebensmittelmarkt mit zahlreichen frischen Produkten.

Palacio de Viana — MUSEUM

(www.palaciodeviana.com; Plaza de Don Gome 2; Eintritt Gesamtkomplex/nur Patios 8/5 €; ☉ Sept.–Juni Di–Sa 10–19, So 10–15 Uhr, Juli & Aug. Di–So 9–15 Uhr) Dieser beeindruckende Renaissance-Palast verfügt über zwölf schöne Patios und ist im Frühling besonders prachtvoll anzusehen. Bis 1980 wurde er von den Marqueses de Viana bewohnt, doch inzwischen beherbergt das riesige Bauwerk eine große Kunst- und Antiquitätensammlung. Der Eintritt zum Gesamtkomplex umfasst eine einstündige Führung durch die Räume und den Zugang zum Garten. Das Haus liegt etwa 800 m nordöstlich der Plaza de las Tendillas.

★ Madinat al-Zahra — ARCHÄOLOGISCHE STÄTTE

(Medina Azahara; ☎ 957 10 49 33; www.museosdeandalucia.es; Carretera Palma del Río Km 5,5; EU-Bürger/Nicht-EU-Bürger frei/1,50 €; ☉ April–Mitte Juni Di–Sa 9–19.30 Uhr, Mitte Juni–Mitte Sept. bis 15.30 Uhr, Mitte Sept.–März bis 17.30 Uhr, ganzjährig So 9–15.30 Uhr) 8 km westlich von Córdoba befinden sich die Überreste von Madinat al-Zahra, eine prunkvolle Palaststadt, die Kalif Abd ar-Rahman III. im 10. Jh. errichten ließ. Der Komplex schmiegt sich an einen Berghang: Ganz oben thronte der Kalifenpalast (der Bereich, der heute für Besucher zugänglich ist) und blickte auf die Gärten und freien Felder herab. An seinen Seiten liegen die bisher noch nicht ausgegrabenen Wohngebiete und am Fuß der Stätte wurde ein faszinierendes neues Museum eingerichtet.

Der Legende nach erbaute Abd ar-Rahman III. Madinat al-Zahra für seine Lieblingsfrau Az-Zahra. Ihr Heimweh nach den schneebedeckten Bergen Syriens soll ihn so betroffen gemacht haben, dass er zahlreiche Mandel- und Kirschbäume pflanzen ließ, um den Schnee durch flauschige weiße Blüten zu ersetzen. Wahrscheinlich brachte ihn aber wohl eher seine Rivalität mit der Fatimidendynastie in Nordafrika dazu, 929 sein eigenes Kalifat zu deklarieren und, wie es Kalifen eben zu tun pflegten, eine neue Hauptstadt zu errichten. Im Jahr 940 begannen die Bauarbeiten und die Chronisten wussten einige atemberaubende Zahlen zu verzeichnen: 10 000 Arbeiter legten jeden Tag 6000 Steinblöcke, die Außenmauern erstreckten sich in Ost-West-Richtung über 1518 m und von Nord nach Süd über 745 m.

Es ist kaum fassbar, dass eine solche Stadt, an der über 35 Jahre lang gebaut wurde, nur kurze Zeit Bestand hatte. Bereits 981 n. Chr. verlegte der Usurpator Al-Mansur den Regierungssitz in seinen eigenen neuen Palast und zwischen 1010 und 1013 zerstörten Berbersoldaten die Madinat al-Zahra. In den folgenden Jahrhunderten wurden die Ruinen wiederholt auf der Suche nach Baumaterial geplündert.

Der Besucherrundgang führt als Erstes durch das noch erhaltene Nordtor der Stadt. Highlights des zugänglichen Bereichs sind der große Bogen des Edificio Basilical Superior, der die staatlichen Verwaltungsämter beherbergte, und die Casa de Yafar, in der der Ministerpräsident des Kalifen residiert haben soll. Als Höhepunkt der Stätte gilt die königliche Empfangshalle, auch bekannt als Salón de Abd al-Rahman III. (bei unserem Besuch wegen Renovierungsarbeiten geschlossen). Die Halle ist mit exquisiten Stuckarbeiten geschmückt und war angeblich mit Gold und Silber gefliest. Außerdem sollen sich vor den Mauern aus buntem Marmor Bogen aus Elfenbein und Ebenholz erhoben haben.

Das Museum liegt 2 km bergabwärts vom Eingang der Stätte an der Straße. Es bringt

Besuchern die Geschichte des Komplexes nahe und informiert in verschiedenen Abteilungen über die Ursprünge seiner Entwicklung, die Planung und den Bau, die Bewohner und den Niedergang. Alles wird mit attraktiv präsentierten Funden von der Ausgrabungsstätte veranschaulicht, ergänzt durch einige beeindruckende interaktive Displays und tadellose englische Beschilderung.

Mit dem Auto verlässt man Córdoba in westliche Richtung auf der Avenida de Medina Azahara, die auf die A431 führt. Nach 6 km ist die Abzweigung zur Madinat al-Zahra ausgeschildert. Man muss am Museum parken, wo man auch die Tickets für die Ausgrabungsstätte und den Shuttlebus (*lanzadera;* hin & zurück 2,10 €) erhält, der einen die 2 km zum Ausgrabungsort hinaufbringt.

Busse nach Madinat al-Zahra fahren täglich um 10.15 und 11 Uhr, dienstags bis samstags um 16.15 Uhr und sonntags um 11.45 Uhr an einer Haltestelle unweit der Puerta de Almodóvar in Córdoba ab (Hin- & Rückfahrt 8,50 € inklusive Shuttlebus vom Museum zur Stätte und zurück). Tickets dafür müssen vorab gekauft werden: Man erhält sie im Centro de Visitantes (S. 223), in den Touristeninformationen im Bahnhof (S. 223) oder auf der Plaza de las Tendillas (S. 223).

Feste & Events

Die meisten Feste finden im Frühling und im Frühsommer statt, vor allem im Mai, wenn das Wetter am schönsten ist.

Semana Santa KARWOCHE
(März/April) Von Palmsonntag bis Karfreitag werden jeden Abend bis zu zwölf *pasos* (Plattformen mit heiligen Statuen aus den Kirchen) durch die Stadt getragen, begleitet und beobachtet von zahlreichen Gläubigen.

Alle Routen beinhalten einen Abschnitt namens *carrera oficial* (offizielle Strecke), wo sich die größten Menschenmassen sammeln. Die meisten *pasos* erreichen die *carrera oficial* zwischen 19 und 23 Uhr. Ab 2016 soll sie durch die Straßen rund um die Mezquita verlaufen (vorher konzentrierte sich um die Plaza de las Tendillas).

Cruces de Mayo LOKALES FEST
(Mai-Kreuze; Anfang Mai) Zu diesem Anlass werden auf etwa 50 Plazas und Straßen mit Blumen und Manila-Schals dekorierte Kreuze aufgestellt. Auch die Plätze sind geschmückt und es gibt Stände mit Getränken und Tapas. Das Fest entwickelt sich zu einer tollen Party mit Musik und Tanz. Es findet von Mittwoch bis Sonntag in der ersten Maiwoche statt und erreicht seinen Höhepunkt am Freitagabend und Samstag.

Fiesta de los Patios de Córdoba PATIOS
(www.patios.cordoba.es; Anfang Mai) Beim Wettbewerb um den schönsten Patio werden die ansprechendsten privaten Innenhöfe bis 22 Uhr für Besucher geöffnet. Gleichzeitig läuft in den prachtvollsten Patios und auf den Plazas der Stadt ein Kulturprogramm mit Flamenco- und anderen Konzerten. Das Fest beginnt Anfang Mai und dauert zwei Wochen.

Feria de Mayo FRÜHJAHRSFEST
(Maifest; letzte Maiwoche) Eine einwöchige Riesenparty im Viertel El Arenal unweit des Flusses mit Konzerten und sevillanischen Tänzen, Pferden, Umzugswagen, traditionellen Kostümen, Feuerwerk und jeder Menge Spaß.

Festival de la Guitarra de Córdoba MUSIK
(www.guitarracordoba.org; 1. Junihälfte) Zwei Wochen lang lässt man in den Theatern Córdobas die Gitarre mit Livekonzerten hochleben: Auf dem Programm stehen Klassik, Flamenco, Rock, Blues sowie berühmte spanische und internationale Musiker.

Schlafen

Córdobas zahlreiche Unterkünfte bieten ein Spektrum vom einfachen Hostel bis hin zum Luxushotel. Selbst einige der billigen Herbergen warten mit eleganten und geräumigen Zimmern auf, andere überzeugen mit Antiquitäten und historischem Flair. Während der wichtigen Feste ist eine Buchung im Voraus erforderlich. Die im Folgenden angegebenen Preise gelten für die Touristensaison von April bis Mai und September bis Oktober. In der Semana Santa, zu den Maifesten sowie an einigen Wochenenden wird es teurer, im Juli, August und Winter zahlt man weniger.

★ Bed and Be HOSTEL €
(661 42 07 33; www.bedandbe.com; Calle Cruz Conde 22; B 17–20 €, DZ mit Gemeinschaftsbad 50–80 €; ❄🐾) Ein außergewöhnlich gutes Hostel etwas nördlich der Plaza de las Tendillas. Die Mitarbeiter wissen, wo was los ist in Córdoba, und veranstalten jeden Abend ein geselliges Event – von Fahrradtouren bis hin zum Sushi-Dinner ist alles dabei. Die Doppelzimmer und Schlafsäle sind sehr sauber und glänzen wie ein *pueblo blanco* (weißes Dorf).

Weitere tolle Extras sind die großartige Dachterrasse, der Fahrradverleih (3/6 Std. für 6/10 €) sowie die Gemeinschaftsküche und der Lounge-Bereich.

Die Inhaber betreiben noch ein zweites Hostel, das neue, modern designte **Option Be Hostel** (www.bedandbe.com; Calle Leiva Aguilar 1; B 15–25 €, DZ 20–40 €; ✲ 🛜), das inzwischen im historischen Zentrum eröffnet haben müsste. Es bietet dasselbe wie das Bed and Be, aber die Zimmer verfügen meist über Privatbäder.

Hospedería Alma Andalusí · HOTEL €

(📞 957 76 08 88; www.almaandalusi.com; Calle Fernández Ruano 5; Zi. 50–60 €; ✲ 🛜) Dieses Gästehaus liegt in einem ruhigen Bereich der Judería (dem alten jüdischen Viertel). Es ist in einem alten Gebäude untergebracht und eine stilvolle, moderne Bleibe mit niedrigen Preisen. Im Inneren dominieren hübsche florale Themen. Hübsche Möbel, polierte Holzböden und die blau-weiße Farbgebung sorgen für einen angenehmen Aufenthalt.

Hotel Maestre · HOTEL €

(📞 957 47 24 10; www.hotelmaestre.com; Calle Romero Barros 4-6; DZ 55–65 €; 🅿 ✲ 🛜) Ein beliebtes, effizient geführtes und preiswertes Hotel nicht weit von der Mezquita und einigen guten Restaurants entfernt. Die mittelgroßen, recht schlichten Zimmer sind sauber und gemütlich. Drei Innenhöfe und mit Kunst geschmückte Wände bringen Licht und Farbe hinein. Es gibt einen hauseigenen Parkplatz (10 €).

Hospedería del Atalia · BOUTIQUE-HOTEL €€

(📞 957 49 66 59; www.hospederiadelatalia.com; Calle Buen Pastor 19; Zi. 70–160 €, Suite 170–260 €; ✲ 🛜) Das Atalia ist über einen ruhigen Innenhof in der Judería zu erreichen und bietet elegante, moderne, vom Besitzer selbst designte Zimmer in Burgunder-, Rost- und Olivtönen. Das gute Frühstück mit großer Auswahl kostet 6 €. Auf der sonnigen, mit Stühlen und Tischen bestückten Dachterrasse genießt man einen tollen Blick auf die Mezquita.

Casa de los Azulejos · HOTEL €€

(📞 957 47 00 00; www.casadelosazulejos.com; Calle Fernando Colón 5; EZ inkl. Frühstück 78 €, DZ inkl. Frühstück 89–134 €; ✲ @ 🛜 ≋) Der sonnige Innenhof des Hotels im mexikanisch-andalusischen Stil ist mit Bananenstauden, Farnen und Topfpalmen geschmückt. Alle neun Zimmer sind im Kolonialstil gehalten und verfügen über große antike Türen, riesige Betten, fliederfarben und himmelblau gestrichene Wände sowie Fußböden mit schönen alten *azulejos* (Fliesen), die der Unterkunft ihren Namen geben.

Hotel Mezquita · HOTEL €€

(📞 957 47 55 85; www.hotelmezquita.com; Plaza Santa Catalina 1; EZ 60–65 €, DZ 65–140 €; ✲ 🛜) Direkt gegenüber dem gleichnamigen Monument erhebt sich dieses ehemalige Herrenhaus. Seine Aufenthaltsbereiche sind eine schöne Mischung aus Kunst und Antiquitäten. Außerdem gibt's große, elegante Zimmer mit Marmorfußböden und Balkonen, die auf die Moschee blicken, und einige kleinere Gästeräume im Innenflügel.

Hotel Hacienda Posada de Vallina · HOTEL €€

(📞 957 49 87 50; www.hhposadadevallina.es; Calle Corregidor Luís de la Cerda 83; Zi. 70–100 €; 🅿 ✲ @ 🛜) In einer wunderschönen Ecke an der ruhigen Seite der Mezquita liegt dieses umsichtig renovierte zweistöckige Hotel mit einem schönen Patio. Porträts und Antikmöbel verleihen dem schicken, modernen Innenbereich Flair. In den komfortablen Zimmern fühlt man sich wie im mittelalterlichen Córdoba. Die Räume im oberen Stock sind etwas heller und luftiger. Angeblich hat hier sogar Christoph Kolumbus einmal übernachtet.

Hotel Hesperia Córdoba · HOTEL €€

(📞 957 42 10 42; www.hesperia.com; Avenida Fray Albino 1; EZ 47–139 €, DZ 55–164 €; 🅿 ✲ @ 🛜 ≋) Das luxuriöse Franchisehotel auf der anderen Seite des Flusses unweit der Puente Romano hat einen großen Vorteil: Von einigen Zimmern, der Dachterrasse und der Bar genießt man einen herrlichen Blick. Die Räumlichkeiten im neuen Flügel sind größer und moderner, allerdings ohne besondere Aussicht.

★ Balcón de Córdoba · BOUTIQUE-HOTEL €€€

(📞 957 49 84 78; www.balcondecordoba.com; Calle Encarnación 8; Zi. inkl. Frühstück 120–200 €; ✲ 🛜) Ein exzellentes Boutique-Hotel der Luxusklasse mit zehn eleganten Zimmern, einem charmanten *cordobés*-Innenhof und antiken Türen. Überall stehen antike Steinrelikte, sodass man sich wie in einem archäologischen Museum fühlt. Der Service ist makellos und die Gästeräume verfügen über ein geschmackvolles, edles, modernes Dekor mit ein wenig, aber nicht zu viel Kunst.

Von der Dachterrasse bietet sich ein toller Ausblick über die Dächer der Stadt bis zur

Mezquita. In dem stilvollen Restaurant wird eine sorgfältig zubereitete Auswahl an lokalen und internationalen Gerichten serviert.

Essen

Charakteristisch für Córdoba ist vor allem *salmorejo*, eine leckere, dicke, kalte Suppe aus pürierten Tomaten, Knoblauch, Brot, Zitronen, Essig und Olivenöl. Dazu gibt's hart gekochtes Ei und Schinkenstreifen. Zusammen mit *rabo de toro* (Ochsenschwanzsuppe) taucht diese Spezialität auf jeder Speisekarte auf. In der Stadt findet man jede Menge traditionelle andalusische Restaurants, die Fleisch- und Fischgerichte anbieten, aber auch eine gute Mischung aus kreativen modernen Lokalen, die den spanisch-mediterranen Speisen eine besondere Note geben. Auf gar keinen Fall sollte man sich den lokalen Wein aus Montilla und Moriles entgehen lassen.

Taberna Salinas ANDALUSISCH €
(www.tabernasalinas.com; Calle Tundidores 3; raciones 7–8 €; Mo–Sa 12.30–16 & 20–23.30 Uhr, Aug. geschl.) Das 1879 eröffnete Bar-Restaurant besitzt einen hübschen Innenhof und mehrere Räume. Es ist im klassischen Córdoba-Stil mit Fliesen, Weinfässern, Kunstwerken und Fotos des Stierkämpfers Manolete geschmückt. Bei Touristen erfreut es sich großer Beliebtheit, hat sich aber seine traditionelle Atmosphäre erhalten. Die Kellner sind sehr hilfsbereit und es gibt eine fünfsprachige Speisekarte, auf der Köstlichkeiten wie Orangen-Dorsch-Salat oder Schweinefilet in Haselnusssoße stehen.

Bar Santos TAPAS €
(Calle Magistral González Francés 3; Tortilla 2 €; 10–24 Uhr) Viele Restaurants in der Nähe der Mezquita sind ganz auf Touristen ausgerichtet, doch in dieser legendären kleinen Bar kommen die besten *tortillas de patata* (Kartoffelomeletts) der Stadt auf den Tisch – und ganz Córdoba weiß das. Von riesigen Rädern werden flink dicke Stücke geschnitten und auf Papiertellern mit Plastikgabeln serviert. Man nimmt sie mit nach draußen und verspeist sein Essen mit Blick auf die Moschee. Nicht verpassen!

Taberna Sociedad de Plateros ANDALUSISCH €
(957 47 00 42; Calle de San Francisco 6; Tapas 2–2,25 €, raciones 5–10 €; Di–Sa 12–16 & 20–24 Uhr, So 12–16 Uhr) Dieses beliebte traditionelle Bar-Restaurant in einem umgebauten Kloster gehört der Silberschmied-Innung. Im hellen Patio mit Glasdach kommen verschiedene reichhaltige *raciones* (große Tapas-Mahlzeiten) auf den Tisch. Ausgezeichnet ist die Auswahl an Fisch- und Meeresfrüchten, vor allem der *bacalao rebozado* (gebackener Kabeljau) und der *salpicón de mariscos* (Meeresfrüchte-Salat).

Delorean Bar de Tapas TAPAS €
(Calle de Alfonso XIII; Tapas 1,20 €; Mo–Fr 8.30–16 & 20–1, Sa 12–16 & 20–1 Uhr;) Besonders günstige Tapas sind in der Gegend mit den Szeneclubs zu haben. Im Delorean erhält man zu jedem Getränk einen kostenlosen Snack. Zum Angebot zählen Pilz-Quesadillas, Ei mit Pommes und würzige *chistorra*-Würstchen.

★ La Boca FUSIONSKÜCHE €€
(957 47 61 40; www.restaurantelaboca.com; Calle San Fernando 39; Hauptgerichte 10–15 €; Mi–So 12–24, Mo bis 17 Uhr) Das innovative Restaurant ist aus gutem Grund beliebt. Für die Zubereitung spannender internationaler Gerichte werden traditionelle Zutaten verwendet und das Arrangement auf dem Teller ist spektakulär. Iberische Schweinebäckchen mit rotem Curry und Basmatireis? Kabeljau mit Mandeln und Knoblauch? Alle Speisen sind sehr gut zubereitet, allerdings könnten die Portionen größer sein. Am Wochenende sollte man reservieren.

★ Garum 2.1 MODERN ANDALUSISCH €€
(Calle San Fernando 122; Tapas 3–7 €, raciones 7–17 €; 12–16 & 20–24, Fr & Sa bis 2 Uhr) Traditionelles wie Fleisch, Fisch und Gemüse in allen möglichen kreativen neuen Kombinationen. Wir empfehlen das *presa ibérica con herencia del maestro* (iberisches Schwein mit Kartoffeln, Spiegelei und Schinken). Der Service ist hilfsbereit und freundlich.

★ Bodegas Campos ANDALUSISCH €€
(957 49 75 00; www.bodegascampos.com; Calle de Lineros 32; Hauptgerichte & raciones 11–23 €; tgl. 13.30–16.30, Mo–Sa 20–23.30 Uhr) Bei schick gekleideten *cordobeses* erfreuen sich die stimmungsvollen Räumlichkeiten und Patios großer Beliebtheit. Im Restaurant und in der lässigeren *taberna* (Taverne) kommen köstliche Gerichte auf den Tisch, die der traditionellen andalusischen Küche einen kreativen Touch verleihen, z. B. Ravioli mit Kabeljau und Tintenfisch oder Schweinefilet in Traubensoße. Das Campos produziert seinen eigenen Haus-Montilla.

★ El Astronauta MEDITERRAN €€
(957 49 11 23; www.elastronauta.es; Calle Diario de Córdoba 18; medias-raciones 5,50–8,50 €, raciones 9–17 €; Mo–Do 13.30–17 & 20 Uhr–open end,

Fr & Sa 13.30 Uhr–open end; ⏵) Im Astronauta gibt's eine ganze Galaxie mediterraner Gerichte mit Betonung auf frischen, gesunden Zutaten. Auf der Karte stehen pikante Salate, Mezze, Lamm-Moussaka, vegetarische Burger und viele weitere Speisen. Das Restaurant besitzt eine kosmische Deko, ein alternatives Ambiente und eine treue Stammkundschaft aus dem Viertel.

Amaltea
FUSIONSKÜCHE, VEGETARISCH €€

(☏ 957 49 19 68; Ronda de Isasa 10; Hauptgerichte 12–18 €; ⏵ Mo-Sa 13–16 & 20 Uhr–open end, So 13–16 Uhr; ⏵) ⏵ Das beste der vielen neuen Restaurants entlang der Ronda de Isasa am Flussufer hat sich auf Bioküche und -wein spezialisiert. Es kredenzt eine gute Mischung aus spanischen, mediterranen, nahöstlichen und asiatischen Gerichten, darunter auch viele vegetarische und glutenfreie Speisen.

Casa Mazal
JÜDISCH, ANDALUSISCH €€

(☏ 957 94 18 88; www.casamazal.com; Calle Tomás Conde 3; Hauptgerichte 9–20 €; ⏵ 12.30–16 & 19.30–23 Uhr; ⏵) Traditionelle sephardische (jüdisch-spanische) Köstlichkeiten kann man hier z. B. nach dem Besuch des unweit gelegenen Casa-de-Sefarad-Museums probieren. Zudem stehen einige *andalusí*-Gerichte (maurische Gerichte) zur Auswahl. Die sephardische Küche hat Wurzeln in Al-Andalus, der Türkei sowie in Italien und Nordafrika, und die Casa Mazal serviert so vielfältige Speisen wie syrischen Linsen-Reis-Salat, zahlreiche Couscous-Variationen und *seniyeh*-Lamm-Pie.

Im Restaurant finden regelmäßig Konzerte mit sephardischer, *andalusí* oder frühspanischer Musik statt.

🍷 Ausgehen & Unterhaltung

Es gibt in Córdoba jede Menge tolle Bars und Kneipen. Authentischen Flamenco bietet das Centro Flamenco Fosforito (S. 217). Hier kann man regelmäßig Events besuchen und sich über alle Neuigkeiten zu dem Thema informieren.

⭐ La Bicicleta
CAFÉ, BAR

(☏ 666 544690; Calle Cardenal González 1; ⏵ Mo-Fr 10 Uhr–open end, Sa & So 12 Uhr–open end) ⏵ Fahrradfahrer (und alle anderen, die durstig sind) werden von der freundlichen, lässigen Bar mit einer großen Auswahl an Getränken, leckeren Snacks (leichte Gerichte 4–9 €) und mit herrlichen, großen, kühlen Multifruchtsäften begrüßt. Wer mit dem Rad herkommt, erhält auf einige Getränke 20 % Rabatt!

⭐ Bodega Guzmán
WEINBAR

(Calle de los Judíos 7; ⏵ Fr-Mi 12–16 & 20.15–23.45 Uhr) Die stimmungsvolle Weinbar in der Judería ist mit zahlreichen Stierkampf-Devotionalien dekoriert und wird sowohl von Einheimischen als auch von Touristen besucht. Aus drei riesigen Fässern hinter der Bar wird Montilla-Wein ausgeschenkt: Unbedingt einen *amargoso* (bitteren) probieren!

Califa
KNEIPE

(www.cervezascalifa.com; Calle Juan Valera 3; ⏵ Mo-Do 12–16 & 19–24, Fr & Sa 12 Uhr–open end, So 12–16 Uhr) Mit dem Califa haben ein paar Unternehmer aus Córdoba eine der ersten Craft-Beer-Kneipen der Region eröffnet und fordern damit das Moncpol von Cruzcampos und San Miguels heraus. Tatsächlich ist dies eher ein Brauereipub, weil das Bier auch vor Ort hergestellt wird. Es gibt zwei Dutzend Mikrobiersorten aus ganz Spanien. Wir empfehlen Rubia, Morena, IPA oder Sultana.

Amapola
MUSIKBAR

(www.facebook.com/amapolacordoba; Paseo de la Ribera 9; ⏵ Mo-Do 17–3, Fr-So 12–4 Uhr) Die unkonventionellste Bar im Ufergebiet mit leichter Grunge-Atmosphäre, kunstvollen Cocktails und einer großartigen Terrasse samt Flussblick.

Bar Correo
BAR

(Calle Jesús María 2; ⏵ Mo-Fr 12–15.30 & 19.30–23, Sa & So 12–15.30 Uhr) Warum diese winzige gefliesste Bar bei der Plaza de las Tendillas jeden Abend so viele Biertrinker anzieht, ist schwer zu sagen. Es handelt sich wohl um eine lokale Tradition seit ihrer Eröffnung 1931. Die freundlichen Mitarbeiter empfangen auch ausländische Besucher mit großer Herzlichkeit.

Jazz Café
LIVEMUSIK

(www.facebook.com/joseluis.cabello1?fref=ts; Calle Rodríguez Marín; ⏵ ab 21 Uhr ⏵) Toller Club mit jeder Menge Deko zum Thema Musik. Donnerstags finden Blues-Jams statt, dienstags Jazzkonzerte (jeweils ab 22 Uhr). Ab und zu gibt's auch andere Livekonzerte. Hier geht's bis in den frühen Morgen richtig ab. Freitags und samstags legen DJs Soul oder Funk auf.

🛍 Shoppen

Córdobas traditionelle Handwerksspezialitäten sind buntes geprägtes Leder (*cuero repujado*), Silberschmuck und schöne Keramik. Das geprägte Leder ist auch als *guadamecí*

(Schafshaut) oder *cordobán* (Ziegenhaut) bekannt. In der Calle Cardenal González und der Calle Manríquez findet man einige der hochwertigsten Kunsthandwerksläden der Stadt.

Meryan KUNSTHANDWERK
(957 47 59 02; Calleja de las Flores 2; Mo–Fr 9–20, Sa bis 14 Uhr) Bietet eine besonders gute Auswahl an Produkten aus geprägtem Leder: Geldbörsen, Taschen, Kisten, Notizbücher und sogar Kopien von Picasso-Gemälden.

❶ Praktische Informationen

Córdoba (www.cordobaturismo.es) Infos über die Provinz Córdoba.

Centro de Visitantes (Besucherzentrum; 957 35 51 79; www.andalucia.org; Plaza del Triunfo; Mo–Fr 9–19.30, Sa & So 9.30–15 Uhr) In der Haupttouristeninformation gibt's eine Ausstellung zur Geschichte Córdobas und einige römische und westgotische Ruinen im Untergeschoss.

Büro der Städtischen Touristeninformation (902 20 17 74; www.turismodecordoba.org; Bahnhof; 9–14 & 16.30–19.30 Uhr) In der Haupthalle des Bahnhofs.

Infoschalter der Städtischen Touristeninformation (902 20 17 74; www.turismodecordoba.org; Plaza de las Tendillas; 9–14 & 17–19.30 Uhr)

❶ An- & Weiterreise

ZUG

Córdobas moderner **Bahnhof** (www.renfe.com; Glorieta de las Tres Culturas) liegt 1,2 km nordwestlich der Plaza de las Tendillas und wird von schnellen AVE-Zügen sowie langsameren Regionalzügen angefahren.

ZIEL	PREIS (€)	FAHRT-DAUER	HÄUFIGKEIT
Andújar	10–16	50 Min.	5-mal tgl.
Antequera	19–33	30–40 Min.	17-mal tgl.
Granada	38	2¾ Std.	6-mal tgl.
Jaén	15	1¾ Std.	4-mal tgl.
Madrid	38–71	1¾–2 Std.	30-mal tgl.
Málaga	27–41	1 Std.	17-mal tgl.
Sevilla	14–30	45–80 Min.	35-mal tgl.

BUSSE AB CÓRDOBA

Busbahnhof (957 40 40 40; www.estacionautobusescordoba.es; Avenida Vía Augusta) Hinter dem Bahnhof, 1,3 km nordwestlich der Plaza de las Tendillas.

Alsa (902 42 22 42; www.alsa.es)

Autocares Carrera (957 50 16 32; www.autocarescarrera.es)

Autocares San Sebastián (957 42 90 30; www.autocaressansebastian.es)

Socibus (902 22 92 92; www.socibus.es)

Transportes Ureña (957 40 45 58; http://urena-sa.com)

ZIEL	BUSUNTERNEHMEN	PREIS (€)	FAHRTDAUER	HÄUFIGKEIT
Almodóvar del Río	Autocares San Sebastián	1	30 Min.	bis zu 10-mal tgl.
Baena	Autocares Carrera	5,50	1 Std.	8-mal tgl.
Baeza	Alsa	12	2½ Std.	2-mal tgl.
Granada	Alsa	15	2¾ Std.	8-mal tgl.
Hornachuelos	Autocares San Sebastián	2,20	1 Std.	2–5-mal tgl. außer So
Jaén	Transportes Ureña	10	2 Std.	4–6-mal tgl.
Madrid	Socibus	17	5 Std.	6-mal tgl.
Málaga	Alsa	12	3 Std.	4-mal tgl.
Montilla	Autocares Carrera	3,80	45 Min.	12-mal tgl.
Priego de Córdoba	Autocares Carrera	9,20	2 Std.	7-mal tgl.
Sevilla	Alsa	12	2 Std.	7-mal tgl.
Úbeda	Alsa	12	2¾ Std.	4-mal tgl.
Zuheros	Autocares Carrera	6,50	1¾ Std.	4-mal tgl.

ⓘ Unterwegs vor Ort

AUTO
Córdobas Einbahnstraßensystem ist ein Alptraum. Im historischen Zentrum sind keine Autos erlaubt, es sei denn, sie parken oder halten vor den meist recht gut ausgeschilderten Hotels. Südlich des Flusses, auf der anderen Seite der Puente de Miraflores, kann man seinen Wagen kostenlos und ohne Zeitbegrenzung abstellen. Am Paseo de la Victoria sowie an der Avenida Doctor Fleming und den Straßen weiter westlich gibt's ebenfalls Parkmöglichkeiten, die aber teilweise kostenpflichtig sind. Gebührenpflichtige Parkzonen (mit blauen Linien an der Straße) kosten nichts von 14 bis 17 und 21 bis 9 Uhr sowie samstagnachmittags und sonntags.

BUS
Bus 3 (1,30 €, alle 12–20 Min.) fährt vom Westende der Avenida Vía Augusta (der Straße zwischen Bahnhof und Busbahnhof) die Calle Diario de Córdoba und die Calle de San Fernando östlich der Mezquita hinunter. Auf dem Rückweg kann man an der Ronda de Isasa unweit der Puente Romano, in der Avenida Doctor Fleming oder am Paseo de la Victoria einsteigen.

FAHRRAD
Es gibt in der ganzen Stadt Radwege, aber sie werden nur wenig genutzt.
Solobici (957 48 57 66; www.solobici.net; Calle María Cristina 5; 6/10/15 € pro 3 Std./5 Std./Tag; tgl. 10–14, Mo–Fr 18–21 Uhr) Verleiht Räder für Touren in der Stadt und der Umgebung.

TAXI
Eine Fahrt vom Bahnhof oder Busbahnhof zur Mezquita kostet ca. 7 €. In der Innenstadt sammeln sich die Taxis am Campo Santo de los Mártires und vor der Plaza de las Tendillas.

SÜDLICHE PROVINZ CÓRDOBA

Die Hügellandschaft südlich von Córdoba ist fast vollständig von Olivenhainen und Weinbergen bedeckt, die einige der besten Olivenöle und die einzigartigen, an Sherry erinnernde Montilla-Moriles-Weine hervorbringen. Vom 13. bis 15. Jh. verlief die Grenze dieser Region zwischen dem islamischen und dem christlichen Machtbereich. Aus diesem Grund drängen sich hier so viele Städte und Dörfer um riesige Festungen. Im Südosten erhebt sich der bergige Parque Natural Sierras Subbéticas über dem Tiefland, ein Naturschutzgebiet mit über 300 km² Gebirgslandschaften, Schluchten, Höhlen und bewaldeten Tälern sowie zahlreichen Dörfern. Zu den reizvollsten Orten zählen Zuheros und Priego de Córdoba, großartige Ausgangspunkte für die Erkundung der malerischen Gegend.

Baena
18 300 EW.

In der kleinen Marktstadt wird Olivenöl von so hochwertiger Qualität hergestellt, dass ihm das Gütesiegel Denominación de Origen (DO) verliehen wurde. Damit werden die einzigartige geografische Herkunft, der Produktionsprozess und die Qualität geschützt. Am Stadtrand stehen überall riesige Lagertanks.

⊙ Sehenswertes

Almazara Núñez de Prado   OLIVENÖL
(957 67 01 41; Avenida Cervantes 15; Führungen kostenfrei; Mitte Sept.–Mitte Juni Mo–Fr 9–14 & 16–18, Sa 9–13 Uhr, Mitte Juni–Mitte Sept. Mo–Fr 9–15 Uhr; P) GRATIS Der beste Grund, nach Baena zu kommen, ist die noch immer aktive Ölmühle. Sie gehört einer Familie, die rund 100 000 Olivenbäume besitzt. Die Oliven werden von Hand sortiert und anschließend in der uralten Steinmühle verarbeitet. Der Betrieb ist einer der wenigen in Spanien, der immer noch mit diesen traditionellen Mühlen arbeitet und vor allem für sein *flor de aceite* bekannt, Öl, das auf natürliche Weise aus den zerstoßenen Oliven austritt.

Während der Öffnungszeiten können Besucher an geführten Touren teilnehmen. Man sollte mindestens eine Stunde vor der Schließzeit da sein.

Ein Video verdeutlicht den Produktionsprozess bis zum Olivenöl. Bei der anschließenden Besichtigung der Mühle sieht man die traditionellen Presstechniken und eine moderne Abfüllanlage. Auch ein Besuch der alten Bodega (Weinkeller) gehört zur Führung.

Parque Natural Sierras Subbéticas

Das 320 km² große Naturschutzgebiet im Südosten der Provinz besteht aus zerklüfteten, smaragdgrünen Kalksteinhügeln, die von Höhlen, Quellen und Bächen durchzogen sind. Sein Randgebiet ist von stimmungsvollen alten Dörfern und Städtchen gesprenkelt. Im Park kann man wunderbare Erkundungstouren zu den Tälern, Schluchten und Berggipfeln (der höchste ist der La Tiñosa mit

DIE MONTILLA-WEINE

Die Hügellandschaft südlich von Córdoba ist eine Region mit kalkweißer, feuchtigkeitsspeichernder Erde, langen, heißen und trockenen Sommern und starkem Temperaturabfall in den Nächten – katastrophale Bedingungen für die meisten Rebsorten, doch nicht für den Pedro Ximénez. Die als PX (*pe equis* auf Spanisch) bekannte Traube ist zäh, sozusagen der Rambo unter den Weintrauben, und gedeiht auch bei extremem Wetter. Genau diese Bedingungen ergeben die ungewöhnlichen Aromen der Weine aus der Montilla-Moriles Denominación de Origen (DO), die ausschließlich aus der PX-Traube hergestellt werden.

Zur Verärgerung der lokalen Winzer werden die süßen Tropfen immer wieder mit Sherry verglichen. Der fundamentale Unterschied zwischen den Jerez-Sherrys und den Montilla-Weinen ist ihr natürlicher Alkoholgehalt. Jerez-Weine werden zusätzlich mit Alkohol angereichert, Montilla-Weine hingegen entwickeln ihren Alkoholgehalt (ab 15%) und ihre Süße durch die intensiven Sommertemperaturen von selbst. Der edelste Montilla ist der helle, strohige *fino*; ein *amontillado* ist ein golden-bernsteinfarbener Wein mit nussiger Note; und der *oloroso* ist ein dunkler, vollmundiger Wein mit 18 bis 20% Alkoholanteil. Dann gibt's noch den fast schwarzen, supersüßen Pedro Ximénez. Wie bereits erwähnt, stammen zwar alle Montilla-Moriles-Weine von PX-Trauben, aber der Wein mit dem Namen Pedro Ximénez wird aus Trauben hergestellt, die wie Rosinen in der Sonne trocknen, bevor sie gestampft werden.

Man sieht die Montilla-Weine fast überall in den Bars und Restaurants der Provinz Córdoba. Sie passen sehr gut zu Tapas und bieten sich als Drink vor dem Abendessen oder als Dessertweine an. Die leichteren Tropfen harmonieren wunderbar mit Suppen oder Meeresfrüchten. Wer mutig ist, bestellt einen *fiti* (50-50), eine starke Mischung aus *fino* und PX!

Um mehr über die Weinherstellung zu lernen, sollte man nach Montilla fahren. Die Weingüter in der Region werden weit weniger besucht als die Sherry-Bodegas in Jerez, dabei sind ihre Weine ebenso verlockend. Das hilfreiche Oficina de Turismo (957 65 23 54; www.montillaturismo.es; Centro Multifuncional, Plaza Solera, abseits der Calle Palomar; Mo-Fr 10–14 & 16–18, Sa & So 11–14) in Montilla bietet detaillierte Informationen. Interessant ist auch die Website von Ruta del Vino (www.rutadelvinomontillamoriles.com).

Bodegas Alvear (957 65 29 39; www.alvear.es; Avenida Boucau 6; 1½-stündige Führungen 6–7 €; Führungen Mo–Sa 12.30 Uhr) Montillas renommiertester Weinhersteller (und einer der ältesten in ganz Spanien) verarbeitet eine Auswahl von PX-Vintage-Reben. Das Weingut liegt gleich südlich der Altstadt von Montilla. Für Führungen in einer anderen Sprache als Spanisch muss man vorher anrufen.

Bodegas Lagar Blanco (628 319977; www.lagarblanco.es; Carretera Cuesta Blanca Km 4; 1½-stündige Führung tgl. nach Absprache; P) Der Besitzer und Guide Miguel Cruz veranstaltet exzellente Führungen in englischer oder spanischer Sprache. Sein malerisches Weingut befindet sich in der Sierra de Montilla, 10 km östlich der Stadt (Taxi 10 €). Bei der Tour sieht man riesige traditionelle *tinaja*-Lagerfässer und erhält auch einen Einblick in die modernen Technologien der Weinherstellung. Vorher anrufen oder per E-Mail buchen!

Bodegas Pérez Barquero (957 65 05 00; www.perezbarquero.com; Avenida de Andalucía 27; 1-stündige Führungen auf Spanisch/Englisch/Französisch 5/10/10 €; Führungen tgl. 12 Uhr; P) Die riesigen Lagerhallen sind bis an die Decke mit Eichenfässern voller umjubelter Weine gefüllt. Verkostungen finden in einer stimmungsvollen ehemaligen Kapelle statt. Das Weingut liegt im Westteil Montillas, auf dem Weg stadteinwärts von der N331.

Las Camachas (957 65 00 04; Avenida de Europa 3; Hauptgerichte 12–24 €; 13.30–17 & 21–24 Uhr) Im besten Restaurant Montillas gibt's köstliche Spezialitäten aus der Region, vor allem gegrilltes bzw. gebratenes Fleisch und Meeresfrüchte. Viele Gerichte werden mit lokalen Weinen zubereitet und in sechs mit Holzbalken ausgestatteten Speiseräumen serviert.

1570 m) unternehmen. Viele Besucher übernachten im malerischen Zuheros, in Priego de Córdoba oder in der nahen Umgebung.

Das Besucherzentrum des Naturschutzgebietes, das **Centro de Visitantes Santa Rita** (957 50 69 86; Carretera A339, Km 11,2; Mai–Juni Mi–Fr 9–14, Sa & So 9–14 & 18–20 Uhr, Juli–Sept. Fr–So 8–14 Uhr, Okt.–April Mi–Fr 9–14, Sa & So 9–14 & 16–18 Uhr), liegt 15 km westlich von Priego. Clive Jarman, ein lokaler Anwohner, hat den exzellenten Wanderführer *Walking in the Subbética Natural Park Córdoba* herausgegeben. Im Hotel Zuhayra (S. 227) in Zuheros kann man das Buch für 14 € und einzelne Wanderbroschüren für 2,50 € erwerben. Auch die lokale Tourismuswebseite www.turismodelasubbetica.es ist eine hilfreiche Quelle zur Region.

Zuheros & Umgebung
700 EW. / 625 M

Hoch über der von Olivenhainen übersäten Landschaft erstreckt sich am Nordrand des Parks das malerische Örtchen Zuheros. Dieses wunderschön gelegene Dorf besteht aus einem Gewirr von weißen Straßen und einer Burg, die mitten auf einem zerklüfteten Felsen in den Bergen thront. Zuheros ist über eine steile, kurvenreiche Straße erreichbar, die sich von der A318 die Hügel hinaufschlängelt, und besticht mit einer herrlich entspannten Atmosphäre.

Sehenswertes

Castillo de Zuheros
BURG

(Plaza de la Paz; Eintritt oder Führung 2 €; Di–Fr 10–14 & 17–19 Uhr, Führungen Sa, So & Feiertage 11, 12.30, 14, 17.30 & 18.30 Uhr, Okt.–März alle Nachmittagstermine 1 Std. früher) Die im 9. Jh. von den Mauren erbaute Burg erhebt sich auf einer Felsnadel und bietet einen herrlichen Panoramablick. Später wurde hier ein Renaissance-Palast errichtet, von dem heute nur noch Ruinen verblieben sind. Am Wochenende finden lohnenswerte Führungen statt. Unter der Woche kann man die Burg nur auf eigene Faust besuchen. Im Ticket ist der Eintritt ins kleine **Museo Arqueológico** (Archäologisches Museum; 957 69 45 45; Plaza de la Paz) inbegriffen, das zugleich auch als Touristeninformation von Zuheros dient.

Cueva de los Murciélagos
HÖHLE

(Fledermaushöhle; 957 69 45 45; www.cuevadelosmurcielagos.es; Erw./Kind 6/5 €; Führungen Di–Fr 12.30 & 17.30, Sa & So 11, 12.30, 14, 17 & 18.30 Uhr, Okt.–März alle Nachmittagstermine 1 Std. früher) 4 km oberhalb von Zuheros erstreckt sich eine erstaunliche Höhle im Kalksteinmassiv. Die Führung beginnt in einer gewaltigen Halle. Von dort verläuft ein 430 m langer Rundweg durch mehrere Gänge mit vielen fantastischen Felsformationen. Unterwegs kann man die Überreste neolithischer Höhlenmalereien mit abstrakten Ziegenfiguren bewundern.

Ein Besuch der Höhle ist nur im Rahmen einer solchen Führung möglich, die man telefonisch (Di–Fr zwischen 10 und 13.30 Uhr) oder per E-Mail bei Turismo Zuheros (S. 227) buchen kann.

Die Fahrt hinauf ist abenteuerlich, denn die Straße windet sich durch die sich auftürmenden Berge. Unterwegs passiert man mehrere Aussichtspunkte mit atemberaubendem Blick.

Aktivitäten

In der Umgebung gibt's einige tolle Wanderwege. Das Hotel Zuhayra vermittelt den Kontakt zu dem englischsprachigen Wanderführer Clive Jarman (669 700763, clivejarman@gmail.com), der in Zuheros wohnt. Ideale Monate zum Wandern sind April, Mai, September und Oktober.

★ Vía Verde de la Subbética
RADFAHREN, WANDERN

(www.viasverdes.com;) Die einfachste und am besten markierte Route für Wanderer und Radfahrer ist die *vía verde* (grüner Weg; nicht mehr genutzte Bahnstrecke, die in einen Rad- und Wanderweg umgewandelt wurde). In Zuheros kann man von oben aus sehen, wie sie sich durch die Landschaft schlängelt. Der Pfad verläuft vom Camporreal unweit der Puente Genil 65 km durch die südliche Provinz Córdoba zum Río Guadajoz an der Grenze zu Jaén, vorbei an den westlichen und nördlichen Ausläufern des Naturparks.

Mit seinen sanften Steigungen und alten Brücken, Tunneln und Viadukten ist er für Reisende jeden Alters interessant. Entlang der Strecke gibt's Cafés und Fahrradverleihe in alten Bahnhofsgebäuden, außerdem befinden sich überall Informationstafeln – man kann sich also auf keinen Fall verirren! Am Río Guadajoz geht der Weg in die Vía Verde del Aceite (S. 238) über, die weitere 55 km zur Stadt Jaén führt.

Subbética Bike's Friends
(672 605088; www.subbeticabikesfriends.com; Räder 3,50/9,50/14,50 € pro Std./halber Tag/Tag, Kindersitze 2 €; Sa & So 10–18 Uhr;) am Bahnhof Doña Mencía, 4 km westlich von Zuheros den Hügel herunter, bietet eine Auswahl verschie-

dener Leihräder an, auch für Kinder. Wenn man vorher anruft, bekommt man hier auch unter der Woche ein Rad.

Wanderweg Cañón de Bailón
WANDERN

Hinter Zuheros erstreckt sich die spektakuläre Felsschlucht Cañon de Bailón, die man auf einem schönen, gut 4 km langen Rundweg in zwei bis drei Stunden erkunden kann. Der Pfad führt erst in die Schlucht und dann entlang der Straße von der Cueva de los Murciélagos zurück nach Zuheros.

Wer ihm folgen möchte, geht an der Südwestecke von Zuheros die Calle Barrera hinunter zu einer Brücke über den Río Bailón, wo sich auch ein Parkplatz und ein großes Schild mit der Aufschrift „Sendero Río Bailón" befinden. Hier geht's den Weg hinauf am Schild vorbei immer weiter aufwärts und schließlich um eine Linkskurve entlang den Hängen über der Schlucht. Kurz darauf öffnet sich das Tal zwischen den Felswänden und der Pfad führt wieder bergab und überquert ein steiniges Flussbett. Nach weiteren 200 m geht's abermals über den Fluss. Nach 400 m, kurz vor der vierten Überquerung, zweigt ein zunächst sehr undeutlicher Weg nach links ab. Er schlängelt sich im Zickzack um eine spiralförmige Felsnadel hoch oben und wird dabei immer besser erkennbar. Zuerst wandert man stetig bergauf und dann, wo der Weg wieder eben wird, nach links durch die Bäume hindurch zu einem herrlichen Aussichtspunkt. Nun führt der Pfad gut erkennbar weiter zur Straße Richtung Cueva de los Murciélagos. Dort biegt man links nach Zuheros ab.

Schlafen

★ Hotel Zuhayra
HOTEL €

(957 69 46 93; www.zercahotels.com; Calle Mirador 10; EZ/DZ 48/60 €; ❈ 🔊 ≋) Ein kleines Stück unterhalb der Burg von Zuheros befindet sich das Hotel Zuhayra, das von all seinen Räumen einen atemberaubenden Ausblick auf die Landschaft bietet. Es ist ein perfekter Ausgangspunkt zur Erkundung der Region. Seine freundlichen Besitzer, die Ábalos-Brüder (die auch Englisch sprechen), halten jede Menge Infos über Wanderwege und andere Aktivitäten in der Region bereit und können lokale Guides vermitteln. Außerdem gibt's ein gutes Restaurant.

Essen

Restaurante Zuhayra
ANDALUSISCH €€

(www.zercahotels.com; Calle Mirador 10; mediasraciones 3,50–7,50 €, raciones 6–14 €; ⊙ 13–16 & 20–22.30 Uhr; 🌿) Im Restaurant des Zuhayra-Hotels werden exzellente Variationen beliebter lokaler und andalusischer Gerichte kreiert, z. B. hausgemachte Rebhuhn-Pâté oder Lammkoteletts mit Thymian sowie ein paar gute vegetarische Speisen. Wir empfehlen die *ensalada Zuhayra* mit gebackenem Gemüse, Kresse, Mandeln und karamellisiertem Käse aus der Region.

Mesón Atalaya
ANDALUSISCH €€

(957 69 46 97; Calle Santo 58; Hauptgerichte 7–20 €; ⊙ Di–So 13–16 & 21–23 Uhr) Familiengeführtes Lokal am östlichen Ende des Dorfes mit leckerer regionaler Kost, darunter Gerichte mit Lamm, Schwein und Schinken, *potajes* und *cazuelas* (Eintöpfe bzw. Schmorgerichte) sowie Käse aus der Region und hausgemachte Desserts. Das Gebäude verfügt zudem über zwei hübsche mit Pflanzen geschmückte Patios.

Los Balanchares
KÄSE €

(957 69 47 14; www.losbalanchares.com; Carretera A318, Km 68; ⊙ Mo–Fr 9–14 & 16–19, Sa & So 10–16 Uhr) Zuheros ist berühmt für seinen Käse, und in dieser wundervollen Biokäserei, die Ziegen- und Schafsmilch verarbeitet, bekommt man eine großartige Auswahl dieser Spezialitäten. Das Balanchares befindet sich unterhalb von Zuheros an der Straße zwischen Doña Mencía und Baena.

❶ Praktische Informationen

Turismo Zuheros (957 69 45 45; www.turismodezuheros.es; Plaza de la Paz 1; ⊙ ganzjährig Di–So 10–14 Uhr, April–Sept. Di–Fr 17–19 Uhr, Okt.–März Di–Fr 16–18 Uhr)

❶ An- & Weiterreise

AUTO

Parkplätze gibt's in der Nähe des Restaurants Mesón Atalaya am östlichen Ende des Dorfes: Wenn man Zuheros erreicht, folgt man einfach den Ausschilderungen mit der Aufschrift „Cueva de los Murciélagos".

BUS

Die Busse fahren vor dem Mesón Atalaya ab.
Autocares Carrera (957 50 16 32; www.autocarescarrera.es) Es gibt täglich zwei bis vier Verbindungen nach/von Córdoba (6,50 €, 1¾ Std.).
Autocares Valenzuela (Seville 954 82 02 89; www.grupovalenzuela.com) Jeden Tag fahren mindestens drei Busse nach/von Doña Mencía (1,15 €, 20 Min.) sowie mindestens zwei Busse nach/von Sevilla (17 €, 3¾ Std.).

Priego de Córdoba & Umgebung

19 100 EW. / 650 M

Dieses lebhafte Marktstädtchen thront auf einem Felsvorsprung inmitten einer fruchtbaren Gegend der Subbética. Der 745 gegründete Ort stand später an der Frontlinie des Emirats von Granada gegen dessen christliche Feinde, bis er 1341 endgültig von Alfons XI. erobert wurde. Priegos zahlreiche extravagante Barockkirchen sowie die hübschen Bürger- und Herrenhäuser sind das Erbe jahrhundertelangen Wohlstands, der im 18. Jh. in einem Boom der Produktion von Samt und Seide gipfelte.

◉ Sehenswertes

Nordöstlich der zentralen Plaza de la Constitución bildet die grüne Plaza Abad Palomino den Eingang zum alten maurischen Viertel, dem **Barrio de La Villa**. Die schmalen Gassen des *barrio* führen zum Paseo del Adarve auf der Felskuppe mit einer Promenade, die einen tollen Panoramablick auf das Tal des Río Salado sowie zum eleganten Paseo de Colombia mit seinen Springbrunnen, Blumenbeeten und Pergolas bietet.

★ **Parroquia de la Asunción** KIRCHE
(Plaza Santa Ana 1; Eintritt 3 €; Di-Sa 11–13.30, So 11–11.30 & 13–13.30 Uhr) Die am Rand des Barrio de La Villa gelegene Kirche stellt einen Höhepunkt des andalusischen Barockstils dar, vor allem wegen ihrer wundervollen Sagrario (Sakristei), in der sich weißer Stuck wie eine wirbelnde Gischt zur schönen Kuppel emporzieht. Das Bauwerk wurde in den 1780er-Jahren von dem lokalen Künstler Francisco Javier Pedrajas geschaffen. Auch wenn man Barockkirchen langweilig findet – diese ist etwas Besonderes.

Die **Iglesia de la Aurora** (Carrera de Álvarez; Eintritt 1,50 €; Di-So 10.30–13.30 Uhr) und die **Iglesia de San Francisco** (Calle Buen Suceso; Eintritt frei; Mo-Fr 10 –13 & 19–21, Sa & So 10–13 Uhr) sind verschwenderisch mit kunstvollen Ornamenten verziert. Beide Kirchen wurden im 18. Jahrhundert im Barockstil wiedererrichtet.

Castillo de Priego de Córdoba BURG
(Plaza Abad Palomino; Eintritt 1,50 €; Di-Do 10–14 & 16–19, Fr & Sa 11.30–13.30 & 17–19, So 11.30–13.30 Uhr) Der Turm der Burg von Priego erhebt sich stolz an der Plaza de Abad Palomino. Ursprünglich war dies eine islamische Festung, wurde aber von den neuen christlichen Herrschern zwischen dem 13. und 15. Jh. aufwendig umgebaut. Wer auf den Turm steigt, kann das weiße Dorf aus der Vogelperspektive betrachten.

Fuente del Rey BRUNNEN
(Brunnen des Königs; Calle del Río) Südwestlich des Zentrums prägt dieser prunkvolle Brunnen aus dem 19. Jh. einen ganzen Platz bzw. Park. In seine Becken auf drei Ebenen plätschert ständig Wasser aus 130 Düsen. Er könnte ebenso in den Gärten von Versailles stehen.

Links von der Fuente de la Virgen de la Salud führen unweit der Parkspitze Stufen hinunter zur Ermita del Calvario (Kalvarienbergkapelle). Von dort genießt man einen schönen Blick auf den Ort und die Landschaft.

Museo Histórico Municipal MUSEUM
(957 54 09 47; Carrera de las Monjas 16; Eintritt 2 €; tgl. 10–13.30, Di-Do auch 18–20.30, Fr & Sa auch 17–19 Uhr) Das Museum zur Stadtgeschichte bietet Besuchern einen archäologischen Überblick, verfügt über zwei Etagen zu Ehren des lokalen Malers Adolfo Lozano Sidro (1872–1935), dessen realistische Gemälde das soziale Leben in seiner Region thematisieren, und präsentiert Landschaftsmalereien verschiedener Stilrichtungen.

Jardín Micológico „La Trufa" GARTEN
(Carretera CO8211, Km 7,25, Zagrilla Alta; Di-Do 10–14, Fr-So 10–14 & 16–18 Uhr) In dem etwas abseits gelegenen Dorf Zagrilla Alta 11 km nordwestlich von Priego de Córdoba gibt dieser botanische Garten mit Museum den vielleicht umfangreichsten Einblick in ganz Europa in die geheimnisvolle Welt der Pilze. Andalusien ist die wahrscheinlich pilzreichste Region des Kontinents. Ein Spaziergang durch den Garten führt durch acht Ökosysteme. Dabei lernt man auch die jeweils typischen Giftpilze kennen.

🛏 Schlafen

★ **Casa Olea** LANDHOTEL €€
(696 748209; www.casaolea.com; Carretera CO7204, nahe El Cañuelo; EZ/DZ inkl. Frühstück 105/118 €; P ❄ 🛜 🐾) Das von Briten betriebene Landhaus 12 km nördlich von Priego liegt an einem kleinen Fluss in seinem eigenen Olivenhain. Es zeichnet sich durch eine herrlich entspannte Atmosphäre aus und ist ein wunderbarer ländlicher Rückzugsort sowie Ausgangspunkt für Erkundungstouren durch die Region. In unmittelbarer Umgebung sowie weiter entfernt in den Sierras Subbéticas erstrecken sich gute Wanderwege. Darüber hinaus verfügt das

Hotel über einen schönen Pool und einen Mountainbike-Verleih (15 € pro Tag).

An fünf Abenden pro Woche werden exzellente Menüs serviert (zwei/drei Gänge 20/25 €). Kinder unter sieben Jahren sind nicht erwünscht.

★ **Casa Baños de la Villa** BOUTIQUE-HOTEL €€
(☏ 957 54 72 74; www.casabanosdelavilla.com; Calle Real 63; EZ/DZ/Suite inkl. Frühstück 56/93/175 €; P ❄ ☼ ☎) Als große Attraktion dieses einzigartigen und einladenden Hotels gelten seine *baños árabes*, eine maurische Fantasie aus Bädern und Gewölbebogen. Im Zimmerpreis sind eine 90-minütige Session in drei Becken mit verschiedenen Temperaturen sowie ein Saunaaufenthalt inbegriffen. Die komfortablen und individuell mit gemütlichem Schnickschnack eingerichteten Räume überzeugen auf ganzer Linie, außerdem gibt's eine schöne Dachterrasse.

🍴 Essen & Ausgehen

In der Region um Priego werden einige der edelsten Olivenöle Spaniens hergestellt, die das Gütesiegel Denominación de Origen (DO; www.dopriegodecordoba.es) tragen. Besucher sollten sie und auch die Montilla-Moriles-Weine unbedingt in den Restaurants probieren.

★ **Restaurante La Fuente** ANDALUSISCH €€
(Zagrilla Alta; Hauptgerichte 8–15 €; ⊘ 14–16 & 20.30–24 Uhr) Das kleine Dorf Zagrilla Alta 11 km nordwestlich von Priego ist unbedingt einen Abstecher wert, denn hier befindet sich das Restaurant La Fuente, in dem Gäste herzlich empfangen werden und in den Genuss wunderbarer Hausmannskost kommen. Es liegt gleich oberhalb der Hauptstraße neben einer Quelle und einem Bach.

Zu den großartigen regionalen Spezialitäten des Lokals zählen *revuelto de collejas* (Rührei mit Lichtnelkenblättern, Knoblauch und Schinken oder Shrimps) und *remojón* (Orangen- und Feigenscheiben mit hartgekochtem Ei und Streifen von gesalzenem Kabeljau). Wir empfehlen auch *chuletón* oder *churrasco* (große Scheiben von gegrilltem Rindfleisch). Unbedingt noch Platz für den hausgemachten Käsekuchen lassen! Zagrilla liegt an mehreren Wanderwegen und ist ein sehr beliebter Zwischenstopp.

Restaurante Zahorí ANDALUSISCH €€
(www.hotelzahori.es; Calle Real 2; Hauptgerichte 10–16 €; ⊘ Do-Di 12.30–16.30 & 20.30–24 Uhr) Traditionelle Küche der Sierra erwartet Besucher dieses Lokals, das Don Custodio mit derselben Aufmerksamkeit wie sein benachbartes kleines Hotel führt. Mehrere Räume mit offenen Steinwänden sowie Freiluftbereiche mit Blick auf die Asunción-Kirche laden zu einer ausgedehnten Mahlzeit ein, bei der traditionelle Sierra-Gerichte wie Lammkoteletts oder gegrillte *setas* (Wildpilze) kredenzt werden.

Balcón del Adarve ANDALUSISCH €€
(☏ 957 54 70 75; www.balcondeladarve.com; Paseo de Colombia 36; Hauptgerichte 10–16 €; ⊘ Di-So 12-16.30 & 20-24 Uhr) Dieses hervorragende Restaurant mit einem tollen Ausblick ins Tal hat eine Terrasse, auf der man die privilegierte Lage so richtig genießen kann. Mit einem Hauch Eleganz serviert es lokale Gerichte wie Ochsenschwanz, Schweinebäckchen (eingerollt in Cannelloni) und Rebhuhn-Pâté.

🛈 Praktische Informationen

Oficina de Turismo (www.turismodepriego.com; Plaza de la Constitución 3; ⊘ Mo–Fr 10–14 & 16.30–19, Sa 10–14 & 16.30–18.30, So 10–14 Uhr)

🛈 Anreise & Unterwegs vor Ort

AUTO

Den kleinen Parkplatz **Aparcamiento Palenque** (Carrera de las Monjas; ⊘ Mo–Sa 7.30–21.30 Uhr) nahe der Plaza Palenque erreicht man über die Carrera de las Monjas, die westlich der Plaza de la Constitución verläuft. Oder man parkt kostenlos in einer freien Parklücke an der Calle San Luis, von den Carnicerías Reales aus ca. 150 m bergab.

BUS

Priegos **Busbahnhof** (☏ 957 70 18 75; Calle San Marcos) liegt etwa 1 km westlich des Zentrums. **Autocares Carrera** (☏ 957 50 16 32; www.autocarescarrera.es) bedient Montilla (5,35 €, 2- bis 3-mal tgl., 1¼ Std.) und Córdoba (9,20 €, 2 Std., Mo bis Fr 7-mal tgl., Sa & So 3-mal). **Alsa** (☏ 902 42 22 42; www.alsa.es) verkehrt nach Granada (7,40 €, 1½–2 Std., 2–4-mal tgl.) via Alcalá la Real.

WESTLICHE PROVINZ CÓRDOBA

In Richtung der Provinz Sevilla entfaltet sich eine spärlich besiedelte Landschaft, die von dem breiten Guadalquivir durchschnitten wird. Hier verteilen sich mehrere Dörfer und Burgen. Die prunkvollste Festung überragt das weiß gekalkte Gassenlabyrinth von Almodóvar del Río. Im Norden bildet der hübsche Weiler Hornachuelos das Tor zu einer entlege-

Almodóvar del Río

Castillo de Almodóvar BURG
(📞 957 63 40 55; www.castillodealmodovar.com; Calle del Castillo; Erw./Kind 7/4 €; ⊙ April–Juni & Okt. Mo–Fr 11–14.30 & 16–20, Sa & So 11–20 Uhr, Juli–Sept. Mo–Sa 10–15, So 10–16 Uhr, Nov.–März Mo–Fr 11–14.30 & 16–19, Sa & So 11–19 Uhr; 🅿) Die monumentale, finster wirkende Burg von Almodóvar dominiert den Blick von nah und fern. Sie erhebt sich über dem Río Guadalquivir und lässt gerade genug Platz für den AVE-Hochgeschwindigkeitszug, der sich eben noch dazwischenquetschen kann. Errichtet wurde sie im 8. Jh., doch ihr heutiges Erscheinungsbild verdankt sie dem Neuaufbau nach der Reconquista. Weil die Festung nie gewaltsam erobert wurde, nutzte Peter I. („der Grausame") sie als Schatzkammer. Ihre massiven Mauern strahlen bis heute ein Gefühl der Uneinnehmbarkeit aus.

Man kann auf mehrere der neun Türme klettern. Der eindrucksvollste ist der Torre del Homenaje (Ehrenturm) mit einem Kerker, in dem die mittelalterlichen Zustände mit Modellfiguren nachgestellt werden. In der Kapelle wird ein Film über die Burggeschichte gezeigt (mit englischen Untertiteln).

Unterhalb der Burg gibt's Parkplätze, aber man kann auch den Zufahrtsweg hochfahren und seinen Wagen gleich unterhalb des Eingangs parken. So spart man sich die 600 m Fußweg den Berg hinauf.

Parque Natural Sierra de Hornachuelos

Der Parque Natural Sierra de Hornachuelos ist ein 600 km² großes Gebiet in der Sierra Morena nordwestlich von Almodóvar del Río. Er besteht aus sanften, dicht bewaldeten Hügeln mit einer Mischung aus Steineichen, Korkeichen und Eschen, durchzogen von einer Reihe dicht bewaldeter malerischer Flusstäler. Der Naturpark ist für seine Adler und anderen Raubvögel bekannt; hier lebt auch die zweitgrößte Kolonie von Mönchsgeiern in Andalusien.

Am Südrand des Parks, oberhalb eines kleinen Stausees am Río Bembézar, dient der hübsche kleine Ort Hornachuelos als idealer Ausgangspunkt, um das reizvolle ruhige Naturschutzgebiet zu erkunden.

⊙ Sehenswertes & Aktivitäten

Von der Plaza de la Constitución im alten Zentrum von Hornachuelos führt die La-Palmera-Gasse, die mit einem netten Palmenmosaik aus Kieselsteinen gepflastert ist, hinauf zur Iglesia de Santa María de las Flores. Die Kirche liegt an einem Platz mit Blick über die von Olivenbäumen überzogenen Hügel. Links von ihr erheben sich die Ruinen einer alten maurischen Burg.

Einige Wanderwege beginnen sowohl im Dorf als auch am Besucherzentrum des Nationalparks (S. 232), 1,5 km weiter nördlich.

Sendero de Los Ángeles WANDERN
Dieser Pfad führt vom Fuß des Dorfes Hornachuelos 4 km den Berg hinauf am Bembézar-Stausee vorbei zu einer riesigen, verlassenen Priesterschule, dem Seminario de los Ángeles (Zutritt verboten). Unterwegs sieht man mit etwas Glück Gänsegeier von einer Kolonie weiter oben im Tal.

Sendero Botánico WANDERN
Der Sendero Botánico beginnt am Besucherzentrum, führt einen Hügel hinauf und weiter durch moosbedeckten Korkeichenwald, wo es zeitweise ebener wird, dann über einen schmalen Pfad abwärts. Das Panorama ist ausgezeichnet und der Rundweg von 1,2 km Länge sehr abwechslungsreich.

Sendero Guadalora WANDERN
(⊙ Juni–Sept. geschl.) 2,5 km nordwestlich des Besucherzentrums (man kann auch bis dorthin fahren) führt dieser mittelschwere, aber lohnende Wanderweg 6 km (etwa 2½ Std.) durch immergrüne Eichenwälder und Olivenhaine sowie ein dicht bewaldetes Flusstal herunter zur Straße CO5310. Hier muss man umkehren, wenn man vorab kein Taxi bestellt hat. Wanderer benötigen eine kostenlose Genehmigung für diese Route, die schnell und unkompliziert im Besucherzentrum (S. 232) erhältlich ist.

🛏 Schlafen & Essen

Hostal El Álamo HOSTAL €
(📞 957 64 04 76; http://complejoturisticoelalamo.com; Carretera A3151, Km 8; EZ/DZ inkl. Frühstück 38/55 €; ❄🛜🏊) Das im Motelstil erbaute El Álamo liegt an der Hauptstraße von Hornachuelos und ist mit seinem Ziegeldach und den herumstehenden Wagenrädern ganz im Stil eines *cortijo* (Bauernhauses) gehalten. Sein/e **Café/Bar/Restaurant** (Carretera San Calixto; Hauptgerichte 6–22 €; ⊙ 13–16 & 20–23.30 Uhr) dient als beliebter Treffpunkt.

ABSEITS DER ÜBLICHEN PFADE

LOS PEDROCHES

Wer gern auf leeren Straßen durch weite Landschaften fährt und unterwegs zufällig spektakuläre Sehenswürdigkeiten entdeckt, ist in Los Pedroches, dem entlegenen hohen Norden Córdobas, genau am richtigen Ort. Die plateauförmige Region bietet einen unglaublich weiten Panoramablick, nur unterbrochen durch einige Hügel und dünn gesäte Dörfer. Sie ist für ihre weitläufigen *dehesas* (Waldweiden mit früchtetragenden Steineichen) und für ihren hochwertigen Schinken bekannt, den *jamón ibérico de bellota*. Letzterer wird aus schwarzen iberischen Schweinen hergestellt, die sich an der jährlichen Eichel-(*bellota-*)Ernte gütlich tun. Der Schinken wird gesalzen und getrocknet und ist nach sechs bis zwölf Monaten dunkelrosa. Hauchdünn aufgeschnitten, reicht man ihn zu Brot und Montilla-Wein. Tollerweise kann man ihn in dieser Gegend in so gut wie jedem Dorf probieren.

Als Tor zu Los Pedroches dient der 750 m lange Pass **Puerto Calatraveño** an der N502 etwa 55 km nördlich von Córdoba. Ab hier scheint sich die grüne Landschaft ins Unendliche zu erstrecken. Das erste Dorf, das man erreicht, ist **Alcaracejos**, wo sich auch die Touristeninformation der Region befindet, die Oficina Comarcal de Turismo (957 77 40 10; www.turismolospedroches.org; Carretera Pozoblanco, Alcaracejos; Mo–Fr 9.30–14.30, Sa & So 10–14 Uhr). Nordwestlich von hier liegt **Hinojosa del Duque** mit einer prachtvollen Kirche aus dem 16. Jh., der Catedral de la Sierra (Plaza de la Catedral, Hinojosa del Duque; 10–12 Uhr). Deren Glockenturm soll für das Pendant der Mezquita in Córdoba Modell gestanden haben. In den Cafés auf der Plaza kann man sich wunderbar erfrischen.

Von Hinojosa sind es 9 km Richtung Norden ins entlegene **Belalcázar**, dessen massives und unheimliches Castillo de los Sotomayor schon von Weitem zu sehen ist. Sein mächtiger Hauptturm ist 45 m hoch. Die Burg wurde im 15 Jh. vom Meister der „Ritter von Calatrava" erbaut, einem Kreuzritterorden der Reconquista. Dieser kontrollierte ein riesiges Territorium, das von Córdoba bis nach Toledo und Badajoz reichte. Heute ist die Festung bis auf ein paar Storchennester verlassen und sicher verriegelt, aber man kann sie auch ganz gut von außen besichtigen. Gleich unterhalb der Burg befindet sich die Albergue Camino de Santiago (617 715129; http://caminodesantiagobelalcazar.blogspot.com.es; Calle Pilar, Belalcázar; B 12 €, platos combinados 3,50 €, menú 7,50 €; P), ein gut geführtes Hostel. Sie zieht hauptsächlich Wanderer an, die dem Camino Mozárabe (einen der längeren und schlechter markierten Abschnitte des Camino de Santiago-Netzwerks mittelalterlicher Pilgerrouten nach Santiago de Compostela) folgen, steht aber jedem offen, der leckeres, preiswertes Essen und eine vernünftige Unterkunft sucht.

Die einsame CO9402 führt 27 km Richtung Osten durch menschenleere Landschaft ins Örtchen **Santa Eufemia**, dem nördlichsten Dorf Andalusiens. Einen herrlichen 360-Grad-Panoramablick über die weiten Landstriche Andalusiens und Kastilien-La Manchas bietet der auf einem Hügel gelegene Castillo de Miramontes, dessen Ruinen 2,5 km oberhalb von Santa Eufemia zu finden sind (an der Bar La Paloma westlich von der N502 abbiegen und nach 1 km dem Schild „Camino Servicio RTVE" nach rechts fahren).

Villanueva de Córdoba, ein lebhaftes Marktörtchen etwa 50 km südöstlich von Santa Eufemia, ist ein guter Ort für eine Übernachtung. Wir empfehlen das Hotel la Casa del Médico (957 12 02 47; http://hotellacasadelmedico.com; Calle Contreras 4, Villanueva de Córdoba; inkl. Frühstück EZ 70–80 €, DZ 95–125 €;). Stärken kann man sich in der fröhlichen La Puerta Falsa (Calle Contreras 8, Villanueva de Córdoba; Hauptgerichte 8–16 €; 8–24 Uhr), die über einen hübschen Patio verfügt und eine gute Auswahl an Meeresfrüchten sowie Berglandfleisch und Eiergerichte serviert.

Vor der Rückkehr in die Zivilisation lohnt sich eine Wanderung im Parque Natural Sierra de Cardeña y Montoro (www.ventanadelvisitante.es). Das 384 km^2 große Schutzgebiet besteht aus Hügellandschaften und Wäldern, in denen Iberische Luchse und Wölfe sowie Otter und Raubvögel leben. Die Wanderwege beginnen in Aldea del Cerezo, 6 km östlich des Dorfes Cardeña. Genauere Infos gibt's im Centro de Visitantes Venta Nueva (671 593306; Kreuzung N420 & A420; Mai–Juni Mi–Fr 9–14, Sa & So 9–14 & 18–20 Uhr, Juli–Sept. Fr–So 8–14 Uhr, Okt.–April Mi–Fr 9–14, Sa & So 9–14 & 16–18 Uhr), 1 km südlich von Cardeña.

Autocares San Sebastián (957 42 90 30; www.autocaressansebastian.es) bietet Busverbindungen zwischen Córdoba und Los Pedroches.

Man sollte nach einen Raum abseits der Straße fragen, denn es kann hier schon mal laut werden.

❶ Praktische Informationen

Oficina de Turismo (☎957 64 07 86; www.hornachuelosrural.com; Recinto Ferial; ⊙Di–Mi 9–15, Do–So 10–14 Uhr) Die nicht ausgeschilderte, aber hilfreiche Touristeninformation von Hornachuelos befindet sich auf dem Feria-Gelände unweit der Carretera San Calixto (die A3151 führt durch den Westen der Stadt).

Centro de Visitantes Huerta del Rey (☎957 64 11 40; Carretera Hornachuelos-San Calixto Km 1,5; ⊙Mai–Juni Mi–Fr 9–14, Sa & So 9–14 & 18–20 Uhr, Juli–Sept. Fr–So 8–14 Uhr, Okt.–April Mi–Fr 9–14, Sa & So 9–14 & 16–18 Uhr) Das Besucherzentrum des Nationalparks zeigt interessante Exponate und bietet Informationen für Touristen, z. B. sechs detaillierte Wanderkarten für 2 €.

❶ An- & Weiterreise

Busse von **Autocares San Sebastián** (www.autocaressansebastian.es) fahren nach/von Córdoba (2,20 €, 1 Std., Mc–Fr 4-mal tgl., Sa 2-mal). Sie starten an der Carretera San Calixto, unterhalb der Polizeistation.

Die Provinz Jaén

EW. 658 600

Inhalt ➡

Jaén 236
Parque Natural
Sierra de Andújar . . . 240
Baeza 241
Úbeda 246
Cazorla 252
Parque Natural
Sierras de Cazorla,
Segura y Las Villas . . 254

Gut essen

➡ Misa de 12 (S. 250)
➡ Cantina de la Estación (S. 250)
➡ Casa Antonio (S. 239)
➡ Mesón Leandro (S. 253)
➡ Zeitúm (S. 250)

Schön übernachten

➡ Afán de Rivera (S. 250)
➡ Parador Castillo de Santa Catalina (S. 238)
➡ Hostal Aznaitín (S. 244)
➡ Parador Condestable Dávalos (S. 250)
➡ Palacio de la Rambla (S. 250)

Auf nach Jaén

Wer Kultur, Natur, Geschichte und gutes Essen liebt, bekommt in dieser verhältnismäßig wenig besuchten Provinz eine fantastische Kombination geboten. Unendliche Reihen blassgrüner Olivenbäume bedecken einen Großteil der Landschaft – ein Sechstel des weltweit produzierten Olivenöls stammt von hier. Von Burgen gekrönte Hügel erinnern daran, dass hier einst die Grenze zwischen der christlichen und muslimischen Welt verlief, während die herrliche Renaissance-Architektur der Unesco-Welterbestätten Úbeda und Baeza den Reichtum des Adels zur Zeit der Reconquista zur Schau stellt.

Neben Städten und Olivenhainen gibt es in der Provinz Jaén auch wundervolle Gebirgslandschaften. Der Parque Natural Sierras de Cazorla, Segura y Las Villas mit seiner zerklüfteten Landschaft, einer reichen Fauna, guten Hotels und Wanderwegen ist für Naturliebhaber ein Highlight in Andalusien.

Wild, Rebhuhn und wilde Pilze aus den Wäldern und Hügeln der Provinz prägen die Küche von Jaén und die Rezepte der überraschend zahlreichen kreativen Köche, insbesondere in Úbeda.

Entfernungen

Jaén	60			
Baeza	16	50		
Cazorla	44	102	58	
Santa Elena	72	79	65	116
	Úbeda	Jaén	Baeza	Cazorla

Highlights

① In vollen Zügen die Architektur und die Küche in **Úbeda** (S. 246) genießen.

② Durch die grünen Täler und zerklüfteten Berge des **Parque Natural Sierras de Cazorla, Segura y Las Villas** (S. 254) wandern.

③ Eine Erkundungstour duch das Gewirr der steinigen Gassen mit schönen Gebäuden im alten **Baeza** (S. 241) unternehmen.

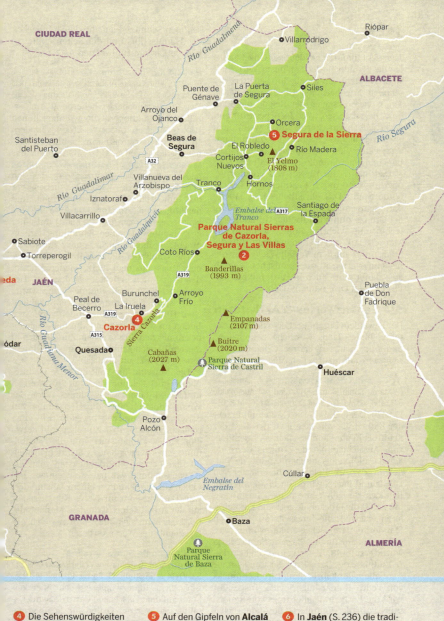

④ Die Sehenswürdigkeiten und die Atmosphäre des malerischen Gebirgsstädtchens **Cazorla** (S. 252) genießen.

⑤ Auf den Gipfeln von **Alcalá la Real** (S. 240) und **Segura de la Sierra** (S. 258) die faszinierenden Burgen erklimmen.

⑥ In **Jaén** (S. 236) die traditionellen Tapas-Bars und die historische Burg erkunden.

JAÉN

112 000 EW. / HÖHE 575 M

Jaén liegt inmitten weitläufiger Olivenhaine, die das Standbein der anfälligen Wirtschaft sind. Es steht ein wenig im Schatten der schönen Nachbarinnen Úbeda und Baeza, sodass viele Besucher der Region die Stadt links liegen lassen. Wer Jaén besucht, entdeckt jedoch ein charmantes – wenn auch etwas verfallenes – historisches Zentrum mit versteckten Vierteln, ausgezeichneten Tapas-Bars und einer grandiosen Kathedrale.

Das maurische Yayyan war vor der Eroberung 1246 durch Kastilien eine bedeutende Stadt. Das christliche Jaén spielte dank seiner strategischen Lage in der Nähe der Grenze zum nasridischen Granada weiterhin eine wichtige Rolle. Nachdem die Mauren 1492 vertrieben wurden, litt die Stadt unter starkem Verfall. Viele Einwohner emigrierten in die spanischen Kolonien – daher gibt's auch in Peru und auf den Philippinen Orte namens Jaén.

⊙ Sehenswertes & Aktivitäten

Der bewaldete Burghügel Cerro de Santa Catalina bildet Jaéns westliche Begrenzung, und an seinem Fuß erstreckt sich das Gassengewirr der maurischen Altstadt.

★ **Catedral de la Asunción** KATHEDRALE
(Plaza de Santa María; Erw./Kind mit Audioguide 5/1,50 €; ⊙ Mo–Fr 10–14 & 16–20, Sa 10–14 & 16–19, So 10–12 & 16–19 Uhr) Die Größe und Pracht der Kathedrale von Jaén lässt den Rest der Stadt bis heute klein erscheinen, besonders vom Aussichtspunkt des Hügels Cerro de Santa Catalina aus gesehen. Andrés de Vandelvira, der Architekt und Baumeister von Úbeda und Baeza, wurde im 16. Jh. mit dem Bau des riesigen Gotteshauses beauftragt, um damit die bröckelnde gotische Kathedrale zu ersetzen, die ihrerseits am früheren Standort einer Moschee erbaut worden war.

Die Fassade an der Plaza de Santa María wurde erst im 18. Jh. fertig und zeigt stärkere Einflüsse des Barock als der Renaissance – vor allem dank ihres Skulpturenschmucks von Pedro Roldán aus Sevilla. Insgesamt wird die Kathedrale allerdings von Renaissanceästhetik dominiert. Besonders charakteristisch dafür sind die riesigen Rundbögen und Gruppen korinthischer Säulen, die dem Bauwerk enorme visuelle Kraft verleihen. Innen erhebt sich eine große kreisrunde Kuppel über der Vierung vor dem Hauptaltar. Bemerkenswert sind die schönen Schnitzereien, die die Steindecken des Hauptschiffs und der Seitenschiffe sowie das Chorgestühl verzieren.

Palacio de Villardompardo BADEHAUS, MUSEUM
(Centro Cultural Baños Árabes; Plaza de Santa Luisa de Marillac; ⊙ Di–Sa 9–22 So bis 15Uhr) GRATIS
Der Renaissancepalast beherbergt drei exzellente Attraktionen: die wunderschönen **Baños Árabes** (Arabische Bäder) aus dem 13. Jh., eine der größten in Spanien erhaltenen Badeanlagen aus der Maurenzeit, das **Museo de Artes y Costumbres Populares** (Museum für Volkskunst & -traditionen), das den Artefakten des harten Landlebens vor der Industrialisierung Jaéns widmet, und das **Museo Internacional de Arte Naïf** (Internationales Museum für Naive Kunst) mit einer großen internationalen Sammlung farbenprächtiger und origineller naiver Kunst.

Die Arabischen Bäder wurden 1913 unter dem Palast aus dem 16. Jh. wiederentdeckt, der über ihnen errichtet worden war. Der schönste ihrer drei Räume (kalt, warm, heiß) ist das Caldarium (warm) mit zahlreichen Hufeisenbögen. Durch den verglasten Boden im Nachbarraum kann man Teile einer römischen Straße sehen. Zum Besuch in diesem Bereich gehört eine Videodokumentation (10 Min., auf Englisch).

Das Museum für Volkskunst & Traditionen widmet sich auf mehreren Stockwerken umfassenden Themen des Alltags – von der Weinproduktion über die Herstellung von Sattel- und Zaumzeug bis zum Schweineschlachten *(matanza)*. Zu sehen gibt's etwa eine antike Puppenstube und die Nachbildung eines Bauernhauses aus dem frühen 20. Jh., aber am eindringlichsten zeigt die Fotoausstellung, wie hart und einfach das Leben auf dem Land vor einem Jahrhundert war. Das Museum für Naive Kunst basiert auf der Arbeit seines Gründers Manuel Moral. Man kann sich lange in den vielen Alltagsdetails der Werke verlieren.

★ **Castillo de Santa Catalina** BURG
(Cerro de Santa Catalina; Erw./Kind 3/1,50 €; ⊙ Di–Sa 10–14 & 15.30–19.30, So bis 15Uhr; Ⓟ) Die Burg liegt unbezwingbar hoch über der Stadt auf dem Felsrücken Cerro de Santa Catalina. Sie war der Grund für Jaéns große Bedeutung während der Maurenzeit und der frühen Reconquista. Am Ende des Hügelrückens steht ein großes Kreuz – genau dort, wo Fernando III. nach der Kapitulation von Jaén 1246 ein Kreuz aufstellen ließ. Der Ausblick ist herrlich.

Jaén

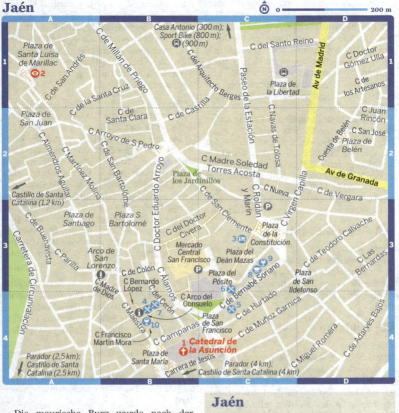

Die maurische Burg wurde nach der christlichen Rückeroberung umgebaut. Heute ist nur noch ein Drittel erhalten – der Rest wurde in den 1960ern abgerissen, um Platz für das benachbarte *Parador*-Hotel zu gewinnen. Erklärungstafeln auf Englisch und Spanisch geben im Inneren einen guten Einblick in die Burggeschichte.

Wer keinen fahrbaren Untersatz für die kurvigen 4 km vom Stadtzentrum hierher hat, kann sich ein Taxi nehmen (7 €) oder erreicht die Burg von der Kathedrale aus über die Straßen Maestre, Parrilla und Buenavista in ca. 40 Minuten. Am Ende der Buenavista geht es rechts in die Carretera de Circunvalación und nach 50 m folgt man dem Pfad links und wandert durch Bäume bergan.

Für Nichtgäste lohnt sich ein Besuch des Paradors auf einen Drink, um die außergewöhnlich gewölbten und dekorierten Decken im Hauptsalon und Speiseraum zu sehen.

Jaén

⦿ Highlights
1 Catedral de la Asunción B4

⦿ Sehenswertes
  Baños Árabes .... (siehe 2)
  Museo de Artes y
    Costumbres Populares .... (siehe 2)
  Museo Internacional de
    Arte Naïf .... (siehe 2)
2 Palacio de Villardompardo A1

⦿ Schlafen
3 Hotel Xauen C3

⦿ Essen
4 El Gorrión B4
5 El Pato Rojo C4
6 Panaceite C3
7 Taberna La Manchega B4

⦿ Ausgehen & Nachtleben
8 Colombia 50 Café C3
9 Deán C3
10 El Calentito B4

Vía Verde del Aceite
RADFAHREN, WANDERN

(Grüne Olivenölroute; www.viasverdes.com) 55 km einer nicht mehr genutzten Bahntrasse, mit zwei Tunneln und acht Viadukten, die durch den Süden der Provinz Jaén bis zum Río Guadajoz westlich von Alcaudete führen, wurden in einen asphaltierten Rad- und Wanderweg umgewandelt. Dank der nur moderaten Steigungen ist er ideal für längere Touren.

Der Weg beginnt im Gebiet Las Fuentezuelas am nordwestlichen Rand der Stadt Jaén. Am Río Guadajoz mündet er in den Vía Verde de la Subbética (S. 226), der weitere 65 km durch die Provinz Córdoba führt. In der Nähe des Bahnhofs vermietet **Sport Bike** (953 27 44 76; Calle San Francisco Javier 14; 15 €/Tag; Mo–Fr 10–13.30 & 17–20.30 Uhr, Sa bis 13.30 Uhr) Mountainbikes mit 24 Gängen.

Feste & Events

Semana Santa
KARWOCHE

(www.cofradiasjaen.org; März–April) Jedes Jahr in der Woche vor Ostersonntag tragen Mitglieder der 16 *cofradías* (Bruderschaften) in Prozessionen Heiligenstatuen durch die Altstadt.

Schlafen

Hotel Xauen
HOTEL €€

(953 24 07 89; www.hotelxauenjaen.com; Plaza del Deán Mazas; EZ/DZ mit Frühstück 55/65 €; P ❄ 🛜) Das Xauen hat eine tolle Lage mitten im Stadtzentrum. Große Fotos mit farbenfrohen lokalen Motiven schmücken die Gemeinschaftsbereiche, während die recht kleinen, aber gemütlichen und gepflegten Zimmer in Brauntönen gehalten sind. Die Dachterrasse bietet einen eindrucksvollen Blick zur Kathedrale. Der Parkplatz in der Nähe kostet 12 €.

★ Parador Castillo de Santa Catalina
LUXUSHOTEL €€€

(953 23 00 00; www.parador.es; Cerro de Santa Catalina; Zi. 169 €; P ❄ 🛜 🏊) Jaéns Parador neben der Burg auf dem Cerro de Santa Catalina hat eine einzigartige Kulisse und Säle mit theatralischer Gewölbebögen. Die luxuriösen, gediegenen Zimmer sind vornehm möbliert, einige haben Himmelbetten. Zum Hotel gehört ein hervorragendes Restaurant und eine Bar mit Panoramaterrasse.

Essen

Schicke Restaurants gibt's in Jaén nur wenige, dafür aber einige der urigsten Tapasbars Andalusiens, die von den *jiennenses* (die Bewohner von Jaén) gehegt und gepflegt werden. Die meisten liegen in den engen Gassen nordwestlich der Kathedrale. Hier und in der gesamten Provinz Jaén bekommen Gäste zu jedem Drink eine kostenlose Tapa. Man bezahlt nur die Tapas, die man darüber hinaus bestellt.

El Gorrión
ANDALUSISCH €

(Calle Arco del Consuelo 7; Tapas ab 1,50 €; raciones 7–15 €; Di–So 13.30–16 & Fr & Sa 20.30–24.30) Träge dudelt Jazz im Hintergrund, die Wände sind mit alten Zeitungsartikeln tapeziert und bizarre Landschaftsgemälde hängen schräg neben ovalen Eichenfässern. Man spürt förmlich, dass sich hier die Einheimischen schon seit Jahrhunderten einen hinter die Binde gießen (oder jedenfalls, seit die Bar 1888 ihre Pforten öffnete). Die Tapas, z. B. Pfefferwurst *(salchichón a la pimienta)* oder mit Meeresfrüchten gefüllte Artischocken schmecken sehr gut zu dem angebotenen Hauswein.

El Pato Rojo
MEERESFRÜCHTE €

(Calle de Bernabé Soriano 12; medias raciones 8–10 €; 13–17 & 20–24 Uhr) Die schlichte, aber immer volle „rote Ente" hat sich auf perfekte Meeresfrüchte-Tapas spezialisiert. Wer keinen Platz an einem der wenigen Tische auf dem engen Bürgersteig ergattert, quetscht sich einfach an die Bar und bestellt dort ein Bier oder einen *fino* (strohfarbenen Sherry); zu jedem Getränk gibt's auch eine kostenlose Tapa.

Für Hungrige eignet sich eine *media ración* (eine größere Version der Tapa) Garnelen, Muscheln oder Jakobsmuscheln.

Taberna La Manchega
ANDALUSISCH €

(www.facebook.com/tabernalamanchega.jaen; Calle Bernardo López 12; platos combinados 6 €, raciones 3–10 €; Mi–Mo 10–17 & 20–1 Uhr) Das La Manchega ist schon seit den 1880er-Jahren im Geschäft. Zu den tollen traditionellen Tapas und raciones (großen Tapas-Portionen), z. B. Wild-Chorizo und Zicklein in Knoblauch *(choto al ajillo)* trinkt man Wein und beobachtet die typische lokale Kundschaft aus Jaén.

Panaceite
MODERN SPANISCH €

(www.panaceite.com; Calle de Bernabé Soriano 1; Tapas ab 2,60 €, raciones 6,50–15 €; 11–24 Uhr) Die immer rappelvolle Eckbar in der Nähe der Kathedrale hat ihre Tische draußen im Halbkreis aufgestellt und serviert außergewöhnlich gute Tapas und *raciones*, darunter Schweinefilet mit einer von vier Soßen oder Auberginen in Zuckerrohrsirup, Salate, Sandwiches und offene Weine.

★ Casa Antonio   SPANISCH €€€
(✆ 953 27 02 62; www.casantonio.es; Calle Fermín Palma 3; Hauptgerichte 19–23 €; ⊗ Mo–Sa 13–16 & 20.30–23.30, So 13–16 Uhr, im Aug. geschl.) Elegantes kleines Restaurant in einer unscheinbaren Straße am Parque de la Victoria, das erstklassige spanische Küche nach dem Vorbild lokaler Spezialitäten zubereitet, wie Rebhuhn-Pâté oder Segura-Lamm. Zudem gibt es hervorragende Meeresfrüchte. Kompliziert ist die Küche nicht, sie verarbeitet aber gekonnt Spitzenzutaten. Gehobener aufmerksamer Service.

 Unterhaltung & Nachtleben

Colombia 50 Café   CAFÉ
(Calle de Bernabé Soriano 23; ⊗ Mo–Do 8–21, Fr 8–1, Sa, 9–1, So 9.30–21 Uhr; ⊜) In diesem großen Café mit tropisch-kolonialem Flair ist immer viel los und es gibt leckeres Frühstück. Zu empfehlen sind die *blankitas* (getoastetes Brot mit ausgewählten Belägen, z. B. Rebhuhn und Tomate), ein Crêpe oder ein Croissant, und dazu eine der internationalen Kaffeesorten (darunter Jamaica Blue Mountain).

Deán   BAR
(www.facebook.com/dean.plazabar; Plaza del Deán Mazas; ⊗ 11 Uhr–open end) Die kleine Bar ist vollgestopft mit Gästen, die auch den Platz davor bevölkern. Mit ihren Stahlrohren und der lauten Musik verströmt sie eine pulsierende Late-Night-Atmosphäre. Tagsüber ist sie eher ein Café mit Stühlen auf dem Platz und leichten Gerichten wie Hummus und *tostas* (kleine belegte Toastscheiben).

El Calentito   BAR
(Calle Arco del Consuelo; ⊗ Di–Sa 13–17.30 & So 20–1, So bis 17.30 Uhr) Diese in hellen Farben gestrichene Bar in der *zona de tascas* (Tapas-Meile) hat eine lebhaftere Atmosphäre und ein jüngeres Publikum (um die 20) als die meisten anderen.

ℹ Praktische Informationen

Oficina de Turismo (✆ 953 19 04 55; www.andalucia.org; Calle Maestra 8; ⊗ Mo–Fr 9–19.30, Sa & So 9.30–15 Uhr) Touristeninformation für Stadt und Region mit hilfsbereiten mehrsprachigen Mitarbeitern.

ℹ Anreise & Unterwegs vor Ort

AUTO
Jaéns viele Einbahnstraßen und das hohe Verkehrsaufkommen sind ein Stressfaktor, aber die meisten Hotels sind gut ausgeschildert. Es gibt mehrere zentrumsnahe Tiefgaragen.

ZUG
Von Jaéns **Bahnhof** (www.renfe.com; Paseo de la Estación) fahren täglich vier Züge nach Córdoba (15 €, 1¾ Std.), Sevilla (28 €, 3 Std.) und Madrid (35 €, 4 Std.).

DER NORDWESTEN DER PROVINZ JAÉN

Auf dem Weg von Jaén aus in Richtung Norden ist die Landschaft zunächst erst mal nicht besonders aufregend. Doch das ändert sich, sobald die Sierra Morena am Horizont auftaucht. Diese wenig besuchte Bergkette aus grünen bewaldeten Hügeln an der Nordgrenze Andalusiens hat eine ganz eigene geheimnisvolle Magie.

BUSSE AB JAÉN

Busse von **Alsa** (✆ 902 42 22 42; www.alsa.es) und **Transportes Ureña** (✆ 953 22 01 16; www.urena-sa.com) fahren vom **Busbahnhof** (✆ 953 23 23 00; www.epassa.es/autobus; Plaza de la Libertad) ab.

ZIEL	BUSGESELLSCHAFT	PREIS (€)	FAHRTDAUER	HÄUFIGKEIT
Baeza	Alsa	4,50	1 Std.	11-mal tgl.
Cazorla	Alsa	9,25	2½ Std.	3-mal tgl.
Córdoba	Transportes Ureña	10	2 Std.	4–7-mal tgl.
Granada	Alsa	8,90	1¼ Std.	12-mal tgl.
Málaga	Alsa	20	3½ Std.	4-mal tgl.
Seville	Transportes Ureña	23	4½ Std.	1-mal tgl.
Úbeda	Alsa	5,40	1¼ Std.	12-mal tgl.

ABSTECHER

ALCALÁ LA REAL

Mit seinem hohen Kirchturm und der imposanten Burg, die über die Mauern ragen, wirkt das **Fortaleza de la Mota** (www.tuhistoria.org; Alcalá la Real; Erw./Kind 6/3 €; ⊙ April–Mitte Okt. 10.30–19.30 Uhr, Okt.–März bis 17.30 Uhr; P) von Weitem eher wie eine Stadt als wie eine Festung. Und das nicht ohne Grund, denn im Mittelalter befand sich auf diesem befestigten Hügel, der über der heutigen Stadt Alcalá la Real aufragt, die ursprüngliche Stadt. Für alle, die den Südwesten der Provinz Jaén auf der Straße von Granada nach Córdoba durchqueren, ist es ein fantastischer Zwischenstopp – und für alle anderen ist es einen Abstecher wert.

Die moderne Stadt entstand erst im 17. Jh., als befestigte Städte auf Hügeln nicht mehr zeitgemäß waren. Heute ist die Festung sowohl ein Denkmal als auch eine archäologische Stätte, denn wo sich einst Häuser, Paläste, Ställe und Straßen befanden, sind heute verfallene Ruinen. Die Festung wurde um das Jahr 1000 gegründet und dann nach der Eroberung durch den kastilischen König Alfons XI im Jahr 1341 in großem Stil wiederaufgebaut. Eine ihrer Besonderheiten ist das Kircheninnere, in dem der Boden entfernt wurde, um Dutzende Gräber freizulegen, die in den Fels darunter gehauen worden waren.

Desfiladero de Despeñaperros & Santa Elena

Der Desfiladero de Despeñaperros, eine spektakuläre tiefe Schlucht in der Sierra Morena, gilt traditionell als Haupttor nach Andalusien von Norden aus. Die Autobahn A4 (und eine Zuglinie) ermöglichen die schnelle Durchquerung über Viadukte und durch Tunnel. Wer ihre Felsspitzen eingehender betrachten möchte, nimmt die alte Straße und kann an einem Aussichtspunkt und Restaurant anhalten und die Landschaft genießen: Von Norden aus nimmt man die Ausfahrt 243 und folgt den Schildern „Parque Natural Despeñaperros"; von Süden aus fährt man an der Ausfahrt 257 ab nach Santa Elena, passiert das ausgeschilderte Restaurant El Mesón und folgt ab dem doppelten Kreisverkehr am Fuß der Schlucht den Schildern „Venta de Cárdenas". Die hügelige schöne Landschaft um die Schlucht ist der **Parque Natural de Despeñaperros**. Informationen zum Park und zu Wanderungen gibt's im **Centro de Visitantes Puerta de Andalucía** (☏ 953 66 43 07; Carretera A4 Km 257; ⊙ ganzjährig Do–Fr & So 10–14, Sept.–Juni Sa 10–14 & 16–18, Juli–Aug. Sa 8–14 Uhr) westlich der Ausfahrt 257.

⊙ Sehenswertes

Museo Batalla de las Navas de Tolosa MUSEUM
(www.museobatallanavasdetolosa.es; Carretera de Miranda del Rey, Santa Elena; Erw./Kind 3/2 €, Audioguide 1 €; ⊙ Okt.– Mai Di–Sa 10–14 & 16–19 Uhr, Juni–Sept. bis 14 & 17–20, So ganzjährig bis 14 & 15.30–18.30 Uhr; P) Am 16. Juli 1212 änderte sich der Verlauf der spanischen Geschichte dramatisch, als 2 km westlich von Santa Elena christliche Armeen in der Schlacht von Las Navas de Tolosa die Truppen der maurischen Almohaden schlugen und so der Reconquista (Rückeroberung) die Tür zu Andalusien öffneten. Dieses Museum, einige hundert Meter westlich der Ausfahrt 257 von der A4, präsentiert die komplette faszinierende Geschichte dazu und hat einen Aussichtsturm mit Blick auf das Schlachtfeld.

Nach der Schlacht sollen die Christen die maurischen Gefangenen von den Klippen des Desfiladero de Despeñaperros geworfen haben. Allgemein wird angenommen, dass dies der Ursprung des Namens Despeñaperros sei. Seine Übersetzung lautet „Herabstürzen der Hunde".

✕ Essen

El Mesón ANDALUSISCH €€
(Avenida Andalucía 91, Santa Elena; Hauptgerichte 9–18 €; ⊙ 12–24 Uhr) Bietet eine gesunde Auswahl an Erfrischungsgetränken und lokale Küche wie Wild in Pilzsoße oder Rebhuhnsalat mit Trockenfrüchten.

Parque Natural Sierra de Andújar

Dieser 748 km² große Naturpark nördlich der Stadt Andújar wartet mit der größten natürlichen Vegetationsfläche in der ganzen Sierra Morena und zahlreichen Stierzuchtfarmen auf. Unter den vielen Wildtierarten sind fünf typische vom Aussterben bedrohte Spezies – Pardelluchse, Wölfe, Schwarzgeier,

Schwarzstörche und Kaiseradler. Sie machen den Park für viele Vogel- und Tierbeobachter besonders interessant. Die Pardelluchs-Population ist mit knapp 120 Tieren die größte der Welt. Die Mitarbeiter des Besucherzentrums, dem 13 km nördlich von Andújar gelegenen **Centro de Visitantes Viñas de Peñallana** (✆ 953 54 96 28; Carretera A6177 Km 13; ⊙ Do–So 10–14 & 16–18 Uhr, variable Öffnungszeiten), informieren über die besten Stellen, um Luchse zu beobachten. Allerdings bestehen nur geringe Chancen, sie zu Gesicht zu bekommen. Die besten Monate sind Dezember und Januar während der Paarungszeit. Lokale Unternehmen bieten geführte Ausflüge zum Beobachten von Wildtieren und Vögeln an, darunter **Turismo Verde** (✆ 629 518345; www.lasierradeandujar.com) und **IberianLynxLand** (✆ 636 984515; www.iberianlynxland.com).

Auf einem Hügel mitten im Park steht das **Santuario de la Virgen de la Cabeza** (Carretera A6177 Km 31, Cerro del Cabezo; P). Die Kapelle ist Schauplatz eines der größten und emotionalsten religiösen Feste Spaniens, der **Romería de la Virgen de la Cabeza** am letzten Aprilwochenende. Hunderttausende Menschen kommen in einem riesigen Festzelt zusammen, um am Festsonntag dabei zuzusehen, wie eine kleine Statue der Jungfrau Maria, bekannt als La Morenita, mehrere Stunden um den Hügel getragen wird.

Ein großartiger Stützpunkt für Wildtierbeobachter ist das von Wald umgebene Landhotel **La Caracola** (✆ 633 515679; www.lacaracolahotelrural.com; Carretera A6177 Km 13,8; DZ mit Frühstück 60 €; P🐾🍽). Es bietet helle, moderne Zimmer, gemütliche Gemeinschaftsräume und leckere Mahlzeiten. Auf Wunsch wird das Frühstück auch zu früher Stunde serviert. Das Hotel liegt 1,4 km von der A6177 entfernt und weniger als einen Kilometer nördlich vom Besucherzentrum des Parks von Andújar.

Täglich fahren mehrere Züge und Busse von Jaén und Córdoba nach Andújar; von Baeza und Úbeda gibt es Busverbindungen nach Andújar. Samstags und sonntags fahren Busse zum Santuario.

DER OSTEN DER PROVINZ JAÉN

Dieser Teil der Region lockt die meisten Besucher an. Grund sind der Renaissancecharme der zum Welterbe der Unesco gehörenden Städte Baeza und Úbeda sowie die schönen Berge und Wanderwege um Cazorla.

Baeza

15 500 EW. / HÖHE 90 M

Die 9 km voneinander entfernt liegenden Zwillingsstädte Baeza (ba-*eh*-thah, mit englischem „th") und Úbeda strafen das Vorurteil Lügen, es gebe in Andalusien außer den maurischen Bauten kaum interessante Architektur. Weit entfernt von Andalusiens berühmteren Kulturstätten beherbergen die beiden Landstädte glanzvolle Beispiele prachtvoller christlicher Renaissancearchitektur. Sie stammt aus einer Zeit, in der es einigen wenigen örtlichen Familien gelang, ein riesiges Vermögen anzuhäufen, das sie zu großen Teilen in die Verschönerung ihrer Heimatstädte investierten. Baeza, die kleinere der beiden Städte, lässt sich in einem Tagesausflug von Úbeda aus erkunden, bietet jedoch auch selbst einige gute Unterkünfte. Hier hat eine Handvoll streitlustiger Familien, die durch den Getreideanbau sowie die Kleidungs- und Lederproduktion reich wurden, eine fantastische Sammlung bestens erhaltener Renaissancekirchen und -bauten hinterlassen.

Baeza fiel als eine der ersten andalusischen Städte an die Christen (1227). Nach so vielen Jahrhunderten unter kastilischem Einfluss ist vom maurischen Bayyasa kaum etwas übrig geblieben.

⊙ Sehenswertes

Baezas bedeutendste Sehenswürdigkeiten verteilen sich größtenteils auf die engen Gassen südlich der zentralen Plaza de España und des breiten Paseo de la Constitución, der früher Baezas Marktplatz und Stierkampfarena war.

Plaza del Pópulo PLATZ
(Plaza de los Leones) Diesen hübschen Platz säumen elegante Gebäude aus dem 16. Jh. Den **Fuente de los Leones** (Löwenbrunnen) in der Platzmitte schmücken Skulpturen aus dem iberisch-römischen Dorf Cástulo und die krönende Statue stellt angeblich Imilce dar, eine lokale Prinzessin und eine der Ehefrauen des berühmten karthagischen Generals Hannibal.

Die **Puerta de Jaén** an der Westseite des Platzes war ursprünglich ein Stadttor des maurischen Bayyasa, wurde aber 1526 wieder aufgebaut. Es ist mit dem **Arco de Villalar** verbunden, den Carlos I. im selben Jahr erbaute, um die Niederschlagung eines großen Aufstands in Castilla zu feiern, der ihn fast den Thron gekostet hätte.

An der Südseite des Platzes steht die bezaubernde **Casa del Pópulo** aus dem 16. Jh., früher Gerichtsgebäude und heute Touristenin-

Baeza

formation von Baeza. Sie ist im Platereskenstil gebaut, einer Frühform der Renaissancearchitektur mit besonders üppigem Fassadenschmuck. Die Antigua Carnicería von 1547 an der Ostseite des Platzes ist sicher eine der elegantesten Metzgereien der Welt. Sie wird heute als Gerichtsgebäude genutzt.

★ Catedral de Baeza KATHEDRALE
(Plaza de Santa María; Eintritt mit Audioguide 5 €; Mo–Fr 10.30–14 & 16–19, Sa 10–19, So 10–18 Uhr) Wie in großen Teilen Andalusiens wurde auch die Moschee von Baeza während der Reconquista zerstört und an ihrer Stelle eine Kathedrale erbaut. Das war der erste Schritt zur Verwandlung der Stadt in ein kastilisches Kleinod. Die Kathedrale weist eine Mischung aus Baustilen verschiedener Epochen auf, dominant ist jedoch der Renaissancestil aus dem 16. Jh., etwa an der Fassade zur Plaza de Santa María und in Form des schlichten Designs des dreischiffigen Inneren (von Andrés de Vandelvira).

Man kann den Turm erklimmen und den herrlichen Blick über Stadt und Landschaft genießen. Sein Fundament gehörte zum Minarett der Moschee und stammt aus dem 11. Jh.. Das älteste Bauelement der Kathedrale ist die Puerta de la Luna (Mondpforte) am Westende – teils Gotik, teils Mudéjar-Stil, mit krönender Fensterrose aus dem 14. Jh. Im Kircheninneren ist ein deutlicher Unterschied zu erkennen zwischen den beiden gotischen Gewölben im östlichsten Teil des Kirchenschiffs mit ihrem geschwungenen Maßwerk und Wasserspeiern an den Kapitellen sowie den Gewölben im Renaissancestil im westlichen Teil, charakterisiert durch korinthische Säulen mit Kapitellen und ein klassisches Design aus Quadraten und Kugelsegmenten.

Die weite Plaza de Santa María war als Mittelpunkt des religiösen und weltlichen Lebens angelegt. Das frühere Priesterseminar Seminario de San Felipe Neri aus dem

Baeza

◎ Highlights
1. Catedral de Baeza B4
2. Palacio de Jabalquinto B3

◎ Sehenswertes
3. Antigua Carnicería A3
4. Antigua Universidad B3
5. Arco de Villalar A3
6. Capilla de los Benavides B1
7. Casa del Pópulo A3
   Fuente de los Leones ....(siehe 10)
8. Iglesia de Santa Cruz B3
9. Paseo de las Murallas........................ D4
10. Plaza del Pópulo...................................A3
    Puerta de Jaén ....(siehe 5)
11. Seminario de San Felipe Neri B4

🛏 Schlafen
12. Hotel Puerta de la Luna......................A4

🍴 Essen
13. Bar Paco's A4
14. El Arcediano B2
15. El Nanchoas..B4
16. La Almazara A2

🍸 Ausgehen & Nachtleben
17. Café Teatro Central C2

🛍 Shoppen
18. La Casa del Aceite A3

---

17. Jh. beherbergt heute Teile der Universidad Internacional de Andalucía, die Aufbaustudiengänge anbietet.

★ Palacio de Jabalquinto   PALAST
(Plaza de Santa Cruz; ⏱ Mo–Fr 9–14 Uhr) GRATIS Baezas prächtigster Palast wurde wahrscheinlich Ende des 15. Jh. für ein Mitglied der Benavides-Sippe gebaut. Seine größte Pracht ist die spektakuläre Fassade im dekorativen Stil der isabellinischen Gotik mit einem seltsamen Aufgebot nackter Menschen, die am Gesims über der Türöffnung entlangklettern; den Abschluss bildet oben eine Reihe Schilder, über denen sich Helme und wiederum darüber mythische Vögel und Tiere befinden.

Der Innenhof hat einen zweigeschossigen Renaissance-Bogengang mit Marmorsäulen, einen eleganten Brunnen und eine mit prächtigen Schnitzarbeiten verzierte Barocktreppe. Die **Iglesia de la Santa Cruz** (Eintritt frei; ⏱ Mo–Sa 11–13, Sa 12–14 Uhr) aus dem 13. Jh. an der gegenüberliegenden Seite des Platzes war eine der ersten Kirchen von Baeza. Mit ihren Rundbögen und ihrer halbkreisförmigen Apsis ist sie ein sehr seltenes Beispiel romanischer Architektur in Andalusien.

Antigua Universidad   HISTORISCHES GEBÄUDE
(Alte Universität; Calle del Beato Juan de Ávila; Eintritt frei; ⏱ 10–14 & 16–19 Uhr) Baezas Alte Universität wurde 1538 gegründet. Sie entwickelte sich zu einer Schmiede fortschrittlichen Denkens, was den konservativen Patrizierfamilien von Baeza ein Dorn im Auge war und oft zu Reibereien zwischen den Geistesgrößen und den Vermögenden führte. Seit 1875 residiert in dem Gebäude eine weiterführende Schule. Der Hauptpatio mit eleganten Renaissancebögen ist für Besucher zugänglich, ebenso das Klassenzimmer aus dem frühen 20. Jh. Hier unterrichtete der berühmten Dichter Antonio Machado von 1912 bis 1919 Französisch.

Paseo de las Murallas   STRASSE
Diese Straße und Fußgängerzone, die von der Plaza del Pópulo nach Südwesten und dann an dem Steilhang am Stadtrand entlang wieder zurück nach Nordosten führt, bietet einen tollen Blick über Olivenhaine zu den fernen Bergen der Sierra Mágina (im Süden) und der Sierra de Cazorla (im Osten).

Capilla de los Benavides   KAPELLE
(Calle de San Francisco) Die Kapelle gehörte zu dem einstigen Convento de San Francisco. Sie zählte zu den Meisterwerken von Andrés de Vandelvira, der sie in den 1540er Jahren als Grabkirche für die Familie Benavides erbaute. Nach Verwüstungen durch ein Erdbeben und späterer Plünderung durch französische Truppen wurde sie in den 1980er-Jahren teilweise restauriert. Eine auffällige Konstruktion aus gebogenen Trägern zeichnet die Kontur einer Kuppel nach – über einem Raum, in dem einige der aus der Renaissance erhaltenen Steinmetzarbeiten ungeschützt den Elementen ausgeliefert sind, was Kontroversen hervorgerufen hat.

🎉 Feste & Events

Semana Santa   KARWOCHE
(www.semanasantabaeza.es; ⏱ März–April) Baezas Osterprozessionen sind feierlich, groß und sehr tief in der Tradition der Stadt verwurzelt. Allabendlich von Palmsonntag bis Karfreitag.

Feria   FEST
(⏱ Mitte Aug.) Das Sommerfest beginnt mit einer karnevalsartigen Prozession von *gigantones* (Pappmaschee-Riesen) und anderen bunten Figuren. Weiter geht es mit fünf Tagen Feuerwerk, einer großen Kirmes, Konzerten und Stierkämpfen.

NICHT VERSÄUMEN

OLIVENÖL: DIE FAKTEN

In der Provinz Jaén fällt jedem sofort auf, dass sich hier alles um die *aceituna* (Olive) dreht. Über 60 Mio. Olivenbäume bedecken ganze 40 % der Landschaft, und wer schon mal dort war und an die Gegend zurückdenkt, hat sofort wieder das Olivenölaroma in der Nase. In einem durchschnittlichen Jahr tragen diese Bäume 500 000 t Oliven – Jaén erzeugt damit 40 % der spanischen und 17 % der weltweiten Olivenernte. Fast die gesamte Bevölkerung ist direkt oder indirekt wirtschaftlich vom Olivenanbau abhängig.

Geerntet wird von Oktober bis Februar. Die Oliven werden sofort zu den Ölmühlen gebracht und dort zu Brei zerkleinert. Zunächst wird er gepresst, um das Öl zu gewinnen, aus dem dann das Wasser gefiltert wird. Öl, das sich ohne weitere Behandlung zum sofortigen Verzehr eignet, geht als *aceite de oliva virgen* (natives Olivenöl) in den Verkauf und das beste Öl dieser Güteklasse heißt *virgen extra* (extra nativ). Einfaches *aceite de oliva* – im Handel als *lampante* (Lampenöl) bekannt – muss raffiniert werden, bevor es sich zum Verzehr eignet. Die chemische Zusammensetzung von Ölen wird getestet, und bevor sie das Label *virgen* oder *virgen extra* bekommen, werden sie in den Labors des International Olive Council analysiert.

Die technologische Enwicklung seit Ende des 20. Jhs. hat die Welt des Olivenöls nachhaltig verändert. Außer in einigen kleineren Betrieben sind die traditonellen Erntemethoden überholt. Immer seltener sieht man eine ganze Gruppe von Leuten mit Stangen auf die Äste schlagen, das Zermalmen mit großen kegelförmigen Steinwalzen, das Pressen zwischen Esparto-Grasmatten. Auch für das Trennen von Öl und Wasser sind nicht mehr vier oder fünf wiederholte Vorgänge und acht bis neun Stunden Zeit erforderlich. Heute schütteln von Traktoren betriebenen Rüttelmaschinen die Oliven von den Bäumen. Sie werden mechanisch zermalmt und Zentrifugenmaschinen trennen die flüssigen von den festen Bestandteilen – alles in einem Bruchteil der Zeit, die früher nötig war.

Jaén ist stolz auf sein hochwertiges Olivenöl: Viele Restaurants bieten ihren Gästen mehrere verschiedene Öle zum Probieren an, die man in Brot tunkt. Qualitätsöl wird im Fachhandel sowie in guten Lebensmittelgeschäften verkauft und einige Mühlen bieten Direktverkauf.

Oleícola San Francisco (953 76 34 15; www.oleoturismojaen.com; Calle Pedro Pérez, Begíjar; 1½ Std. Führungen 5 €; Führungen 11 & 17 Uhr) Die faszinierenden Führungen durch eine arbeitende Olivenmühle bei Baeza vermitteln Besuchern alles, was sie über den Verarbeitungsprozess von Oliven zu Olivenöl wissen möchten, z. B. wie das beste Öl hergestellt wird und was extra virgin von anderen Olivenölen abhebt. Am Ende bekommt man ein paar Kostproben und wahrscheinlich ersteht man dann die ein oder andere Flasche aus der Qualitätsproduktion des Unternehmens San Francisco.

Führungen sind auf Englisch oder Französisch möglich (am besten telefonisch anmelden). Man fährt ca. 4 km westlich von Baeza an Km 14 von der A316 Richtung Begíjar ab und biegt nach 1,4 km direkt hinter der Tankstelle rechts ab.

Centro de Interpretación Olivar y Aceite (www.centrodeolivaryaceitelaloma.com; Corredera de San Francisco 32, Úbeda; Erw./Kind 3,50 €/frei; Di–Sa 10–13 & 18–21 Uhr, Juni–Sept. 10–13, Di–Sa 11–14 & 17–20 Uhr, Okt.–Mai So 11–14 Uhr) Úbedas Olivenöl-Informationszentrum erläutert mithilfe von Modellen, Geräten aus Mühlen und Videos auf Englisch oder Spanisch umfassend die Geschichte des Olivenöls in der Region und wie das Öl vom Baum auf den Tisch kommt. Man kann verschiedene Öle probieren und eine große Auswahl steht zum Kauf bereit.

🛏 Schlafen

★**Hostal Aznaitín**   HOSTAL €
(953 74 07 88; www.hostalaznaitin.com; Calle Cabreros 2; EZ/DZ mit Frühstück So–Do 38/46 €, Fr & Sa 52/59 €; ❄ 🛜 🏊) In dem einladenden, hellen und modernen Aznaitín erinnert nichts an die trostlosen *hostales* alter Zeiten. Die Zimmer sind stilvoll und geräumig mit guten Matratzen und schönen, großen Fotos von Baezas Sehenswürdigkeiten. Die Rezeption liefert jede Menge Informationen und Anregungen für Besichtigungen oder Aktivitäten in der Stadt und ihrer Umgebung.

Hotel Puerta de la Luna
DENKMALGESCHÜTZES HOTEL €€

(✆ 953 74 70 19; www.hotelpuertadelaluna.com; Calle Canónigo Melgares Raya 7; EZ 70–99 €, DZ 70–111 €, Frühstücksbüfett 15 €; P✽@🛜🏊) Dieses Hotel wäre ohne Zweifel die erste Adresse für Baezas Adel aus der Renaissancezeit, wenn es ihn heute noch gäbe. Das Luxushotel in einem Herrenhaus aus dem 17. Jh. wartet in einem eleganten Innenhof mit Orangenbäumen sowie einem Pool auf und hat hübsch möblierte Salons mit einladenden Kaminen. Klassische Möbel und Kunst sowie gute Bäder werten die geräumigen Zimmer noch mehr auf.

Essen

An Paseo de la Constitución und Plaza de España reihen sich Bar-Café-Restaurants, in denen man großartig das örtliche Leben beobachten kann, aber die besten Adressen verstecken sich in den engen Gassen der Altstadt.

El Arcediano
TAPAS €

(Calle Barbacana 4; montaditos 5 €, raciones 10–12 €; ⏰ Do 20.30–24, Fr–So 14–16 & 20.30–24 Uhr) Skurriler Laden mit Kronleuchtern, einer großen Blumenvase auf der Theke und einer mit Weinreben bemalten Decke. El Arcediano serviert hervorragende große *montaditos* (getoastete Brotscheiben), die mit allem Möglichen von Schweinefleisch bis zu Sardellen, mehreren Käsesorten oder klassischen pürierten Tomaten und Olivenöl belegt sind.

Bar Paco's
TAPAS €

(Calle de Santa Catalina; Tapas 3,50–6 €; ⏰ Mo–Do 14–16 & 20.30–24, Fr–So 13.30–16 & 20.30–24 Uhr) Hier drängen sich stets Einheimische und Touristen (um Sitzplätze zu bekommen muss man früh da sein). Paco's bereitet eine große Auswahl leckerer, kreativer und hübsch präsentierter Tapas zu. Besonders gut sind die Crêpes (mit Füllungen wie geräuchertem Lachs, Avocado und Kartoffeln). Die Portionen sind größer, als es sonst bei Tapas üblich ist.

El Nanchoas
ANDALUSISCH €€

(www.elnanchoas.com; Calle Comendadores 6; Hauptgerichte 7–15 €; ⏰ Mo & Mi–Sa 11.30–16.30 & 20–1, So bis 16.30 Uhr) Das nette und entspannte Nanchoas serviert in einem sonnigen kleinen Innenhof und einem Speisesaal mit Steinwänden gut zubereitete Hausmannskost aus Jaén. Besonders schmackhaft ist das *lomo de orza* (Schweinelende, die erst langsam in Gewürzen gebraten und dann in einem *orza* genannten Tongefäß gelagert *wird*) mit nach Knoblauch riechenden Eiern oder etwas Schafskäse mit Honig und Trauben.

La Almazara
ANDALUSISCH €€

(www.restaurantelaalmazarabaeza.com; Pasaje del Cardenal Benavides 15; Hauptgerichte 9–18 €; ⏰ Di–So 13–16 & 20–24 Uhr) Hat eine herrliche Terrasse mit Blick auf die fantastische Plateresk-Fassade des *ayuntamiento* (Rathaus) aus dem 16. Jh. an der anderen Straßenseite sowie eine Bar und einen Speisesaal. Neben viel frischem Fisch kommen hier auch klassische Fleichgerichte auf den Tisch sowie *parrillada de verduras* (gegrilltes Gemüse) – ideal für Vegetarier, die keine *revueltos* (Gerichte mit Omelett) mehr sehen können.

Ausgehen

★ Café Teatro Central
BAR

(www.cafeteatrocentral.com; Calle Obispo Narváez 19; ⏰ Di–So 16–4, Mo 21–4 Uhr) Unbedingt einen Besuch wert, außer vielleicht mittwochs zur Karaoke-Nacht. Besitzer Rafael hat mit viel Liebe einen fantastisch vielfältigen und farbenfroh beleuchteten Raum gestaltet: Er stellt historische Instrumente aus und die Deko reicht von riesigen Steinbuddhas bis hin zu einem Mini-Big-Ben. Jeden Donnerstag, Freitag und Samstag gibt's ab 23.30 Uhr Livemusik (alles außer Heavy Metal).

Ein schöner Innenhof mit Springbrunnen und Götterstatuen erhöht den Genuss.

Shoppen

La Casa del Aceite
SOUVENIRS

(www.casadelaceite.com; Paseo de la Constitución 9; ⏰ Mo–Sa 10–14 & 17–20.30, So bis 14 Uhr) Verkauft eine große Auswahl hochwertiger Olivenöle und weitere lokale Produkte, z. B. Wildschweinpâté, Oliven, Kosmetik und Keramik.

ⓘ Praktische Informationen

Touristeninformation (✆ 953 77 99 82; www.andalucia.org; Plaza del Pópulo; ⏰ April–Sept. Mo–Fr 9–19.30, Sa, Sa & So 9.30–15 Uhr)

ⓘ Anreise & Unterwegs vor Ort

AUTO

Im Zentrum darf man nur sehr eingeschränkt an der Straße parken, aber es gibt eine **Tiefgarage** (Calle Compañía; pro 1/24 Std. 1,10/10 €; ⏰ 7.30–23.30 Uhr).

BUS

Busse von **Alsa** (902 42 22 42; www.alsa.es) fahren vom **Bahnhof** (953 74 04 68; Avenida Alcalde Puche Pardo), 900 m nordöstlich der Plaza de España.

ZIEL	PREIS(€)	DAUER	HÄUFIGKEIT
Cazorla	4,90	1¾ Std.	3-mal tgl.
Córdoba	12	2½ Std.	2-mal tgl.
Granada	13	1½–2½ Std.	7-mal tgl.
Jaén	4,50	1 Std.	8-mal tgl.
Úbeda	1,20	15 Min.	14-mal tgl.

ZUG

Der nächstgelegene Bahnhof ist **Linares–Baeza** (www.renfe.com), 13 km nordwestlich der Stadt. Ein Alsa-Bus fährt um 17.30 Uhr vom Busbahnhof in Baeza zum Bahnhof (2,70 €, 1 Std.); in die entgegengesetzte Richtung fahren zwei Busse um 7.10 und 15.45 Uhr. Ein Taxi kostet 23 €.

ZIEL	PREIS (€)	DAUER	HÄUFIGKEIT
Almería	28	3¾ Std.	3-mal tgl.
Córdoba	20	1½ Std.	1-mal tgl.
Granada	ab 9	3 Std.	1-mal tgl.
Jaén	6	45 Min.	3-mal tgl.
Madrid	33	3–4 Std.	5–6-mal tgl.
Seville	29	3 Std.	1-mal tgl.

Úbeda

33 900 EW. / HÖHE 760 M

Úbeda (*oo*-be-dah) ist etwas eleganter als ihre kleine Schwester Baeza. Neben der prachtvollen Architektur bietet die Stadt einige Tapas-Bars und Restaurant der Spitzenklasse und dank seiner jahrhundertealten Keramiktradition werden hier immer noch sehr attraktive Waren produziert.

Während des christlichen Feldzugs gen Süden wurde die Stadt zum kastilischen Bollwerk. Úbedas Aristokraten buhlten erfolgreich um Einfluss am Habsburger Hof – trotz zänkischer Tendenzen, die die Katholische Königin dazu brachten, im Jahre 1506 einen Großteil der Stadtbefestigung niederzureißen. Im 16. Jh. wurde Francisco de los Cobos y Molina Staatssekretär von König Karl I. und sein Neffe Juan Vázquez de Molina folgte ihm in diesem Posten nach und behielt ihn auch unter Karls Nachfolger Philipp II.

In diesem Amt kamen beide Männer mit der Ästhetik der Renaissance in Berührung, die in dieser Zeit von Italien nach Spanien überschwappte. Große Teile des Reichtums, den die Molinas und die florierende lokale Landwirtschaft nach Úbeda brachten, wurden in Gebäude investiert, die heute als einige der typischsten Beispiele spanischer Renaissancearchitektur gelten. Daher zählen Úbeda und das benachbarte Baeza zu den wenigen Orten in Andalusien, deren beeindruckende Architektur *nicht* von den Mauren stammt.

◉ Sehenswertes

Die meisten Prachtbauten liegen im Gassenlabyrinth und an den großzügigen Plätzen des *casco antiguo* (Altstadtviertel) an der Südseite des größtenteils grauen modernen Úbedas. Die Altstadt ist besonders am Abend bezaubernd, denn dann erstrahlen ihre Platereskenfassaden vor dem tintenblauen Himmel in goldenem Flutlicht.

Die hübsche Plaza Vázquez de Molina, das architektonische Herz der Altstadt, ist ein idealer Startpunkt für die Erkundung der Stadt.

★ **Sacra Capilla de El Salvador** KAPELLE (Heilige Kapelle des Erlösers; www.fundacionmedinaceli.org; Plaza Vázquez de Molina; Erw./Kind mit Audioguide 5/2,50 €; ⊙ Mo-Sa 9.30–14 & 17–21, So 11.30–14 & 17–20 Uhr, April–Mai nachmittags 30 Min. früher, Okt.–März 1 Std. früher) Ein Musterbeispiel für die reinen Linien der Renaissance. Die berühmter Kapelle wurde zwischen 1536 und 1559 erbaut und war das erste von zahlreichen Projekten des Baumeisters Andrés de Vandelvira in Úbeda. Francisco de los Cobos y Molina hatte sie als Begräbniskapelle für seine Familie in Auftrag gegeben. Ihre Hauptfassade ist ein herausragendes Beispiel des Platereskenstils. Die Unterseite des Bogens schmückt eine Fülle klassischer Skulpturen von griechischen Gottheiten – ein Stilmittel der Renaissance, das wenige Jahrzehnte zuvor noch undenkbar gewesen wäre.

Die zahlreichen Totenschädel in der Dekoration der Fassade erinnern daran, dass es sich um eine Begräbniskapelle handelt.

Goldenes Licht erfüllt die Capilla Mayor im Inneren der Kapelle. Sie befindet sich unter einer stattlichen, in Gold, Blau und Rot bemalten Kuppel. Ihre große Altarskulptur der Verklärung des Herrn aus den 1560ern stammt von Alonso de Berruguete. Die Kirche ist noch immer im Privatbesitz der in Sevilla lebenden herzoglichen Familie de Medinaceli, Nachkommen der Cobos.

Neben der Grabkapelle steht das ursprüngliche Haus des Geistlichen, der **Pala-**

Úbeda

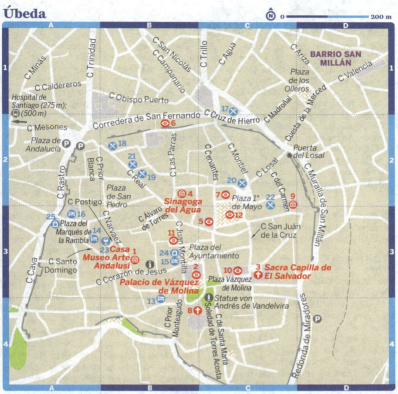

Úbeda

⦿ Highlights
1. Casa Museo Arte Andalusí B3
2. Palacio de Vázquez de Molina B3
3. Sacra Capilla de El Salvador C3
4. Sinagoga del Agua B2

⦿ Sehenswertes
5. Antiguo Ayuntamiento C3
6. Centro de Interpretación Olivar y Aceite B2
7. Iglesia de San Pablo C2
8. Iglesia de Santa María de los Reales Alcázares B4
9. Museo de San Juan de la Cruz C2
10. Palacio del Deán Ortega C3
11. Palacio Vela de los Cobos B3
12. Plaza 1° de Mayo C3

⦿ Schlafen
13. Afán de Rivera B4
14. Hotel El Postigo A3
15. Hotel María de Molina B3
16. Palacio de la Rambla A3
    Parador Condestable Dávalos .... (siehe 10)

⦿ Essen
17. Cantina de la Estación C1
18. La Taberna B2
19. La Tintorera B2
20. Misa de 12 .... C2
21. Restaurante Antique B2
22. Zeitúm C2

⦿ Ausgehen & Nachtleben
23. Beltraneja B3

⦿ Shoppen
24. Alfarería Tito B3
25. Artesur A3

ABSEITS DER ÜBLICHEN PFADE

PANORAMAFAHRT VON JAÉN NACH ÚBEDA

Wer lieber lange landschaftlich reizvolle Strecken zurücklegt als kurze unspektakuläre, sollte über Albánchez de Mágina von Jaén nach Úbeda fahren. Die Strecke führt durch den schönen bergigen Parque Natural Sierra Mágina und es gibt wohl kaum einen wagemutigeren Bauort als den der kleinen Burg von Albánchez.

Von der A316 geht's in die Mancha Real und dann in Richtung des hübschen Dorfes Torres. Nun kommt das spektakulärste Stück, denn die schmale JA3107 windet sich zum 1250 m hohen Puerto de Albánchez hinauf und dann nach Albánchez de Mágina hinunter. Der schiefe Turm des Castillo de Albánchez (Eintritt frei; 24 Std.) aus dem 14. Jh. steht auf der Spitze einer senkrechten Felswand, die sich unmittelbar über dem Dorf erhebt. Überraschenderweise kann man den steilen Weg hinauf von der Plaza de la Constitución in der Dorfmitte in 20 Minuten schaffen. Die Vogelperspektive über das weißgetünchte Dorf und die Berge der Umgebung ist atemberaubend. Von Albánchez geht es über Jimena, Bedmar mit den Überresten einer Festung aus dem 15. Jh. und Jódar weiter nach Úbeda.

---

cio del Deán Ortega, ein weiteres Werk des Baumeisters Vandelvira. Das Herrenhaus ist heute Úbedas luxuriöser *Parador* (S. 250).

★ **Palacio de Vázquez de Molina** HERRENHÄUSER
(Plaza Vázquez de Molina; Mo–Fr 8–14.30 Uhr) GRATIS Úbedas Beamte können sich glücklich schätzen, denn ihre Arbeitsstätte zählt zu den schönsten *ayuntamientos* (Rathäusern) Spaniens. Vandelvira erbaute es etwa 1562 als Herrenhaus für Juan Vázquez de Molina, dessen Wappen über der Tür prangt.

Die perfekt proportionierte, deutliche italienische Einflüsse aufweisende Fassade ist durch schmale Mauern in drei Bereiche unterteilt. Karyatiden-Skulpturen auf dem Dach setzen die Linien der korinthischen und ionischen Säulen in den unteren Lagen fort.

Iglesia de Santa María de los Reales Alcázares KIRCHE
(www.santamariadeubeda.es; Plaza Vázquez de Molina; Erw./Kind 4/1,50 €; Mo 16–20, Di–Sa 11–14 & 16–20, So 9.30–14 Uhr) Úbedas große Pfarrkirche, die ursprünglich im 13. Jh. am Standort der Hauptmoschee des maurischen Úbeda errichtet wurde, vermischt zahlreiche Stilelemente aus Gotik, Mudéjar, Renaissance, Barock und Neoklassizismus. Das zwischen 1604 und 1612 errichtete Hauptportal an der Plaza Vázquez de Molina ist ein schönes Beispiel der Spätrenaissance. Eine Reliefskulptur stellt die Anbetung des Jesuskinds durch die Hirten dar.

Die aufwendige *artesonado*-Decke im Mudéjar-Stil (Decke aus verschränkten Balken) im Inneren wurde vor Kurzem restauriert.

★ **Casa Museo Arte Andalusí** MUSEUM
(953 75 40 14; Calle Narváez 11; Eintritt 2 €; 11–14 & 17.30–20 Uhr) Zu diesem faszinierenden Privatmuseum gehören ein Haus aus dem 16. Jh., in dem *conversos* (zum Christentum konvertierte Juden) wohnten, und die riesige, vielfältige Antikensammlung des Besitzers Paco Castro. Lockere Führungen erwecken hier alles zum Leben. Schon die schwere, geschnitzte Tür aus dem 16. Jh. lässt erahnen, dass dieses Gebäude etwas Besonderes ist. Wenn sie geschlossen ist, einfach klingeln.

Paco hat das Haus liebevoll restauriert, ohne seinen maroden Charme zu zerstören. Das Obergeschoss über dem Innenhof schmücken Balkone und eine bemalte Decke mit Traufen im Mudéjar-Stil. Diese verblasste Pracht bildet den idealen Hintergrund für Pacos faszinierende Sammlung von Renaissance-Türbögen, Wasserkrügen aus dem 16. Jh., antiken Hochzeitskoffern aus Holz, Wandteppichen und Kunstwerken aus ganz Spanien. In der Weinschenke mit Tonnengewölben im Erdgeschoss hängen überall Fotos von Paco und seinen Flamenco-Freunden, darunter auch der späte Maestro Paco de Lucia, der hier früher aufgetreten ist. Es besteht Hoffnung, dass bald wieder Flamenco-Abende veranstaltet werden.

Palacio Vela de los Cobos HERRENHAUS
(Calle Juan Montilla; Führung 4 €; Führung Sa & So 12, Di–So 13.15, Fr & Sa 18, Sa 19.15 Uhr) Das faszinierende von Vandelvira entworfene Herrenhaus aus dem 16. Jh. wurde im 19. Jh. elegant restauriert und wird bis heute als privates Wohnhaus genutzt. Es ist komplett möbliert und mit Gemälden, Antiquitäten und Büchern gefüllt. Der Besitzer bietet selbst Führungen an. Tickets bekommt man gegenüber bei Semer (953 75 79 16; Calle Juan Montilla 3; Fr–Sa Di–So 9.30–14, 17–20 Uhr).

★ Sinagoga del Agua — MUSEUM
(www.sinagogadelagua.com; Calle Roque Rojas 2; Führung auf Spanisch 45 Min. Erw./Kind 4/3 €; ⊙10.30–14 & 16.45–19.30 Uhr) Die mittelalterliche Sinagoga del Agua wurde erst 2006 von einem erfrischend anständigen Immobilienmakler entdeckt und gekauft, um es abzureißen und Apartments zu erbauen. Doch bei den Arbeiten kamen ständig neue verlockende archäologische Puzzleteile zutage und so entstand eine sensible Neugestaltung der jahrhundertealten Synagoge mit dem Haus des Rabbis, bei der so viel originales Mauerwerk wie möglich bewahrt wurde. Das Museum umfasst die Frauengalerie, eine Bodega mit riesigen Lagerbehältern und eine *mikwe* (rituelles jüdisches Tauchbad).

Es gibt Belege für eine große jüdische Gemeinde im mittelalterlichen maurischen Úbeda, die friedlich mit der damals mehrheitlich muslimischen Bevölkerung zusammenlebte.

Plaza 1º de Mayo — PLATZ
Die imposante Plaza 1º de Mayo diente ursprünglich als Úbedas Marktplatz und Stierkampfarena. Außerdem loderten hier die Scheiterhaufen der Inquisition, denen die örtlichen Honoratioren von der Galerie des **Antiguo Ayuntamiento** (Alten Rathauses) in der Südwestecke aus zusahen. Die **Iglesia de San Pablo** (Eintritt frei; ⊙ Di–Sa 11–13 & 18–20, So bis 13 Uhr) an der Nordseite des Platzes hat ein 1511 entstandenes, besonders aufwendig gearbeitetes spätgotisches Portal.

Museo de San Juan de la Cruz — MUSEUM
(☎ 953 75 06 15; http://sanjuandelacruzubeda.com; Calle del Carmen 13; Eintritt mit Audioguide 3,50 €; ⊙ Di–So 11–13 & 17–19 Uhr) Das große Museum ist dem berühmten Mystiker, religiösen Reformer und Heiligen Johannes vom Kreuz gewidmet, der hier 1591 starb. Zu den zahlreichen Memorabilien zählen eine rekonstruierte Mönchszelle mit einer lebensgroßen Figur des hl. Johannes, der an einem Tisch sitzt und schreibt – sowie ein paar Finger seiner rechte Hand in einem Glaskasten!

Hospital de Santiago — ARCHITEKTUR
(Calle Obispo Cobos; ⊙10–14 & 17–21 Uhr, Juli So geschl., Aug. Sa & So geschl.) GRATIS Andrés de Vandelviras letztes, 1575 fertiggestelltes Bauprojekt wurde oft als Andalusiens Escorial bezeichnet – eine Anspielung auf das berühmte Kloster bei Madrid, das in einem ähnlich großzügigen, nüchternen Stil der Spätrenaissance erbaut wurde. Das Gebäude liegt außerhalb der Altstadt und 500 m westlich der Plaza de Andalucía, ist fein proportioniert, hat einen großen zweistöckigen Innenhof mit Marmorsäulen und eine breite Treppe mit farbintensiven original erhaltenen Fresken.

Heute dient es als Kulturzentrum und beherbergt eine Bücherei, Ausstellungsräume sowie einen Konzertsaal in der Kapelle.

🎆 Feste & Events

Semana Santa — KARWOCHE
(⊙ März–April) In der Karwoche vor Ostersonntag tragen 18 Bruderschaften in feierlichen Prozessionen Statuen kirchlicher Heiliger durch die Stadt. Donnerstag und Freitag finden sowohl tagsüber als auch nach Einbruch der Dunkelheit Prozessionen statt.

Festival Internacional de Música y Danza Ciudad de Úbeda — MUSIKFESTIVAL
(www.festivaldeubeda.com; ⊙ Mai–Juni) Das Festival beginnt Anfang oder Mitte Mai und dauert einen ganzen Monat. Gespielt wird klassische Musik, aber auch Jazz, Flamenco und Ethnomusik.

DER RENAISSANCE-BAUMEISTER DER PROVINZ JAÉN

Vieles von dem, was es in Úbeda, Baeza und Jaén an hervorragender Architektur zu bewundern gibt, ist das Werk eines Mannes: Andrés de Vandelvira (1509–1575), geboren in Alcaraz, Castilla-La Mancha, 150 km nordöstlich von Úbeda. Dank der Unterstützung der Familien Cobos und Molina aus Úbeda brachte Vandelvira die Renaissance praktisch im Alleingang in die Provinz Jaén. Sein Werk umfasst alle drei Hauptphasen der spanischen Renaissancearchitektur – den ornamentalen Platereskenstil der Frührenaissance, wie ihn Úbedas **Sacra Capilla de El Salvador** (S. 247) verkörpert; die klareren Linien und klassischen Proportionen des späteren **Palacio de Vázquez de Molina** (S. 248); den strengen Herreresquestil der Spätrenaissance, den sein letztes Bauwerk zur Schau trägt, das **Hospital de Santiago** (links). Über das Leben Vandelviras ist wenig bekannt, aber sein Erbe ist ein Juwel der spanischen Kultur.

🛏 Schlafen

Hotel El Postigo
HOTEL €
(✆ 953 75 00 00; www.hotelelpostigo.com; Calle Postigo 5; EZ/DZ So–Do 46/51 €, Fr & Sa 70/75 €; ❄@🛜🏊) Das kleine, moderne, einladende Hotel liegt an einer ruhigen Straße und bietet geräumige und gemütliche Zimmer, die in Rot, Schwarz und Weiß gehalten sind. Das Personal ist freundlich und es gibt einen schönen Innenhof sowie einen Salon, in dem im Winter ein Holzfeuer im Kamin brennt.

★ Afán de Rivera
DENKMALGESCHÜTZTES HOTEL €€
(✆ 953 79 19 87; www.hotelafanderivera.com; Calle Afán de Rivera 4; Zi. 70–85 €; ❄🛜) In einem der ältesten Häuser von Úbeda, das noch vor der Renaissance erbaut wurde, befindet sich dieses winzig kleine Hotel, das von dem freundlichen Jorge professionell geleitet wird. Es hat schöne historische Gemeinschaftsbereiche und die gemütlichen Zimmer bieten weit mehr als zu diesem Preis üblich: Rasierzeug, noble Shampoos und eine geschmackvolle, stilistisch bunt gemischte Dekoration, die Traditionelles mit Modernem vereint.

Das Frühstück ist ein Festmahl aus lokalen Erzeugnissen und jeden *céntimo* seines Preises (10 €) wert.

Palacio de la Rambla
HISTORISCHES HOTEL €€
(✆ 953 75 01 96; www.palaciodelarambla.com; Plaza del Marqués de la Rambla 1; mit Frühstück EZ 70–96 €, DZ 100–130 €; ⊙ Juli–Aug. geschl.; ❄🛜) Hier gibt es wirklich alles, was man von einem aristokratischen Herrenhaus erwartet. Der efeubewachsene Innenhof ist herrlich romantisch; das schöne Wohnzimmer öffnet sich zu einem Innengarten und jedes Zimmer ist mit wertvollen Antiquitäten eingerichtet, sodass man sich hier fühlt wie zu Gast bei adeligen Freunden.

Hotel María de Molina
HISTORISCHES HOTEL €€
(✆ 953 79 53 56; www.mariademolina.es; Plaza del Ayuntamiento; EZ/DZ So–Do 54/80 €, Fr & Sa 64/91 €; ❄🛜) Ein Herrenhaus aus dem 16. Jh. mit Blick auf einen beschaulichen Platz beherbergt dieses schöne Hotel. Gut ausgestattete Zimmer liegen um einen zentralen Innenhof mit alten Tapisserien und Grünpflanzen. Man sollte sich aber nicht zu sehr auf den Pool freuen, denn der ist winzig.

Parador Condestable Dávalos
HISTORISCHES HOTEL €€€
(✆ 953 75 03 45; www.parador.es; Plaza Vázquez de Molina; Zi. 188 €; P❄🛜) Bei seiner Eröffnung 1930 war dies einer der ersten spanischen *Paradore* und war ein Vorbild für viele Nachfolger. Er befindet sich in dem historischen Gebäude des Palacio del Deán Ortega (S. 246) an der herrlichen Plaza Vázquez Molina. In der Zwischenzeit wurde es natürlich mit stilvollem Mobiliar modernisiert und ist gleichzeitig bequem und luxuriös.

Essen

Úbeda ist die kulinarische Hochburg der Provinz Jaén. Die talentierten Küchenchefs dieser Stadt sind einer der Gründe, warum Spanier am Wochenende in Scharen hierherkommen.

★ Misa de 12
ANDALUSISCH €€
(www.misade12.com; Plaza 1° de Mayo 7; raciónes 9–20 €; ⊙ Mi–So 12–24 Uhr) Aus der winzigen Küche der kleinen Eckbar taucht wie von Zauberhand eine Abfolge wahrhaft köstlicher Gänge auf – perfekt gegrillte *presa ibérica* (zarte Scheiben vom Iberischen Schwein), saftiges *bacalao* (Kabeljau)-Filet oder *revuelto de pulpo y gambas* (Rührei mit Tintenfisch und Garnelen).

Das Personal ist aufmerksam und effektiv, auch wenn sehr viel los ist – und das ist bei dieser beliebten Adresse sehr oft der Fall.

★ Cantina de la Estación
MODERN ANDALUSISCH €€
(✆ 687 777230; www.cantinalaestacion.com; Cuesta Corredera 1; Hauptgerichte 15–19 €; ⊙ Do–So 13.30–16 & 20.15–24 Uhr) Schon das Design ist originell und charmant – Eisenbahnflair bestimmt die Gestaltung der drei Räume (der Hauptspeisesaal ist ein Luxuswaggon). Weiter geht es mit dem saisonalen Aufgebot kreativer Fusionsgerichte auf der Basis lokaler Zutaten, z. B. Wildschwein in Rotweinsoße auf Gemüse-Couscous oder Millefeuille mit Räucherlachs, Parmesan und Béchamelsoße.

Jedes Gericht wird mit anderem Olivenöl zubereitet und die Speisen werden hier wahrhaft kunstvoll angerichtet. Freundlicher und aufmerksamer Service.

Zeitúm
MODERN SPANISCH €€
(www.zeitum.com; Calle San Juan de la Cruz 10; Hauptgerichte 12–16 €; ⊙ Di–So 13–16 & 20.30–23.30 Uhr) Das Zeitúm ist in einem wundervollen historischen Gebäude aus dem 14. Jh. untergebracht und das Personal zeigt Gästen gern den original erhaltenen Brunnen sowie die jüdischen Symbole auf Mauerwerk und Balken. Es werden Olivenöl-Proben angeboten (bei denen man Brot in die verschie-

ÚBEDAS TÖPFERKUNST

Úbeda hat eine uralte Töpfertradition und die typische smaragdgrüne Glasur der begehrten Tonwaren der Stadt geht auf die islamische Zeit zurück. Ein paar talentierte Töpfer halten das traditionelle Kunsthandwerk bis heute am Leben, insbesondere Pablo Tito (1909–1998) und seine Söhne Paco und Juan. Sie haben mit neuen Designs experimentiert, alte Techniken wiederbelebt und verwenden einige der sehr wenigen in Spanien erhaltenen mittelalterlichen Brennöfen arabischen Typs.

In der Calle Valencia im Töpferviertel Barrio San Millán (östlich der Altstadt), gibt es heute fünf Werkstätten/Ateliers und die Töpfer erklären meist gern die eine oder andere der alten Techniken.

Alfarería Tito (Plaza del Ayuntamiento 12; 9–14 & 16–20 Uhr) Juan Titos markanter Stil hebt sich mit aufwendigen Mustern und hellen Farben – vor allem Blau – von der klassischen grünen Glasur ab. In seiner großen Werkstatt mit Showroom in der Altstadt zeigt und verkauft er ein breites Spektrum attraktiver Waren. Ein dekorativer Teller kostet um die 20 €; die raffinierten Designs und Kunstfertigkeit sind ihren Preis wert.

---

denen Öle eintunkt) und es gibt hervorragend zubereitete Gerichte wie Bioeier mit Raclette und Kaviar oder Schweinelende mit Ziegenkäse.

La Tintorera MODERN ANDALUSISCH €€
(www.latintorera.es; Calle Real 27; raciones 8–15 €; Di–Sa 12–16 & 20–23.45, So bis 16 Uhr;) Paare und kleine Gruppen lieben die warme und intime Atmosphäre – und die originellen Kreationen mit klassischen Zutaten, wie die empfehlenswerte Pastete aus Auberginen, Schinken und Käse (alles wird gestapelt und saftig gebacken) oder *lomo de orza* aus gebratenen Kartoffeln, Ei und Paprikaöl. Außer dem Spiegel mit Silberrahmen ist hier alles schwarzweiß, auch die Uniformen des Personals.

Restaurante Antique MODERN ANDALUSISCH €€
(953 75 76 18; www.restauranteantique.com; Calle Real 25; Hauptgerichte 12–26 €, raciones 9–18 €; 13–16 & 20–23.30 Uhr) Trotz des Namens ist hier überhaupt nichts antik, denn das Restaurant verleiht traditionellen Rohmaterialien einen zeitgenössischen gehobenen Charakter – etwa das empfehlenswerte Wok-Gemüse mit Rebhuhn und Reisnudeln oder der Mini-Kebab mit Meeresfrüchten, mariniert in Sojasoße, Wein und Senf. Die schlichte, aber stilvolle Einrichtung passt zum Konzept.

La Taberna ANDALUSISCH €€
(Calle Real 7; Hauptgerichte 10–20 €; 12–15.30 & 19.30–24 Uhr;) Einfache Speisekarte, schneller Service, schmackhafte Küche und ein großes Spektrum an Gästen – La Taberna ist eine bodenständige Oase in einer Stadt, in der das Essen zuweilen recht teuer sein kann.

Ausgehen & Nachtleben

Úbedas Nachtleben konzentriert sich auf die vielen hervorragenden Tapas-Bars.

Beltraneja MUSIKBAR
(Calle Alcolea 6; So–Do 16–3, Fr & Sa bis 4 Uhr) Das Beltraneja liegt versteckt in den Seitenstraßen der Altstadt. Es hat einen höhlenartigen Innenraum mit Natursteinwänden, Velourstapeten und Wandbildern im Graffiti-Stil sowie einem großen Innenhof. Die Musik reicht von Rock/Soul/Blues am Nachmittag bis zu Indie und Pop zum Tanzen am späten Abend; samstags kommt Partystimmung auf.

Shoppen

Artesur KUNSTHANDWERK
(Plaza del Marqués de la Rambla 2; 10–21 Uhr) Ein weitläufiges Geschäft mit einer riesigen Auswahl an Keramik, Buntglaslampen sowie Dekoartikeln aus Esparto-Gras, Messing und Eisen – alle handgefertigt in der Gegend.

Praktische Informationen

Oficina de Turismo (953 77 92 04; www.andalucia.org; Calle Baja del Marqués 4; Sa–Di 9–15.30, Mi–Fr bis 19.30 Uhr)
Turismo de Úbeda (www.turismodeubeda.com) Die hilfreiche städtische Website für Touristen.

Anreise & Unterwegs vor Ort

AUTO
Parken ist in der Altstadt kostenlos, aber Parkplätze sind oft schwer zu finden – am besten klappt es in der Redonda de Miradores. Recht praktisch gelegen ist die Tiefgarage **Parking Plaza** (Plaza de Andalucía; 1/24 Std. 1,50/18 €; 7.30–23.30 Uhr).

BUS

Busse von **Alsa** (✆ 902 42 22 42; www.alsa.es) fahren vom **Bahnhof** (✆ 953 75 21 57; Calle San José 6) ab. Er liegt im neuen Teil der Stadt, 700 m westlich der Plaza de Andalucía.

ZIEL	PREIS (€)	DAUER	HÄUFIGKEIT
Baeza	1,15	15 Min.	12-mal tgl.
Cazorla	4,05	1 Std.	4-mal tgl.
Córdoba	12	2½ Std.	4-mal tgl.
Granada	12,80	2½ Std.	7-mal tgl.
Jaén	5,20	1¼ Std.	10-mal tgl.

ZUG

Der nächste Bahnhof ist **Linares–Baeza** (www.renfe.com), 21 km nordwestlich. Man erreicht ihn mit Bussen Richtung Linares (1,95 €, 30 Min., 4-mal tgl.). Jeden Tag fahren Züge nach Madrid, Jaén, Almería, Granada, Córdoba und Sevilla.

Cazorla

7340 EW. / HÖHE 836 M

Das pittoreske und lebhafte weiße Landstädtchen liegt am Fuß hoher Klippen, 45 km östlich von Úbeda – genau dort, wo sich die Sierra de Cazorla aus einem wogenden Meer aus Olivenbäumen erhebt. Es ist ein idealer Ausgangspunkt für Erkundungen des schönen Parque Natural Sierras de Cazorla, Segura y Las Villas. Seine wilde Berglandschaft beginnt direkt oberhalb des Orts zwischen den Felsen der Peña de los Halcones (Falkenfelsen).

◉ Sehenswertes

Das Herz der kleinen Stadt ist die **Plaza de la Corredera** mit gut besuchten Bars und dem eleganten *ayuntamiento* (Rathaus) und seinem Uhrenturm an der Südostseite. Schluchtartige Straßen führen im Süden des Platzes zum **Balcón de Zabaleta**. Dieser kleine *mirador* (Ausguck) ist wie ein unverhofftes Fenster in einer kahlen Mauer und bietet eine spektakuläre Aussicht hinauf zum Castillo de la Yedra. Von hier führt eine weitere enge Gasse zu Cazorlas schönstem Platz hinab, der **Plaza de Santa María**.

Iglesia de Santa María   KIRCHE
(Plaza de Santa María; ⊙ 10–13 & 16–20, Okt.–März bis 19 Uhr) Das hübsche Äußere dieser Kirche gestaltete der große Renaissancebaumeister Andrés de Vandelvira im 16. Jh. Später zerstörten Napoleons Truppen die Kirche als Bestrafung für Cazorlas hartnäckigen Widerstand. Heute ist hier Cazorlas Touristeninformation (S. 254) untergebracht, die interessante halbstündige Führungen (2 € pro Pers.) durch die *bovedas* (Kellergewölbe) anbietet, die der Río Cerezuelo unterhalb der Kirche gebildet hat.

★ Castillo de la Yedra   BURG, MUSEUM
(Museo del Alto Guadalquivir; Eintritt 1,50 €, Nicht-EU-Bürger frei; ⊙ Di–Sa 9–19.30, So bis 15.30 Uhr, Mitte Juni–Mitte Sept. tgl.) Cazorlas spektakuläre, 700 m hoch gelegene Efeu-Burg ist von der Plaza de Santa María zu Fuß zu erreichen und bietet eine tolle Aussicht. Sie beherbergt das interessante Museum des Oberen Guadalquivir, zu dessen vielfältiger Sammlung traditionelle landwirtschaftliche Geräte und Küchenutensilien, sakrale Kunst, Modelle einer alten Olivenmühle und eine kleine Kapelle mit einem lebensgroßen Kruzifix im römisch-byzantinischen Stil zählen.

Die Burg ist maurischen Ursprungs, wurde aber nach der Reconquista im 14. Jh. komplett neu erbaut.

🏃 Aktivitäten

Von Carzorla aus lassen sich einige großartige Wanderungen unternehmen. Man muss immer erstmal bergan, wird dafür aber mit schönen Waldwegen und herrlichem Ausblick auf Felsen, Steilhänge, kreisende Geier und einsame Klöster entlohnt. Wer kein Spanisch kann, wird nur schwer gute Karten und Infos bekommen, aber die Hauptstrecken sind ausgeschildert und gut gekennzeichnet. Cazorlas Touristeninformation verfügt über Karten mit spanischen Beschreibungen. Hilfreich ist die von einigen Läden vor Ort verkaufte Karte *Sierra de Cazorla* des Verlags Editorial Alpina.

Sendero del Gililllo   WANDERN
(PRA313) Für diese 21 km lange Ganztagesrundtour von Cazorla hoch zum Pass Puerto del Gililllo, der fast 1000 m höher liegt als der Ort, braucht man eine gute Kondition, doch der atemberaubende Blick ist die Anstrengung wert. Zurück geht es über den Kamm Loma de los Castellones, den Pass Puerto del Tejo, die Waldhütte Prado Redondo und die Kapelle Ermita Virgen de la Cabeza.

Die Strecke führt von Cazorlas Iglesia de Santa María über die Kapelle Ermita de San Sebastián (2,2 km, hin und zurück ca. 2 Std.) und den Picknickplatz Riogazas (3,5 km, hin und zurück ca. 3 Std.). Beide Ziele eignen sich für eine aussichtsreiche kürzere Wanderung, wenn man nicht den ganzen Tag unterwegs sein möchte.

Sendero de Ermitas y Monasterios WANDERN
(SLA7) Die 11 km lange Rundtour (ca. 4 Std.) führt an einigen einsamen Kapellen und Klöstern in den Bergen vorbei. Die SLA7 folgt zunächst 4 km dem PRA313 (Sendero del Gilillo) und zweigt dann rechterhand ab – es geht entlang der Straße La Iruela-El Chorro – und anschließend über das Monasterio de Montesión wieder nach Cazorla hinab.

Turisnat AUTOTOUR
(953 72 13 51; www.turisnat.es; Avenida del Parque Natural 2; halber Tag pro Pers. 30–39 €, ganzer Tag 45–49 €) Sieben erfahrene lokale Reiseunternehmen haben sich zu Turisnat zusammengeschlossen, einem zuverlässigen Anbieter für die Wildtierbeobachtung mit dem Jeep auf den Forstwegen des *parque natural*.

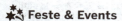 Feste & Events

Blueszcazorla MUSIK
(www.blueszcazorla.com; Juli) Für ein entlegenes Landstädtchen gibt sich Cazorla überraschend kosmopolitisch, insbesondere auf dem jährlichen dreitägigen Bluesfest, zu dem internationale Musiker und mehrere Tausend Fans anreisen.

Schlafen

Hotel Guadalquivir HOTEL €
(953 72 02 68; www.hguadalquivir.com; Calle Nueva 6; EZ/DZ mit Frühstück 42/56 €;) Gastfreundliches familiengeführtes Hotel voller sauberer, gemütlicher großer Zimmer mit Kiefernholzmöbeln, aber ohne tolle Aussicht. Es ist gepflegt, hat eine zentrale Lage und serviert gutes Frühstück. Alles hier ist unkompliziert und schnörkellos. Auch das Preis-Leistungs-Verhältnis stimmt.

Casa Rural Plaza de Santa María CASA RURAL €
(953 72 20 87; www.plazadesantamaria.com; Callejón Plaza Santa María 5; mit Frühstück EZ 35 €, DZ 48–58 €;) Das mehrstöckige Haus hat einen schönen Innenhof mit Fischteich im Garten. Von den Terrassen und einigen Zimmern bietet sich ein toller Blick auf die Plaza de Santa María, die Burg von Cazorla und die Berge dahinter. Die hübschen Zimmer in rustikalem Stil sind alle individuell in Gelb, Orange und Blau eingerichtet.

Los Abedules APARTMENT €
(953 12 43 08; www.losabedules-cazorla.com; Los Peralejos; Apt. für 2 Pers. 60 €, Apt. für 4 Pers. 70–80 €;) 6 km westlich von Cazorla (200 m von der A319 nach Úbeda entfernt) steht inmitten von Olivenhainen das von Engländern betriebene Los Abedules, eine ideale Ausgangsbasis für alle Traveller mit Auto. Es verfügt über voll möblierte gemütliche Apartments mit kleinem Garten. Nach einem langen Ausflugstag sorgt ein Salzwasserpool für Abkühlung. Mindestaufenthalt zwei Nächte. Haustiere sind willkommen.

Essen

An Cazorlas wichtigsten Plätzen locken gute Bars mit Tapas und *raciones*.

Bar Las Vegas TAPAS €
(Plaza de la Corredera 17; Tapas 1–2 €, raciones 10–12 €; 10–24 Uhr) Klein, aber eine der besten Bars im Zentrum von Cazorla. Draußen dienen Fässer als Tische (bei schlechtem Wetter drängt sich alles an den Tischen drinnen). Eine der köstlichen Tapas heißt *gloria bendita* (gesegneter Ruhm), wobei es sich um Rührei mit Garnelen und Paprika handelt. Zudem gibt es *raciones* der lokalen Spezialitäten wie Käse, Schinken, Wild und *lomo de orza*.

★ Mesón Leandro MODERN SPANISCH €€
(www.mesonleandro.com; Calle Hoz 3; Hauptgerichte 9–20 €; Mi-Mo 13.30–16 & 20.30–23 Uhr) Das Leandro direkt hinter der Iglesia de Santa María, das wohl kultivierteste Mitglied der Restaurantszene von Cazorla, ist professionell und bietet freundlichen Service. In dem hellen, einladenen Speisesaal hängt ein einzelnes Hirschgeweih an der Wand und es läuft träge Musik. Zu den hübsch präsentierten Gerichten von der ausführlichen Speisekarte zählen z. B. *fettuccine a la marinera* und auch Rebhuhn- und Fasan-Pâté sowie ein wundervolles *solomillo de ciervo* (Hirschlende).

La Cueva de Juan Pedro ANDALUSISCH €€
(Plaza de Santa María; raciones & Hauptgerichte 8–20 €, menú 10–13 €; 12–23 Uhr) Ein altehrwürdiges Lokal, in dem *jamones* und ganze Bündel von Knoblauchzehen und getrockneten Pfefferschoten von den hölzernen Deckenbalken baumeln und Köpfe von Ebern und Mufflons (Wildschaf) von den Wänden ragen. Probierenswert sind etwa das traditionelle Cazorla-*conejo* (Kaninchen), *trucha* (Forelle), *rin-rán* (eine Mischung aus eingesalzenem Kabeljau, Kartoffeln und getrockneten roten Paprika), *jabalí* (Wildschwein) oder *ciervo* (Rothirsch).

🛈 Praktische Informationen

Oficina Municipal de Turismo (📞 953 71 01 02; www.cazorla.es; Plaza de Santa María; ⏱10–13 & 16–20 Uhr, Okt.–März bis 19 Uhr) In den Ruinen der Kirche Santa María. Bietet hilfreiche Informationen über den Naturpark und das Städtchen.

🛈 Anreise & Unterwegs vor Ort

BUS

Alsa (www.alsa.es) betreibt täglich drei bis fünf Busse nach Úbeda (4 €, 1 Std.), Baeza (4,80 €, 1¼ Std.), Jaén (9,25 €, 2–2½ Std.) und Granada (18 €, 3¾ Std.). Die Bushaltestelle ist an der Calle Hilario Marco, 500 m nördlich der Plaza de la Corredera via Plaza de la Constitución.

AUTO

Das Parken und das Autofahren im Zentrum der Altstadt ist beinahe unmöglich, aber an der angrenzenden Umgehungsstraße gibt es genügend kostenlose Parkplätze. Praktisch ist der **Parking Hogar Sur** (Calle Cronista Lorenzo Polaino; 1,25/10 € für 1/24 Std.; ⏱7–23 Uhr) direkt unterhalb der Plaza de la Constitución.

Parque Natural Sierras de Cazorla, Segura y Las Villas

Zu den bedeutendsten Besucherattraktionen der ganzen Provinz Jaén – und für Naturliebhaber ganz Andalusiens – gehört der üppig bewaldete Parque Natural Sierras de Cazorla, Segura y Las Villas. Mit 2099 km² voll zerklüfteter Bergketten, tiefer grüner Flusstäler, Schluchten, Wasserfällen, entlegenen Gipfelburgen und reichlich Wildtieren zählt er zu den größten Naturschutzgebieten Spaniens. Durch seine Mitte schlängelt sich ein 20 km langes Trinkwasserreservoir, der Embalse del Tranco. Die schroffe Geografie, mit Höhen zwischen 460 m am tiefsten Punkt und 2107 m am Gipfel des Cerro Empanadas, sorgt für spektakuläre Gegensätze der Landschaft. Im Süden des Parks entspringt der Río Guadalquivir, Andalusiens längster Fluss, der zuerst nordwärts in den Stausee und dann westwärts durch Andalusien Richtung Atlantik fließt.

Frühjahr und Herbst sind die besten Zeiten für einen Besuch. Dann ist die Pflanzenwelt am farbenprächtigsten und die Temperaturen sind angenehm mild. Der Park ist bei spanischen Touristen ungemein beliebt und zieht jedes Jahr mehrere Hunderttausend Besucher an, am meisten in der Karwoche, in den Monaten Juli und August sowie an Wochenenden von April bis Oktober.

Mit einem fahrbaren Untersatz lässt sich der Park am leichtesten erkunden. Sowohl im Park als auch im Ort Cazorla gibt es zahlreiche Unterkünfte. Das Netz aus Asphalt- und Schotterstraßen und Wanderwegen erschließt einige recht entlegene Bereiche und bietet viele Möglichkeiten für panoramareiche Tageswanderungen oder -fahrten. Wer nicht über ein Fahrzeug verfügt, kann an geführten Wanderungen, Jeeptouren und Ausflügen zur Wildtierbeobachtung teilnehmen, um die Wildnis kennenzulernen.

🛏 Schlafen

La Mesa Segureña   APARTMENT €
(📞 953 48 21 01; https://es-la.facebook.com/lamesadesegura; Calle Cruz de Montoria, Segura de la Sierra; Apt. für 2 Pers. 60–75 €; 📶) Gemütliche Apartments direkt unterhalb der Burg Segura mit herrlichem Blick, farbenfrohen Kunstwerken, Kaminen und Mini-Küchen. Es gibt oft auch Sonderangebote.

🛈 Praktische Informationen

Centro de Visitantes Torre del Vinagre (📞 953 72 13 51; Carretera A319 Km 48; ⏱10–14 & 16–19 Uhr, Juli–Sept. nachmittags 3–20 Uhr, Okt.–März 16–18 Uhr, Sept.–Juni Mo geschl.) Das Besucherzentrum des Parks liegt 16 km nördlich von Arroyo Frío. Es verfügt über Infos zu Wanderungen und anderen Attraktionen, aber die Mitarbeiter sprechen nicht alle Englisch. Außerdem gibt es ein Café und einen Laden (mit ein paar Karten und Wanderführern) sowie einen botanischer Garten gegenüber.

🛈 An- & Weiterreise

AUTO

Die A319 führt von Cazorla durch die Mitte des Parks am Embalse del Tranco vorbei fast bis Hornos und von dort erreicht man über die A317 das südöstlich gelegene Santiago de la Espada. Von Villanueva del Arzobispo und weiteren Orten an der A32 führen Straßen in den Norden des Parks. Im Park gibt es mindestens sieben Tankstellen.

BUS

Busse von **Carcesa** (📞 953 72 11 42) fahren nur von Montag bis Freitag um 7.15 und 14.30 Uhr von Cazorla nach Empalme del Valle, Arroyo Frío, Torre del Vinagre (4,25 €, 1 Std.) und Coto Ríos. Zurück geht es von Coto Ríos immer um 9 und 16.15 Uhr. Zwischen dem Nordteil des Parks und dem mittleren oder südlichen Teil verkehren keine Busse und auch nach Segura de la Sierra und Hornos gibt es keine Busverbindung.

Sierra de Cazorla

Im Süden des Parks

Die A319, die von Cazorla nach Nordosten führt, erreicht den Park erst bei Burunchel, 7 km von Cazorla entfernt. Von dort windet sie sich 6 km empor zum 1200 m hohen Puerto de las Palomas. Der Aussichtspunkt bietet einen herrlichen Blick, der nach Norden bis hinunter ins Tal des Guadalquivir reicht. Dann geht's kurvenreiche 3 km hinab nach Empalme del Valle, wo die A319 dem Guadalquivir nordwärts bis **Arroyo Frío** (6 km) folgt. Dies ist das Dorf mit den meisten Geschäften im Park sowie einer ganzen Reihe Restaurants, Reisebüros und Unterkünften an der Hauptstraße und ihren Seitenstraßen.

Hinter Arroyo Frío führt die A319 weitere 16 km durch das Tal zum Hauptbesucherzentrum des Parks, dem Centro de Visitantes Torre del Vinagre (S. 254) und zur Abzweigung der herrlichen Wanderung am Río Borosa (S. 256). Nach weiteren 10 km erstreckt sich neben der Straße der **Embalse del Tranco**. Mehrere Aussichtspunkte bieten einen Panoramablick über die Wasserfläche, während die A319 weitere 16 km nach Norden führt und dann den Damm überquert, der das Wasser vor den Toren des kleinen Dorfs Tranco staut.

👁 Sehenswertes & Aktivitäten

Nacimiento del Guadalquivir   QUELLE
(Quelle des Guadalquivir) Ein interessanter Abstecher von Empalme del Valle führt an dem Dorf Vadillo Castril vorbei zur Brücke Puente de las Herrerías (7 km) und dann 11 km weiter Richtung Süden über eine nicht asphaltierte Straße zur Quelle des Guadalquivir.

Wer möchte, kann von hier weitere 9 km nach Osten und dann Richtung Süden (Schotterstraße) zum Cabañas fahren, der mit 2027 m einer der höchsten Gipfel im Park ist. Die 3 km lange Wanderung von der Straße zum Gipfel und zurück dauert ca. 1½

> ### ⓘ AUF DIE WANDERUNG VORBEREITEN
>
> Eine hilfreiche Informationsquelle ist die Website www.sierrasdecazorlaseguray lasvillas.es (auf Spanisch und Englisch). Sie bietet u.a. Beschreibungen von Wanderungen und Karten. Unter www.ventanadelvisitante.com (für den Norden des Parks) www.sierradesegura.com findet man noch bessere Wanderbeschreibungen und Karten, allerdings nur auf Spanisch. Touristeninformationen und Informationsbüros der Parks können ebenso weiterhelfen, aber die meisten Broschüren sind ausschließlich in spanischer Sprache.
>
> Auf Wanderungen sollte man stets genug Wasser dabeihaben und die richtige Kleidung. In den Bergen ist es in der Regel mehrere Grad kühler als in den Tälern und der Wind kann manchmal sehr scharf sein. Im Winter ist der Park oft schneebedeckt.

Stunden. Größtenteils nicht asphaltierte Straßen führen über den Puerto Lorente Pass erst nach Westen und dann Richtung Norden nach Cazorla (26km) zurück.

Centro de Fauna Silvestre Collado del Almendral
NATURSCHUTZGEBIET

(📞 680 149028; Carretera A319 Km 59; Erw./Kind 9/7 €; ⊘ Di–So ab 10 Uhr; 🅿 🚻) In dem 1 km² großen eingezäunten Tierpark auf einem Landvorsprung zwischen dem Embalse del Tranco und der A319, 7km nördlich von Coto Ríos kann man Steinböcke, Mufflons, Damwild und Wildschweine in Halbfreiheit beobachten. Der Besuch erfolgt in einem Mini-Zug auf 5km Straßenstrecke durch den Park mit anschließender 1,5km langer Wanderung zu drei Aussichtspunkten.

Im Winter schließt der Park schon um 16 Uhr, ist aber im Juli und August bis 22 Uhr geöffnet. Am besten erfragt man die gültigen Öffnungszeiten telefonisch.

★ Río Borosa Walk
WANDERN

Die beliebteste Wanderroute im Parque Natural Sierras de Cazorla, Segura y Las Villas führt stromaufwärts am Río Borosa entlang. Der Weg führt durch eine Schlucht und zwei Tunnel zu zwei schönen Bergseen – ein Anstieg von 500 m – und die Landschaft steigert sich dabei von hübsch bis hin zu majestätisch. Pro Strecke legt man 12 km zurück und benötigt für den Hin- und Rückweg ca. sieben Stunden.

Um den Startpunkt zu erreichen, fährt man am Schild „Sendero Río Borosa" gegenüber vom Centro de Visitantes Torre del Vinagre (S. 254) Richtung Osten von der A319 ab und dann weitere 1,7 km. Auf dem ersten Abschnitt der Wanderung führen mehrere Brücken über den brausenden Fluss. Wenn die Strecke nach etwas über 3 km nach links anzusteigen beginnt, nimmt man den Pfad, der nach rechts abzweigt. Es folgt ein wunderschöner 1,5 km langer Abschnitt, auf dem sich das Tal zur Schlucht Cerrada de Elías verengt und der Weg zum Holzsteg wird. Er mündet in eine unbefestigte Straße, die 4 km weit zur Central Eléctrica, einem kleinen Wasserkraftwerk, führt.

Hinter dem Kraftwerk geht es über eine Fußgängerbrücke, wo das Schild „Nacimiento de Aguas Negras, Laguna de Valdeazores" die Richtung weist. Ungefähr 1,5 km hinter dem Kraftwerk biegt der Weg links ab und strebt im Zickzack in einen Tunnel hinauf, der in die Felswand gehauen ist, um Wasser zum Kraftwerk zu leiten.

Die Tunneldurchquerung über einen schmalen Pfad dauert ungefähr fünf Minuten. Dann kommt ein kurzes Wegstück unter freiem Himmel und ein zweiter Tunnel, der in rund einer Minute durchquert ist. Der Ausgang liegt gleich unterhalb des Damms der Laguna de Aguas Negras. Hügel und Bäume umgeben den malerischen kleinen Stausee. Über den Damm geht's dann etwa 1 km südwärts bis zu einem natürlichen See von ähnlicher Größe, der Laguna de Valdeazores, dem Ziel der Wanderung.

Da die Wanderung sehr beliebt ist, unternimmt man sie am besten nicht am Wochenende. Eine Wasserflasche mitnehmen! Am Wegesrand gibt es gute Quellen, aber nur bis zur Central Eléctrica. Für die Tunnel ist eine Taschenlampe hilfreich oder teilweise sogar notwendig.

🛏 Schlafen

Hotel Rural La Hortizuela
LANDHOTEL €

(📞 953 71 31 50; Carretera A319 Km 50,5; EZ/DZ 35/50 €; ⊘ Dez.–Febr. geschl.; 🅿 📶 🛉) Die 20 Zimmer sind gepflegt und mit Farbtupfern dekoriert, sonst aber schlicht. Ein echtes Highlight ist jedoch die schöne Lage mitten in der Natur auf einem bewaldeten, 4 ha großen Gelände. Zum Schutz der Flora – darunter wilde Orchideen und wilder Spargel – ist es eingezäunt. Im Wald drumherum leben

WILDE TIERE

Wer die Tierwelt liebt, muss den Naturpark von Cazorla unbedingt besuchen. Nirgendwo sonst in Andalusien hat man so gute Chancen, Wildtiere zu sehen. Zahlreiche Wildschweine, Mufflons (Wildschaf), Steinböcke, Rot- und Damwild sowie Rote Eichhörnchen leben in der Region, und wenn man sich auf die Wanderwege begibt, sieht man überraschend viele – Wild ist sogar von der Straße aus zu sehen. Besonders gut lassen sich die großen Säugetiere in der Brunftzeit (September und Oktober für Wild, November für Mufflons und Wildschweine) beobachten. Der Park bietet zudem gut 180 Vogelarten einen Lebensraum, darunter Gänsegeier, Goldadler, Wanderfalken und sogar der majestätischen *quebrantahuesos* (Lämmer- oder Bartgeier), einer der größen Vögel Europas, der hier in den 1980er-Jahren ausgestorben war und nun wieder ausgewildert wird. Einfach loswandern und das Fernglas bereithalten ...

reichlich wilde Tiere, darunter Damwild, Wildschweine und Rote Eichhörnchen.

Weitere Pluspunkte sind eine Bar und ein preisgünstiges Restaurant. Es liegt 1 km von der A319 entfernt, 3 km nördlich des Besucherzentrums von Torre del Vinagre.

Hotel Coto del Valle   HOTEL €€

(📞 953 12 40 67; www.cotodelvalle.com; Carretera A319 Km 34,3; EZ/DZ ab 68/90 €; ⊘ Mitte Dez.–Ende Jan. geschl.; 🅿 ❄ 🛜 🏊 🍴) An der Straße vom Empalme del Valle nach Arroyo Frío befindet sich dieses recht große und landschaftlich schön gelegene Hotel mit rustikalem Furnier. Echte Pluspunkte sind der große Swimmingpool auf der Wiese im Garten und das tolle höhlenartige Spa mit seinem großen warmen Pool sowie Jacuzzi mit Panoramablick.

Die hübschen Zimmer mit Holzmöbeln und -balken haben eine angenehme Größe und zur Restaurantdeko gehören zwei ganze ausgestopfte Hirsche und ein Steinbock.

Hornos

410 EW. / HÖHE 867M

Ebenso wie das bekanntere Segura de la Sierra liegt auch das kleine Hornos direkt auf einem Felsvorsprung, umgeben von einem Kranz aus Bergen. Zudem bietet der Ort Ausblick auf den Embalse del Tranco und die grüne Landschaft, die reich mit Pinien, Oliven- und Mandelbäumen gesegnet ist; dazwischen tauchen Bauernhäuser auf, die wie zufällig hingeworfene Würfel wirken.

Hornos datiert zurück bis in die Bronzezeit, als hier eine Siedlung stand; die Burg auf dem Fels erbauten Christen Mitte des 13. Jhs., wahrscheinlich an der Stelle einer früheren maurischen Festung. Farblich abgestimmte Geranien, Souvenirshops oder eine Touristeninformation sucht man hier vergebens – Hornos Charme entfaltet sich bei der Erkundung der schmalen, verwinkelten Straßen oder beim Blick von den strategisch platzierten *miradores*.

Sehenswert ist auch die **Iglesia de la Asunción** aus dem frühen 16. Jh. Sie hat das älteste (wenn auch etwas verfallene) Plateskenportal der Provinz sowie einen strahlenden *retablo* (Altaraufsatz) von 1589 mit neun bemalten Tafeln.

Ein paar Restaurants und gute Unterkünfte laden zum Verweilen ein. Wanderfreunde finden auf einer großen Tafel am Dorfeingang die örtlichen Wege, darunter zwei ca. 4 km lange Pfade zu abgelegenen Dörfern: der PRA152 führt Richtung Süden Richtung Hornos El Viejo und der PRA148 Richtung Osten hinauf nach La Capellanía.

Der Weg nach Hornos führt über die A319 bis zu einer T-Kreuzung 12 km nördlich des Tranco-Damms; von dort windet sich die A317 4 km zum Dorf hinauf.

DER RUNDWANDERWEG GR247

In allen Teilen des Parque Natural Sierras de Cazorla, Segura y Las Villas taucht der GR247 auf den Schildern entlang der Wanderwege auf. Der 479 km lange Rundwanderweg führt mitten durch den Park, direkt zu seinen schönsten und interessantesten Punkten oder in ihre Nähe. Er besteht aus 21 Etappen, und wo andere Unterkunftsmöglichkeiten fehlen, stehen einfache Hütten zum Übernachten zur Verfügung. Fast die ganze Strecke ist sowohl zu Fuß als auch mit dem Fahrrad zu schaffen. Detailliertere Information siehe unter www.sierrasdecazorlaseguraylasvillas.es/gr247.

ABSEITS DER ÜBLICHEN PFADE

EL YELMO

El Yelmo (1808 m) ist einer der höchsten Berge im Norden des Parks und bietet den wahrscheinlich besten Ausblick. Eine 5,5 km lange, durchgehend asphaltierte, aber teilweise nur einspurige Straße führt direkt zum Gipfel. Oben stören die zahlreichen Funkmasten das Bild, aber der 360-Grad-Panoramablick ist herrlich. El Yelmo ist ein beliebter Startpunkt für Gleitschirmflieger und Schauplatz des großen Freeflying-Festivals **Festival Internacional del Aire** (www.fiaelyelmo.com), das jedes Jahr im Juni drei Tage lang Tausende Menschen anzieht. Für Tandemflüge kann man **Olivair** (607 301716; www.olivair.org) mit Sitz in Beas de Segura kontaktieren.

Um zum El Yelmo zu kommen, fährt man von Hornos aus auf die A317A, die sich Richtung Osten zwischen hohen Bergen auf beiden Seiten durch Kiefernwälder bergauf schlängelt. Nach 13 km biegt man an einer Kreuzung (beschildert: nach Segura und Siles) ab und nach 1 km sieht man linkerhand eine Straße zwischen einem baufälligen Haus und der Wanderhütte von El Campillo, einem kleineren unbeschädigten Gebäude – diese Straße führt zum El Yelmo hoch. Wer lieber zu Fuß geht, folgt dem Wanderweg, der von der Wanderhütte El Campillo aus mit „Derivación 2 Bosques del Sur" beschildert ist. Er kürzt den Aufstieg um 3 km (ca. 1½ Std.) ab.

Cosmolarium INFORMATIONSZENTRUM/STERNWARTE (953 00 00 29; www.cosmolarium.info; Eintritt 3 €, mit Planetarium 5 €; Do–Mo 11–14 & 16.30–19.30 Uhr) Hornos Burg beherbergt heute kurioserweise ein modernes Informationszentrum und eine Sternwarte. Die Ausstellung widmet sich dem Universum, den Galaxien, dem Sonnensystem und der Geschichte der Astronomie (englische und französische Audioguides sind im Ticketpreis enthalten). Das Planetarium zeigt Projektionen zu astronomischen Themen auf Spanisch und Englisch.

Segura de la Sierra
250 EW./ HÖHE 1145M

Eines der malerischsten Dörfer Andalusiens, Segura de la Sierra, thront 21 km nördlich von Hornos auf einem 1200 m hohen Hügel, der von einer Burg der Reconquista gekrönt wird. Die fünf Jahrhunderte maurischer Herrschaft – bevor die Ritter des Ordens von Santiago es 1214 eroberten – haben bis heute ihre Spuren hinterlassen. Im Anschluss an die Eroberung wurde es Teil der christlichen Verteidigungslinie gegen die Almohaden und das spätere Emirat von Granada.

Oben im Dorf bildet die Puerta Nueva, eines der vier Stadttore des islamischen Saqura, den Eingang zum alten Teil von Segura. Schilder zum Castillo leiten den Verkehr um eine Kreuzung an der Nordseite in der Nähe der kleinen ummauerten Stierkampfarena. Linkerhand geht es zur Burg hoch.

Sehenswertes & Aktivitäten

Im Dorf zu Füßen der prächtigen Burg und unterhalb des Hauptplatzes Plaza de la Encomienda steht die massive Iglesia de Nuestra Señora del Collado aus dem 16. Jh. Neben den arabischen Bädern in der Burg gibt es ein zweites **Arabisches Bad** (Calle Baño Moro; Eintritt frei; unterschiedliche Öffnungszeiten) mit hübschen rot-weißen Hufeisenbögen im unteren Teil des Dorfs, das etwa 1150 erbaut wurde. In der Nähe liegt die Puerta Catena, das am besten erhaltene von Seguras vier islamischen Toren. Von hier führt der markierte Wanderweg GR 147 rund 15 km bergab zum weltentrückten Dörfchen Río Madera.

★ Castillo de Segura BURG
(953 48 21 73; www.castillodesegura.com; Erw./Kind mit Audioguide 4/3 €; März–Juni & Sept.–Dez. Mi–So 10.30–14 Uhr, Juli–Aug. tgl., März, Mai–Juni & Nov.–Dez. Fr–So 16.30–18.30 Uhr oder später, April & Sept.–Okt. Mi–So, Juli–Aug. tgl., Jan.,–Feb. geschl.;) Die hochaufragende Burg stammt aus maurischer Zeit, wurde aber nach der christlichen Rückeroberung im 13. Jh. wiederaufgebaut. Seit dem 17. Jh. war sie dann verlassen, wurde dann in den 1960ern restauriert und dient heute als Informationszentrum des „Grenzgebiets". Die Kartenausgabe ist auch Seguras Touristeninformation.

Man kann die original erhaltenen arabischen Dampfbäder (mit einem Video zur Geschichte von Segura und der Burg) und die Mudéjar-Kapelle aus dem 13. Jh. besichtigen, den Turm erklimmen und um die Festungsmauer laufen, um den El Yelmo, der

5 km südsüdwestlich liegt, sowie die Felsspitzen und das Tiefland voller Olivenbäume aus der Vogelperspektive zu sehen.

Essen

Mirador de Peñalta ANDALUSISCH €
(Calle San Vicente 29; Hauptgerichte 4–17 €; ⊘ Di–So 13.30–16 & 20–22 Uhr) An der in den Ort hineinführenden Straße ist dieses Restaurant eine gute Adresse für hungrige Reisende. Auf der stark fleischlastigen Speisekarte finden sich verschiedene Steaks, Lammkoteletts und Schweinefleischgerichte sowie ein paar Sierra-Spezialitäten wie *ajo atao* (ein sättigendes Pfannengericht aus Kartoffeln, Knoblauch und Eiern).

Teterías & Hammams

Anders als in anderen Teilen Spaniens hat die maurische Herrschaft in Andalusien einen bleibenden Eindruck hinterlassen. Von 711 bis 1492 befand sich die Region beinahe acht Jahrhunderte unter dem Einfluss Nordafrikas und exotische Überbleibsel dieser Zeit finden sich bis heute in Form von *teterías* (Teehäusern) und Hammams (Bädern) in Städten wie Córdoba, Granada, Almería and Málaga.

Maurische Teehäuser

Coffee to go können andere trinken – Andalusiens Koffeinliebhaber bevorzugen *teterías*: Maurische Teehäuser, deren kunstvolle Innenräume an Fès, Marrakesch oder Kairo denken lassen. Den besten Stoff gibt's in der Calle Calderería Nueva in Granadas Albaicín, aber in den letzten Jahren haben sich die *teterías* ausgebreitet und sogar Torremolinos erreicht! Einfach nach leicht schummrigen Cafés mit Sitzkissen Ausschau halten, in denen Kannen mit Kräutertee neben Tellern mit arabischen Süßigkeiten stehen.

Arabische Bäder

Andalusiens Badehäuser – eine Mischung aus westlichem Spa und marokkanischem Hammam – würden mit ihrer Eleganz sogar einen Emir mit einer Vorliebe für die Opulenz der Mauren zufriedenstellen. Man kann sich bei Kerzenschein entspannen, Pfefferminztee schlürfen und die Baderituale der Mauren erleben (aufeinanderfolgende Bäder in kaltem, lauwarmem und heißem Badewasser). Sevilla, Granada, Almería, Córdoba and Málaga haben alle hervorragende Badehäuser im maurischen Stil, die auch Massagen anbieten.

Tetería, Granada (S. 263) **2.** Maurischer Pfefferminztee Hammam de Al Andalus (S. 277), Granada **4.** Arabisches ad, Córdoba (S. 210)

DIE BESTEN TETERÍAS

Tetería Dar Ziryab (S. 285), Granada

La Tetería (S. 178), Málaga

Tetería Almedina (S. 313), Almería

Teteria Nazarí (S. 285), Granada

Die Provinz Granada

918 000 EW.

Inhalt ➡
Granada........... 263
Guadix 289
Sierra Nevada....... 291
Las Alpujarras...... 294
Salobreña 301
Almuñécar &
La Herradura....... 302

Top-Adressen für Flamenco

➡ Palacio de los Olvidados (S. 272)

➡ Casa del Arte Flamenco (S. 286)

➡ Jardines de Zoraya (S. 286)

➡ Le Chien Andalou (S. 286)

Gut essen

➡ La Bicicleta (S. 282)

➡ Carmela Restaurante (S. 283)

➡ La Fábula (S. 284)

➡ Taberna Restaurante La Tapa (S. 298)

Auf in die Provinz Granada

Europas letzte maurische Zitadelle ist ein dynamischer Ort, an dem Andalusiens komplexe Geschichte wie auf einem reich verzierten Präsentierteller ausliegt. Viele Reisende steuern zuallererst die Alhambra an, das architektonische Geschenk der nasridischen Emire an die Nachwelt. Die Schönheit des Bauwerks kann man kaum beschreiben – man muss es sehen, um es zu verstehen. Unterhalb erstreckt sich eine Stadt mit hübschen und weniger hübschen Seiten, die sich in unkonventionellen Bars, schattigen *teterías* (Teehäuser), gewundenen Gassen mit stattlichen *cármenes* (große Häuser mit ummauerten Gärten) und Seitenstraßen voller Straßenkunst offenbaren.

Die alternative Muse der Provinz wohnt in den schneebedeckten Bergen, die jenseits der Alhambra aufragen. In der Sierra Nevada gibt's die höchsten Berge des spanischen Festlands. Zudem befindet sich dort das größte Skigebiet des Landes. Auf der Südseite des Gebirgszugs liegen die Alpujarras mit ihren gewaltigen Schluchten und weißen Dörfern voller Berberhäuser mit Flachdächern, deren Bewohner altmodische Kunsthandwerkstraditionen pflegen.

Für noch mehr Außergewöhnliches sollte man in den Norden fahren und die Troglodytenstadt Guadix besuchen. Dort ist die Höhle als Wohnstätte nie aus der Mode gekommen.

Reisezeit

März–April Die feierliche Vorbereitungszeit auf Ostern und die folgenden Feste sind tolle Gründe, die Städte und Ortschaften Andalusiens zu besuchen. Leider steigen dann aber auch die Unterkunftspreise.

Mai–Juni Frühlingswetter, blühende Blumen und jede Menge Festivals für alle, die kein Problem mit Menschenmengen haben. Die beste Reisezeit für Wanderungen in den Alpujarras.

November–Februar Die Südküste wartet mit dem mildesten europäischen Winter auf. Nun sinken die Unterkunftspreise und in der Sierra Nevada ist die Skisaison eröffnet.

GRANADA

258 000 EW. / 738 M

Granada ruft! Dem Charme dieser Stadt kann sich wirklich niemand entziehen. Deshalb empfehlen wir, sich über die Nasriden zu informieren, eine Ausgabe von Federico García Lorcas *Zigeunerromanzen* einzustecken und sich Wissen über Andalusiens fantastisches architektonisches Erbe der Mauren anzueignen.

Der etwas düstere und komplexere Cousin des sonnigen, lebendigen Sevilla ist international für seine opulente Alhambra bekannt. Er atmet als letzte Bastion der Mauren in Westeuropa mittelalterliche Geschichte. Gleichzeitig herrscht hier ein ausgeprägt kosmopolitisches Flair. Gepaart mit allerlei Rätseln, Fragezeichen, Widersprüchen und Mythen ergibt sich daraus jene Art Ort, an dem man den Reiseführer besser zur Seite legt und sich ganz von seiner Intuition leiten lässt – durch die schmalen, ansteigenden Straßen des Albaicín und mit weißen Mauern eingefassten Gärten von Realejo. Elegant, aber unangepasst, grandios und dabei schmuddelig, monumental, aber „vernarbt" mit aufwühlenden Graffitis, ist das Granada des 21. Jhs. alles andere als geradlinig. Mal umwerfend, mal hässlich anzuschauen, findet man in dieser geheimnisvollen Stadt vor den Toren der Sierra Nevada vielleicht etwas, nachdem man schon lange gesucht hat. Wie wär's mit einer kostenlosen Tapa? Inspirierender Straßenkunst? Oder einer Flamenco-Vorführung, bei der sich der Geist des *duende* zeigt?

Zudem strotzt Granada vor Zeugnissen aus verschiedenen Epochen, es gibt also reichlich zu tun und zu sehen, z. B. das Mausoleum der katholischen Könige. Altmodische Bars, in denen großzügige Tapas-Portionen serviert werden, *teterías* mit Bohemien-Flair, in denen Jugendliche *cachimbas* (Wasserpfeife) rauchen, und ein aufregendes Nachtleben mit der kreativen Energie der Gegenkultur sorgen für Zerstreuung. Es ist fast sicher, dass man sich verlieben wird, auch wenn es vielleicht Tage oder Wochen dauert, bevor man versteht, warum. Am besten lässt man es einfach geschehen und stürzt sich in all die Pracht. Das Dichten kann man getrost den Ästhetikfans überlassen.

Geschichte

Granada mag zwar heute sehr quirlig sein, doch das ist nichts verglichen mit dem Ort vor 500 Jahren. Die Stadt kam in der späten islamischen Epoche Spaniens zur Blüte. Als Córdoba und Sevilla Mitte des 13. Jhs. an die Christen fielen, gründete ein Kleinherrscher namens Mohammed ibn Yusuf ibn Nasr in Granada einen unabhängigen Staat. Bald wurde der Ort von muslimischen Flüchtlingen überschwemmt und das Nasridenemirat zur letzten Bastion von Al-Andalus.

Die Alhambra baute man als königlichen Hof, Palast, Festung und Stadt im Kleinen aus. Von diesem zunehmend prächtigeren Komplex aus herrschten die Nasriden 250 Jahre lang. In jener Zeit wurde Granada mit seinen über 350 000 Einwohnern eine der reichsten Städte Europas. Unter den Emiren Yusuf I. (reg. 1333–1354) und Mohammed V. (reg. 1354–1359 und 1362–1391) machten Händler glänzende Geschäfte, und Handwerker perfektionierten Fertigkeiten wie die Intarsienkunst.

Wie üblich führte jedoch ein dekadentes Palastleben zu blutigen Rivalitäten um die Nachfolge. Ein Flügel stellte sich hinter den Emir Abu al-Hasan und seine christliche Konkubine Soraya, der andere hinter Boabdil (Abu Abdullah), den Sohn von Abu al-Hasan und seiner Frau Aischa – obwohl Boabdil noch ein Kind war. 1482 zettelte Boabdil einen Bürgerkrieg an und übernahm nach dem Tod von Abu al-Hasan 1485 die Herrschaft über die Stadt. 1491 griffen die Christen das von internen Machtkämpfen geschwächte Emirat an. Besonders Königin Isabella war von Granada hingerissen und wollte es unbedingt haben. Die Stadt war in ihren Augen sehr treffend nach dem juwelengleichen Granatapfel benannt, da ihre Häuser sich wie Samen der Frucht dicht an die Hügel schmiegten. Nach acht Monaten Belagerung willigte Boabdil in die Übergabe der Stadt ein und erhielt im Austausch die Täler der Alpujarras, 30 000 Goldmünzen sowie politische und religiöse Freiheit für seine Untertanen. Boabdil verließ die Stadt – und stieß, als er voll Bedauern zurückblickte, „den letzten Seufzer des Mauren" aus, der bis heute Schriftsteller zu Geschichten inspiriert. Am 2. Januar 1492 zogen Isabella und Ferdinand zeremoniell in muslimischer Kleidung in die Stadt ein, um in der Alhambra Hof zu halten.

Ihre Versprechen hielten sie jedoch nicht lange. Sie spalteten die Bevölkerung, verbannten die Juden ins Realejo und pferchten die Muslime im Albaicín zusammen. Spätere Herrscher forderten eine komplette Vertreibung, erst 1570, dann nochmals 1610.

Highlights

1 In der **Alhambra** (S. 266) in Granada selbst herausfinden, ob all die Legenden, Gerüchte und Übertreibungen zutreffen.

2 Die goldene, majestätische Pracht der **Basilica San Juan de Dios** (S. 276) in Granada bewundern.

3 Bei einer Kneipentour in **Granada** (S. 281) Gratis-Tapas abstauben und das Ganze „Abendessen" nennen.

4 In den Schluchten und steilwandigen Tälern der **Alpujarras** (S. 293) von Dorf zu Dorf wandern.

5 Es sich in einer *tetería* in **Granada** (S. 285) mit einem Pott Tee, Gebäck und einer *cachimba* (Wasserpfeife) bequem machen.

6 Einen Abstecher nach **Guadix** (S. 289) unternehmen, um einen Blick in Andalusiens einmaliges Höhlenviertel zu werfen.

7 Die unauffällige Stadt **Almuñécar** (S. 302) besuchen und einen Tag ohne schlechtes Gewissen am Strand herumlümmeln.

Es heißt, es gebe immer noch Familien in Marokko, die aus Sentimentalität die Schlüssel zu ihren längst verlorenen ehemaligen Häusern aufbewahren.

Die brutale Vertreibung rächte sich und das einstmals prächtige Granada verfiel zum Provinznest. 1828 besuchte der amerikanische Schriftsteller Washington Irving die heruntergekommene Stadt und beschloss zu bleiben. Seine 1832 erschienene Märchensammlung *Erzählungen von der Alhambra* lockte Touristen aus aller Welt an. Sie bestaunten das maurische Erbe der Stadt und öffneten sie ein wenig in Richtung Moderne. Heute gedeiht in Granada, beflügelt von den internationalen Besuchern, eine Mischung aus spanischer, marokkanischer, *gitano*- (Roma-), Studenten-und Touristenkultur.

◉ Sehenswertes

Fast alle Sehenswürdigkeiten sind gut zu Fuß im Stadtzentrum zu erreichen. Wer zu kaputt ist, um noch mehr Hügel zu erklimmen, kann einen der Busse nehmen. Als wichtigster Dreh- und Angelpunkt der Stadt dient die rechteckige Plaza Nueva. Auf einem Hügel gleich nördlich befindet sich der Albaicín; er wird (grob) von der Gran Via de Colón und dem Darro-Fluss begrenzt. Die Alhambra thront auf einem weiteren Hügel auf der anderen Seite des Darro. Das alte jüdische Viertel Realejo erstreckt sich über den Südwesthang des Alhambra-Hügels und ein Stück flaches Land dahinter. In der Ebene westlich des Albaicín und nordwestlich von Realejo liegt das schachbrettartig angelegte Stadtzentrum. Granadas Hauptplatz ist die Plaza Bib-Rambla.

◉ Alhambra & Realejo

★ **Alhambra** PALAST
(Karte S. 270; ☏ 902 44 12 21; www.alhambra-tickets.es; Erw./unter 12 J. 14 €/frei, nur Generalife 7 €; ⊙ 15. März–14. Okt. 8.30–20 Uhr, 15. Okt.–14. März bis 18 Uhr, nächtliche Besichtigungen März–Okt. Di–Sa 22–23.30 Uhr, Okt.–März Fr & Sa 20–21.30 Uhr) Die Alhambra ist Granadas – und ganz Europas – Liebesbrief an die maurische Kultur, ein Ort, an dem Springbrunnen plätschern, Blätter rascheln und Geister längst vergessener Zeiten auf mysteriöse Weise präsent sind. Sie ist Palast, Festung, Welterbestätte und Unterrichtsstunde in mittelalterlicher Architektur in einem und verzaubert seit jeher einen nicht enden wollenden Strom erwartungsfroher Besucher. Vermutlich wird diesem historischen Denkmal nichts je den Rang ablaufen.

Im Hochsommer werden täglich um die 6000 Besucher gezählt. Da ist es eher schwer, ein reizvolles Detail mal genauer zu betrachten oder sich sogar in das 14. Jh. hineinzuversetzen. Wenn möglich, sollte man also lieber in den ruhigeren Monaten kommen. Wenn nicht, lohnt es sich, im Voraus einen Termin ganz früh oder spät am Abend zu buchen.

Der Name Alhambra stammt vom arabischen *al-qala'at al-hamra* (die rote Festung). Den ersten Palast an dieser Stelle baute im 11. Jh. Samuel Ha-Nagid, der jüdische Großwesir eines der Ziridensultane Granadas. Im 13. und 14. Jh. gestalteten die Nasridenemire das Gelände zu einem befestigten Palastkomplex um, sogar mit einem Dorf daneben, von dem heute nur noch Ruinen erhalten sind. Nach der Reconquista (christliche Rückeroberung) wurde die Moschee der Alhambra durch eine christliche Kirche ersetzt und der Convento de San Francisco (heute der Parador de Granada) gebaut. Der Enkel der Katholischen Könige, Karl I. (der spätere Habsburgerkaiser Karl V.), ließ einen Palastflügel abreißen, um Platz für sein riesiges Renaissanceschloss zu schaffen, den Palacio de Carlos V. Während der napoleonischen Besatzung diente die Alhambra als Kaserne und wurde beinahe gesprengt. Die heutige Anlage wurde umfassend, aber behutsam restauriert.

> **EIN NEUES EINGANGSTOR ZUR ALHAMBRA**
>
> Im Frühling 2015 zeigte eine Wechselausstellung in der Alhambra einen preisgekrönten Entwurf für ein neues Eingangstor und Besucherzentrum aus der Hand des portugiesischen Architekten Álvaro Siza Vieira. Das Zentrum wird den Platz der Ticketkasse und des Parkplatzes einnehmen und einen Eingang haben, der die Besucherschlangen verkürzen soll. Darüber hinaus wird es ein Café, eine Terrasse, Büros und Besuchereinrichtungen umfassen. Mithilfe von Springbrunnen, Höfen und Zypressen will man ein typisch maurisches Ambiente schaffen. Das 45 Millionen Euro schwere Bauprojekt soll 2016 starten und nach fünf Jahren abgeschlossen sein.

ℹ DIE ALHAMBRA – PRAKTISCH & KONKRET

Manche Bereiche der Alhambra können jederzeit kostenlos besichtigt werden, aber zu den Highlights (die Palacios Nazaríes) hat man nur mit einem Ticket in einem bestimmten Zeitfenster Zutritt. Täglich sind bis zu 6600 Eintrittskarten verfügbar. Davon wird ein Drittel am Tag selbst an den Ticketschaltern verkauft. Die Karten gehen allerdings weg wie heiße Semmeln, insbesondere in der Hauptsaison (März bis Oktober). In diesen Monaten sollte man sich um 7 Uhr anstellen, um einigermaßen sicher zu sein, dass man wirklich ein Ticket abgreifen kann.

Glücklicherweise gibt's noch eine andere Möglichkeit, an Karten zu kommen, nämlich indem man sie bis zu drei Monate vor dem Besuch online oder telefonisch bei **Alhambra Advance Booking** (✆ 902 88 80 01, bei Anrufen aus dem Ausland +34 958 92 60 31; www.alhambra-tickets.es) reserviert. Wer sein Ticket im Vorfeld kaufen möchte (bzw. das bereits gekaufte abholen will), kann dies im Buchladen **Tienda Librería de la Alhambra** (S. 287) gleich neben der Plaza Nueva tun. Dort sind die Schlangen weniger lang als auf dem Alhambra-Gelände. Vorab erstandene Eintrittskarten kosten 13 % mehr als das Standardticket, dementsprechend zahlen also die meisten Besucher 15,40 €.

Wenn die Karten für den gesamten Komplex ausverkauft sind, erhält man immer noch welche mit Zugang zum Generalife und zu den Gärten (7 €). Die Palacios Nazaríes öffnen auch für atmosphärische **Abendbesuche** (Karte S. 270; 8 €; ☾ März–Okt. Di–Sa 22–23.30 Uhr, Nov.–Feb. Fr & Sa 20–21.30 Uhr).

In dem Komplex gibt's keine Erklärungstafeln, aber mittelmäßige Audioführungen (auch auf Deutsch) für 6,50 €. Essen darf nicht mitgebracht werden, doch man findet eine leicht überteuerte Cafeteria im **Parador de Granada** (Karte S. 270; ✆ 958 22 14 40; Calle Real de la Alhambra; Hauptgerichte 19–22 €; ☾ 13–16 & 20.30–23 Uhr) sowie Snackautomaten am Kartenschalter und an der Alcazaba.

Zu Fuß folgt man am besten der Cuesta de Gomérez von der Plaza Nueva durch den *bosque* (Wald) bis zur **Puerta de la Justicia** (Karte S. 270). Wer bereits ein Ticket hat, kann diesen Eingang nutzen, sonst muss man weiterlaufen bis zu den Ticketschaltern. Es gibt auch zwei Busverbindungen zur Alhambra: Die Linien C3 und C4 fahren von der Plaza Isabel la Católica hierher.

➡ Palacios Nazaríes

Kernstück der Alhambra ist der zentrale **Palastkomplex** (Calle de Real de Alhama).

In die Anlage gelangt man über den **Mexuar** aus dem 14. Jh., der wahrscheinlich als eine Art Wartebereich für Audienzen mit dem Emir diente. 200 Jahre später wurde er in eine Kapelle mit einem Gebetsraum am hinteren Ende verwandelt. Wie überall auf dem Gelände lohnt sich der Blick nach oben auf die geschnitzten Holzdecken mit ihren geometrischen Formen. Der Mexuar führt zum **Patio del Cuarto Dorado**, der wie ein Vorhof des Hauptpalastes wirkt, denn rechts befinden sich symmetrische, mit glasierten Kacheln und Stuck dekorierte Torbogen. Doch dabei handelt es sich um eine raffinierte Täuschung: Die rechte Tür führt direkt wieder hinaus, die linke durch eine abgewinkelte Halle (ein in der islamischen Wohnarchitektur verbreitetes, die Privatsphäre wahrendes Element) in den **Patio de Arrayanes**. Dieser bildet den Mittelpunkt eines Palastes, der Mitte des 14. Jhs. als Privatresidenz für Emir Yusuf I. gebaut wurde.

Vermutlich wurden die Räume zum Entspannen und Schlafen genutzt. Sie blicken auf das rechteckige, von Myrten umgebene Wasserbecken. In den *mugarnas* (Wabengewölben) der Seitennischen am Nordende sind noch Spuren kobaltblauer Farbe vorhanden. Ursprünglich waren alle Mauern leuchtend bunt bemalt. Farbig müssen die stuckverzierten Wände der angrenzenden **Sala de la Barca** wie Flocktapeten gewirkt haben. Möglicherweise kamen Besucher von Yusuf I. durch diesen Anbau, um ihn im **Salón de Comares** (Botschafterzimmer) zu treffen. Dort fügen sich mehr als 8000 Zedernholzteile an der prachtvollen Kuppeldecke zu einem kunstvollen Sternenmuster zusammen, das die sieben Himmel des Islams verkörpert.

Der angrenzende **Patio de los Leones** (Löwenhof) wurde in der zweiten Hälfte des 14. Jhs. unter Muhammad V. gebaut, als sich das Emirat von Granada auf seinem politischen und künstlerischen Höhepunkt befand. Sein Herzstück jedoch – ein Brunnen, der Wasser aus den Mäulern von zwölf Mar-

Alhambra

ZEITACHSE

900 Erstmalige Erwähnung der auf Granadas Hügel El Sabika gelegenen *al-qala'at al-hamra* (rote Festung).

1237 Mohammed I. (S. 246), Begründer der Nasriden-Dynastie, zieht mit seinem Hof nach Granada um. Von christlichen Armeen bedroht, lässt er eine neue Festung, die **Alcazaba** ❶, errichten.

1302–1309 Mohammed III. gibt den Bau des ursprünglich als Mischung aus Sommerpalast und Landgut konzipierten **Generalife** ❷ in Auftrag.

1333–1354 Yusuf I. beginnt mit dem Bau des **Palacio Nazaríes** ❸, der in Europa immer noch als Höhepunkt islamischer Kultur gilt.

1350–1360 Der **Palacio de Comares** ❹ wird errichtet und treibt die Verschwendungssucht der Nasriden auf die Spitze.

1362–1391 Mohammed V. kommt nach Andalusien und gibt den **Patio de los Leones** ❺ in Auftrag, der architektonisch noch brillanter ist.

1527 Die Christen errichten den **Palacio de Carlos V** ❻. Inspirierter Renaissancepalast oder Verbrechen gegen die maurische Kunst? Das muss jeder selbst entscheiden.

1829 Washington Irving, ein amerikanischer Schriftsteller, „entdeckt" die fast vergessene Alhambra.

1954 Die Gärten des Generalife werden nach Süden hin erweitert, um Platz für ein Freilufttheater zu machen.

TOP-TIPPS

» **Wartezeiten vermeiden** Eintrittskarten kann man auch unter www.alhambra-tickets.es reservieren.

» **Geld sparen** Wer die Alhambra durch die Puerta de Justica betritt, kann die öffentlichen Bereiche des Palasts jederzeit gratis besichtigen.

» **Über Nacht bleiben** Auf dem Gelände befinden sich zwei schöne Hotels: der Parador de Granada (teuer) und das Hotel América (preisgünstiger).

Palacio de Carlos V
Die 1527 hinzugefügten stilistischen Vorzüge dieses Renaissancepalasts sind leicht zu übersehen, deshalb sollte man auch das Museo de la Alhambra im Erdgeschoss besuchen.

Sala de la Barca
Die verzierte Decke im Vorraum des Comares Palasts hat die Form eines aufgestellten Bootes. Sie wurde in den 1890er-Jahren durch ein Feuer zerstört, inzwischen jedoch restauriert.

Alcazaba
Um die Türme der ursprünglichen Zitadelle zu erkunden, muss man genügend Zeit einplanen. Der bedeutendste unter ihnen, der Torre de la Vela, führt über eine Wendeltreppe zum schönsten Aussichtspunkt der Alhambra.

Patio de los Arrayanes
Neben den *arrayanes* (Myrtenbüschen) rund um ein rechteckiges Wasserbecken kann man sich wunderbar entspannen. Schattige Säulengänge mit sieben harmonischen Bogen laden zu einem Spaziergang ein.

Salón de los Embajadores

Palacio de Comares
Der größte Raum im Palast wartet mit einer reich verzierten geometrischen Decke auf. Einst diente der Salón de los Embajadores, ein Meisterwerk der maurischen Architektur, als Verhandlungsraum.

Baños Reales

Wohnräume von Washington Irving

Sala de Dos Hermanas
Die *dos hermanas* (zwei Marmortafeln an jeder Seite des Brunnens), die reich verzierte Kuppel mit 5000 winzigen gegossenen Tropfsteinen und die poetischen Kalligrafien an den Wänden sollte man nicht verpassen.

Patio de los Arrayanes

Patio de la Lindaraja

Sala de los Reyes

Sala de los Abencerrajes

Jardines del Partal

Palacio del Partal

Generalife
Bei einer Besichtigung der Alhambra wird der „Architektengarten" meistens zuletzt besucht. Er entstand bereits unter den Nasriden, allerdings wurden die Wasserbecken und Arkaden erst Anfang des 20. Jhs. hinzugefügt.

Patio de los Leones
In diesem Hof tragen zwölf Marmorlöwen einen sprudelnden Brunnen. Die grazilen Säulen und Bogen symbolisieren das islamische Paradies.

Alhambra

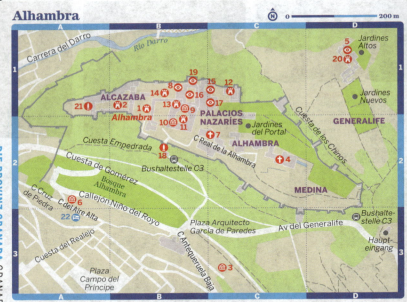

morlöwen spie – stammt aus dem 11. Jh. Die Hofanalage folgt dem Goldenen Schnitt und offenbart die Komplexität des islamischen geometrischen Designs, denn die verschiedenartigen Säulen wurden so angeordnet, dass sie entlang mehrerer Achsen symmetrisch sind. Auch die Stuckarbeiten sind höchste Kunst: Sie wirken beinahe wie geklöppelte, zu Stein gewordene Spitze.

Umrundet man den Patio entgegen dem Uhrzeigersinn, kommt man zunächst zur Sala de Abencerrajes. Die Familie Abencerraje unterstützte den jungen Boabdil bei seinem Machtkampf gegen den eigenen Vater, den amtierenden Sultan. Der Legende nach ließ der Sultan in diesem Raum Verräter töten – mit etwas Fantasie erkennt man in den rostfarbenen Flecken am Brunnen das untilgbare Blut der Opfer. Weitaus spektakulärer sind jedoch die vielfarbigen Kacheln an den Wänden und die großartige achteckige Decke. In der Sala de los Reyes (Königssaal) östlichen Ende des Patios zeigt die Bemalung der lederüberzogenen Decke die zehn Nasriden-Emire.

Am nördlichen Ende des Hofs verschlossen einst Türen den Eingang zur Sala de Dos Hermanas (Saal der zwei Schwestern) – die Löcher, wo sie verankert waren, sind auf beiden Seiten des Rahmens sichtbar. Einheimische Flora wie Kiefernzapfen und Eicheln schmücken die Wände. Als kalligrafisches Band zieht sich auf Augenhöhe oberhalb der Kacheln ein Gedicht entlang, das Muhammad V. für seinen Sieg in Algeciras 1369 preist, ein seltener islamischer Triumph zu diesem späten Zeitpunkt. Die fantastische Decke wölbt sich zu einer *muqarnas*-Kuppel mit 5000 winzigen Zellen. Dank der geschnitzten Wandschirme aus Holz konnten Frauen (und vielleicht auch andere, die in Palastintrigen verwickelt waren) von der oberen Galerie nach unten blicken, ohne selbst gesehen zu werden. Der mit Kacheln verzierte Mirador de Lindaraja (Lindaraja-Aussichtspunkt) am hinteren Ende diente den Palastbewohnern als hübscher Ausguck auf den Garten. An den Fensterrahmen sind noch Reste der Farbe zu sehen, und ein paar Buntglasfenster tauchen die Holzdecke in einen warmen Lichtschein.

Von der Sala de Dos Hermanas führt ein Durchgang zu den Kuppeldächern der Bäder, die eine Ebene tiefer liegen, und zu den Gemächern, die in den 1520er-Jahren für Karl I. gebaut und später von Washington Irving bewohnt wurden. Von hier steigt man hinunter in den hübschen Patio de Lindaraja. In der Südwestecke befindet sich das Badehaus. Es ist nicht zugänglich, aber die

Alhambra

◉ Highlights
1. Alhambra B1

◉ Sehenswertes
2. Alcazaba.. B1
3. Casa-Museo Manuel de Falla C3
4. Convento de San Francisco C2
5. Escalera del Agua D1
6. Fundación Rodríguez-Acosta A2
7. Iglesia de Santa María de la
   Alhambra C2
8. Mexuar B1
   Mirador de Lindaraja .... (siehe 15)
9. Museo de Bellas Artes B1
10. Museo de la Alhambra B2
11. Palacio de Carlos V B2
12. Palacio del Partal C1
13. Palacios Nazaríes B1
14. Nachtbesuche in den Palacios Nazaríes B1
15. Patio de la Lindaraja C1
16. Patio de los Arrayanes B1
17. Patio de los Leones C1
    Patio del Cuarto Dorado .... (siehe 8)
18. Puerta de la Justicia B2
19. Sala de la Barca B1
    Sala de los Abencerrajes .... (siehe 17)
    Sala de los Reyes .... (siehe 17)
    Salón de los Embajadores ...... (siehe 19)
20. Sommerpalast D1
21. Torre de la Vela A1

◉ Schlafen
22. Carmen de la Alcubilla del
    Caracol A3
    Parador de Granada .... (siehe 4)

◉ Essen
    Parador de Granada .... (siehe 4)

von sternenförmigen Oberlichtern erhellten Räume sind von außen einzusehen.

Anschließend geht's zu den Terrassengärten, die Anfang des 20. Jhs. angelegt wurden, und zu dem spiegelnden Wasserbecken vor dem kleinen **Palacio del Partal** (Säulenpalast), dem ältesten noch existierenden Palast in der Alhambra aus der Zeit von Mohammed III. (reg. 1302–1309). Im Hintergrund schimmert der Albaicín. Nun kann man die Gärten durch ein Tor gegenüber vom Palacio de Carlos V verlassen oder auf einem Pfad zum Generalife spazieren.

➜ Alcazaba, christliche Gebäude & Museen

Am westlichen Ende der Alhambra befinden sich die Reste der **Alcazaba**, überwiegend Wälle und mehrere Türme. Auf dem **Torre de la Vela** (Wachturm), zu dessen oberstem Söller eine schmale Treppe führt, wurden im Januar 1492 das Kreuz errichtet und die Banner der Reconquista gehisst.

Der wuchtige **Palacio de Carlos V.** neben den Palacios Nazaríes bildet einen auffallenden Kontrast zu seiner Umgebung. In einem anderen Umfeld kämen seine Vorzüge vermutlich eher zur Geltung: Er ist das einzige Renaissancegebäude in Spanien, dessen Grundriss aus einem Kreis im Quadrat besteht. Gebaut wurde er ab 1427 von Pedro Machuca, einem Architekten aus Toledo und Schüler von Michelangelo. Das Geld für den Bau stammte ausgerechnet aus Steuern der *moriscos* (konvertierten Muslime) Granadas. Vollendet wurde er nie, da die Mittel nach der *morisco*-Rebellion versiegten.

Heute beherbergt er das **Museo de la Alhambra** (⊙ Mi–Sa 8.30–20, Di & So bis 14.30 Uhr) GRATIS mit einer Sammlung von Stücken aus der Alhambra (darunter die Tür der Sala de las Dos Hermanas) und das **Museo de Bellas Artes** (Kunstmuseum; EU-Bürger frei, Nicht-EU-Bürger 1,50 €; ⊙ Di 14.30–20, Mi–Sa 9–20, So bis 14.30 Uhr) mit Gemälden und Skulpturen aus der christlichen Geschichte Granadas.

Weiter hinten erhebt sich an der Stelle der Palastmoschee die **Iglesia de Santa María de la Alhambra** aus dem 16. Jh. Im **Convento de San Francisco** auf der Hügelkuppe, dem heutigen Hotel Parador de Granada, wurden Isabella und Ferdinand beigesetzt, bis ihre Gräber in der Capilla Real fertiggestellt waren.

➜ Generalife

Der Generalife – der Name bildet sich aus dem arabischen Begriff *jannat-al-arif* (der Garten des Architekten) – ist eine idyllische Anlage aus Pfaden, Patios, Wasserbecken, Brunnen, Bäumen und, je nach Jahreszeit, Blumen in allen erdenklichen Farben. Zu der Anlage gelangt man über einen Weg, der durch die Alhambra-Mauer an der Ostseite und von dort zurück Richtung Nordwesten führt. Im Südteil des Generalife liegt ein Zierheckengarten, wo einst das königliche Vieh weidete. Am nördlichen Hang gegenüber der Alhambra befindet sich der weiße **Sommerpalast** (Karte S. 270) des Emirs. Seine Höfe sind besonders schön. Im zweiten Hof lässt der Stumpf einer 700 Jahre alten Zypresse noch die zarten Schatten ahnen, die sie einst auf die Terrasse warf. Außerhalb des Hofs führen Stufen zur **Escalera del Agua** (Karte S. 270), einem ausgesprochen schönen Stückchen Gartenkunst, wo Wasser neben einer überschatteten Treppe plätschert.

Fundación Rodríguez-Acosta MUSEUM
(Karte S. 270; ☏ 958 22 74 97; www.fundacionrodriguezacosta.com; Callejón Niño del Royo 8; Führung 5 € (mit Büchereiführung 6 €); ⊙ 10–18.30 Uhr) Eines der größten Gebäude auf dem Hügel Realejo ist das sogenannte „Carmen Blanco". Es beherbergt die Stiftung Rodríguez-Acosta und wurde 1914 von dem in Granada geborenen Künstler José María Rodriguez-Acosta designt und erbaut. Das ganz und gar ungewöhnliche Haus mit traumhaften Gärten bedient sich stilistisch an einer Vielzahl architektonischer Richtungen, von Art déco über nasridisch und griechisch bis hin zu barock. Die Führung umfasst einen Besuch der unterirdischen Gänge und den Zutritt zu dem wunderbaren Museum mit Originalen von Pacheco, Cano und Zurbarán.

Für einen zusätzlichen Euro wird die Tour auf die Bibliothek ausgeweitet, die in dem schönsten Zimmer des Bauwerks untergebracht ist. Dort wimmelt es nur so von faszinierenden Raritäten, die Rodríguez-Acosta auf seinen Weltreisen sammelte, insbesondere in Asien.

Museo Sefardi MUSEUM
(Karte S. 278 f.; ☏ 958 22 05 78; www.museosefardidegranada.es; Placeta Berrocal 5; Eintritt 5 €; ⊙ 10–14 & 17–21 Uhr) 1492 wurden die Juden im Rahmen des Alhambra-Edikts in Scharen des Landes verwiesen. Heute leben nur noch wenige Sepharden in Granada. 2013 eröffnete ein geschäftstüchtiges Paar dieses Museum zum Gedenken an die Vertriebenen. Dies war das Jahr, in dem die spanische Regierung Juden, die ihre iberische Herkunft belegen konnten, die Staatsbürgerschaft garantierte. Das Museum ist winzig, aber die Exponate wurden mit viel Sorgfalt ausgesucht. Durch sie erzählen die Besitzer eine faszinierende Geschichte mit viel Herzblut.

Casa-Museo Manuel de Falla MUSEUM
(Karte S. 270; ☏ 958 22 21 88; www.museomanueldefalla.com; Paseo de los Mártires; Erw./erm. 3/1 €; ⊙ Di–Fr 9–14.30 & 15.30–19, Sa & So bis 14.30 Uhr) Manuel de Falla (1876–1946), der wohl beste klassische Komponist Spaniens, war mit Lorca befreundet. Er ist in Cádiz geboren, verbrachte die prägendsten Jahre seines Lebens aber in Granada. Dann zwang ihn der Bürgerkrieg, ins Exil zu gehen. In diesem attraktiven *cármen* kann man alles über den Mann erfahren; hier lebte und komponierte er. Das Gebäude ist so erhalten, wie de Falla es hinterlassen hat. Führungen liefern einen persönlichen Einblick in sein Leben.

⊙ Plaza Nueva & Umgebung

Palacio de los Olvidados MUSEUM
(Karte S. 278 f.; ☏ 655 55 33 40; www.palaciodelosolvidados.com; Cuesta de Santa Inés 6; Eintritt 5 €; ⊙ 10–19 Uhr) Während des nasridischen Emirats von Granada (13. Jh. bis 1492), das auf einer friedlichen religiösen Koexistenz zwischen Christen, Muslimen und Juden fußte, spielte die jüdische Bevölkerung eine Schlüsselrolle. Das Museum mit dem treffenden Namen „Palast der Vergessenen" (eröffnet 2014) im Albaicín widmet sich dem oft übersehenen jüdischen Erbe. Es ist das zweite und auch das beste jüdische Museum in Granada. In insgesamt sieben Räumen sind Exponate wie Schriftrollen, Kleidung und zeremonielle Gegenstände aus ganz Spanien ausgestellt.

Ein versierter Museumsführer erklärt die Sammlung.

Iglesia de Santa Ana KIRCHE
(Karte S. 278 f.; Plaza Santa Ana) Die Plaza Santa Ana erstreckt sich von der Nordostseite der Plaza Nueva. Sie wird von dieser Kirche dominiert, in deren Glockenturm das Minarett einer Moschee zu finden ist.

Archivo-Museo San Juan de Dios MUSEUM
(Karte S. 278 f.; ☏ 958 22 21 44; www.museosanjuandedios.es; Calle de la Convalencia 1; Eintritt 3 €; ⊙ Mo–Sa 10–14 Uhr) Das in der uralten Casa de los Pisa untergebrachte Museum liturgischer Kunst kommt etwas esoterischer daher als die übrigen Kunstmuseen Granadas. Die obligatorische Führung gibt Aufschluss über seine subtileren Nuancen und seinen Daseinszweck. Hier wird z. B. das Leben des Stadtpatrons, San Juan Robles (San Juan de Díos) dokumentiert.

Baños Árabes El Bañuelo BADEHAUS
(Karte S. 278 f.; Carrera del Darro 31; ⊙ Di–Sa 10–17 Uhr) `GRATIS` In der schmalen Carrera del Darro befindet sich dieses einfache, gut erhaltene arabische Badehaus aus dem 11. Jh.

⊙ Albaicín

Auf dem Hügel auf der anderen Seite des Darro-Tals gegenüber der Alhambra erstreckt sich Granadas altes muslimisches Viertel, der Albaicín. Hier kann man sich treiben lassen und verlieren – im wahrsten Sinne. Egal mit welcher Karte man unterwegs ist, wiederholtes Verlaufen ist eigentlich unvermeidlich. Die mit Kopfsteinen gepflasterten Straßen sind von *cármenes* (von

NICHT VERSÄUMEN

GRAFFITI-KUNST

Großbritannien hat Banksy, Granada hat El Niño de las Pinturas. Die kreativen Graffitis von Raúl Ruíz, so der richtige Name des Straßenkünstlers, sind mittlerweile zu einer Art Wahrzeichen jener Stadt geworden, in der das Prachtvolle oft in das Düstere übergeht. El Niños riesige Wandgemälde, überlebensgroß, leuchtend und nachdenklich stimmend, schmücken vor allem das Viertel Realejo. Sie zeigen Gesichter voller Emotionen in Nahaufnahme – und stellen ihnen kurze poetische Sprüche in stilisierten Schriftzügen gegenüber. Die Mehrheit befindet sich in Realejo. In den letzten 20 Jahren hat sich El Niño zu einer schillernden Persönlichkeit der Untergrundszene von Granada entwickelt. Manchmal demonstriert er seine Kunst vor Studenten. Er nimmt in Kauf, kritisiert zu werden und gelegentlich auch Bußgelder zahlen zu müssen, die meisten Einheimischen finden aber, dass seine Street Art Farbe in ihre alte Stadt bringt und Granada ein modern-originelles Antlitz verleiht.

Pancho Tours (S. 277) organisiert eine Führung, auf der auch die Werke von El Niño Thema sind.

Arabisch *karm*, der Garten; große Herrenhäuser mit ummauerten Gärten) gesäumt, die es so nur in Granada gibt. Der Albaicín überdauerte nach der christlichen Reconquista 1492 noch mehrere Jahrzehnte als muslimisches Viertel.

Bus C1 verkehrt auf einer Ringroute; von der Plaza Nueva geht's durch den Albaicín und zurück (7.30–23 Uhr alle 7–9 Min.).

Colegiata del Salvador   KIRCHE
(Karte S. 274 f.; Plaza del Salvador; Eintritt 0,75 €; 10–13 & 16.30–18.30 Uhr) Die Plaza del Salvador nahe dem Albaicín Alto (dem oberen Teil des Albaicín) wird beherrscht vom Colegiata del Salvador, einer Kirche aus dem 16. Jh. an der Stelle der einstigen Hauptmoschee des Albaicín. Deren Hof war der Westseite des Gotteshauses noch erhalten.

Palacio de Dar-al-Horra   PALAST
(Karte S. 274 f.; Callejón de las Monjas) Unweit der Placeta de San Miguel Bajo, abseits des Callejón del Gallo eine kurze Gasse hinunter, steht der Palacio de Dar-al-Horra, eine romantisch ungepflegte Mini-Alhambra aus dem 15. Jh. In ihm lebte einst die Mutter Boabdils, des letzten muslimischen Herrschers von Granada. Das Haus ist nicht öffentlich zugänglich, kann aber immerhin von außen angeschaut werden.

Carmen Museo Max Moreau   MUSEUM
(Karte S. 274 f.; 958 29 33 10; Camino Nuevo de San Nicolás 12; Di–Sa 10.30–13.30 & 16–18 Uhr) GRATIS Viele *cármenes* im Albaicín sind bis heute das, als was sie gedacht waren: ruhige Privathäuser mit hohen Mauern, hinter denen sich wunderschöne Terrassengärten verbergen. Das frühere Domizil des belgischen Malers und Komponisten Max Moreau eröffnet Besuchern die seltene (und noch dazu kostenlose) Möglichkeit, einen Blick auf einen dieser „geheimen" Orte zu werfen. Sein hübsches Heim wurde in ein Museum umfunktioniert. Zu sehen sind seine Wohnstatt, sein Arbeitsbereich und eine Galerie mit Moreaus besten Porträts.

Besonderes Plus: die Topaussicht auf die Alhambra.

Mirador San Nicolás   AUSSICHTSPUNKT
(Karte S. 274 f.; Callejón de San Cecilio) Der Callejón de San Cecilio führt zum Mirador San Nicolás, einem Aussichtspunkt mit unschlagbarem Blick auf die Alhambra und die Sierra Nevada. Besonders eindrucksvoll ist das Panorama beim Sonnenuntergang (dann kann man den Weg auch nicht verpassen!). Zu jeder Tageszeit wachsam bleiben: Fingerfertige, gut organisierte Taschendiebe und Handtaschenräuber sind hier am Werk. Davon sollte man sich aber nicht abschrecken lassen, denn die Atmosphäre mit Straßenmusikanten und einheimischen Studenten, unter die sich Touristen mit Kameras mischen, ist immer noch toll.

Calle Calderería Nueva   STRASSE
(Karte S. 278 f.) Diese schmale Straße verbindet den oberen Teil des Albaicín mit dem unteren. Sie ist bekannt für ihre vielen *teterías* (Teestuben), aber ebenfalls eine gute Anlaufstelle, um Slipper, Wasserpfeifen, Schmuck und nordafrikanische Töpferwaren in vielen verschiedenen Läden zu kaufen, die an einen marokkanischen Souk (Basar) denken lassen.

Granada

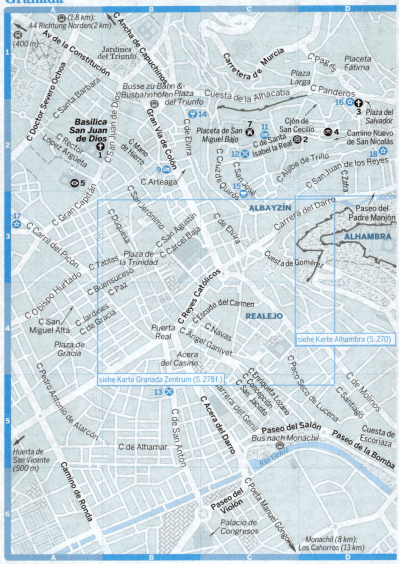

Plaza Bib-Rambla & Umgebung

★ **Capilla Real** HISTORISCHES GEBÄUDE
(Karte S. 278f.; www.capillarealgranada.com; Calle Oficios; Eintritt 4 €; ⊙ Mo–Sa 10.15–13.30 & 15.30–18.30, So 11–13.30 & 14.30–17.30 Uhr) Hier, in einer Kapelle neben der Kathedrale von Granada, liegen sie begraben, die berühmt-berüchtigten Katholischen Könige. Ihre letzte Ruhestätte ist so friedlich, wie das Leben von Isabella und Ferdinand nie war. Das

Granada

◎ Highlights
1 Basilica San Juan de Díos A2

◎ Sehenswertes
2 Carmen Museo Max Moreau C2
3 Colegiata del Salvador D2
4 Mirador San Nicolás D2
5 Monasterio de San Jerónimo A2
6 Museo Cuevas del Sacromonte F1
7 Palacio de Dar-al-Horra C2
8 Placeta Joe Strummer E5

🛏 Schlafen
9 AC Palacio de Santa Paula B2
10 Casa Morisca Hotel E2
11 Santa Isabel La Real C2

🍴 Essen
12 El Ají C2
13 La Fábula Restaurante B5

🍷 Ausgehen & Nachtleben
14 Al Sur de Granada...............................B2
15 Albayzín Abaco Té C3

🎭 Unterhaltung
16 Jardines de Zoraya D2
17 La Tertulia...A3
18 Peña La Platería D2

---

bra Station. Sie befinden sich in einfachen Bleisärgen in der Krypta unter ihren Marmordenkmälern im Altarraum, umgeben von einem beeindruckenden vergoldeten schmiedeeisernen Geländer, das 1520 von Bartolomé de Jaén erschaffen wurde. Hier stehen auch die Särge ihrer bedauernswerten Tochter Johanna der Wahnsinnigen und ihres Gatten Philipp I. von Habsburg.

Die Sakristei beherbergt ein kleines, aber eindrucksvolles **Museum** mit Ferdinands Schwert und Isabellas Zepter, Silberkrone und privater Kunstsammlung größtenteils flämischer Werke. Außerdem ist dort Botticellis *Christus am Ölberg* zu bewundern. Zwei schöne Statuen von Felipe de Vigarni aus dem frühen 16. Jh. zeigen die Katholischen Könige beim Gebet.

Catedral de Granada KATHEDRALE
(Karte S. 278 f.; ☎ 958 22 29 59; www.catedraldegranada.com; Gran Vía de Colón 5; Eintritt 4 €; ⏱ Mo–Sa 10.45–19.45, So 16–19 Uhr) Um sich dem vor den Toren stehenden Betrachter in ihrer vollen Pracht zu offenbaren, wird die weitläufige Kathedrale zu sehr von den benachbarten Gebäuden „bedrängt". Dennoch kommt sie imposant daher in ihrer Kom-

---

Paar gab ihr kunstvoll gestaltetes, isabellinisch-gotisches Mausoleum selbst in Auftrag, es wurde allerdings erst 1521 fertiggestellt, deshalb machten die sterblichen Überreste der beiden Monarchen eine Weile im Convento de San Francisco in der Alham-

paktheit, die der blühenden Fantasie des Malers, Bildhauers und Architekten Alonso Cano aus dem 17. Jh. entsprungen ist. Die Katholischen Könige gaben ihren Bau zu Beginn des 15. Jhs. in Auftrag, er begann aber erst nach Isabellas Tod und war 1704 abgeschlossen.

Das Ergebnis ist ein Mischmasch der Stile: außen Barock des Meisters Alonso Cano aus dem 17. Jh., innen Renaissance, wo Diego de Siloé, der spanische Pionier dieses Stils, riesige strahlend weiße Stützpfeiler, einen schwarz-weiß gefliesten Boden und die vergoldete und bemalte Kapelle schuf. Noch seltsamer ist, dass die Deckengewölbe ausgesprochen gotisch sind.

Corral del Carbón HISTORISCHE STÄTTE
(Karte S. 278 f.; Calle Mariana Pineda; ⊙ 10–20 Uhr) Den schönen hufeisenförmigen Bogen des Corral del Carbón, des Getreidespeichers aus nasridischer Zeit östlich der Calle Reyes Católicos, kann man kaum übersehen. Nach seiner Errichtung im 14. Jh. diente das Gebäude als Gasthaus für Kaufleute. Danach wurde es als Herberge für Kohlenhändler genutzt (daher der moderne Name „Kohlenhof") und später als Theater. Bei unserem letzten Besuch wurde es gerade renoviert, aber es ist trotzdem möglich, die Fassaden zu bewundern.

Centro José Guerrero KUNSTMUSEUM
(Karte S. 278 f.; ☎ 958 22 51 85; www.centroguerrero.org; Calle Oficios 8; ⊙ Di–Sa 10.30–14 & 16.30–21, So bis 14 Uhr) GRATIS Ihren Namen verdankt die Kunstgalerie für Wechselausstellungen mit vornehmlich modernistischer Note dem abstrakten Maler José Guerrero (1914–1991), der in die USA emigrierte. Die ständige Sammlung umfasst auch eine Handvoll Werke des Meisters.

La Madraza de Granada HISTORISCHES GEBÄUDE
(Karte S. 278 f.; Calle Oficios; Führung 2 €; ⊙ 10–20 Uhr) Die Madraza wurde 1349 von Sultan Yusuf I. als Schule und Universität gegründet. Sie gehört noch heute zur Universität Granada. Vor ein paar Jahren fanden hier Ausgrabungen und Umbauarbeiten statt, sodass man nun den interessanten, wenn auch manchmal nicht ganz schlüssigen Mix aus arabischer, christlicher, Mudéjar- und Barockarchitektur besichtigen kann. Die ältesten Bereiche stammen von einem Landhaus aus dem 11. Jh.

Besonders schön sind der reich verzierte Mihrab, die barocke Kuppel und farbiger Stuck. Studenten erklären Besuchern alles Wissenswerte. Das Gebäude erkennt man am *trompe d'oeil* an der Fassade.

⊙ Außerhalb des Zentrums

★ Basilica San Juan de Díos KIRCHE
(Karte S. 274 f.; Calle San Juan de Díos; Eintritt 4 €; ⊙ 10–13 & 16–19 Uhr) Keine Lust mehr auf Barockkirchen? Genug von mit Blattgold versehenen Altaraufsätzen? Dann ist die Basilika von Sankt Johannes von Gott genau das Richtige. Wenn Sevillas Kathedrale als größte gotische Kirche der Welt ist, muss dieses Gotteshaus eines der am üppigsten dekorierten sein. Kaum ein Quadratzentimeter, der nicht verziert wäre, funkelte und glitzerte.

Hat man das alles einmal auf sich wirken lassen, kann man hinter dem Altar nach oben steigen. Dort werden die Überreste des heiligen Namensgebers tief in einer Nische inmitten von Gold, Gold und noch mehr Gold aufbewahrt.

Monasterio de San Jerónimo KLOSTER
(Karte S. 274 f.; Calle Rector López Argüeta 9; Eintritt 4 €; ⊙ Mo–Fr 10–13.30 & 16–20, Sa & So bis 14.30 & 16–19.30 Uhr) Eines der umwerfendsten christlichen Gebäude Granadas liegt etwas außerhalb des Zentrums. Im Monasterio de San Jerónimo aus dem 16. Jh., wo Nonnen noch die Abendmesse singen, ist jede Fläche der Kirche bemalt – die Buntglasfenster verblassen dagegen buchstäblich.

Gonzalo Fernández de Córdoba, genannt El Gran Capitán, ein Soldat der Katholischen Könige, fand hier am Fuß der Stufen seine letzte Ruhe. Statuen von ihm und seiner Frau stehen an beiden Seiten des riesigen vergoldeten Altaraufsatzes, der über ganze acht Ebenen reicht. Am Eingang kann man von den Nonnen gebackene Mandelkekse erwerben, damit einem nicht schwindlig wird.

Placeta Joe Strummer PLATZ
(Karte S. 274 f.) Der viel zu frühe Tod von Joe Strummer schuf ein neues Bewusstsein für die kulturelle Bedeutung der Band The Clash, insbesondere in Granada, wo Strummer in den 1980ern und 1990ern regelmäßig zu Besuch war. Im Mai 2013 weihte die Witwe des Musikers die Placeta Joe Strummer im Viertel Realejo im Beisein von Hunderten Fans ein. Auf dem kleinen Platz stehen mehrere Bäume und ein Springbrunnen und man sieht von hier die Sierra Nevada. Das Wandbild von Strummer stammt vom Straßenkünstler El Niño de las Pinturas.

GRANADAS HEILIGER BERG

Sacromonte, das überwiegend von *gitanos* (Roma) bewohnte Viertel nordöstlich des Albaicín, ist berühmt für seine Flamenco-Tradition, die Touristen in die Nachtclubs und Fans in die Musikschulen zieht. Dennoch fühlt man sich hier am Rand der Stadt, buchstäblich und symbolisch, da die in den Berg gegrabenen Wohnungen von protzig bis sehr provisorisch reichen, obwohl einige schon seit dem 14. Jh. bestehen.

Der Bezirk eignet sich prima für einen müßigen Bummel und bietet eine großartige Aussicht (besonders von einem improvisierten Café an der Vereda de Enmedio). Einen tieferen Einblick in die Gegend ermöglicht das Museo Cuevas del Sacromonte (Karte S. 274 f.; www.sacromontegranada.com; Barranco de los Negros; Eintritt 5 €; 10–18 Uhr) mit seiner hervorragenden Sammlung lokaler Volkskunst. Das breit gefächerte Museum für Völker- und Naturkunde inmitten eines großen Kräutergartens präsentiert neben Kunstausstellungen auch von Juni bis September mittwochs und freitags um 22 Uhr Flamenco- und Filmaufführungen. In einigen der Höhlen auf oder nahe der Hauptstraße durch Sacromonte, dem Camino del Sacromonte, werden teure, an Touristen gerichtete Flamenco-Shows aufgeführt. Augen aufmachen und sich nicht ausnehmen lassen. Wer genügend Energie besitzt, kann sich auch in die Abtei Abadía de Sacromonte (Eintritt 4 €; Di–Sa 10–13 & 16–18, So 11–13 & 16–18 Uhr) ganz oben auf dem Hügel mit ihren unterirdischen Höhlenkapellen zwängen.

Achtung: Frauen sollten zu keiner Tages- oder Nachtzeit allein in den unbewohnten Teilen von Sacromonte herumspazieren.

Aktivitäten

Hammam de Al Andalus — HAMMAM
(Karte S. 278 f.; 902 33 33 34; www.granada.hammamalandalus.com; Calle Santa Ana 16; Bad/Bad & Massage 24/36 €; 10–24 Uhr) Granadas bestes Badehaus nach arabischem Vorbild (es gibt noch zwei weitere) verfügt über drei Becken mit unterschiedlich temperiertem Wasser und ein Dampfbad. Zum Angebot zählt auch eine gründliche Peelingmassage. Man muss immer für zwei Stunden buchen (vorab reservieren). Die schummerigen, gekachelten Räume sorgen für eine entspannte Stimmung.

Geführte Touren

Cicerone Cultura y Ocio — STADTFÜHRUNG

(Karte S. 278 f.; 958 56 18 10; www.ciceronegranada.com; Stadtführung 15 €) Informative Spaziergänge durch das Stadtzentrum und den Albaicín starten mittwochs bis sonntags täglich um 10.30 und 17 Uhr bzw. in den Wintermonaten um 10 und 16 Uhr auf der Plaza Bib-Rambla.

Play Granada — KULTURELLE FÜHRUNG
(Karte S. 278 f.; www.playgranada.com; Calle Santa Ana 2; Segway-Tour 30 €)  Ob eine Führung gut oder mies ist, steht und fällt mit dem Guide. Die Leute von Play Granada sind top! Sie brausen rund um die Plaza Nueva auf ihren Segways herum und wechseln auch mit unbeteiligten Passanten gern mal ein Wort.

Besonders zu empfehlen ist die Segway-Tour, 1¾ Stunden und 8 km lang. Wer sich für die E-Bike-Tour entscheidet, legt die doppelte Distanz in derselben Zeit zurück.

Pancho Tours — KULTURELLE FÜHRUNG
(664 64 29 04; www.panchotours.com)  Hervorragende kostenlose Stadtführungen. Zu erkennen sind die Guides an ihren orangefarbenen T-Shirts. Täglich um 11 Uhr startet die Albaicín-Tour, während die esoterischere „Street Art Tour" immer montags, mittwochs und freitags um 17 Uhr stattfindet. Die Guides haben Ahnung und Humor und spicken ihre Führungen mit spannenden Anekdoten. Online reservieren.

Feste & Events

Semana Santa — KARWOCHE
Die beiden bemerkenswertesten Events in der Karwoche Granadas sind Los Gitanos (Mittwoch), wenn die *fraternidad* (Bruderschaft) sich zur von Feuern erleuchteten Abadía de Sacromonte aufmacht, und El Silencio (Donnerstag), wenn die Straßenbeleuchtung für eine schweigende Prozession bei Kerzenschein erlischt.

Feria del Corpus Cristi — RELIGIÖSES FEST
(Fronleichnam) Das große Fest beginnt 60 Tage nach Ostersonntag mit einer Woche vol-

Granada Zentrum

ler Stierkämpfe, Tanz und Straßenpuppen. Am meisten los ist auf den Festplätzen am Busbahnhof.

Día de la Cruz
RELIGIÖSES FEST

Am 3. Mai werden Plätze, Höfe und Balkone mit Blumenkreuzen geschmückt. Die Festivitäten ziehen sich über drei Tage.

Festival Internacional de Música y Danza
MUSIK

(www.granadafestival.org) Im Juni und Juli gibt's für drei Wochen in der Alhambra und anderen historischen Stätten hochkarätige Tanz- und Konzertveranstaltungen.

Schlafen

Mit Stadtzentrum ist das ebene Gelände von Realejo bis hinüber zur Plaza de la Trinidad gemeint. Dank seiner Kompaktheit ist es eigentlich egal, wo man sich einquartiert. Am schönsten sind die Häuser mit Innenhof im Albaicín. Weil man dorthin allerdings z. T. nicht mit dem Taxi kommt, heißt es munter bergauf marschiert! Die wenigen Hotels nahe der Alhambra liegen zwar idyllisch, aber die anderen Sehenswürdigkeiten erreicht man nur schwer. Am höchsten sind die Preise im Frühling und Herbst, die Osterzeit ist mit Abstand am teuersten. Parkplätze kos-

gestatteten Bäder mit Doppelwaschbecken und Hydromassage-Duschen. Ein Superschnäppchen für diese zentrale Lage!

★ Carmen de la Alcubilla del Caracol
HISTORISCHES HOTEL €€

(Karte S. 270; 958 21 55 51; www.alcubilladelcaracol.com; Calle del Aire Alta 12; EZ/DZ 100/120 €; ❋@🕿) Eine sehr beliebte Unterkunft ist auch dieses traditionelle kleine Haus an den Hängen der Alhambra. Es hat mehr von einem B&B als von einem Hotel, was an seinem aufmerksamen Besitzer Manuel liegt, der seine Stadt sehr liebt. Die sieben Zimmer sind in blassen Pastellfarben gestrichen und luxuriös eingerichtet, aber nicht zu protzig.

Zu den Highlights gehören der Blick von dem spektakulären Terrassengarten und die Geräusche des städtischen Alltags in den Straßen unterhalb.

Santa Isabel La Real
BOUTIQUE-HOTEL €€

(Karte S. 274 f.; 958 29 46 58; www.hotelsantaisabellareal.com; Calle de Santa Isabel La Real 19; Zi. 105 €; ❋@🕿) Durch eine ideale Lage zeichnet sich dieses traumhafte Gebäude aus dem 16. Jh. zwischen der Plaza San Miguel Bajo und dem Mirador San Nicolas (Plaza de San Nicolás) aus. Es wurde geschmackvoll restauriert und in ein exquisites kleines Hotel umgebaut. Dabei wurden viele architektonische Elemente erhalten, z. B. die Marmorsäulen. Die Zimmer gehen von einem Innenhof ab und sind individuell mit Spitzenüberwürfen, Stickbildern und handgewebten Läufern gestaltet.

Unser Lieblingszimmer ist die Nummer elf wegen des Blicks auf die Alhambra.

Hotel Palacio de Los Navas
HISTORISCHES HOTEL €€

(Karte S. 278 f.; 958 21 57 60; www.palaciodelosnavas.com; Calle Navas 1; Zi. ab 120 €; ❋🕿) Dieses Haus gab es schon zu Zeiten Don Quijotes im 16. Jh. Die unterschiedlich eingerichteten Zimmer erstrahlen in coolen Creme- und Weißtönen und gruppieren sich um einen traditionellen Säulenhof. Terrakottafliesen und Schreibtische, original erhaltene Türen und Säulen runden das stimmige Dekor ab. Wer sich ins Nachtleben stürzen will, ist ganz nah dran: Die Calle Navas gilt als eine der wichtigsten „Tapasmeilen" von Granada.

Hotel Párraga Siete
HOTEL €€

(Karte S. 278 f.; 958 26 42 27; www.hotelparragasiete.com; Calle Párraga 7; EZ/DZ 65/85 €; ❋🕿)

---

ten zwischen 15 und 20 € pro Tag; meistens muss man allerdings öffentlichen Parkplätze nutzen, denn auf dem Hotelgelände werden oft keine bereitgestellt.

Hotel Posada del Toro
HOTEL €

(Karte S. 278 f.; 958 22 73 33; www.posadadeltoro.com; Calle de Elvira 25; DZ ab 50 €; ❋🕿) In dem wunderbaren kleinen Hotel liegen die Zimmer rund um einen ruhigen Innenhof. Die Farben der Wände erinnern an italienische Eiscreme: Pistazie, Pfirsich, Sahne. Ebenso hübsch sind die Parkettböden, der Stuck im Alhambra-Stil, die rustikalen Möbel und die kleinen, aber formvollendet aus-

Granada Zentrum

◎ Highlights
1. Capilla Real C2

◎ Sehenswertes
2. Archivo-Museo San Juan de Dios E1
3. Baños Árabes El Bañuelo F1
4. Calle Calderería Nueva D1
5. Catedral de Granada C2
6. Centro José Guerrero C2
7. Centro Lorca B2
8. Corral del Carbón C3
9. Iglesia de Santa Ana E1
10. La Madraza de Granada C2
11. Museo Sefardí E3
12. Palacio de los Olvidados F1

◎ Aktivitäten, Kurse & Touren
13. Cicerone Cultura y Ocio B3
14. Escuela Delengua D1
15. Hammams de Al Andalus E1
16. Play Granada E2

◎ Schlafen
17. Hotel Casa del Capitel Nazarí E1
18. Hotel Hospes Palacio de Los Patos A5
19. Hotel Los Tilos B3
20. Hotel Molinos F4
21. Hotel Palacio de Los Navas D4
22. Hotel Párraga Siete B4
23. Hotel Posada del Toro D1
24. Hotel Zaguán del Darro F1

◎ Essen
25. Arrayanes D1
26. Bodegas Castañeda D2
27. Café Futbol D5
28. Carmela Restaurante D3
29. Gran Café Bib-Rambla B3
30. Hicuri Art Restaurant E4
31. La Bella y La Bestia D1
32. La Bicicleta B2
33. La Botillería D4
34. Los Diamantes C4
35. Oliver B2
36. Restaurante Chikito C5
37. Siloé Café & Grill C1

◎ Ausgehen & Nachtleben
38. Boom Boom Room C1
39. Botánico A1
40. El Bar de Eric A1
41. Mundra A2
42. Taberna La Tana D5
43. Tetería Dar Ziryab D1
44. Tetería Kasbah D1
45. Tetería La Cueva de Ali Baba F1
46. Tetería Nazarí D1

◎ Unterhaltung
47. Casa del Arte Flamenco E2
48. Le Chien Andalou E1

◎ Shoppen
49. Alcaicería C3
50. Alquimía Pervane D1
51. Artesanías González E2
52. Daniel Gil de Avalle E4
53. La Carta des Vins C4
La Oliva .... (siehe 33)
54. Tienda Librería de la Alhambra D2

Es sieht fast so aus, als hätte man beim Möblieren der kleinen modernen Zimmer einen Ikea-Katalog konsultiert. Die Räume wirken neu wie ein frisch gestärktes Hemd. Auf Sauberkeit wird sehr viel Wert gelegt. Weitere Pluspunkte gibt's für die Flasche Wasser, die jeden Nachmittag aufs Zimmer gebracht wird, und die elegante Vitola Gastrobar unten, die perfekte „Tankstelle" für Frühstück und Tapas.

Hotel Zaguán del Darro
HISTORISCHES HOTEL €€
(Karte S. 278 f.; ☎ 958 21 57 30; www.hotelzaguan.com; Carrera del Darro 23; EZ/DZ 55/70 €; ✱ @ 🛜) Preisgünstig für den Albaicín ist dieses historische Hotel (16. Jh.). Es wurde stimmig restauriert, hie und da hat man Antiquitäten platziert. Von den 13 Zimmern gleicht keines dem anderen und z. T. reicht der Ausblick zum Río Darro. Das Bar-Restaurant treppab ist gut. Dank der zentralen Lage direkt an der Hauptstraße erwischt man problemlos ein Taxi, allerdings kann es dadurch hier abends oft auch etwas laut werden.

Hotel Casa del Capitel Nazarí
HISTORISCHES HOTEL €€
(Karte S. 278 f.; ☎ 958 21 52 60; www.hotelcasacapitel.com; Cuesta Aceituneros 6; EZ/DZ 68/85 €; ✱ @ 🛜) Der Renaissance-Palast von 1503 nahe der Plaza Nueva transportiert ein Stück Albaicín-Magie. Er ist Mittelklassehotel und architekturgeschichtliche Lektion in einem. Das Zimmerdekor mutet marokkanisch an und im Hof finden Kunstausstellungen statt.

Hotel Molinos
HOTEL €€
(Karte S. 278 f.; ☎ 958 22 73 67; www.hotelmolinos.es; Calle Molinos 12; EZ/DZ/3BZ 53/85/115 €; ✱ 🛜) Von dem Prädikat „schmalstes Hotel der Welt" sollte man sich nicht abschrecken lassen (obwohl es tatsächlich stimmt! Es

gibt sogar das entsprechende Zertifikat vom *Guinness-Buch der Rekorde*). In den neun unlängst zum Boutique-Standard „aufgemöbelten" Zimmern hat man ausreichend Platz, um sich auszubreiten. Das warmherzige Personal versorgt Gäste in der Lobby mit jeder Menge Infos. Eine preiswerte, zentrale Option am Fuß von Realejo.

Hotel Los Tilos — HOTEL €€

(Karte S. 278 f.; ☎ 958 26 67 12; www.hotellostilos.com; Plaza Bib-Rambla 4; EZ/DZ 45/75 €; ❄) Die fürs Zentrum geräumigen Zimmer kommen schlicht daher, werden aber regelmäßig generalüberholt und gewähren einen Blick auf die Plaza Bib-Rambla. Dank doppelt verglaster Fenster bleibt das Gegröle der Nachteulen, die sich gegen 5 Uhr dann auch mal auf den Heimweg begeben, draußen, wo es hingehört. Nett: Wer im eigenen Zimmer den Alhambra-Blick vermisst, muss sich nur auf die kleine Dachterrasse mit 360-Grad-Aussicht begeben.

★ Hotel Hospes Palacio de Los Patos — LUXUSHOTEL €€€

(Karte S. 278 f.; ☎ 958 53 57 90; www.hospes.com; Solarillo de Gracia 1; Zi./Suite 200/400 €; P❄@🌐≋) Kurz und schmerzlos: Dies ist das beste Hotel der Stadt. Es bietet den Glücklichen, die es sich leisten können hier unterzukommen, den raffiniertesten modernen Standard und einen makellosen Service in einem palastartigen, von der Unesco geschützten Gebäude. Über die vielen denkwürdigen Extras und Kleinigkeiten könnte man glatt einen Roman schreiben: die prächtige Treppe, die postmodernen Kronleuchter, den arabischen Garten, das römische Kaiserspa, die Nelken, die nachmittags auf dem Bett drapiert werden …

Teuer, aber jeden einzelnen Cent wert!

Casa Morisca Hotel — HISTORISCHES HOTEL €€€

(Karte S. 274 f.; ☎ 958 22 11 00; www.hotelcasamorisca.com; Cuesta de la Victoria 9; DZ/Suite 167/220 €; ❄@🌐) In dem Herrenhaus aus dem ausgehenden 15. Jh. können sich Gäste entspannt zurücklehnen wie Nasriden-Emire. Das Gebäude verkörpert den Geist des Albaicín und der nahen Alhambra auf geradezu unheimliche Weise. Atmosphäre und Geschichte sind dicht, dabei wurde aber nicht auf Komfort und „Zuhause-Feeling" verzichtet. Hinzu kommen viele wunderschöne bauliche Details, angefangen bei silbernen Kandelabern und einem gekachelten Zierpool.

AC Palacio de Santa Paula — LUXUSHOTEL €€€

(Karte S. 274 f.; ☎ 902 29 22 93; www.palaciodesantapaula.com; Gran Vía de Colón 31; Zi. ab 200 €; P❄@🌐) Fünf-Sterne-Hotels gibt's in Granada im Überfluss. Auch diese Unterkunft ist Teil der Edelriege: ein ehemaliges Kloster aus dem 16. Jh. samt mehreren Häusern aus dem 14. Jh. mit Höfen und Holzbalkonen und einer Adelsvilla aus dem 19. Jh. Ihnen allen wurde ein moderner „Anstrich" verpasst. Die Zimmer warten mit jedem erdenklichen Luxus auf, den man sich vorstellen kann. Zusätzliche Einrichtungen: ein Fitnessstudio, eine Sauna und ein türkisches Bad.

Parador de Granada — HISTORISCHES HOTEL €€€

(Karte S. 270; ☎ 958 22 14 40; www.parador.es; Calle Real de la Alhambra; Zi. 335 €; P❄@🌐) Ge-

---

GRATIS-TAPAS

Granada – ein Hoch auf seine Großzügigkeit! – ist eine der letzten Bastionen, die diesen wunderbaren Brauch bewahrt: zu jedem Getränk kostenlose Tapas zu servieren. Gerade erst hat man einen Drink an der Bar bestellt, schon taucht wie von Geisterhand gebracht eine ordentliche Portion irgendeiner Köstlichkeit auf. Mit dem nächsten Getränk erscheint eine weitere Leckerei. Diese Prozedur wiederholt sich mit jeder neuen Runde – und die Tapas werden immer besser. Da in spanischen Bars das Bier in kleine Gläser gezapft wird (*cañas* werden in 250-ml-Gläsern kredenzt), kann man sich auf diese Weise problemlos an kostenlosen Häppchen satt essen und einen schönen Abend verbringen, ohne zu schnell zu betrunken zu werden. Es ist absolut gesellschaftsfähig, von Kneipe zu Kneipe zu ziehen und dort zu jedem Drink Tapas für lau zu genießen. Geeignet dafür sind vor allem die Calle de Elvira und die Calle Navas, wo sich eine Tapas-Institution an die nächste reiht. Besonders Hungrige können sich jederzeit die eine oder andere Extraportion zu ihrer *cerveza* bestellen.

Gratis-Tapas sind in weiten Teilen der Provinz Granada üblich, auch in Almería. Dort können Gäste sogar auswählen, welche Tapas sie probieren möchten.

nau das Richtige, wenn man ein romantisches Refugium sucht und sich in bester Boabdil-Manier (er war der letzte Nasriden-Emir) auf einem Divan fläzen möchte, ist der luxuriöseste und teuerste *parador* Spaniens. Er befindet sich in einem umgebauten Kloster aus dem 15. Jh. auf dem Gelände der Alhambra. Vorab reservieren! Die Unterkunft ist wahnsinnig begehrt.

Essen

In Granada ist das Essen bodenständig und preiswert. Was ihr an großspuriger *alta cocina* (Haute Cuisine) fehlt, macht sie mit üppigen Portionen andalusischer Standardgerichte wett. Außerdem serviert eine Fülle von Lokalen ordentliche Tapas und *raciones* (große Tapas-Mahlzeiten). Ein weiteres Steckenpferd der hiesigen Gastronomieszene ist die marokkanische Küche.

★ Gran Café Bib-Rambla   CAFÉ €

(Karte S. 278 f.; Plaza Bib-Rambla 3; Schokolade & churros 4 €; 8–23 Uhr;) Es ist 17 Uhr, man hat gerade fünf halbwegs spannende Kirchen besichtigt und spürt deutlich den Unterzuckerung. Genau die richtige Uhrzeit, um sich an der Plaza Bib-Rambla die besten *churros* (frittierte „Teigfinger") der Stadt zu Gemüte zu führen. Das Vintage-Café wurde 1907 erbaut. Gäste können hier den Frische-Check machen und Herrn *churro*-Macher persönlich dabei zusehen, wie er die Teigwürste in die Fritteuse hinter der Bar taucht. Anschließend werden die Krapfen in Tassen mit extradickflüssiger heißer Schokolade getunkt.

La Bella y La Bestia   ANDALUSISCH, TAPAS €

(Karte S. 278 f.; 958 22 51 87; www.bodegaslabellaylabestia.com; Calle Carcel Baja 14; Tapas 2–3 €; 12–24 Uhr) Der Name dieses Lokals bedeutet ins Deutsche übersetzt „Die Schöne und das Biest". Während Schönheit durchaus gegenwärtig ist, fehlt von einem echten Biest allerdings jede Spur. Stattdessen ist dieser Laden unsere Nummer eins in Sachen großzügigste Gratis-Tapas der Stadt: Gemeinsam mit dem ersten Getränk wird eine große Platte mit Bagels, Chips und Pasta serviert. Es gibt vier Filialen, eine liegt aber besonders günstig gleich abseits der Calle de Elvira.

Bodegas Castañeda   TAPAS €

(Karte S. 278 f.; Calle Almireceros; Tapas 2–3 €, raciones 6–8 €; 11.30–16.30 & 19.30–1.30 Uhr) Einheimische wie Touristen gleichermaßen lieben das Castañeda, die Tapas-Bar schlechthin. Schicken neuen Schnickschnack kann man hier lange suchen, die Bedienung ist aber schneller als der Blitz. Hier wird das Abendessen zur Kontaktsportart. Der Alkohol wird aus großen Fässern an den Wänden gezapft.

Café Futbol   CAFÉ €

(Karte S. 278 f.; www.cafefutbol.com; Plaza de Mariana Pineda 6; churros 2 €; 6–1 Uhr;) Im Café Futbol geht's eher um Schokolade und Eiscreme als um Fußball. Das dreistöckige Café mit seinen butterfarbenen Wänden und protzigen Kerzenleuchtern stammt aus dem Jahr 1910. Meist ist es rappelvoll mit gut frisierten Señoras, ausländischen Studenten und Familien. Sonntagnachmittags fällt ganz Granada hier ein, um heiße Schokolade und fettige *churros* zu verspeisen. Ältere Kellner in weißen Hemden nehmen die zahlreichen Bestellungen auf.

Hicuri Art Restaurant   VEGAN €

(Karte S. 278 f.; Plaza de los Girones 3; Hauptgerichte 7–12 €; Mo-Sa 10–22 Uhr;) Bei der Gestaltung der Innen- und Außenwände ihres Lokals haben die Besitzer dem führenden Graffiti-Künstler der Stadt, El Niño de las Pinturas, freie Hand gelassen. Was dabei herausgekommen ist, kann gut mit dem Begriff „psychedelisch" umschrieben werden. Bis vor Kurzem gab es im Hicuri Art Restaurant vegetarische Küche und sogar ein paar Gerichte mit Fleisch, doch jetzt beschränkt man sich auf strikt veganes Essen.

In den Speisen finden Tofu und Seitan großzügig Verwendung. Das Mandel-Tiramisu sollte den einen oder anderen zu einem Nachtisch überreden können.

★ La Bicicleta   BISTRO €€

(Karte S. 278 f.; 958 25 86 36; Plaza Pescadería 4; raciones 8–15 €; Do-Di 11–23.30 Uhr) Wenn es mal etwas Neues und auch ruhig mal ein bisschen was anderes als üblich sein soll, können wir dieses wunderbare Bistro empfehlen. Es hat einen Hauch von Paris nach Granada gebracht und vereint, ganz ohne Zweifel, das Beste von beiden Welten. Es ist klein und intim und gerade richtig für unterschiedliche Leckereien, angefangen bei den hervorragenden *huevos a la flamenca* (Eier mit Tomatensoße). Die Kuchenauslage wurde strategisch klug an der Tür positioniert und schreit förmlich „Iss mich!" – die perfekte *merienda* (Snack am späten Nachmittag).

★ Carmela Restaurante
TAPAS, ANDALUSISCH €€

(Karte S. 278 f.; 958 22 57 94; www.restaurante carmela.com; Calle Colcha 13; Tapas 5–10 €; 12.30–24 Uhr) Lange Zeit war Granada eine Bastion der traditionellen Tapas-Kultur, doch jetzt hat man sich ein Scheibchen von Sevillas Kreativität abgeschnitten und etwas Neues ausgedacht, weniger angepasst und anders. Gerade Linien prägen das neue Restaurant im Realejo-Viertel, in dem eine Statue des jüdischen Philosophen Yehuba ibn Tibon ein waches Auge auf alles hat. Unsere Top-Tipps sind die kreativen Speisen sind die frisch zubereitete Tortilla und Räucherschinken-Kroketten, die so groß sind wie Tennisbälle.

Arrayanes
MOROKKANISCH €€

(Karte S. 278 f.; 958 22 84 01; www.rest-arrayanes.com; Cuesta Marañas 4; Hauptgerichte 15 €; So–Fr 13.30–16.30 & 19.30–23.30, Sa bis 16.30 Uhr;) Das beste marokkanische Essen der Stadt (die wohlgemerkt bekannt ist für ihr maurisches Erbe) gibt's im Arrayanes. Bitte Platz zu nehmen auf den hübsch gemusterten Sitzen, die Gabel in köstliche, fruchtige Tajinen hineintauchen und sein eigenes Urteil fällen. Eine Anmerkung: Es wird kein Alkohol ausgeschenkt.

La Botillería
TAPAS, FUSIONSKÜCHE €€

(Karte S. 278 f.; 958 22 49 28; Calle Varela 10; Hauptgerichte 13–20 €; Mi–So 13–1, Mo 13–20 Uhr) Die Botillería macht sich einen guten Namen mit „Nouveau Tapas". Der Laden befindet sich gleich um die Ecke von der legendären Bar La Tana (zwischen den beiden Lokalen bestehen familiäre Bande), ist aber schnittiger und moderner. Zum Tapas essen (auf Spanisch *tapear*) setzt man sich an die Theke oder, für das volle (typisch andalusische) Programm, an einen der Tische. Das *solomillo* (Schweinelende) wird in einer köstlichen Weinsoße serviert.

Siloé Café & Grill
INTERNATIONAL €€

(Karte S. 278 f.; 958 22 07 52; Plaza de Diego Siloé; Hauptgerichte 12–17 €; 9–24 Uhr) Das 2014 eröffnete Siloé, ist der krasse Gegensatz zum altmodischen Café Gran Via de Colon nebenan. Es passt in viele Budgets und bietet unterschiedliche Menüzusammenstellungen. Ansprechende Sitzecken laden zu einem späten

---

GRANADAS EIGENER „CLUB DER TOTEN DICHTER"

Intellektuelle Gespräche bilden schon seit Langem die Geräuschkulisse in den Bars, Cafés und *teterías* der Stadt. Es ist eine Tradition, die in die frühen 1920er-Jahre zurückreicht, als Dichter, Schriftsteller und Musiker im Café Alameda bei *tertulias* (einem Künstler- und/oder Literatentreffen) zusammenkamen, bekannt als „El Rinconcillo" in Anlehnung an die kleine Ecke im Café, in der sich die Teilnehmenden versammelten (*rincón* heißt Ecke). Der Platz ist beengt und mit Diwanen, Tischen und einem Klavier zugestellt. Zu den regelmäßigen Gästen gehörten Federico García Lorca, der 1921 von seinem Studium in Madrid zurückkehrte, und der klassische Komponist Manuel de Falla, der ein Jahr zuvor aus Cádiz nach Granada umgezogen war. Zu ihnen gesellten sich der klassische Gitarrist Andrés Segovia, der Maler Ismael González de la Serna, der Dichter Miguel Pizarro, Lorcas Bruder Francisco und viele andere. Der Rinconcillo war begeistert vom Flamenco und inspiriert von der barocken Dichtkunst Luis de Góngoras und wollte die Authentizität der andalusischen Kunst feiern. Gleichzeitig lag der Gruppe daran, die idyllische Vorstellung von Spanien, die gern, aber fälschlicherweise von Außenseitern propagiert wurde, zu widerlegen. 1922 half der Rinconcillo bei der Organisation des Concurso de Cante Jondo, eines Flamenco-Wettbewerbs in der Alhambra, dessen Ziel war, eine Überkommerzialisierung der Kunst zu vereiteln. Fünf Jahre später tauchte die Gruppe erneut auf, dieses Mal bei einer Veranstaltung des Ateneo de Sevilla zur 300-Jahr-Feier von Góngoras Tod. Es war die erste inoffizielle Zusammenkunft einer Gruppe, die später als Generación de '27 Bekanntheit erlangte – eine einflussreiche Bewegung spanischer Schriftsteller und Künstler wie etwa Salvador Dalí und Luis Buñuel.

In den Kneipen und Cafés von Granada herrscht noch immer ein alternatives, avantgardistisches Künstlerflair, auch wenn das Café Alameda nicht mehr existiert. Inzwischen ist das Restaurante Chikito (S. 284) hier eingezogen. Seit Februar 2015 steht eine Statue des berühmtesten Rinconcillo-Mitglieds Lorca an der „heiligen" Bar vorn, und zwar in der Ecke, wo er und seine Kameraden einst gemeinsam tranken und dabei die spanische Kultur neu erfanden.

Frühstück, *meriendas* am späten Nachmittag, Wein mit Tapas oder auch zu einem kompletten Mittag- oder Abendessen ein. Lecker und mal was anderes sind die tapasgroßen Burger, die den Hunger stillen, ohne dass man anschließend das Gefühl hat, gleich zu platzen.

Das Restaurant befindet sich an einem kleinen Platz neben der Kathedrale.

Los Diamantes — FISCH & MEERESFRÜCHTE €€
(Karte S. 278 f.; www.barlosdiamantes.com; Calle Navas 26; raciones 8–10 €; ⊙ Mo–Fr 12–18 & 20–2, Sa & So 11–1 Uhr) Willkommen in Granadas Tapas-Institution. Sie verfügt über zwei zentrale Anlaufstellen, diesen altmodischen, ungeschminkten Schuppen an der von Bars gesäumten Calle Navas und eine neuere, hippere Version Marke Ikea an der Plaza Nueva. Beiden gemein ist die Spezialität des Hauses: Fisch. Dass der in der Fritteuse vor sich hin blubbert, riecht man schon an der Tür.

El Ají — MODERN SPANISCH €€
(Karte S. 274 f.; ☏ 958 29 29 30; Plaza San Miguel Bajo 9; Hauptgerichte 12–20 €; ⊙ 13–23 Uhr; ⌘) Das schicke, aber gemütliche Lokal oben im Albaicín ist nicht größer als ein Schuhkarton, serviert aber Frühstück bis zum Abend. Auf Nachfrage empfiehlt das gesprächige Personal an der winzigen Marmortheke die Highlights der kreativen Karte (wie Garnelen in Tequila und Honig). Ein gutes Restaurant, um der Sonne zu entkommen, vor allem, wenn man von der Plaza Nueva hinaufläuft.

Oliver — FISCH & MEERESFRÜCHTE €€
(Karte S. 278 f.; ☏ 958 26 22 00; www.restauranteoliver.com; Calle Pescadería 12; Hauptgerichte 12–18 €; ⊙ Mo–Sa 13–16 & 20–24 Uhr) Die Fischbars auf diesem Platz sind eine Institution in Granada, und das Oliver ist eines der besten, was Essen und unbeirrbaren Service im Mittagsandrang angeht. Geschniegelte Geschäftsleute drängen sich neben Straßenkehrern, um *raciones* knoblauchreicher, frittierter Leckereien an der überfüllten Bar zu verspeisen. Gegen 16 Uhr ist der Boden oft knöchelhoch von zerknitterten Servietten und Garnelenschalen bedeckt.

Die einzigen Plätze mit etwas Ruhe sind der hintere Speiseraum oder die Terrassentische, die sich aber schnell füllen.

★ La Fábula Restaurante — MODERN EUROPÄISCH €€€
(Karte S. 274 f.; ☏ 958 25 01 50; www.restaurantelafabula.com; Calle San Antón 28; Hauptgerichte 22–28 €; ⊙ Di–Sa 13.30–16.30 & 20.30–23 Uhr) Das Lokal ist seinem Namen treu und tatsächlich ziemlich fabelhaft. Es versteckt sich zwischen den edlen Mauern des Hotel Villa Oniria und sein Ambiente macht der vortrefflichen Küche alle Ehre: Die Mahlzeiten werden angerichtet wie kleine Kunstwerke und schmecken einfach traumhaft. Besonders lecker sind das Wild mit Kastanien und Quitten sowie die Babyaale mit Basilikum und schwarzem Reis.

Das elfgängige Probiermenü kostet 65 € bzw. 80 € mit dazu passendem Wein. Hinten liegt ein sehr hübscher Garten. Unbedingt reservieren.

Restaurante Chikito — ANDALUSISCH €€€
(Karte S. 278 f.; ☏ 958 22 33 64; www.restaurantechikito.com; Plaza Campillo Bajo 9; Hauptgerichte 16–22 €; ⊙ Do–Di 12.30–15.30 & 19.30–23.30 Uhr) Früher befand sich an dieser Stelle das bekannte Café Alameda. Auch das Chikito wird von einer smarten, einheimischen Klientel frequentiert. Die Wände sind mit Fotos andalusischer Berühmtheiten tapeziert und an der Bar vorn erwartet die Gäste eine kürzlich importierte Statue von Federico García Lorca, der sich hier dereinst mit anderen Intellektuellenfreunden zu treffen pflegte.

Spezialität der Tapas-Bar sind Schnecken. Im angrenzenden Restaurant liegt der Fokus auf substanziellen Gerichten wie Ochsenschwanzeintopf und Schweinemedaillons. Die Köche haben viele Jahre an der Perfektionierung der Zubereitungsmethoden gefeilt.

🍷 Ausgehen & Nachtleben

Als beste Straße für ein paar Drinks gilt die Calle de Elvira, die ein bisschen ungewaschen wirkt. Entspannte Bars findet man aber auch entlang des Río Darro unterhalb des Albaicín-Viertels und in der Calle Navas. Nördlich der Plaza de Trinidad haben sich ein paar Hipster-Treffs angesiedelt.

Etablierte Ausgeh- und Tapas-Adressen sind Los Diamontes mit zwei Ablegern, die Bodega La Bella y la Bestia mit vier Filialen (darunter eine in der Calle de Elvira) und die Bodegas Castañeda, der Klassiker.

★ Taberna La Tana — BAR
(Karte S. 278 f.; Calle Rosario; ⊙ 12.30–16 & 20.30–24 Uhr) Granadas wahrscheinlich nettest familienbetriebene Bar hat sich auf spanische Weine spezialisiert, zu denen wundervolle Tapas gereicht werden. Mit der *surtido*-Platte (spanischen Schinken) macht man auf keinen Fall etwas falsch. Der Barkeeper

DIE BESTEN TETERÍAS

Granadas *teterías* (Teehäuser) haben sich in den vergangenen Jahren wundersam vermehrt. Ihre dunkle, stimmungsvolle Inneneinrichtung, der Stuck, die niedrigen Stühle mit Kissen und die typische Bohemien-Klientel verströmen ein unverändert exotisches Flair. Auf der Karte stehen gewöhnlich jede Menge aromatisierte Tees und klebrig-zuckrige arabische Süßigkeiten. Manchmal gibt's dazu auch Musik und gehaltvollere Snacks. Da und dort können Gäste außerdem eine *chachima* (Shisha) rauchen. Granadas beste „*tetería*-Meile" ist die schmale Calle Calderería Nueva. Die Teehäuser sind typischerweise von 12 Uhr bis Mitternacht geöffnet.

Tetería Nazari (Karte S. 278 f.; Calle Calderería Nueva 13) Bitte Platz zu nehmen auf den unförmigen Sitzkissen, zusammen mit Flamenco-Sängern, ernsthaften Kunststudenten und dem Gewinner des letzten „Che-Guevara-Double"-Wettbewerbs.

Tetería La Cueva de Ali Baba (Karte S. 278 f.; Puente de Epinosa 15) Eine etwas schickere *tetería* mit Blick auf den Río Darro, in der Wein und Tapas kredenzt werden.

Tetería Dar Ziryab (Karte S. 278 f.; 655 44 67 75; Calle Calderería Nueva 11) Regelmäßige Konzerte und ein warmer Ofen sind zwei der Gründe, warum sich ein Besuch im Dar Ziryab mit seinem Dekor wie aus *1001 Nacht* lohnt. Hier kann man turtelnde Studenten beim gemeinschaftlichen *chicamba*-Rauchen beobachten. Abgesehen von Shishas locken auch mehr als 40 Teesorten, süße Milchshakes und himmlische Tarte mit weißer Schokolade.

Tetería Kasbah (Karte S. 278 f.; Calle Calderería Nueva 4; Hauptgerichte 8–12 €) Leckeres Essen, reichlich Gelegenheiten zum „Studenten beobachten" und umwerfende Stuckarbeiten machen die mitunter langen Wartezeiten in der größten und geschäftigsten *tetería* der Calle Calderería Nuevo wieder wett.

Albaicín Abaco Te (Karte S. 274 f.; 958 22 19 35; Calle Alamo de Marqués 5;) Versteckt im Labyrinth des Albaicíns ermöglicht einem die arabisch-minimalistische Einrichtung einen tollen Blick auf die Alhambra aus einer relativ komfortablen Warte: auf einer Matte auf dem Boden. Gesundheitsfanatiker schwören auf den Karottensaft, Naschkatzen auf die tollen Kuchen.

---

informiert gern über die „Weine des Monats"; einfach sagen, ob einem der Rotwein *suave* (weich) oder *fuerte* (kräftig) besser schmeckt.

Der altmodische kleine Innenraum platzt gewöhnlich aus allen Nähten und ist dazu erfüllt vom Aroma feinen Weines.

El Bar de Eric BAR
(Karte S. 278 f.; Calle Escuelas 8; So–Do 8.30–2, Fr & Sa bis 3 Uhr) Man stelle sich Keith Moon von The Who vor, als Punkrocker wiedergeboren und verantwortlich für ein modernes Tapas-Restaurant ... Dann hat man eine ziemlich gute Vorstellung davon, wie Erics Bar funktioniert, das „Kind" des spanischen Rock'n'Roll-Schlagzeugers Eric Jiménez von der Band Los Planetas. Gut, in seinem neuen Bollwerk des Rock-Schicks geht's nicht ganz so chaotisch zu, wie man vielleicht meinen würde.

Gäste werden mit Tapas aus der Fusionsküche und Cocktails versorgt und können dabei hochwertige Fotokunst von Musikbands sowie Poster von alten Rock-Gigs bestaunen. Die Stammkundschaft kommt oft mit einer Gitarre auf dem Rücken vorbei und findet sich zu spontanen Sessions zusammen.

Botánico BAR
(Karte S. 278 f.; www.botanicocafe.es; Calle Málaga 3; Mo–Fr 10–1, Sa & So 12–1 Uhr) Ein Paradies für alle Hipster-Typen mit ganz präzise zurechtgestutzten Bärten sowie Doktoranden, die zum Thema Lorca forschen und natürlich für jeden mit Künstlerambitionen. Tagsüber ist das Botánico ein legeres Snacklokal, zur *merienda*-Zeit (17–19 Uhr) ein Café und sobald es dunkel wird eine Bar bzw. ein Club. Dann spielen DJs oder Livebands Jazz und Blues.

Orange ist eindeutig die Lieblingsfarbe des Besitzers. Der Name rührt von dem botanischen Garten auf der anderen Straßenseite her.

Al Sur de Granada — BAR
(Karte S. 274 f.; ☎ 958 27 02 45; www.alsurdegranada.net; Calle de Elvira 150; ⊙ 10–16 & 18–23.30 Uhr) Der Feinkostladen, der sich auf die besten Lebensmittel und Weine aus der Provinz Granada spezialisiert hat, fungiert auch als Bar. Empfehlenswert sind die Platte mit Käseproben und die verschiedenen Berglikörre. Die Produkte eignen sich auch wunderbar als Souvenirs.

Mundra — BAR
(Karte S. 278 f.; Plaza de la Trinidad; Platten 10 €; ⊙ Mo–Do 20.30–2, Fr & Sa bis 3 Uhr) Mit ihren schwarzen Tischen aus Fässern, Buddhafiguren, Chillout-Musik und dem Blick auf einen begrünten Platz kommt das Mundra weltoffen und stilvoll daher. Zu mehreren kann man Platten bestellen, die z. B. frische Garnelen aus Motril und italienischen Provolone enthalten.

Boom Boom Room — CLUB
(Karte S. 278 f.; ☎ 646 81 96 00; Calle Carcel Baja 11; ⊙ So–Do 15–6, Fr & Sa bis 7 Uhr) Granadas Schickeria tanzt heute am liebsten in einem glitzernden ehemaligen Kino mit goldenen Liegesofas zu billiger spanischer Popmusik.

☆ Unterhaltung

Ein Erlebnis der besonderen Art sind die abendlichen Vorführungen (20 Uhr; 30 €) im Palacio de los Olvidados (S. 272), bei denen Stücke von Lorca mit wunderbarem, selbst choreografiertem Flamenco kombiniert werden. Das Beste, was man in Granada abends unternehmen kann. Konkurrenzlos.

Peña La Platería — FLAMENCO
(Karte S. 274 f.; www.laplateria.org.es; Placeta de Toqueros 7) Die Peña La Platería tief im Labyrinth des Albaicín behauptet, Spaniens ältester Flamenco-Club zu sein (gegründet 1949). Viele privatere Clubs sind ausschließlich für Mitglieder geöffnet, donnerstags (und manchmal auch samstags) um 22.30 Uhr werden hier aber regelmäßig auch Besucher willkommen geheißen.

Casa del Arte Flamenco — FLAMENCO
(Karte S. 278 f.; ☎ 958 56 57 67; www.casadelarteflamenco.com; Cuesta de Gómerez 11; Tickets 18 €; ⊙ Vorführungen 19.30 & 21 Uhr) Eine kleine, relativ neue Flamenco-Bühne, die irgendwo zwischen *tablao* (mit Vorführungen für Touristen) und *peña* (privatem Club) anzusiedeln ist. Die Künstler sind durch die Bank erstklassig, aber die Atmosphäre hängt stark davon ab, wie das Verhältnis Touristen-Einheimische im Publikum ist.

Jardines de Zoraya — FLAMENCO
(Karte S. 274 f.; ☎ 958 20 60 66; www.jardinesdezoraya.com; Calle Panaderos 32; Tickets mit Getränk/Abendessen 20/45 €; ⊙ Vorführungen 20 & 22.30 Uhr) Etwas größer als viele neue Flamenco-Kulturzentren in Andalusien und in einem Restaurant untergebracht. Auf den ersten Blick kommt einem das Jardines de Zoraya wie ein touristischer Flamenco-*tablao* vor. Die vernünftigen Eintrittspreise, hervorragenden Darsteller und ein sehr stimmungsvoller Hof machen diese Adresse im Albaicín dennoch zu einer empfehlenswerten Anlaufstelle für alle, die Flamenco lieben.

La Tertulia — LIVEDARBIETUNGEN
(Karte S. 274 f.; www.tertuliagranada.com; Calle Pintor López Mezquita 3; ⊙ Di–Sa 21–3 Uhr) Als *tertulia* bezeichnet man in Spanien eine Künstlerzusammenkunft, und das ist genau das, was Besuchern in dieser Bohemien-Bar für gewöhnlich geboten wird. Der Schwerpunkt liegt weniger auf Bier als auf der Bühne: Mal treten witzige Gitarrenspieler auf, mal wird ein Poetry Slam organisiert u. Ä.

Le Chien Andalou — FLAMENCO
(Karte S. 278 f.; www.lechienandalou.com; Carrera del Darro 7; Tickets 6–10 €; ⊙ Vorführungen 21.30 & 23.30 Uhr) Einst diente die kleine, höhlenarti-

ALSA-BUSSE AB GRANADA

ZIEL	PREIS (€)	FAHRTDAUER (STD.)	HÄUFIGKEIT (TGL.)
Almuñécar	8,36	1¼	9
Jaén	8,89	1¼	16
Córdoba	15	2¾	8
Guadix	5,50	1	15
Málaga	12	1½	22
Lanjarón	4,28	1	9
Seville	23	3	9

ge Bar als Zisterne, heute finden hier jeden Abend zwei Flamenco-Shows für die Hälfte des Preises statt, der in anderen, größeren Läden verlangt wird. Die Darbietungen sind mal gut, mal weniger gut, aber angesichts des günstigen Eintrittspreises kann man es getrost auf einen Versuch ankommen lassen!

Shoppen

Zu den besonderen Kunsthandwerksprodukten Granadas gehören *taracea* (Intarsien). Die besten bestehen aus Muscheln, Silber oder Perlmutt auf Kisten, Tischen, Schachbrettern und dergleichen.

Artesanías González KUNST & KUNSTHANDWERK
(Karte S. 278 f.; Cuesta de Gomérez 12; ⊙ 11–20 Uhr) Das Kunsthandwerksgeschäft ist spezialisiert auf besonders schöne Einlegearbeiten von kleinen Schächtelchen bis hin zu größeren Schachkoffern, für die man mit Sicherheit Übergepäck zahlen muss.

Daniel Gil de Avalle MUSIK
(Karte S. 278 f.; www.gildeavalle.com; Plaza del Realejo 15; ⊙ 10–13 & 17–20 Uhr) In dem alteingesessenen Musikladen bekommt man exquisite handgefertigte Gitarren. Mit etwas Glück kann man sogar dem *guitarrero* (Gitarrenbauer) bei der Arbeit zuschauen. Auch Musiknoten gehören zum Angebot, vor allem Flamenco-Noten.

Tienda Librería de la Alhambra SOUVENIRS
(Karte S. 278 f.; ✆ 958 22 78 46; Calle Reyes Católicos 40; ⊙ 9.30–20.30 Uhr) Ein großartiges Geschäft für Fans der Alhambra mit einer geschmackvollen Auswahl an hochwertigen Geschenken, darunter hervorragende großformatige Bildbände, Kunstbücher für Kinder, handbemalte Fächer, künstlerische Schreibwaren und beeindruckende Fotodrucke, die man aus einer riesigen digitalen Bibliothek aussucht (ab 14 € für ein Bild in DIN-A4-Größe).

Alquimía Pervane PARFÜM
(Karte S. 278 f.; Calderería Nueva) Wohlriechender winziger Laden am oberen Ende der an Marokko erinnernden Straße mit Teegeschäften und Wasserpfeifen. Zum Verkauf stehen zahlreiche wunderbare Öle in schönen Flaschen, Rosenwasser u. Ä.

La Carta des Vins WEIN
(Karte S. 278 f.; Calle Navas 29; ⊙ Mo–Fr 10–15 & 17.30–21, Sa bis 15 Uhr) Dieser kleine Laden bietet ein hervorragende Auswahl an Weinen aus der Region Granada, aus Andalusien, dem Rest Spaniens und aus weit entfernten Gefilden wie Argentinien und Chile. Der Besitzer veranstaltet Verkostungskurse und einmalige Degustationen.

Alcaicería SOUVENIRS
(Karte S. 278 f.; Calle Alcaicería) Auf dem ehemaligen prächtigen maurischen Seidenbasar stehen heute Souvenirbuden. Der Markt wirkt wie eine Zeitreise in die Vergangenheit, besonders am frühen Morgen, bevor die Tourbusse ankommen. Man sieht noch, wo einst die Tore an den Eingängen standen, um den Markt vor Plünderern zu schützen; abends wurden sie geschlossen. Die Öffnungszeiten variieren von Geschäft zu Geschäft.

La Oliva ESSEN
(Karte S. 278 f.; Calle Rosario 9; ⊙ Mo–Sa 11–14.30 & 19–22 Uhr) Hochwertige Delikatessen mit Schwerpunkt auf guten Weinen und Olivenöl.

ℹ Praktische Informationen

Touristeninformation (Karte S. 278 f.; ✆ 958 22 10 22; Calle Santa Ana 1; ⊙ Mo–Sa 9–19.30, So 9.30–15 Uhr) Nahe der Plaza Nueva.

Touristeninformation der Provinz (Karte S. 278 f.; ✆ 958 24 71 28; www.turismodegranada.org; Plaza de Mariana Pineda 10; ⊙ Mo–Fr 9–20, Sa 10–19, So 10–15 Uhr) Infos zur gesamten Provinz Granada.

ZÜGE AB GRANADA

ZIEL	PREIS (€)	FAHRTDAUER (STD.)	HÄUFIGKEIT (TGL.)
Almería	20	2½	4
Madrid	69	4	4
Barcelona	60	7–11	3
Córdoba	36	2½	6
Algeciras	30	4¼	3
Linares-Baeza	24	2¼	1
Sevilla	30	3	4

ℹ An- & Weiterreise

BUS

Vom **Busbahnhof** (Carretera de Jaén) 3 km nordwestlich des Stadtzentrums fährt der Stadtbus SN2 bis Cruz del Sur. Dort steigt man in die LAC-Linie zur Gran Via de Colón im Zentrum um. Ein Taxi kostet 7 bis 9 €. **Alsa** (www.alsa.es) betreibt die Regionalbusse über die Provinz hinaus und bietet eine Nachtverbindung direkt zum Flughafen Barajas in Madrid (25 €, 6 Std.).

FLUGZEUG

Der **Aeropuerto Federico García Lorca** (www.aena.es) liegt 17 km westlich der Stadt nahe der A92. **Autocares J. González** (www.autocaresjosegonzalez.com) bietet Busverbindungen (einfach 3 €) zur Gran Vía de Colón gegenüber der Kathedrale. Ziele außerhalb Spaniens werden nur von **British Airways** (www.ba.com) angesteuert. Die Airline verkehrt dreimal wöchentlich zum London City Airport.

ZUG

Granadas **Bahnhof** (📞 958 24 02 02; Avenida de Andaluces) befindet sich 1,5 km nordwestlich des Stadtzentrums abseits der Avenida de la Constitución. Wer das Zentrum zum Ziel hat, geht geradeaus zur Avenida de la Constitución und biegt dann rechts ab zur Bushaltestelle. Die Linie LAC fährt zur Gran Vía de Colón. Taxis kosten etwa 5 €.

ℹ Unterwegs vor Ort

AUTO

Mit dem Auto durchs Zentrum von Granada zu kurven kann ziemlich frustrierend sein – das gilt für die meisten größeren Städte in Andalusien. Am besten stellt man den Wagen am Stadtrand ab und nimmt dann die öffentlichen Verkehrsmittel. Wer nicht ums Autofahren herumkommt, nutzt am besten die zentralen Parkplätze der **Alhambra** (Avenida Los Alixares; 2,50/17 € pro Std./Tag), von **San Agustín** (Calle San Agustín; 1,75/20 pro Std./Tag) oder der **Plaza Puerta Real** (Acera del Darro; 1,45/17 pro Std./Tag).

BUS

Einzelfahrscheine kosten 1,20 € und können beim Busfahrer gekauft werden. Die nützlichsten Buslinien sind die C1 (fährt von der Plaza

---

FEDERICO GARCÍA LORCA

Es ist fraglich, ob man das moderne Andalusien wirklich verstehen kann, ohne sich mit Spaniens größtem Poeten und Dramatiker Federico García Lorca (1898–1936) befasst zu haben. Lorca beschäftigte sich mit vielen zentralen Themen Andalusiens – Leidenschaft, Ambiguität, Überschwang und Innovation – und erweckte sie in einer Reihe reifer Werke geschickt zum Leben. Frühe Bekanntheit erlangte er mit *El romancero gitano (Zigeunerromanzen)*, einer Sammlung von Versen aus dem Jahr 1928 zu Roma-Themen, voll eindrucksvoller Metaphern, dargestellt mit der Schlichtheit eines Flamenco-Liedes. Zwischen 1933 und 1936 schrieb Lorca die drei Tragödien, für die er ganz besonders verehrt wird: Bodas de *sangre (Bluthochzeit)*, Yerma und La casa de Bernarda *Alba (Bernarda Albas Haus)*. Die grüblerischen, dunklen und dramatischen Werke handeln von Themen wie Gefangensein und Befreiung. Lorca wurde zu Beginn des Spanischen Bürgerkriegs 1936 getötet. Wo sich seine sterblichen Überreste befinden, ist ungeklärt, doch unlängst konnten die hartnäckig bestehenden Vermutungen bestätigt werden, dass er vom Militär exekutiert wurde. Getreue Francos ermordeten ihn, weil er als Linksintellektueller galt und schwul war.

Lorcas Sommerhaus **Huerta de San Vicente** (📞 958 25 84 66; Calle Virgen Blanca; Eintritt nur mit Führung auf Spanisch 3 €, Mi frei; ⊙ Di–So 9.15–13.30 & 17–19.30 Uhr) ist ein Museum in einem gepflegten Park, 15 Minuten zu Fuß von der Puerta Real, 700 m die Calle de las Recogidas hinunter. 2015 wurde das **Centro Lorca** (Karte S. 278 f.; Plaza de la Romanilla) eröffnet, das neue „Zuhause" der Lorca-Stiftung. Es wird eine Bibliothek, ein Theater mit 424 Sitzplätzen und einen Ausstellungsbereich in einem sehr modernen Gebäude beherbergen.

Das **Museo Casa Natal Federico García Lorca** (📞 958 51 64 53; www.patronatogarcialorca.org; Calle Poeta Federico García Lorca 4; Eintritt 1,80 €; ⊙ Führungen stdl. Di–Sa 10–14 & 17–19 Uhr) in Lorcas Geburtsort Fuente Vaqueros, 17 km westlich von Granada, stellt Fotos, Plakate und Kostüme der Theaterstücke des Schriftstellers aus. Busse (2 €, 20 Min.) von **Ureña** (📞 958 45 41 54) fahren werktags von 7 bis 21 Uhr etwa stündlich und am Wochenende ab 9 Uhr alle zwei Stunden von der Avenida de Andaluces vor dem Bahnhof Granadas ab.

Nueva einmal durch den Albaicín und zurück), die C2 (von der Plaza Nueva bis hoch nach Sacramonte) und die C3 (von der Plaza Isabel II hoch durchs Viertel Realejo und weiter bis zur Alhambra).

METRO

Aufgrund der Wirtschaftskrise war die lange herbeigesehnte Metro von Granada Anfang 2015 noch nicht einsatzbereit, die Schienen sind aber inzwischen fertig. Die 16 km lange Route verbindet Albolote im Norden und Amarilla im Südwesten. Dazwischen liegen 26 Haltestellen. Die komplette Strecke nimmt 45 Minuten in Anspruch. Da nur 2,5 km im Zentrum der Stadt unterirdisch verlaufen, passt der Begriff S-Bahn eigentlich besser als Metro.

TAXI

Zahlreiche Taxis findet man an der Plaza Nueva sowie am (Bus-)Bahnhof.

LA VEGA & EL ALTIPLANO

Rund um Granada erstreckt sich ein fruchtbarer Landstrich namens La Vega voller flirrender Pappelhaine und Äcker. Die A92 Richtung Nordosten führt durch den hügeligen Parque Natural Sierra de Huétor und erreicht dann eine zunehmend trockene Landschaft, die dank der weißen Gipfel der Sierra Nevada im Süden umso dramatischer wirkt. Ebenfalls faszinierend ist das Gebiet um die Stadt Guadix. Dort gibt's die größte Dichte an Höhlenwohnungen Spaniens, wenn nicht gar Europas.

Guadix liegt auf einem erhöhten Plateau. Im Südosten befindet sich der Bezirk Marquesado de Zenete an der Nordflanke der Sierra Nevada und im Nordosten der Altiplano, Granadas „Hochebene", in der hier und da Berge emporragen, die einen grandiosen Blick bis weit in die nördliche Provinz Almería erlauben.

Guadix

20 400 EW.

Guadix, 55 km von Granada nahe den Ausläufern der Sierra Nevada, ist für seine Höhlenwohnungen berühmt – keineswegs prähistorische Relikte, sondern in den schweren Löss des Hügels gehauene Wohnungen von mindestens 3000 modernen Städtern. In Höhlenhotels, die im Sommer wunderbar kühl und im Winter gemütlich sind, können Besucher diese Lebensweise ausprobieren.

Die *accitanos* (vom maurischen Namen Wadi Acci der Stadt) erfreuen sich auch einiger exzellenter touristenfreier Tapas-Bars. Die Touristeninformation (958 66 26 65; Avenida Mariana Pineda; Mo-Fr 9–13.30 & 16–18 Uhr) liegt an der Straße stadtauswärts Richtung Granada.

⊙ Sehenswertes

Die meisten Besucher machen sich direkt in das Höhlenviertel auf, aber die Altstadt hat ihre eigene charakteristische Architektur, überwiegend aus warmem Sandstein. Im Zentrum von Guadix befindet sich die schöne Kathedrale (Calle Santa María del Buen Aire; Eintritt mit Audioguide 5 €; Mo-Sa 10.30–14 & 17–19.30, So 19.30–21 Uhr), die zwischen dem 16. und 18. Jh. an der Stelle der einstigen Hauptmoschee der Stadt in einer Mischung aus Gotik, Renaissance und Barock entstand. Im Eintritt ist der Zutritt zu einem kleinen Kunstmuseum inbegriffen; es hat dieselben Öffnungszeiten wie die Kirche und auch die Audioguides sind die gleichen.

Die nahe Plaza de la Constitución macht einen ziemlich wehrhaften Eindruck, mit Säulengängen und idyllisch abgenutzten Ziegelstufen. Weiter oben auf dem Hügel sieht man den etwas schiefen Mudéjar-Turm der Iglesia y Monasterio de Santiago (Placeta de Santiago; Mo-Sa 19–20.30, So 11 & 19–19.30 Uhr) aus dem 16. Jh. mit einer kunstvollen Plateresk-Fassade von Diego Siloé.

Gleich westlich steht die maurische Burg aus dem 10. und 11. Jh., die Alcazaba (Calle Barradas 3; Eintritt 1,20 €). Von hier schweift der Blick über die Stadt bis zum größten Höhlenviertel, das allerdings bei unserem letzten Besuch wegen Renovierung geschlossen war.

Barriada de las Cuevas   HÖHLEN

Inmitten der sanften Hügel an der Südseite der Stadt befindet sich der größte Höhlenbezirk von Guadix aus rund 2000 weiß getünchten Behausungen mit dünnen Schornsteinen, Satellitenschüsseln und vollem Anschluss an Strom- und Wasserversorgung. Es gibt eine Route, die zu Fuß oder mit dem Auto sowohl an ziemlich prachtvollen als auch an eher maroden Häusern vorbeiführt.

Centro de Interpretación Cuevas de Guadix   MUSEUM

(Plaza de Padre Poveda; Eintritt 2,60 €; Mo-Fr 10–14 & 17–19, Sa bis 14 Uhr) Mit einer audiovisuellen Präsentation und Exponaten wie traditionellen Haushaltsgeräten und Möbeln wird das Höhlenleben vergangener Zeiten dargestellt. Ausgestellt sind u.a. Joche, mit denen Ochsen angespannt wurden, Wassergefäße aus Ton, gewobenes Espartogras und in bunten Primärfarben bemalte Holzmöbel.

Einen Besuch wert ist auch die **Iglesia Nuestra Señora de Gracia** (Di–Fr 11.30–13 & 17–20 Uhr) gegenüber, eine relativ moderne Kirche mit einer älteren Höhlenkapelle, die vom Hauptschiff abgeht.

Schlafen

Hotel Palacio de Oñate HOTEL €€
(958 66 05 00; www.palaciodeonate.es; Calle Mira de Amezcua, Guadix; EZ/DZ 50/70 €;) Das frühere Hotel Comercio hat nicht nur einen neuen Namen, sondern wurde obendrein noch modernisiert. Der eigentliche *palacio* (Palast) stammt aus dem Jahr 1905 und verfügt über eine elegante ockerfarbene Fassade mit schmiedeeisernen Balkonen. Im Gegensatz zu den eher öden 08/15-Zimmern überzeugt die *suite presidencial mudéjar* auf ganzer Linie.

Zu den großzügigen öffentlichen Bereichen gehören ein Spa mit einem türkischen Bad, Sauna und Massagesalon. Darüber hinaus gibt's ein Fitnessstudio mit angrenzender Jazzbar/Café namens Diwan. Der Hotelkomplex ist ziemlich fürstlich für ein Nest wie Guadix und würde viel mehr in eine Stadt wie Granada passen.

Essen & Ausgehen

Um satt zu werden, muss man in Guadix kein Restaurant besuchen, sondern kann einfach die außergewöhnlichen Bars der Stadt ansteuern, wo sich auch zahlreiche Einheimische tummeln. Bier kostet unter 1,50 € und *raciones* um die 5 €.

La Bodeguilla TAPAS €
(Calle Doctor Pulido 4; Getränk & Tapa 1,70 €, raciones 6 €) Die Bodeguilla zwischen der Avenida Medina Olmos und dem Fluss ist eine der besten traditionellen Bars der Stadt – und die älteste, datierend auf das Jahr 1904. Alte Männer mit Baskenmützen auf dem Kopf sitzen an der Theke und essen köstliche Tapas wie *habas y jamon* (dicke Bohnen mit Schinken). Dazu gibt's Wein, Wermut, Muskateller oder *fino* (Sherry) direkt aus einem der Fässer, die an der hinteren Wand des Raums aufeinandergestapelt sind.

Bodega Calatrava TAPAS €
(Calle La Tribuna; Getränk & Tapa 1,70 €, raciones 6 €) In einer Nebenstraße im Stadtzentrum serviert die atmosphärische traditionelle Bar einfache Tapas wie saftige gebratene Garnelen und gut gereiften Manchego sowie nahrhaftere *raciones*.

Cafetería Versalles CAFÉ
(Calle Medina Olmos 1; churros 3,50 €; 7–1 Uhr;) Alteingesessenes Café gegenüber dem städtischen Park. Es ist *die* Adresse schlechthin für ein tolles Frühstück. Hier bekommt man angeblich die besten *churros con chocolate* (frittiertes längliches Schmalzgebäck und dickflüssige heiße Schokolade) der Stadt.

Café Jazz Diwan BAR
(958 66 05 00; Hotel Palacio de Oñate, Calle Mira de Amezcua) Die elegante kleine Bar mit Maisonette-Ebene gehört zu einem geschmack-

---

ABSTECHER

CASTILLO DE LA CALAHORRA

Während der Reconquista fiel die Ebene zwischen Guadix und den Bergen unter den Befehl des Marqués Rodrigo de Mendoza, der in seinem ungestümen Leben auch erfolglos Lucrezia Borgia in Italien umworben hatte. Sein abweisendes **Castillo de La Calahorra** (958 67 70 98; Eintritt 3 €; Mi 10–12.30 & 16–17.30 Uhr) auf einem Hügel etwa 20 km südöstlich von Guadix thront am Pass über die Sierra Nevada.

Die überkuppelten Ecktürme und schmucklosen Mauern des Baus, der zwischen 1509 und 1512 entstand, umschließen einen eleganten Renaissance-Hof mit einer Treppe aus Carrara-Marmor. Führungen (auf Spanisch) dauern etwa 30 Minuten. Wenn gerade eine im Gange ist, müssen Besucher warten, bis die Tür geöffnet wird.

Rundgänge außerhalb der üblichen Zeiten können mit dem Hausmeister Antonio Trivaldo unter der Telefonnummer der Burg abgesprochen werden. Zur Burg fährt man über die unbefestigte Straße gegenüber der Hospedería del Zenete in La Calahorra und dann weiter hügelaufwärts. Zu Fuß geht's über den steinernen Fußweg vom Dorfplatz aus, wo auch das Auto geparkt werden kann.

voll umgestalteten Hotel und zeichnet sich durch eine gemütliche, kultivierte Atmosphäre aus. Gelegentlich finden Livejazz-Auftritte statt, noch häufiger spielt jemand Klavier.

❶ An- & Weiterreise

BUS

Es bestehen Verbindungen nach Granada (5,50 €, 1 Std., 15-mal tgl.), Almería (10 €, 2 Std., 2-mal tgl.), Málaga (18 €, 3 Std., 3-mal tgl.) und Mojácar (16 €, 3½ Std., 2-mal tgl.). Der **Busbahnhof** (📞 958 66 06 57; Calle Concepción Arenal) liegt an der Avenida Medina Olmos, etwa 700 m südöstlich des Stadtzentrums.

ZUG

Täglich fahren vier Züge nach Granada (9,50 €, 1 Std.) und sechs nach Almería (11 €, 1¼ Std.). Der Bahnhof befindet sich an der Straße nach Murcia, 2 km nordöstlich des Stadtzentrums. Er ist zu Fuß zu erreichen, aber staubig und unansehnlich. Ein Taxi kostet 5 € ins Zentrum und 9 € ins Höhlenviertel.

SIERRA NEVADA & LAS ALPUJARRAS

Die Bergkette der Sierra Nevada, die sich etwa 75 km von West nach Ost bis in die Provinz Almería erstreckt, bildet die dramatische Kulisse Granadas. Zu ihren wilden, schneebedeckten Gipfeln zählt auch der höchste des spanischen Festlands. Die niedrigeren Lagen, die Alpujarras (manchmal auch nur La Alpujarra genannt), sprenkeln winzige malerische Dörfer. Von Juli bis Anfang September sind in den höheren Regionen wunderbare mehr- oder eintägige Wandertouren möglich. Außerhalb dieser Zeit droht extrem raues Wetter; die unteren Lagen der Alpujarras dagegen lassen sich immer begehen und der Schnee ist meist bis Mai geschmolzen.

Im 862 km² großen Parque Nacional Sierra Nevada, Spaniens größtem Nationalpark, gedeihen 2100 der 7000 Pflanzenarten Spaniens, darunter einzigartige Spezies von Krokussen, Narzissen, Disteln, Klee, Mohnblumen und Enzian. Außerdem lebt hier Andalusiens größte Steinbockpopulation (ca. 5000), die oberhalb von 2800 m herumtollt. In den niedrigeren Lagen um den Nationalpark befindet sich der Parque Natural Sierra Nevada, der weniger stark geschützt ist.

Die Alpujarras am Südrand des Schutzgebiets und an der Südflanke der Sierra Nevada bestehen aus einem 70 km langen Tälergewirr. Es ist eine wunderschöne, vielfältige und sogar etwas merkwürdige Gegend. Die unteren Regionen bilden eine himmlische Landschaft aus dürren Hängen, schroffen Felsenklippen und schneeweißen Dörfern, die wie auf den Berg gegossen wirken. Die Orte dort sind deswegen auch voller Seelensucher, Langzeitreisender und Aussteiger. Die Dörfer weiter oben hingegen verströmen eine bestrickende Zeitlosigkeit.

Selbst die meistbesuchten Orte sind reizvoll, denn die Häuser mit den nordafrikanisch flachen Dächern und den verwinkelten Gassen blicken auf Hänge, die seit frühesten maurischen Zeiten sorgsam terrassiert und bewässert wurden. Dank der ausgetretenen Fußpfade zwischen den einzelnen Siedlungen lässt sich die Gegend prima zu Fuß erkunden.

❶ An- & Weiterreise

BUS

Alsa (www.alsa.es) bietet Verbindungen mit Lokalbussen an. Von Granada aus werden zwei Routen abgedeckt: Ein Bus fährt zweimal täglich auf der niedriger gelegenen Straße durch Cádiar und Válor, der andere dreimal täglich in die höher gelegenen Dörfer mit Endstation in Trevélez oder Bérchules. Zurück geht's vor 6 Uhr morgens und mitten am Nachmittag. Ein Bus verkehrt von Málaga nach Órgiva (12 €, 3 Std., 1-mal tgl. außer sonntags), einer von Almería nach Válor (7,60 €, 3 Std., Mo, Mi & Fr).

Sierra Nevada

Los Cahorros

Nur eine kurze Fahrt südöstlich von Granada und nicht weit vom Dorf Monachil entfernt bietet die Region Los Cahorros schöne

---

❶ DIE BESTEN KARTEN

Die besten Karten für die Sierra Nevada und die Alpujarras sind *Sierra Nevada, La Alpujarra* (1:40 000) von Editorial Alpina und *Sierra Nevada* (1:40 000) von Editorial Penibética. Zu beiden gehören Broschüren mit Beschreibungen von Wander- und Radwegen sowie Skipisten. Erhältlich sind sie im Centro de Visitantes El Dornajo nahe der Skistation und in der Touristeninformation in Pampaneira.

Sierra Nevada & Las Alpujarras

Map: Die Provinz Granada – Sierra Nevada & Las Alpujarras

Wandermöglichkeiten durch dramatische Schluchten entlang dem Río Monachil. Die beliebteste Strecke – die Cahorros Altos flussaufwärts – verläuft über eine Hängebrücke und vorbei an Wasserfällen. Startpunkt der 5 km langen Tour ist gleich östlich von Monachil. Die Wände der Schlucht sind ein beliebtes Klettererterrain.

Es fährt auch ein Bus vom Paseo del Salón in Granada nach Monachil (3 €, 30 Min.). Die Busse verkehren fast stündlich ab 8.10 bis 23.10 Uhr, außer samstagnachmittags und sonntags.

Skistation Sierra Nevada

Die Skistation Sierra Nevada Ski (✆ 902 70 80 90; www.sierranevada.es; Skipass (Tagespass) 33–45 €) befindet sich in dem Ski-„Dorf" Pradollano, 33 km von Granada entfernt (der A395 folgen). Bei Tagesbesuchern erfreut sich die Gegend großer Beliebtheit, deshalb wird es hier in der Saison gerade an den Wochenenden wahnsinnig voll. Einige der 121 markierten Abfahrten beginnen fast am Gipfel des 3395 m hohen Veleta. Es gibt auch Langlaufstrecken und eine ausgewiesene Snowboardpiste mit der längsten Halfpipe Spaniens sowie – ganz neu – einen Familienhügel und einen Schneepark für Kids. Donnerstags und samstags ist die Piste auch nachts geöffnet. Im Sommer verwandelt sich die Skistation in einen Mountainbikepark; dann sind immer noch 22 Lifte in Betrieb und man kann das 30 km lange Wegenetz erkunden.

Im Winter fahren Busse von Tocina (✆ 958 46 50 22) täglich 3-mal (4-mal am Wochenende) zum Skiort. Die Abfahrt erfolgt am Busbahnhof in Granada (einfach/hin & zurück 5/8 €, 1 Std.). Außerhalb der Skisaison verkehrt nur ein Bus täglich (9 Uhr ab Granada, 17 Uhr ab der Skistation). Ein Taxi ab Granada kostet etwa 50 €.

Mulhacén & Veleta

Die beiden höchsten Berge der Sierra Nevada, der Mulhacén (3479 m) und der Veleta (3395 m), liegen am Westrand der Gebirgskette nahe Granada. Sie sind zwei der drei Berge, die Los Tresmiles genannt werden, da sie über 3000 m hoch aufragen. Von der Skistation an der Nordflanke der Berge führt eine Straße bergauf und bis nach Capileira, dem höchsten Dorf im Barranco de Poqueira in den Alpujarras an der Südseite; der oberste Abschnitt ist aber für Kraftfahrzeuge gesperrt. Von Ende Juni bis Ende Oktober (je nach Schneedecke) betreibt der Nationalpark einen Pendelbus, um Wanderern Zugang zu den oberen Lagen der Bergkette oder auch nur eine reizvolle Ausfahrt zu ermöglichen.

Der Bus fährt 3 km oberhalb der Skistation nach oben. Abfahrt ist am Informationsposten des Nationalparks in Hoya de la Mora (✆ 671 56 44 07; ⊙ Juni–Okt. 8.30–14.30 & 15.30–

WANDERWEGE IN DEN ALPUJARRAS

Die Berge und Täler der Alpujarras sind durchzogen von einem Geflecht aus Maultierpfaden, Bewässerungsgräben und Wanderwegen, ideal für schier unendliche Trekkingtouren zwischen den Dörfern oder in die Wildnis. Die beste Zeit ist von April bis Mitte Juni oder von Mitte September bis Anfang November, wenn die Temperaturen gerade richtig sind und die Vegetation am farbenprächtigsten ist.

Als beliebteste Startpunkte dienen die Dörfer im wunderschönen Barranco de Poqueira. Aber selbst dort trifft man unterwegs selten andere Wanderer. Die farblich gekennzeichneten Strecken von 4 bis 23 km Länge (2–8 Std.) führen die Schlucht hinauf und hinab. Außerdem gelangt man von hier zum Mulhacén. Karten und Tipps gibt's im Büro von Nevadensis (S. 296) in Pampaneira. Alternativ reicht auch die Karte von Editorial Alpina, auf der die meisten Wege in der Schlucht verzeichnet sind.

Von den Fernwanderwegen, die durch die Alpujarras verlaufen, ist der GR7 (der bis nach Griechenland geht) die malerischste Strecke. Man kann ihm z. B. in ca. fünf Tagen von Lanjarón nach Válor folgen und unterwegs in Pampaneira, Pitres, Trevélez und Bérchules übernachten. All diese Dörfer werden von Bussen angefahren, es sind also auch (mehrere) kürzere Tagestouren möglich. Für einen schönen Nachmittagsausflug empfehlen wir den Abschnitt Bubión–Pitres.

Neuer ist der GR240 (besser bekannt als *Sulayr*), ein 300 km langer Rundweg durch die Sierra Nevada, der höher liegt als GR7. Er wurde 2007 eingeweiht, ist relativ gut ausgeschildert und kann in 15 bis 19 Tagen (komplette Strecke) gelaufen werden. Die meisten Wanderer suchen sich ein paar kürzere Abschnitte heraus.

19.30 Uhr). Fahrscheine kosten 5 € einfach bzw. 9 € für Hin- und Rückfahrt. Am besten ruft man vorher an und reserviert einen Platz.

Von der Endstation der Buslinie an der Nordseite sind es noch 4 km den Veleta hinauf, ein Höhenunterschied von etwa 370 m und in anderthalb Stunden (plus Pausen) zu schaffen. Zum Gipfel des Mulhacén läuft man 14 km in vier bis fünf Stunden. Wer den Mulhacén von Süden her bezwingen möchte, sollte sich in Capilieia in Las Alpujarras einquartieren. Von dort verkehrt im Sommer ein Nationalpark-Pendelbus zum Mirador de Trevélez. Ab hier sind es etwa drei Stunden bis zum Gipfel (6 km, 800 m Höhendifferenz).

Wer aus dieser Wanderung eine Rundtour mit Übernachtung machen möchte, kann sich ein Bett im Refugio Poqueira (87 Schlafplätze; S. 297) 2500 m unterhalb der Südwestflanke des Mulhacén nehmen (reservieren!). Der Weg vom Mirador de Trevélez zum Mulhacén und zur Schutzhütte dauert sechs bis sieben Stunden.

Das Besucherzentrum **Centro de Visitantes El Dornajo** (958 34 06 25; 10–17 Uhr) ca. 23 km von Granada entfernt an der A395 in Richtung Skistation bietet jede Menge Infos rund um die Sierra Nevada.

den, die das Zeug verkaufen. Und das Mineralwasser, das überall getrunken wird? Kommt auch von hier. Es wird im riesigen **Balneario de Lanjarón** (958 77 01 37; www.balneariodelanjaron.com; Avenida de la Constitución; 1 Std. Bad 30 €) genutzt, einem Kurbad am Westrand der Stadt direkt gegenüber der Touristeninformation. Lust auf einen kleinen Ausritt? **Caballo Blanco Trekking Centre** (627 79 48 91; www.caballoblancotrekking.com; 2-/4-stündige Ausritte 40/70 €) bietet wunderbaren Unterricht und empfehlenswerte Ausflüge hoch zu Ross in den Hügeln und Bergen ringsum an. Hier wird auch Deutsch gesprochen. Reservieren! Sehr gute Vogelbeobachtungstouren in Lanjarón und Umgebung können bei **Alpujarras Birdwatching & Nature** (www.alpujarrasbirdwatching.com) gebucht werden.

Wer einen kleinen Imbiss braucht, sollte über die Hauptstraße bis zur Ortsmitte zu **Arco de Noé** (Jamones Gustavo Rubio; Avenida de la Alpujarra 38; 10–21 Uhr) laufen, einem der besseren Schinkengeschäfte zum Aufstocken der Verpflegung oder einer Verkostung mit einem Schluck Sherry im Hinterzimmer. An derselben Straße befindet sich die **Cafetería Denebola** (958 77 22 78; Avenida de Andalucia 38; Snacks 2–3 €; 8.30–21 Uhr) mit tollen Kaffeekreationen und gutem Frühstück.

Las Alpujarras

Lanjarón

Das grüne Lanjarón ist das Alpujarras-Dorf, das Granada am nächsten liegt und oft vor Touristen aus allen Nähten platzt. Es hat nach Trevélez die größte Schinkenproduktion – dementsprechend gibt's zahlreiche Lä-

Órgiva

Órgiva, die größte Stadt der westlichen Alpujarras, ist etwas schmuddeliger als die benachbarten Dörfer und teilt sich den Titel „Tor zu den Alpujarras" mit Lanjarón. Der Ort hat seit Langem eine florierende Hippieszene. In der Nähe befindet sich ein alterna-

LAS-ALPUJARRAS-BUSSE AB GRANADA

ZIEL	PREIS (€)	FAHRTDAUER (STD.)	HÄUFIGKEIT (TGL.)
Bérchules	9,50	3¾	2
Bubión	6,09	2¼	3
Cádiar	8,74	2¾	3
Capileira	6,13	2½	3
Lanjarón	4,28	1	9
Pampaneira	6,05	2	3
Pitres	6,80	2¾	3
Órgiva	5,12	1¾	9
Trevélez	7,98	3¼	3
Válor	10	3½	2
Yegen	9,83	3¼	2

ABSTECHER

PANORAMAROUTE: DER SEUFZER DES MAUREN

Eine spektakuläre Alternative zur A44 von der Küste nach Granada ist die **Carretera del Suspiro del Moro** – die „Straße des Seufzers des Mauren". Für die Strecke benötigt man etwa zwei Stunden, aber unterwegs besteht die Möglichkeit zu halten und eine schöne Wanderung einzuschieben. Von der N340 in Almuñécar geht's am Hauptkreisel (am südlichen Abzweig liegt eine McDonald's-Filiale) Richtung Nordwesten; dort weist ein kleines Schild den Weg nach Otívar.

In Otívar sollte man sich den Kilometerstand merken bzw. den Tageskilometerzähler auf null stellen. Die Straße steigt hier stark an und offenbart eine atemberaubende Aussicht. Wenn sie dann nach 13 km wieder ebener wird, findet man sich in einer kargen Landschaft aus Kalkstein und Pinien wieder. Etwas mehr als 16 km hinter Otívar beginnt links von der Straße der Wanderweg **Sendero Río Verde**. Er taucht beinahe 400 m in das tiefe Tal des Río Verde hinab. Die Chancen stehen gut, ein paar Steinböcke zu sichten. Der komplette Rundweg ist 7,4 km lang (ca. 3½ Std.), allerdings muss man das letzte Stück an der Straße entlang zum Wagen zurücklaufen. Alternativ können Wanderer an der Wasserpumpe Fuente de las Cabrerizas nahe dem tiefsten Punkt der Schlucht kehrtmachen und denselben Weg zurückgehen.

Wieder im Wagen, fährt man auf der anderen Seite des Bergs zurück ins Tal. 43,5 km von Otívar entfernt ist eine als „Suspiro del Moro" ausgeschilderte Straße zur Linken ausgeschildert. Auf dieser gelangt man nach fünf Minuten zum Touristenrestaurant Suspiro del Moro: Es markiert den Pass, auf dem Boabdil, seines Zeichens Emir von Granada, einer Legende zufolge einen letzten Blick auf seine Stadt warf, die er 1492 verlassen musste und dabei einen wehmütigen Seufzer ausstieß. Anschließend folgt man einfach der Beschilderung nach Granada (weitere 12 km).

---

tives Tipi-Dorf namens „Benefico". Die Bewohner kommen regelmäßig nach Órgiva, um eigene Erzeugnisse auf dem Donnerstagsmarkt zu verkaufen oder Straßenmusik zu machen. Wer Chris Stewarts Bestseller *Unter den Zitronenbäumen: Ein Optimist in Andalusien* gelesen hat, wird den Ort vielleicht wiedererkennen.

Schlafen

Casa Rural Jazmín — PENSION €€
(958 78 47 95; www.casaruraljazmin.com; Calle Ladera de la Ermita; Zi. 53–70 €; P ❄ ≋) Die Casa Jazmín ist in französischem Besitz und ein wahres Refugium im oberen Teil der Stadt. Sie liegt in einer Sackgasse, in der man immer einen Parkplatz findet (falls man es denn die gewundene Straße hinaufgeschafft hat). Die vier Zimmer sind unterschiedlich aufgemacht – das asiatische und das Alpujarra-Zimmer sind kleiner, das französische und das afrikanische größer –, es gibt eine Terrasse für alle und einen dicht bewachsenen Garten samt Pool.

Essen & Ausgehen

Tetería Baraka — INTERNATIONAL €€
(www.teteria-baraka.com; Calle Estación 12; Hauptgerichte 10–13 €; ⊙ Sa–Mi 12–22.30, Do 9–16.30 Uhr) Auf der vielseitigen Speisekarte dieses entspannten Lokals stehen beispielsweise marokkanische Gerichte, Tofu-Burger, Schawarmas, köstliche Brownies sowie natürliche Fruchtsäfte. Außerdem werden Konserven, Gewürze und Tees sowie Gebäck zum Mitnehmen verkauft. Die Tetería Baraka liegt neben dem städtischen Parkhaus im oberen Teil der Stadt.

La Almazara — INTERNATIONAL €€
(958 78 46 28; Avenida González Robles 53; Hauptgerichte 15–25 €; ⊙ Do–Di 13–16 & 20–24 Uhr) Kreative Küche und superleckere Pizza. Den ganzen Sommer über werden Gäste im Orangenhain bedient.

Shoppen

Die Stadt verströmt ein New-Age-Flair. Besonders deutlich spürbar ist dies auf dem Markt am Donnerstagmorgen, der im Zentrum stattfindet.

Angel Vera — KERAMIK
(Órgiva-Pampaneira) 4 km außerhalb von Órgiva bietet diese Töpferwerkstatt exquisite Porzellan- und Holzarbeiten von Angel Vera wie Vasen, Tische, Lampen und verzierte Teller an. Darüber hinaus kann man hier Töpferkurse belegen.

Tara
SCHMUCK

(Avenida González Robles 19; ⊙ Mo-Sa 9-14 & 17.30-20 Uhr) Passend zum vorherrschenden Hippie-Flair hat sich dieser Laden auf Ethnokleidung und Schmuck spezialisiert. Da darf exotischer Räucherstäbchenduft natürlich auch nicht fehlen.

Pampaneira

Pampaneira ist das am tiefsten gelegene Dorf im Tal und ganz offensichtlich auch das touristischste. Das wichtigste Kunsthandwerk des Ortes hat man schnell identifiziert, denn vor nahezu jedem Laden hängen grob gewebte Alpujarra-Teppiche. Wanderwege erstrecken sich in alle Himmelsrichtungen, darunter der 9 km lange Sendero Pueblos de Poqueira, eine beliebte lokale Route.

⊙ Sehenswertes & Aktivitäten

O Sel Ling KLOSTER

(☏ 958 34 31 34; www.oseling.com; ⊙ 15.30-18 Uhr) Gegenüber von Pampaneira und 2 km die Westseite der Poqueira-Schlucht hoch ist in der Ferne der Stupa des kleinen steinernen buddhistischen Klosters auszumachen, das 1982 von einem tibetischen Mönch gegründet wurde. Ein schönes Wanderziel.

BARRANCO DE POQUEIRA

Vom Grund der Poqueira-Schlucht betrachtet, wirken die drei Dörfer Pampaneira, Bubión und Capileira, 14 bis 20 km nordöstlich von Órgiva, wie weiße Farbkleckse à la Jackson Pollock vor dem grauen Felshintergrund. Sie sind die schönsten Ortschaften der Alpujarras und auch die meistbesuchten. Die Gegend ist berühmt für ihre zahlreichen Handwerkstraditionen: Leder, Webstoffe und Kachelarbeiten werden nach uralten überlieferten Methoden hergestellt. Ein weiteres Highlight ist die einzigartige Küche, die sich an lokalen Zutaten wie Schinken, Marmelade, Käse, Honig, Pilzen und Trauben bedient – Einkaufstasche bereithalten und großzügig vollmachen! Ähnlich zauberhaft sind die Wanderwege zwischen den Dörfern, die man mühelos an einem Tag schafft. Die am besten ausgestattete Touristeninformation befindet sich in Pampaneira. Der Bus nach/von Granada hält in allen drei Dörfern.

Nevadensis
OUTDOORAKTIVITÄTEN

(☏ 958 76 31 27; www.nevadensis.com; Plaza de la Libertad; ⊙ Di-Sa 10-14 & 17-19, So & Mo bis 15 Uhr) Der Spezialist für Outdoorabenteuer in den Alpujarras mit dem größten Angebot betreibt ein Büro am Hauptplatz von Pampaneira, das auch eine Art Touristeninformation darstellt. In einem Mini-Museum wird die Ökologie und Geologie der Region dokumentiert. Nevadensis hat ein sehr umfangreiches Programm, das von Bergsteigerkursen bis hin zu geführten Wanderungen und Canyoning reicht.

🛏 Schlafen

Estrella de las Nieves HOTEL €€

(☏ 958 76 39 81; www.estrelladelasnieves.com; Calle Huerto 21; EZ/DZ 54/70 €; P 🛜 ≋) 2010 wurde dieser umwerfende weiße Hotelkomplex gleich oberhalb der Stadt eröffnet. Die hellen, modernen Zimmer verfügen über Terrassen mit Blick über die Dächer und auf die Berge. Zur Anlage gehören auch ein schöner Garten, ein Parkplatz und ein Pool. Sie befindet sich an der A 4132 Richtung Lanjarón.

🍴 Essen & Ausgehen

Bodega El Lagar ANDALUSISCH €

(Calle Silencio; raciones 6-8 €) Eine winzige Bodega in einer der schönsten gewundenen Seitenstraßen. Es werden lokale Produkte verkauft, darunter Konserven, außerdem verrückte Kleidung. Auf der hübschen versteckten Terrasse kann man sich *raciones* wie Hühnchen mit Knoblauch schmecken lassen und Wein probieren: Er kostet weniger als 3 € pro Liter und ist überraschend fruchtig und wohlschmeckend.

Café Europa CAFÉ €

(☏ 958 76 30 65; Plaza de la Libertad 3; Tapas 3 €; ⊙ 8-22 Uhr) Top-zentrale Lage gegenüber der Kirche. Bei einem Kaffee, *tostadas*, Sandwiches oder Kuchen wird der neueste Tratsch ausgetauscht. Ein Glas Wein löst die Zunge noch mehr ... Dazu bestellt man am besten ein paar einfache lokaltypische Tapas.

Shoppen

Abuela Ili Chocolates SCHOKOLADE

(www.abuelailichocolate.com; Plaza de la Libertad 1; ⊙ Mo-Fr 10-13.30 & 17-20, Sa bis 13.30 Uhr) In dem Laden mit argentinischer Leitung kann man jede Menge köstliche Schokolade probieren. Sie wird vor Ort hergestellt und ist in wunderbaren, ungewöhnlichen süßen und pikanten Geschmacksrichtungen von Mango bis hin zu Senf (ja, wirklich!) erhältlich. Ein kleines Museum widmet sich der Produktion.

Bubión

Der ruhige mittlere Ort liegt am transkontinentalen Fernwanderweg GR7. Er hat deutlich spürbare maurische Wurzeln. Dies sieht man besonders in den malerischen Nebenstraßen mit ihren Bogen, den Häusern mit Flachdächern und mittig verlaufenden Wasserrinnen.

Sehenswertes

Casa Alpujarreña MUSEUM
(Calle Real; Eintritt 2 €; So-Do 11–14, Sa & feiertags 11–14 & 17–19 Uhr) Das Volkskundemuseum in einem dörflichen Haus gibt einen kleinen Einblick in das frühere Leben in den Alpujarras, im Guten wie im Schlechten. Ein Waschbrett ist den Frauen von Bubión gewidmet, die sich mit diesem „grausamen Gerät" herumplagen mussten.

Essen

Teide ANDALUSISCH €
(Carretera de Sierra Nevada; Hauptgerichte 7–9 €; Mi–Mo 10–22.30 Uhr) Ein gutes Restaurant an der Hauptstraße. Regelmäßig kehren lokale Stammgäste auf eine herzhafte *ración de jamón* und Wein hier ein. Auf der Karte stehen vor allem lokale Gerichte, ergänzt durch ein paar internationale wie Zwiebelsuppe und Spaghetti mit Pesto.

Estación 4 INTERNATIONAL €
(Calle Estación 4; Hauptgerichte 7–12 €; Di–Fr 18–23, Sa & So 13–16 & 18.30–23 Uhr;) Unterhalb der Hauptstraße befindet sich ein hervorragendes, elegantes Restaurant mit einem minimalistischen Speiseraum und einer vielseitigen Karte, auf der internationale Spezialitäten wie Hummus und vegetarische Kroketten, wunderbar kreative Salate und traditionelle Gerichte aus der Gegend stehen.

Shoppen

Nade Taller del Telar TEXTILIEN
(www.tallerdeltelar.com; Calle Trinidad 11; 11–14.30 & 17–20.30 Uhr) Einen Einblick in die Vergangenheit bietet diese Weberei in französischer Hand mit ihren riesigen historischen Webrahmen aus dem Albaicín in Granada. Nade verwendet für ihre Webarbeiten nur natürliche Materialien wie Alpakawolle, Seide und Mohair. Die schönen Schals sind ab ca. 65 € zu haben und die Investition auf jeden Fall wert.

Sie stellt auch originelle Wandbehänge, Sofaüberwürfe und Decken her.

Capileira

Capileira, das am weitesten oben gelegene und womöglich hübscheste Dorf kann sich mit den besten Restaurants und Unterkünften in der Gegend brüsten. Erwähnenswert ist auch die lange Tradition der Lederverarbeitung. Hier starten die Höhenwanderungen auf und rund um den Mulhacén.

Sehenswertes

Casa Museo Pedro Antonio de Alarcón MUSEUM
(958 76 30 51; Calle Mentidero; Eintritt 1 €; Di–So 11.30–14.30 Uhr) Dieses bescheidene Museum widmet sich zwei Themen: der lokalen Landwirtschaft und Alltagsgegenständen auf der einen sowie dem Leben und dem Werk des aus Guadix stammenden Romanciers Pedro Antonio de Alarcón auf der anderen Seite, der in seinem 1872 verfassten Buch *La Alpujarra* über seine Reisen in der Region berichtete.

Schlafen

Refugio Poqueira HÜTTE €
(958 34 33 49; www.refugiopoqueira.com; 17 € pro Pers., Frühstück 5 €, Abendessen 14 €) Die moderne Hütte mit 87 Schlafplätzen verfügt über ein Restaurant und Warmwasserduschen – eine Wohltat nach einer anstrengenden Wanderung in der Sierra Nevada. Der Weg hierhin führt via Mirador de Trevélez (4 km, ca. 1 Std.) oder 2,3 km am Río Mulhacén entlang, von der Straße, die an der Westseite des Mulhacén verläuft. Dann sind es weitere 750 m Richtung Südosten auf einem Pfad zur Schutzhütte.

Falls möglich, sollte man vorher anrufen. Die Unterkunft ist ganzjährig geöffnet.

Hotel Real de Poqueira HOTEL €€
(958 76 39 02; www.hotelpoqueira.com; Doctor Castillas 11; EZ/DZ 50/70 €;) Das alte Haus neben der lilienweißen Kirche von Capileira ist nur eines von mehreren Bleiben in Poqueira, die ein und derselben Familie gehören. Mit der großen Lobby, den zum Herumlümmeln einladenden Sofas und den schicken Zimmern mit Boutique-Hotel-Charme hebt es sich allerdings von den anderen ab. So etwas würde man in einem

NICHT VERSÄUMEN

L'ATELIER

Ironischerweise befindet sich dieses vegetarische Restaurant inmitten einer Region, wo die Leibspeise *plato alpujarreño* ist, ein Gericht aus Würsten, geräuchertem Fleisch, gebratenen Eiern und Kartoffeln. Das macht das L'Atelier (958 85 75 01; www.atelier-mecina.com; Calle Alberca 21; Hauptgerichte 8–12 €; 13–16 & 19.30–22 Uhr;) zu einer noch größeren Rarität – und einer besonders willkommenen für alle, die Fleisch abgeschworen haben. Das traditionelle gemütliche Haus mit Kerzenbeleuchtung steht im Weiler Mecina Fondales in La Tahá und verwöhnt seine Gäste mit internationalen vegetarischen und veganen Speisen wie Taboulé, marokkanischen Tajinen, Miso-Suppe u. Ä., die ganz hervorragend schmecken. Der französische Koch Jean-Claude Juston hat dem Lokal in den 1990er-Jahren zu Rang und Namen verholfen, und es hat nichts von seinem Glanz verloren, obwohl der Besitzer kürzlich gewechselt hat. Das L'Atelier verfügt übrigens auch über ein paar Zimmer (ab 55 €).

kleinen Nest in den Alpujarras gar nicht vermuten! Das verstärkt den Reiz noch zusätzlich.

Essen

★ Taberna Restaurante La Tapa
SPANISCH, MOROKKANISCH €

(618 30 70 30; Calle Cubo 6; Hauptgerichte 9–12 €; 12–16 & 20–24 Uhr;) Kulinarisch betrachtet ist die Las-Alpujarras-Region etwas ganz Besonderes: eine Mikroregion mit ganz eigenen Aromen. Das La Tapa vereint diese auf meisterliche Weise mit maurischen Einflüssen. Dabei kommen auf Tonwaren servierte Gerichte wie Wildschweinauflauf und Couscous heraus. Der Laden ist winzig, aber Alpujarra, wie es im Buche steht.

Bar El Tilo
ANDALUSISCH €

(Plaza Calvario; raciones 8 €; 11.30–23 Uhr) Capileiras Dorftaverne befindet sich im Toplage an einem hübschen weißen Platz mit einer Terrasse. Die *raciones* wie *albóndigas* (Fleischklößchen in Tomatensoße) sind üppig. Kuchen und Pasteten werden täglich frisch gebacken.

Shoppen

J. Brown
ACCESSOIRES

(www.jbrowntallerdepiel.com; Calle Doctor Castilla 7; Mo–Fr 10–13.30 & 17–20, Sa bis 13.30 Uhr) Hervorragende handgefertigte Lederwaren wie Taschen, Gürtel und Cowboyhüte zu sehr guten Preisen. J. Brown ist kein Brite – der Name des Besitzers lautet José Manuel Moreno, und *moreno* heißt auf Spanisch „braun". Im hinteren Teil des Ladens kann man ihm bei der Arbeit zuschauen.

La Tahá

Im nächsten Tal östlich der Poqueira-Schlucht ist das Leben erheblich touristenfreier. Die Region trägt immer noch den arabischen Namen jener Verwaltungsbezirke, in die das islamische Kalifat die Alpujarras aufgeteilt hatte. Sie besteht aus dem Ort Pitres und einer Handvoll Dörfer gleich darunter im Tal, die allesamt von den Römern gegründet wurden. Sie heißen Mecina, Capilerilla, Mecinilla, Fondales, Ferreirola und Atalbéitar. Tagesausflügler sind selten, und die ausländischen Einwohner haben sich fast völlig assimiliert.

Uralte Pfade zwischen den insgesamt sieben Siedlungen (ausgeschildert als „Sendero Local Pitres–Ferreirola") winden sich zu einem Soundtrack aus Bachgeplätscher durch Wälder und Obstgärten. Etwa 15 Minuten zu Fuß unterhalb von Fondales überspannt eine Brücke aus maurischen Zeiten die tiefe Klamm des Río Trevélez. Autofahrer können im oberen Ort parken und dann zu Fuß den Schildern „Camino de Órgiva" und „Camino del Campuzano" folgen.

Wer den GR7 entlangwandert, landet auf der Plaza La Alpujarra in Pitres. Hier lädt die Bar La Taha (Plaza La Alpujarra 5; 12–23 Uhr) zu einer Pause ein. Auf der anderen Seite des Platzes steht ein Schild mit einem Zitat und einem Foto Federico García Lorcas, der 1928 in Pitres zu Besuch war.

Eine gute Übernachtungsmöglichkeit ist Sierra y Mar (958 76 61 71; www.sierraymar.com; Calle Albaicín, Ferreirola; EZ/DZ inkl. Frühstück 42/65 €; P) in Ferreirola.

Trevélez

Für Feinschmecker ist der Name Trevélez gleichbedeutend mit Schinken – *jamón serrano*, um genau zu sein, einer der geschmackvollsten spanischen Schinken. Dieser kann in der herrlichen Bergluft des Dorfs besonders gut reifen. Für Wanderfreunde steht Trevélez für spinnennetzartig verwobene Bergpfade, die u. a. leichten Zugang zum Mulhacén gewähren, dem höchsten Gipfel auf dem spanischen Festland. Statistiker kennen den Ort derweil als das am zweithöchsten gelegene Dorf des Landes, nach Valdelinares in Aragonien.

Trevélez liegt auf 1486 m Höhe an den fast vollständig baumlosen Hängen des Barranco de Trevélez und besteht aus zwei Bereichen namens *alto* (der obere Teil) und *bajo* (der untere Teil). Der Alpujarra-Bus hält auf seiner Fahrt in beiden. *Alto*-Trevélez ist älter und labyrinthartiger, in *bajo*-Trevélez befindet sich der Großteil der touristischen Infrastruktur.

Aktivitäten

In Trevélez laufen die Wanderwege zusammen und wieder auseinander wie Spaghetti auf dem Teller. Der GR7 führt durch die Stadt, die auch als Ausgangspunkt eines längeren Aufstiegs zum Mulhacén dient (vorbei an Siete Lagunas). Besonders Fitte schaffen die Strecke in zwölf Stunden (beim Abstieg Kurs auf den Mirador de Trevélez nehmen; so wird ein Rundweg draus).

Einfacher ist der Wanderweg Sendero Horcajo. Er windet sich vom oberen Ende des Orts das Trevélez-Flusstal hinauf. Das Ziel schlechthin heißt Cortijo de la Meseta, ein *refugio* (Schutzhütte), in dem man übernachten kann. Die einfache vollständige Route ist 8,7 km lang.

Schlafen

Hotel La Fragua HOTEL €
(958 85 86 26; www.hotellafragua.com; Calle San Antonio 4; EZ/DZ 38/50 €; P) Die Zimmer des Hotels verkörpern den Bergdorfstil par excellence: Kiefernholzmöbel und alles schön simpel und sauber. Teilweise ist auch ein Balkon dabei. Oben auf dem Dach lockt eine große Terrasse. Gruppen von Frühaufstehern mit Gipfelambitionen verursachen allerdings zuweilen Lärm zu unchristlichen Zeiten. Das Fragua befindet sich im oberen Teil von Trevélez, 200 m von der höchst gelegenen Plaza entfernt und ist ausgeschildert. Ein zweites, moderneres Haus in der Nähe (DZ 55 €) wartet mit einem Pool und toller Aussicht auf.

Zwischen Anfang Januar und Anfang Februar ist die Unterkunft geschlossen.

Essen & Ausgehen

Restaurante La Fragua ANDALUSISCH €
(Barrio Alto; Hauptgerichte 8–13 €; 13–16 & 20–22.30 Uhr;) Am höchsten Punkt des Ortes gelegen – was abschreckt, wenn man nicht im benachbarten Hotel wohnt – aber es lohnt den Aufstieg. Zur Belohnung winken u. a. Rebhuhn in Walnusssoße und Feigeneis. Auf der Karte stehen auch hervorragende Salate und der Blick von der verglasten Terrasse im Obergeschoss ist traumhaft.

Mesón Joaquín ANDALUSISCH €
(Carretera Laujar, Órgiva Km 22; Hauptgerichte 8–12 €; 12–16.30 Uhr) Willkommen in der Hauptstadt des Schinkens! *Jamón*-Fachleute in weißen Kitteln säbeln durchsichtige Scheiben des lokalen Produkts ab, und die Forellen werden vom Großhändler gleich dahinter geliefert – eingerollt in Schinken natürlich! Ein Wort der Warnung an alle Vegetarier: Von der Decke hängen auf Kopf- (und Kollisions-)höhe haufenweise geräucherte Schenkel.

Café-Bar El Chorrillo CAFÉ
(Plaza de Francisco Abellón; 8–24 Uhr) Das Chorrillo hat gleich mehrere Asse im Ärmel, doch das Salz in der Suppe sind die zuvorkommenden Bedienungen, der teuflisch gute Kaffee und das Sortiment aus Smoothies, *churros* und heißer Schokolade. Es liegt praktisch, in Sichtweite der Bushaltestelle. Schick ist der Laden nicht, aber das macht ihn ja gerade so nett.

Shoppen

Jamones González ESSEN
(www.jamonescanogonzalez.com; Calle Nueva; Mo–Fr 10–13.30 & 17–20, Sa bis 13.30 Uhr) Wer etwas vom berühmten rohen Schinken aus Trevélez mit nach Hause nehmen möchte, ist hier genau richtig. Auch andere Delikatessen aus der Gegend werden verkauft.

Östliche Alpujarras

7 km südlich von Trevélez überquert die A4132 den Pass Portichuelo de Cástaras und biegt nach Osten in eine schroffere, kahlere Landschaft ab, in der sich dennoch grüne Oasen um die Dörfer finden. Merklich weniger Touristen schaffen es von Granada bis hierher, und wer kommt, geht oft auf lange, einsame Wanderschaften. Viele der hiesigen Vergnügungen beschränken sich aufs Essen: Frische lokale Produkte stehen in den

zwanglosen Restaurants und Gasthöfen im Mittelpunkt.

Die nachfolgend beschriebenen Dörfer liegen am GR7 und werden mit Ausnahme von Mairena von Alsa-Bussen von/nach Granada bedient.

BÉRCHULES

Das Dorf in einem grünen Tal hinten in den Bergen ist ein Zwischenstopp für Wanderer. Im Hotel Los Bérchules (958 85 25 30; Hauptgericht 10–14 €) an der Kreuzung im unteren Teil des Dorfs gibt's ein exzellentes Restaurant mit lokalen Spezialitäten wie Kaninchen in Mandelsoße. Nebenan in einer schmucklosen Bar namens Cuatro Vientos (958 76 90 39; Calle Carretera 4; Tapas ab 1,50 €; Di–So 8–23 Uhr) stärken sich vor allem Bauern mit Schinken und Käse und kippen dazu gläserweise Sherry hinunter. Das gastfreundliche Hotel Los Bérchules (958 85 25 30; www.hotelberchules.com; Carretera de Granada 20; EZ/DZ 42/62 €; P) bietet einen schönen Ausblick.

MECINA BOMBARÓN

Zu Unrecht hartnäckig übersehen wird das größere von drei Mecinas in der Alpujarra-Region (es gibt eines in La Tahá und ein weiteres östlich von Válor). Eingefleischte Wanderer werden das weiße Bergdorf am GR7, 7 km westlich von Yegen und 5 km östlich von Bérchules, jedoch vielleicht kennen. Es ist der Geburtsort und letzte Rückzugsort von Abén Aboo, dem letzten Anführer der Mauren in Spanien. Sein Tod 1571 markierte das Ende der maurischen Rebellion und läutete ihre Vertreibung ein.

An der Ostseite des Dorfs, unterhalb des GR7, befindet sich eine mittelalterliche Brücke aus dem 13. Jh. Hier verlief einst der „Camino Real" zwischen Granada und Almería. Wer hier Hunger bekommt, sollte sich eine Portion von den göttlichen *patatas al pobre* (gebratene Kartoffeln, Paprika und Zwiebeln) im Restaurante El Portón (958 06 49 23; Calle Iglesia Vieja 15; Hauptgerichte 7–10 €; 7.30–0.30 Uhr) gönnen.

YEGEN

Yegen, ein Dorf mit 400 Einwohnern östlich von Bérchules, ist bekannt als Wohnort des britischen Schriftstellers Gerald Brenan, einem eher unbedeutenden Mitglied des in der ersten Hälfte des 20. Jhs. legendären Künstlerzirkels Bloomsbury Group. Brenans Buch *Südlich von Granada* beschreibt das hiesige Leben in den 1920er-Jahren. Eine Plakette markiert Brenans Haus, das nahe dem Brunnenplatz unterhalb der Hauptstraße liegt. Auf dem Sendero Gerald Brenan, einem 1,9 km langen Rundweg (1 Std.), können Wanderer die dramatisch erodierte rote Landschaft erkunden. Karten für den Weg bekommt man am Hauptplatz. Das exzellente Restaurant El Rincón de Yegen (958 85 12 70; Calle de las Eras 2; Hauptgerichte 14–20 €; Di–So 13–16.30 & 21–23 Uhr) am Ostrand des Dorfs serviert Leckereien wie Birnen in Contraviesa-Wein und heiße Schokolade.

An der Straße auf halber Strecke zwischen Yegen und Mecina-Bombarón gibt's ein öffentliches Schwimmbad mit überwältigender Aussicht auf das Tal. Es ist von Juli bis September geöffnet.

VÁLOR

Válor, 5 km nordöstlich von Yegen, war der Geburtsort von Aben Humeya, einem *morisco* (konvertierter Muslim), der 1568 eine Rebellion gegen die Repressionen Philipps II. anführte; dieser hatte arabische Namen, Kleidung und sogar Sprache verboten. Der zweijährige Guerillakrieg in den Bergen endete erst, als Philipps Halbbruder Don Juan de Austria zur Niederschlagung des Aufstands hinzugezogen und Aben Humeya von seinem Cousin Aben Aboo ermordet wurde. Das historische Gefecht wird durch das große Fest Moros y Cristianos (Mauren und Christen) am 14. und 15. September in Válor mit farbenprächtig gekleideten „Armeen" nachgestellt.

Bekannt ist das Dorf für Olivenöl, Ziegenkäse und Rebhühner, die man alle im namhaften Restaurante Aben Humeya (958 85 18 10; Calle Los Bolos; Hauptgerichte 8–12 €; Di–So 13.30–15.30 & 20–23 Uhr) in der Hauptstraße bergab kosten kann. Auf der Karte stehen saisonale Köstlichkeiten wie lokale Pilze, aber auch Standardgerichte wie Zicklein in Knoblauchsoße und leckere *croquetas* (Kroketten). Zum Nachtisch gibt's dann einen mörderisch schweren *tocino del cielo* (Eiercreme) oder Sahnequark mit Honig, die mit *vino rosado* aus Albuñol runtergespült werden.

Das Los Arcos (958 85 17 71; www.losarcosholidays.com; Plaza de la Iglesia 3; EZ/DZ 40/60 €; P) ist eigentlich schon Grund genug für einen Besuch in diesem Alpujarra-Dorf, denn es handelt sich um die Sorte B&B, wo man gern auch dauerhaft wohnen würde. In der geräumigen, einladenden, bodenständigen Unterkunft kann man wunderbar zusammenkommen und relaxen. Dabei lernt man sicherlich auch die Besitzer Jill und David Drummie, ein britisches Paar, näher kennen. Ringsum entfaltet sich die Pracht der problemlos zugänglichen Bergwelt. Das reichhaltige Frühstück dient als hervorragende Stärkung, wenn es anschließend wieder auf den GR7 geht. Weitere Extras sind eine große Terrasse und eine Bar mit Gratis-Getränken.

MAIRENA

Mairena, nur 6 km auf einer kurvenreichen Straße von Válor entfernt, wirkt sehr viel abgeschiedener und bietet von seiner Höhenlage eine schöne Aussicht. Die von einem britischen Paar betriebene Pension **Las Chimeneas** (958 76 03 52; www.alpujarra-tours.com; Calle Amargura 6; DZ inkl. Frühstück 90 €; ❄@≋) ist eine Institution unter Wanderern. Praktischerweise sind die Besitzer bestens über die hiesige Geschichte, Ökologie und lokalen Traditionen informiert. Sie arrangieren Wanderungen, Kochunterricht, Aktivitäten für Kinder und mehr. Einen guten Geschmack haben sie auch: Die großen Zimmer sind klassisch gestylt und sehr ordentlich. Im **Restaurant** (958 76 00 89; Hauptgerichte 15–20 €; 19–23 Uhr) wird ein hervorragendes Abendessen aus Bioprodukten kredenzt, die frisch von der Finca der Inhaber stammen.

Gleich östlich von Mairena ist die Sierra Nevada über die A337 und den 2000 m hohen Pass **Puerto de la Ragua** einfach zu erreichen. Die Straße führt dann hinab nach La Calahorra.

COSTA TROPICAL

Die 80 km lange Küste der Provinz Granada ist von Klippen gesäumt, die ein wenig an die italienische Amalfi-Küste erinnern. Im Kern kommt sie jedoch urspanisch daher mit vielen Zeugnissen der maurischen Vergangenheit, Tapas-Bars der alten Schule und unverschämt leckeren *churros*. Auch das Klima ist schön warm und es gibt keinen nennenswerten Winter. Da erscheint der Name Tropische Küste geradezu ideal. Mehrere hübsche Strandorte sind durch täglich verkehrende Busse an die größeren Städte Granada, Málaga und Almería angebunden. Sie befinden sich noch vermehrt im „Besitz" der einheimischen Bevölkerung, anders als beispielsweise die Badeorte an der Costa del Sol.

Salobreña

12 000 EW.

Die weißen Häuser von Salobreña drängen sich zwischen der N340 und dem Meer auf einem Felshügel, überragt von einer eindrucksvollen maurischen Burg. Der dunkelsandige Strand ist nicht gerade atemberaubend, aber breit. Seine Entfernung vom Zentrum (etwa 1 km) hat ihn davor bewahrt, zugebaut zu werden. Den größten Teil des Jahres herrscht wenig Andrang, doch im August geht die Post ab. Die **Touristeninformation** (958 61 03 14; Plaza de Goya; Mo–Do & Sa 9–15, Fr 9–15 & 16.30–18.30 Uhr) liegt an einem kleinen Kreisverkehr nahe der östlichen Ausfahrt von der N340.

◉ Sehenswertes & Aktivitäten

Salobreñas langer Strand erstreckt sich an der Avenida del Mediterráneo etwa 1 km vom Zentrum entfernt und wird durch eine Felszunge, El Peñón, zweigeteilt. Die östliche Hälfte, **Playa de la Charca** besteht aus grauem Sand, die westliche **Playa de la Guardia** ist steiniger. Am und nahe dem Strand gibt's massenhaft *chiringuitos* (kleine Freiluftlokale am Strand) und Bars, auch ein bisschen Nachtleben. Das **Restaurante El Peñón** (www.restauranteelpenon.es; Paseo Marítimo; Hauptgerichte 6–12 €; Di–So 12–24 Uhr) besticht vermutlich weniger durch seine eher durchschnittlichen Meeresfrüchte als durch seine Lage dicht am Wasser – besonders spektakulär bei Nacht.

Castillo Árabe BURG

(Arabische Burg; Eintritt inkl. Museo Histórico 3 €; 10–14 & 18–21 Uhr) Schon von Weitem ist das Castillo Árabe hoch oben auf einem Hügel sichtbar. Es stammt zwar aus dem 12. Jh., aber der Standort wurde bereits im 10. Jh. befestigt. Die Burg diente als Sommerresidenz der Emire von Granada, doch die Legende besagt, dass Emir Muhammad IX. hier seine drei Töchter Zaida, Zoraida und Zorahaida gefangen gehalten hat. Washington Irving berichtet davon in seinen *Erzählungen von der Alhambra*.

Im Inneren der *alcazaba*, die für Kulturveranstaltungen genutzt wird, blieb viel von der nasridischen Bausubstanz erhalten. Teile der Brüstung sind begehbar und bieten einen Blick über die Brandung und die Zuckerrohrfelder. Ein Fußweg führt vom Strand zur Burg hinauf und ein Stadtbus fährt zur Kirche.

Museo Histórico
MUSEUM

(Plaza del Ayuntamiento; Eintritt inkl. Castillo Árabe 3 €; ⏱10–14 & 18–21 Uhr) Das Museo Histórico liegt in der Nähe des Castillo Árabe und unterhalb der Kirche Iglesia de Nuestra Señora del Rosario. Auffällig ist der Torbogen aus dem 16. Jh. Die Ausstellung besteht aus zwei Hauptträumen. Einer widmet sich vor allem der archäologischen Geschichte und Exponaten aus der Jungsteinzeit und der Bronzezeit. In der zweiten Galerie sind moderne Fotos und Kunstwerke sowie ein Modell der Burg zu sehen.

🛏 Schlafen

Hostal San Juan
HOTEL €

(☎958 61 17 29; www.hostalsanjuan.com; Calle Jardines 1; EZ/DZ 43/60 €, 3-Personen-Apt. 70 €; ⏱Nov.–Feb.geschl.; ✱@🛜) Das alteingesessene *hostal* in einer ruhigen Straße 400 m südwestlich der Touristeninformation hat einen bildschönen Kachelhof/Sitzbereich voller Pflanzen. Geschlafen wird in Betten mit schmiedeeisernen Gestellen. Die Bäder sind rot und weiß gekachelt. Es gibt viele Zimmer mit Familiengröße sowie zwei Apartments mit Küchenzeilen. Auf der großen Dachterrasse lässt sich der Sonnenuntergang ganz fabelhaft beobachten.

🍴 Essen

La Bodega
ANDALUSISCH €€

(Plaza de Goya; menú 9 €, Hauptgerichte 17–24 €; ⏱13–16 & 20–23 Uhr) Am Strand dreht sich nicht alles um Fisch, Fisch und noch mehr Fisch: In Salobreña gibt's zwei sehr gute Restaurants, die sich auch vom Landesinneren inspirieren lassen. Die Bodega gleich neben der Touristeninformation umweht mit den Landwirtschaftsgeräten an den Wänden und den Schinken an der Decke ein Hauch von Landleben. Zudem lässt sich hier ein Stück Meer (exzellente Venusmuscheln) mit einem Steak und einem Schlückchen Sherry vom Fass verbinden.

Mesón de la Villa
ANDALUSISCH €€

(Plaza Francisco Ramírez de Madrid; Hauptgerichte 11–16 €; ⏱Mi geschl.; 🍴) Die Mesón de la Villa versteckt sich an einem stillen Platz voller Palmen. Viele Einheimische schätzen es wegen der Traditionsgerichte wie Saubohnen mit Schinken, serviert in einem behaglichen, kerzenerleuchteten Raum – besonders toll, bevor die Sommerhitze zuschlägt. Die Auswahl an vegetarischen Gerichten ist groß, u. a. gibt's eine selten zu findende Auswahl von über acht Salaten.

ℹ An- & Weiterreise

Alsa (Alsina Graells; ☎958 61 25 21; www.alsa.es) verkehrt nach Almuñécar (1,17 €, 15 Min., 17-mal tgl.), Granada (6,72 €, 1¼ Std., 9-mal tgl.), Nerja (4,04 €, 1 Std., 12-mal tgl.) und Málaga (8,56 €, 2 Std., 5-mal tgl.). Außerdem bestehen Verbindungen nach Almería (10,19 €, 3 Std., 2-mal tgl.). Um 17 Uhr (außer sonntags) geht's nach Órgiva (3,28 €, 1 Std.).

Die Busse halten direkt neben der Plaza de Goya.

Montags bis freitags von 9 bis 13.35 und 16 bis 18.45 Uhr startet ungefähr jede Stunde die Stadtbuslinie 1 (1,10 €) ihre Rundtour durch Salobreña sowie hoch zum Castillo Árabe. Samstags fährt sie nur zwischen 9 und 13.35 Uhr. Zu den Stränden nimmt man Bus 2. Los geht's im Stadtzentrum nahe dem Tourismusbüro (1,10 €, stdl.).

Almuñécar & La Herradura

27 195 EW.

Almuñécar ist ganz auf das Strandleben ausgerichtet, nicht allzu teuer, ein bisschen ungeschliffen und sehr relaxt. Viele Touristen an den Kieselstränden sind Spanier, und die Altstadt besteht aus einem malerischen Labyrinth unterhalb einer Burg aus dem 16. Jh., allerdings von schauderhaften Hochhäusern umgeben. Manchmal schwappt die Touristenwelle auch ins benachbarte Dorf La Herradura über, das dennoch ganz anders daherkommt und eher jüngere Leute sowie Windsurfer anzieht. Die N340 verläuft nördlich der beiden Orte.

👁 Sehenswertes & Aktivitäten

Almuñécars Strand wird geteilt von einer Felsnase, dem Peñón del Santo. Die **Playa de San Cristóbal** – der beste Sandstreifen (grauer Sand und kleine Kiesel) – erstreckt sich im Westen. Auf der östlichen Seite liegt die **Playa Puerta del Mar**, gesäumt von coolen Cafés.

Castillo de San Miguel
BURG

(Santa Adela Explanada; Erw./Kind 2,35/1,60 €; ⏱Di–Sa 10–13.30 & 16–18.30, So 10.30–13 Uhr) Die Burg oben auf dem Berg mit Blick aufs Meer wurde von den siegreichen Christen dort gebaut, wo vorher maurische und römische Festungen gestanden hatten. Für den schweißtreibenden, umständlichen Aufstieg entschädigen die großartige Aussicht und ein informatives kleines **Museum**. Nicht vergessen einen Blick auf das Skelett im Ver-

ABSTECHER

WASSERSPORT IN LA HERRADURA

Wer einsamere Strände oder mehr Action mag, für den lohnt sich ein Abstecher zur 7 km weiter westlich gelegenen kleinen, hufeisenförmigen Bucht in La Herradura, dem Treffpunkt von Windsurfern und Paraglidern. **Windsurf La Herradura** (958 64 01 43; www.windsurflaherradura.com; Paseo Andrés Segovia 34) dient für diese Zwecke wie auch für weniger extreme Wassersportarten (z. B. Kajakfahren) als guter Ansprechpartner.

Mit seinen seichten, sandigen Küstengewässern ist das westliche Mittelmeer für angehende Taucher nur bedingt von Interesse. Ganz anders sieht es etwas weiter östlich aus, genauer gesagt an der Costa Tropical bei La Herradura. Der abwechslungsreiche Meeresboden wartet mit Seegras, Sand und Stein, unterbrochen von Höhlen, Spalten und Passagen auf. Am Jachthafen liegt das Boot der lokalen Tauchschule **Buceo La Herradura** (958 82 70 83; www.buceolaherradura.com; Puerto Marina del Este; Tauchgang mit Ausrüstung 47 €) vor Anker und bringt Besucher in nur fünf bis zehn Minuten zu verschiedenen Tauchgründen.

Anschließend kann man sich in einem der vielen *chiringuitos* am Strand von La Herradura mit Fisch und Meeresfrüchten stärken.

---

lies zu werfen. Es handelt sich um die Nachbildung menschlicher Überreste, die hier entdeckt wurden.

Museo Arqueológico MUSEUM
(Calle San Joaquín, Almuñécar; Erw./Kind 2,35/1,60 €; Di-Sa 10–13.30 & 16–18.30, So 10.30–13Uhr) Das Museo Arqueológico ein paar Straßen weiter nordöstlich befindet sich in einem unterirdischen Steinkeller aus dem 1. Jh., der Cueva de Siete Palacios, die von den Römern in der damals sogenannten Hafenstadt Sexi gebaut wurde. Ausgestellt werden Fundstücke aus den lokalen phönizischen, römischen und maurischen Stätten, sowie eine 3500 Jahre alte ägyptische Amphore.

Parque Ornitológico Loro-Sexi VOLIERE
(Erw./Kind 4/2 €; 10.30–14 & 18–21Uhr;) Gleich hinter dem Peñón del Santo befindet sich das tropische Vogelhaus voller krächzender Papageien. Der Eintrittspreis ist ziemlich hoch für das, was geboten wird.

Parque Botánico El Majuelo PARK
(9–22Uhr) GRATIS Der botanische Garten ist ein vernachlässigter Park rund um die Reste einer kathargischen und römischen Fischsalzerei, wo einst die Soße namens *garum* produziert und ins ganze Reich exportiert wurde. Vor Ort findet Mitte Juli das internationale Festival **Jazz en la Costa** (www.jazzgranada.es) statt.

Schlafen

Hotel Casablanca HOTEL €
(958 63 55 75; www.hotelcasablancaalmunecar.com; Plaza de San Cristóbal 4; EZ/DZ 40/48 €) In Almuñécar nahe dem Strand fallen einem die Terrakottabogen des Hotel Casablanca ins Auge, die tatsächlich direkt aus Casablanca stammen könnten. Einige Zimmer der Unterkunft im Al-Andalus-Stil bieten einen Blick aufs Meer. Im Erdgeschoss befindet sich ein Restaurant.

Essen

Die Plaza Kelibia in Almuñécar ist ein guter Startpunkt für eine Tapas-Tour.

★ La Italiana Café CAFÉ €
(958 88 23 12; www.laitaliancafe.com; Hurtado de Mendoza 5; Pizza & Pasta 8–9 €; 8–22Uhr;) Ausgerechnet dieser Laden ist *die* Adresse für typisches Almuñécar-Gebäck wie *torta de al-hajú* und *cazuela mohina* – irgendwie schräg angesichts des Namens und der Tatsache, dass auf der Karte Pizza und Pastagerichte stehen! Zu den süßen Leckerbissen passt ein Cappuccino. So lässt sich das Ambiente mit Deckenfresken und reich verzierten Goldsäulen und Spiegeln besonders gut genießen.

La Ventura ANDALUSISCH €€
(958 88 23 78; Calle Alta del Mar 18; Hauptgerichte 12–20 €; 13–16 & 20–23.30Uhr) Almuñécars Flamenco-Geheimtipp sucht man am besten donnerstag- oder sonntagabends auf. Dann wird zu Musik und Tanz solides, gutes Essen serviert, das immer schön dicht an der lokalen Tradition bleibt (z. B. Fischsalate und Fleischeintöpfe). Das Fünf-Gänge-Menü, das während der Vorführungen um 21 Uhr aufgetragen wird, kostet vernünftige 25 €.

Pepe Dígame FISCH & MEERESFRÜCHTE €€
(☏ 958 34 93 15; Plaza San Cristóbal; Hauptgerichte 9,50–15 €; ⊙ 8–22 Uhr) Eines jener Fischrestaurants am Strand, in denen man den kompletten Nachmittag bei einer Flasche Wein herumlümmeln kann, während die Kinder im Meer Steinchen springen lassen und die Fischer von einem langen Tag in ihrem schwankenden „Büro" zurückkehren.

❶ Praktische Informationen

Haupttouristeninformation (www.almunecar.info; Avenida Europa; ⊙ 10–14 & 18–21 Uhr) Ein paar Straßenzüge hinter der Playa de San Cristóbal an der Ostseite in einer rosafarbenen neomaurischen Villa.

Infokiosk (Paseo del Altillo; ⊙ 10–13.30 & 18.30–21 Uhr) Gleich nördlich der Bushaltestelle nahe dem Kreisel an der N340.

❶ An- & Weiterreise

Almuñécars Busbahnhof (☏ 958 63 01 40; Avenida Juan Carlos I 1) liegt südlich der N340. Von hier bestehen Verbindungen nach Almería (11,83 €, 3½ Std., mind. 5-mal tgl.), Málaga (7,44 €, 1¾ Std., 10-mal tgl.), Granada (8,36 €, 1½ Std., 9-mal tgl.), La Herradura (1,17 €, 10 Min., 16-mal tgl.), Nerja (2,92 €, 30 Min., 16-mal tgl.) und Salobreña (1,33 €, 15 Min., 16-mal tgl.). Montags bis samstags fährt um 16.45 Uhr ein Bus nach Órgiva (4,69 €, 1¼ Std., 1-mal tgl.).

Die Provinz Almería

701 688 EW.

Inhalt ➜

Almería............ 308
Desierto de
Tabernas........... 315
Níjar 316
Laujar de Andarax ... 318
Parque Natural de
Cabo de Gata-Níjar .. 319
Mojácar 325
Los Vélez 328

Gut essen

➜ 4 Nudos (S. 322)

➜ Restaurante La Villa (S. 325)

● Casa Joaquín (S. 313)

● Mesón El Molino (S. 330)

● Casa Puga (S. 312)

➜ Tito's (S. 327)

Schön übernachten

➜ El Jardín de los Sueños (S. 324)

➜ Plaza Vieja Hotel & Lounge (S. 312)

● MC San José (S. 321)

➜ Cortijo de la Alberca (S. 317)

Auf nach Almería

Zweifellos ist die größte Attraktion der Provinz Almería das Wetter, denn die Sonne scheint hier 3000 Stunden im Jahr! Außerdem ist das sogenannte „Gewächshaus Europas" eine Top-Region für den Anbau von Obst und Gemüse, das EU-weit verkauft wird. Leider geht mit dem landwirtschaftlichen Boom auch die Verschandelung durch Plastikgewächshäuser in einigen Teilen der Provinz einher. Schaut man darüber hinweg, entdeckt man Almerías zahlreiche Reize, allen voran die beeindruckenden Küsten, Strände und die vulkanische, wüstengleiche Landschaft des Parque Natural de Cabo de Gata-Níjar. Ein Stück weiter nördlich liegt an der Ostküste der Vergnügungsort Mojácar, dessen Strandszene in den Sommermonaten aufblüht. Im Inland warten die spektakulären Sorbas-Höhlen und die Tabernas-Wüste, die als Wildwest-Filmkulisse dient. Einen Besuch lohnt auch die grüne, bergige Region Los Vélez. Auf keinen Fall entgehen lassen sollte man sich Almería-Stadt, eine lebendige Provinzhauptstadt am Mittelmeer mit beeindruckenden Bauwerken, herausragenden Museen und hervorragenden Tapas-Bars.

Entfernungen

	Almería	Mojácar	Vélez Rubio	Níjar
Mojácar	81			
Vélez Rubio	138	74		
Níjar	33	54	108	
San José	38	77	131	26

Highlights

① An den zerklüfteten Sandstränden des **Parque Natural de Cabo de Gata-Níjar** (S. 323) entspannen.

② **Almerías** (S. 308) grandiose Tapas-Bars, Museen und historische Bauwerke besuchen.

③ Im faszinierenden Höhlenkomplex **Cuevas de Sorbas** (S. 315) in die Unterwelt abtauchen.

④ Einen sonnigen Nachmittag in Strandbars verbringen und vom idyllischen alten *pueblo* in **Mojácar** (S. 325) aus den tollen Blick in die Ferne genießen.

⑤ Mit den Cowboys das Lasso schwingen in der Wildwestkulisse des **Desierto de Tabernas** (S. 315).

⑥ Die grüne, bergige abgelegene Region **Los Vélez** (S. 328) erkunden.

ALMERÍA

165 000 EW.

Almería hat sich gemacht. Noch vor ein paar Jahrzehnten galt es als raue Hafenstadt, die ihre besten Tage hinter sich hatte, und inzwischen hat sie sich zu einer zunehmend schicken, energiegeladenen und besucherfreundlichen Hauptstadt der zweitreichsten Provinz Andalusiens gemausert. Es wartet mit immer mehr kulturellen Sehenswürdigkeiten auf und die Tapas-Bars in der herausgeputzten Altstadt gehören zu den besten des Landes.

Geschichte

955 v. Chr. wurde Almería von Kalif Abd ar-Rahman III. von Córdoba gegründet. Schnell entwickelte sich die Stadt zum größten und reichsten Hafen im maurischen Spanien und dem Stützpunkt der Flotte der Omayyaden. Händler aus Ägypten, Syrien, Frankreich und Italien flanierten durch die Gassen, um Seide, Glas, Marmor und glasierte Töpferwaren aus ganz Al-Andalus zu erwerben. Während der Besetzung durch die Christen in den Jahren 1147 bis 1157 verlor die Stadt Almería ihre wirtschaftliche Vormachtstellung, behielt aber ihren Status als bedeutende maurische Stadt, bis sie schließlich im Jahr 1489 an die katholischen Könige fiel. Danach ging es mit Almería steil bergab. 1658 war die Bevölkerung nach verheerenden Erdbeben, der Vertreibung der muslimischen Bevölkerung und Angriffen durch die Barbaresken auf nur mehr 500 Einwohner geschrumpft. Eine bedeutende Kehrtwende erfolgte erst Ende des 20. Jhs., als die Region durch Landwirtschaft und Tourismus wieder zu Wohlstand kam.

Sehenswertes

Die beiden wichtigsten Sehenswürdigkeiten in Almería sind die Alcazaba und die Kathedrale. Beide kann man an einem Vormittag besuchen, doch kann man bei einem Bummel durch die gewundenen Straßen der Stadt noch zahlreiche weitere Sehenswürdigkeiten entdecken.

★ Alcazaba FESTUNG

(Calle Almanzor; ⊙ April–Mitte Juni Di–Sa 9–19.30 Uhr, Mitte Juni–Mitte Sept. Di–Sa bis 15.30 Uhr, Mitte Sept.–März Di–Sa bis 17.30 Uhr, So ganzjährig bis 15.30 Uhr) GRATIS Bedrohlich erhebt sich die Alcazaba mit ihren dicken Mauern über den Klippen. Sie wurde Mitte des 10. Jhs. errichtet und war eine der bedeutendsten maurischen Festungen in Spanien. Ihre Verzierung ist zwar nicht so kunstvoll wie die der Alhambra in Granada, sie bietet aber dennoch einen faszinierenden Anblick. Für einen ausführlichen Besuch sollte man 1½ Stunden einplanen. Am Kiosk direkt hinter dem vierbogigen Eingangstor gibt's Broschüren in verschiedenen Sprachen.

Die Alcazaba ist in drei verschiedene *recintos* (Bereiche) unterteilt. Der unterste, der Primer Recinto, war der Wohnbereich mit Häusern, Straßen, Brunnen, Bädern und anderen Einrichtungen. Heute erstreckt sich hier ein mit Wasserkanälen durchzogener üppiger Garten. Von der Burgmauer blickt man auf die Muralla de Jayrán – eine im 11. Jh. erbaute befestigte Mauer, die die vorgelagerten nördlichen und östlichen Teile der Stadt schützte – und genießt eine großartige Sicht auf die Stadt und die Küste.

DIE ALTE MEDINA

Durch die labyrinthartige Medina zwischen der Alcazaba und dem Meer zu bummeln ist faszinierend. Genau hier lag einst das ursprüngliche Almería – eine ummauerte Medina (Stadt) zwischen der Alcazaba im Norden, dem Meer im Süden und der heutigen Calle de la Reina bzw. Avenida del Mar im Osten und im Westen. Im Herzen der Stadt lag die größte Moschee – deren Mihrab (Gebetsnische, die Richtung Mekka zeigt) heute in der Iglesia de San Juan (Calle San Juan; ⊙ zum Gottesdienst geöffnet April–Sept. 20 Uhr, Okt.–März 19 Uhr außer Di & Fr) zu sehen ist – inmitten des Geschäftsviertels mit Märkten und Warenhäusern. Die Calle de la Almedina folgt dem Lauf der damaligen Hauptstraße, die diagonal die Medina durchkreuzte. Manche der kleinen Häuser an den engen Straßen der Medina sind heute nur noch Ruinen, andere wurden kürzlich im Zuge der Wiederbelebung des Innenstadtbereichs restauriert. Hervorragend geeignet für einen Zwischenstopp ist das Teehaus Tetería Almedina (S. 313). Ebenfalls sehenswert ist der Markt an der Plaza de Pavía (⊙ Mo–Sa 9–14 Uhr), auf dem es samstags am geschäftigsten zugeht, wenn Obst und Gemüse, günstige Schuhe und *churros* (köstliches fettes ringförmiges Schmalzgebäck) feilgeboten werden.

HIMMLISCHE HAMMAMS

Almería hat zwei herausragende Hammams (arabische Bäder). Der prächtige **Hammam Aire de Almería** (www.airedealmeria.com; Plaza de la Constitución 5; 1½ Std. Eintritt inkl. 15 Min. Aromatherapie 23 €; 10–22 Uhr) gehört zum **Plaza Vieja Hotel & Lounge** (S. 312) und liegt wunderschön in einem historischen Gebäude an der hübschen Plaza de la Constitución. Das luxuriöse und geräumige Badehaus, dessen Interieur aus Marmor und warmem Ziegelstein eine Oase der Ruhe ist, besteht aus drei Becken: dem *Frigidarium* (16°C), dem *Tepidarium* (36°C) und dem *Caldarium* (40°C). Auch Aromatherapie und weitere Massagen werden angeboten. Es empfiehlt sich, einen Termin zu reservieren.

Der kleinere **Hammam Almeraya** (www.almeraya.info; Calle Perea 9; 1½-std. Sitzung mit Aromatherapie 16 €; Mi–Mo 16–22 Uhr) hat heiße und kalte Bäder sowie ein „türkisches" Dampfbad in einem schönen Ambiente samt Marmor und Kacheln, in dem auch Massagen angeboten werden. Dazu gehört die entspannende **Tetería Almeraya** (Kanne Tee 2,50–9,50 €; 9–14 & 16–24 Uhr, Di abends & Sa & So morgens geschl.), ein Teehaus, in dem Cocktails und alle nur erdenklichen Teesorten serviert werden. Eine Reservierung ist notwendig.

Im **Segundo Recinto** warten die Ruinen des maurischen Palasts, den der *taifa*-Herrscher Almotacín (reg. 1051–1091) erbauen ließ. Unter seiner Herrschaft erlebte das mittelalterliche Almería seine größte Blüte. In diesem Bereich steht außerdem eine Kapelle, die **Ermita de San Juan**, die einst als Moschee erbaut worden war. Der höchste Abschnitt, der **Tercer Recinto**, besteht aus einer Zitadelle, die der bestehenden Burg im Auftrag der Katholischen Könige angefügt wurde.

★ **Catedral de la Encarnación** KATHEDRALE
(Plaza de la Catedral; Eintritt 5 €, montagmorgens frei; Mo–Fr 10–13.30 & 16–17, Sa bis 13.30 Uhr) Kathedrale oder Festung? Der Bau von Almerías ungewöhnlich massiver Kathedrale mit ihren sechs Türmen begann im Jahr 1525. Damals diente sie gleichzeitig als Gotteshaus und als Zufluchtsort für die Bevölkerung bei den regelmäßigen Angriffen durch Piraten aus Nordafrika. Im 18. Jh. wurde die vorwiegend im Stil der Gotik/Renaissance gehaltene Kathedrale um barocke und neoklassizistische Elemente bereichert. Von der Calle Velázquez aus betritt man das Gebäude durch einen schönen Kreuzgang aus hellem Stein. Der riesige beeindruckende Innenraum wartet mit einer schönen Decke mit einem geschwungenen gotischen Rippengewölbe auf und ist mit Jaspis, Marmor und geschnitztem Nussbaum verziert.

Am Äußeren des Gebäudes sollte man einen Blick auf die schönen steinernen Löwen rund um den nordwestlichen Turm und auf die prächtige Sol de Portocarrero werfen, ein Sonnenrelief aus dem 16. Jh. an der Ostseite der Kathedrale, das heute das Symbol der Stadt ist.

Museo de la Guitarra
MUSEUM
(950 27 43 58; Ronda del Beato Diego Ventaja; Eintritt 3 €; Juni–Sept. Di–So 10.30–13.30, Fr & Sa 18–21 Uhr, Okt.–Mai Di–So 10–13, Fr & Sa 17–20 Uhr) Zwei wichtige Dinge sollte man vor dem Besuch des fesselnden, kürzlich eröffneten interaktiven Museums wissen. Erstens: Das Wort „Gitarre" stammt vom andalusisch-arabischen Wort *qitara*, was auf die spanischen Wurzeln des Instruments hindeutet. Zweitens: Moderne Akustikgitarren gäbe es in ihrer heutigen Form nicht ohne den Gitarrenbauer Antonio de Torres (1817–1892) aus Almería. Das ihm gewidmete Museum ist ein kleines Meisterwerk, in dem man alles über die Geschichte der Gitarre erfährt, und gleichzeitig eine Hommage an die Rolle, die Torres in dieser Geschichte gespielt hat.

In einem interaktiven Bereich kann man sich an E-Gitarren und Akustikgitarren probieren, sein Musikwissen testen und einen faszinierenden Film zur Herstellung von Gitarren anschauen.

Refugios de la Guerra Civil
HISTORISCHE STÄTTE
(Zufluchtsorte im Bürgerkrieg; Reservierungen unter 950 26 86 96; Plaza de Manuel Pérez García; Führung 3 €; geführte Touren Juni–Sept. Di–So 10.30 & 12, Fr & Sa 18 & 19.30 Uhr, Okt.–Mai Di–So 10 & 11.30, Fr & Sa 16 & 18.30 Uhr) Während des Bürgerkriegs war Almería die letzte Hochburg der Republikaner in Andalusien und wurde

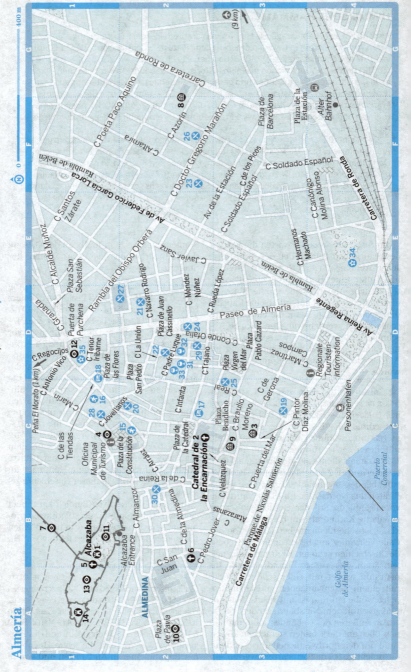

Almería

🅗 Highlights
1. Alcazaba B1
2. Catedral de la Encarnación C2

🅢 Sehenswertes
3. Centro Andaluz de la Fotografía C3
4. Centro de Interpretación
   Patrimonial C1
5. Ermita de San Juan B1
6. Iglesia de San Juan B2
7. Muralla de Jayrán B1
8. Museo de Almería F2
9. Museo de la Guitarra C3
10. Markt an der Plaza de Pavía A2
11. Primer Recinto B1
12. Refugios de la Guerra Civil D1
13. Segundo Recinto A1
14. Tercer Recinto A1

🅐 Aktivitäten, Kurse & Touren
Hammam Aire de Almería .... (siehe 18)
15. Hammam Almeraya C1

🅢 Schlafen
16. Hotel Catedral C2
17. Hotel Nuevo Torreluz D1
18. Plaza Vieja Hotel & Lounge C2

🅧 Essen
19. Casa Joaquín C3
20. Casa Puga C2
21. El Quinto Toro D2
22. Entrefinos D2
23. Habana Cristal F2
24. La Coquette D2
25. La Mala C3
26. Lamarca F2
27. Mercado Central D2
28. Nuestra Tierra C1
29. Taberna Postigo D2
30. Tetería Almedina B2

🅐 Ausgehen & Nachtleben
31. La Campanilla D2
32. La Chica de Ayer D2
33. New Georgia D2
Tetería Almeraya .... (siehe 15)

🅤 Unterhaltung
34. Clasijazz E4
35. Peña El Taranto D1

---

immer wieder gnadenlos bombardiert. Daraufhin entwarf und baute eine Gruppe von Ingenieuren die Refugios, ein 4,5 km langes Netz aus unterirdischen Betonbunkern. Im Rahmen der 1¼-stündigen Führung (auf Englisch und Spanisch) wird man durch 1 km der Tunnel geführt und bekommt u. a. den nachgebauten OP-Saal und die Lagerräume zu Gesicht. Unbedingt im Voraus reservieren.

Museo de Almería   MUSEUM
(Calle Azorín; ⊙ Mitte Juni–Mitte Sept. Di–So 9–15.30 Uhr, Mitte Sept.–Mitte Juni Di–Sa bis 19.30, So bis 15.30 Uhr) GRATIS Im Fokus dieses modernen Museums stehen die zwei großen prähistorischen Kulturen, die Almería einst besiedelten: Los Millares (3200–2250 v. Chr.; die vermutlich erste metallverarbeitende Kultur auf der Iberischen Halbinsel), und El Argar (2250–1550 v. Chr.) aus der Bronzezeit. Die zahlreichen Exponate aus den Stätten sind hervorragend auf Englisch und Spanisch erläutert.

Selbst wer Tonscherben und Knochenteile sonst eher einschläfernd findet, sollte sich die Ausstellung nicht entgehen lassen: Neben gut eingesetzten Multimediaelementen (eine echte Seltenheit) kann man hier auch den spanischen Sinn fürs Makabre erleben.

Centro Andaluz de la Fotografía   GALERIE
(Andalusisches Zentrum für Fotografie; www.centroandaluzdelafotografia.es; Calle Pintor Díaz Molina 9; ⊙ 11–14 & 17.30–21.30 Uhr) GRATIS Wer sich auch nur ein klein wenig für Fotografie interessiert, sollte dieser hervorragenden Galerie einen Besuch abstatten, denn hier werden erstklassige Werke internationaler Fotografen ausgestellt. Die Bilder decken ganz unterschiedliche Themenbereiche ab, sind aber allesamt ausgefallen und regen zum Nachdenken an.

Centro de Interpretación
Patrimonial   INFORMATIONSZENTRUM
(Plaza de la Constitución; ⊙ Di–So 10–14, Fr & Sa 17–20 Uhr) GRATIS Auf drei Etagen warten historische Fundstücke mit verständlichen Erläuterungen auf Englisch und Spanisch, dazu eine Dachterrasse mit Rundumblick. Wer sich für die Geschichte hinter den Sehenswürdigkeiten der Stadt interessiert, ist hier goldrichtig.

 Feste & Events

Feria de Almería   JAHRMARKT
Zehn Tage und Nächte lang gibt's in der zweiten Augusthälfte Livemusik, Stierkämpfe, Fahrgeschäfte, Ausstellungen und jede Menge Party.

🛏 Schlafen

Hotel Nuevo Torreluz HOTEL €
(☎ 950 23 43 99; www.torreluz.com; Plaza de las Flores 10; Zi. 50–63 €; ❄ ⓦ) Herausgeputztes Vier-Sterne-Hotel mit einer Top-Lage an einem kleinen Platz im historischen Zentrum. Die eher kleinen, aber gut ausgestatteten und gemütlichen Zimmer sind in elegantem Grau und Silber gehalten und haben Duschen mit ordentlichem Wasserdruck. Das Hotel betreibt drei Cafés und Restaurants rund um den Platz.

★ Plaza Vieja Hotel & Lounge BOUTIQUE-HOTEL €€
(☎ 950 28 20 96; www.plazaviejahl.com; Plaza de la Constitución 4; EZ 71–89 €, DZ 87–109 €; ❄ ⓦ) An der schönen Plaza de la Constitución in unmittelbarer Nähe zu einigen der besten Tapas-Bars der Stadt – ein echter Pluspunkt. Das Hotel gehört zum vornehmen Hammam Aire de Almería (S. 309) und die Zimmer mit hohen Decken sind geräumig, modern und in weichen Naturtönen gehalten. An den Wänden hängen Bilder von Sehenswürdigkeiten aus der Gegend wie dem Cabo de Gata.

TAPAS-TOUREN

In den Straßen zwischen dem Paseo de Almería und der Plaza de la Constitución reiht sich eine stimmungsvolle, gut besuchte Tapas-Bar an die nächste. Ebenso wie in Granada wird in Almería die Tradition von kostenlosen Tapas zu einem Getränk aufrechterhalten, doch hier setzt man der Nachbarprovinz noch einen drauf: alle Tapas sind *a elegir*, soll heißen: Der Kunde sucht sich aus einer Liste aus, was er haben möchte. Die Portionen sind großzügig, doch wer mehr Hunger hat oder sich eine Portion mit jemand teilen möchte, kann fast überall auch *raciones* und *medias-raciones* (ganze und halbe Tapas-Portionen) bestellen.

Casa Puga (www.barcasapuga.es; Calle Jovellanos 7; Wein & Tapa 2,80 €; ⊙ Mo–Sa 12–16 & 20–24 Uhr, mittwochabends geschl.) Die unumstrittene Nummer eins (schon seit der Eröffnung im Jahr 1870) sollte die erste Station des Abends sein, denn der Laden ist schnell voll. In den Regalen stehen uralte Weinflaschen und die Wände sind mit allem Möglichen von Lottoscheinen bis zu alten Karten gepflastert. Die winzige Kochstelle produziert am laufenden Band kleine Tellerchen mit köstlichen Schmorgerichten sowie Grillteller, Fisch, Pilze und Garnelen.

Nuestra Tierra (Calle Jovellanos 16; Wein & Tapa 2,80 €; ⊙ Mo 7.30–12, Mi–Fr 7.30–16 & 20–24, Sa 12–16 & 20–24, So 12–16 Uhr) Winzige Kneipe mit nur fünf Tischen und einer kleinen Bar, die köstliche Gerichte mit Zutaten aus der Region serviert. Der gegrillte Tintenfisch, das gefüllte Brot mit Schinken, Ei und Frühlingszwiebeln sowie Dutzende andere Leckereien lohnen den Besuch.

El Quinto Toro (Calle Juan Leal 6; Getränk & Tapa 2,50 €; ⊙ Mo–Sa 12-16 & 20–24 Uhr) In puncto traditioneller Atmosphäre muss der "Fünfte Stier" (mit dem obligatorischen Stierkopf über der Bar) den Vergleich zur Casa Puga nicht scheuen. Die Gäste lassen sich Anchovis mit Roquefort und reichhaltige *albóndigas* (Hackbällchen) in Weinsoße schmecken.

La Mala (Calle Real 69; Bier & Tapa 2,50 €, Tortillas 8–12 €; ⊙ Mo–Sa 12–17 & 20.30–1 Uhr) Rockmusik und grandiose *tortillas* (Kartoffel-Omeletts) sind das Erfolgsrezept dieser grellbunt bemalten Bar an einer Straßenecke, die regelmäßig gerammelt voll ist. Wenn nicht hier, wo dann kann man ein Omelett mit Tintenfisch oder mit Gorgonzola und Pilzen bestellen?

Entrefinos (Calle Padre Alfonso Torres 9; Tapa & Getränk 3–5 €; ⊙ 13–16 & 20–24 Uhr) Das lebendige Entrefinos hat hohe Decken mit Holzbalken, lange Holztische und Kreidetafeln, auf denen das Menü angeschrieben steht, und wirkt wie eine traditionelle Bodega. Die Tapas wie z. B. Lende vom Angus-Rind oder der knusprig gebratene Petersfisch sind überdurchschnittlich gut.

Taberna Postigo (Calle Guzmán; Getränk & Tapa 2,20–3 €; ⊙ Di–Do & So 11–17 & 19–1, Fr & Sa bis 15 Uhr) Besonders reizvoll in dieser *taberna* sind die Tische im Schatten grüner Bäume. Am beliebtesten sind die Tapas *a la brasa* (vom Holzkohlegrill) wie Speck mit *pimientos* (Paprika).

Hotel Catedral
BOUTIQUE-HOTEL €€

(☎ 950 27 81 78; www.hotelcatedral.net; Plaza de la Catedral 8; Zi. 76–150 €; ❄@🌐) Direkt neben der Kathedrale befindet sich dieses Hotel aus dem Jahr 1850, das in demselben warmen honigfarbenen Sandstein gebaut wurde wie das Gotteshaus. Es wurde liebevoll restauriert und verbindet klare moderne Linien mit gotischen Bögen und einer *artesonado*-Decke im Restaurant. Die Zimmer sind groß und luxuriös eingerichtet und von der Dachterrasse mit Whirlpool hat man einen berauschenden Blick auf die Kathedrale.

✖ Essen

Die höchste Dichte der berühmten Tapas-Bars (S. 312) findet man zwischen der Plaza de la Constitución und dem Paseo de Almería.

La Coquette
CAFÉ €

(Paseo de Almería 34; Kaffee & Gebäck ab 2,60 €, Eis ab 1,60 €; ⊙ 8.30–21 Uhr; 🌐 ♿) In ihrer klassisch französischen Patisserie verkauft Besitzerin Tesni Kuchen, Quiches, Croissants, Crêpes und Obsttörtchen sowie cremiges, original italienisches Eis. Die Tische am Bürgersteig liegen im Schatten und sind durch eine Glasvertäfelung vom Straßenlärm abgeschirmt.

Habana Cristal
CAFÉ €

(Calle Altamira 60; Kaffee & tostada 3–5 €; ⊙ Mo-Do 7–23, Fr 7–1, Sa 8–1, So 8–23 Uhr) Herausgeputzte ältere Señoras strömen in Scharen in Almerías typische Cafés, in denen auch jeder Traveller einmal ein Frühstück, eine exotische Kaffeespezialität wie café *vienés* (mit Tia Maria und Sahne), ein Stück Kuchen oder einen Cocktail am Abend genießen sollte. Das Habana Cristal hat eine große Außenterrasse.

★ Casa Joaquín
FISCH & MEERESFRÜCHTE €€

(☎ 950 26 43 59; Calle Real 111; raciones 10–21 €; ⊙ Mo-Fr 13.30–15 & 20.30–23, Sa bis 16.30 Uhr, Sept. geschl.) Wer Lust auf richtig gute Meeresfrüchte hat, sollte in der Casa Joaquín einen der wenigen Tische reservieren (oder mit einem Stehplatz an der Bar vorlieb nehmen). Die knapp 100 Jahre alte Bodega ist bekannt für unprätentiös und traditionell zubereitete Speisen aus taufrischen Zutaten.

Eine Speisekarte gibt's nicht, bei saftigen *quisquillas* oder *gambas rojas* (Tiefseegarnelen) *a la plancha* (vom Grill) bzw. gebratenen *calamares* (Tintenfischringe) oder auch *lenguado* (Scholle) macht man nichts verkehrt.

Tetería Almedina
MAROKKANISCH €€

(http://teteriaalmedina.com; Calle Paz 2, abseits der Calle de la Almedina; Kanne Tee 2–7 €, Hauptgerichte 10–15 €; ⊙ Di-So 12–23 Uhr oder länger; ♪) Das hübsche kleine Café im ältesten Teil der Stadt unterhalb des Alcazaba serviert schmackhafte Tajines, Couscous-Gerichte, Salate und andere marokkanische Spezialitäten. Dazu gibt es eine faszinierende Auswahl an Tees und Süßem in einem Ambiente, das an ein marokkanisches Teehaus erinnert.

Die Betreiber haben es sich zum Ziel gemacht, das historische Viertel mit seinen vielen Einwanderern aus Marokko mit neuem Leben zu füllen und die Zeit des maurischen Spaniens wieder zum Leben zu erwecken. Samstags um 22 Uhr werden in der Regel Flamenco, nordafrikanische Musik u. Ä. live gespielt.

Lamarca
ANDALUSISCH, FEINKOST €€

(Calle Doctor Gregorio Marañón 33; raciones 7–14 €; ⊙ Mo-Sa 13.30–16 & 20–24, So bis 16 Uhr) Dieses ursprünglich als einfacher Schinkenhandel eröffnete Geschäft hat sich in der Zwischenzeit in einen angesagten Feinkostladen mit angeschlossenem Restaurant und mehreren Filialen in ganz Almería gemausert. Im hinter dem Laden gelegenen Speiseraum werden unter von der Decke baumelnden Schinkenkeulen Schinken, Würste, Käse und Weine aus allen Regionen Spaniens serviert, entweder als Tapas oder als *raciones* für mehrere Personen. Für Vegetarier gibt's Salate und Speisen mit Ei.

Mercado Central
MARKT

(Circunvalación Ulpiano Díaz; ⊙ Mo-Sa 9–15 Uhr) Almerías Hauptmarkt findet in einem prächtigen Gebäude aus den 1890er-Jahren am oberen Ende des Paseo de Almería statt, das 2012 aufwendig renoviert wurde. Frühmorgens ist der Tintenfisch noch so frisch, dass er seine Farbe noch nicht ganz gewechselt hat. Überreich im Angebot vertreten sind die Produkte aus den Gewächshäusern der Umgebung, darunter auch ein paar sehr merkwürdig aussehende Tomatensorten.

🍸 Ausgehen & Nachtleben

Die meisten zieht es zum Ausgehen in die Tapas-Bars in der Altstadt. Am meisten los für Besucher zwischen 18 und 35 ist im Bereich Cuatro Calles rund um die Kreuzung der Calle Real, Calle Trajano und Calle Eduardo Pérez. In unmittelbarer Umgebung liegen Dutzende Kneipen und kleine Clubs mit guter Musik und prima Stimmung, die kei-

ABSTECHER

LOS ALBARDINALES

Östlich von Tabernas wird das Land ein wenig grüner. Hier stößt man auf weitläufige Olivenhaine, aus denen große Mengen Olivenöl stammen – u. a. die Öle des Bio-Herstellers **Los Albardinales** (950 61 17 07; www.losalbardinales.com; Carretera N340A Km 474; Hauptgerichte 12–20 €; Fr–Mi 8–19 Uhr; P) etwas über 2 km hinter der Stadt. Besucher sehen bei Führungen durch die modernen Anlagen, wie Olivenöl gepresst und abgefüllt wird, und besuchen eine restaurierte Ölmühle aus den 1920er-Jahren. Im Restaurant kann man zu Mittag und zu Abend essen. Auf der Karte stehen hochwertige hausgemachte Speisen aus der Region, dazu werden Bio-Weine ausgeschenkt. Im Laden gibt's Öle, Bio-Weine, Seifen, Essig und andere Produkte aus der Region.

---

nen Eintritt kosten. Freitag- und Samstagabends gegen 23.30 Uhr ist hier am meisten los. Besonders viel Atmosphäre hat das **New Georgia** (Calle Padre Luque 17; 16–3 Uhr), wo Jazz, Soul, Blues und Rock'n'Roll gespielt wird. Livebands treten jeden Samstag um Mitternacht auf. Im **La Chica de Ayer** (Calle San Pedro 1; 16–3 Uhr) und im größeren **La Campanilla** (Calle San Pedro 6; 16–3 Uhr) wird kommerzielle spanische Pop- und Rockmusik aufgelegt und das gut gelaunte Publikum trinkt Cocktails und tanzt zu Latino-Klängen.

☆ Unterhaltung

Auf der Webseite www.almeriacultura.com sind Flamenco-, Jazz- und Klassikkonzerte sowie weitere Veranstaltungen aufgeführt. In der atmosphärischen Tetería Almedina finden samstagabends regelmäßig Flamenco- und andere Musikveranstaltungen statt.

Peña El Taranto — FLAMENCO
(950 23 50 57; www.eltaranto.com; Calle Tenor Iribarne) In Almerías führendem Flamenco-Club hat sich auch schon der lokale Star-Gitarrist Tomatito die Ehre gegeben. In der Regel gibt's Donnerstag bis Sonntag gegen 22 Uhr Livemusik, Gesang und Tanz. Wenn genug Platz ist, sind Besucher willkommen (der Eintritt ist frei und man bekommt Getränke und Tapas).

Clasijazz — JAZZ
(http://clasijazzmitglieder.com; Calle Maestro Serrano 9; Eintritt Nichtmitglieder 2–25 €) Der erfolgreiche Musikclub Clasijazz bietet in seinem auffällig eingerichteten modernen Innenraum pro Woche vier oder fünf erstklassige Veranstaltungen von Jazz über Klassik bis hin zu Jam-Sessions an.

ⓘ Praktische Informationen

Oficina Municipal de Turismo (950 21 05 38; www.turismodeandalucia.org; Plaza de la Constitución; Mo–Fr 10–15, Sa & So bis 14 Uhr)

Regionales Tourismusbüro (950 17 52 20; www.andalucia.org; Parque de Nicolás Salmerón; Mo–Fr 9–19.30, Sa & So 9.30–15 Uhr)

ⓘ An- & Weiterreise

BUS

Busse und Züge nutzen die **Estación Intermodal** (950 26 20 98; Plaza de la Estación) unmittelbar östlich des Zentrums. Die meisten Fernverkehrsverbindungen bietet **Alsa** (902 42 22 42; www.alsa.es) an.

FAHRT-ZIEL	FAHRT-PREIS (€)	DAUER	HÄUFIGKEIT
Córdoba	29	5 Std.	1-mal tgl.
Guadix	17	2¼ Std.	2-mal tgl.
Granada	14–18	2–4 Std.	7-mal tgl.
Jaén	20	3–5 Std.	2-mal tgl.
Madrid	29	7 Std.	5-mal tgl.
Málaga	19–22	3–4½ Std.	7-mal tgl.
Murcia	20	3–4½ Std.	5-mal tgl.
Sevilla	37–45	5½–9 Std.	3-mal tgl.

FLUGZEUG

Almerías kleiner **Flughafen** (902 40 47 04; www.aena.es) liegt 10 km östlich des Stadtzentrums. **Iberia** (www.iberia.com) und **Vueling** (www.vueling.com) fliegen in andere spanische Städte.

SCHIFF/FÄHRE

Acciona Trasmediterránea (902 45 46 45; www.trasmediterranea.es) betreibt pro Tag mindestens eine Fähre vom **Passagierhafen** (Carretera de Málaga) nach Nador (Marokko; 6 Std.) und nach Melilla (8½ Std.) sowie mindestens eine Fähre pro Woche nach Ghazaouet (Algerien; 9 Std.). Einfache Fahrpreise liegen bei jeweils 45, 38 und 92 €, für zwei Erwachsene und ein Auto zahlt man 215, 181 und 560 €.

ZUG

Die Züge der Gesellschaft **Renfe** (www.renfe.com) fahren von der **Estación Intermodal**

(📞 950 26 20 98; Plaza de la Estación) u. a. direkt nach Granada (20 €, 2½ Std., 4-mal tgl.), Sevilla (41 €, 5½ Std., 4-mal tgl.) und Madrid (46 €, 6½ Std., 2-mal tgl.).

❶ Unterwegs vor Ort

AUTO
Die A7/E15 macht einen weiten Bogen um Almería. Wer ins Stadtzentrum will, sollte am Meer entlangfahren: Aus Richtung Westen nimmt man die Carretera de Málaga und aus Richtung Osten die AL12 (Autovía del Aeropuerto).

PARKEN
Überall im Zentrum findet man unterirdische Parkhäuser für rund 16 € pro 24 Std. Parkzeit.

VOM/ZUM FLUGHAFEN
Linienbus 22 (www.surbus.com; 1,05 €, 30 Min.) fährt zwischen 7.25 und 14.25 Uhr sowie von 16.35 bis 22.25 Uhr alle 70 Minuten vom Flughafen zur Estación Intermodal und von der Estación Intermodal zwischen 6.45 und 14.55 Uhr sowie von 17.05 und 21.45 Uhr alle 70 Minuten zum Flughafen. Taxis vom Flughafen ins Stadtzentrum und umgekehrt kosten ca. 15 €.

TAXI
Am Paseo de Almería befinden sich Taxistände. Für telefonische Bestellungen wählt man die 📞 950 22 61 61 oder die 📞 950 25 11 11.

NÖRDLICH VON ALMERÍA

Desierto de Tabernas

Nördlich der Stadt erstreckt sich ein karger Streifen Land, der aussieht, als wäre er aus der Mojave-Wüste hierher verpflanzt worden – graubraune Hügel mit vereinzelten Büschen. In den 1960er-Jahren diente die Gegend Clint Eastwood, Lee Van Cleef, Claudia Cardinale und anderen Stars als Kulisse der vielen damaligen „Spaghettiwestern" (so genannt wegen ihrer italienischen Produzenten und/oder Regisseure) – allen voran Sergio Leones „Dollar-Trilogie" – *Für eine Handvoll Dollar* (1964); *Für ein paar Dol-*

ABSTECHER

SORBAS

Die **Cuevas de Sorbas** (📞 950 36 47 04; www.cuevasdesorbas.com; einfache Führung Erw./Kind 15/11 €; ⏰ Führungen 10–13 & 16–18 Uhr, Juli & Aug. nachmittags 15–19 Uhr; 🅿 🚻) 2 km östlich der Stadt Sorbas gehören zum weit verzweigten Netz unterirdischer Stollen und Tunnel der Gipskarstlandschaft von Sorbas. Die geologisch einzigartige Gegend entstand vor 5 Mio. Jahren durch den Rückgang des Meeres, wobei der weiche Gips durch Wasser gelöst wurde und das Land verkarstete. Normalerweise erodiert Gips sehr schnell, doch Almerías Regenmangel hat den Prozess dramatisch verlangsamt, wodurch die einzigartigen, spektakulären Höhlentunnel entstanden.

Es gibt verschiedene Touren zu glitzernden Gipskristallen, ruhigen Tümpeln, Stalaktiten, Stalagmiten und dunklen, geheimnisvollen Tunneln. Die einfache Führung dauert rund 1 ½ Std. und ist für alle Altersklassen von Kind bis Senior geeignet. Es gibt auch deutschsprachige Guides. Touren müssen mindestens einen Tag im Voraus gebucht werden.

Sorbas liegt 60 km nordöstlich von Almería und 36 km westlich von Mojácar. Montags bis freitags fahren täglich drei Busse von Almería nach Sorbas (4,75 €, 1 Std.), samstags zwei und sonntags einer. In die Gegenrichtung fahren montags bis samstags täglich drei Busse und sonntags zwei.

Das von Engländern geführte **Almond Reef** (📞 950 36 90 97; www.almondreef.co.uk; Los Josefos, Cariatiz; EZ/DZ/FZ/Suite inkl. Frühstück 35/56/70/90 €; 🅿 📶 🏊) ist eine Mischung aus altem spanischen Bauernhof und gemütlichem englischen Wohnhaus. Die freundliche Unterkunft in einem winzigen Dorf ist ein guter Ausgangspunkt für Radtouren, Wanderungen, Motorradtouren und Vogelbeobachtung. Außerdem gibt's auch Abendessen und Optionen für Selbstversorger.

Von der N340A kommend nimmt man den Abzweig nach Cariatiz 8 km nordöstlich von Sorbas und folgt der Beschilderung „Todas Direcciones" und „Ecomuseo Cariatiz", bis man an den Platz mit dem Ecomuseo kommt. Von dort aus liegt das Almond Reef 300 m die Straße hinauf.

lar mehr (1965) und *Zwei glorreiche Halunken* (1966) – ebenso wie *Spiel mir das Lied vom Tod* (1968). Filmsets ehemaliger „Westernstädte" dienen heute als Wildwest-Themenparks und werden nach wie vor als Filmkulissen genutzt. Hier kann man einen tollen Tag verbringen, vor allem mit Kindern.

◉ Sehenswertes

Oasys Mini Hollywood THEMENPARK
(✆ 902 53 35 32; www.oasysparquetematico.com; Carretera N340A Km 464.5; Erw./Kind 22/13 €; ◉ Juni & Sept. 10–19.30 Uhr, Juli & Aug. bis 21 Uhr, Okt.–Mai bis 18 Uhr, Nov.–März Mo–Fr geschl.; P ⁜) Der bekannteste und teuerste unter den Wildwest-Themenparks bietet anständige Familienunterhaltung. Das Set selbst ist in recht gutem Zustand und der Zoo ist inzwischen auf 800 Tiere angewachsen, darunter Löwen, Giraffen, Tiger und Nilpferde. Kids dürften von den 20-minütigen Schießereien begeistert sein; sie enden übrigens damit, dass jemand ohne großes Federlesens erhängt wird. Erwachsene bevorzugen wahrscheinlich die klischeebeladene Cancan-Show im Saloon – und wenn nicht, dann zumindest das Bier.

Vor Ort gibt es außerdem zwei Schwimmbecken (geöffnet ca. Juni–Sept.) und ein paar Restaurants und Cafés (mit überteuerten Burgern und Pommes), sodass sich Familien hier prima ein paar Stunden beschäftigen können. Der Themenpark liegt 27 km außerhalb von Almería. Sonnencreme und einen Hut mitbringen, denn Schatten gibt es kaum.

Fort Bravo THEMENPARK
(Texas Hollywood; ✆ 902 07 08 14; www.fortbravo.es; Carretera N340A Km 468.5; Erw./Kind 18/10 €; ◉ April–Okt. 9–20 Uhr, Nov.–März bis 19 Uhr; P) Ein Themenpark mit trockenem Charme. Jeden Tag finden Wildwest- und Can-Can-Shows statt und im Sommer kann man im Pool baden. In dem Saloon drehten David Beckham und andere Fußballstars vor einigen Jahren einen Pepsi-Werbespot. Besucher können mit Pferdegespannen fahren, Ausritte zu Pferd unternehmen und in netten Holzhütten übernachten. Das Fort Bravo liegt einen Kilometer neben der N340A und ist von Almería (31 km) kommend ausgeschildert.

Níjar
2900 EW.

Das kleine Städtchen Níjar in den Ausläufern der Sierra Alhamilla nordöstlich von Almería ist für seine lasierten Töpferwaren bekannt, die zu den hübschesten in ganz Andalusien gehören, und auch eine tolle Adresse für anderes Kunsthandwerk. Am oberen Ende der Avenida Federico García Lorca macht die Straße eine Kurve und führt direkt hinauf ins Zentrum des alten Níjar mit der hübschen, von Bäumen umringten Pla-

---

TOMATENANBAU

Wie außerirdische Kolonien wuchern die plastiküberdeckten weißen *invernaderos* (Gewächshäuser) in jenen Ebenen der Provinz Almería, die nicht unter Naturschutz stehen. Westlich der Stadt Almería ist die gesamte Küstenebene über 35 km von Roquetas de Mar bis nach Adra mit grau-weißem Plastik verhüllt. Trotz der Folgen für die Umwelt und den durch die Ausbeutung von ausländischen Arbeitern verursachten Problemen hat der Tomatenanbau diesem früher bettelarmen Winkel Spaniens großen Reichtum gebracht. Jedes Jahr exportiert Almería Obst und Gemüse im Wert von über 2 Mrd. Euro – 30 % der in Europa angebauten Tomaten stammen von hier.

Mittlerweile beklagen sich Bergbewohner über die verschandelte Aussicht ins Tal – und halten sich lieber an das komplexe System aus terrassierten Gärten und Bewässerungsleitungen, die vor über tausend Jahren von den Mauren nach Spanien gebracht wurde. Da ist kein Platz für ultramoderne Landwirtschaft – nur auf traditionelle Weise lässt sich auf den steilen Berghängen ein Auskommen sichern.

Doch was wirklich zählt, ist der Geschmack der Tomaten. Im Sommer sind die sonnengereiften Sorten aus den Bergen einfach köstlich. Überraschend gut gedeiht aber die Raf-Tomate, eine schon länger heimische grünliche Sorte mit gewelltem Äußeren, die man in Almería auf Speisekarten und Märkten findet. Sie ist süßer und hat eine festere Konsistenz als die meisten herkömmlichen Tomaten. Der Preis liegt bei mindestens 6 € pro Kilo – ansonsten ist es keine echte Raf.

> **ABSEITS DER ÜBLICHEN PFADE**
>
> ## OHANES
>
> Verlässt man die A348 bei Km 105 und fährt über die kurvige Straße bergauf, kommt man nach Ohanes – ein winziges Dorf, dass sich auf *vino rosado* (Rosé-Wein) spezialisiert hat. Dies allein wäre schon Grund genug für einen Besuch, aber das eigentlich Besondere ist die 9 km lange Fahrt hierher. Nach der Abzweigung von der A348 schlängelt sich die Straße durch kahlen roten Fels. Hat man dann nach einer weiteren Kurve endlich den Bergkamm überwunden, kommt man in den oberen Teil des Ohanes-Tals. Hier ändert sich die Landschaft schlagartig in grüne Terrassenfelder und blühende Weingärten. Nahe dem oberen Ortsende kann man parken und Ohanes zu Fuß erkunden. Auf dem Rückweg folgt man der Straße zur Westseite des Tals, von wo aus man die schönste Sicht auf das Dorf und das beeindruckende Terrassenfeld-System hat. Rund 1,25 km hinter den letzten Häusern des Dorfs biegt man (hügelabwärts) nach links ab. Diese Strecke ins Tal ist kürzer als die Hinfahrt, aber dafür ein wenig aufregender: Einspurig geht's im Zickzack durch die Felder nach unten. Westlich von Canjáyar ist dann die Hauptstraße wieder erreicht.

za **La Glorieta** und der Kirche **Santa María de la Anunciación**. An der ruhigen **Plaza del Mercado** dahinter liegt die **Oficina Municipal de Turismo** (950 61 22 43; Plaza del Mercado; Mo-Sa 10-14 & 16-20 Uhr) mit einem kleinen Museum rund um das brandaktuelle Thema Wasser. Von hier aus kann man hinauffahren zur **Atalaya**, der Ruine eines Aussichtsturms oberhalb des Orts, und den Panoramablick auf das gesamte darunter liegende Tal genießen.

Schlafen

★ Cortijo de la Alberca LANDHOTEL €€
(678 841248; www.cortijolaalberca.com; Camino de Huebro; EZ 50 €, DZ 65-95 €, Zi. Aug. 90-120 €; P) In der charmanten Unterkunft, oberhalb von Níjar über dem Tal gelegen, wird man herzlich aufgenommen. Die gemütlichen, weitläufigen Zimmer sind rustikal eingerichtet mit Ziegelwänden, marokkanischen Lampen und Spiegeln, Decken aus Holz und Bast sowie traditionellen Türen und Fenstern. Hervorragendes Frühstück und Abendessen wird in dem 250 Jahre alten, original erhaltenen Bauernhaus serviert.

In Níjar der Beschilderung „Huebro" folgen, 900 m oberhalb des Orts liegt die Abzweigung zum Cortijo.

Alle Zimmer sind mit Kaffeemaschinen und Zubehör zum Teekochen ausgestattet und die Terrasse blickt hinab ins Tal.

Essen & Ausgehen

La Glorieta SPANISCH €€
(Plaza La Glorieta 5; Hauptgerichte 7-18 €, menú 10 €; 7.30-23 Uhr) Von der Terrasse blickt man direkt auf den hübschen grünen Platz. Das Angebot an Tapas ist groß, außerdem gibt's ein preiswertes Tagesmenü. Die vielen einheimischen Gäste sind auch ein gutes Zeichen.

Shoppen

Entlang der Avenida Lorca verkaufen Geschäfte Keramik, Webteppiche, Körbe aus Esparto-Gras und den lokalen Likör *higo chumbo* aus Kaktusfeigen – allerdings werden nicht alle dieser Produkte in Níjar hergestellt. In die Werkstätten und Ausstellungsräume einheimischer Töpfer kann man einen Blick werfen: einfach der am oberen Ende der Avenida Lorca abgehenden Calle Las Eras ins **Barrio Alfarero** (Töpfer-Viertel) folgen.

★ La Tienda de los Milagros TÖPFERWARE
(www.latiendadelosmilagros.com; Callejón del Artesano 1; 10-22 Uhr) Das Unternehmen des britischen Töpfers Matthew Weir und seiner spanischen Frau Isabel Hernández fertigt kunstvolle *jarapa*-Teppiche aus Baumwolle. Matthew stellt neben hochwertiger Keramik auch Holzschnitte her und arbeitet mit Steingut und Porzellan. Die Werkstatt liegt an der Calle Las Eras ca. 300 m unterhalb der Avenica Lorca.

An- & Weiterreise

AUTO
Níjar liegt 4 km nördlich der A7, 30 km nordöstlich von Almería. Die ganze Avenida Lorca entlang gibt's Parkbuchten.

BUS
Von Almería aus fahren montags bis freitags fünf, samstags drei und sonntags zwei Busse nach Níjar (1,95 €, 1-1½ Std.).

LAS ALPUJARRAS DE ALMERÍA

Der Teil von Las Alpujarras (der südlichen Ausläufer und Täler der Sierra Nevada), der zu Almería gehört, ist deutlich weniger besucht als der zu Granada gehörende Teil – und tatsächlich weniger spektakulär. Trotzdem ist es eine reizvolle Gegend. Weiße Dörfer rund um große Kirchen, von denen die meisten einst Moscheen waren, erstrecken sich im Tal des Río Andarax zwischen den Bergen der Sierra Nevada im Norden und der Sierra de Gádor im Süden. Aus der Stadt Almería kommend, erscheint die Gegend erst recht karg, doch mit der Zeit entdeckt man immer mehr Zitronen- und Orangengärten sowie Weingüter, auf denen ein großer Teil des Weins aus Almería angebaut wird.

Los Millares
ARCHÄOLOGISCHE STÄTTE

(Mi–So 10–14 Uhr; P) GRATIS Los Millares historischer Bedeutung – vor knapp 5000 Jahren entstand dort vermutlich Spaniens erste Metallverarbeitungskultur – wird die Stätte oberhalb des Río Andarax, 20 km von Almería, zwar nicht gerecht, aber für Geschichts- und Archäologiefans ist sie dennoch sehenswert. Neben Überresten der Verteidigungsmauer sind Ruinen von Steinhäusern und Nachbauten der typischen Kuppelgräber zu sehen.

Ein kleines Infozentrum erhellt den Hintergrund der Stätte, weitere Informationen liefert das Museo de Almería (S. 311) mit unzähligen Ausstellungsstücken zur Kultur von Los Millares. Die gut ausgeschilderte Stätte liegt drei Kilometer vor Alhama de Almería einen Kilometer neben der A348.

Laujar de Andarax

1562 EW. / HÖHE 918 M

In der hübschen „Hauptstadt" der Alpujarras de Almería ließ sich Boabdil, der letzte Emir von Granada, nach dem Verlust seiner Macht kurz nieder. Auch Aben Humeya, der erste Anführer des Moriskenaufstands von 1568 bis 1570, hatte in Laujar de Andarax sein Hauptquartier. Heute wird auf den Weingütern rund um die Stadt ein Großteil des Weins aus der Provinz Almería hergestellt. Laujar ist ein freundliches Örtchen mit einem stattlichen dreigeschossigen Rathaus mit einem ungewöhnlichen Glockenturm. Die nahe gelegene Ziegelkirche Iglesia de la Encarnación aus dem 17. Jh. wartet mit einem an ein Minarett erinnernden Turm und einem goldenen Altar auf.

◉ Sehenswertes & Aktivitäten

Wasserfälle El Nacimiento
WASSERFALL

(P) Vom Ostende des Hauptplatzes führt ein beschilderter Weg nach Norden zum 1,5 km entfernten El Nacimiento, einem Tal mit mehreren reizvollen Wasserfällen und ein paar Restaurants. Am Wochenende fallen dort Familien ein und veranstalten Grillpartys.

Bodega Valle de Laujar
WEINGUT

(www.bodegasvallelaujar.es; Carretera AL5402; ⊙ 8–14 & 15.30–19 Uhr; P) GRATIS Auf diesem etablierten Weingut kann man kostenlos Weine aus der Region probieren und bei der Abfüllung zuschauen. Zahlreiche Weine und andere Produkte aus den Alpujarras wie Marmelade, Käse, Wurst und Honig stehen auch zum Verkauf. Das Weingut liegt von der A348 aus an der westlichen Zufahrtsstraße nach Laujar.

Cortijo El Cura
WEINGUT

(www.cortijoelcura.com; ⊙ 9–19 Uhr; P) Eines der wenigen Bioweingüter in Familienhand stellt preisgekrönte Weine aus autochtonen Alpujarras-Trauben her: Weinproben und Besuche des Weinguts sind in kleinen Gruppen möglich. Es liegt hübsch in einem alten Landhaus 800 m südlich der A348 und ist 3 km westlich von Laujar ausgeschildert.

Sendero del Aguadero
WANDERN

Der Sendero del Aguadero (PRA37) ist ein reizvoller Wanderweg durch Erlen-, Kiefern- und Kastanienwälder. Der gesamte Rundweg (13 km; ca 5 Std.) führt über 600 m bergauf und bergab, man kann aber auch jederzeit kehrtmachen und denselben Weg zurück nehmen. Dabei sollte man die Augen offenhalten nach Wildschweinen und Wiedehopfen (schwarz-weißen Vögeln mit orangefarbenen Kämmen).

Der Weg liegt ca. 1 km von den Wasserfällen El Nacimiento (S. 318) entfernt.

🛏 Schlafen

Hotel Almirez
HOTEL €

(☏ 950 51 35 14; www.hotelalmirez.es; Carretera AL5402; EZ/DZ 39/50 €; P ❄ @ ⏴) Bunte Blumenpötte verschönern das freundliche Hotel an der westlichen Zufahrtsstraße nach Laujar von der A348 kommend. Die Zimmer sind schmucklos, aber sehr sauber, und haben Terrassen mit schönem Blick in die Berge. In Sachen Strom, Wasser und Umland verfolgt das Hotel einen umweltfreundlichen Ansatz.

Von der Geschäftsführung gibt's tolle Tipps für Aktivitäten in den Alpujarras und das Restaurant kredenzt leckeres Essen.

🍴 Essen & Ausgehen

Fonda Nuevo Andarax   ANDALUSISCH €
(Calle Villaespesa 43; Hauptgerichte 8–15 €, menú 10 €; ⏲ 8–18 Uhr, Mittagessen 13–16 Uhr) Beliebtes Restaurant mit separater Bar, 300 m westlich der Plaza Mayor, dessen heller Speiseraum mit einem schönen Panoramablick ins Tal aufwartet. Auf der Speisekarte stehen *raciones* (ganze Teller voll) *embutidos* (Wurst und Schinken) aus der Region, Tortillas und hausgemachter *potajes* (suppenartige Eintöpfe) sowie *carne a la brasa* (Grillfleisch).

Restaurante Almirez   ANDALUSISCH €€
(Carretera AL5402, Hotel Almirez; Hauptgerichte 10–18 €; ⏲ 8–23 Uhr) In diesem Hotelrestaurant bekommt man herzhafte Speisen aus den Alpujarras, die mit regionalen Zutaten zubereitet werden – u. a. *potajes*, Fleischgerichte, Wildgerichte wie Wachteln und Rebhühner, Würste, Käse und Salate. Dazu werden gute Weine aus der Region ausgeschenkt. Das Restaurant liegt von der A348 kommend an der westlichen Zubringerstraße nach Laujar.

❶ Praktische Informationen

Centro de Visitantes Laujar de Andarax
(📞 958 98 02 46; ⏲ April–Sept. Do–So 10–14, Fr–So 18–20 Uhr, Okt.–März Fr–So 16–18 Uhr) Gute Informationen zu Spaziergängen in der Gegend und allgemeine Informationen zu den Nationalparks und Naturschutzgebieten der Sierra Nevada. Es liegt an der westlichen Zubringerstraße nach Laujar 1,5 km außerhalb des Stadtzentrums.

❶ An- & Weiterreise

BUS
Montags bis freitags fahren vier Busse von Almería nach Laujar (6,27 €, 2–2½ Std.), samstags und sonntags zwei. Reisende in den zu Granada gehörenden Teil der Alpujarras müssen in Berja und Ugíjar umsteigen, was nur funktioniert, wenn man den Bus um 7.50 Uhr (nur montags bis freitags) von Laujar nach Berja nimmt.

COSTA DE ALMERÍA

Parque Natural de Cabo de Gata-Níjar

Zwischen den dramatischen Klippen der Felsnase Cabo de Gata südöstlich von Almería reihen sich einige der makellosesten und unberührtesten Sandstrände Spaniens wie Perlen aneinander. Mit durchschnittlich weniger als 200 mm Niederschlag im Jahresmittel ist das Cabo de Gata der trockenste Ort Europas. Trotzdem sind hier über 1000 Tier- und Pflanzenarten heimisch, die in der trockenen und salzigen Umgebung gedeihen. Das Naturschutzgebiet des Cabo de Gata-Níjar umfasst eine Fläche von 340 km² aus Küste und Inland und dazu einen rund 1,5 km breiten Meeresgürtel. Das kahle Terrain mit Agaven und anderen Wüstenkakteen geht auf vulkanische Aktivitäten vor über sieben Millionen Jahren zurück. Nur ein paar kleine Siedlungen weiß gekalkter Häuser mit flachen Dächern sowie vereinzelte verlassene oder renovierte Bauernhöfe sind über die Gegend verstreut. Der größte Ort, San José, ist für viele Städter aus Almería ein zweites Zuhause. Der Park gehört zu den Unesco-Geoparks (www.europeangeoparks.org), gilt außerdem als Eldorado für Fans bizarrer Felsformationen und blickt auf eine faszinierende Bergbaugeschichte zurück.

Außer Faulenzen am Strand und Spaziergängen kann man am Cabo de Gata noch sehr viel unternehmen: Tauchen, Schnorcheln, Kajakfahren, Segeln, Radfahren, Reiten, Touren mit dem Geländewagen und Bootsausflüge sind alles beliebte Aktivitäten, die um Ostern und in der Zeit von Juli bis September von zahlreichen Veranstaltern in den Küstenorten angeboten werden. Nur einige wenige haben das ganze Jahr über Betrieb.

Die Spitze des Cabo de Gata liegt am südwestlichen Punkt des Felsvorsprungs. Die Bezeichnung Cabo de Gata (abgeleitet von *ágata,* dem spanischen Wort für Achat) kann sich sowohl auf den gesamten Felsvorsprung von Retamar im Westen bis Agua Amarga im Osten als auch auf das Dorf San Miguel de Cabo de Gata an der Westküste beziehen.

👉 Geführte Touren

El Cabo a Fondo   SCHIFFSTOUR
(📞 637 449170; www.elcaboafondo.com; 1-stündige Tour Erw./Kind 20/15 €; 👪) Einen besonders schönen Blick auf die Küste am Cabo de Gata hat man vom Meer. Dazu steigt man in eins der Schiffe des Anbieters El Cabo a Fondo, die von La Isleta del Moro, Las Negras oder La Fabriquilla aus starten. Die Schiffe fahren ganzjährig bis zu achtmal täglich, sofern das Wetter mitspielt (in der Nebensaison gibt es unter Umständen eine Mindestpassagierzahl). Unbedingt im Vorfeld reservieren.

Parque Natural de Cabo de Gata-Níjar

❶ Praktische Informationen

Centro de Interpretación Las Amoladeras (Carretera Retamar-Pujaire Km 7; ⏲ Do–So 10–15 Uhr) Das größte Besucherzentrum des Parks liegt an der Hauptstraße von Almería kommend 2 km westlich von Ruescas.

Centro de Información (www.cabodegata-nijar. com; Avenida San José 27, San José; ⏲ April–Okt. 10–14 & 17–20 Uhr, Nov.–März bis 14 Uhr) Informationen zum Park und ein Laden mit Produkten aus der Region.

❶ An- & Weiterreise

BUS

Alsa (☎ 902 42 22 42; www.alsa.es) schickt täglich sechs Busse von Almería nach San Miguel de Cabo de Gata (2,90 €, 1 Std.) sowie einen (außer sonntags) nach Las Negras (2,90 €, 1¼ Std.) und Rodalquilar (2,90 €, 1½ Std.).

Autocares Bernardo (☎ 950 25 04 22; www. autocaresbernardo.com) bedient die Strecke zwischen Almería und San José (2,90 €, 1¼ Std., Mo–Sa 3-mal tgl., Sa 2-mal tgl.).

Autocares Frahermar (☎ 950 26 64 11; www. frahermar.com) verkehrt einmal täglich außer dienstags und donnerstags zwischen Almería und Agua Amarga (5,50 €, 1¼ Std.); im Juli und August fahren ein- bis zweimal täglich Busse.

TAXI

Autotaxi San José (☎ 950 38 95 50, 608 056255)

San Miguel de Cabo de Gata & Umgebung

◉ Sehenswertes

Salinas de Cabo de Gata SALZGÄRTEN
(Ⓟ) Südöstlich des tristen Orts San Miguel de Cabo de Gata liegen einige der letzten Salzlagunen Spaniens, die von Frühling bis Herbst scharenweise Flamingos und andere Wasservögel auf der Durchreise anziehen: bis Ende August können sich hier bis zu 1000 Flamingos einfinden. Ausgucke zur Vo-

gelbeobachtung sind an strategisch günstigen Stellen platziert.

Salz wird hier heute nicht mehr abgebaut, doch den Vögeln zuliebe wird noch immer Meereswasser über einen Kanal in La Fabriquilla am südlichen Ende in die Lagunen hineingeleitet.

Faro de Cabo de Gata — LEUCHTTURM
(P) Am südlichwestlichsten Punkt des Felsvorsprungs wacht der Leuchtturm Faro de Cabo de Gata über die zerklüfteten Vulkanklippen des Arrecife de las Sirenas (Riff der Meerjungfrauen). Es verdankt seinen Namen Mönchsrobben, die hier früher zu sehen waren. Das Wasser ist herrlich klar. Eine Seitenstraße führt 3 km hinauf zur **Torre Vigía Vela Blanca**, einem Wachtturm aus dem 18. Jh. mit traumhaftem Blick die Küste hinauf und hinab.

Ab dem Torre ist die Straße für motorisierte Fahrzeuge gesperrt, doch zu Fuß oder auf dem Fahrrad kann man zur 5 km entfernten Playa de Mónsul oder in den dahinter gelegenen Ort San José hinabgehen.

San José

San José ist das größte touristische Zentrum des Parque Natural de Cabo de Gata-Níjar und bietet die größte Vielfalt an Restaurants.

🏃 Aktivitäten

Deportes Medialuna — KAJAKFAHREN, RADFAHREN
(950 38 04 62; www.deportesmedialuna.com; Calle del Puerto 7; Kajak-/SUP-Vermietung pro Std. ab 7/10 €, Mountainbike halber/ganzer Tag 8/13 €; Mo-Sa 10–14 & 17–20, So bis 14 Uhr) Dieser von einem Einheimischen geführte Veranstalter bietet das ganze Jahr über Kajaktouren, Mountainbikeverleih und geführte Touren sowie SUP(Stand-up-Paddle)-Vermietung und -Kurse an, außerdem von Juni bis September Ausflüge mit dem Boot.

Tauchen & Schnorcheln

Im sauberen, klaren Wasser an der Küste rund um das Cabo de Gata sind vielfältige Fische und Meeresflanzen heimisch. Die Tauch- und Schnorchelgründe sind neben denen am Cabo de Palos in Murcia die schönsten in Südspanien. Die Wiesen aus Neptungras sind ein Beweis für die Reinheit des Wassers und bieten neben Höhlen, Felsen und Schluchten einen Lebensraum für zahlreiche Meeresbewohner wie Adlerrochen, Mondfische, Muränen und Conger, Kaiserfische und Barracudas. Das Wasser ist kalt, sodass man das ganze Jahr über einen Neoprenanzug braucht. Tauchzentren gibt es in San José, La Isleta del Moro, Rodalquilar, Las Negras, Agua Amarga und Carboneras. Ein Highlight für erfahrene Taucher ist das Wrack der *El Vapor*, das 1,8 km vor dem Faro de Cabo de Gata liegt.

Isub — TAUCHEN, SCHNORCHELN
(950 38 00 04; www.isubsanjose.com; Calle Babor 8, San José; Mo-Sa 8.30–14 & 16–19.30 Uhr, März–Dez. So bis 14 Uhr) Das vom internationalen Tauchverband PADI als Fünf-Sterne-Tauchzentrum klassifizierte Isub bietet eine breite Palette an Tauchkursen an, darunter Ersttauchgänge für Anfänger (75 €) und Tauchgänge für qualifizierte Taucher (30–40 € ohne Leihausrüstung) sowie Schnorcheltouren (25–30 €) und Verleih von Ausrüstung.

🛏 Schlafen

Die meisten Hotels in San José gewähren außerhalb der Spitzenzeiten zur Semana Senta, im Juli und im August starke Preisnachlässe.

Aloha Playa — HOSTAL €€
(950 61 10 50; www.pensionaloha.com; Calle Cala Higuera; Zi. 80–85 €; Dez.–Feb. geschl.; ❄ 🛜) Weiße Wände, feste Betten, funkelnde Bäder und angemessene Preise machen das Aloha zu einem der attraktivsten Angebote im Ort. Hinter dem Hotel liegen ein großer Pool und ein Restaurant mit einer langen Speisekarte und moderaten Preisen. Das Hostal liegt 150 m die Seitenstraße neben dem Tourismusbüro hinab.

La Posada de Paco — HOTEL €€
(950 38 00 10; www.laposadadepaco.com; Avenida de San José 12; DZ 78–112 €; ca. Nov.–Feb. geschl.; P ❄ 🛜 🏊) Geräumige, strahlend helle Zimmer und eine sonnige Atmosphäre heben das modern eingerichtete Paco von den meisten seiner Konkurrenten ab. Die Zimmer haben eigene Terrassen, einige davon mit Meerblick. Das Hotel bietet einen kleinen Pool und Wellnessbereich und ein Café, in dem man frühstücken kann.

⭐ MC San José — HOTEL €€€
(950 61 11 11; www.hotelesmcsanjose.com; Calle El Faro 2; inkl. Frühstück EZ 129–142 €, DZ 154–215 €; Anfang Nov.–Feb. geschl.; ❄ @ 🛜 🏊) Das MC verbindet das Beste aus zwei Hotelwelten: einerseits schickes, modernes Design in strahlenden Weiß- und Grautönen und mit vielen stylishen Details, andererseits aber auch die Gastfreundlichkeit eines einheimischen Familienbetriebs.

Das MC San José wartet mit einer Sonnenterrasse hinter dem Gebäude mit einem kleinen Pool, einer gemütlichen Bodega, in der man Weine aus der Region testen kann, und einem Restaurant mit moderner mediterraner Speisekarte auf.

Essen

Die Restaurants im Yachthafen von San José (am nördlichen Ende des Strands) haben im Sommer den ganzen Nachmittag geöffnet.

★ 4 Nudos FISCH & MEERESFRÜCHTE €€
(620 938160; www.cuatronudossanjose.com; Puerto Deportivo; Hauptgerichte 12–20 €; April–Okt. 9–24, Nov.–März Di–Fr 11–20, Sa & So 9–17 & 19–24 Uhr, 2. Januarhälfte geschl.) Das atmosphärisch nette „Vier Knoten" zählt zu den besseren Restaurants in San José und nimmt seine Arbeit ernst – aber nicht so ernst, dass man keinen Spaß mehr am Essen hat. Freundliches Personal serviert göttlichen Fisch und Meeresfrüchte, darunter neben klassischeren Gerichten auch exotische wie Schwertfisch-Ceviche oder Thunfisch-Tataki. Dazu gibt es gute spanische Weine.

Das Restaurant liegt ganz am Ende des Yachthafens mit Blick auf die Schiffe. Die Dachterrasse ist etwa von Juni bis September geöffnet. Reservierungen sind außer in der absoluten Nebensaison empfehlenswert.

Casa Miguel FISCH & MEERESFRÜCHTE €€
(950 38 03 29; www.restaurantecasamiguel.es; Avenida de San José 43-45; Hauptgerichte 11–18 €; Di–So 13–16.30 & 19.30–23 Uhr) Alteingesessenes beliebtes Lokal in San José mit Tischen im Freien sowie verlässlich gutem Essen und Service. Statt der faden Paella empfehlen wir das nahrhafte *arroz negro* (gemischte Meeresfrüchte, Reis und schwarze Tintenfischtinte) und die sehr leckere *fritura* (verschiedene Bratfische und Meeresfrüchte). Oder man wählt selbst aus den Fischspezialitäten des Tages aus.

El Pozo de los Frailes
Essen

La Gallineta MODERNE SPANISCHE KÜCHE €€
(950 38 05 01; El Pozo de los Frailes; Hauptgerichte 10–26 €; April–Mitte Okt. 13.30–15.30 & 20.30–23 Uhr, außer Juli & Aug. Mo geschl.) Innovative, mit Zutaten aus der Region frisch zubereitete Gerichte mit internationaler Note locken Besucher aus der Stadt in das kleine elegante Restaurant in einem ehemaligen Krämerladen 4 km nördlich von San José. Toll sind die Speisen mit Meeresfrüchten und die Spezialitäten des Hauses (Reisgerichte), die man im Vorfeld bestellen muss, wenn man abends hier essen möchte).

Rund um Ostern und im Juli und August sollte man zwei bis drei Tage im Voraus reservieren.

La Isleta del Moro
Essen

Casa Café de la Loma MEDITERRAN, BASKISCH €€
(950 38 98 31; www.casacafealoma.com; La Isleta del Moro; Hauptgerichte 10-30 €; Anfang Juli–Ende Aug. 19–1 Uhr;) Ein mediterranes Paradies mit tollem Meerblick ist dieses nur im Sommer geöffnete Restaurant auf einem alten *cortijo* (Landgut). Auf der Speisekarte stehen frische Fischgerichte und Fleisch aus der Region, aber auch zahlreiche kreative Salate und andere vegetarische Speisen. Im Garten gibt's regelmäßig Jazz- und Flamencokonzerte bei Kerzenschein. Auf den Abzweig von der Hauptstraße gleich nördlich von La Isleta del Moro achten.

Rodalquilar

Seit dem Ende der Goldgräberindustrie in den 1960er-Jahren war der Ort mitten im Tal zu einer Geisterstadt verkommen, in der kaum noch jemand lebte. In den 1990er-Jahren erwachte der Ort als Hauptverwaltung des Naturschutzgebiets und Urlaubsziel mit künstlerisch-schickem Touch dann zu neuem Leben. Viele Gebäude sind seither renoviert worden, an der Hauptstraße haben sich Restaurants und Geschäfte angesiedelt und zahlreiche Landhotels und Ferienunterkünfte wurden im und rund um das Dorf eröffnet.

Um hierherzukommen, folgt man der Straße nordöstlich von La Isleta del Moro. Erst führt sie hinauf zum atemberaubenden Aussichtspunkt **Mirador de la Amatista** (P), dann wieder hinab ins Tal von Rodalquilar, einem alten Vulkankessel. Im verwitterten Lavagestein zeigt sich deutlich, wie vielfältig die Pflanzenwelt des Cabo de Gata ist – besonders, wenn es im Frühling kurz regnet und zarte Pflanzen blühen (manchmal nur wenige Tage lang).

⊙ Sehenswertes

★ Goldminen RUINEN
Die alten Goldminen, heruntergekommene Industrieruinen in einer kargen roten Felslandschaft, die ihre Blütezeit Mitte des

DIE STRÄNDE AM CABO DE GATA

Die schönsten Strände des Cabo de Gata liegen an der Süd- und Ostküste, einige der allerschönsten und beliebtesten südwestlich von San José. Eine Schotter-bzw. unbefestigte Straße mit der Beschilderung „Playas" und/oder „Genoveses/Mónsul" führt von San José aus zu den Stränden. Zwischen Anfang Juni und Mitte September ist die Straße für Autos gesperrt, wenn der Strandparkplatz (5 €) voll ist – in der Regel gegen 10 Uhr morgens. Dafür fährt zwischen 9 und 19 Uhr ein Bus (einfach/Hin- und Rückweg 1,50/2 €) von der Stadt hierher.

Als Erstes erreicht man die 1 km lange Playa de los Genoveses (P), wo 1147 eine Flotte aus Genua landete, um den Angriff der Christen auf das maurische Almería zu unterstützen. Die beliebte Playa de Mónsul (P ; Filmfreunde erkennen vielleicht den Felsvorsprung aus *Indiana Jones und der letzte Kreuzzug*) liegt 2,5 km hinter dem Abzweig zur Genoveses. Zu Fuß lassen sich auch zahlreiche abgeschiedenere Strände erreichen – Fußwege verlaufen hinter der langen Düne am Ostende des Mónsul und hinab zur FKK-Bucht Playa del Barronal (600 m von der Straße entfernt). Biegt man direkt vor der Playa del Barronal nach links ab und läuft über einen kleinen Pass unmittelbar links von dem höchsten kleinen Hügel, kommt man hinab zum El Lance del Perro. Dieser Strand mit seinen auffälligen Basaltfelsformationen ist der erste von vier wunderbaren, abgelegenen kleinen Stränden, die unter dem Namen Calas del Barronal zusammengefasst werden. Je nach Wasserstand kann man am Fuß der Felsen entlang zur nächsten Bucht laufen.

Etwas westlich der Playa de Mónsul führen Fußwege von der Straße her zu zwei weniger stark besuchten Stränden, der Cala de la Media Luna und der Cala Carbón.

San José selbst hat einen weitläufigen, aber sehr gut besuchten Sandstrand. Weiter im Nordosten liegen bei Los Escullos und La Isleta del Moro anständige Strände, die etwas mehr Infrastruktur bieten, mit Restaurants und Bars in unmittelbarer Nähe. Hübscher ist die Playa del Playazo (P), ein 400 m breiter Sandstrand zwischen zwei Landzungen. Auf einer von ihnen steht eine Küstenbatterie aus dem 18. Jh. Der Strand liegt 3,5 km östlich von Rodalquilar (die letzten zwei Kilometer geht's über eine befahrbare unbefestigte Straße, die von der Hauptstraße abzweigt) bzw. 2,5 km südlich von Las Negras, wenn man über den Fußweg an der Küste entlang kommt.

Vor den Toren der Ortschaft Las Negras liegt ein teils sandiger, teils steiniger Strand. Überwiegend aus Sand besteht die Playa San Pedro, die 3 km weiter nordöstlich zwischen dramatischen Landzungen liegt. Im Örtchen San Pedro hat sich eine kleine unkonventionelle Menschenschar angesiedelt, die in Zelten, verlassenen Gebäuden oder Höhlen haust. Hierhin kommt man nur zu Fuß oder per Schlauchboot (hin und zurück 10 €) ab Las Negras. Wie oft Boote fahren, hängt von der Nachfrage und vom Wetter ab.

Der künstlerisch-schicke Küstenort Agua Amarga steht hoch im Kurs bei spanischen Städtern und skandinavischen Sonnenanbetern und liegt an einem beliebten breiten Sandstrand. Ein beschilderter 1,5 km langer Spaziergang über einen kleinen Hügel führt Richtung Südwesten in die schöne kleine Cala de Enmedio, die zwischen zwei auffälligen verwitterten Felsen liegt.

20. Jhs. erlebt haben, sind sehr fesselnd. Ein Zwischenstopp in der La Casa de los Volcanes (◉ Do–Sa 10–14 Uhr; P) GRATIS am oberen Rand des Dorfs lohnt: Hier stößt man auf hervorragende Exponate zu den Minen und der Geologie des Cabo de Gata. Hinter dem Museum gibt's einen Weg hinauf zu den verlassenen, zerfallenen Türmen und Dekantierbehältern aus den 1950er-Jahren.

Diese Schotterstraße führt weiter durch die dahinter gelegenen Hügel, die von einstigen Minen und den Ruinen des Minendorfs San Diego durchsetzt sind. Das Betreten der Stätten gefährlich, doch der 11 km lange Rundweg Sendero Cerro del Cinto, der direkt unterhalb der Casa de los Volcanes beginnt, führt durch die beeindruckende postindustrielle Landschaft.

Jardín Botánico El Albardinal GÄRTEN
(Calle Fundición; ◉ Di–Fr 9–14, Sa & So 10–14 & 16–18 Uhr; P) GRATIS In Rodalquilars riesigem botanischen Garten hinter der Kirche stößt man auf die typisch semiaride Vegetation Ostandalusiens. Jede Blume, jeder Baum und jeder Strauch in dem gut angelegten

KÜSTENWANDERUNGEN AM CABO DE GATA

Ein Netzwerk aus Straßen und Wegen führt auf ca. 50 Kilometern von San Miguel de Cabo de Gata um die Küste herum nach Agua Amarga. Die gesamte Wanderung dauert drei Tage und sollte nur im Frühjahr oder noch besser im Herbst (wenn das Meer warm ist) angegangen werden, denn die Hitze im Sommer ist gnadenlos und Schatten gibt es keinen. Natürlich kann man sich aber auch ein Teilstück des Wegs für einen Tag bzw. einen Nachmittag vornehmen. Einige der Strände, an denen man vorbeikommt, sind auf andere Art nicht zu erreichen.

Von San José aus führt eine schöne 9 km (ca. 2 ½ Std) lange Wanderung vorbei an einigen der schönsten Strände. Es geht Richtung Südwesten zur **Torre Vigía Vela Blanca**, einem alten Aussichtspunkt mit tollem Rundumblick. Von San José aus Richtung Osten gehend kommt man zur winzigen Strandsiedlung **Los Escullos**. Diese recht ebene Tour, die teilweise über ehemalige Bergbaustraßen führt, ist 8 km lang, bietet schöne Aussichtspunkte und man passiert den uralten Vulkan **El Fraile**.

Eine andere empfehlenswerte Strecke verläuft von Rodalquilar durchs Tal zur **Playa del Playazo**, dann entlang einer reizvollen Steilküste in das Örtchen **Las Negras** (6 km von Rodalquilar). Das Sahnehäubchen jedoch ist die weitere 3 km entfernt gelegene **Playa San Pedro**, die man nicht mit dem Auto erreichen kann. Hier hat sich eine kleine Gruppe Aussteiger niedergelassen. Alternativ kann man bis Las Negras fahren und von dort aus zur Playa San Pedro laufen.

Garten sind beschildert. Es gibt auch eine charmante traditionelle *huerta* (Gemüsegarten) samt Vogelscheuche.

El Cortijo del Fraile — HISTORISCHES GEBÄUDE
(P) Das verlassene Gehöft auf einer windumtosten Ebene 6 km nordwestlich von Rodalquilar war einst die Kulisse eines tragischen Dramas um wahre Liebe und Rache, das Federico García Lorca zu seiner bekanntesten Tragödie *Bluthochzeit* inspirierte. 1928 verschwand eine junge Frau, die hier verheiratet werden sollte, mit einem anderen Mann, der später vom Bruder des sitzen gelassenen Bräutigams erschossen wurde. Heute ist diese Tat als El Crimen de Níjar (Das Verbrechen von Níjar) bekannt. Die romantisch zerfallenen Gebäude aus dem 18. Jh. sind heute umzäunt, doch vielen merkt man noch immer einen Hauch ihrer verhängnisvollen Vergangenheit an.

Hierher folgt man der Straße von der Casa de los Volcanes (S. 323) bergauf und biegt nach 3,2 km an der Gabelung links ab, dann geht's an der nächsten Kreuzung nach 800 m rechts.

🛏 Schlafen

★ El Jardín de los Sueños — BOUTIQUE-HOTEL €€
(📞 950 38 98 43, 669 184118; www.eljardindelossuenos.es; Calle Los Gorriones; inkl. Frühstück DZ 98 €, Suite 118–140 €; P ❄ 🛜 🏊) Unmittelbar an der Schnellstraße gegenüber von Rodalquilar liegt dieses weitläufige alte Bauernhaus inmitten eines schönen Gartens aus ariden Pflanzen und Obstbäumen, deren Erträge man teilweise zum reichhaltigen Frühstück serviert bekommt. Es ist sehr gemütlich und strotzt nur vor Charakter und Charme. Abgerundet werden die Zimmer durch helle Farben, echte Kunst an den Wänden, Kaffeemaschinen und Teezubehör, eigene Terrassen und Kerzenhalter. Fernseher gibt es keine. Der „Garten der Träume" hat das ganze Jahr über geöffnet.

Die Badewannen mit Oberlicht in einigen Suiten sind den Aufpreis wert.

Agua Amarga
🛏 Schlafen

MiKasa — BOUTIQUE-HOTEL €€€
(📞 950 13 80 73; www.mikasasuites.com; Carretera Carboneras 20; DZ inkl. Frühstück 150–220 €; P ❄ 🛜 🏊) MiKasa ist eine luxuriöse, romantische Unterkunft mit traumhaftem pinkfarbenem Marmor aus Galizien und hübschen Zimmern, die alle unterschiedlich gestaltet sind: eins hat ein großes rundes Badezimmer, ein anderes Meerblick und ein drittes eine große eigene Terrasse. Neben zwei Pools gehören ein schicker Wellnessbereich und eine Strandbar zum Hotel. Das Spitzenklasserestaurant La Villa (S. 325) liegt im angrenzenden Gebäude.

Der August ist am teuersten, davor und danach sind die Preise deutlich günstiger.

Essen

★ Restaurante La Villa
MEDITERRANE FUSIONSKÜCHE €€€

(☎ 950 13 80 90; Carretera Carboneras 18, Agua Amarga; Hauptgerichte 19-24 €; ⊙ Juli & Aug. 20.30 Uhr bis zum letzten Gast, März–Juni & Sept.–Jan. Mi–So 20 Uhr bis zum letzten Gast, März–Mai & Sept.–Jan. Sa & So 14–17 Uhr) Direkt neben dem Top-Hotel von Agua Amarga steht dieses gehobene Restaurant mit einem romantischen, stimmungsvoll beleuchteten Speisesaal und einer hübschen Terrasse. Die Gerichte sind sehr originell, verlieren sich aber nicht in Spielereien. Vorab reservieren!

Zu empfehlen sind die Crêpes mit Meeresfrüchten und Brandy-Soße oder die speckumwickelten Lendchen in Dijon-Soße. Auch die köstlichen Black-Angus-Burger sind ein Hochgenuss.

Mojácar

6337 EW.

Eigentlich gibt's zwei Mojácars: das alte Mojácar Pueblo, das sich mit seinen weißen Häusern über einen Hügel 2 km landeinwärts erstreckt und mindestens auf die Zeit der Mauren zurückgeht, und die junge Mojácar Playa, ein entspannter moderner Küstenbadeort rund um einen 7 km langen, breiten Sandstrand. In den 1960er-Jahren zerfiel das *pueblo* (Dorf) und war fast völlig verwaist, bis der kluge Bürgermeister Jacinto Alarcón Künstler und andere Interessierte mit Grundstücken zu Schleuderpreisen herbeilockte. Noch heute ist deshalb zwischen dem allgemeinen Tourismus ein typischer Künstlercharme spürbar. In den verschlungen Straßen des malerischen Ortes befinden sich relaxte Bars, Galerien und verführerische kleine Geschäfte.

⊙ Sehenswertes

Mojácars größte Attraktion ist das sehr hübsche *pueblo* mit seinen niedlichen kleinen Plätzen, Bars und Cafés selbst. Die Straße von Mojácar Playa dorthin beginnt am Kreisverkehr beim Parque Comercial, einem großen Einkaufszentrum, das sich in Richtung des Nordendes der *playa* (Strand) erstreckt. Zwischen den beiden Ortsteilen verkehren regelmäßig Busse.

El Mirador del Castillo
AUSSICHTSPUNKT

Ein Nebenprodukt der Wiederbelebung von Mojácar Pueblo als Künstlerkolonie ist diese Villa ganz oben auf einer Anhöhe. Heute beherbergt sie ein Hotel und ein Café mit Bar (beide haben von Ostern bis Oktober geöffnet) sowie einen *mirador* (Aussichtspunkt), der quasi als die Mutter alles *miradores* gilt. Von dort aus hat man einen Rundumblick über das Meer und in eine Landschaft, die von Vulkankegeln wie dem, auf dem auch Mojácar selbst liegt, bestimmt ist.

Erschöpfungserscheinungen nach dem Aufstieg behebt die Café-Bar am Mirador. Bei Jazzmusik und jeder Menge Platz lassen sich die Gäste Kaffee oder Tapas schmecken.

Strände

Auf 7 km Länge bietet Mojácar Playa genügend Sand für alle, und direkt daran angrenzend hervorragende Strandbars und Restaurants. Der breiteste Abschnitt liegt am südlichen Ende, wo es auch eine schöne Promenade gibt.

Hinter dem südlichsten Zipfel des Hauptstrands liegt ein 1,25 km langer Felsabschnitt, danach folgt wieder ein 1,25 km Strand bis zum Castillo de Macenas (P), einem Wachturm aus dem 18. Jh. (die Hauptstraße macht eine Biegung Richtung Inland und führt hier zurück an die Küste). Vom Castillo führt eine unbefestigte Straße 3 km Richtung Süden vorbei an mehreren kleinen Buchten, einige davon mit FKK-Stränden. Auf dem Weg kann man einen Abstecher hinauf zur Torre Pirulico (P) machen, einem Wachturm aus dem 13. Jh.

Feste & Events

Moros y Cristianos
HISTORISCH

(⊙ Wochenende vor oder nach dem 10. Juni) Zu diesem Anlass kostümieren sich Einheimische und spielen in Form von Tänzen und anderen Festlichkeiten die Rückeroberung des maurischen Spaniens durch die Christen nach.

Noche de San Juan
SOMMERSONNENWENDE

(⊙ 23. Juni) Zur Sommersonnenwende am 23. Juni gibt's an praktisch allen spanischen Stränden eine große Party mit Leuchtfeuern, auf der von Sonnenuntergang bis Sonnenaufgang getanzt und getrunken wird.

Schlafen

Hostal El Olívar
HOSTAL €

(☎ 950 47 20 02; www.hostalelolivar.es; Calle Estación Nueva 11, Mojácar Pueblo; EZ/DZ inkl. Frühstück 38/59 €; ❄ @ 🛜) Stylishes und einladendes Hostal in Mojácar Pueblo. Die zeitgemäßen, schönen Zimmer sind mit modernen Bädern und Kaffeemaschinen bzw. Zubehör zum Teekochen ausgestattet, einige haben Blick

Mojácar Pueblo

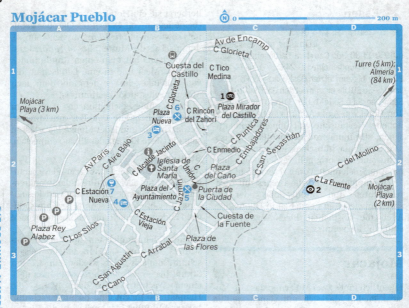

Mojácar Pueblo

◉ Sehenswertes
1 El Mirador del Castillo C1
2 Fuente Pública D2

⌂ Schlafen
El Mirador del Castillo .... (siehe 1)
3 Hostal Arco Plaza B2
4 Hostal El Olívar B2

✖ Essen
5 La Taberna B2
6 Pulcinella B1

⚘ Ausgehen & Nachtleben
7 El Loro Azul B2

auf einen Platz, andere auf die Landschaft. Das Frühstück ist großzügig und kann bei gutem Wetter auf der Terrasse eingenommen werden.

Hostal Arco Plaza HOSTAL €
(✆ 950 47 27 77; www.hostalarcoplaza.es; Plaza Nueva, Mojácar Pueblo; Zi. 35 €; ✲ ☏) Das günstige, gut geführte Arco Plaza im Zentrum des *pueblo* wartet mit himmelblauen Zimmern mit schmiedeeisernen Betten und weißer Bettwäsche auf. Viele der Zimmer gehen zur Plaza Nueva und ins darunter liegende Tal hinaus und von der weitläufigen Dachterrasse hat man einen tollen Blick ins Umland. Abends ist auf dem Platz oft viel los, doch nach Mitternacht wird es leiser.

El Mirador del Castillo LANDHOTEL €€
(✆ 694 454768; www.elmiradordelcastillo.com; Plaza Mirador del Castillo; Zi. 69–120 €, Suite 136 €; ⊙ Ostern–Okt.; ✲ ☏ ≋) Ganz oben auf dem Hügel von Mojácar thront dieses reizende kleine Hotel in einer ehemaligen Privatvilla. Die farbenfrohen, charaktervollen Zimmer sind mit dunklen Holzmöbeln eingerichtet und haben einen hervorragenden Blick sowie eigene Terrassen, von denen aus man in den zentralen Garten und zum Pool kommt.

Hotel El Puntazo HOTEL €€
(✆ 950 47 82 65; www.hotelelpuntazo.com; Paseo del Mediterráneo 257, Mojácar Playa; DZ/Apt./Suite 90/139/151 €; 🅿 ✲ ☏ ≋) Gegenüber dem Strand auf der anderen Straßenseite und 1,7 km südlich des Parque Comercial. Zwar punktet das mittelgroße, gut geführte Familienhotel nicht gerade mit origineller Optik, dafür bietet es alles Notwendige für einen komfortablen Aufenthalt. Die Apartments und Suiten sind groß und hell, die schönsten haben große Sonnenterrassen. Außerhalb der Hauptsaison von Mitte Juli bis Ende August darf man einen Nachlass von 40 % und mehr einkalkulieren.

🍴 Essen & Ausgehen

Sowohl *pueblo* als auch *playa* bieten eine gute Auswahl an Lokalen mit verschiedener Küche, einige haben jedoch zwischen November und März geschlossen. Im Sommer, besonders im August, herrscht in Mojácar ein reges Nachtleben. Im *pueblo* haben sich zahlreiche freundliche, lebendige Bars in den kleinen Häusern angesiedelt, an der *playa* spielt sich alles in den Strandbars ab.

La Taberna   ANDALUSISCH €
(Plaza del Caño, Mojácar Pueblo; raciones 6–12 €; 12–24 Uhr, Sept.–Juni Mi geschl.; 🍴) Große Auswahl an typischen original-andalusischen Gerichten. Ob Fleisch, Fisch oder vegetarisch – in dem beliebten kleinen, verschachtelten Restaurant kommt jeder auf seine Kosten. Dementsprechend hallen durch die intimen Räume die fröhlichen Gespräche von gesättigter Menschen. Die Taberna liegt neben einem auffälligen maurischen Torbogen, der Puerta de la Ciudad.

★ Tito's   INTERNATIONALE FUSIONSKÜCHE €€
(📞 950 61 50 30; Paseo del Mediterráneo 2, Playa de las Ventanicas; Hauptgerichte 10–15 €; April–Okt. 10–21 Uhr, Ende Juni–Aug. bis 24 Uhr; 📞) Der warmherzige Exil-Kalifornier Tito (siehe S. 327) sorgt in seinem beliebten Lokal mit Schilfdach an der südlichen Strandpromenade für eine herrlich entspannte Atmosphäre. Im Angebot sind hervorragende Cocktails mit frischen Früchten, dazu wird zwischen 13 und 16.30 Uhr (und von Ende Juni bis August von 19 bis 24 Uhr) Essen serviert, das zum besten der Stadt gehört: liebevolle Kompositionen wie Brie- und Mandelsalat mit Honig-Senf-Sauce oder galizische Muscheln in Weißwein.

Sonntagnachmittags gibt's tolle Livemusik. In der benachbarten **Tito's Cantina** (www.facebook.com/lacantina.mojacar; Hauptgerichte 7–12 €; März & Okt.–Mitte Jan. 13–16 Uhr, Mitte März–Jan. 19–24 Uhr; 🅿️ ❄️ 🍴) 🌿 ganz im mexikanischen Stil stehen leckere Enchiladas, Quesadillas, Fajitas, Tacos und Guacamole auf der Speisekarte, dazu eine riesige Auswahl an Tequilas und mexikanischen Bieren, die noch jeden Gast in *caramba*-Stimmung versetzt haben.

Neptuno   ANDALUSISCH €€
(www.neptunomojacar.com; Playa del Descargador; Hauptgerichte 8–19 €, menú 10–12 €; 10–17 & 19–24 Uhr, Okt.–Mai So–Do abends geschl.; 🍴) Eins der vielen *chiringuitos* (Strandrestaurants) ist das Neptuno 500 m nördlich des Parque Comercial, das schon lange zu den bestbesuchten und am meisten geschätzten Adressen zählt. Besonders beliebt sind die Sardinen vom Holzofengrill. Außerdem werden zahlreiche weitere Fisch-, Fleisch- und Reisegerichte serviert.

Pulcinella   ITALIENISCH €€
(www.pulcinellamojacar.com; Plaza Nueva, Mojácar Pueblo; Hauptgerichte 8–13 €; 12–16 & 19–23 Uhr, Nov.–März Do geschl.; 🍴🪑) Gutes italienisches Essen und eine noch bessere Aussicht von der Terrasse. Viele Pizzas, darunter die gemüsereiche vegetarische Green Peace sowie Pasta- und Fleischgerichte (z. B. Grillhähnchen). Die kürzlich eröffnete Filiale am Strand, **Pulcinella Playa** (Paseo del Mediterráneo 62; Hauptgerichte 8–13 €; 12–16 & 19–23 Uhr), liegt am Kreisel beim Parque Comercial.

El Loro Azul   MUSIKBAR
(Plaza Frontón, Mojácar Pueblo; Mi–Mo 18–2, Fr & Sa bis 3 oder 4 Uhr) In einem der außerge-

---

> ### MOJÁCARS HISTORISCHER BRUNNEN
>
> In der Nähe des Fußes von Mojácar Pueblo steht das Wahrzeichen des Ortes, die **Fuente Pública** (Maurischer Brunnen; Calle La Fuente). Noch immer befüllen Einheimische und Besucher Behälter mit dem Wasser, das aus 13 Röhren in eine Marmorrinne plätschert und in dieser durch einen von bunten Blumen gesäumten Hof fließt. Eine Tafel weist darauf hin, dass an diesem Ort im Jahr 1488 ein Gesandter der Katholischen Könige Alavez traf, den letzten maurischen Bürgermeister Mojácars, und diesen zwang, das Dorf aufzugeben.
>
> Alavez bat darauf in den folgenden eindringlichen Worten darum, dass sein Volk in Mojácar bleiben dürfe: „Nun, da mein Volk über 700 Jahre lang in Spanien gelebt hat, sagt ihr zu uns ‚Ihr seid Fremde, fahrt zurück übers Meer.' In Afrika wird man zweifellos – und mit Recht – zu uns sagen: ‚Ihr seid Fremde. Fahrt zurück übers Meer, über das ihr gekommen seid, und in euer Land.'" Laut der Geschichte sicherten die katholischen Könige Alavez zu, dass die Muslime bleiben dürften – und vertrieben sie dann aus der Stadt, sobald sie im Besitz der Schlüssel waren. Dann besiedelten christliche Familien aus Murcia das Dorf.

INSIDERWISSEN

TITO DEL AMO

Tito del Amo zog 1964 als junger Hippie, der zu einer Kommune gehören wollte, von Los Angeles nach Mojácar. Noch am Tag seiner Ankunft kaufte er ein Haus für 3000 US$. Damals hatte Mojácar Pueblo nur ein paar hundert Einwohner und Mojácar Playa gab es nicht einmal. Tito war einer der ersten Ausländer, die hier heimisch wurden. In den 1980er-Jahren verwandelte er eine alte Wirtschaft in seine heute berühmte Strandbar Tito's (S. 327), was ihm dabei half, die unkonventionell-künstlerische Seite des Lebens in Mojácar aufrechtzuerhalten, die ihn hierhergezogen hatte. Kürzlich war er an einem Dokumentarfilm (*Disney a través del espejo; Disney durch den Spiegel*) über Walt Disney beteiligt. Wie viele Einheimische nimmt auch Tito an, dass Disney in Mojácar geboren und später in den USA adoptiert wurde.

Warum haben Sie sich für Mojácar entschieden? Als ich in den 1960er-Jahren herkam, gab es im Dorf nur drei Autos – und ich bin ja aus L.A.! Dann gab es da noch den Hügel, das Licht, die saubere Luft und die Lage an der Küste. Ich konnte einfach nicht widerstehen.

Was ist Ihr Lieblingsort? Neben La Coquette (S. 313), wo einfach das beste französische Gebäck und italienische Eis in der ganzen Provinz hergestellt wird, mag ich auch Agua Amarga und den wunderschönen Naturpark Cabo de Gata.

Wohin gehen Sie gern an freien Tagen? Ich liebe die raue Landschaft und genieße die einfachen Dinge wie lange Wanderungen in der Umgebung, besonders in den Gebirgsausläufern nahe der Küste.

Wenn Sie nicht in Mojacar leben würden, wo sonst in Andalusien würden Sie wohnen wollen und warum? Ich könnte auch in Granada leben, aus verschiedenen Gründen, aber nur in der Nähe der Alhambra!

---

wöhnlichen alten Häuser des *pueblo* versteckt sich der lebendige „Grüne Papagei". Zu Jazz, Blues und Rock'n'Roll genießt hier ein internationales Publikum tolle Mojitos.

Aku Aku STRANDBAR
(www.facebook.com/mojacar.akuaku; Paseo del Mediterráneo 30, Mojácar Playa; Apr–Okt. 10–1Uhr oder länger geöffnet) Das Aku Aku liegt direkt am Strand 2 km südlich des Parque Comercial. Im Juli und August ist es freitags, samstags und sonntags eine tolle Adresse für kostenlose Jazz- und Flamencokonzerte.

❶ Praktische Informationen

Oficina Municipal de Turismo (902 57 51 30; www.mojacar.es; Plaza Frontón, Mojácar Pueblo; Mo–Sa 10–14 & 17–20, So bis 14 Uhr)

❶ Anreise & Unterwegs vor Ort

AUTO
Die Hauptstraße führt durch das *pueblo* zu zwei großen Parkplätzen.

BUS
Regionalbusse in andere Städte und Dörfer halten an mehreren Stellen rund um den Kreisel am Parque Comercial. Zwei bis vier Busse von **Alsa** (902 42 22 42; www.alsa.es) fahren täglich zu den Cuevas del Almanzora (1,59 €, 35 Min.) und zurück, nach Almería (7,69 €, 1¼ Std., sonntags keine Busse), Granada (21 €, 4½ Std.) und Murcia (12 €, 2½–3 Std.). Für die Reise nach Granada und Murcia muss man im Vorfeld Tickets im **Hotel Simón** (950 47 87 69; Calle La Fuente 38, Mojácar Pueblo;) oder bei **Mojácar Tour** (950 47 57 57; Centro Comercial Montemar, Avenida de Andalucía) 200 m vom Kreisel am Parque Comercial entfernt reservieren.

Ein Stadtbus (1,20 €) dreht die Runde von Mojácar Pueblo nach Mojácar Playa, bedient dort den ganzen Strand und fährt wieder zurück. Er startet von Juni bis September zwischen 9 und 23.30 Uhr ungefähr jede halbe Stunde; von Oktober bis Mai nur bis 21 Uhr.

TAXI
Taxis warten an der Plaza Nueva im *pueblo*. Telefonisch kann man sie unter 950 88 81 11 bestellen.

LOS VÉLEZ

Die schöne Landschaft im abgelegenen Bezirk Los Vélez ganz im Norden Almerías zeigt sich grüner und bewaldeter als der Großteil der übrigen Provinz. Drei Städtchen, **Vélez Rubio**, **Vélez Blanco** und **María**, schmiegen sich in den Schatten der Sierra de María. Die schroffe Bergkette gehört zum Parque Natural Sierra María–Los

Vélez und bietet schöne Wanderwege sowie die berühmte Felsenkunst in der Cueva de los Letreros.

Vélez Rubio, der größte Ort, beherbergt in seinem Herzen eine gigantische Barockkirche aus dem 18. Jh. Mehr Charme hat jedoch Vélez Blanco mit seinen dicht an dicht gedrängten Häusern samt roten Ziegeldächern und schmiedeeisernen Balkonen unter der imposanten Burg. Es liegt auf 1070 m und somit nicht selten über den Wolken. Mittwochmorgens nimmt ein lebhafter Straßenmarkt die Hauptstraße Calle Corredera in Beschlag.

◉ Sehenswertes

◉ Cuevas del Almanzora

Castillo del Marqués de los Vélez BURG
(Plaza de la Libertad; Campoy-Museum & Goya-Galerie 2 €, andere Teile kostenlos; ⊙ Juli & Aug. Di–Sa 7.30–14 Uhr, Sept.–Juni Di–Sa 9.30–13.30 & 17–19, So 10–13.30 Uhr; P) Die beeindruckende Burg der Familie Fajardo aus dem 16. Jh. thront über der Altstadt von Cuevas del Almanzora. In der Burg liegen ein kleines Museum für Archäologie, das der El-Argar-Kultur aus der Bronzezeit gewidmet ist, eine Galerie mit Litografien von Goya und das Museo Antonio Manuel Campoy. Letzteres zeigt eine große und faszinierende Sammlung von Bildern und Skulpturen vorwiegend spanischer Künstler (darunter Picasso, Miró und Tàpies) aus der Sammlung eines der größten Kunstkritiker Spaniens.

Cueva Museo MUSEUM
(Eintritt 1 €; ⊙ ganzjährig Di–Sa 9.30–13.30 Uhr, Sept.–Juni Di–Sa 17–19, So 10–13.30 Uhr; P) Über Tausende von Jahren haben Menschen in Höhlen in und um Cuevas del Almanzora gelebt. Die nach wie vor bewohnten Höhlen kann man nicht besuchen, dafür eine recht komfortable Siedlung aus den 1950er-Jahren, die von der Burg aus um die Ecke in Richtung des Cueva Museo liegt. In dieser Höhle lebte bis in die 1960er-Jahre eine Familie mit acht Kindern.

Die hilfsbereite Angestellte wurde selbst dort geboren und kann einem alles über das Höhlenleben erzählen – allerdings nur auf Spanisch.

◉ Vélez Blanco

Castillo de Vélez Blanco BURG
(⊙ April–Sept. Mi–So 10–14 & 17–20 Uhr, Okt.–März bis 14 & 16–18 Uhr; P) GRATIS Die an einen Disney-Film erinnernde Burg erhebt sich hoch über Vélez Blancos Ziegeldächern auf einem Felsdorn wie zu einem grotesken Duell gegenüber der sphinxartigen Bergkuppe La Muela (Der Backenzahn) auf der anderen Seite des Tals. Von außen ist das Bauwerk aus dem 16. Jh. eine typische Reconquista-Festung, doch innen dominierte der Renaissancestil – bis 1904 die verarmten Einheimischen die geschnitzten Marmorbögen, Säulen, Türöffnungen, Fensterrahmen, Statuen und Friese verkauften.

Der amerikanische Millionär George Blumenthal erstand den gesamten Marmorpatio und stiftete ihn später dem Metropolitan Museum of Art in New York, wo er heute ausgestellt ist. Inzwischen gibt's Pläne, den Patio zu rekonstruieren und als Kopie wieder einzubauen.

Cueva de los Letreros ARCHÄOLOGISCHE STÄTTE
(geführte Touren 2 €; ⊙ geführte Touren ganzjährig So 12 Uhr, Sept.–Juni Mi, Sa & So 16.30 Uhr, Juli–Aug. Mi, Sa & So 19 Uhr; P) In der Region gibt's gleich mehrere als Welterbe gelistete Stätten mit Höhlenmalereien, doch diese Zeremonialstätte aus der Steinzeit auf einem Hügel nahe Vélez Blanco schlägt sie alle. Die rötlichen Zeichnungen, die vor 5500 v. Chr. entstanden, zeigen u. a. Tiere, eine große Figur mit Horn namens El Hechicero (Der Medizinmann) sowie eine Reihe miteinander verbundener Dreiecke, die eine Art Stammbaum darstellen könnten, und außerdem das beliebteste Symbol Almerías: den *indalo*, ein Strichmännchen, dessen ausgestreckte Arme mit einem Bogen über seinem Kopf verbunden sind.

Heute sieht man den *indalo*, das offizielle Symbol der Provinz, überall auf Mauern und als Anhänger. Einige behaupten, der *indalo* sei ein Glücksbringer, der das Böse fernhalte. Vermutlich wurde er auch in früheren Jahrhunderten (und Jahrtausenden) so verwendet. Ethnologen glauben sogar, dass der *indalo* zu den Symbolen mit der längsten Tradition in der Menschheitsgeschichte gehören könnte.

Die Cueva de los Letreros liegt 1 km von der A317 entfernt gegenüber der Einfahrt zum Campingplatz Pinar del Rey und weniger als 1 km südlich von Vélez Blanco auf der Strecke Richtung Vélez Rubio. Das Gelände ist umzäunt, und wer es besuchen möchte, muss eine Führung buchen. Sie startet am Eingang zum Pinar del Rey; 10 Minuten vor Beginn dort sein!

PARQUE NATURAL SIERRA DE MARÍA-LOS VÉLEZ

Die Berge dieses Naturparks sind ein Refugium für Raubvögel; Wanderer trifft man hier nur selten. Da es auf manchen Wegen mit Schatten mau aussieht, ist die beste Zeit für einen Besuch der Frühling oder der Herbst. Im Centro de Visitantes Almacén del Trigo (S. 330) in Vélez Blanco gibt's Informationen zu Wanderwegen: ein schöner Rundweg ist der 13 km lange Sendero Solana de Maimón, der südwestlich der Stadt um die Sierra de Maimón herumführt.

An der A317, unmittelbar westlich des winzigen Hochlanddörfchens María, liegt der Jardín Botánico Umbría de la Virgen (Di–So 10–14, Okt.–April bis 16 Uhr) GRATIS. Der botanische Garten widmet sich der einzigartigen Flora der Region. Ein Besuch kann mit einem Spaziergang auf dem einfachen Wanderweg Sendero Umbría de la Virgen (3 km, ca. 1¾ Std.) kombiniert werden, der hier beginnt und endet.

Schlafen

El Palacil APARTMENT €€
(950 41 50 43; www.elpalacil.com; Calle Molino Cantarería; DZ 65 €; P ❋ ☲) Neben einem Fluss sowie einem See mit Gänsen und Enten bietet El Palacil reizvolle Apartments mit Küchen und Sitzplätzen für bis zu sechs Personen. Die Holzmöbel und -decken sind im alten Landstil gehalten. Im anständigen dazugehörenden Restaurant werden Pizza und Salate sowie Grillfleisch und Meeresfrüchte zubereitet.

Essen

★ Mesón El Molino SPANISCH €€
(950 41 50 70; Calle Curtidores 1; Hauptgerichte 10–22 €, menú 25–30 €; tgl. 13–16.30, Fr & Sa 20–23 Uhr) In einem engen Gässchen nahe dem Zentrum von Vélez Blanco versteckt sich dieses prächtige und altmodische Restaurant. Es hat sich den besten Zutaten aus ganz Spanien verschrieben und zeigt das auch voller Stolz: Abgehangenes Rindfleisch, perfekte Tomaten, geheimnisvoller Käse und saftiger Schinken sind gleich am Eingang zu sehen. Kurzum: Hier gibt es beste herzhafte Landküche und dazu eine gute Weinkarte.

ℹ Praktische Informationen

Centro de Visitantes Almacén del Trigo (950 41 53 54; Avenida Marqués de Los Vélez, Vélez Blanco; ganzjährig Do–So 10–14 Uhr, April–Sept. Sa 18–20 Uhr, Okt.–März 16–18 Uhr) Hilfreiche Informationen und Ausstellungsstücke zum Parque Natural Sierra de María-Los Vélez.

ℹ An- & Weiterreise

BUS
Während der Schulzeit fährt nachmittags ein Bus von **Alsa** (902 42 22 42; www.alsa.es) von Almería nach Vélez Rubio (15 €, 2–3 Std.), Vélez Blanco (15 €, 2–3 Std.) und María (16 €, 2¼–3¼ Std.), der montags bis samstags unterwegs in Mojácar hält. Der Bus zurück startet in María um 6 Uhr (So 18.30 Uhr). Von Vélez Rubio (Calle de la Amistad am Kreisel beim Hotel) aus betreibt Alsa Busse nach Granada (14 €, 2–3 Std., 4-mal tgl.): Tickets bekommt man im Hotel Zurich.

Andalusien verstehen

ANDALUSIEN AKTUELL.....................332
Die wirtschaftlichen Wunden aus der weltweiten Finanzkrise sind tief, aber die Andalusier lassen sich nicht unterkriegen.

GESCHICHTE 334
Konkurrierende Religionen, Ideologien, Kulturen und Armeen: IHier trifft Europa auf Afrika – eine oft brisante Mischung.

ARCHITEKTUR 348
Andalusien wartet mit einigen der schönsten Kirchen, Festungen und Paläste des Kontinents auf.

NATUR & UMWELT.........................355
Andalusiens dramatische, gut geschützte Landschaften bieten seltenen Arten wie dem Pardelluchs, dem Steinbock und dem Kaiseradler eine Heimat.

FLAMENCO 361
Flamenco ist nicht nur Musik, sondern ein Lebensstil, und zwar ein sehr andalusischer.

KUNST & KULTUR 368
Von Velázquez bis Lorca: Die andalusische Kunst- und Kulturszene ist äußerst kreativ.

STIERKAMPF 373
Für die einen ist der Stierkampf eine Tragödie, für die anderen Kunst, in jedem Fall handelt es sich jedoch um einen elementaren Bestandteil andalusischer Kultur.

ANDALUSISCHE KÜCHE 376
Tschüs Frankreich, hallo Spanien! Heute nehmen die Iberer den Platz als weltweit führende Gourmets ein.

Andalusien aktuell

Spaniens schwerste Wirtschaftskrise seit fast 100 Jahren hat Andalusien besonders hart getroffen. Deswegen herrscht dort vielerorts Ärger. Aber Mutlosigkeit? Fehlanzeige! Die warme, fröhliche Atmosphäre Andalusiens lässt sich oft nur schwer mit dem pessimistischen Ton der Nachrichten in Einklang bringen, denn die Musik spielt noch immer und die Fiesta geht weiter. Mit ihrer geselligen Natur, der Freude an den schönen Dingen des Lebens und ihrem Optimismus sind die Andalusier weit davon entfernt, sich unterkriegen zu lassen.

Top-Filme

Marshland (2014) Alberto Rodríguez' packende Geschichte über zwei Polizisten, die mehrere Morde im Guadalquivir-Delta untersuchen, erhielt zehn Goyas (die spanischen „Oscars").

Lorca – Mord an der Freiheit (Marcos Zurinaga; 1997) Ein Journalist stellt Untersuchungen über den Tod des großen spanischen Dramatikers (gespielt von Andy García) an.

Zindagi Na Milego Dobara (Zoya Akhlar; 2011) Dieses Bollywood-Märchen, in dem Hrithik Roshan und Katrina Kaif mitspielen, führte zu einem kleinen Boom indischer Touristen in Spanien. Der Film beinhaltet ein komplettes Gesangs- und Tanz-Set im Dorf Alájar.

South from Granada (Fernando Colomo; 2003) Berührende Verfilmung des Klassikers von Gerald Brenan.

Top-Bücher

Südlich von Granada (Gerald Brenan; 1957) Das Dorfleben in Las Alpujarras in den 1920er-Jahren.

The Ornament of the World (María Rosa Menocal; 2002) Über Toleranz und Perfektion im maurischen Andalusien.

Andalus (Jason Webster; 2004) Das moderne Erbe der maurischen Epoche.

Unter den Zitronenbäumen (Chris Stewart; 1999) Anekdotischer Bestseller über das Leben auf einer kleinen Farm in Alpujarras.

Boom & Krise

2007 ging es Andalusien so gut wie nie zuvor. Ein zehn Jahre währender Boom des Bausektors und entsprechend hohe Immobilienpreise, massive landwirtschaftliche EU-Subventionen und das beständige Wachstum des Tourismus ließen die Arbeitslosenquote in der Region auf 12 % sinken – ein historisches Tief. Vor den funkelnden neuen Einkaufs- und Unterhaltungskomplexen parkten reihenweise Neuwagen. Und anstatt dass Andalusier auf der Suche nach Arbeit ihre Heimat verließen – lange die Norm in einer der ärmsten Regionen Spaniens –, kamen Hunderttausende Einwanderer zum Arbeiten hierher.

Dann platzte die Blase. Kredite wurden ausgesetzt, die Immobilienpreise stürzten in den Keller, Bauprojekte kamen zum Stillstand. In nur zwei Jahren verdoppelte sich die Arbeitslosenquote und stieg auch danach weiter. Unternehmen machten dicht, viele Spanier verloren ihre Wohnungen, halbfertige Gebäude verfielen in einen Dornröschenschlaf, Wohltätigkeitsorganisationen versorgten immer mehr Hungrige mit Essen, und die spanischen Banken brauchten Hilfe von der EU: *La crisis* wurde Alltag. Die Wut über Korruption sowie den Politik- und Finanzsektor erfasste das ganze Land, angeführt durch eine Protestbewegung namens Los Indignados (Die Empörten). 2013 waren 36 % der Andalusier ohne Job, und die Arbeitslosenquote unter 16- bis 24-Jährigen betrug erschütternde 64 %. Man sprach von einer „verlorenen Generation" und wieder einmal verließen Andalusier ihre Heimat, um in Deutschland, Großbritannien oder Lateinamerika Arbeit zu suchen. Viele von ihnen waren Universitätsabsolventen, deren Fähigkeiten in einer Region mit wenig Industrie, in der sämtliche Arbeitgeber unter der Krise litten, nicht gefragt waren.

2013 begannen Politiker erstmals über Anzeichen einer Erholung zu reden. Nur wenige Andalusier schenkten dem Beachtung – und wenn, dann glaubten sie der ihrer Meinung nach korrupten *casta* (die herrschende

„Kaste" der Politiker und Banker) nicht ein Wort. Doch 2014 stiegt sowohl das spanische als auch das andalusische Bruttosozialprodukt nach fünf Jahren Talfahrt erstmals wieder um 1 %, und die Arbeitslosenquote sank geringfügig. Es schien, als hätte Andalusien die Kurve gekriegt, wenngleich es sehr, sehr lange dauern würde, ehe wieder so etwas wie die berauschenden Boomjahre vom Anfang des Jahrtausends in Sicht kommen würden.

Der politische Umbruch

Doch die politische Landschaft hatte sich verändert. Seit Spanien in den 1970er-Jahren zur Demokratie zurückgekehrt war, hatte faktisch ein Zweiparteiensystem das Land dominiert, die Linkspartei Partido Socialista Obrero Español (PSOE; Spanische Sozialistische Arbeiterpartei) und die konservative PP bzw. ihre Vorgänger. In Andalusien hatte immer die PSOE das Regionalparlament, die Junta de Andalucía, dominiert. Doch die Protestbewegungen der Krise hatten zwei neue nationale Parteien hervorgebracht: die radikalen Podemos („Wir können"), die für eine Zügelung von „Big Business" und Korruption sowie die Bekämpfung der Armut eintreten; die Ciudadanos („Staatsbürger") hingegen treten gegen Korruption, aber für die freie Wirtschaft und gegen Bürokratie ein. Bei den Wahlen für die Junta de Andalucía im März 2015 gewannen diese beiden Parteien zusammen 24 % aller Stimmen – genug, um erstmals die PSOE an der Regierungsbildung zu hindern. Bei Redaktionsschluss sah es so aus, als müssten Neuwahlen abgehalten werden, da sich die alten und neuen Parteien nicht auf eine Zusammenarbeit einigen konnten.

Ein Weg nach vorn

Während all der Turbulenzen hielt sich der Tourismus – neben der Landwirtschaft die zweite Hauptsäule der andalusischen Wirtschaft – erstaunlich gut und 2014 kamen 8,5 Mio. ausländische Besucher nach Andalusien. Die Krise könnte dem Tourimus sogar geholfen haben, denn nun verbrachten mehr Spanier ihren Urlaub im eigenen Land. Andalusien bemüht sich sehr um diese Schlüsselindustrie: Es sorgt dafür, dass historische Städte und Ferienorte am Meer immer attraktiver werden und die Hotels immer eleganter; die Denkmäler werden herausgeputzt und die Museen modernisiert, die Restaurants servieren immer köstlicheres Essen und die Tourismusmitarbeiter und Touristeninformationen sind professioneller als je zuvor. Die Stadt Málaga, die lange im kulturellen Schatten der berühmteren Städte Sevilla und Granada stand, steht dank seiner erstklassigen neuen Museen und eines großen Entwicklungssprungs der gastronomischen Szene gegenwärtig im Rampenlicht. Der Tourismus ist ein Bereich, in dem Andalusiens Zukunftsaussichten tatsächlich rosig sind – zum Wohl der Andalusier und ihrer Besucher.

BEVÖLKERUNG: **8,4 MIO.**

FLÄCHE: **87 268 KM^2**

ARBEITSLOSENQUOTE: **34 %**

HÖCHSTER BERG: **MULHACÉN (3479 M)**

BESUCHER DER ALHAMBRA: **2,4 MIO. (2014)**

PARDELLUCHS-POPULATION: **300–320**

Gäbe es nur 100 Andalusier, wäre(n) …

92 spanisch
2 südamerikanisch
1 britisch
1 marrokanisch
1 rumänisch
3 Angehörige anderer Nationalitäten

Religiöse Gruppen
(% der Bevölkerung)

17 atheistisch
79 römisch-katholisch
2 muslimisch
1 evangelisch
2 andere

Einwohner pro km^2

ANDALUSIEN   SPANIEN   DEUTSCHLAND

♦ ≈ 95 Personen

Geschichte

Führendes kulturelles Zentrum im mittelalterlichen Europa, Drehpunkt eines transkontinentalen Reiches, ärmliche Provinz und boomende Touristenattraktion – Andalusien hat schon alles erlebt. Die Region, in der Kontinente und Ozeane aufeinandertreffen, wurde von zahlreichen Strömungen beeinflusst und brachte eine weltweit einzigartige Kultur hervor. Von islamischen Palästen über christliche Kathedralen bis hin zu Flamenco-Rhythmen: Andalusien weiß sein historisches Erbe zu schätzen, und Besucher des Landes spüren ständig den Einfluss seiner Vergangenheit auf die heutige Gesellschaft.

Andalusiens frühe Wegbereiter

Die prähistorischen Andalusier brachten – besonders im Osten des Landes – wichtige technologische Fortschritte für die Iberische Halbinsel, wahrscheinlich durch Begegnungen mit anderen, moderneren Gesellschaften der Mittelmeerregion.

Um 6000 v. Chr. gelangte die Agrarrevolution der Jungsteinzeit (Neolithikum) von Ägypten und Mesopotamien nach Spanien. Mit dem Pflug, den Kulturpflanzen und dem Nutzvieh kamen auch Tonwaren, Textilien und dörfliche Siedlungen. Die Cueva de los Letreros bei Vélez Blanco in der Provinz Almería zählt mit ihren Malereien von Tieren und mythologischen Figuren zu den berühmtesten Stätten von Felsenkunst aus dieser Periode im mediterranen Spanien.

Rund 3500 Jahre später lernten die Bewohner von Los Millares bei Almería die örtlichen Kupfervorkommen zu schmelzen und zu bearbeiten – der Grundstein für Spaniens erste metallverarbeitende Kultur. Damals entstanden auch die imposantesten Dolmen (mit Erde bedeckte Grabkammern aus großen Steinblöcken) des Landes in der Nähe von Antequera, zeitgleich mit der Megalithära in Frankreich, Großbritannien und Irland.

Ab 1900 v. Chr. begannen die Bewohner von El Argar (Provinz Almería) Bronze herzustellen, eine Legierung aus Kupfer und Zinn, die härter ist als reines Kupfer – der Beginn der Bronzezeit auf der Iberischen Halbinsel.

In Andalusien könnten zuvor auch die letzten Neandertaler gewohnt haben. Ausgrabungen in der Gorham-Höhle auf Gibraltar belegen, dass sie noch bis mindestens 26 000 v. Chr. hier lebten. Ihr Niedergang begann

Prähistorisches Andalusien

Cueva de la Pilet, bei Ronda

Dolmen de Menga und Dolmen de Viera, Antequera

Los Millares, Provinz Almería

Orce, Provinz Granada

Cueva de Ardales

ZEITACHSE	18 000 v. Chr.	1000–800 v. Chr.	700–600 v. Ch.
	Sammler und Jäger aus dem Paläolithikum malen u. a. Auerochsen, Hirsche, Pferde und Fische an die Wände der Cueva de la Pileta (bei Ronda), Cueva de Ardales und Cueva de Nerja.	Oliven, Weinstöcke und Esel kommen mit phönizischen Händlern nach Andalusien, die an der Küste Siedlungen wie Gadir (Cádiz) und Onuba (Huelva) errichten.	Eisen ersetzt Bronze als wichtigstes Metall im unteren Guadalquivir-Tal. Die Tartessos-Kultur, die sich hier entwickelt, wird später als Quelle märchenhaften Reichtums verklärt.

um 35 000 v. Chr., ausgelöst durch Klimaveränderungen und das Vordringen des *Homo sapiens* nach Europa, vermutlich aus Nordafrika. Wie die Touristen des 21. Jhs. zog es auch Letzteren ins recht warme Andalusien. Hier gediehen dichte Wälder und eine vielfältige Tierwelt, die das Jagen und Sammeln erleichterten. In der Zeit vor 16 000 bis 20 000 Jahren verewigten die damaligen Menschen einige der Tiere, die sie jagten, in eindrucksvollen Höhlenmalereien, etwa in der Cueva de Ardales, der Cueva de la Pileta (bei Ronda) und der Cueva de Nerja.

Händler & Eroberer

Andalusiens Natur- und Bodenschätze sowie seine Siedlungen zogen seefahrende Kaufleute aus der gesamten Mittelmeerregion an. Nach den Händlern kamen Eroberer aus den aufstrebenden Großreichen des Mittelmeerraumes, die nicht nur auf Reichtümer, sondern auch auf politische Macht aus waren. Sie alle – Phönizier, Griechen, Karthager, Römer und Westgoten – prägten die andalusische Lebensweise und Mentalität.

Phönizier, Griechen & Tartessos

Um 1000 v. Chr. entstand im westlichen Andalusien eine blühende Kultur, die Landwirtschaft, Tierzucht und Metallverarbeitung betrieb. Sie lockte phönizische Händler aus dem heutigen Libanon an, die hier Parfüm, Elfenbein, Schmuck, Öl, Wein und Textilien gegen Silber und Bronze tauschten und Handelsposten an Küstenorten wie Almuñécar, Cádiz und Huelva (Onuba) errichteten. Im 7. Jh. v. Chr. kreuzten dann die Griechen auf, um mit ähnlichen Waren Handel zu treiben. Neben Töpferscheibe und Schriftkunst brachten die Phönizier und Griechen zudem den Olivenbaum, die Weinrebe und den Esel mit, die zu den drei Symbolen der Region werden sollten.

Die von den Phöniziern und Griechen beeinflusste westandalusische Kultur des 8. und 7. Jhs. v. Chr. hing Göttern an und wurde „Tartessos-Kultur" genannt. Sie entwickelte eine fortschrittliche Goldbearbeitung; trotzdem war es das Eisen, das Bronze als wichtigstes Metall ablöste. Griechische, römische und biblische Chronisten beschrieben Tartessos Jahrhunderte später als einen Hort sagenhafter Reichtümer. Ob Tartessos eine Stadt oder bloß eine Region war, weiß niemand so genau. Manche glauben, dass es eine Handelssiedlung nahe der Stadt Huelva war; andere vermuten es in den Sümpfen am unteren Guadalquivir.

Karthago & Rom

Ab dem 6. Jh. v. Chr. beherrschte Karthago, eine frühere phönizische Kolonie im heutigen Tunesien, den Handel im westlichen Mittelmeerraum. Bald schon musste es jedoch einer neuen Großmacht des Mittelmeerraums weichen – Rom. Die Karthager verloren den Ersten Punischen

---

Antikes Andalusien

Museo Arqueológico, Sevilla

Museo de Huelva

Museo de la Ciudad, Carmona

Museo de Cádiz

Museo Arqueológico, Almuñécar

Römisches Andalusien

Itálica, Santiponce, bei Sevilla

Baelo Claudia, Bolonia

Necrópolis Romana, Carmona

Museo de la Ciudad de Antequera

Römisches Amphitheater, Málaga

Museo Arqueológico, Córdoba

Museo Histórico Municipal, Écija

---

206 v. Chr.	100 v. Chr.–300 n. Chr.	98–138 n. Chr.	552
Römische Truppen unter General Scipio Africanus schlagen die Armee von Karthago in Ilipa bei Sevilla. Itálica, Spaniens erste römische Stadt, wird in der Nähe des Schlachtfelds gegründet.	Andalusien entwickelt sich zu einer der reichsten und kultiviertesten Regionen des Römischen Reichs. Corduba (Córdoba) ist ihre bedeutendste Stadt. Im 3. Jh. v. Chr. beginnt die Christianisierung.	Zwei aufeinander folgende Herrscher regieren das Römische Reich ausgehend von Itálica: Trajan (98–117 n. Chr.) und Hadrian (117–138 n. Chr.).	Byzanz, Hauptstadt des östlichen römischen Reichs, erobert Andalusien. 622 vertreiben die Westgoten, die inzwischen über die Iberische Halbinsel herrschen, die Byzantiner.

Krieg (264–241 v. Chr.) um die Herrschaft über Sizilien, besetzten dann aber das südliche Spanien. Im Zweiten Punischen Krieg (218–201 v. Chr.) führte der karthagische Feldherr Hannibal seine Elefanten von hier weiter über die Alpen, um nach Rom zu marschieren. Gleichzeitig schickten die Römer Legionen nach Spanien, um eine zweite Front gegen Karthago zu eröffnen. Durch den Sieg von Ilipa (in der Nähe des heutigen Sevilla) 206 v. Chr. sicherten sich die Römer die Herrschaft über die Iberische Halbinsel. Kurz darauf gründeten sie in der Nähe des Schlachtfelds die erste römische Stadt auf spanischem Boden, Itálica.

Als das Römische Reich immer mächtiger wurde, mauserte sich Andalusien rasch zu einer seiner kultiviertesten und reichsten Regionen. Rom importierte von hier Getreide, Metalle, Fisch und *garum*, eine Würzsoße aus fermentiertem Fisch. Letztere wurde in Fabriken hergestellt, deren Ruinen in Bolonia und Almuñécar besichtigt werden können. Auf der Iberischen Halbinsel gehen Aquädukte, Tempel, Theater, Amphitheater sowie Bäder auf die Römer zurück, ebenso wie die Christianisierung, eine große jüdische Bevölkerung (sie siedelte sich im gesamten mediterranen Gebiet des Römischen Reichs an) sowie die Hauptsprachen (Kastilisch, Katalanisch, Galicisch und auch Portugiesisch), die ihre Ursprünge in der lateinischen Umgangssprache der Soldaten und Kolonisatoren haben.

Westgoten

Als die Hunnen im späten 4. Jh. n. Chr. aus Asien nach Europa vorstießen, wanderten die abgedrängten germanischen Stämme westwärts durch das bröckelnde Römische Reich. Im 6. Jh. eroberten die Westgoten die Iberische Halbinsel und machten Toledo zu ihrer Hauptstadt. Die langhaarigen Eindringlinge, etwa 200 000 an der Zahl, waren wie ihre vergleichsweise kultivierten ibero-römischen Untertanen Christen, aber ihre wacklige Herrschaft erlangte durch interne Grabenkämpfe des Adels nicht gerade Stabilität. Von 552 bis 622 war Andalusien ein Außenposten des Byzantinischen Reichs, doch dann übernahmen die Westgoten die Macht.

Das Herz des islamischen Spaniens

Andalusien befand sich von 711 bis 1492 (vollständig oder teilweise) unter islamischer Herrschaft. In diesen acht Jahrhunderten war es die kultivierteste und wirtschaftlich fortschrittlichste Region in einem Europa, das größtenteils sein „dunkles Zeitalter" durchlebte. Die islamische Ära hinterließ tiefe Spuren und beeinflusst noch heute das andalusische Leben. Von ihr zeugen einzigartige Baudenkmäler: Der Alhambra-Palast in Granada, die Mezquita (Moschee) in Córdoba und der Alcázar-Palast in Sevilla vermitteln einen Eindruck von der Pracht der Vergangenheit und sind für viele Besucher das wichtigste kulturelle Reiseziel in Andalusien.

Maurisches Andalusien

Alhambra, Granada

Mezquita, Córdoba

Albayzín, Granada

Madinat al-Zahra, Córdoba

Giralda, Sevilla

Castillo de Gibralfaro, Málaga

Alcazaba, Almería

Mezquita, Almonaster la Real

Bobastro

711
Ein maurisches Heer aus Nordafrika besiegt die Armee der Westgoten nahe dem Río Guadalete. Innerhalb weniger Jahre überrennen die Mauren fast die ganze Iberische Halbinsel.

756–929
Das maurische Emirat von Córdoba herrscht über den größten Teil der Iberischen Halbinsel. Die Mauren nennen ihr Herrschaftsgebiet Al-Andalus.

785
Córdobas Mezquita (Moschee), eines der Weltwunder der islamischen Architektur, wird fertiggestellt.

929–1031
Abd ar-Rahman III. ernennt sich 929 zum Kalifen von Córdoba. Al-Andalus ist auf dem Höhepunkt seiner Macht und Córdoba wird zur größten Stadt in Westeuropa.

DER WEG DES WISSENS

Vieles vom Wissen der griechischen und römischen Antike kam über Al-Andalus ins christliche Europa, wo es die Renaissance stark beeinflusste. Auf ihren Eroberungszügen im östlichen Mittelmeerraum und im Nahen Osten lernten die Araber die Philosophie von Aristoteles, die Mathematik von Pythagoras, die Astronomie von Ptolemäus und die medizinischen Erkenntnisse von Hippokrates kennen. Al-Andalus zählte zu den wenigen Orten, in denen die islamische und die christliche Welt aufeinandertrafen, und so gelangte dieses Wissen von dort nach Norden.

Nach dem Tod des Propheten Mohammed im Jahr 632 verbreiteten die Araber den Islam im ganzen Nahen Osten sowie in Nordafrika. Laut einer Legende kamen sie auf die Iberische Halbinsel wegen der sexuellen Eskapaden des letzten Westgotenkönigs Roderich. Chroniken berichten, er habe Florinda, die junge Tochter des westgotischen Statthalters Julian im nordafrikanischen Ceuta, verführt. Daraufhin habe Julian aus Rachsucht den Mauren einen Plan zur Eroberung Spaniens vorgeschlagen. Tatsächlich war es wohl eher so, dass Roderichs Rivalen Unterstützung im endlosen Ringen um den westgotischen Thron suchten.

711 landete Tariq ibn Ziyad, der muslimische Statthalter von Tanger, mit rund 10 000 Männern (größtenteils nordafrikanische Berber) auf Gibraltar. Er schlug Roderichs Heer vernichtend, vermutlich in der Nähe des Río Guadalete in der Provinz Cádiz. Roderich soll auf der Flucht ertrunken sein. Innerhalb weniger Jahre eroberten die Mauren die gesamte Iberische Halbinsel, mit Ausnahme kleiner Territorien in den asturischen Bergen ganz im Norden. Sie nannten ihr Herrschaftsgebiet Al-Andalus. Diese Bezeichnung blieb erhalten als Name für das Kernland des islamischen Reichs: Andalusien.

Die Grenzen von Al-Andalus verschoben sich immer wieder, während die Christen das Territorium nach und nach zurückeroberten, aber bis zum 11. Jh. waren die kleinen christlichen Staaten in Nordspanien zu schwach und zu zerstritten, um Al-Andalus ernstlich zu bedrohen.

In ihren Hauptstädten errichteten die Mauren prachtvolle Paläste, Moscheen und Gartenanlagen, geschäftige *zocos* (Märkte), öffentliche Badehäuser und Universitäten. Die maurische Gesellschaft war bunt gemischt. So bestand die herrschende Klasse aus verschiedenen arabischen Gruppen, zwischen denen es oft Reibereien gab. Auf einer niedrigeren gesellschaftlichen Stufe standen die zahlenmäßig stärkeren Berber, die ihrerseits häufig rebellierten. Die Herrscher gewährten ihren jüdischen und christlichen Untertanen Glaubensfreiheit. Letztere mussten allerdings eine Sondersteuer entrichten, deshalb konvertierten sie zumeist entwe-

> Die meisten, wenn nicht alle omaijadischen Herrscher Córdobas hatten spanische Mütter, Konkubinensklavinnen aus dem Norden. Kalif Abd ar-Rahman III. soll rotes Haar und blaue Augen gehabt haben und der Enkel einer baskischen Prinzessin gewesen sein.

1091–1140
Die strengen muslimischen Herrscher aus Marokko, die Almoraviden, erobern Al-Andalus und regieren es als Kolonie. In den 1140er-Jahren zerfällt ihr Reich.

1160–1173
Die Nachfolger der Almoraviden in Marokko, die Almohaden, übernehmen die Herrschaft in Al-Andalus. Sie machen Sevilla zu ihrer Hauptstadt und fördern Kunst sowie Bildung.

1212
Die Armeen der drei christlichen Königreiche Kastilien, Aragonien und Navarra besiegen eine große Armee der Almohaden in Las Navas de Tolosa – der Anfang vom Ende von Al-Andalus.

1227–1248
Der kastilische König Ferdinand III. (El Santo, der Heilige) erobert West- und Nordandalusien. 1248 wird Sevilla eingenommen.

Literatur über das maurische Spanien

Das Maurische Spanien: Geschichte & Kultur (Georg Bossong; 2010)

Das maurische Spanien: 800 Jahre islamische Hochkultur in Al Andalus (Andre Clot; 2010)

Andalus (Jason Webster; 2004)

der zum Islam oder emigrierten in den christlichen Norden. Christen, die in maurischem Gebiet lebten, hießen Mozaraber (auf Spanisch *mozárabes*) und Christen, die zum Islam konvertierten, *muwallads* (*muladíes*). Bald mischten sich die Mauren und Berber mit den spanischen Einheimischen, deshalb haben viele heutige Spanier maurisches Blut in den Adern.

Das Emirat und Kalifat von Córdoba

Das erste Zentrum der islamischen Kultur und Macht in Spanien war die alte römische Provinzhauptstadt Córdoba. Im Jahr 750 wurden die obersten Herrscher der muslimischen Welt, die Dynastie der Omaijaden-Kalifen in Damaskus, durch die Abbasiden, eine Gruppe von Revolutionären, gestürzt. Letztere verlegten die Hauptstadt des Kalifats nach Bagdad. Ein Mitglied der Omaijaden-Familie, Abd ar-Rahman, entkam dem Gemetzel. Er schlug sich nach Marokko und von dort nach Córdoba durch, wo er sich 756 als unabhängiger Emir (Prinz) niederließ. Seine Omaijaden-Dynastie herrschte mehr als 250 Jahre über ein weitgehend geeintes Al-Andalus.

929 ernannte sich Abd ar-Rahman III. (reg. 912–961), der Nachkomme von Abd ar-Rahman I., selbst zum Kalifen. So wollte er seine Autorität gegenüber den Fatimiden stärken, einer aufstrebenden muslimischen Macht in Nordafrika. Damit begründete er das Kalifat von Córdoba. Dieses umfasste auf dem Höhepunkt seiner Macht drei Viertel der Iberischen Halbinsel und einen Teil Nordafrikas. Córdoba wurde zur größten,

AUF DEN SPUREN DES ISLAMISCHEN ERBES

Die maurische Ära des Mittelalters prägte Andalusien ganz entscheidend. Große Architekturdenkmäler wie die Alhambra von Granada und die Mezquita von Córdoba sind die Stars des islamischen Erbes. Aus der damaligen Zeit stammen auch das typische Gassengewirr vieler Städte und Dörfer sowie die andalusische Vorliebe für Springbrunnen, fließendes Wasser und Zierpflanzen. Der Flamenco weist klare Einflüsse der mittelalterlichen andalusischen Musik auf, wurde in seiner modernen Form aber von den Roma geprägt. Die Mauren entwickelten Spaniens ibero-römische Landwirtschaft weiter, indem sie die Bewässerung verbesserten und neue Obstsorten und Kulturpflanzen einführten. Viele davon werden nach wie vor angebaut, oft auf den bewässerten, von Mauren angelegten Terrassenfeldern. In der spanischen Sprache gibt's viele Alltagswörter arabischer Herkunft, darunter die Namen einiger maurischer Mitbringsel wie *naranja* (Orange), *azúcar* (Zucker) und *arroz* (Reis). Heutzutage geben die luxuriösen Hammams (Badehäuser mit einem kalten, warmen und heißen Becken) und *teterías* (Teehäuser im mittelalterlichen Stil), die in mehreren andalusischen Städten eröffnet haben, einen Einblick in das traditionelle Leben der Mauren.

1249–1492
Granadas Emirat, das von der Nasridendynastie aus dem prächtigen Alhambra-Palast regiert wird, gedeiht als letzte Blüte der mittelalterlichen Maurenkultur auf der Iberischen Halbinsel.

1250–1280
Alfons X. (El Sabio, der Weise), Sohn Ferdinands III., macht Sevilla zu einer seiner Hauptstädte und leitet eine kulturelle Erneuerung ein.

1350–1369
Der kastilische König Peter I. (El Cruel, der Grausame) errichtet den prunkvollsten Teil des Alcázar-Palasts in Sevilla. Um auf dem Thron zu bleiben, soll er Dutzende Verwandte und Freunde ermordet haben.

Januar 1492
Granada kapituliert nach zehnjährigem Krieg vor den vereinten Armeen von Kastilien und Aragonien der vermählten „Katholischen Könige" Isabella und Ferdinand.

glanzvollsten und kultiviertesten Stadt in Westeuropa. Astronomie, Medizin, Mathematik, Philosophie, Geschichte und Botanik blühten, und Abd ar-Rahmans III. Hof zog jüdische, arabische sowie christliche Gelehrte an.

Gegen Ende des 10. Jhs. versetzte Córdobas Feldherr Al-Mansur (auch Almanzor genannt) das christliche Nordspanien in Angst und Schrecken: mit rund 50 *razzias* (Raubzügen) innerhalb von 20 Jahren. 997 zerstörte er die Kathedrale von Santiago de Compostela in Nordwestspanien. Sie war der Mittelpunkt des Kults um den hl. Jakobus „Maurentöter" (Santiago Matamoros), ein Idol der christlichen Krieger. Doch nach Al-Mansurs Tod zerfiel das Kalifat in Dutzende von *taifas* (Kleinkönigreichen) unter lokalen Machthabern, darunter viele Berbergeneräle.

Almoraviden & Almohaden

In den 1040er-Jahren entwickelte sich Sevilla im reichen Tal des unteren Guadalquivir zur mächtigsten *taifa* in Andalusien. Um 1078 reichte die Macht seiner Abbasiden-Dynastie vom Süden Portugals bis nach Murcia in Südostspanien. Diese sicherte wieder ein gewisses Maß an Frieden und Wohlstand im Süden des Landes.

Gleichzeitig jedoch wurden die christlichen Staaten in Nordspanien vorwitziger. Als einer davon, Kastilien, 1085 Toledo eroberte, suchte das verängstigte Sevilla Unterstützung bei den Almoraviden, einer fundamentalistischen muslimischen Sekte von Sahara-Berbern, die Marokko erobert hatte. Die Almoraviden rückten an, besiegten Alfons VI. von Kastilien und übernahmen, da sie einmal dabei waren, gleich ganz Al-Andalus. Sie verwalteten die Region von Marrakesch aus als Kolonie und verfolgten die jüdischen und christlichen Bewohner. Aber der besondere Zauber von Al-Andalus lullte auf die Dauer wohl selbst die Almoraviden ein: Allmählich lockerte sich ihr eiserner Griff, ab 1143 kam es zu Revolten in der ganzen Region, und innerhalb weniger Jahre war die Gegend wieder in *taifas* zersplittert.

In Marokko wurden die Almoraviden schließlich durch die Almohaden gestürzt, eine ebenso strenggläubige Berbersekte, die nun ihrerseits Al-Andalus eroberte. Im Vergleich zu ihrer größten Ausdehnung im 10. Jh. war die Region allerdings stark geschrumpft: Die Grenze verlief nun südlich von Lissabon bis nördlich von Valencia. Die Almohaden machten Sevilla zur Hauptstadt ihres gesamten Reichs und hauchten Kunst, Kultur sowie Gelehrsamkeit von Al-Andalus neues Leben ein.

1195 zerschlug der Almohadenherrscher Abu Yusuf Yakub al-Mansur die kastilische Armee bei Alarcos, südlich von Toledo. Diese Niederlage spornte die anderen christlichen Staaten jedoch nur dazu an, sich gegen ihn zu verbünden. 1212 besiegten die vereinten Heere von Kastilien, Aragonien und Navarra die Almohaden bei Las Navas de Tolosa (nördlich von Jaén). Als sich das Almohadenreich nach 1224 über eine Erbfolge

Jüdisches Andalusien

Centro de Interpretación Judería de Sevilla

Palacio de los Olvidados, Granada

Sinagoga del Agua, Úbeda

Casa de Sefarad, Córdoba

Sinagoga, Córdoba

Museo Sefardí, Granada

April 1492	August 1492	1500	1503
Unter dem Einfluss des Großinquisitors Tomás de Torquemada weisen Isabella und Ferdinand alle Juden aus Spanien aus, die die Taufe verweigern. Rund 200 000 Juden ziehen in andere mediterrane Gebiete.	Finanziert von Isabella und Ferdinand, segelt Christoph Kolumbus in Palos de la Frontera los und entdeckt nach 70 Tagen die Bahamas. Damit eröffnet sich Spanien eine Welt voll ungeahnter Möglichkeiten.	Aufstand der unterdrückten Muslime im ehemaligen Emirat von Granada. Ihre Wahl: Zum Christentum konvertieren oder auswandern. Die meisten, etwa 300 000, lassen sich taufen.	Sevilla bekommt ein Monopol auf den spanischen Handel mit Amerika und wird zur Drehscheibe des Welthandels. Die Bevölkerungszahl steigt bis 1600 sprunghaft von 40 000 auf 150 000 an.

zerstritt, drangen die christlichen Königreiche Kastilien, Aragonien sowie Portugal und Léon weiter in den Süden der Iberischen Halbinsel vor. Ferdinand III. von Kastilien marschierte in Andalusien ein und eroberte 1227 die strategisch wichtige Stadt Baeza (bei Jaén), 1236 Córdoba und nach zweijähriger Belagerung 1248 auch Sevilla.

Das Nasridenemirat von Granada

Mohammed ibn Yusuf ibn Nasr, Namensgeber der Dynastie, rettete das keilförmige Territorium des Emirats Granada aus den Trümmern des zerfallenden Almohadenreichs. Dieses bestand im Wesentlichen aus den heutigen Provinzen Granada, Málaga und Almería und hielt sich fast 250 Jahre als letztes maurisches Bollwerk auf der Iberischen Halbinsel.

Die Nasriden in ihrem prunkvollen Alhambra-Palast in Granada herrschten während der letzten Blütezeit maurischer Kultur in Spanien. Seinen Höhepunkt erlebte das Emirat im 14. Jh. unter den Emiren Yusuf I. und Mohammed V., der die prächtigsten Teile der Alhambra schuf. Zwei Ereignisse läuteten den endgültigen Niedergang ein: 1476 verweigerte Emir Abu al-Hasan weitere Tributzahlungen an Kastilien, und 1479 vereinigten sich Spaniens größte christliche Königreiche Kastilien und Aragonien durch die Heirat ihrer Monarchen Isabella und Ferdinand zu einem Staat. Die Reyes Católicos (Katholische Könige), wie das Paar genannt wurde, führten 1492 den abschließenden Kreuzzug der Reconquista (christliche Rückeroberung) gegen Granada.

Haremszwist und Fehden innerhalb der Herrscherfamilie von Granada arteten in einen Bürgerkrieg aus. Das bot den Christen die Chance, durch das Emirat vorzurücken. 1487 eroberten sie Málaga. Am 2. Januar 1492 fiel nach achtmonatiger Belagerung auch Granada.

Dem letzten Emir, Boabdil, gewährten die Eroberer großzügige Kapitulationsbedingungen: Er erhielt die Alpujarras-Täler südlich von Granada als persönliches Lehen. Dort blieb er aber nur ein Jahr und emigrierte daraufhin nach Afrika. Die neuen Machthaber versprachen, Religion, Kultur und Besitz der Muslime zu achten, doch das hielt nicht lange vor.

Christliche Herrschaft

Die relativ uniforme Kultur des modernen Andalusiens hat ihre Wurzeln in den frühen Jahrhunderten der christlichen Herrschaft. In ihrem Eifer, das Christentum in den eroberten Territorien zu etablieren, setzten die neuen Machthaber strenge Maßnahmen durch. Diese endeten damit, dass zwei der drei religiösen Gruppen, die einst friedlich in Al-Andalus zusammengelebt hatten, aus dem Land vertrieben wurden.

In den Gebieten, die schon im 13. Jh. unter christliche Herrschaft kamen, blieben die nicht emigrierten Muslime (*mudéjares* genannt) zunächst unbehelligt. Doch 1264 rebellierten die *mudéjares* von Jerez de la

---

Die Katholischen Könige Isabella und Ferdinand vereinten Spanien erstmals nach der römischen Ära unter einer Herrschaft. Erfüllt war diese Aufgabe 1512, acht Jahre nach Isabellas Tod, mit der Annektierung Navarras durch Ferdinand.

1568–1570
Der Aufstand der *moriscos* (konvertierte Muslime) führt zu einer zweijährigen Revolte. Zwischen 1609 und 1614 müssen unter Philipp III. alle *moriscos* Spanien verlassen.

1590–1680
Sevilla spielt in Spaniens künstlerischem Siglo de Oro (Goldenes Zeitalter) eine führende Rolle und zieht Künstler wie Velázquez, Zurbarán und Murillo und Bildhauer wie Martínez Motañés an.

17. Jh.
Der durch den Handel mit Amerika ausgelöste Boom nimmt ein Ende, denn die Silberlieferungen schrumpfen. 300 000 Andalusier sterben durch Seuchen und Missernten.

19. Jh.
Andalusien versinkt in wirtschaftlichem Niedergang. Drei Viertel der Bevölkerung sind Landarbeiter und ihre Familien.

Frontera gegen neue Steuern und Vorschriften, nach denen sie christliche Feste begehen und in Ghettos leben sollten. Nach fünfmonatiger Belagerung wurden sie zusammen mit den *mudéjares* von Sevilla, Córdoba und Arcos nach Granada oder Nordafrika ausgewiesen.

Die Machthaber übergaben große Teile Südspaniens den Adeligen und Rittern, die sich bei der Reconquista besonders hervorgetan hatten. Diese Grundbesitzer verwandelten weite Gebiete in Schafweiden. Um 1300 waren die ländlichen Regionen des christlichen Andalusiens weitgehend menschenleer. Da sich der Adel auf das Wollgeschäft und die Politik konzentrierte, übernahmen Juden und Ausländer (vor allem Genuesen) die Kontrolle über Handel und Finanzen.

Alfons X. (reg. 1252–1284), der Sohn Ferdinands III., machte Sevilla zu einer der wichtigsten Städte Kastiliens und bescherte dem Ort eine kulturelle Wiederbelebung. Er sammelte Gelehrte um sich, darunter viele Juden, die alte Schriften in kastilisches Spanisch übersetzen konnten. Allerdings plagten Alfons und seine Nachfolger Rivalitäten in der königlichen Familie sowie ein aufmüpfiger Adel, bis im späten 15. Jh. schließlich die Katholischen Könige ans Ruder kamen.

> 1478 führten die Katholischen Könige die Inquisition ein. Von den schätzungsweise 12 000 Menschen, die ihr in drei Jahrhunderten zum Opfer fielen, starben allein 2000 in den 1480er-Jahren.

Die Judenverfolgung

Nach der großen Pestepidemie und mehreren Missernten im 14. Jh. mussten die Juden als Sündenböcke für die allgemeine Unzufriedenheit herhalten. In den 1390er-Jahren kam es überall im christlichen Spanien zu Pogromen. Daraufhin konvertierten einige Juden zum Christentum (sie wurden *conversos* genannt); andere suchten Zuflucht im muslimischen Granada. In den 1480er-Jahren wurden die *conversos* Opfer der von den Katholischen Königen eingeführten Spanischen Inquisition. Viele von ihnen wurden beschuldigt, den jüdischen Glauben insgeheim weiterhin auszuüben.

1492 verfügten Isabella und Ferdinand die Ausweisung aller Juden, die die christliche Taufe verweigerten. Etwa 50 000 bis 100 000 wechselten ihren Glauben, doch rund 200 000 emigrierten in andere Mittelmeerländer, was als sephardische Diaspora bezeichnet wird. Das dezimierte den gebildeten Mittelstand stark.

Aufstände & Vertreibung der Morisken

Die Aufgabe, Granadas Muslime zum Christentum zu bekehren, wurde dem Großinquisitor Kardinal Cisneros übertragen. Er nahm Zwangstaufen vor, verbrannte islamische Bücher und verbot die arabische Sprache. Als man den Muslimen auch noch ihr Land wegnahm, brach in den Alpujarras 1500 eine Revolte aus, die sich durch das ganze ehemalige Emirat Granada ausbreitete. Danach erging der Befehl, dass die Muslime entweder zum Christentum konvertieren oder das Land verlassen

> **Amerikanische Abenteuer**
>
> *Lugares Colombinos, in der Nähe von Huelva*
>
> *Grab des Kolumbus, Kathedrale von Sevilla*
>
> *Archivo de Indias, Sevilla*
>
> *Patio de la Montería, Alcázar, Sevilla*

1805
Spaniens Ära als herrschende Seemacht endet in den Napoleonischen Kriegen, als die britische Flotte die spanisch-französische unter Admiral Nelson vor Kap Trafalgar, südlich von Cádiz, besiegt.

1810–1812
Während der größte Teil Spaniens von Napoleons Truppen besetzt ist, hält Cádiz einer zweijährigen Belagerung stand. 1812 führt das Parlament von Cádiz die erste spanische Verfassung ein.

1850er-Jahre
Antonio Torres aus Almería erfindet die moderne akustische Gitarre, indem er beide Teile des Korpus vergrößert und den Steg in der Mitte für die größere Tragfähigkeit der Saiten auf dem unteren platziert.

1873
Während der kurzlebigen und chaotischen Ersten Republik ernennen sich viele Städte und Ortschaften zu unabhängigen Staaten. Sevilla und das nahe Utrera erklären einander sogar den Krieg.

müssten. Die meisten konvertierten und wurden von da an als Morisken *(moriscos)* bezeichnet, aber als der fanatische Katholik Philipp II. (reg. 1556–1598) ihnen 1567 die arabische Sprache, arabische Namen und die Moriskentracht verbot, kam es in den Alpujarras erneut zum Aufstand. Dieser erfasste den ganzen Süden Andalusiens und konnte erst zwei Jahre später niedergeschlagen werden. Anschließend wurden die Morisken nach Westandalusien und in nördlichere Regionen Spaniens umgesiedelt, bevor Philipp III. sie zwischen 1609 und 1614 endgültig aus Spanien vertrieb.

> Die Seeschlacht von Trafalgar (1805), bei der die spanische Seemacht von der britischen Flotte Admiral Nelsons niedergeschlagen wurde, ist nach der kleinen Landzunge Cabo de Trafalgar im Ort Los Caños de Meca benannt, vor deren Küste das Gefecht ausgetragen wurde. Zum 200-jährigen Jubiläum im Jahr 2005 wurde dort ein Denkmal für die Gefallenen der Schlacht aufgestellt.

Sevilla & Amerika: Aufstieg & Niedergang

Das goldene Zeitalter des islamischen Andalusiens war das Kalifat Córdobas im 10. Jh. und sein christliches Gegenstück das Sevilla des 16. Jhs.

Im April 1492 gewährten die Katholischen Könige dem genuesischen Seefahrer Christoph Kolumbus (auf Spanisch Cristóbal Colón) die finanziellen Mittel für eine Fahrt über den Atlantik, um eine neue Handelsroute nach Indien zu finden. Stattdessen stieß Kolumbus aber auf Amerika und eröffnete damit Spanien und insbesondere dem Flusshafen Sevilla eine neue Welt voll ungeahnter Möglichkeiten.

Unter der Herrschaft Karls I. (reg. 1516–1556), dem ersten spanischen König aus dem Hause Habsburg, unterwarfen die ebenso unbarmherzigen wie brillanten Eroberer Hernán Cortés und Francisco Pizarro mit kleinen Abenteurertrupps die Reiche der Azteken und Inka. Später brachten weitere spanische Eroberer und Siedler große Teile des amerikanischen Kontinents in ihren Besitz. Aus den neuen Kolonien flossen gewaltige

LA PEPA

Cádiz hielt als einer von wenigen Orten gegen die französischen Streitkräfte stand, die Spanien im Laufe der Napoleonischen Kriege besetzten. Während der zweijährigen Belagerung von 1810 bis 1812 regierten in der Stadt die Cortes de Cádiz, ein spanisches Parlament. Am 19. März 1812 riefen sie die erste Verfassung des Landes aus, die für die damalige Zeit bemerkenswert liberal war. Sie umfasste ein Dekret zum allgemeinen Wahlrecht für Männer sowie zu einer konstitutionellen Monarchie und zur Pressefreiheit. Ferdinand VII. schaffte sie gleich wieder ab, als er 1814 auf den Thron zurückkehrte, trotzdem blieb sie ein Maßstab für Spaniens liberale Tendenz und wurde zum 200-jährigen Jubiläum 2012 groß gefeiert.

Die Spanier nennen die Verfassung von Cádiz „La Pepa", weil der Tag ihrer Proklamation am 19. März mit dem Tag des hl. Josef (Día de San José) zusammenfiel. Noch immer nicht schlauer? Die Verniedlichungsform für den spanischen Namen José ist Pepe, und da das Wort *constitución* weiblich ist, wird auch der Name der Verfassung der weiblichen Form von Pepe angeglichen – also *¡Viva La Pepa!*

1891–1919	1923–1930	1931–1936	1933–1936
Verarmte Landarbeiter zetteln immer wieder Streiks und Revolten an. 1910 wird in Sevilla die mächtige anarcho-syndikalistische Gewerkschaft CNT gegründet. Bis 1919 zählt sie bereits 93 000 Mitglieder.	General Miguel Primo de Rivera aus Jerez de la Frontera regiert Spanien als moderate Militärdiktatur. 1930 wird er von Alfons XIII. abgesetzt.	Zweite Republik: Der König geht ins Exil. Spanien wird abwechselnd von den Linken und den Rechten regiert. Die politische Gewalt eskaliert.	Der in Granada geborene Federico García Lorca schreibt die Stücke *Bluthochzeit*, *Yerma* und *Bernarda Albas Haus*. Seine drei Tragödien gelten als die größten Werke der andalusischen Literatur.

Mengen Silber, Gold und andere Schätze nach Spanien, wo die Krone ein Fünftel des Edelmetalls (den sogenannten *quinto real*) für sich einstrich.

Sevilla entwickelte sich zum Zentrum des Welthandels und zum kosmopolitischen Schmelztiegel für Glücksritter aller Art. Bis zum Ende des 17. Jhs. blieb es die bedeutendste Stadt Spaniens, auch wenn 1561 ein ländlicher Ort namens Madrid zur Landeshauptstadt gekürt wurde. Von diesem Wohlstand profitierten teilweise auch Cádiz und – in geringerem Ausmaß – die landeinwärts gelegenen Städte Jaén, Córdoba sowie Granada.

Doch Spanien entwickelte nie eine Strategie, wie es den Geldregen aus Amerika investieren wollte. Das Land verschwendete zu viel Geld auf europäische Kriege, prunkvolle Paläste, Kirchen und Klöster und vertat jede Chance, frühzeitig zur Industrienation aufzusteigen. Es musste Getreide importieren, während Schafe und Rinder die Landschaft abgrasten. Daraufhin folgten Jahrhunderte der Vernachlässigung und Misswirtschaft. Sie verwandelten Andalusien in eine hinterwäldlerische Provinzregion. Erst in den 1960er-Jahren sollte die Gegend zu neuem Leben erwachen.

Zunächst aber brachen im 17. Jh. die Silberlieferungen aus Amerika drastisch ein und der Unterlauf des Río Guadalquivir, Sevillas lebenswichtige Verbindung zum Atlantik, versandete. 1717 zog die Verwaltung des Amerikahandels in den Seehafen Cádiz um, der im 18. Jh. seine Blütezeit erlebte.

Die gesellschaftliche Spaltung im 19. Jh.

Einige wirtschaftliche Fortschritte prägten Andalusien im 18. Jh., etwa die Errichtung einer neuen Straße, die Madrid mit Sevilla und Cádiz verband, und die Erschließung neuer Anbauflächen für Weizen und Gerste. Darüber hinaus wuchs die Bevölkerung durch den Zuzug von Siedlern aus anderen Regionen des Landes bis 1787 auf ca. 1,8 Mio. an. Spaniens Verlust der amerikanischen Kolonien im frühen 19. Jh. bedeutete jedoch für den florierenden Hafen von Cádiz das Aus, da der Ort komplett von den Handelsbeziehungen abhängig war. Im Laufe der nächsten Jahrzehnte wurde Andalusien zu einem der rückständigsten und ärmsten Gebiete Europas.

1836 und 1855 versteigerte man die Ländereien der Kirchen und Gemeinden, um die Staatsverschuldung zu senken – eine Katastrophe für die Bauern, die ihre Weideflächen verloren. Andalusiens gesellschaftliche Oberschicht bestand aus einer Handvoll wohlhabender Bürger und reicher, adeliger Großgrundbesitzer, die Unterschicht aus einer riesigen Zahl verarmter *jornaleros* (landlose Tagelöhner), die mindestens die Hälfte des Jahres keine Arbeit hatten. Analphabetentum, Krankheit und Hunger waren an der Tagesordnung.

Daraufhin zettelten die andalusischen Kleinbauern immer wieder Aufstände an, die brutal niedergeschlagen wurden, und der Russe Michail Bakunin gewann mit seinen anarchistischen Ideen eine große Anhänger-

> Andalusien ist seit Langem eine Hochburg des kontrovers diskutierten Stierkampfs. Die Escuela de Tauromaquia de Sevilla, Spaniens erste offizielle Stierkampfschule, wurde in den 1830er-Jahren von Ferdinand VII. eröffnet.

17. Juli 1936	1936–1937	1936–1939	1939–1975
Die spanische Garnison in Melilla (Nordafrika) revoltiert gegen die Regierung. Damit beginnt der Spanische Bürgerkrieg. Zu den fünf Generälen an der Spitze zählt auch Francisco Franco.	Zu Beginn des Bürgerkriegs fällt Westandalusien an die Nationalisten, die im Februar 1937 mit italienischer Hilfe auch Málaga einnehmen. Nationalisten und Republikaner verüben Massaker.	Mit Unterstützung durch Nazideutschland und das faschistische Italien führt Franco die Nationalisten zum Sieg. Ein Großteil des östlichen Andalusiens bleibt bis Kriegsende in republikanischer Hand.	Franco-Diktatur: Nach dem Bürgerkrieg lässt Franco seine Gegner weiterhin töten oder einsperren. Er duldet keinerlei politische Opposition. Die katholische Kirche erlangt eine privilegierte Position.

schaft: Er befürwortete Streiks, Sabotage und Revolten als Weg zur spontanen Revolution und entwarf eine freie Gesellschaft, zu der jeder freiwillig beitragen sollte. 1910 gründete sich in Sevilla die einflussreiche anarchosyndikalistische Gewerkschaft Confederación Nacional del Trabajo (CNT).

Der Spanische Bürgerkrieg

Die Polarisierung der andalusischen Gesellschaft im 19. Jh. zeigte sich bald in ganz Spanien. Mit dem Fortschreiten des 20. Jhs. vertiefte sich die Kluft und es sah immer mehr danach aus, als sei eine große Krise nicht mehr zu vermeiden. Diese kam schließlich mit dem Spanischen Bürgerkrieg von 1936 bis 1939.

Der Auftakt: Diktatur & Republik

1923 errichtete Miguel Primo de Rivera, ein exzentrischer andalusischer General aus Jerez de la Frontera, eine vergleichsweise moderate spanische Militärdiktatur. Diese gewann die Unterstützung der großen sozialistischen Gewerkschaft Unión General de Trabajadores (UGT). 1930 wurde Primo wegen wirtschaftlicher Flaute und Unzufriedenheit in der Armee abgesetzt. Als die wachsende republikanische Bewegung bei den spanischen Regionalwahlen 1931 einen überwältigenden Sieg erzielte, ging Alfons XIII. nach Italien ins Exil.

Die darauf folgende Zweite Republik (1931–1936) war eine stürmische Zeit wachsender Konfrontation zwischen der Linken und der Rechten. Nach den landesweiten Wahlen von 1931 regierte eine Koalition aus Sozialisten, politischer Mitte und Republikanern, aber die nächsten Wahlen 1933 gewann die Rechte. 1934 geriet die Spirale der Gewalt außer Kontrolle und die Linke, darunter die anwachsende kommunistische Bewegung, verlangte immer lauter nach einer Revolution. Bei den Wahlen im Februar 1936 errang die linke Koalition einen knappen Sieg über die rechte Nationale Front und die Gewalt steigerte sich auf beiden Seiten des politischen Spektrums immer weiter. Die anarchistische CNT hatte über 1 Mio. Mitglieder, und die Bauern standen kurz vor einer Revolte.

Doch als die Revolution am 17. Juli 1936 ausbrach, kam sie von ganz anderer Seite. An diesem Tag rebellierte die spanische Militärgarnison von Melilla in Nordafrika gegen die Linksregierung; am nächsten Tag schlossen sich weitere Garnisonen auf dem Festland dem Aufstand an. Fünf Generäle führten den Putsch an. Der Spanische Bürgerkrieg hatte begonnen.

Der Krieg

Der Bürgerkrieg spaltete Gemeinden, Familien und Freundschaften. Auf beiden Seiten kam es zu abscheulichen Massakern und Vergeltungsaktionen, vor allem in den ersten Wochen. Die Aufständischen, die sich

> In republikanisch kontrollierten Gebieten hatten während des Spanischen Bürgerkrieges Anarchisten, Kommunisten oder Sozialisten das Sagen und leiteten eine gesellschaftliche Revolution ein. In Andalusien war diese vor allem anarchistisch geprägt: Privateigentum wurde abgeschafft, viele Kirchen und Klöster zerstört und niedergebrannt. Bauern besetzten große Landgüter und gründeten rund 100 landwirtschaftliche Kommunen.

1950–1960	1969	1975–1978	1982–1996
1,5 Mio. Andalusier wandern auf Arbeitssuche in andere Gebiete ab. Der neue Massentourismus an der Costa del Sol läutet eine wirtschaftliche Erholung ein.	Der Parque Nacional de Doñana wird zum ersten Nationalpark Andalusiens erklärt. Zu Beginn des 21. Jhs. bestehen 20 % der Fläche Andalusiens aus Naturschutzgebieten – das größte Programm dieser Art in Spanien.	Nach Francos Tod leiten Juan Carlos I. und Adolfo Suárez den Übergang zur Demokratie ein. Mit der Verfassung von 1978 wird Spanien eine parlamentarische Monarchie ohne offizielle Religion.	Felipe González von der Linkspartei PSOE übt sein Ministerpräsidentenamt 14 Jahre lang aus. Nachdem Spanien 1986 EU-Mitglied wird, folgt eine Ära wirtschaftlichen Aufschwungs.

als Nationalisten bezeichneten, erschossen und erhängten Zehntausende von Anhängern der Republik. Die Republikaner machten das Gleiche mit mutmaßlichen Sympathisanten der Nationalisten, darunter rund 7000 Priester, Mönche und Nonnen.

Schon früh wurden die Fronten abgesteckt. In die Hände der Nationalisten fielen oft Städte, deren Militärgarnisonen nicht nur die Aufständischen unterstützten (was die meisten taten), so geschehen in Cádiz, Córdoba und Jerez. Sevilla fiel innerhalb von drei Tagen an die Nationalisten, Granada wenige Tage später. In und um Granada ermordeten die Nationalisten nach Einnahme der Stadt geschätzte 4000 Menschen, u. a. den berühmten Schriftsteller Federico García Lorca. Auch in den republikanischen Gebieten kam es zu Gemetzeln. In Málaga starben unter dem Befehl der Anarchisten schätzungsweise 2500 Einwohner. Als die Nationalisten und ihre faschistischen Verbündeten aus Italien die Stadt im Februar 1937 einnahmen, exekutierten sie zur Vergeltung ihrerseits Tausende. Große Teile Ostandalusiens blieben bis zum Ende des Bürgerkriegs in republikanischer Hand.

Bis Ende 1936 schwang sich General Francisco Franco zum unangefochtenen Führer der Nationalisten auf. Die Republikaner hatten ein paar sowjetische Flugzeuge, Panzer, Artilleriegeschütze und Berater zur Verfügung. Außerdem kämpften an ihrer Seite etwa 25 000 Franzosen und noch einmal so viele andere Ausländer in den Internationalen Brigaden. Doch die Gegner waren ihnen überlegen: Das nationalsozialistische Deutschland und das faschistische Italien schickten Waffen, Flugzeuge und 92 000 Soldaten, um die spanischen Nationalisten im Bürgerkrieg zu unterstützen.

Die republikanische Regierung verlegte ihren Sitz Ende 1936 vom belagerten Madrid nach Valencia und im Herbst 1937 schließlich nach Barcelona. 1938 drang Franco nach Osten vor, isolierte Barcelona, und die Sowjetunion zog sich aus dem Krieg zurück. Im Januar 1939 nahmen die Nationalisten Barcelona ein, im März auch Madrid. Am 1. April 1939 erklärte Franco den Krieg für gewonnen.

Spanien unter Franco

Nach dem Krieg gab es keine Aussöhnung, sondern nur noch mehr Blutvergießen. Die Haftanstalten füllten sich mit politischen Gefangenen. Schätzungen zufolge wurden nach dem Bürgerkrieg weitere 100 000 Spanier getötet oder starben im Gefängnis. Franco vereinte alle Macht in seinen Händen. Er war Oberbefehlshaber der Armee und Anführer der einzigen politischen Partei, des Movimiento Nacional (Nationale Bewegung). Vor den Toren jeder größeren Stadt wurden Garnisonen stationiert, Streiks und Ehescheidungen waren verboten, und wer heiraten wollte, musste sich kirchlich trauen lassen.

Literatur über den Spanischen Bürgerkrieg

Wem die Stunde schlägt (Ernest Hemingway; 1940)

The Spanish Holocaust (Paul Preston; 2012)

The Spanish Civil War (Hugh Thomas; 1961)

Einige Kommunisten und Republikaner setzten ihren Kampf nach dem Bürgerkrieg in kleinen Guerillaeinheiten fort, die von Andalusiens Gebirgen und anderen Regionen aus operierten. David Bairds Buch *Between Two Fires* (2011) dokumentiert in faszinierender Detailfülle das Ringen zwischen den Untergrundkämpfern und der Guardia Civil (Bürgergarde) rund um das Dorf Frigiliana in den 1940er- und 1950er-Jahren.

1982
Durch die neue Autonomieregelung bekommt Andalusien ein eigenes Parlament. In den nächsten zehn Jahren schafft es die PSOE-Regierung, die größte Armut zu bekämpfen.

1992
Hunderttausende Menschen besuchen die Expo '92 in Sevilla. Der Hochgeschwindigkeitszug AVE bedient die Strecke Madrid–Sevilla und auch Andalusiens Straßen werden erheblich verbessert.

1996–2004
Die konservative Partido Popular regiert Spanien. Durch Wirtschaftswachstum, Tourismus und EU-Subventionen halbiert sich Andalusiens Arbeitslosenquote auf 16 %.

2000–2010
Hunderttausende Ausländer wandern nach Andalusien ein, zumeist der Jobs wegen. Die offizielle ausländische Bevölkerungszahl erreicht eine Rekordhöhe von 700 000.

DIE HERZÖGE & HERZOGINNEN DER MEDINA SIDONIA

Die andalusische Familie, der einst mehr von Spanien gehörte als irgendwem sonst, kann ihren Stammbaum zurückverfolgen bis zum Reconquistador Alonso Pérez de Guzmán, der durch seine heldenhafte Verteidigung Tarifas 1294 zur Legende wurde. Guzmán und seine Nachfahren häuften ausgedehnte Besitzungen in Westandalusien an. 1445 erhielt einer der Nachkommen, Juan Alonso de Guzmán, den Titel des Duque de Medina Sidonia. Im frühen 16. Jh. konnte man quer durch die heutigen Provinzen Huelva, Sevilla und Cádiz reisen, ohne die Ländereien der Medina Sidonia zu verlassen.

1588 ernannte Philipp II. den siebten Duque de Medina Sidonia zum Oberbefehlshaber der spanischen Armada, die England erobern sollte – und das, obwohl dieser unter leichter Seekrankheit litt und keine Marineerfahrung besaß. Entgegen verbreiteter Legenden war der Herzog aber weder unfähig noch ein Feigling. Das katastrophale Scheitern der Armada führt man heute vor allem auf falsche Strategievorgaben des Königs zurück.

Die Frau des 15. Herzogs, María, Herzogin von Alba, soll eine Affäre mit dem Maler Goya gehabt haben. Viele halten sie für das Vorbild seines skandalösen Aktporträts *La maja desnuda*.

Doch keiner der Herzöge konnte es mit dem aufregenden Leben der Nummer 21 ihrer Linie aufnehmen, der Herzogin Luisa Isabel Álvarez de Toledo, die 2008 verstarb. Duquesa Luisa, auch „die rote Herzogin" genannt, war eine überzeugte Republikanerin und verbrachte während der Franco-Diktatur einige Zeit im Gefängnis bzw. im Exil. Sie verschenkte den größten Teil der Medina-Sidonia-Ländereien an landwirtschaftliche Kooperativen und entzweite sich mit ihren drei Kindern. Auf dem Totenbett ehelichte sie im Rahmen der kurz zuvor in Spanien legalisierten Homosexuellenehen ihre langjährige Gefährtin Liliana Dahlmann, die Verwalterin des umfangreichen historischen Archivs der Familienresidenz in Sanlúcar de Barrameda.

Spanien hielt sich aus dem Zweiten Weltkrieg heraus. Nach dem Krieg trug ein von der Uno verhängter Handelsboykott dazu bei, dass die späten 1940er-Jahre für das Land zu *años de hambre* (Hungerjahren) wurden. Besonders schlimm traf der Boykott arme Regionen wie Andalusien, wo sich die Kleinbauern zeitweise nur mit Suppe aus Wildkräutern am Leben hielten.

Um die Armut zu mildern, wurde an der Costa del Sol in den 1950er-Jahren der internationale Massentourismus lanciert. Trotzdem verließen in den 1950er- und 1960er-Jahren 1,5 Mio. hungrige Menschen Andalusien, um sich in Madrid, Nordspanien sowie in anderen Ländern Arbeit zu suchen. Noch in den 1970er-Jahren hatten viele andalusische Dörfer keinen Strom, keine zuverlässige Wasserversorgung und keine befestigten Straßen. Das Bildungswesen war so miserabel, dass heute noch viele über 50-jährige Andalusier nicht lesen und schreiben können.

> Während des Spanischen Bürgerkriegs verloren Schätzungen zufolge um die 350 000 Spanier ihr Leben. Manche Quelle nennen aber auch Zahlen von bis zu 500 000 Toten.

2003
Das Museo Picasso eröffnet in Málaga und stellt fortan neben Barcelona, Paris und New York eine bedeutende Picasso-Sammlung aus. Pablo Picasso wurde 1881 in Málaga geboren.

2004
Wenige Tage nach den Terroranschlägen auf Nahverkehrszüge in Madrid mit 191 Toten und 1800 Verletzten gewinnt die PSOE die spanische Parlamentswahl und die andalusische Regionalwahl.

2008–2014
Andalusien leidet unter der weltweiten Wirtschaftskrise. Die Arbeitslosigkeit steigt in einem Jahr von 14 auf 31 %. Die PP erstellt ein Sparprogramm zur Bewältigung der Krise und kommt 2011 landesweit wieder an die Macht.

2014
Aus gesundheitlichen Gründen und aufgrund der schwindenden Beliebtheit der Monarchie dankt König Juan Carlos ab und gibt den Weg für seinen Sohn Felipe VI. frei.

Die neue Demokratie

Spanien und Andalusien haben es in den vier Jahrzehnten seit Francos Tod weit gebracht. Die Demokratie fasste Fuß, die Gesellschaft wurde extrem liberalisiert und der Lebensstandard ist trotz der Finanzkrise 2008 stark angestiegen. Hochgeschwindigkeitszüge, Autobahnen, glitzernde Einkaufszentren, Familien mit Einzelkindern, die Schwulenehe, kaum besuchte Kirchen und belebte Universitäten sind nur ein paar Beispiele dafür, was sich seit den 1970er-Jahren alles verändert hat.

Zwei Tage nach Francos Tod 1975 bestieg sein auserwählter Nachfolger Prinz Juan Carlos (ein Enkel Alfons' XIII.) den spanischen Thron. Ein Großteil der Verdienste um den nachfolgenden Übergang Spaniens zur Demokratie geht auf das Konto des Königs und seines Ministerpräsidenten Adolfo Suárez. Unter anderem wurden ein neues Zweikammersystem eingeführt und politische Parteien, Gewerkschaften und Streiks wieder zugelassen. Spanien erlebte zudem schlagartig eine gesellschaftliche Befreiung. Verhütungsmittel, Homosexualität und Ehescheidung wurden legalisiert; auch der Ehebruch wurde entkriminalisiert und Lebens- und Sinneslust entfesselt.

1982 brachen die Spanier endgültig mit der Franco-Ära, indem sie die Spanische Sozialistische Arbeiterpartei (Partido Socialista Obrero Español, PSOE) wählten. Der PSOE-Vorsitzende Felipe González, der 14 Jahre als Ministerpräsident amtieren sollte, war ein junger Anwalt aus Sevilla, und in der jungen, gebildeten Führungsriege seiner Partei saßen weitere Andalusier. Die PSOE verbesserte das Bildungssystem, gründete ein nationales Gesundheitswesen und nutzte den Wirtschaftsboom, nachdem Spanien 1986 der Europäischen Gemeinschaft (heute EU) beigetreten war. Außerdem dominierte sie seit ihrer Einführung 1982 auch die andalusische Regionalregierung in Sevilla. In den 1980er- und frühen 1990er-Jahren konnte die PSOE-Regierung die schlimmste Armut in Andalusien durch Subventionen, kommunale Arbeitsbeschaffungsmaßnahmen und relativ großzügige Arbeitslosenunterstützung nachhaltig lindern. Andalusien verdankt der PSOE-Regierung auch Spaniens größtes Netz von Naturschutzgebieten.

Auf Landesebene verlor die PSOE ihre Macht 1996 an die konservative Volkspartei Partido Popular (PP; Partido Popular, Volkspartei), die acht Jahre lang die wirtschaftliche Entwicklung vorantrieb. Andalusien profitierte vom stetigen Wachstum des Tourismus und der Industrie, von stattlichen EU-Subventionen für die Landwirtschaft und von einem lang anhaltenden Bauboom. Während der Amtszeit der PP halbierte sich die Arbeitslosenrate auf 16 %, allerdings ist sie spanienweit immer noch die höchste. Die ökonomische Sonne schien auch weiter, nachdem die PSOE 2004 wieder an die Macht gekommen war, bis schließlich 2008 alles auseinanderbrach, als die globale Wirtschaftskrise auch Europa traf.

Architektur

Von den prächtigen Renaissance-Palästen von Úbeda und Baeza bis zu den erlesenen Stuckschnitzereien der Alhambra präsentiert sich Andalusiens Architektur kunstvoll und einzigartig. Die Mischung verschiedener Stile ist hier ganz normal. So stößt man in den Orten und Städten der Provinz auf Moscheen, die in Kirchen umgewandelt wurden, Hufeisenbogen, die von römischen Säulen getragen werden, und Minarette, die nun als Glockentürme dienen. Da Andalusien im Zweiten Weltkrieg von der Flächenbombardierung verschont blieb, die andere europäische Städte dem Erdboden gleichmachte, sind die meisten historischen Gebäude erstaunlich gut erhalten.

Maurische Architektur

Spaniens Architektur – besonders die andalusische – unterscheidet sich vom Rest Europas. Der Grund sind maurische Bauten. Bei der Rückeroberung der Region 1492 schafften die christlichen Armeen Emirate und Regierungen ab, verschonten jedoch viele wichtige Gebäude aus der maurischen Zeit wie Córdobas Mezquita, Sevillas Giralda und zahlreiche weitere Festungen. Dementsprechend ist die hiesige Architektur geprägt von verschiedenen übereinander gelagerten Schichten und Mischformen christlicher sowie maurischer Prägung. Bis heute, 500 Jahre nach dem Fall von Granada, zeigt sich deutlich der Einfluss der islamischen Bauweise. In andalusischen Dörfern und im Herzen der Städte wie Granadas Albayzín erinnern verschachtelte Gassen an nordafrikanische Medinas. Die maurische Leidenschaft für kunstvoll angelegte, vor neugierigen Blicken geschützte Gärten offenbart sich u. a. in Patios und den beeindruckenden Grünflächen, die die maurischen Häuser und Paläste verschönern. All dies fügt sich zu einem ebenso inspirierenden wie komplexen Bild zusammen. Vielleicht kann man sogar sagen, dass die europäische Architektur in den 1350er-Jahren in einer Palastanlage am Fuß der Sierra Nevada, der Alhambra, seinen Höhepunkt erreicht hat.

In neuerer Zeit bemühten sich Architekten vergeblich, ebenso ruhmreiche Werke wie die Mauren zu schaffen, indem sie islamische Formen und Visionen wiederaufgriffen. Eines der spektakuläreren Ergebnisse ist die Plaza de España in Sevilla, die in den 1920er-Jahren entstand.

Islamische Festungen

Alcazaba, Almería

Torre del Oro, Sevilla

Alcazaba, Antequera

Alhambra, Granada

Castillo de Gibralfaro, Málaga

Castillo de los Guzmán, Tarifa

Islamische Architektur

Die prägende Ära der maurischen Architektur begann mit den Omaijaden, maurischen Eindringlingen, die 711 ganze 800 Jahre islamischer Herrschaft einleiteten. Ihnen verdankt Andalusien ein exotisches, in Europa einzigartiges Flair. Granadas Alhambra und Córdobas Mezquita, aufwendige Bauten in bisher unbekannten Dimensionen, stehen für den Auftakt und Ausklang des Maurenreichs und die architektonische Perfektion, die von den Herrschern Al-Andalus' nach Europa importiert wurden. Bis heute sind sie das offensichtlichste Erbe der islamischen Vergangenheit Andalusiens.

Omaijaden

Im Jahre 750 wurden die Omaijaden aus Damaskus durch eine Revolution der Abbasiden gestürzt. Der Anführer der Omaijaden, ein ein-

HUFEISENBOGEN

Da die Westgoten das Pech hatten, von den extravaganten Römern überflügelt zu werden, betrachtete man sie eher als vorübergehende Erscheinung. Doch die einstigen Herrscher über ein Reich, das größer war als das Kalifat von Córdoba, hinterließen ein echtes Markenzeichen: den Hufeisenbogen. Dieses Stilelement verdankt seinen Namen der halbkreisähnlichen Form. Die Omaijaden übernahmen es, nachdem sie es als Schmuck in vielen westgotischen Kirchen vorgefunden hatten. Mit den besten Beispielen früher Hufeisenbogen wartet die Mezquita in Córdoba auf. Die Stilform überdauerte die Zeiten und wurde zum Symbol der islamischen Architektur in Spanien, das von den Architekten der Almoraviden, Almohaden, Nasriden und des Mudéjar-Stils ebenso verwendet wurde wie von ihren christlichen Nachfolgern.

flussreicher 20-Jähriger namens Abu'l-Mutarrif Abd ar-Rahman bin Muawiya, floh daraufhin nach Marokko und von dort aus nach Spanien. 756 ließ er sich als unabhängiger Emir Abd ar-Rahman I. in Córdoba nieder. Die von ihm begründete Dynastie hielt sich bis 1009 und machte Al-Andalus, den Westzipfel der islamischen Welt, zum letzten Bollwerk der Omaijadenkultur. Al Hakam II. (reg. 961–76), Nachfolger von Abd ar-Rahman I., ließ das bedeutendste Architekturdenkmal der Omaijaden in Andalusien errichten.

Mezquita von Córdoba

784 legte Abd ar-Rahman I. den Grundstein zu Córdobas Mezquita, die damals wie heute die Anmut und Harmonie der islamischen Architektur perfekt verkörpert. Dieses Gefühl der Harmonie – vielleicht der unvergesslichste Eindruck, den das Gebäude hinterlässt – ist besonders bemerkenswert, wenn man bedenkt, wie viele Umbauten es im Laufe der Jahrhunderte über sich ergehen lassen musste. Christliche Architekten verdunkelten das ursprünglich von Licht durchflutete Innere, indem sie dicke Außenmauern bauten. Mitte des 16. Jh. begingen sie den größten Stilbruch und setzten eine christliche Kathedrale in die frühere Moschee.

Der ursprüngliche Bau bildete ein Quadrat, das in zwei rechteckige Hälften unterteilt war: einen überdachten Gebetssaal und einen offenen Hof, wo die Gläubigen ihre rituellen Waschungen vornahmen, bevor sie den Gebetssaal betraten. Dieses frühe Bauwerk beruhte auf den Grundelementen der andernorts etablierten Omaijadenarchitektur. Es behielt z. B. den „Basilika"-Grundriss mancher frühislamischer Gebäude bei: Eine Art „Mittelschiff" aus breiteren Bogen führt zum Mihrab, der Gebetsnische, die die Gebetsrichtung gen Mekka anzeigt – ein Hauptelement jeder Moschee. Aber der Gebetssaal der Mezquita brach mit der vertikalen Ausrichtung früherer Bauwerke der Omaijaden (wie die Große Moschee von Damaskus oder der Felsendom in Jerusalem). Stattdessen wurde ein weiter horizontaler Raum angelegt, der an die Höfe der Wüstenbehausungen erinnert, in denen Muslime ursprünglich ihre Gebete verrichteten. Zugleich erinnert die flirrende Optik der doppelstöckigen, rot-weiß gestreiften Bogenreihen an Palmenhaine der Oasen.

Weil sich Córdoba zur immer kultivierteren Hauptstadt von Al-Andalus entwickelte, wollte jeder Emir dem architektonischen Wahrzeichen des Maurenreichs seinen persönlichen Stempel aufdrücken. Spätere Erweiterungen dehnten die Bogengänge bis auf eine Fläche von fast 23 000 m² aus, wodurch die Mezquita zu einer der größten Moscheen der Welt wurde. Die Gänge bieten immer wieder wechselnde Perspektiven, Sichtachsen verlieren sich im Unendlichen, und das Zusammenspiel von Licht und Rhythmus gehört zu den faszinierendsten Besonderheiten des Gebäudes.

Die Mezquita von Almonaster La Real in der Provinz Huelva ist eine Art Miniaturausgabe der Mezquita von Córdoba. Bogenreihen formen die fünf Schiffe und das mittlere Schiff mündet in einen halbkreisförmigen Mihrab.

Doch die ganz große Zeit der Mezquita kam im 10. Jh., vor allem in den 960er-Jahren unter Al-Hakam II. Er machte die Mezquita zum Paradebeispiel der glanzvollen „Kalifatsphase" in der spanisch-maurischen Architektur im 10. Jh. In seinem Auftrag wurde ein prächtiger neuer Mihrab gebaut und mit erlesenen byzantinischen Mosaiken nach dem Vorbild der Großen Moschee in Damaskus versehen. Die Gebetsnische erhielt einen Vorraum, die Maksura, die als abgeschirmter Gebetsraum für den Herrscher diente. Ihre verschlungenen Bogen und verschwenderisch gestalteten Gewölbe waren komplexer und technisch ausgefeilter als alles, was es bis dahin in Europa gegeben hatte. Sie war Teil einer zweiten Gebäudeachse, eines Gangs entlang der *kibla*-Wand (zeigt nach Mekka), hinter der sich der Mihrab befindet. Durch die Querachse entsteht der T-förmige Grundriss, der für die meisten Moscheen typisch ist. In der „endgültigen" Form des 10. Jhs. ruhte das Dach der Mezquita auf 1293 Säulen.

Almoraviden & Almohaden

Im Laufe der Jahrhunderte weckte das glanzvolle Al-Andalus wiederholt die Habgier der konkurrierenden Dynastien in Nordafrika. Die Almoraviden, eine marokkanische Berberdynastie vom Ende des 11. bis zur Mitte des 12. Jhs., hinterließen in Spanien kaum nennenswerte Bauwerke, doch die Almohaden, eine zweite Welle marokkanischer Berber, die Al-Andalus eroberten, machten diesen Mangel an architektonischer Kreativität mehr als wett. Im späten 12. Jh. errichteten sie vor allem riesige Freitagsmoscheen in den wichtigsten Städten ihres Reichs, wobei sie Sevilla besondere Aufmerksamkeit schenkten. Die Anlage dieser Moscheen war schlicht und puristisch: Ihre großen Gebetssäle entsprachen dem T-förmigen Grundriss der Mezquita von Córdoba, aber die Almohaden führten einige wichtige dekorative Neuerungen ein. Die Nischen, in denen die „Schiffe" auf die *kibla*-Wand stießen, wurden mit Kuppeln oder Stuck-*muqarnas* (Stalaktiten- oder Wabengewölben aus Hunderten oder Tausenden winziger Zellen) überdacht. Ursprünglich stammt dieses Stilelement aus dem Iran oder Syrien. Große Ziegelflächen mit verschlungenen Rautenmustern schmückten die Wände. Hohe viereckige Minarette mit üppiger Ornamentik waren ebenfalls charakteristisch für die Almohaden.

Die Überreste von Sevillas Großer Moschee, deren Standort heute die Kathedrale einnimmt, sind die eindrucksvollsten Zeugnisse ihrer Baukunst. Ihr absolutes Glanzstück ist die Giralda, das einstige Minarett, mit einem kunstvollen Ziegelzierwerk. Der Gebetssaal der Moschee wurde im 15. Jh. abgerissen, um der Kathedrale Platz zu machen, aber der Hof für die rituellen Waschungen (der Patio de los Naranjos) und das Nordtor (die schöne Puerta del Perdón) sind noch erhalten.

MADINAT AL-ZAHRA

Die Madinat al-Zahra („Glänzende Stadt") des Kalifats von Córdoba war ebenso prunkvoll wie vergänglich. Abd ar-Rahmans III. neue Hauptstadt wurde 936 n. Chr. 5 km westlich von Córdoba errichtet. Der nach seiner Lieblingsfrau Az-Zahra benannte Rückzugsort sollte ähnlich wie die abbasidische Kalifenstadt Samarra nördlich von Bagdad weitab vom hektischen Großstadttrummel liegen. Hauptbaumeister war der Sohn Abd ar-Rahmans III., Al-Hakam II., der später die Mezquita von Córdoba prachtvoll ausgestalten ließ. Im Gegensatz zu einem typisch orientalischen Palast, dessen Empfangssaal sich als kuppelüberdachter *iwan* auf einen Vorhof öffnete, waren die Säle der Madinat al-Zahra nach einem „Basilika"-Grundriss angelegt und hatten jeweils drei oder mehr parallel angeordnete „Schiffe", ähnlich wie die Moscheebauten. Obwohl die Stadt kein Jahrhundert nach ihrer Erbauung beim Zerfall des Kalifats von Córdoba zerstört wurde, zeugen übrig gebliebene imposante Hufeisenbogen, ein erlesenes Stuckwerk und weitläufige Gärten noch heute von der einstigen Größe und Pracht der Anlage.

> ### ANDALUSISCHE GARTENANLAGEN
>
> Nach der islamischen Lehre ist das Paradies ein Garten. Von dieser Vorstellung ließen sich auch die Baumeister von Al-Andalus inspirieren: Sie umrahmten einige der schönsten andalusischen Bauwerke mit üppigem Grün, bunter Blumenpracht, Blütendüften und plätschernden Wasserspielen.
>
> **Gärten des Generalife, Alhambra, Granada** Ein nahezu perfekter Landschaftsgarten.
>
> **Gärten des Alcázar, Sevilla** Klassischer Lustgarten eines maurischen Palasts.
>
> **Gärten des Alcázar de los Reyes Cristianos, Córdoba** Terrasse mit vielen Wasserspielen.
>
> **Parque de María Luisa, Sevilla** Weitläufige Grünanlage im Herzen Sevillas.
>
> **Palacio de Viana, Córdoba** Formeller Garten mit Betonung auf Symmetrie.

Da die Christen im Norden vorrückten, errichteten die Almohaden im 12. und 13. Jh. eine Festung nach der anderen. Zu den Städten mit verstärkten Verteidigungsanlagen zählen Córdoba, Sevilla und Jerez de la Frontera. Der bedeutendste Bau der Almohaden in Sevilla ist die bis heute erhaltene Torre del Oro, die über den Fluss wachte. Auch der Alcázar von Jerez überdauerte die Zeiten: Der hohe, nüchterne Backsteinbau hat einen ungewöhnlichen achteckigen Grundriss, der in ein Quadrat integriert ist. Die frühere Moschee in seinem Inneren wurde in eine Kirche verwandelt, das Minarett in einen Glockenturm. Zu den weniger bekannten Bauwerken aus der Ära der Almohaden gehören das Castillo de los Guzmán in Tarifa und die Stadtmauer des historischen Niebla in der Provinz Huelva.

Nasriden

In einer Phase, als die Armeen der christlichen Reconquista unerbittlich nach Süden vorrückten, hätte es wohl niemanden gewundert, wenn das letzte Fürstentum des maurischen Al-Andalus, das Nasridenemirat von Granada (1249–1492), mit anderen Dingen als der Architektur beschäftigt gewesen wäre. Aber wie so oft in der andalusischen Geschichte vermitteln gerade die Bauwerke dieser Periode den Geist der Zeit am besten. Die Alhambra, riesige Festungsanlage und extravaganter Palast zugleich, spiegelt sowohl die Ungewissheit als auch den endzeitlich-exzessiven Luxus jener Ära wider.

Alhambra

Granadas atemberaubende Palastfestung blieb weltweit als einziger großer muslimischer Palastkomplex des Mittelalters erhalten. Sie ist eine Palaststadt in der Tradition der Madinat al-Zahra, aber auch eine Festung mit 2 km langen Mauern, 23 Türmen und einer „Festung in der Festung", der Alcazaba. Innerhalb ihrer Mauern befanden sich sieben Einzelpaläste, Moscheen, Kasernen, Häuser, Amtszimmer, Bäder, eine Sommerresidenz (der Generalife) und wunderschöne Gärten.

Die Baumeister der Alhambra waren begnadete Landschaftsarchitekten, die Natur und Architektur perfekt aufeinander abstimmten: mit Becken und Wasserläufen, akkurat beschnittenen Bäumen und Sträuchern, Panoramafenstern, sorgfältig platzierten Aussichtspunkten, einem ausgeklügelten Licht- und Schattenspiel und Wechsel zwischen Hitze und Kühle. In seiner Perfektion erinnert das Nebeneinander von Springbrunnen, Wasserbecken und Gärten einerseits und kuppelüberdachten Empfangssälen andererseits an das im Koran beschriebene Paradies. Wegen der Doppelfunktion als Festung und Luxusresidenz dienten viele Wehrtürme der Anlage gleichzeitig als kleine Sommerpaläste.

Den Komplex schmückt eine Vielzahl reich verzierter Bogen. Die Nasriden verfeinerten bekannte Dekorationstechniken zu neuen Höhepunkten der Finesse, Eleganz und Harmonie. Dazu nutzten sie modellierten Stuck, Marmor, Holzschnitzereien und -intarsien, eingearbeitete Inschriften wie das immer wiederkehrende „Es gibt keinen Sieger außer Allah" und farbenfrohe Kacheln. Von hier eroberten Kachelmosaiken mit Flechtsternmustern die Wände der gesamten islamischen Welt. Bis heute ist das nasridische Granada der prägende künstlerische Einfluss im Maghreb (Nordwestafrika).

Mudéjar- & mozarabischer Stil

Die Tage der Maurenherrschaft in Al-Andalus waren gezählt, aber die maurische Architektur war noch lange nicht am Ende, nicht einmal in den Regionen unter christlichen Herrschern. Letztere beschäftigten gern kunstfertige muslimische Handwerker und so wurde der Begriff „Mudéjar" – vom arabischen *mudayan* (gezähmt) – für die Muslime, die nach der christlichen Rückeroberung im Land blieben, ebenfalls zur Bezeichnung eines charakteristischen Baustils. Markenzeichen dafür sind geometrische Schmuckmuster aus Ziegeln oder Stuck, häufig noch zusätzlich mit Kacheln verziert, und aufwendig geschnitzte Holzdecken. *Artesonado* nennt man Kassettendecken, deren Zwischenräume Platz für dekorative Ausschmückungen boten. Meist sind diese mit floralen oder schlichten geometrischen Mustern geschmückt.

Ganz oder teilweise im Mudéjar-Stil erbaute Kirchen und Klöster gibt's überall in Andalusien. Oft finden sich auch Kombinationen mit dem gotischen Stil. Als Klassiker unter Andalusiens Mudéjar-Bauten gilt der exotische Palacio de Don Pedro, der im 14. Jh. im Alcázar von Sevilla für den christlichen König Peter I. von Kastilien gebaut wurde. Peters Freund Mohammed V., der maurische Emir von Granada, entsandte viele seiner besten Kunsthandwerker zu den Bauarbeiten an dem Palast. Deshalb ist der Palacio de Don Pedro eigentlich ein Nasridenbauwerk, und zwar eines der schönsten seiner Art. Besonders deutlich zeigt sich das im zentralen Patio de las Doncellas, einem wunderschönen abgesenkten Garten, umrahmt von anmutigen Bogen, Kacheln und Stuckwerk.

Als „Mozaraber", abgeleitet von *musta'rib* (arabisiert), bezeichnete man die Christen, die in den maurischen Herrschaftsgebieten der Iberischen Halbinsel lebten. Dementsprechend war die mozarabische Architektur stark von islamischen Stilelementen wie dem Hufeisenbogen geprägt. Fast alle dieser Bauten liegen in Nordspanien. Das einzige erwähnenswerte mozarabische Bauwerk in Andalusien ist die in den Felsen gehauene Kirche von Bobastro.

Christliche Architektur

Die Kirchen und Klöster der christlichen Eroberer und die Paläste und Herrenhäuser ihres Adels sind ein herausragender Teil des andalusischen Architekturerbes mit einer Besonderheit: Nach der christlichen Rückeroberung der Region (1227–1492) wurden zahlreiche maurische Gebäude kurzerhand zu christlichen Bauten umfunktioniert. Viele andalusische Kirchen sind ehemalige Moscheen (das berühmteste Beispiel findet sich in Córdoba), ihre Türme waren ursprünglich Minarette, und die Zickzackstraßen der Altstadtviertel – etwa im Albaicín von Granada – folgen den verschachtelten Gassen der Maurenzeit.

Andalusische Gotik

Mit der Reconquista im 13. Jh. erreichte die christliche Architektur Nord- und Westandalusien. Der damals vorherrschende Baustil des christlichen Europa war die Gotik mit Spitzbogen, Kreuzrippengewölben, Strebebogen und Maßwerkfenstern. In der Region gibt's Dutzende ganz oder

---

Die Mudéjar-Architektur wird zwar vielfach mit Andalusien in Verbindung gebracht, doch sie entstand ursprünglich während des 12. und 13. Jhs. in Kastilien und Aragonien. Sevilla wartet mit den schönsten Bauwerken dieses Stils auf.

Spuren der Römer

Itálica

Baelo Claudia

Calzada Romana (Römerstraße), Benaocaz-Ubrique

Puente Romano, Córdoba

Römisches Amphitheater, Málaga

Teatro Romano, Cádiz

> ### BÜCHER ZUR ARCHITEKTUR
>
> ➡ *Maurische Architektur in Andalusien* (Marianne Barrucand & Achim Bednorz; 2002) Wunderbare Bilder und ein wissenschaftlicher, gut lesbarer Text.
>
> ➡ *Houses & Palaces of Andalucía* (Patricia Espinosa de los Monteros und Francesco Ventura; 2002) Bildband voll prächtiger Fotografien.
>
> ➡ *The Alhambra* (Robert Irwin; 2004) Räumt mit diversen Mythen rund um das berühmteste aller spanischen Bauwerke auf.
>
> ➡ *Andalusien: Kunst & Architektur* (Brigitte Hintzen-Bohlen; 2009) Fundierter Überblick zur andalusischen Kunst- & Kulturlandschaft mit faszinierenden Fotos und informativen Texten.

teilweise gotische Kirchen, Burgen und Herrenhäuser. Bei manchen ist der Baustil mit Elementen des Mudéjar-Stils kombiniert, bei anderen verbindet er sich mit späteren Strömungen zu einem wilden Mix.

Die letzte Blüte der spanischen Gotik war die isabellinische Gotik zur Zeit von Königin Isabella. Typisch für diese Periode sind die stark geschwungenen Linien von Bogen und Maßwerk sowie Fassaden mit spitzenähnlicher Verzierung und Flachreliefs, die oft Wappenschilde darstellen.

Die klaren Linien der Renaissance

Die Renaissance in der Architektur entstand in Italien als Rückbesinnung auf die klassischen Ideale von Harmonie und Ausgewogenheit. Prägende Elemente waren Säulen und Formen wie Quadrat, Kreis und Dreieck. Viele andalusische Renaissancegebäude haben elegante Innenhöfe mit doppelstöckigen Arkaden aus breiten Rundbogen. Die Gotik brachte vor allem eindrucksvolle öffentliche Gebäude hervor, doch in der Renaissanceära baute sich der niedere Adel prächtige Stadtpaläste mit reizenden Patios, gesäumt von Arkadengalerien.

Die spanische Renaissancearchitektur gliedert sich in drei Phasen. Zuerst kam der Plateresktil. Er wurde nach dem spanischen Wort für den Silberschmied *(platero)* benannt, weil seine kunstvollen Verzierungen an Silberschmiedearbeiten erinnern. Seine Rundbogenportale wurden von klassischen Säulen und Steinskulpturen eingerahmt. Dann folgten eine puristischere Phase und zuletzt die schlichteste Form, der Herrera-Stil. Dieser verdankt seinen Namen Juan de Herrera (1530–1597), Schöpfer der strengen Palast- und Klosteranlage El Escorial bei Madrid und des Archivo de Indias in Sevilla.

Alle drei Phasen der Renaissancearchitektur umspannt das Werk des legendären Baumeisters Andrés de Vandelvira (1509–1575) in der Provinz Jaén. Er bescherte der Stadt Úbeda eines der schönsten Ensembles von Renaissancegebäuden in ganz Spanien. Sein großes Vorbild war Diego de Siloé (1495–1563) aus Burgos, Hauptbaumeister der Kathedralen von Granada, Málaga und Guadix.

Zurück zur Üppigkeit: Barock

Die unausweichliche Gegenbewegung zur schlichten Renaissance kam mit dem farbigen, üppigen Barock. Dieser Stil passte offenbar hervorragend zur andalusischen Mentalität, denn hier trieb er besonders eindrucksvolle Blüten. Den Gipfel der Überladenheit erreichte er im 18. Jh. Im Ursprung war er klassisch, neigte aber dazu, Fassaden mit Schmuckelementen zu überfrachten und Innenräume mit verschnörkeltem Stuck und Goldverzierungen vollzustopfen. Barocke Retabel – große, reich verzierte Altaraufsätze vieler spanischer Kirchen, die biblische Ge-

---

Alonso Cano (1601–1667), Bildhauer, Architekt und Maler aus Granada, war ebenso kreativ wie temperamentvoll. Er wird manchmal als spanischer Michelangelo bezeichnet. Sein meistgelobtes Werk ist die fein gearbeitete barocke Fassade der Kathedrale von Granada.

schichten und christliche Lehren illustrieren – schwelgten in exzessivem Goldprunk. Die überkandideltsten Bauwerke werden „churrigueresk" genannt – nach der Familie Churriguera aus Barcelona, die zahlreiche Bildhauer und Architekten hervorbrachte.

Vor der Hochphase des Barock gab es eine Art Übergangsstadium mit nüchterneren Werken wie der Fassade der Kathedrale von Granada, die Alonso Cano im 17. Jh. gestaltete.

Sevilla hat wahrscheinlich mehr Barockkirchen pro Quadratkilometer als irgendeine andere Stadt der Welt. Eine der üppigsten Kreationen in ganz Spanien ist aber die Kirche des Monasterio de La Cartuja in Granada. Francisco Hurtado Izquierdo (1669–1725) stattete sie mit mehrfarbigem Marmor, goldenen Kapitellen und unzähligen Skulpturen aus. Seine Nachfolger bescherten selbst der Kleinstadt Priego de Córdoba sieben oder acht Barockkirchen.

Moderne andalusische Architektur

Im 19. Jh. entstanden in Andalusien einige neogotische und -barocke Bauten, doch beliebter waren der Neo-Mudéjar-Stil und neomaurische Bauwerke. Sie beschworen ein Zeitalter herauf, das die Fantasie der Romantiker beflügelte. Herrenhäuser wie der Palacio de Orleans y Borbon in Sanlúcar de Barrameda und öffentliche Bauten wie die Bahnhöfe von Sevilla oder die Markthallen in Málaga und Tarifa wurden als farbenfrohe Nachahmungen früherer maurischer Baustile gestaltet. Für die Exposición Iberoamericana 1929 wurden in Sevilla kuriose Kreationen in fast jedem historischen Stil Andalusiens hochgezogen, allen voran das wüst überfrachtete Ensemble der Plaza de España des einheimischen Architekten Aníbal González.

Während der Franco-Diktatur zog man in den Städten triste Plattenbauten in DDR-Manier als Wohnkasernen für die Arbeiter hoch. Die Architektur, die Andalusiens jahrzehntelanger Tourismusboom hervorbrachte, reicht von einfallslos bis zu betongewordenen Albträumen. Im 21. Jh. zeigten die Baumeister etwas mehr Fantasie, besonders in Sevilla, wo drei große Architekturprojekte – Metropol Parasol, der Cajasol-Turm und der Pabellon de la Navegación – ewas Pfiff ins Stadtbild brachten.

Auch in kleineren Dimensionen bei der Restaurierung von Altbauten, für Hotels, Museen oder öffentliche Gebäude bewiesen hiesige Architekten und Bauherren mehr Einfühlungsvermögen. Typische Beispiele sind das Museo Picasso in Málaga und der Palacio de Villardompardo in Jaén, beide in Stadtpalästen aus dem 16. Jh. untergebracht.

Natur & Umwelt

Andalusien ist international eher für seine Geschichte und Kultur bekannt als für seine Natur. Deswegen sind viele Besucher zunächst einmal überrascht, dass fast 20 % des Landes unter Naturschutz steht, und wünschen sich dann direkt, mehr Zeit fürs Kennenlernen der Natur eingeplant zu haben. Die schneebedeckte Sierra Nevada und die Feuchtgebiete von Doñana – beides Nationalparks – können es durchaus mit der Alhambra aufnehmen. Diese phänomenalen Wahrzeichen sind nur zwei der über 80 Naturschutzgebiete.

Landschaft

Andalusien besitzt Berge in Hülle und Fülle, vom relativ zahmen Mittelgebirge der Sierra Morena bis zu den Höhen der Sierra Nevada. Erstere, die nur an wenigen Stellen mehr als 1000 Höhenmeter erreicht, zieht sich als letzter Vorposten des schroffen Südspaniens erst quer durch Nordandalusien und geht dann in die weiten Ebenen und leeren Horizonte der zentralspanischen *meseta* (Hochebene) über. Sie ist eher hübsch als dramatisch, mit immergrünen Steineichenwäldern, Buschland, wildem Weideland und vereinzelten alten Dörfern.

Die näher an der Küste gelegene Cordillera Bética wurde vor 15 bis 20 Mio. Jahren durch den tektonischen Druck der afrikanischen Platte auf die iberische Subplatte aufgeworfen. Diese Kette zerklüfteter Berge fächert sich ab ihrem Beginn im Südwesten Andalusiens immer weiter auf, bis sie im Osten eine Breite von rund 125 km erreicht. Ein Teilstück der Cordillera Bética ist die 75 km lange Sierra Nevada südöstlich von Granada mit mehreren über 3000 m hohen Gipfeln, darunter der Mulhacén (3479 m), der höchste Berg des spanischen Festlands. Östlich von Andalusien zieht sich die Cordillera Bética weiter durch die Regionen Murcia und Valencia und taucht zu guter Letzt in Form der Baleareninseln Ibiza und Mallorca noch einmal aus dem Mittelmeer auf. Sie besteht zum großen Teil aus Kalkstein, der einige spektakuläre Karstformationen bildet.

Die andalusische Küstenebene hat im äußersten Westen eine Breite von rund 50 km, die in den Provinzen Granada und Almería stellenweise bis auf null schrumpft. Und dann wäre da noch das fruchtbare Tal des 660 km langen Guadalquivir, des längsten Flusses Andalusiens. Er entspringt in der Sierra Cazorla, Provinz Jaén, fließt westwärts durch Córdoba und Sevilla und mündet bei Sanlúcar de Barrameda in den Atlantik. Vorher bildet er ein sumpfiges Delta, die Marismas del Guadalquivir, wo auch der Parque Nacional de Doñana liegt.

> In Andalusien befinden sich sowohl die feuchteste Region Spaniens (Grazalema in der Provinz Cádiz mit bis zu 200 cm Niederschlag jährlich) als auch die trockenste (Desierto de Tabernas in der Provinz Almería mit höchstens 14 cm jährlich).

Andalusiens schönste Parks & Naturschutzgebiete

Andalusien hat mit über 90 Naturschutzgebieten von insgesamt rund 17 000 km² das umfassendste Naturschutzprogramm in Spanien. Sie machen 20 % der Gesamtfläche Andalusiens und über 60 % der geschützten Fläche des Landes aus.

> Der La-Veleta-Berg in der Sierra Nevada wartet mit Europas höchster Straße auf, die fast ganz bis zum Gipfel in 3380 m führt (es fehlen vielleicht noch 10 m).

NATIONALPARKS & SCHUTZGEBIETE

Andalusiens Naturschutzgebiete lassen sich in zwei Kategorien einteilen:

➔ *Parques nacionales* (Nationalparks) zeichnen sich durch eine außergewöhnliche Fauna, Flora, Geomorphologie oder Landschaft aus, deren Bewahrung im nationalen Interesse liegt. Sie werden streng geschützt und haben einzelne Bereiche, die man überhaupt nicht oder nur mit besonderer Erlaubnis betreten darf. Spanien besitzt nur 14 *parques nacionales*, und bloß zwei davon – der Parque Nacional de Doñana und der Parque Nacional Sierra Nevada – befinden sich in Andalusien.

➔ *Parques naturales* (Naturparks) sollen nicht nur das Natur- und Kulturerbe bewahren, sondern auch eine ökologisch vertretbare wirtschaftliche Erschließung fördern. In vielen gibt's Straßen, Wanderwege, Dörfer und sogar kleine Städte, oft mit Unterkünften direkt in der Natur. Wie in den Nationalparks sind auch hier manche Bereiche nur mit spezieller Erlaubnis zugänglich. Andalusien verfügt über 24 *parques naturales*. Sie machen den größten Teil der geschützten Fläche der Region aus und umfassen spektakuläre Landschaften.

Außerdem gibt's noch 31 *parajes naturales* (Naturschutzgebiete) und 29 *reservas naturales* (Naturreservate). Meist handelt es sich um kleinere, unbesiedelte Gebiete, die etwa den gleichen Zwecken dienen wie die Naturparks. Überdies schützen 37 *monumentos naturales* (Naturdenkmäler) einzelne Landschaftselemente wie Wasserfälle, Wälder oder Dünen.

Parque Nacional de Doñana
Millionen von Vögeln und der Iberische Luchs haben den Park, eines der letzten Rückzugsgebiete der bedrohten Raubkatze, berühmt gemacht. Seine erstaunlich vielfältige Landschaft – Feuchtgebiete, Dünen, Strände und Wälder an der Mündung des Guadalquivir – lässt sich am besten mit einem Allradwagen erkunden.

Parque Nacional Sierra Nevada
Oft liegen die hohen Gipfel der spektakulären Hochgebirgswildnis unter einer Schneedecke, während das übrige Andalusien in brütender Hitze ächzt. Am besten bewegt man sich hier zu Fuß fort und hält dabei Ausschau nach Steinböcken (im Park leben rund 5000) sowie Gebirgspflanzen, die es sonst nirgends gibt.

Parque Natural Sierra de Andújar
Ein mittelgroßer Park in der Sierra Morena im Nordwesten der Provinz Jaén, der besonders aufgrund der hier lebenden seltenen Säugetierarten interessant ist. Er beherbergt den größten Luchsbestand in Andalusien und das letzte Rudel Wölfe, das sein Überleben mit der Tatsache verdankt, dass der Park die größte Fläche mit natürlicher Vegetation in der Sierra Morena darstellt.

Parque Natural de Cabo de Gata-Níjar
Flamingokolonien, Vulkanfelsen und Sandstrände sind eine einzigartige Kombination, die kein anderes andalusisches Schutzgebiet aufweist. In dieser Küstenlandschaft mit Halbwüstenklima, eine der trockensten Ecken der Region, kann man schwimmen, Vögel beobachten, wandern, reiten, tauchen und schnorcheln.

Parque Natural Los Alcornocales
Weitläufige *alcornoque* (Korkeichenwälder), ein typisch südspanisches Phänomen, bedecken die Hügellandschaft dieses Parks in der Provinz Cádiz (nördlich von Algeciras). Da es sich um eines der eher unbekannten andalusischen Naturschutzgebiete handelt, sind die ausgedehnten Wanderwege nur selten überlaufen.

Parque Natural Sierra de Grazalema
Steinböcke, Gänsegeier und andere Arten bevölkern diese wunderschöne, feuchte Hügelregion mit ihren weitläufigen mediterranen Wäldern. Von urtypischen weißen Dörfern führen herrliche Trekkingpfade in die Landschaft, aber man kann auch nach Herzenslust klettern, auf Canyoning- oder Höhlentouren gehen oder sich im Gleitschirmfliegen üben.

Parque Natural Sierra de las Nieves
Spektakuläre Ausblicke und tiefe Täler prägen die Gebirgsregion im Herzen der Provinz Málaga. Mit zwei Wahrzeichen der andalusischen Flora und Fauna (Spanische Tanne und Steinbock) sowie anderen Tier- und Pflanzenarten bietet sich der Park für Wandertouren in die andalusische Wildnis an.

Parque Natural Sierra Norte
Ein Wildblumenmeer überzieht im Frühling die Berge der Sierra Morena in Nordandalusien, die außerdem mit hübschen traditionellen Dörfern und schönen Panoramablicken locken. Am besten durchstreift man die abgelegene Region zu Fuß oder hoch zu Ross von Dorf zu Dorf.

> Doñana, gegründet 1969, war Spaniens sechster Nationalpark von insgesamt 15; Sierra Nevada, 1999 gegründet, war der zwölfte.

Parque Natural Sierras de Cazorla, Segura y las Villas
Jede Menge Tiere wie Wildschweine, Mufflons und Steinböcke, zerklüftete Berge, tiefe Täler und dichte Wälder – von den Reizen des größten Parks Spaniens (2143 km²) kann man gar nicht genug schwärmen. Er ist der ideale Ort für Trekkingausflüge, Ausritte und Allradtouren.

Paraje Natural Torcal de Antequera
Den meisten Besuchern dieser Gebirgsregion in der Nähe von Antequera, Provinz Málaga, bleiben vor allem die spektakulären, bizarren Kalksteinformationen im Gedächtnis. Darüber hinaus wartet der Naturpark mit mehreren Wanderwegen und tollen Klettermöglichkeiten auf.

Tiere
Andalusien ist ein Rückzugsgebiet für anderswo längst ausgestorbene Tierarten. Wer weiß, wo er suchen muss, wird selten enttäuscht. Eine hervorragende und stets aktuelle Infoquelle zur andalusischen Fauna und Flora ist die englischsprachige Website Iberianature (www.iberianature.com).

DER SELTENE BAUM

Die auch als „Nationalbaum" Andalusiens bekannte und stark gefährdete spanische Tanne *(Abies pinsapo)* ist sozusagen der Luchs unter den Bäumen. Der elegante Baum, der seit der letzten Eiszeit überlebt hat, ist heute noch noch auf zwei Gebieten in Andalusien zu finden: Im Parque Natural Sierra de Grazalema und etwas zahlreicher im Parque Natural Sierra de las Nieves, wo sie insgesamt gut 4000 ha Landmasse bedeckt. Ein ebenso kleines Gebiet existiert noch in Marokkos Rif-Gebirgskette.

Die markante kegelförmige spanische Tanne wird knapp 25 m hoch und wächst in Berggebieten auf einer Höhe zwischen 900 m und 1800 m. Obwohl sie schon so lange in Spanien wächst, wurde die Baumsorte erst in den 1830er-Jahren von dem Schweizer Wissenschaftler Pierre Boissier tatsächlich „entdeckt" und ihr Vorkommen festgehalten.

Heutzutage wird die Tanne von vielen Seiten bedroht. Feuer, Landwirtschaft, schlechtes Forstmanagement, der Klimawandel und invasive Arten haben alle zur Abnahme des Bestands beigetragen. In den 1960er-Jahren bedeckte sie nur noch 700 ha, kluger Naturschutz hat aber in den letzten Jahren zu einer Zunahme geführt. Um die Bäume im beliebten Parque Natural Sierra de Grazalema zu schützen sind Wanderpfade während der Waldbrandsaison nur mit Erlaubnis oder gar nicht begehbar.

Säugetiere

Viele große Säugetierarten, die früher in ganz Westeuropa verbreitet waren, fristen heute ihr Dasein in kleinen isolierten Populationen, umgeben von Menschen, die sich immer mehr ausbreiten. In Andalusiens abwechslungsreicher, oft unberührter Landschaft konnten einige von ihnen überleben, doch selbst hier sind sie heute ernsthaft gefährdet.

Das berühmteste Säugetier der Region ist der ernstlich bedrohte Iberische Luchs oder Pardelluchs. Sein Bestand hat sich jedoch in den letzten zehn Jahren langsam erholt und es ist nicht mehr unmöglich, ihn in freier Natur zu Gesicht zu bekommen – man braucht aber immer noch Glück und Geduld.

Wölfe *(lobos)* sind sogar noch seltener – in der Sierra Morena leben noch ungefähr 50, hauptsächlich im Parque Natural Sierra de Andújar in der Provinz Jaén. Da die Population von den übrigen Wölfen Europas (in Spanien gibt's noch rund 1500 Tiere) abgeschnitten ist, wurden die Wölfe in Andalusien 1986 zur akut bedrohten Art erklärt. Um sie vor Wilderern und Bauern zu schützen, erhalten Landwirte jetzt eine Entschädigung, wenn ihr Vieh von Wölfen gerissen wird. Trotzdem ist die Population so weit geschrumpft, dass sie vielleicht nicht mehr zu retten ist.

Luchse und Wölfe wurden vor allem durch die intensive Bejagung im 20. Jh. stark dezimiert. Um die Jagdleidenschaft der andalusischen Landbevölkerung von diesen bedrohten Arten auf anderes Wild zu lenken, hat die andalusische Regierung den Mufflon *(muflón)* angesiedelt. Inzwischen sind die Wildschafe zahlreich verbreitet, vor allem im Parque Natural Sierras de Cazorla, Segura y las Villas.

Momentan nicht vom Aussterben bedroht und in der Region häufig zu sehen ist der Steinbock *(cabra montés)*, eine stämmige wilde Bergziegenart, deren Männchen lange, gebogene Hörner haben. Es gibt rund 37 000 Steinböcke in Andalusien; die größten Populationen leben in der Sierra Nevada, im Parque Natural Sierras de Cazorla, Segura y Las Villas, in den Sierras de Tejeda y Almijara und in der Sierra de las Nieves. Im Sommer hüpft der Steinbock erstaunlich behände auf den hoch gelegenen Felshängen herum; im Winter steigt er in tiefere Lagen ab.

Zu den ungewöhnlichsten Tierarten Spaniens gehören die Berberaffen auf den Felsen von Gibraltar, die einzigen wilden Primaten Europas. Während sie wie ein Stück Afrika auf europäischem Boden wirken, denken viele bei Walen *(ballenas)* und Delfinen *(delfines)* eher an den riesigen Atlantik als an das Mittelmeer. Trotzdem tummeln sich in der Bahía de Algeciras und der Straße von Gibraltar jede Menge Gemeine Delfine, Streifendelfine und Tümmler sowie einige Grind-, Schwert- und sogar Pottwale.

Darüber hinaus wimmelt es in Andalusien von weniger spektakulären Tierarten. Manche sind nachtaktiv, aber wer die ausgetretenen Pfade verlässt, begegnet vielleicht dem einen oder anderen Exemplar: Wildschweine *(jabalí)*, Rothirsche *(ciervo)*, Rehe *(corzo)*, Damhirsche *(gamo)*, Ginsterkatzen *(gineta)*, Ichneumone *(meloncillo* – eine Mangustenart), rote Eichhörnchen *(ardilla)*, Dachse *(tejón)* und Otter *(nutria)*.

Bedrohte Luchse

Der Iberische Luchs oder Pardelluchs *(lince ibérico* für die Spanier, *Lynx pardina* bei den Wissenschaftlern) ist die am stärksten bedrohte Katzenart der Welt. Einst war er in ganz Südeuropa verbreitet (die hispanischen Legionen des römischen Reichs trugen ihn sogar als Emblem auf ihrem Brustharnisch), und noch vor einem Jahrhundert gab es rund 100 000 Exemplare in freier Natur. Heute hat Andalusien einen Bestand von weniger als 320, der sich größtenteils auf zwei Gebiete konzentriert: den National- und Naturpark Doñana und die Sierra Morena im Norden der Provinz Jaén.

> Der Parque Natural Sierras de Cazorla, Segura y Las Villas ist das größte Naturschutzgebiet in Spanien und das zweitgrößte in Europa.

Bis 1966 waren die Tiere so zahlreich, dass die spanische Regierung sie als „Schädlinge" einstufte und zur Jagd auf sie aufrief. 1973 wurden sie offiziell unter Schutz gestellt. Doch das konnte den dramatischen Rückgang der Population bis vor Kurzem kaum bremsen. Es war schon zu befürchten, dass die Katzenart als erste seit dem Säbelzahntiger vor 10 000 Jahren aussterben könne. Fortpflanzungsfähige Populationen waren bis 2007, als die spanische Regierung die Existenz von 15 Luchsen in der Region Montes de Toledo, Kastilien-La Mancha, bestätigte, nur noch in zwei andalusischen Gebieten bekannt: eine mit vielleicht 100 erwachsenen Tieren in der östlichen Sierra Morena und eine mit rund 30 im Parque Nacional de Doñana.

Ein wichtiger Faktor für das Verschwinden der Luchse war, dass es durch Krankheiten und Jagd immer weniger Kaninchen gab. Aber der Hauptfeind ist nach wie vor der Mensch: Er hat 80 % der seit 2000 ums Leben gekommenen Tiere auf dem Gewissen – durch neu erschlossenes Ackerland, neue Straßen, Dämme und Kiefern- oder Eukalyptuspflanzungen, die wichtigen Lebensraum zerstören, durch illegale Fallen, die eigentlich für andere Tiere (vor allem Füchse und Wölfe) bestimmt waren, und durch den Verkehr (von 1995 bis 2006 wurden in der Umgebung des Parque Nacional de Doñana 33 Luchse überfahren).

Inzwischen gibt's jedoch erste Silberstreifen am Horizont – vielleicht ist der Luchs noch zu retten. 1992 entstand in El Acebuche im Parque Nacional de Doñana eine Aufzuchtstation, die sich als außerordentlich erfolgreich erwies: Allein in den ersten vier Monaten des Jahres 2009 wurden 18 Tiere geboren. Ein Bildschirm im Besucherzentrum El Acebuche des Parque Nacional de Doñana zeigt Livebilder von den Luchsen in der Station, die für Besucher nicht geöffnet ist. Es gibt in Andalusien noch weitere Aufzuchtzentren, u. a. im Zoo von Jerez de la Frontera und in der Sierra de Andújar, Provinz Jaén. Ein Meilenstein der Bestanderhaltung des Luchses wurde 2015 erreicht, als das Tier dank der kontinuierlichen Steigerung der allgemeinen Bestandszahlen sowie der Verbreitungsgebiete nicht mehr als „vom Aussterben bedroht" betrachtet werden musste.

Paradies für Vogelbeobachter

Andalusien bietet nicht nur großen Säugetierarten Zuflucht, sondern auch mehreren bedrohten Greifvogelarten. Außerdem liegt es sozusagen an der Hauptverkehrsader für Zugvögel jeder Art.

Für viele Vogelbeobachter sind die Raubvögel die Krönung der Vogelwelt, und Andalusien kann mit 13 heimischen Raubvogelarten und einer Handvoll Sommergäste aus Afrika aufwarten. Europas größter Vogel, der seltene, gefährdete Mönchsgeier *(buitre negro)*, hat in der Sierra Morena noch eine Hochburg. Rund 230 Paare leben von der Sierra Pelada (Huelva) bis zur Sierra de Andújar (Jaén) verstreut. Von dieser wohl weltweit größten Population hängt das Bestehen der Art ab.

Eine weitere faszinierende und äußerst seltene Greifvogelart, der Spanische Kaiseradler *(águila imperial ibérica)*, ist nur in Spanien heimisch. Dank eines staatlichen Schutz- und Erhaltungsprogramms, das 2001 startete, stieg seine Gesamtzahl von etwa 50 Paaren in den 1960er-Jahren wieder auf rund 200 Paare an. Davon leben ungefähr 50 Paare in Andalusien – die meisten in der Sierra Morena, etwa acht im Doñana-Park. Giftköder von Bauern oder Jägern sind die größte Bedrohung für die Kaiseradler.

Der Bartgeier *(quebrantahuesos)* mit seiner majestätischen Flügelspannweite von über 2 m starb in Andalusien 1986 aus, das seine letzte spanische Zuflucht außer den Pyrenäen war. Aber noch scheint nicht alles verloren. Im Parque Natural Sierras de Cazorla, Segura y las Villas entstand eine Zuchtstation, die als ersten Schritt 2006 drei junge Bart-

Häufige Baumarten

Steineiche

Korkeiche

Spanische Tanne

Eukalyptus

Pappel

Olivenbaum

geier in die Freiheit entließ. 2012 hatte sich etwa 20 Vögel dieser Art an das Leben in der Wildnis gewöhnt.

Zu den großen Raubvogelarten in Andalusien gehören der Steinadler *(águila real)*, der Gänsegeier *(buitre leonado)* und der Schmutzgeier *(alimoche)*, die alle in Bergregionen heimisch sind.

Daneben gibt's in Andalusien eine Vielfalt an Wasservögeln, wie sie in Europa selten zu sehen ist. Vor allem die ausgedehnten Feuchtgebiete an der Atlantikküste, wie die Mündungen des Guadalquivir und des Odiel, bieten ideale Bedingungen für Wasservögel. Hunderttausende von Zugvögeln, darunter ca. 80 % der westeuropäischen Wildenten, überwintern in den Feuchtgebieten des Doñana-Parks an der Mündung des Guadalquivir. Viele weitere rasten hier auf ihren Zügen im Frühjahr und Herbst.

An der Laguna de Fuente de Piedra bei Antequera ziehen im Frühjahr und Sommer rund 20 000 Rosaflamingo-Paare *(flamenco)* ihre Küken auf. Außerdem sind diese schönen rosafarbenen Vögel z. B. am Cabo de Gata, im Doñana-Park und im Paraje Natural Marismas del Odiel, in dessen Feuchtgebieten sich auch viele andere Wasservögel tummeln, zu beobachten.

Die großen, ungelenken Weißstörche *(cigüeña blanca)*, die in Wirklichkeit schwarz-weiß sind, nisten von Frühling bis Sommer auf Strommasten, Bäumen und Türmen überall in Westandalusien (teilweise sogar in Stadtzentren) und in der Dehesa de Abajo lebt eine große Kolonie.

Mehr Infos über Andalusiens Vogelwelt bietet die Website von SEO/BirdLife (Spanische Ornithologen-Gesellschaft; www.seo.org).

Flamenco

Nachdenklich, aber erbaulich, rau, aber vielschichtig, rein, aber voll von historischer und emotionaler Komplexität – Flamenco ist viel mehr als nur ein Musikgenre, es ist eine eigene Kulturform. Manche verweisen auf die Bedeutung der spanischen Roma für die frühe Entwicklung des Flamenco, andere betonen die Schlüsselrolle der Mauren, Juden oder sogar der Byzantiner. Immerhin sind sich beinahe alle Experten einig, dass die Umstände, die den Flamenco hervorbrachten, einmalig waren. Er ist ein stolzes, unverkennbar andalusisches Produkt und hätte sich andernordts nicht entwickeln können.

Grundlagen

Eine der schönen Besonderheiten des Flamenco ist das Fehlen jeglicher Überschaubarkeit – Onlinesuchen und historische Nachforschungen werfen in der Regel mehr Fragen auf, als dass sie Antworten liefern. Ein paar Eckpunkte sind bekannt. Erstens ist Flamenco eine expressive Kunstform, die aus mehr als nur Musik besteht. In seinen Anfangstagen war er eine realistische Reflektion des Alltags derer, die ihn sangen – die Unterdrückten – und ihn überall hin mitnahmen, wohin sie auch gingen: auf die Felder, zur Arbeit, nach Hause und zu ihren berühmten *juergas* (Roma-Feiern). Zweitens ist er ein „Live-Spektakel" und muss – zumindest in den Augen von Puristen – unbedingt spontan sein. Bis ins 19. Jh. war es Tradition der nomadischen Roma, dass Aufführungen nicht geprobt werden oder theatralisch sein durften; bei den besten gilt dieses Prinzip noch heute. Drittens hängt der Flamenco von der Interaktion seiner vier Grundelemente ab: dem *cante* (Gesang), dem *baile* (Tanz), dem *toque* (Gitarrenspiel) und einem oft vergessenen vierten Element namens *jaleo* (Händeklatschen, Rufe und die Teilnahme/Zustimmung der Zuhörerschaft). Der *cante* sitzt im Mittelpunkt und gibt den Ton an. In seiner Frühzeit kam der Flamenco tatsächlich ohne Tanz als festes Element aus. Auch Gitarren gehören erst seit dem 19. Jh. dazu. Einige Formen des Flamenco wie *martinetes* und *carceleras* bestehen nach wie vor ausschließlich aus Gesang. Bei traditionellen Flamenco-Shows wärmen sich Tänzer und Musiker langsam auf, stimmen ihre Gitarren und räuspern sich, während die Gäste miteinander reden. Irgendwann beginnen sie damit, die Aufmerksamkeit der Zuschauer zu erregen und diese immer mehr in ihren Bann zu ziehen.

Die besten Kulturzentren

Palacio de los Olvidados, Granada

Casa de la Memoria, Sevilla

Casa del Arte Flamenco, Granada

Palos (Musikalische Formen)

Die puristische Form des Flamenco ist der *cante jondo* (wörtlich „tief empfundener Gesang"), eine primitive Sammlung von *palos*, darunter *soleares* (wesentlicher Flamenco-*palo* mit einem starken, strengen Rhythmus), *siguiriyas* (tragischer und ausdrucksvoller Flamenco-*palo*), *tientos*, *martinetes* und *carceleras*. *Cante jondo* bildet das Grundgerüst des Flamenco. Gute Sänger – deren raue, opernhafte Stimmen wie eine Mischung aus Tom Waits und Pavarotti klingen können – müssen singen, als ob ihr Leben davon abhinge, und ihr Herzblut in jede einzelne Strophe legen. Die pure Emotion und nahezu religiöse Versunkenheit der kraftvollen Sänger wirkt vielleicht eher nervtötend, wenn man nicht weiß, worauf man sich einlässt. Ziel des Flamenco ist es, den *duende* zu inspirieren – den musikalischen Geist, der während einer ekstatischen Livedarbietung die Seele ergreift. Doch manchmal ist der *duende* schwer zu fassen. Auch der Poet Frederico García Lorca schrieb in seinen vielen Erläuterungen zu dem Thema oft von der Nichtgreifbarkeit. Deshalb muss der Sänger dies übernehmen und Sehnsucht, Aberglauben, Qual sowie Leidenschaft in einer Kraft verschmelzen lassen, die zugleich einschüchternd und übersinnlich ist.

Die andere Hauptgruppe der Flamenco-Lieder ist die der *cantes chicos* (kleine Lieder). Bei diesen *palos* handelt es sich um leichtere und eingängigere Varianten des *cante jondo*. Zu den bekanntesten *cantes chicos* gehören die heiteren *alegrías* aus Cádiz, deren Ursprünge in den Jigs der Seeleute liegen, die schnellen ironischen *bulerías* aus Jerez und die allgegenwärtigen Tangos, die durch die große sevillanische Sängerin La Niña de los Peines berühmt wurden.

Neben dem, was die meisten Anhänger als „reinen" Flamenco bezeichnen würden, gibt's noch eine dritte, nebulösere Gruppe *palos*, manchmal *cantes andaluzes* genannt. Diese besteht größtenteils aus Fandangos, die ihre Wurzeln in der spanischen Volksmusik haben. Jede Region Spaniens wartet mit einer eigenen Variante auf. Besonders bekannt sind die lautstarken Fandangos de Huelva, die während der religiösen Pilgerfahrt Romería del Rocío enthusiastisch getanzt werden. *Verdiales*, eine alte arabische Lied- und Tanzform, sind eine Art Fandango aus Málaga, einer Provinz, aus der auch die freieren und leichteren (nicht getanzten) *malagueñas* stammen. *Granainas* sind schmückende und beschauliche Fandango-Ableger aus Granada ohne einen festen Rhythmus, *tarantas* eine derbere, kargere Version der Form aus den Bergbaugemeinden der Levante (Almería).

Zu den weiteren, schwer zu klassifizierenden *cantes* zählen *farrucas*, Volkstänze, vermutlich aus Galicien, und die *sevillana*, ein wesentlicher andalusischer Fiesta-Tanz, den man bei der jährlichen Feria de Abril in Sevilla in seiner schönsten Form sieht. Eine neuere Unterkategorie des Flamenco, die *cantes de ida y vuelta* (wörtlich: „Lieder der Hin- und Rückfahrt"), wurde in Lateinamerika mit dortigen Einflüssen angereichert, bevor sie nach Spanien „zurückkehrte". Am weitesten verbreitet sind die *palos guajíra* und die *rumba* aus Kuba sowie die *columbianas* aus Kolumbien. Trotz ihres Namens stammt die *sevillana* nicht aus Sevilla. Vermutlich hat der traditionelle Volkstanz, einst als *seguidilla* bezeichnet, seinen Ursprung in Kastilien. Seit Mitte des 19. Jhs. ist er ein fester Bestandteil der Feria de Abril in Sevilla.

Historische Wurzeln

Die Ursprünge des Flamenco liegen im Dunkeln. Da er vor allem von marginalisierten und kulturell unterdrückten Menschen kultiviert wurde, die kaum lesen und schreiben konnten, existieren aus der Zeit vor 1840 keine schriftlichen Aufzeichnungen. Stattdessen wurde die Musik durch mündliche Überlieferung von einer Generation an die nächste weitergegeben.

Die Kunstform, wie wir sie heute kennen, hat ihren Ursprung im Andalusien des frühen 15. Jhs. und wurde von einer bunt gemischten Gruppe Roma, Juden, Mauren und gewöhnlichen Spaniern ins Leben gerufen. Anthropologischen Beweisen zufolge hatten die nomadischen Roma im 11. Jh. eine insgesamt 400 Jahre andauernde Migration vom indischen Subkontinent aus Richtung Westen gestartet und sich in ganz Europa angesiedelt. Eine südliche Gruppe erreichte Anfang des 15. Jhs. Andalusien. Die Roma brachten eine dynamische musikalische Ausdrucksform mit sich, die mit Verzierungen, Virtuosität und Improvisation einherging. Mit eben dieser überbordenden Musikalität spielten sie

---

Saetas (religiöse Wehklagen) werden oft dem Flamenco zugeordnet. In der Semana Santa (Karwoche) singen Männer und Frauen sie ohne musikalische Begleitung von ihren Balkonen herab, während unten die Prozession vorbeizieht.

Die Ortegas sind eine große Roma-Familie, der Flamenco-Sänger wie El Fillo (Francisco Ortega Vargas) und El Caracol („Die Schnecke"; Manuel Ortega Juárez) entstammen. Außerdem brachte sie legendäre Stierkämpfer wie Joselito „El Gallo" („Der Hahn"; José Gómez Ortega) hervor.

FLAMENCO-LEGENDEN

→ **El Planeta** (1785–1850) Legendärer Roma-Schmied, der angeblich viele *cantes* (Lieder) ohne Begleitung erfand.

→ **El Fillo** (1829–1878) Protégé von El Planeta und berühmt für seine raue Stimme, genannt *voz afilá*.

→ **Silverio Franconetti** (1831–1889) Versierter Sänger ohne Roma-Hintergrund, der in Morón de la Frontera auf El Fillo traf. Er gründete Spaniens berühmtestes *café cantante* in Sevilla.

→ **Antonio Chacón** (1869–1929) Sänger ohne Roma-Hintergrund mit einer kräftigen Stimme. In den 1890er-Jahren wurde er von Franconetti zum Singen in dessen *café cantante* in Sevilla engagiert.

→ **Ramón Montoya** (1880–1949) Begleitete Chacón ab 1922 und machte die Gitarre zu einem wesentlichen Element des Flamenco.

→ **La Niña de los Peines** (1890–1969) Energiegeladene Roma-Sängerin aus Sevilla. Trat zusammen mit Chacón auf und war ein wichtiges Bindeglied zwischen dem Goldenen Zeitalter und den Künstlern des neuen Flamenco der 1950er-Jahre.

→ **El Caracol** (1909–1973) Wurde im Alter von zwölf Jahren beim Concurso de Cante Jondo 1922 entdeckt und entwickelte sich zu einem der größten, wenn auch selbstzerstörerischsten Flamenco-Sänger aller Zeiten.

→ **Camarón de la Isla** (1950–1992) Trat in Clubs von El Caracol auf. Der „Gott" des modernen Flamenco aus San Fernando (La Isla) lebte schnell, versuchte sich an kühnen Experimenten und starb jung.

Paco de Lucía (1947–2014) Gitarrenphänomen aus Algeciras. Wurde Camaróns Hauptbegleitung und vermischte Flamenco erfolgreich mit Jazz und Klassik.

die Lieder und Melodien der Regionen, in denen sie sich niederließen, und ließen beide Formen miteinander verschmelzen. In Andalusien fanden sie natürliche Verbündete unter den Juden und Mauren, die kürzlich durch die Reconquista (christliche Wiedereroberung) entrechtet worden waren. Aus dem Aufeinandertreffen dieser sehr verschiedenen Kulturen und der darauf folgenden Verschmelzung ihrer Musik und Kultur über drei oder vier Jahrhunderte entstand der heutige *cante jondo,* der reine Flamenco.

Die Geschichte dreier Städte

Flamenco ist heute eine Weltmusik, deren Kraft und Einfluss von Theaterbesuchern in Bógota ebenso genossen wird wie von Tänzern in New York. Dennoch bleibt das Landesinnere von Andalusien – die Region, die ihn erfunden und berühmt gemacht hat – der Ort, wo man Flamenco am unverfälschtesten und besten erleben kann.

Seine dokumentierte Geschichte beginnt im frühen 19. Jh. und bezieht sich im Wesentlichen auf drei Städte im Westen Andalusiens: Sevilla, Cádiz und Jerez sowie ihre jeweiligen Roma-Viertel. Jerez wurde oft als die „Wiege des Flamenco" bezeichnet, vor allem wegen seiner dicht bewohnten Roma-Viertel Santiago und San Miguel, die zahlreiche großartige Künstler hervorbrachten. Heute befindet sich in der Stadt das größte andalusische Flamenco-Zentrum inklusive einer Schule und es werden hier zwei bedeutende Festivals veranstaltet: Festival de Jerez (im Februar) und Fiestas de Ontoñō (im September). Der Flamenco aus Cádiz stammt aus dem Viertel Santa María, das sich romantisch am wilden Ozean erstreckt. In Sevilla entstand er im Roma-Viertel Triana am Ufer des Guadalquivir. Zieht man eine Verbindungslinie zwischen den drei Städten, berührt diese auch eine Handvoll anderer Orte mit einer ausge-

Die besten Festivals

Festival de Jerez, Jerez de la Frontera

Bienal de Flamenco, Sevilla

Potaje Gitano de Utrera, Utrera

prägten Flamenco-Tradition, darunter Utrera, Lebrija und Morón de la Frontera, vor allem in der Provinz Sevilla.

Der erste beachtenswerte wirkliche Flamenco-Sänger trug den mysteriösen Namen El Planeta (Antonio Monge Rivero). Er war ein Roma-Schmied und wurde gegen 1785 entweder in Jerez oder Cádiz geboren. El Planeta war kein Künstler im modernen Sinn, erlangte aber schnell Ruhm für seine leidenschaftliche Singstimme, die voll aus seiner Schmiede heraustönte und frühen Flamenco-*palos* wie *martinetes* und *livianas* das Leben schenkte. El Planeta ist der Kopf einer Flamenco-Dynastie aus miteinander verwandten Sängern, Musikern und Tänzern, die bis heute fortbesteht. Sein unmittelbarer Erbe El Fillo (Francisco Ortega Vargas) besaß eine natürlich raue Stimme, die zum Standard wurde. Künftig mussten sich alle anderen daran messen lassen.

Die besten Peñas
- Peña de la Platería, Granada
- Peña Flamenca La Perla, Cádiz
- Peña Juan Breva, Málaga

Goldenes Zeitalter

Ende der 1840er-Jahre begann das sogenannte „Goldene Zeitalter" des Flamenco und dauerte bis etwa 1915 an. Innerhalb von 70 Jahren verwandelte sich die Musik von einer esoterischen Roma-Kunstform, die spontan auf lauten *juergas* praktiziert wurde, in eine professionelle, immer beliebter werdende Form der öffentlichen Unterhaltung, die den

DAS FLAMENCO-DREIECK

Das sogenannte Flamenco-Dreieck besteht aus sechs Städten, die sich alle in einem kleinen rauen Stückchen Land im Südwesten Andalusiens befinden.

Sevilla Aufgrund seiner Größe und kulturellen Bedeutung spielte Sevilla eine zentrale Rolle in der frühen Entwicklung des Flamenco. Ein großer Teil der Inspiration für die Musik kam aus den groben Roma-Vierteln von Triana, das für seine traurigen Klagelieder namens *soleares* berühmt ist. Sevilla war außerdem der Ursprungsort der *café cantante*-Szene, die den Flamenco im 19. Jh. bekannt machte.

Morón de la Frontera Viele Flamenco-Legenden machten im 19. Jh. in Morón Halt, doch seinen heutigen Status erreichte der Ort erst, nachdem er in den 1960ern das jährliche Gazpacho-Festival ins Leben rief und die bahnbrechende Flamencoschule Espartero unter Leitung des amerikanischen Flamenco-Wissenschaftlers Donn E. Pohren ins Leben rief. Bis heute ist der Ort für seine ausdrucksstarken Gitarristen bekannt, vor allem Juan de Gastor.

Utrera Utreras jährliches Potaje-Festival wurde 1957 von einer lokalen Roma-Bruderschaft ins Leben gerufen und ist eines der ältesten Flamenco-Festivals der Welt. In dem Ort sind schon seit Langem viele berühmte Flamenco-Familien ansässig, darunter die Schwestern Fernanda und Bernanda de Utrera, die in den 1960er-Jahren für schwermütige *soleares* berühmt wurden.

Lebrija In dieser Stadt am Rande des Moors wurde 1863 der bahnbrechende Sänger El Pinini geboren, ein früher Verfechter der fröhlichen *cantiñas* und das Oberhaupt des einflussreichen Pena-Clans, der später nach Utrera zog. Das jährliche Flamenco-Festival im Ort, das Carocolá, wurde 1966 ins Leben gerufen und verdankt seinen Namen den *carocoles* (Schnecken), die als Beilage zum Essen serviert werden.

Jerez de la Frontera Kein anderer Ort verkörpert den Flamenco so sehr wie Jerez, eine Stadt mit zwei stolzen traditionellen Roma-Vierteln, aus denen eine Reihe legendärer Sänger stammt. Außerdem hat die Stadt ihre eigene einzigartige Form des Flamenco erfunden – die schnellen, lebhaften *bulerías*.

Cádiz Jerez' Nachbarort war ebenfalls ein früher Innovationsführer des Flamenco – die *jotas* (Freudentänze) seiner Matrosen entwickelten sich zu den *alegrías,* eine der fröhlichsten Formen des Flamenco. Das Roma-Viertel der Stadt, das Barrio Santa María, ist ein Labyrinth aus schmalen Straßen, auf dem sich jede Menge Troubadoure und Möwen tummeln.

cante jondo mit anderen Formen der spanischen Folkloremusik verschmolz. In dieser kreativen Zeit nahmen die modernen Formen des Flamenco Gestalt an. Zu weiteren Innovationen gehörten eine komplexere Choreografie des Flamenco-Tanzes und die Einführung der Gitarre als Begleitinstrument.

Was den Wandel antrieb, waren die berühmten *cafés cantantes* in vielen spanischen Städten, besonders in Andalusien. Das erste Café eröffnete 1842 in Sevilla, danach folgten zahlreiche weitere Läden, bis in den 1880er-Jahren der Höhepunkt mit renommierten Lokalitäten wie dem Café Silverio in Sevilla erreicht war. Normalerweise waren die Räumlichkeiten eingerichtet mit Spiegeln, Stierkampfpostern, vergoldeten Bühnen und Tischen, an denen Gäste alkoholische Getränke bestellen konnten. Sie dienten als Zentralen einer dramatischen musikalischen Verschmelzung, nicht unähnlich der Fusion von Blues und Country, aus der sich später der Rock'n'Roll entwickelte. Treibende Kraft der Verschmelzung war Silverio Franconetti, Eigentümer des Café Silverio in Sevilla und beseelter Erbe von El Fillos *voz afilá* (heisere, raue Stimme). Doch trotz seines Roma-Bluts und seiner lebenslangen Vorliebe für *siguiriyas* und *soleares* konnte Franconetti die Bastardisierung der Musik, die er liebte, nicht stoppen, als sich diese aus den *juergas* in die Cafés verlagerte und tragische Rauheit durch angenehm melodische Klänge ersetzt wurde. Unabsichtlich hatte er das Sprungbrett geschaffen, das den Flamenco von „Roma-Musik" zu musikalischem Allgemeingut machte.

Künstlernamen

Camarón de la Isla – Garnele von der Insel

El Caracol – Die Schnecke

La Niña de los Peines – Das Mädchen mit den Kämmen

Tomatito – Kleine Tomate

Verfall in die Dekadenz

Aufgrund des veränderten Geschmacks der Zuhörerschaft und drohender politischer Krisen war der reine Flamenco 1920 zu einer gefährdeten Spezies geworden. Aus Angst vor der Vergessenheit organisierten die andalusischen Ästheten Federico Lorca und Manuel de Falla 1922 im Versuch, die Kunstform zu retten, einen Wettbewerb in Granada, den Concurso de Cante Jondo, doch angesichts des drohenden Bürgerkriegs war das Scheitern vorprogrammiert. Als der *cante jondo* sich noch mehr mit der Volksmusik vermischte, stärker kommerzialisiert war und Einflüsse aus Lateinamerika hineinflossen, begann das musikalische Zeitalter der *ópera flamenco*. Am stärksten in der Diskussion stand zu dieser Zeit Pepe Marchena (1903–1976), der erste gut bezahlte Flamenco-Superstar, der mit der Tradition brach, indem er leichtere Fandangos und *cantes de ida y vuelta* sang, oft mit Orchesterbegleitung. Verständlicherweise waren die Puristen argwöhnisch, während andere von einer natürlichen Entwicklung der Musik sprachen, die auf einmal zur Populärkunst geworden war. Unauffällig lebte der *cante jondo* weiter, teilweise deshalb, weil er noch immer von großen Roma-Sängern wie Manuel Torre und La Niña de los Peines gepflegt wurde.

Wiedergeburt

In den 1950er-Jahren erlebte der *cante jondo* dank Antonio Mairena (1909–1983), einem leidenschaftlichen Roma-*cantaor* (Sänger) aus der Provinz Sevilla und dem ersten wahrhaften „Flamencologe", der die Kunstform historisch entschlüsselte, seine Wiedergeburt. Mairena bestand darauf, nur alte Formen von *palos* wie *siguiriyas* und *martinetes* zu singen, von denen viele fast komplett in Vergessenheit geraten waren. Obwohl er sich eigensinnig weigerte, kommerzielle Musik zu machen, war er das wichtige Bindeglied zwischen dem Goldenen Zeitalter und dem bevorstehenden Wiedererwachen des Flamenco.

In den 1960er-Jahren öffneten *tablaos*, Nachtclubs mit professionellen Flamenco-Shows, ihre Pforten. Sie füllten die Lücke, die die Schließung der *cafés cantantes* in den 1920er-Jahren hinterlassen hatte. Manche dieser *tablaos,* vor allem in den neuen Urlaubsorten an der Küste, waren charakterlose Nachahmungen, andere halfen dem *cante jondo*, sich wieder neben neueren *palos*-Formen zu etablieren. Doch letztendlich ist die Wiedergeburt des Flamenco nicht den Veranstaltungsorten zu verdanken, sondern den aufregenden Künstlern, die dort auf der Bühne standen. Zwei sind in besonderem Maß zu erwähnen: Paco de Lucía aus Algeciras war ein so unfassbar guter Gitarrist, dass er im Alter von 14 Jahren bereits alles beherrschte, was man ihm hätte beibringen können. Seine Muse und sein Gegenpart Camarón de la Isla, ein Roma-Sänger aus San Fernando (La Isla), hatte Anfang der 1970er-Jahre einen götterähnlichen Status erreicht, wie er sonst eigentlich nur Rockstars und Stierkämpfern vorbehalten ist. Gemeinsam katapultierten Camarón und Lucía den Flamenco auf eine neue Ebene und versetzten ihn mit innovativen neuen Elementen wie E-Gitarren, Keyboards etc., während sie gleichzeitig sorgsam seine Reinheit bewahrten. Plötzlich horchte der Rest der Welt auf.

Die besten Tablaos

Tablao El Arenal, Sevilla

Jardines de Zoraya, Granada

El Palacio Andaluz, Seville

Moderner Flamenco

In den 1970er-Jahren begannen Musiker, den Flamenco mit Jazz, Rock, Blues, Rap und anderen Musikstilen zu mischen. Die Puristen verteufelten diese neue Mode, aber der *nuevo flamenco* (neuer Flamenco) brachte diese Kunstform einem breiteren Publikum nahe. Eine entsprechende Aufnahme ist das 1977 entstandene Flamenco-Folk-Rock-Album *Veneno* (Gift) von der gleichnamigen Gruppe um Kiko Veneno und Raimundo Amador, beide aus Sevilla.

CONCURSO DE CANTE JONDO, 1922

An einem herrlichen Sommerabend im Juni 1922 stand ein recht unbekannter andalusischer Dichter namens Federico García Lorca auf der Plaza de Aljibes in der Alhambra von Granada und begrüßte 4000 Gäste zum Concurso de Cante Jondo (Wettbewerb des „tief empfundenen Gesangs"), einem Flamenco-Wettbewerb, den er in Absprache mit dem bedeutenden spanischen Klassikkomponisten Manuel de Falla organisiert hatte.

Gemeinsam hatten die beiden großen Avantgarde-Denker Spaniens unermüdlich für die Anerkennung des Flamenco, vor allem des *cante jondo*, als ernsthafte Kunstform gekämpft, denn das dynamische kulturelle Genre halbvergessener andalusischer Folkloretraditionen war im Begriff, von einer wachsenden Vorliebe für verwässerte Formen der Flamenco-„Oper" erstickt zu werden.

In den atmosphärischen Räumen der Alhambra versammelte sich eine beeindruckende Vielzahl an Intellektuellen, Schriftstellern, Schauspielern, Musikern und Flamenco-Puristen. Ein 72 Jahre alter *cantaor* (Sänger) namens Tío Bermúdez war 100 km von seinem Heimatdorf hierhergelaufen, um teilnehmen zu können, und beeindruckte das Publikum mit seinen Interpretationen altmodischer *siguiriyas*. Eine alte blinde Roma-Frau, die Lorca mit großen Mühen aufgespürt hatte, sang ohne Begleitung eine *liviana*, eine Form des Flamenco, die schon lange als ausgestorben gegolten hatte. Ein zwölf Jahre alter Junge namens Manolo Ortega, auch bekannt als „El Caracol" („Die Schnecke"), beeindruckte die Jury dermaßen, dass er den ersten Preis mit nach Hause nahm. Unter Zypressen in einem Innenhof voller Jasmin und Lavendel zupften junge Männer Gitarren-*falsetas* (Riffs) und Damen erhoben sich, um *soleares* zu tanzen, während andere der Virtuosität bekannter Künstler wie Ramón Montoya und Manuel Torre lauschten. Der Komplex, berichteten Zuschauer später, schien geradezu eine magische Energie zu besitzen.

Ob der *concurso* letztlich den Flamenco rettete, ist strittig. Zwar verhalf er der Musik kurzfristig zu Ansehen, außerdem folgten sporadische Aufnahmen und Wiederbelebungsversuche, doch ihr Goldenes Zeitalter war definitiv vorbei. Danach kam eine Ära der Dekadenz, beschleunigt durch den Ausbruch des Bürgerkriegs und Francos repressive Diktatur. Die moderne Wiedergeburt des Flamenco ließ sich Zeit bis zum zweiten *concurso* in Córdoba im Jahr 1956 und dem Aufstieg bahnbrechender innovativer Künstler über ein Jahrzehnt später.

Die Gruppe Ketama, deren wichtigste Mitglieder der Flamenco-Familie Montoya aus Granada angehörten, brachten in den 1980er- und 1990er-Jahren den Flamenco einem jüngeren Publikum näher, indem sie ihn mit afrikanischen, kubanischen, brasilianischen und anderen Rhythmen kombinierten. Die Band war ständig auf der Suche nach passenden Sounds und zwei ihrer besten Alben, *Songhai* (1987) und *Songhai II* (1995), sind Gemeinschaftsproduktionen mit dem aus Mali stammenden Musiker Toumani Diabaté, der *kora* (Harfe) spielt. Das 2002 erschienene Album *Dame la mano*, auf dem sie Flamenco mit Rap vermischte, schockte viele Puristen. Kurz nach seinem Erscheinen löste sich die Band auf.

Heute ist der Flamenco so beliebt wie eh und je und wahrscheinlich innovativer als je zuvor. Neben etablierten Sängern und Sängerinnen wie Enrique Morente, José Menese und Carmen Linares an der Spitze gewinnen junge Sängergenerationen auch neue Publikumsschichten. Zu den populärsten zählt José Mercé aus Jerez, dessen aufregendes Album *Lío* (Verwicklung; 2002) ein Bestseller wurde, sowie El Barrio, ein urbaner Poet des 21. Jhs. aus Cádiz. Eine weitere bedeutende Künstlerin, Niña Pastori aus Cádiz, debütierte Ende der 1990er-Jahre mit von Jazz und Latin beeinflusstem Flamenco-Gesang. Ihre Alben, z. B. *Entre dos puertos* (Zwischen zwei Häfen; 1997), *María* (2002) und *Joyas prestadas* (Geborgte Juwelen; 2006) hören sich einfach toll an.

Der Flamenco als Tanz hat in der Person von Joaquín Cortés, 1969 in Córdoba geboren, seine bisher abenteuerlichste Ausprägung erreicht. Cortés vermischt Flamenco mit modernem Tanz, Ballett und Jazz zu Musik in Rockkonzertstärke. Mit spektakulären Solo- oder Gruppenshows tourt er immer wieder durch Spanien und die ganze Welt.

Zu den modernen Gitarrenvirtuosen gehören Manolo Sanlúcar aus Cádiz, Tomatito aus Almería (der El Camarón de la Isla begleitete) und Vicente Amigo aus Córdoba. Sie treten entweder mit Topsängern oder auch alleine auf.

Regionale Flamenco-Arten

Alegrías – Cádiz

Bulerías – Jerez de la Frontera

Soleares – Sevilla

Tarantos – Almería

Fandangos – Huelva

Granaínas – Granada

Rondeñas – Ronda

Verdiales – Málaga

Kunst & Kultur

Andalusien war lange Vorreiter des künstlerischen und kulturellen Lebens in Spanien. Dabei gab es nicht den einen Höhepunkt, sondern viele verteilte, oft entsprechend der Machtposition Spaniens im Weltgeschehen. Zwar waren alle Kunstformen in Andalusiens kulturellem Potpourri vertreten, doch die Region hat außergewöhnlich viele talentierte Maler hervorgebracht, darunter so berühmte Meister wie Diego Velázquez und Pablo Picasso.

Das Kalifat von Córdoba

Córdoba hat knapp über 300 000 Einwohner und ist berühmt für seine alte Mezquita sowie seine linke politische Gesinnung. Vor 1000 Jahren war dies jedoch die bevölkerungsstärkste und kulturell pulsierendste Stadt Europas und vielleicht sogar der Welt. Vom 8. bis zum 11. Jh. diente sie als Hochburg der Intellektuellen mit Büchereien, Schulen und einer Universität, die dem rivalisierenden Kalifat von Damaskus bei der weltweiten Verbreitung von Gedankengut Konkurrenz machte. Emir Abd ar-Rahman II. (reg. 822–852) galt als starker Förderer der Künste und stand in enger Verbindung mit dem einflussreichen arabischen Dichter und Musiker Ziryab. Abd ar-Rahman III. (reg. 912–961) schmückte seine Stadt Madinat al-Zahra mit den schönsten islamischen Kunstwerken und Mosaiken, die zu großen Teilen von byzantinischen Künstlern kopiert worden waren. Al-Hakam II. (reg. 961–976), ein passionierter Leser, sammelte und katalogisierte Hunderttausende Bücher. Viele große Werke griechischer Philosophen wurden später im mittelalterlichen Córdoba von Gelehrten wie Averroës (1126–1198), Maimonides (1135–1204) und Ibn Tufail (1105–1185), die sich sowohl mit den Naturwissenschaften als auch mit den Künsten befassten, übersetzt sowie neu interpretiert.

Zwar schwand Córdobas Einfluss nach der Wiedereroberung durch die Christen im Jahr 1236, aber die Eindringlinge aus dem Norden nahmen zahlreiche Werke und Ideen der Stadt auf. Mitbedingt durch dieses intellektuelle Erbe erlangte Westeuropa das Wissen und die Inspiration, die in Italien zwei Jahrhunderte später die Renaissance entfachten.

Blütezeit der Nasriden

Das 1232 in Granada gegründet Nasridenemirat war mehr eine Verteidigungseinheit als eine nach auswärts blickende Metropole im Stile Córdobas, trotzdem liebten die geckenhaften Herrscher Kunst und Kultur. Mehrere Sultane des Emirats taten sich als Dichter hervor, allen voran Yusuf III. (reg. 1408–1417), dessen sehnsüchtige, romantische Verse einen Vorgeschmack auf die Poesie Lord Byrons 400 Jahre später gaben. Ihre kulturelle Blütezeit erlebte die Stadt während der Herrschaft zweier illustrer Männer, Yusuf I. (1333–1354) und Mohammed V. (1354–1391), die großen Erbauer der Alhambra. Beide unterhielten Lesekreise an ihrem Hof. Yusuf beschäftigte den arabischen Dichter und Historiker Ibn al-Khatib (1313–1375), dessen Dichtung vertont wurde und noch immer in Form von Inschriften an Palastwänden und Brunnen der Alhambra zu finden ist. Mohammed V. setzte ihn später sogar als seinen Wesir (politischer Berater) ein. Diese Position entfachte damals eine starke politische

---

Andere mögen bekannter sein, doch der andalusische Maler Francisco Pacheco (1564–1644) aus Sanlúcar de Barrameda war der Lehrmeister und Mentor zahlreicher großer Künstler wie Diego Velázquez (der Pachecos Tochter heiratete) und Francisco Zurbarán.

Kontroverse und kostete Al-Khatib vermutlich das Leben: 1375 ließ ihn sein Schüler, Dichter Ibn Zamrak (1333–1393), umbringen und wurde anschließend Hofdichter von Mohammed V. Dank eines regen Austauschs von Dichtkunst und Kultur mit Marokko und Ägypten gab es in dieser Zeit einen gesunden, Kontinente übergreifenden Ideenfluss.

Goldenes Zeitalter

Während Spaniens Siglo de Oro (Goldenes Zeitalter) definierten ab 1492 andalusische Maler 50 Jahre lang die Weltkunst. Hauptakteure waren drei Giganten der Malerei aus Sevilla: Bartolomé Murillo (1617–1682) war ein Meister der Barockkunst mit einer Vorliebe für Dokumentationen und religiöse Malerei. Francisco de Zurbarán (1598–1664) war ein zurückhaltender Vertreter der italienischen Kunst des *chiaroscuro* (Technik dramatischer Hell-Dunkel-Kontraste), der zwar in der Extremadura geboren worden war, sich jedoch der Schule von Sevilla verbunden fühlte. Diego Velázquez (1599–1660) wurde mit seinen peinlich genauen Methoden und dem raffinierten Gebrauch von Farben und Tönen, die den Beginn des Impressionismus darstellten, zu einem ästhetischen Guru. Velázquez' berühmteste Arbeit, *Las Meninas*, ist ein revolutionäres Meisterwerk der Illusion: Auf ihm bildet sich der Künstler selbst ab und betrachtet eine unsichtbaren Motive – den König und die Königin von Spanien, deren Gesichter in einem Spiegel zu sehen sind. Dreihundert Jahre nach seinem Tod unternahm Picasso 58 abstrakte Versuche, das große Werk neu zu interpretieren.

Sowohl Velázquez als auch Zurbarán waren am Hof von Philipp IV. angestellt, während Murillo der Favorit der katholischen Kirche war und mehrere Bilder für die Kathedrale von Sevilla malte. Am bekanntesten ist jedoch Murillos Interpretation der Unbefleckten Empfängnis der Jungfrau Maria aus dem Jahr 1650 (heute im Madrider Prado ausgestellt). Velázquez und Zurbarán stellten dasselbe Motiv 1618 bzw. 1630 dar.

Vor der künstlerischen Revolution, als der Flamenco noch eine esoterische Kunstform der Roma war, kam die spanische Musik europaweit zu größerem Ansehen. Damals wurde sie von zeitgenössischen italienischen Traditionen beeinflusst, z. B. von dem Renaissancekomponisten Francis-

> Lord Byron besuchte Andalusien erstmals 1809. Inspiriert von seiner Reise verfasste er sein poetisches Pseudo-Monumentalwerk *Don Juan*, das von dem fiktiven spanischen Helden aus den frühen 1820er-Jahren handelt.

IMMER WIEDER DIE UNBEFLECKTE EMPFÄNGNIS

Wer ein andalusisches Kunstmuseum mit Werken des Barock besucht, dürfte spätestens nach einer Stunde vor einem Gemälde stehen, das die *Inmaculada Concepción* (Unbefleckte Empfängnis) preist. Die Darstellung dieses heiligen Bildes – der Anblick der jugendlichen Jungfrau Maria, die zum Himmel blickt, mit zwölf Sternen über ihrem Kopf und einem Mond unter ihren Füßen – entspringt einem altehrwürdigen Kult der Anbetung und spiegelt den katholischen Glauben wider, dass María frei von Erbsünde geboren wurde.

1613 entbrannte in Sevilla eine Debatte über diese Doktrin, als ein Dominikanermönch sie von der Kanzel herab anzweifelte, was zu einer heftigen Gegenreaktion der Jesuiten führte, die von der spanischen Krone enthusiastisch unterstützt wurden. Das spanische Königshaus ließ anschließend mithilfe der führenden zeitgenössischen Maler ihre propagandistische Botschaft über die „Empfängnis" mit eindrücklichen religiösen Symbolen verbreiten. Die Regeln für diese Bilder wurden erstmals 1649 von Francisco Pacheco in seinem Buch *Arte de la Pintura* (Die Kunst der Malerei) festgehalten. Der glühende Royalist und Katholik war auch der Lehrer der künftigen Meister Diego Velázquez und Alonso Cano, und ihm kam die Schlüsselrolle dabei zu, dass diese Ikonografie weithin übernommen wurde. Eine seltene Darstellung der *Inmaculada* von Velázquez ist im Hospital de los Venerables Sacerdotes in Sevilla zu sehen. Spätere Meister des Barock, darunter Zurbarán und Murillo, waren von der *Inmaculada* ebenso fasziniert; Murillo malte sie mindestens ein Dutzend Mal. Eine seiner schönsten Darstellungen (die vielleicht großartigste *Inmaculada*, die je gemalt wurde) hängt in einer umgebauten Kapelle im Museo de Bellas Artes in Sevilla.

co Guerrero (1528–1599). Guerrero, Chorleiter der Kathedrale von Sevilla, komponierte sakrale und säkulare Lieder, die geprägt waren von konservativen und gregorianischen Traditionen. Seine Arbeit wurde von seinem Assistenten Alonso Lobo (1555–1617) aus Osuna fortgeführt, dessen fromme Hymnen, Messen und Psalmen dazu beitrugen, Sevillas Ruf als Brutstätte der Sakralmusik zu festigen.

Ein Zeitgenosse von Miguel de Cervantes, allerdings eher in der Poesie beheimatet, war Luís de Góngora (1561–1627) aus Córdoba. Der Wortschöpfer des Barockzeits pflegte eine lebenslange Feindschaft mit seinem Schriftstellerrivalen Francisco de Quevedo und erlangte Ruhm für seine unangestrengte Lyrik. Sein Werk war so bahnbrechend, dass man nach ihm ein ganzes literarisches Genre benannt hat: den Gongorismus. Dieser Stil wurde drei Jahrhunderte nach dem Tod des Meisters von Federico García Lorca und der Generación de '27 wiederbelebt.

Generation von 98

Als Spanien im 18. und 19. Jh. sein Imperium in Übersee und damit seine Position als Weltmacht verlor, wurde es ruhig um die andalusische Kunstszene. Gerade nachdem der Abstieg des Landes nach der Demütigung im Spanisch-Amerikanischen Krieg besiegelt schien, ertönte ein Weckruf von einer Gruppe kritischer Schriftsteller, die als Generación de '98 bekannt wurde. Der Kreis rund um den in Sevilla geborenen sozialistisch-realistischen Dichter Antonio Machado (1875–1939) tadelte die Nation dafür, in der Mittelmäßigkeit herumzudümpeln. Die kritischen Arbeiten der Dichter sollten die kulturelle Flaute kompensieren und die literarische Bedeutung des Landes wiederherstellen. Etwa zur selben Zeit fand die klassische Musik eine gemeinsame iberische Stimme in Gestalt von vier spanischen Komponisten, zwei davon aus Andalusien. Manuel de Falla (1876–1946) aus Cádiz und Joaquín Turina (1882–1949) aus Sevilla ließen sich von den Pariser Impressionisten Debussy und Ravel inspirieren und komponierten Opern, Lieder sowie Kammermusik, aus denen das Echo der andalusischen Folklore klang. Besonders de Falla war fasziniert vom Flamenco und organisierte 1922 zusammen mit dem Dichter Federico García Lorca den Concurso de Cante Jondo.

Julio Romero de Torres (1874–1930) war ein realistischer Künstler aus Córdoba, der einige Jahre vor Picasso geboren wurde und später oft in dessen Schatten stand. Bekannt ist er für seine eindringlichen realistischen Darstellungen spanischer Frauen.

Generation von 27

Hin und wieder kommt es durch außergewöhnliche Umstände zum Aufkeimen außergewöhnlicher künstlerischer Bewegungen. Die Starre nach dem Zweiten Weltkrieg rief in den USA die hedonistische Beat Generation ins Leben. Im London des frühen 20. Jhs. reagierte eine englische Gruppe von Künstlern namens Bloomsbury Set lautstark auf die sogenannten viktorianischen Werte. Spanien erblühte in der kurzen Zeitspanne zwischen dem Ende des Ersten Weltkriegs und dem Ausbruch des Spanischen Bürgerkriegs. 1927 kam in Sevilla eine Kerntruppe von zehn spanischen Dichtern zusammen, die dem lyrischen Barockmeister Luís de Góngora zu dessen 300. Todestag gedachten. Das Treffen war stark südspanisch geprägt: Sechs der Männer stammten aus Andalusien, darunter der einzigartige Federico García Lorca (aus Granada), der eigentlich romantische, zum Polemiker gewordene Dichter Rafael Alberti (aus El Puerto de Santa María) und der surrealistische Schriftsteller Vicente Aleixandre (aus Sevilla).

Im Gegensatz zur pessimistischeren Generación de '98, die Spaniens Konformismus nach der Wiedereinsetzung der Monarchie 1874 kritisiert hatte, waren die '27er bei ihrer Erkundung klassischer Themen wie Liebe, Tod, Schicksal und die Schönheit der Bilder weniger vernichtend. Besessen vom Werk Góngoras standen sie für einen breiteren poetischen Expressionismus und freie Verse, wobei sie Elemente des neuen Surrealismus mit alten spanischen Folkloretraditionen (vor allem Flamenco)

> **WIE MÁLAGA PICASSO ZURÜCKFORDERTE**
>
> Ironischerweise wurde Picasso, der auf mehrere Namen getauft wurde, dafür berühmt, dass er seine Werke mit nur einem signierte. Der Sohn des Künstlers Don José Ruíz y Blasco lebte bis zum Alter von zehn Jahren in seiner Geburtsstadt Málaga. 1891 zog er mit seiner Familie ins galicische La Coruña und 1895 nach Barcelona. Da er seither nie mehr dauerhaft in seinen Heimatort zurückgekehrt war, wird Picassos Verbindung zu Andalusien oft heruntergespielt (bessere Ausstellungen des Meisters findet man in Barcelona und Paris). Doch als Málaga Ende der 1990er-Jahre eine kulturelle Wiederauferstehung durchlebte, erhob es neuen Anspruch auf seinen berühmten Sohn und gründete in Picassos Casa Natal (Geburtshaus) an der Plaza de la Merced 1988 eine Stiftung. Außerdem eröffnete man 2003 nach 50 Jahren unsteter Planung das Museo Picasso Málaga in einem Palast aus dem 16. Jh.

verbanden. Im Bürgerkrieg, der Lorca das Leben kostete und viele andere für lange Zeit ins Exil verbannte, löste sich die Bewegung auf.

Das letzte überlebende Mitglied, Francisco Ayala aus Granada, starb 2009 im Alter von 103 Jahren. Ayala verbrachte lange Zeit im Exil in Argentinien und Puerto Rico, nachdem sein Vater und sein Bruder im Bürgerkrieg von Nationalisten umgebracht worden waren.

Lorca – ein Mann mit vielen Talenten

Der größte Schriftsteller Andalusiens (und Spaniens), Federico García Lorca, ist vor allem für seine Gedichte und Dramen bekannt – und für seine tragische, sinnlose Ermordung durch spanische Faschisten zu Beginn des Bürgerkrieges. Doch Lorcas Talente gingen weit über die Literatur hinaus. Der in Granada geborene Autor war ein versierter Pianist, Schauspieler bei einer ländlichen Theatertruppe, Regisseur seiner eigenen Stücke und der Werke anderer Autoren sowie ein geschickter Organisator von Kulturveranstaltungen (zusammen mit dem klassischen Komponisten Manuel de Falla spielte er 1922 eine entscheidende Rolle bei der Konzeption des Concurso de Cante Jondo). In Absprache mit Falla komponierte Lorca auch eine unvollendete Oper, *Lola, la Comedianta*. Und inspiriert von einem anderen Freund, Salvador Dalí, bewies er sein künstlerisches Talent – seine Zeichnungen und Bilder wurden in Büchern veröffentlicht und auf Ausstellungen gezeigt. Lorca schrieb sogar ein surrealistisches Filmdrehbuch mit dem Titel *Viaje a la Luna* (Reise zum Mond; erst 1998 verfilmt).

Die Werke Lorcas entstanden alle in zwei fruchtbaren Dekaden zwischen 1918 und 1936, als er im Alter von 38 Jahren erschossen und sein Leichnam in ein namenloses Grab gleich außerhalb Granadas geworfen wurde. Sein Erbe ist gewaltig, und die scheinbar endlose Suche nach seinen sterblichen Überresten erregt immer wieder Aufmerksamkeit. Man vermutet, dass sie sich in der Nähe des Dorfes Viznar befinden, also in der Erde des ländlichen Vega de Granada, das er so liebte.

Das 20. & 21. Jahrhundert

Das 20. und 21. Jh. stellte bzw. stellt die andalusischen Schriftsteller und Künstler vor die Aufgabe, aus dem Schatten Lorcas und Picassos herauszutreten. Ein führender Kopf Spaniens nach der Franco-Ära, Romanautor und Essayist Antonio Muñoz Molina aus Úbeda, ist z. B. für sein Buch Sepharad (2003) über das Leben der Juden von der Vertreibung aus Spanien bis hin zum Holocaust bekannt. Antonio Soler aus Málaga verfasste El Camino de los Ingleses (Der Weg der Engländer; 2006, auf Spanisch), in dem eine Gruppe von Freunden einen Sommer lang den Übergang von der Jugend zum Erwachsensein erlebt. Das Buch wurde mit Antonio Banderas in der Hauptrolle verfilmt. Einer der besten zeitgenössischen andalusischen Schriftsteller ist der in Jaén geborene Salvador Compán,

> Der britisch-spanische Film *Little Ashes* (*Cenicitas*; 2008) basiert auf dem Gerücht, Federico García Lorca und Salvador Dalí hätten in den 1920er-Jahren eine Liebesaffäre gehabt.

ein Spezialist für kurze Novellen; seine jüngste Novelle, *Palabras insensatas que tú comprenderás* (Törichte Worte, die du verstehen wirst), wurde 2012 veröffentlicht.

In der Kunstwelt stand die „Movida Madrileña" (Madrider Bewegung) für die Identitätssuche und das kulturelle Erwachen der Post-Franco-Zeit. Zu dieser Gruppe gehörten z. B. die schwulen Popkünstler Enrique Naya und José Carrero aus Cádiz, die unter dem Namen Costus arbeiteten. Ihr Apartmentstudio in Madrid wurde zum metaphorischen G-Punkt der wichtigsten Figuren der Bewegung, darunter Regisseur Pedro Almodóvar, der es in seinem Kultfilm *Pepi, Luci, Bom und der Rest der Bande* (1980) zeigt.

Stierkampf

Es gibt in Spanien kein kontroverseres Thema als den Stierkampf. Zwei autonome Gemeinschaften des Landes (Katalonien und die Kanarischen Inseln) haben ihn bereits verboten. Darüber hinaus ist die Zahl der Gegner in den letzten Jahren stark angestiegen. Es ist allerdings unwahrscheinlich, dass sich Andalusien ihnen in nächster Zeit anschließen wird. In Spaniens südlichster Region wurde der Stierkampf in seiner modernen Form erfunden und von hier kommen die meisten der legendären Matadore des Landes.

Pro & Contra

Anhänger des Stierkampfes betonen dessen historische Berechtigung und die wichtige Rolle in der spanischen Kultur. Einige Befürworter gehen noch weiter und behaupten, dass *corridas* (Stierkämpfe) weniger grausam sind als die Zustände in den Schlachthöfen. Die Kampfstiere leben ihrer Überzeugung nach länger und unter besseren Bedingungen als einheimische Nutztiere. Für seine Gegner ist der Stierkampf eine unerträglich brutale Angelegenheit und eine Schande für die heutige angeblich aufgeklärte Zeit. Die Antistierkampflobby hat in Teilen Nordspaniens größeren Einfluss als im Süden. Zu den Organisationen gehört u. a. die in Barcelona ansässige Asociación para la Defensa de los Derechos del Animal (Verein zum Schutz von Tierrechten; www.addaong.org).

Geschichte

Kulturell gesehen haben Stierkampf und Flamenco vieles gemeinsam: Ihr Ursprung ist ungeklärt, beide sind in ihrem Wesen typisch spanisch (und andalusisch), und die dazugehörenden Fähigkeiten wurden traditionell innerhalb zahlreicher Dynastien oder Familien von Generation zu Generation weitergegeben.

Historischen Zeugnissen zufolge war es der römische Herrscher Claudius, der den Stierkampf nach Spanien brachte. Die Mauren verpassten dem bis dahin nicht normierten Spektakel den Feinschliff, indem sie feierliche Bewegungen und den Einsatz von Pferden einbrachten. Bis ins frühe 18. Jh. war der Stierkampf größtenteils dem reitenden Adel vorbehalten. Dann jedoch stieg ein Andalusier namens Francisco Romero von seinem Pferd, unternahm ein paar Täuschungsmanöver mit einem Umhang und tötete das Tier mit einem Schwert, um die *corrida* zu beenden. Franciscos Methode gewann rasch an Beliebtheit und er wurde der erste Stierkämpfer sowie Kopf der berühmten Romero-Dynastie aus Ronda. Franciscos Sohn Juan Romero entwickelte die Methodik weiter, indem er die *cuadrilla* (Stierkämpfermannschaft) einführte. Trotz seines gefährlichen Berufs starb er angeblich erst im Alter von 102 Jahren. Pedro, Franciscos Enkel, ist der meistgefeierte Torero aller Zeiten. In seiner 60 Jahre dauernden Karriere tötete er mehr als 5000 Stiere. Er führte die Theatralik beim Stierkampf ein und machte ihn zu einer wahrhaften Verfolgungsjagd. Seine Methoden wurden fast 100 Jahre lang angewandt.

In den 1910er-Jahren war der Stierkampf auf seinem Höhepunkt, als er sich von einer pompösen „Zirkusnummer" in eine atemberaubende Zurschaustellung von Ästhetik und technischen Details verwandelt hat-

> Ein *espontáneo* ist ein Zuschauer bei einem Stierkampf, der verbotenerweise in die Arena springt und versucht, gegen das Tier zu kämpfen. „El Cordobés", ein berühmter Matador, begann auf diese umstrittene Weise seine Karriere. Jahre später wurde einer seiner eigenen Kämpfe durch einen *espontáneo* unterbrochen, der tragischerweise auf die Hörner genommen wurde und starb.

HISTORISCHE STIERKAMPFARENEN

Es gibt in Andalusien knapp 70 Stierkampfarenen. Die Saison dauert von Ostersonntag bis Oktober. Sevilla und Ronda sind die Städte mit der ausgeprägtesten Stierkampftradition.

Sevilla In der andalusischen Hauptstadt befindet sich die sogenannte „Catedral del Toreo" (Stierkampfkathedrale) La Maestranza. Sie ist die älteste Stierkampfarena der Welt und stammt aus dem Jahr 1761. Während der Feria de Abril gibt's hier besonders viele Veranstaltungen.

Ronda Mit einem Durchmesser von 66 m ist die neoklassische Plaza de Toros de Ronda aus dem Jahr 1784 die weltweit größte Arena. In ihrem Ring standen schon Berühmtheiten wie Pedro Romero und der Ordóñez-Clan. Im September wird dort das Corrida-Goyesca-Festival veranstaltet.

El Puerto de Santa María Die Stadt in der Provinz Cádiz hat eine lange Stierkampftradition und verfügt über eine 1880 errichtete Arena, die 15 000 Zuschauern Platz bietet.

Antequera 1984 wurde Antequeras Arena inmitten eines Parks nach dem Originalentwurf von 1848 wiederaufgebaut. Zu ihr gehört auch ein Museum.

Málaga 1878 öffnete die berühmte Malagueta im Neo-Mudéjar-Stil ihre Pforten Sie hat 14 000 Sitze.

Córdoba Die 1965 errichtete Plaza de los Califas ist Andalusiens Arena mit den meisten Sitzplätzen (knapp 17 000).

Osuna 2014 erlangte diese kleine Stierkampfarena von 1904 Ruhm, da hier Szenen der TV-Serie *Game of Thrones* (Staffel Fünf) gefilmt wurden.

te und nur noch winzigen Raum für Fehler ließ. Dazu trug maßgeblich die Rivalität der beiden berühmten Matadore Juan Belmonte und Joselito „El Gallo" bei. Die als größte Stierkämpfer aller Zeiten angesehen Männer stammten aus der Provinz Sevilla und hatten einen Altersunterschied von knapp drei Jahren.

Juan Belmonte (1892–1962) konnte sich aufgrund seiner deformierten Beine nicht wie ein klassischer Matador bewegen und blieb stets regungslos stehen, bis der Stier ihn beinahe erreicht hatte. Einst witzelte er, dass er wie „ein Mathematiker" in den Ring gehe, der „einen Satz beweisen müsse". Bei seiner nervenzerreißenden neuen Technik blieb den Zuschauern die Luft weg. Insgesamt wurde Belmonte über 20 Mal auf die Hörner genommen, überlebte jedoch immer. Dieses Glück hatte sein Rivale Joselito (1895–1920) nicht. Er war ein Wunderkind, das Belmontes Nahkampfmethode übernahm und bald darauf zu dessen größtem Rivalen wurde. Ihre Duelle mit der *muleta* (das rote Tuch, das der Matador schwenkt) in den Jahren 1912 bis 1920 waren einmalig. Joselito wurde 1920 aufgespießt und starb. Hemingway, ein guter Freund Belmontes, schrieb darüber später seinen berühmten Roman *Tod am Nachmittag*.

Seit Joselitos Ableben haben sich die traditionellen Grundlagen des Stierkampfs kaum verändert. Manolete (1917–1947), ein notorisch ernster Stierkämpfer aus Córdoba, erfand einige der kurzen, dicht neben dem Stier auszuführenden Bewegungen mit der *muleta*, die heute ein übliches Stilmittel des modernen Stierkampfs sind. Sein Kollege „El Cordobés" aus Córdoba kombinierte Extravaganz im Ring mit ebenso extravaganten Eskapaden außerhalb der Arena. Die vielleicht größte Rivalität seit den 1910er-Jahren bestand zwischen dem *madrileño* (Einwohner von Madrid) Luís Miguel Dominguín und dem in Ronda kämpfenden Antonio Ordóñez, über deren Geschichte erneut Hemingway einen Roman mit dem Titel *Gefährlicher Sommer* (1959) verfasste.

Der Kampf

Stierkämpfe beginnen normalerweise gegen 18 Uhr. Dabei treten jeweils drei verschiedene Matadoren gegen zwei Tiere an. Jeder Kampf dauert ungefähr 15 Minuten.

Sobald der Stier in der Arena ist, scheuchen ihn *peones* (angehende Matadore) herum, indem sie große Capes schwingen. Dann hat der bunt kostümierte Matador seinen ersten Auftritt und macht *faenas* (Bewegungen) vor dem Stier, indem er sich beispielsweise vor dessen Hörnern dreht. Je näher der Matador dem Tier kommt und je gelassener er mit ihm umgeht, desto größer der Beifall des Publikums. Dann überlässt der Matador die Bühne den *banderilleros*. Sie stacheln den Stier auf, indem sie ihm ein Paar *banderillas* (kurze Spieße mit harpunenartigen Widerhaken) in den Nacken stoßen. Als Nächstes übernehmen die berittenen Picadore, die dem Stier eine Lanze in den Nacken rammen und ihn damit enorm schwächen. Jetzt kehrt der Matador für seinen abschließenden Auftritt zurück. Wenn der Stier erschöpft und am Ende seiner Kräfte zu sein scheint, ist für den Matador der Zeitpunkt gekommen, ihn zu töten. Auge in Auge mit dem Tier holt er zu einem sauberen, sofort tödlichen Degenhieb in die Nackenmuskulatur aus – der sogenannten *estocada*.

Eine gekonnte, wagemutige Vorstellung mit sauberem Todesstoß wird durch stehende Ovationen belohnt. Die Menge schwenkt Taschentücher, damit der Kampfrichter den Matador mit einem Ohr des Tieres belohnt.

> Einst sagte der frühere spanische König Juan Carlos (geb. 1938): „An dem Tag, an dem der Stierkampf in der EU verboten wird, tritt Spanien aus der EU aus."

Andalusische Küche

Während sich andere Regionen Spaniens mit Sterne-Restaurants überbieten und Küchen wie Chemielabore betreiben, zelebriert Andalusien Einfachheit. Die Küste liefert frischen Fisch, die Berge leckeres Fleisch (Räucherschinken, der im Mund zergeht) und die allgegenwärtigen Olivenhaine die Standardzutat der Region – Olivenöl. Das Besondere an der hiesigen Küche ist der spürbare Einfluss der Mauren. Sie kultivierten als Erste Reis sowie Zitruspflanzen und brachten scharfe Gewürze wie Zimt, Muskat, Koriander und Safran hierher.

Früchte des Meeres

Die Legende, dass es an der Costa del Sol statt Megaresorts einst fast nur Fischerdörfer gab, stimmt zu großen Teilen. Entlang der gesamten Küste gehören Meeresfrüchte einfach zum Leben dazu, auch weil Andalusien früher eine der ärmsten Regionen Spaniens war. Generationen von Einheimischen zogen in Fischereiflotten aufs Meer hinaus und hielten die Gegend im wahrsten Sinne des Wortes „über Wasser". Inzwischen ist die Fischerei großen Konzernen vorbehalten, und die kleinen Flotten sind quasi vom Aussterben bedroht. Am ehesten begegnet man ihnen noch in Form nostalgischer Memorabilien in Hafenkneipen. Doch der Geist jener Tage ist nach wie vor lebendig. Sowohl Restaurantköche als auch hungrige Kunden und *abuelas* (Großmütter) erwarten jeden Morgen sehnsüchtig den jeweiligen Tagesfang aus dem Mittelmeer und dem Atlantik.

Andalusier bereiten Fisch in zahllosen Varianten zu. Besonders berühmt sind ihre *pescaíto frito* (gebratener Fisch). In Cádiz, El Puerto de Santa María und der Costa de la Luz (sowie ferner in Granada) gibt's ihn auf andalusische Art. Die Zubereitung ist komplizierter, als man denken würde. Praktisch jeder Fang wird in Kichererbsen- und Weizenmehl gewälzt, dann geschüttelt, damit das überflüssige Mehl abfällt, und anschließend ganz kurz in Olivenöl frittiert, bis sich rundum eine hellgoldene Kruste bildet. Zu den weniger ausgefallenen zählen *chipirones* oder *chopitos* (Baby-Tintenfisch), *cazón en adobo* (Hai, der sich von Schalentieren ernährt und einen strengen, fast süßen Geschmack hat) und *tortilla de camarones*, ein köstlicher, knuspriger Pfannkuchen mit Shrimps.

Weitere Spezialitäten sind *boquerones* (Anchovis), frittiert oder in Knoblauch, Olivenöl und Essig mariniert, *sardinas a la plancha* (gegrillte Sardinen), *gambas* (Shrimps) und *langostinos* (Garnelen) gegrillt, frittiert oder kalt mit frischer Mayonnaise (die begehrtesten sind die aus Sanlúcar de Barrameda), sowie frittierte *chanquetes* (weiße Garnelen) aus Málaga, *ostras* (Austern), *pez espada* (Schwertfisch) und *salmonetes* (rote Sackbrasse). Die Bestände an *atún* (Thunfisch) schwinden rapide, trotzdem ist er an der Costa de la Luz nach wie vor sehr beliebt, vor allem in Barbate und Zahara de los Atunes.

> Der wertvolle Blauflossenthunfisch wird an der Costa de la Luz immer noch mit der alten *almadraba*-Technik gefangen, indem Netze am Meeresboden verankert werden. Phönizier führten diese 3000 Jahre alte Technik ein.

Früchte des Landes

Nicht nur an der Küste ist man stolz auf die Erzeugnisse der Region. Großspurig (aber durchaus zu Recht) erzählen Binnenland-Andalusier, dass die hiesigen Oliven und der hier produzierte *jamón* (Räucherschinken), Grundpfeiler der spanischen Küche, die köstlichsten von ganz Spanien seien.

Doch erst einmal zu einer anderen Spezialität: In der Stierkampfsaison (ungefähr Mai bis September) kündigen Bars und Restaurants stolz *hay rabo de toro* an. Das heißt das so viel wie: „ja, wir servieren Stierschwanz".

Andalusier essen außerdem gern Käse. Viele Sorten kommen aus anderen Landesteilen, aber es gibt ein paar Ausnahmen, darunter Grazalema (hergestellt aus Schafsmilch in den Bergen von Cádiz; schmeckt ähnlich wie Manchego), Málaga (in Olivenöl konserviert), und Cádiz (streng riechender frischer Ziegenkäse von Bauernhöfen aus der Umgebung von Cádiz).

Dank des hervorragenden Klimas produziert die Region überdies das wohl leckerste Obst und Gemüse Spaniens. Die meisten Restaurantspeisekarten sind zwar eher fleischlastig, aber dieErzeugnisse gehen auf den Morgenmärkten trotzdem ziemlich gut weg. Die Provinz Almería, östlich von Málaga, ist der Wintergarten Europas. Kilometerweit erstrecken sich dort unter Plastikplanen Treibhäuser, in denen Gemüse gezüchtet wird.

Jamón

Wenig kitzelt die Geschmacksknospen mehr als ein köstliches Scheibchen *jamón*. Fast jede Bar und jedes Restaurant in Andalusien hat ständig mindestens einen Schinken im Anschnitt, der in einen schaukelähnlichen Rahmen namens *jamónera* gespannt ist. Meistens hängen aber gleich mehrere Schinken samt Haut und Huf von den Wänden oder der Decke.

Anders als italienischer Prosciutto ist spanischer *jamón* dunkelrot und großzügig mit buttrigem Fett marmoriert. Gut abgehangen schmeckt er nach Wald und Feld. Genau wie Wein und Oliveynöl unterliegt er strikten Klassifizierungen. *Jamón serrano,* der rund 90 % des geräucherten Schinkens in Spanien ausmacht, stammt von weißen Schweinen, die in den 1950er-Jahren in Spanien eingeführt wurden. Nachdem er gesalzen und halbwegs vom kalten Wind der spanischen Sierra getrocknet wurde, durchläuft er meist noch mal einen ähnlichen Prozess: Rund ein Jahr lang wird er in einem genau temperierten Schuppen geräuchert und getrocknet.

Der teurere *jamón ibérico*, auch *pata negra* (schwarzes Bein) genannt, stammt von einer schwarzen, auf der iberischen Halbinsel heimischen Schweineart, die vom Wildschwein abstammt und Fett im Muskelgewebe speichern kann – wodurch ihr Fleisch besonders gut marmoriert ist. Als bester *jamón* gilt der *ibérico* aus Jabugo in der Provinz Huelva. Er wird aus frei in den Eichenwäldern der Sierra Morena herumstreifenden Schweinen gewonnen. Die besten Jabugo-Schinken erhalten Qualitätsgrade von einem bis zu fünf *jotas* (Js). Ein Schinken mit *cinco jotas* (JJJJJ) stammt von Schweinen, die ausschließlich mit Eicheln (*bellotas*) ernährt wurden.

Wenn das Schwein mindestens 50 % seines Gewichts während der Eichelfütterungszeit erlangt hat, darf der Schinken als *jamón ibérico de bellota* bezeichnet werden, die begehrteste Klassifizierung für *jamón*.

Tejeringos sind besonders lange, spiralenförmige *churros* (in Fett gebratene Kringel).

DIE HERKUNFT DER TAPAS

Über die Entstehung der Tapas kursieren jede Menge Geschichten. Einer zufolge rieten Ärzte Alfons X. im 13. Jh., zum Wein zwischen den Mahlzeiten einen Happen zu essen. Der König war von dem Vorschlag so begeistert, dass er ein Gesetz erließ, wonach alle Kneipen in Kastilien ebenso verfahren mussten. Laut einer anderen Version haben Barbesitzer die Tapas erfunden, indem sie eine Untertasse mit einem Stück Brot auf ein Glas Sherry stellten. Entweder wollten sie damit die Fliegen abhalten oder verhindern, dass der Alkohol auf leeren Magen den Gast zu schnell betrunken machte. Der Name *tapa* (Deckel) soll sich im frühen 20. Jh. verbreitet haben, nachdem Alfons XIII. eine Strandbar in der Provinz Cádiz besucht hatte. Als ein heftiger Windstoß Sand in Richtung des Königs wehte, legte ein geistesgegenwärtiger Kellner schnell eine Scheibe *jamón* (Schinken) auf dessen Sherry-Glas. Dem König gefiel das (und der *jamón*) so gut, dass er – Wind hin oder her – dasselbe noch einmal bestellte. Damit war die Bezeichnung geboren und blieb hängen.

Weitere sehr beliebte Schweinefleischprodukte sind *morcilla*, eine Blutwurst mit Reis oder Zwiebeln (schmeckt leicht gebraten am besten); Chorizo, eine herzhaft gewürzte Wurst mit Paprika; und *lomo*, ebenfalls eine geräucherte Wurst.

Olivenöl

Mit mehr als 100 Mio. Olivenbäumen ist Andalusien der größte Olivenölproduzent der Welt. Beachtliche 10 % der weltweit hergestellten Menge stammen aus der Provinz Jaén, mehr als aus Griechenland. Die 4500 km² große Fläche voller Olivenbäume in Jaén gilt sogar als der größte von Menschenhand gepflanzte Wald. Ursprünglich wurden die Olivenhaine von Córdoba, Jaén und Sevilla von den Römern angelegt, doch die Mauren perfektionierten die Herstellung von *az-zait* (Saft der Olive), von dem das heutige Wort *aceite* für Olivenöl abgeleitet ist. Sowohl Oliven als auch Olivenöl sind noch immer ein fester Bestandteil der andalusischen Küche.

> Spanien hat einen Anteil von 45 % am Weltmarkt für Olivenöl und einen von 20 % am weltweiten Konsum.

Die Herstellung von Olivenöl ist fast so kompliziert wie bei Wein, und seine Qualität wird in Kategorien gemessen. Die besten Öle sind „virgine" (sie müssen 40 verschiedene Qualitäts- und Reinheitskriterien erfüllen) und „extra virgine" (das beste Olivenöl, dessen Säuregrad nicht höher als 1 % sein darf). Regionen mit behördlich anerkannter Olivenölproduktion bekommen ein „Denominación de Origen"-Garantiesiegel (abgekürzt DO). Es enthält Angaben zur geografischen Herkunft, zum Herstellungsprozess und zur Qualität). Zu den DOs in Andalusien zählen Baena und Priego de Córdoba in Córdoba sowie Sierra de Segura und Sierra Mágina in Jaén.

Die häufigste Olivenart ist die vollmundige, (manchmal) leicht scharfe *picual*. Ihren Namen hat sie von ihrer ausgeprägten *pico* (Spitze). Sie dominiert die Olivenhaine der Provinz Jaén und macht 50 % der gesamten spanischen Olivenproduktion aus. Grund dafür ist ihr hoher Gehalt an pflanzlichen Fettsäuren, natürlichen Antioxidantien und Polyphenol. Letzteres sorgt für die lange Haltbarkeit und die Bewahrung der wertvollsten Grundstoffe, wenn das Öl hoch erhitzt wird. Eine andere wichtige Olivenart ist *hojiblanca*, die vorwiegend in der Umgebung der Provinzen Málaga und Sevilla angebaut wird. Das daraus hergestellte Öl hält sich nicht so lange und sollte an einem kühlen, dunklen Ort aufbewahrt werden. Sein Geschmack und Aroma erinnert angeblich an Früchte, Gräser und Nüsse.

Kalte Suppen

> Bei der letzten Zählung gab es in Andalusien neun Restaurants mit Michelin-Sternen, aber nur zwei davon – das Calima in Marbella und das Aponiente in El Puerto de Santa María – haben zwei davon.

Seit jeher sind die Kreationen andalusischer Köche durch das Klima der Region geprägt und so heißt die perfekte Abkühlung in Andalusiens heißem Sommer *gazpacho andaluz*, eine kalte Suppe in zahlreichen Erscheinungsformen. Ihre Grundlage ist fast immer ein Püree aus Tomaten, Paprika, Gurke, Knoblauch, Semmelbröseln, Öl und (Wein-)Essig. Abgesehen vom Klima erfreut sich das Gericht aber auch aus historischen Gründen großer Beliebtheit: Es gilt als Geschenk der Neuen Welt, aus der Kolumbus Tomaten und Paprikaschoten mitbrachte. Das Grundrezept erfanden bäuerliche Tagelöhner *(jornaleros)* in Andalusien, die vom Bauern Öl und (oft altbackenes) Brot bekamen. Letzteres weichten sie als Basis für eine Suppe in Wasser auf und gaben Öl, Knoblauch sowie das, was an frischem Gemüse gerade so zur Hand war, dazu. Alle Zutaten wurden in einem Mörser zerdrückt. Dadurch entstand eine sowohl erfrischende als auch nahrhafte Speise. Manchmal wird Gazpacho in einer Glaskanne mit Eiswürfeln serviert, und als Beilage dazu reicht man geschnittenes rohes Gemüse wie Gurken und Zwiebeln.

Eine sämigere Variante des *gazpacho* ist *salmorejo cordobés*, eine kalte Suppe aus Córdoba auf Tomatenbasis, in der eine Brotscheibe schwimmen muss; dazu isst man *jamón*-Scheibchen und Rührei. *Ajo blanco* ist ein weißer *gazpacho*, ein nordafrikanisches Erbe, mit Mandeln, Knoblauch und Trauben anstelle von Tomaten.

Getränke

Wein

Der Weinanbau in Andalusien geht auf die Phönizier und möglicherweise bis ins Jahr 1100 v. Chr. zurück. Danach bauten die Römer, berühmte Weingenießer, und sogar die Mauren weiter Wein an, obwohl der Koran sie zu Abstinenz anhielt. Durch die damals neue Vorliebe der Briten für Sherry erlebte Andalusiens Weinwirtschaft im 16. Jh. einen riesigen Boom.

Die Montilla-Morales-Region im Süden der Provinz Córdoba produziert einen Wein, der dem Sherry ähnelt, allerdings wird er nicht mit Kognak angereichert; am begehrtesten ist der *fino*. Die Provinz Málaga produzierte süßen, samtigen Málaga Dulce, ein Wein, der Virgil ebenso erfreute wie die Damen im viktorianischen England, bis der Mehltau die Reben gegen Beginn des 20. Jhs. dahinraffte. Heute ist das Málaga-Gebiet die kleinste Weinregion Andalusien. In einigen der zahlreichen Bars der Stadt kann man Málaga-Wein direkt vom Fass kosten.

Fast jedes Dorf in Andalusien hat seinen eigenen schlichten Wein, der einfach *mosto* genannt wird. Acht Gegenden in der Region produzieren gute, geschmacklich unterschiedliche Nicht-DO-Weine, die man vor Ort verkosten kann: Aljarafe und Los Palacios (Provinz Sevilla); Bailén, Lopera und Torreperogil (Provinz Jaén); Costa Albondón (Provinz Granada); Laujar de Andarax (Provinz Almería); und Villaviciosa (Provinz Córdoba).

Wein wird nicht nur zum Essen getrunken, sondern gern auch in Bars. Wer für eine Flasche im Supermarkt 5 € oder im Restaurant 12 € hinlegt, bekommt schon einen ordentlichen Tropfen. *Vino de mesa* (Tafelwein) ist in Läden eventuell schon für unter 1,50 € pro Liter zu haben. In Bars und Restaurants kann man den Wein *per copa* (Glas) bestellen: Der *vino de la casa* (Hauswein) kommt vielleicht vom Fass und kostet rund 1 €.

Viele Besucher bevorzugten lange die Weine aus der Rioja (Baskenland), doch inzwischen haben neue Winzer in Regionen wie den Alpujarras angefangen, mit den Rebsorten Tempranillo, Pinot Noir und Cabernet Sauvignon zu experimentieren, und produzieren einige gute Tropfen.

> Der Legende nach brachte der deutsch-flämische Soldat Peter Siemens Mitte des 16. Jhs. eine weiße Rebsorte aus den Niederlanden mit nach Andalusien. Ins Spanische übersetzt wurde aus Peter Siemens Pedro Ximénez, der neue Name der Traube und die heutige Bezeichnung für den besten lieblichen Dessertwein der Region.

WEINREGIONEN

Andalusien hat sechs *Denominaciónes de Origen*s (DOs; Anbaugebiete) für seine Weine.

Málaga Nach einigen Höhen und Tiefen durchlebt der Weinanbau hier im Moment eine Renaissance. Die Region ist für seine süßen Dessertweine aus Moscatel- und Pedro-Ximénez-Trauben bekannt. Die dunklen vollmundigen Weine haben einen höheren Zuckeranteil und passen gut zu getrockneten Früchten, Schokolade oder regionalen Pasteten.

Sierras de Málaga Ein 2001 gegründeter Ableger der Málaga-DO, der die üblichen lieblichen Weine sowie leichtere Weißweine wie Chardonnay und Sauvignon Blanc herstellt, die einen niedrigeren Alkoholgehalt haben (unter 15 %).

Jerez-Xerez-Sherry Die legendäre Sherry-Region war 1993 Spaniens erste DO und verarbeitet vor allem Palomino-Trauben, um einige der traditionsreichsten Weine der Welt herzustellen. Die Rebsorten reichen von trockenem *fino* bis hin zu lieblichem Pedro Ximénez.

Manzanilla Sanlúcar de Barrameda Obwohl hier dieselben Trauben wie in Jerez angebaut werden, produziert Sanlúcars Küsten-Mikroklima einen zarteren, sanften Sherry mit einer leichten Salzessenz, die als Manzanilla bekannt ist.

Condado de Huelva Die Weißweine dieser bewusst einfachen DO werden vor allem aus Zalema-Trauben hergestellt, was frische und leichte, wenn auch unspektakuläre Weine hervorbringt, die gut zu Meeresfrüchten passen.

Montilla-Moriles Im Süden der Provinz Córdoba rund um den Ort Montilla produziert diese DO liebliche Dessertweine, die sehr an Sherry erinnern und aus Pedro-Ximénez- sowie Moscatel-(Muskat-)Trauben gewonnen werden.

BÜCHER ÜBER ESSEN & WEIN

➜ *Andalusien: Küche und Kultur* (Margit Kunzke; 2006) Kochbuch und Reiseführer.

➜ *Comida! Eine kulinarische Reise durch Spanien* (Paul Richardson; 2007) Zeigt die Vielfalt der spanischen Küche.

➜ *Spaniens Küche, Spaniens Weine: Von Andalusien bis Valencia* (John Radford, Mario Sandoval; 2008) Kulinarische Besonderheiten der jeweiligen Regionen und dazu passende spanische Weine.

➜ *Dining Secrets of Andalucía* (Jon Clarke; 2008) Restauranttipps.

➜ *World Food Spain* (Richard Sterling, Lonely Planet; 2000) Einführung in die spanische Küche mit einem umfassenden kulinarischen Lexikon.

Infos im Internet

www.foodswines
fromspain.com

www.andalucia.
com/gastronomy

www.sherry.org

Sherry

Sherry, ein berühmter hochprozentiger andalusischer Wein, wird in den Städten Jerez de la Frontera, El Puerto de Santa María und Sanlúcar de Barrameda hergestellt, die das „Sherry-Dreieck" der Provinz Cádiz bilden. Er entsteht aus dem Zusammenspiel von Klima, kreidehaltigem Boden (der Sonnenstrahlen aufnimmt, aber keine Feuchtigkeit abgibt) und einem speziellen Reifeprozess namens *solera*.

Beim Sherry wird hauptsächlich zwischen *fino* (trocken und strohfarben) und *oloroso* (süß und dunkel, mit üppigem Bouquet) unterschieden. Ein *amontillado* ist ein bernsteinfarbener, einigermaßen trockener *fino* mit nussigem Geschmack und höherem Alkoholgehalt. Ein mit süßem Wein versetzter *oloroso* ergibt einen Sahne-Sherry. Der Manzanilla ist ein kamillenfarbiger, in Sanlúcar de Barrameda hergestellter *fino*. Seinen delikaten Geschmack verdankt er angeblich der Meeresbrise, die in die Bodegas weht.

Bier

Die Andalusier lieben Bier, bevorzugen aber kleine Portionen. Am häufigsten wird *cerveza* (Bier) als *caña* (kleines Glas; 250 ml) oder als *tubo* (etwas größeres Glas; ca. 300 ml) serviert. Wer einfach *cerveza* bestellt, bekommt oft eine Flasche, was meistens teurer ist. Eine kleine Flasche (250 ml) wird *botellín* oder *quinto* genannt, eine größere (330 ml) *tercio*. San Miguel, Cruzcampo und Alhambra sind alle ordentliche andalusische Biersorten.

Kleinbrauereien und Mikrobrauereien, die Biere in kleinen Mengen produzieren und dazu innovative Rezepturen verwenden, sind ein recht neues, aber zunehmend populäres Phänomen in Andalusien. Vorreiter dieser Bewegung sind Cervezas Taifa in Sevilla und Cervezas Califa in Córdoba, die verschiedene India Pale Ales, Stouts und Pilsener servieren.

Kaffee & Tee

Kaffee wird in Andalusien allgemein stark, heiß und in kleinen Tassen getrunken. Wie in den meisten Mittelmeerländern ist Kaffee zum Mitnehmen unüblich. Ein *café con leche* besteht zur Hälfte aus Milch und zur anderen Hälfte aus Kaffee (eine Art Café Latte); ein *cortado* ist Espresso mit einem Spritzer Milch (wie ein italienischer Macchiato); und *solo* ist ein schwarzer Espresso. Wer seinen Kaffe *en vaso* bestellt, erhält ihn in einem Glas; wer viel Milch möchte, muss nach *sombra* oder *manchado* verlangen.

Den besten Tee servieren *teterías* (Teehäuser im maurischen Stil; siehe S. 261). In Granada gibt's davon jede Menge, und in den letzten Jahren immer mehr in anderen Städten – vor allem in Málaga, aber auch in Jerez, Cádiz und Almería. Auf ihren langen Teekarten finden sich unzählige duftende oder gewürzte Varianten. Serviert werden die Tees in silbernen Kannen, aus denen er in kleine Gläser gegossen wird – typisch marrokanisch.

Praktische Informationen

ALLGEMEINE INFORMATIONEN .. 382

Ermäßigungen 382
Essen 382
Feiertage & Ferien 382
Frauen unterwegs 383
Geld 383
Gesundheit 383
Internetzugang........383
Karten 383
Öffnungszeiten........384
Post..................384
Rechtsfragen..........384
Reisen mit Behinderung 385
Schwule & Lesben 386
Sicherheit 386
Sprachkurse 386
Strom................386
Telefon 386
Toiletten..............387
Touristeninformation....387
Unterkunft............387
Versicherung..........389
Zeit 389
Zollbestimmungen......389

VERKEHRSMITTEL & -WEGE............390

AN- & WEITERREISE 390
Einreise in die Region ...390
Flugzeug 390
Auf dem Landweg 391
Auf dem Seeweg 392
UNTERWEGS VOR ORT..392
Auto & Motorrad 392
Bus 394
Fahrrad...............394
Schiff/Fähre 394
Taxi 394
Zug 395

SPRACHE......... 396

Glossar...............401

Allgemeine Informationen

Ermäßigungen

In den Museen sollte man immer nachfragen, ob es Rabatt für Studenten, Jugendliche, Kinder, Familien oder Rentner gibt.

➡ Seniorenkarten bieten reduzierte Preise für Rentner ab 60, 63 oder 65 Jahren (je nach Einrichtung) in Museen und Attraktionen (manchmal auf EU-Bürger begrenzt) und gelegentlich auch auf Verkehrsmittel.

➡ Studentenkarten gewähren Rabatt (meist die Hälfte des Normalpreises) für Studenten. Man braucht einen Nachweis (z. B. einen Internationalen Studentenausweis; www.isic.org), um den Studentenstatus zu belegen. Die Karten werden nicht überall akzeptiert.

➡ Reisende unter 26 Jahren mit einer European Youth Card (www.euro26.org), in Spanien auch als Carnet Joven bekannt, erhalten Rabatt auf Sehenswürdigkeiten und Jugendherbergen. Die International Youth Travel Card (IYTC; www.istc.org) bietet ähnliche Vorteile.

Essen

Für Infos zur Küche der Region siehe die Kapitel „Essen wie die Einheimischen" (S. 30) und „Andalusische Küche" (S. 376).

Feiertage & Ferien

In Spanien gibt's 14 offizielle Feiertage; manche gelten im ganzen Land, andere nur in einem einzelnen Dorf. Welche Feiertage wo begangen werden, kann sich von Jahr zu Jahr ändern. Feiertage, die aufs Wochenende fallen, werden manchmal am Montag nachgeholt oder durch einen anderen Tag ersetzt. Ist der Feiertag ein Dienstag, nehmen sich viele Spanier einen Brückentag (heißt auch auf Spanisch puente – Brücke).

Spanier machen am liebsten während der Semana Santa (Karwoche) und in den sechs Wochen von Mitte Juli bis Ende August Urlaub. In den Ferienorten sind freie Betten dann oft Mangelware, und die Züge platzen aus allen Nähten.

Meist gibt's neun landesweite Feiertage:

Año Nuevo (Neujahr) 1. Januar

Viernes Santo (Karfreitag) 14. April 2017, 19. April 2018

Fiesta del Trabajo (Tag der Arbeit) 1. Mai

La Asunción (Mariä Himmelfahrt) 15. August

Fiesta Nacional de España (Spanischer Nationalfeiertag) 12. Oktober

Todos los Santos (Allerheiligen) 1. November

Día de la Constitución (Tag der Verfassung) 6. Dezember

La Inmaculada Concepción (Fest der unbefleckten Empfängnis) 8. Dezember

Navidad (Weihnachten) 25. Dezember

Dazu kommen normalerweise drei Feiertage, die von den Regionalregierungen festgelegt werden; für zwei weitere sind die Kommunen zuständig. Die drei andalusischen Feiertage:

Epifanía (Erscheinung des Herrn) oder Día de los Reyes Magos (Dreikönigstag) 6. Januar

Día de Andalucía (Andalusientag) 28. Februar

Jueves Santo (Gründonnerstag) Am Donnerstag vor Ostern

Die einzelnen Kommunalverwaltungen entscheiden sich oft für folgende Termine:

ESSEN: PREISKATEGORIEN

Die folgenden Preiskategorien beziehen sich auf einen Hauptgang zum Abendessen ohne Getränke. Das Bedienungsgeld ist im Preis inbegriffen.

€ unter 10 €
€€ 10–20 €
€€€ über 20 €

Corpus Christi (Fronleichnam) Zwei Monate nach Ostern

Día de San Juan Bautista (Johannistag; Namenstag von König Juan Carlos I.) 24. Juni

Día de Santiago Apóstol (Jakobstag; Gedenktag des spanischen Schutzpatrons) 25. Juli

Frauen unterwegs

Ernsthafte Belästigungen kommen nicht allzu häufig vor, aber frau stellt sich am besten darauf ein, dass ihr hin und wieder nachgegafft, nachgepfiffen oder irgendetwas hinterhergerufen wird. In vielen Küstenorten sieht man knapp bekleidete Menschen, aber anderswo ziehen sich die Leute viel sittsamer an. Fast alle Orte, die man als Touristin besucht, sind zwar sicher, trotzdem sollte man aufpassen, wenn man allein hingeht. Auf einsamen Stränden, in verlassenen Landstrichen oder nachts auf menschenleeren Straßen sollten sich Frauen das besonders gut überlegen. Falls es einmal nötig sein sollte: Das spanische Wort für „Hilfe" ist *socorro*.

Bei jeder Provinzkommandantur der Nationalpolizei gibt's einen eigenen Servicio de Atención a la Mujer (SAM; wörtlich: Dienststelle zur Betreuung von Frauen). Die staatliche **Comisión para la Investigación de Malos Tratos a Mujeres** (Ausschuss zur Untersuchung des Missbrauchs von Frauen; Notfalltelefon 900 10 00 09; www.malostratos.org; 9–21 Uhr) betreibt ein Notfalltelefon für Opfer körperlicher Gewalt in ganz Spanien. In Andalusien hilft auch das **Instituto Andaluz de la Mujer** (900 20 09 99; 24 Std.).

Geld

Am einfachsten ist es, wenn man seine Bank- oder Kreditkarte und etwas Bargeld für den Notfall mitnimmt.

Geldautomaten

Mit den meisten Kredit- und Bankkarten kann man an den *cajeros automáticos* (Geldautomaten) mit den Logos von Visa, MasterCard, Cirrus etc. Bargeld abheben. Dabei fallen meist Gebühren von 1,5 bis 2 % an.

Bargeld

Die meisten Banken und Bausparkassen wechseln große ausländische Währungen und bieten auch die besten Kurse. Man braucht seinen Personalausweis und sollte vorher nach den Gebühren fragen.

Kredit- & Debitkarten

Mit Kredit- und Debitkarten kommt man in Andalusien recht weit. Viele Geschäfte akzeptieren Kreditkarten, ebenso wie Mittel- und Spitzenklassehotels sowie gehobene Restaurants, anderswo kann man sich allerdings nicht darauf verlassen. Manchmal wird bei Kartenzahlung ein Ausweis oder die PIN verlangt (also zu jeder Karte die Geheimzahl merken!). Falls eine Karte verloren geht, sollte die Telefonnummer zur Hand sein, bei der sie gesperrt werden kann.

Mit Visa und MasterCard kommt man weiter als mit American Express (Amex).

Steuern

In Spanien heißt die Mehrwertsteuer IVA (i-wa; *impuesto sobre el valor añadido*).

Trinkgeld

Das Gesetz schreibt vor, dass in Speisekartenpreisen das Bedienungsgeld bereits enthalten sein muss. Ob man Trinkgeld gibt oder nicht, bleibt jedem selbst überlassen; die meisten lassen etwas Kleingeld liegen, wenn sie zufrieden waren (5 % genügen normalerweise). Die Rechnung aufrunden und dem Ober sagen, auf wie viel er herausgeben soll, ist eher unüblich. Kofferträger sind in der Regel mit 1 € zufrieden. Taxifahrern muss man kein Trinkgeld geben, aber sie freuen sich trotzdem, wenn man den Fahrpreis aufrundet.

Gesundheit

Im Notfall kann man sich direkt an die *urgencias* (Notaufnahme) des nächstgelegenen Krankenhauses wenden oder unter 061 einen Krankenwagen rufen.

Die medizinische Versorgung funktioniert problemlos und in den *farmacias* (Apotheken) werden Kunden gut beraten. Eine *farmacia de guardia* (Notapotheke) hat immer irgendwo in der Nähe geöffnet. Welche gerade dran ist, steht auf ausgehängten Listen an allen Apotheken.

Normalerweise ist das spanische Leitungswasser gefahrlos trinkbar. In der Stadt Málaga allerdings gehen viele lieber auf Nummer sicher und trinken ihr Wasser aus der Flasche. Fluss- und Seewasser kann mit schädlichen Bakterien versetzt sein.

Internetzugang

WLAN ist in fast allen Hotels, aber auch in Cafés, Restaurants sowie auf Flughäfen verfügbar und in der Regel (aber nicht immer) kostenfrei. In Hotels variiert die Verbindungsgeschwindigkeit oft von Zimmer zu Zimmer (manchmal gibt's auch nur in der Lobby WLAN), also sollte man gleich beim Check-in oder bei der Buchung nachfragen. Einige Touristeninformationen haben Listen mit WLAN-Hotspots in der Region.

Karten

Die Andalusienkarte von Michelin im Maßstab 1:400 000 (Nr. 578) leistet beim Planen und unterwegs sehr gute Dienste. Jedes Jahr kommt eine Neuauflage heraus, die überall erhältlich ist (nicht nur in Andalusien), z. B. bei vielen Buchläden und Tankstellen.

Die Stadtpläne der Touristeninformationen sind oft ausreichend, um sich einen Überblick zu verschaffen. Genauer sind die spanischen

PRAKTISCH & KONKRET

Zeitungen Europäische Zeitungen erhält man an Kiosks in Regionen mit vielen Auswanderern oder Touristen. Die linksliberale El País (www.elpais.es) ist die meistverkaufte Zeitung Spaniens. Jede mehr oder weniger große Stadt in Andalusien hat mindestens eine eigene Tageszeitung.

Radio Die Frequenzen der Radiosender in den verschiedenen Provinzen stehen im Programmteil (Cartelera) von El País. Das staatliche RNE (Radio Nacional de España) sendet auf mehreren Kanälen, darunter RNE3 (eine schöne Palette von Pop und Rock) und RNE2 (Klassik).

Maße & Gewichte Bei Maßen und Gewichten ist das metrische System gebräuchlich.

Stadtpläne aus den Reihen Telstar, Escudo de Oro, Alpina und Everest. Diese Karten (alle mit Straßenverzeichnis) gibt's im Buchhandel. Wer einen Stadtplan kauft, sollte aber vorher unbedingt überprüfen, ob er auch aktuell ist.

Generell sind Landkarten vor Ort nicht immer erhältlich; es kann sich deshalb lohnen, schon von zu Hause welche mitzubringen.

Wanderkarten

Wer in Andalusien wandern will, sollte sich nur mit den besten Landkarten bewaffnen, zumal manche Wege nur lückenhaft markiert sind.

Das spanische **Centro Nacional de Información Geográfica** (CNIG; www.cnig.es), hat in den 1990er-Jahren für das Instituto Geográfico Nacional (IGN) in der Serie Mapa Guía recht hilfreiche Karten der National- und Naturparks herausgegeben, meistens im Maßstab 1:50 000 oder 1:100 000. Die meist aktuellen Karten des CNIG im Maßstab 1:25 000 (Mapa Topográfico Nacional) decken etwa drei Viertel von ganz Andalusien ab. Sowohl vom CNIG als auch vom **SGE** (Geografischer Service der Armee; ☎ 915 12 66 00, ext. 6630; Darío Gazapo 8, Madrid; ⊙ 9–13.30 Uhr) gibt's Serien im Maßstab 1:50 000. Die Karten des SGE (Serie L) sind oft ein bisschen aktueller (fast alle Andalusienkarten wurden seit Mitte der 1990er-Jahre überarbeitet). Auf den Landkarten des CNIG steht CNIG, IGN oder beides.

Eine Liste mit weiteren Verkaufsstellen findet man auf der Website des CNIG (unter „Información y Venta"); dort sind die Karten auch online zu bekommen. Das CNIG hat Verkaufsstellen in den acht Provinzhauptstädten Andalusiens, z. B. in Sevilla, Granada und Málaga.

Die spanischen Verlage **Editorial Alpina** (www.editorialalpina.com), **Editorial Penibética** (www.penibetica.com) und **Discovery Walking Guides** (www.walking.demon.co.uk) aus Großbritannien bringen recht gute Serien auf den Markt – oft sind bei den Karten Broschüren mit Miniführer dabei.

Auch die andalusische Regionalregierung, die **Junta de Andalucía** (www.juntadeandalucia.es), bietet verschiedene Landkarten, darunter eine recht neue Mapa-Guía-Reihe über die Natur- und Nationalparks. Diese Serie ist überall zu kriegen, eignet sich aber mit ihrem Maßstab (1:75 000) vielleicht eher für Autofahrer als für Wanderer. Die Außenseite ist in Grün gehalten, im Gegensatz zu den roten oder pinkfarbenen mapas guías des CNIG. Die Karten der Junta sind recht ordentlich – auch die mit ganz Andalusien im Maßstab 1:10 000 und 1:20 000 –, aber nur an wenigen Stellen zu bekommen.

Öffnungszeiten

Die Öffnungszeiten variieren je nach Region und Jahreszeit.

Banken Mo–Fr 8.30–14, Sa 9–13 Uhr

Cafés 8 bis 23 Uhr

Bars & Clubs 22 bis 4 Uhr

Postämter Mo–Fr 8.30–20.30, Sa 9–13.30 Uhr

Restaurants 13–16 & 20–24 Uhr

Geschäfte Mo–Sa 9–13.30 & 17–21 Uhr

Supermärkte Mo–Sa 9–21 Uhr

Die Einrichtungen und Geschäfte auf Gibraltar machen keine Siesta. Restaurants sind in der Regel von 8 bis 20 Uhr, Geschäfte von 10 bis 18 Uhr geöffnet. Die meisten Läden schließen samstags nach dem Mittagessen und öffnen erst montagmorgens wieder.

Post

Briefmarken bekommt man außer beim Postamt (oficina de correos; www.correos.es) auch bei den sogenannten estancos (Tabakläden, zu erkennen am gelben Schriftzug „Tabacos" auf rotbraunem Hintergrund). Die buzones (Briefkästen) auf der Straße werden verlässlich geleert. Innerhalb von Westeuropa braucht die Post meistens maximal eine Woche.

Rechtsfragen

➜ Spaniens einst liberale Drogengesetze wurden 1992 deutlich verschärft; heute ist Cannabis die einzige legale Droge, und das auch nur für den Eigenbedarf, also in sehr kleinen Mengen. In der Öffentlichkeit zu kiffen ist verboten, und auch ein Joint im Hotelzimmer oder in der Pension wäre äußerst unklug. Wer aus Marokko einreist (vor allem mit einem Fahrzeug), sollte sich auf eine sorgfältige Durchsuchung an der Grenze einstellen.

→ Für Autofahrer gilt eine Alkoholgrenze von 0,5 Promille (für Menschen, die weniger als zwei Jahre den Führerschein haben, 0,1 Promille).

→ Gemäß der spanischen Verfassung muss jeder, der verhaftet wird, sofort und für ihn verständlich über seine Rechte sowie die Gründe der Festnahme unterrichtet werden. Bei polizeilichen Verhören und richterlichen Vernehmungen hat man immer Anspruch auf einen Anwalt und – sofern möglich – einen Dolmetscher. Bei deutschen oder österreichischen Staatsbürgern muss außerdem umgehend das Konsulat informiert werden. Niemand darf zur Aussage gezwungen werden. Innerhalb von 72 Stunden muss der Beschuldigte einem Richter vorgeführt oder auf freien Fuß gesetzt werden.

Polizei

In Spanien gibt's unterschiedliche Polizeidienststellen. Hier die drei wichtigsten:

Die **Policía Nacional** (Nationalpolizei; 091) ist für mittelgroße und große Städte zuständig und hat manchmal eigene Einheiten zur Bekämpfung von Drogenkriminalität, Terrorismus und ähnlichen Dingen. Dazu kommt vor das Personal, das in den bunkerartigen Polizeistationen, den *comisarías*, hinter den Schreibtischen sitzt.

Die **Policía Local** (Städtische Polizei; 092), auch Policía Municipal genannt, untersteht der Stadtverwaltung und kümmert sich vor allem um kleinere Probleme wie Park- oder Verkehrssünder und um die Einhaltung kommunaler Verordnungen. Ihre Uniformen sind blau-weiß.

In die Zuständigkeit der grün uniformierten **Guardia Civil** (Gendarmerie; 062) fallen Landstraßen, kleinere Städte auf dem Land und die Staatsgrenzen.

Wenn man Hilfe braucht (z. B., weil man bestohlen wurde), ist es egal, an welche Polizeidienststelle man sich wendet. Allerdings sind die Policía Nacional und die Policía Local oft am umgänglichsten.

Reisen mit Behinderung

Die Situation für Rollstuhlfahrer in Andalusien verbessert sich, seit Neubauten (also auch neue Hotels) barrierefrei zugänglich sein müssen. Viele Mittelklasse- und Spitzen-

---

PARADORES: HISTORISCHER LUXUS

Die staatlichen *parador*-Hotels wurden in den 1920er Jahren von König Alfonso XIII. gegründet. Es gibt 16 davon in Andalusien, die allesamt über drei oder vier Sterne verfügen. Die Preise liegen zwischen 100 und 370 €, aber auf der Webseite www.parador.es gibt's hohe Rabatte. *Paradores* sind wahrscheinlich die beste Wahl für Traveller, die Luxus suchen. Die folgenden sind in wunderschönen historischen Gebäuden untergebracht:

Parador de Arcos de la Frontera (Karte S. 139; 956 70 05 00; www.parador.es; Plaza del Cabildo; Zi. 100–170 €; ※@?) Andalusiens kleinster *parador* befindet sich in einem früheren Palast (der Casa del Corregidor) auf dem Hauptplatz von Arcos de la Frontera. Der Ausblick von der Felskuppe ist atemberaubend.

Parador de Granada (Karte S. 270; 958 22 14 40; www.parador.es; Calle Real de la Alhambra; Zi. 335 €; P※@?) Der am meisten umjubelte (und teuerste) *parador* Andalusiens und Spaniens ist in der Alhambra/Granada in einem Kloster aus dem 15. Jh. untergebracht.

Parador Castillo de Santa Catalina (953 23 00 00; www.parador.es; Cerro de Santa Catalina; Zi. 169 €; P※@?≋) Hotel im mittelalterlichen Stil, das in den 1960er Jahren auf den Fundamenten einer christlichen Burg aus dem 13. Jh. erbaut wurde. Es befindet sich auf der Spitze eines Hügels und bietet einen herrlichen Blick auf die Stadt Jaén und die umliegende Sierra Morena.

Parador Málaga Gibralfaro (Karte S. 170; 952 22 19 02; www.parador.es; Castillo de Gibralfaro; Zi. inkl. Frühstück 130–155 €; P※?≋) Der *parador* liegt auf einem Hügel neben dem Castillo de Gibralfaro aus dem 14. Jh. und der angrenzenden Alcazaba. Von dort hat man einen Rundumblick auf Málagas Stadtzentrum.

Parador de Ronda (Karte S. 190; 952 87 75 00; www.parador.es; Plaza de España; Zi. 160–171 €; P※@?≋) Im früheren Rathaus neben der Schlucht von Ronda untergebracht. Das Hotel war während des Spanischen Bürgerkrieges Schauplatz eines Massakers, das Hemingway in seinem Roman *Wem die Stunde schlägt* thematisierte.

Parador Condestable Dávalos (Karte S. 247; 953 75 03 45; www.parador.es; Plaza Vázquez de Molina; Zi. 188 €; P※?) Luxus-*parador* in einem der charakteristischen (im 16. Jh. erbauten) Renaissancepaläste Úbedas.

klasseunterkünfte bauen ihre Zimmer und Zugänge allmählich so um, dass sie für Rollstühle kein unüberwindliches Hindernis mehr darstellen, aber in manchen Billigbleiben sieht es damit mau aus.

Einige internationale Organisationen beraten Reisende mit Behinderung (manche bieten sogar Informationen, die speziell auf Andalusien zugeschnitten sind). Eine gute erste Anlaufstelle für Informationen ist:

Mobility International Schweiz (0041-622126740; www.mis-ch.ch; Rötzmattweg 51, 4600 Olten, Schweiz) Berät Reisende mit Behinderung zu Mobilitätsfragen und betreibt ein schulisches Austauschprogramm.

Schwule & Lesben

Spanien ist eines der fortschrittlichsten Länder der Welt, was Schwule und Lesben anbetrifft. Seit 1979 können Schwule offen im spanischen Militär dienen, bereits in den 1990er Jahren wurden Antidiskriminierungsgesetze eingeführt, und 2005 war Spanien das weltweit dritte Land, das die gleichgeschlechtliche Ehe legalisierte.

Am lebhaftesten ist die Szene in Málaga, Torremolinos, Sevilla und Granada, aber schwulen- und lesbenfreundliche Bars und Clubs gibt's in allen größeren Städten. Einige Städte bieten auch spezielle Broschüren und Karten, die Attraktionen für Schwule & Lesben ausweisen. Sie sind in den Touristeninformationen erhältlich.

Wer eine schwule oder schwulenfreundliche Unterkunft sucht oder wissen will, welche Kneipen, Clubs, Strände, Fitnessstudios und Organisationen für Homosexuelle interessant sind, findet diese Infos auf Websites wie www.travelgayeurope.com und www.patroc.com. Patroc hat sogar spezielle Rubriken für Sevilla und Granada.

Die **Federación Andaluza Arco Iris** (951 38 39 62; www.federacionarcoiris.blogs-pot.com), eine Organisation mit Sitz in Málaga, kämpft für die Gleichberechtigung von Schwulen und Lesben.

Sicherheit

Die meisten Besucher fühlen sich sehr sicher in Andalusien, aber einige haben doch unerfreuliche Erfahrungen gemacht. Besonders auf Kleindiebstähle muss man achten (die natürlich nicht so klein erscheinen, wenn man Reisepass, Bargeld, Reiseschecks, Kreditkarte und Kamera dabei verliert). Also wachsam sein, aber nicht übermäßig misstrauisch.

Sprachkurse

In ganz Spanien gibt's private Sprachschulen, die meist hervorragend sind. Da viele Kurse mindestens eine Woche dauern, muss man sich genau informieren, um die richtige Schule zu finden. Sevilla ist eine wunderschöne Stadt, in der man ein oder zwei Wochen verbringen kann – hier gibt's eine große Vielfalt an exzellenten Sprachschulen. Wer kleinere Städte mit historischen Attraktionen und Zugang zu Stränden bevorzugt, sollte es mit Cádiz probieren, das in seiner Altstadt mehrere gute Schulen hat. Einen tollen Aufenthalt auf dem Land bietet das nahe der Küste gelegene Bergstädtchen Vejer de la Frontera.

Zu den besten Sprachschulen zählen:

CLIC (Karte S. 58; 954 50 21 31; www.clic.es; Calle Albareda 19) Betreibt Schulen in Sevilla und Cádiz.

Escuela Delengua (Karte S. 278 f.; 958 20 45 35; www.delengua.es; Calderería Vieja 20; 2-wöchiger Kurs 260 €) Zentrum in der Studentenstadt Granada.

K2 Internacional (Karte S. 118 f.; 956 21 26 46; www.k2internacional.com; Plaza Mentidero 19) Schule in Cádiz.

La Janda (956 44 70 60; www.lajanda.org; Calle José Castrillón 22; 180 € pro Woche mit 20 Kursstunden) Familengeführte Schule in Vejer de la Frontera.

Strom

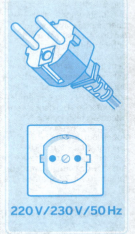

220 V / 230 V / 50 Hz

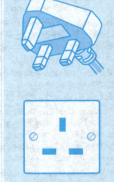

240 V / 50 Hz

Telefon

Andalusien ist weithin mit blauen Telefonzellen bestückt. Von dort kann man problemlos Inlands- und Auslandsgespräche führen, die mit Münzen und/oder Telefonkarten (tarjetas telefónicas) bezahlt werden können. Letztere werden vom nationalen Telefondienstleister Telefónica ausgestellt. Einige Zellen akzeptieren auch Kreditkarten. Die billigste Option sind Internetdienste wie Skype.

Handys

Spanien nutzt GSM 900/1800, das mit Handys aus dem Rest Europas kompatibel ist. Wer ein GSM- oder Dualband-Mobiltelefon hat, kann darin auch spanische SIM-Karten verwenden – es sei denn, das Handy ist für andere SIM-Karten blockiert. Das sollte man vor der Abreise unbedingt nachprüfen. Ein Handyvertrag lohnt sich nur, wenn man für längere Zeit in Spanien leben will. Ansonsten sind Prepaid-Karten sinnvoller.

Alle spanischen Mobilfunkunternehmen (Telefónica's MoviStar, Orange und Vodafone) bieten prepagado (Prepaid-)Accounts an. Die SIM-Karte kostet ab 10 € und wird mit Prepaid-Guthaben aufgeladen. Telefongeschäfte bzw. externe Verkaufsstellen (estancos – Tabakläden – und Zeitungskioske) findet man überall im Land. Man kann die Karte direkt vor Ort in den Geschäften aufladen oder in den Verkaufsstellen erwerben. Eine weitere gute Option ist Pepephone (www.pepephone.com).

Wer in Spanien über den eigenen Mobilfunkanbieter aus der Heimat telefonieren will, sollte sich vorher über die Roaming-Gebühren informieren.

Vorwahlen & nützliche Telefonnummern

Es gibt in Spanien keine Vorwahlen. Jede Telefonnummer hat neun Stellen, die immer alle gewählt werden müssen. Festnetztelefone haben als erste Ziffer immer eine 9. Nummern mit einer 6, 7 oder 8 an erster Stelle sind für Handys. In Gibraltar bestehen Telefonnummern aus acht Stellen.

Nummern, die mit 900 beginnen, sind kostenlos; bei 901 bis 906 fallen pro Minute verschiedene Kosten an. Einen Überblick über gebührenpflichtige Nummern bietet www.andalucia.com/travel/telephone/numbers.htm.

Einige nützliche Telefonnummern:

Internationaler Zugangscode
⏺00

Landesvorwahl ⏺34

Telefonkarten

Preiswerte Prepaid-Telefonkarten können sich bei internationalen Telefongesprächen wirklich lohnen. Sie sind hauptsächlich in den Großstädten und Urlaubsregionen in estancos (kleinen Lebensmittelläden), locutorios (privaten Callcentern) und an Zeitungskiosken erhältlich. Wenn möglich, sollte man vor dem Kauf die Preise vergleichen, denn viele Privatanbieter haben bessere Preise als Telefónica. In den Großstädten werden inzwischen überall locutorios eröffnet, die sich auf billige internationale Telefongespräche spezialisieren.

Toiletten

Öffentliche Toiletten sind Mangelware, aber wenigstens haben viele Touristeninformationen eine. Wer ein dringendes Geschäft zu erledigen hat, kann dazu in eine Bar oder ein Café gehen – auch wenn es die Besitzer lieber sehen, wenn man dort dann auch etwas bestellt. Weil nicht immer Klopapier vorhanden ist, sollte man einen kleinen Vorrat dabeihaben.

Touristeninformation

In größeren und kleineren Städten und oft auch in Dörfern gibt's mindestens eine oficina de turismo (Touristeninformation). Die Leute dort kennen sich meist gut aus, und immer mehr sprechen eine oder mehrere Fremdsprachen. Egal ob es um Stadtpläne, Führungen, Öffnungszeiten der wichtigsten Sehenswürdigkeiten oder Busfahrpläne geht – häufig wissen die Mitarbeiter Rat. Zudem bekommt man jede Menge Infomaterial. Die Öffnungszeiten sind unterschiedlich.

Manchmal steckt hinter der Touristeninformation die Kommunalverwaltung, manchmal der Bezirk, die Provinzregierung oder die Junta de Andalucía (Regionalregierung). In größeren Städten gibt's auch mal mehrere Touristeninformationen. Dann bieten die regionalen Büros oft Infos zu Stadt und Region, während die städtischen Touristeninformationen für gewöhnlich nur die Stadt selbst und ihre unmittelbare Umgebung abdecken. In zahlreichen Schutzgebieten wie den parques naturales betreibt das Umweltressort der Junta de Andalucía, die Consejería de Medio Ambiente, Besucherzentren. Viele Touristeninformationen zeigen auch interessante Exponate zur lokalen Flora und Fauna; außerdem halten sie Infos zu Wanderwegen bereit.

Stadtpläne, Stadtführer und Veranstaltungshinweise lassen sich in vielen Touristeninformationen per Bluetooth aufs Handy laden.

Unterkunft

Das Angebot an Unterkünften in Andalusien ist wie in ganz Spanien sehr vielfältig. Man kann in historischen Unterkünften – wie restaurierten alten Klöstern und Palästen – übernachten oder wie viele Backpacker in billigen, aber komfortablen Hostels wohnen. Zwischendrin reicht die Preisspanne von einfachen, familiengeführten hostales bis hin zu schicken Boutique-Hotels. Die staatliche parador-Kette ist eine landesweite Ansammlung von Luxushotels, die meist in

> ### UNTERKUNFT ONLINE BUCHEN
>
> Weitere Hotelbeschreibungen von Lonely Planet Autoren gibt's unter http://lonelyplanet.com/hotels. Dort findet man unabhängige Kritiken und Empfehlungen zu den besten Unterkünften, außerdem kann man sie gleich online buchen.

alten historischen Gebäuden untergebracht sind. Neue Boutique-Hotels in Andalusien verbinden oft historische Elemente mit dynamischen modernen Designakzenten. Sevilla und Granada bieten eine große Vielfalt an Hotels, aber auch die kleinen *pueblos blancos* (weißen Städte) verfügen über spektakuläre Unterkünfte.

Gästehäuser sind vor allem in den ländlichen Gegenden verbreitet (wo sie oft *casas rurales* heißen); heutzutage werden sie meist von Ausländern geführt. In den Kleinstädten trifft man häufig auf *hostales*, die meist ein hervorragendes Preis-Leistungs-Verhältnis haben. Ähnlich wie die *hostales* sind *pensiones* (Pensionen) und *posadas* (Gasthöfe). Diese Unterkünfte vermieten oft auch Apartments und/oder Familienzimmer.

Manche Hotels lassen Kinder kostenlos zusammen mit den Eltern im Zimmer übernachten, wenn sie sich ein Bett teilen. Ein Extrabett kostet meist 15 bis 30 €. Den genauen Preis sollte man immer vor der Buchung abklären.

Hostels & Hostales

In Spanien muss man zwischen Hostels und *hostales* unterscheiden. Hostels bieten standardmäßige Backpackerunterkünfte mit Schlafsälen, Küche, Gemeinschaftsbereich, Gemeinschaftsbädern und zahlreichen Infos für Budgettraveller. Die Preise variieren je nach Zimmergröße, manchmal auch nach Saison, und beginnen bei rund 16 € für ein Bett im Schlafsaal. Schlafsäle haben vier, sechs, acht oder zehn Betten, und viele Hostels bieten auch Doppel- und/oder Familienzimmer, meist mit Gemeinschaftsbad. Die *hostales* sind kleine, familiengeführte Hotels mit einfachen, aber angemessenen Unterkünften in Einzel-, Doppel- oder Dreibettzimmern – Schlafsäle werden nur sporadisch geboten. Ein Doppelzimmer kostet selten mehr als 60 €. Es gibt meist Privatbäder, und der Service ist persönlicher.

Die Hostels in Andalusien sind meist auf die Großstädte wie Sevilla, Granada und Málaga beschränkt, obwohl es auch eine Handvoll von Hostelling International (HI-)Hostels in kleineren Dörfern wie El Bosque (im Parque Natural Sierra de Grazalema), Cortes de la Frontera und Cazorla gibt. Die privat geführten **Oasis Hostels** (www.hosteloasis.com) sind exzellente Unterkünfte, die nicht zu HI gehören. Die Kette betreibt Hostels in Granada und Málaga sowie zwei in Sevilla (eines davon ist in einem alten Palast untergebracht). Alle Häuser liegen sehr zentral und bieten zahlreiche kostenlose Extras wie Tapas-Touren, Getränkegutscheine, Fahrradverleihe und Eierkuchen zum Frühstück. Die Casa Caracol (S. 120) in Cádiz bietet eine weitere superfreundliche Herberge im alten Stadtteil Santa María.

Melting Pot (Karte S. 152; ☎ 956 68 29 06; www.meltingpothostels.com; Calle Turriano Gracil 5; B/DZ inkl. Frühstück ab 13/35 €; P @ ☎) in Tarifa ist ein superentspanntes Hostel von ähnlicher Qualität.

Weitere Infos zu Hostels findet man unter www.hostelworld.com oder www.hostelbookers.com. Onlinebuchungen sind dort auch möglich.

Campingplätze

Andalusien verfügt über ca. 150 Campingplätze für Zelte und Wohnmobile. Vorreiter ist die Provinz Cádiz mit 32 Einrichtungen, in der Provinz Sevilla gibt's dagegen nur fünf. Die schönsten Campingplätze findet man auf dem Land. Zu den Highlights zählen Costa de la Luz mit über 20 Plätzen, die an die Sümpfe des Parque Nacional de Doñana grenzenden Gebiete, die steilen Täler von Las Alpujarras in der Sierra Nevada, die Berge von Cazorla und die Küste von Cabo de Gata. Die spanischen Campingplätze werden nach erster, zweiter und dritter Klasse eingestuft, und die Einrichtungen sind in der Regel wie gut. Selbst ein Campingplatz der dritten Klasse verfügt über Warmwasserduschen, Strom und ein Café; die erstklassigen Plätze haben inzwischen sogar oft Minimärkte und Swimmingpools.

Die Preise werden normalerweise pro Erwachsenem, Kind und Auto abgerechnet und sind im Durchschnitt selten höher als je 7,50, 5 und 6 €. Viele Einrichtungen vermieten auch Hütten oder Bungalows, die je nach Größe und Saison ab 50 € pro Nacht kosten.

> ### UNTERKUNFTSPREISE
>
> Die folgende Liste verdeutlicht unser Preissystem. Wenn nicht anders angegeben, gelten die Angaben für ein Doppelzimmer mit Privatbad in der Hochsaison.
>
> **€** unter 65 €
>
> **€€** 65 bis 140 €
>
> **€€€** über 140 €

Die **Federación Española de Clubes Campistas** (FECC; www.guiacamping fecc.com) ist der größte Campingclub Spaniens. Ihre Website ist eine exzellente Informationsquelle und bietet Links zu individuellen Campingplätzen sowie weitere Kontaktinfos; außerdem kann man meist online reservieren. Der Club publiziert auch den jährlich erscheinenden *Guía Camping*, der landesweit in vielen Buchläden erhältlich ist.

Apartments für Selbstverpfleger & Casas Rurales

Apartments und Häuser für Selbstverpfleger sind relativ einfach zu bekommen und vor allem in den Urlaubsgebieten an der Küste beliebt. Einfache Apartments mit einem Schlafzimmer sind ab 30 € pro Nacht zu haben, während Luxusunterkünfte mit Swimmingpool in Orten wie Marbella mit bis zu 400 €/Nacht für vier Personen zu Buche schlagen können.

Casas rurales sind meist alte renovierte Bauernhäuser, die als B&B geführt oder als unabhängige Ferienwohnungen an Kurzzeiturlauber vermietet werden. Sie befinden sich vorwiegend in Kleinstädten und Dörfern. Die Preise für ein Doppelzimmer liegen bei 50 bis 100 €, obwohl viele Leute sich gerne länger einmieten, weil es dann billiger wird.

Bei den hier aufgelisteten Agenturen kann man auch Onlinebuchungen vornehmen. Im Hochsommer (Juni bis August) und den Ferienzeiten (Semana Santa und Ostern) sollte man mindestens einen Monat im Voraus buchen.

Apartments Spain (www.apartments-spain.com) Budgetorientierte Apartments und Ferienhäuser in ganz Spanien.

Atlas Rural (www.atlasrural.com) Alle Arten von ländlichen Unterkünften, angefangen von *casas rurales* bis hin zu *paradores*.

Versicherung

Krankenversicherung

EU-Bürger erhalten mit ihrer Europäischen Krankenversicherungskarte in den meisten Fällen kostenlose medizinische Hilfe. Der Schutz umfasst zudem Unterstützung bei Entbindungen und chronischen Krankheiten wie Diabetes (aber nicht den Rücktransport ins Heimatland). Im Normalfall muss der Patient die Medikamente (auch die verschriebenen) in der Apotheke selbst zahlen. Das kann überdies auch für einige Tests und Heilmaßnahmen gelten. Privatärztliche Beratung und Behandlung wird von der Europäischen Krankenversicherungskarte nicht abgedeckt; darunter fallen fast alle Zahnärzte und auch ein paar der besseren Kliniken. In Deutschland kann man sich bei der Krankenkasse über die Europäische Krankenversicherungskarte informieren. Staatsbürger anderer Länder sollten sich erkundigen, ob ein ähnliches Abkommen zwischen ihrem Land und Spanien besteht.

Reiseversicherung

Eine Reiseversicherung, die Diebstahl und Verlust von Wertsachen und Gepäck genauso umfasst wie medizinische Notfälle, schadet nie; am besten fragt man im Reisebüro danach. Allerdings sollte das Kleingedruckte nicht außer Acht gelassen werden: Manchmal sind „gefährliche Aktivitäten" explizit nicht versichert, und damit kann schon Tauchen, Motorradfahren oder sogar eine Trekkingtour gemeint sein. Auf Nummer sicher geht, wer bei der Wahl der Police den schlimmsten Fall absichert, wie die Versorgung durch einen Rettungswagen oder den Krankenrücktransport in die Heimat. Ebenfalls wichtig: Sind die Arztkosten direkt abgedeckt (sodass der Patient nicht zuerst an Ort und Stelle alles zahlen und den Betrag später bei der Versicherung zurückfordern muss)? Wenn es dumm läuft, steht man sonst plötzlich ohne Geld da. Auf jeden Fall ist es wichtig, sämtliche Belege aufzuheben, um diese später bei der Versicherung vorlegen zu können.

Am besten schließt man die Police so früh wie möglich ab. Wer es erst in der Woche vor der Abreise tut, riskiert z. B. den Schutz bei Verspätungen durch einen Streik.

Mit Kreditkarte bezahlte Flugtickets beinhalten oft eine begrenzte Reiseunfallversicherung. Außerdem ist es dann einfacher, Geld zurückzufordern, falls der Veranstalter seinen Verpflichtungen nicht nachkommt.

Internationale Reiseversicherungen kann man jederzeit unter www.lonely planet.com/travel-insurance abschließen. Sie sind auf Wunsch auch verlängerbar.

Zeit

Überall auf dem spanischen Festland gilt die mitteleuropäische Zeit; die Sommer- und Winterzeit wird gleichzeitig mit Deutschland, Österreich und der Schweiz umgestellt.

In Marokko gilt ganzjährig die Westeuropäische Zeit (Greenwich Mean Time); folglich liegt das Land während der mitteleuropäischen Sommerzeit zwei Stunden hinter Spanien zurück und im Winter eine Stunde.

Zollbestimmungen

Aus EU-Staaten können 110 l Bier, 90 l Wein, 10 l Spirituosen, 800 Zigaretten und 200 Zigarren ein- bzw. ausgeführt werden. Wer aus anderen Ländern einreist, beispielsweise aus Marokko, darf 2 l Wein (oder 1 l Spirituosen und 1 l Wein) und 200 Zigaretten (oder 50 Zigarren oder 250 g Tabak) mitbringen. Wer innerhalb der EU reist, kann in den Geschäften am Flughafen steuerfrei einkaufen.

Verkehrsmittel & -wege

AN- & WEITERREISE

Andalusien ist ein wichtiges europäisches Urlaubsziel. Es bestehen sehr gute Flug-, Bahn- und Straßenverbindungen zu den anderen spanischen Regionen und europäischen Staaten, außerdem verkehren Tragflügelboote sowie Autofähren regelmäßig nach Marokko und es bestehen Verbindungen nach Algerien. Flüge, Touren und Zugtickets können online unter www.lonelyplanet.com/bookings gebucht werden

Einreise in die Region

Die Einreise- und Zollkontrollen sind in der Regel total unkompliziert, allerdings gibt's auch Ausnahmen. Beispielsweise sucht der spanische Zoll nach geschmuggelten zollfreien Produkten, die für den illegalen Wiederverkauf in Spanien bestimmt sind, vor allem bei Travellern, die aus Marokko ins Land kommen. Aus diesem Grund können die Warteschlangen bei der Einreise aus Marokko lang sein, vor allem im Sommer.

Flugzeug

Mit dem Flugzeug von Europa nach Andalusien zu kommen ist ein Kinderspiel. Dutzende von Linien- und Chartergesellschaften landen auf den fünf Flughäfen der Region, eine Handvoll auch in Gibraltar. Am verkehrsreichsten Flughafen Andalusiens, Málaga, gibt's auch Verbindungen nach Marokko. Aus anderen spanischen Städten ist die Region ebenfalls gut zu erreichen. Die Hochsaison dauert von Mitte Juni bis Mitte September, aber auch während der Semana Santa (Karwoche) können die Flüge ausgebucht (und teurer) sein.

Flughäfen
Málaga Airport (AGP; 952 04 88 38; www.aena.es) zugleich die Nummer vier unter den verkehrsreichsten Flughäfen Spaniens: Fast 60 Gesellschaften verbinden die Stadt mit Zielen in Spanien und dem Rest der Welt.

Sevilla (SVQ; 954 44 90 00; www.aena.es), **Granada** (GRX; 958 24 52 07; www.aena.es), **Jerez de la Frontera** (956 15 00 00; www.aena.es) und **Almería** (902 40 47 04; www.aena.es) werden ebenfalls von spanischen und europäischen Städten aus angesteuert, allerdings gibt's dort deutlich weniger Direktflüge; lediglich Sevilla kann mithalten. Wer wissen will, welche Airline wohin fliegt, kann sich auf www.aena.es schlau machen (auch auf Englisch verfügbar; einfach oben „English" auswählen und auf das grüne Häkchen daneben klicken). Darüber hinaus hat die Website detaillierte Infos zu den einzelnen Flughäfen.

Der **Flughafen** von **Gibraltar** (GIB; 20073026) bietet ein paar Direktverbindungen aus London und Madrid.

KLIMAWANDEL & REISEN

Fast jede Art der motorisierten Fortbewegung erzeugt CO_2 (die Hauptursache von globaler Erwärmung), doch Flugzeuge sind mit Abstand die schlimmsten Klimakiller – nicht nur wegen der großen Entfernungen und der entsprechend großen CO_2-Mengen, sondern auch weil sie diese Treibhausgase direkt in hohen Schichten der Atmosphäre freisetzen. Auf vielen Websites wie www.atmosfair.de kann man mit speziellen „CO_2-Rechnern" ermitteln, wie das persönliche Emissionskonto nach einer Reise aussieht, und mit einer Spende für Umweltprojekte eine Art Wiedergutmachung leisten. Auch Lonely Planet spendet Gelder, wenn Mitarbeiter und Autoren auf Reisen gehen.

Auf dem Landweg

Grenzübergänge

Wer aus Marokko einreist, muss zur reinen Fahrtzeit noch ein paar Stunden für die Grenzformalitäten an den Fährterminals draufschlagen, die für ihre Gründlichkeit bekannt sind. Meistens bilden sich auf beiden Seiten der Straße von Gibraltar lange Schlangen an den Zollkontrollen.

Auto & Motorrad

Dank der guten spanischen Schnellstraßen ist es möglich, an einem einzigen Tag von jedem beliebigen Punkt des Landes aus Andalusien zu erreichen. Die beiden wichtigsten Strecken führen durch das Landesinnere über Madrid und an der Mittelmeerküste entlang via Barcelona. Wer mit dem Auto noch weiter will, kann mit der Fähre in die marokkanischen Städte Tanger und Nador oder in die spanischen Enklaven Ceuta und Melilla an der marokkanischen Küste übersetzen.

Die wichtigste Autobahn von Madrid nach Andalusien ist die A4/AP4 nach Córdoba, Sevilla und Cádiz. Am Autobahnkreuz Bailén zweigt die A44 nach Jaén, Granada, Almería und Málaga ab. Die Autobahn AP7/A7 verläuft von La Jonquera an der französisch-spanischen Grenze die ganze Mittelmeerküste entlang bis nach Algeciras.

Wer sich die Anfahrt sparen und trotzdem in Andalusien mobil sein will, nimmt sich am besten einen Mietwagen.

Bus

Mit dem Bus kommt man aus ganz Spanien gut nach Andalusien. Es gibt zwar auch aus vielen anderen europäischen Ländern direkte Busverbindungen, aber die sind nur selten billiger als das Flugzeug und dauern erheblich länger.

Lohnen könnte sich eine solche Fahrt allerdings aus Lissabon und Marokko. **Alsa** (www.alsa.es) verkehrt täglich von Lissabon nach Sevilla (7 Std.) und bedient mehrmals pro Woche Strecken von Marokko (Casablanca, Marrakesch und Fès) nach Andalusien (Sevilla, Marbella, Málaga, Granada, Jerez de la Frontera und Almería). Nach Almería setzen die Busse mit der Fähre Tanger–Algeciras über. Um eine Ahnung von der Fahrtdauer zu bekommen: Von Málaga nach Marrakesch ist man 19 bis 20 Stunden unterwegs.

Viele mittlere und große Städte Andalusiens werden von Bussen aus ganz Spanien angesteuert. Die größte Auswahl an Verbindungen besteht an der Madrider **Estación Sur de Autobuses** (www.estacionautobusesmadrid.com). Von der spanischen Hauptstadt sind es etwa sechs Stunden nach Sevilla, Granada oder Málaga. Von Barcelona, Valencia und Alicante geht's die Mittelmeerküste entlang nach Almería, Granada, Jaén, Córdoba, Sevilla, Málaga und an die Costa del Sol. Die wichtigsten Gesellschaften für Inlandsfahrten sind Alsa und **Secorbus/Socibus** (902 22 92 92; www.socibus.es).

Zug

Das hervorragende spanische Unternehmen **Renfe** (www.renfe.es) ist für die Bahnverbindungen in Andalusien zuständig. Die massiven Investitionen der vergangenen Jahre haben sich ausgezahlt, denn die Züge sind schnell, effizient und bequem.

IN SPANIEN

Die schnellste Zugverbindung von Madrid nach Andalusien bietet der von Renfe betriebene, 280km/h schnelle Alta Velocidad Española (AVE). Er verbindet Madrid mit Córdoba (einfach ab 62,10 €, 1¾ Std.), Sevilla (ab 75,50 €, ca. 2½ Std.) und Málaga (ab 79,50 €, 2½ Std.) und braucht damit kaum länger als ein Flugzeug (wenn

WICHTIGE BUSUNTERNEHMEN

UNTERNEHMEN	WEBSITE	TELEFON	HAUPTZIELE
Alsa	www.alsa.es	902 42 22 42	Almería, Córdoba, Granada, Jaén, Málaga, Sevilla
Casal	www.autocarescasal.com	954 99 92 90	Carmona, Sevilla
Comes	www.tgcomes.es	902 19 92 08	Algeciras, Cádiz, Granada, Jerez, Málaga, Ronda, Sevilla
Damas	www.damas-sa.es	959 25 69 00	Ayamonte, Huelva, Sevilla
Los Amarillos	www.losamarillos.es	902 21 03 17	Cádiz, Jerez, Málaga, Ronda, Sevilla
Portillo	www.ctsa-portillo.com	902 14 31 44	Algeciras, Costa del Sol, Málaga, Ronda
Transportes Ureña	www.urena-sa.com	957 40 45 58	Córdoba, Jaén, Sevilla

man die Zeit zum Einchecken mitrechnet). Multigauge Alvia bietet ebenfalls drei- bis viermal täglich Direktverbindungen zwischen Madrid und Cádiz. Von fast überall in Spanien ist Andalusien innerhalb eines Tages mit der Bahn zu erreichen, meistens mit einem Umstieg in Madrid oder Barcelona.

In der Regel haben Fernzüge eine erste und eine zweite Klasse (*preferente* bzw. *turista*). Auf den spanischen Schienen sind verschiedene Zugtypen unterwegs, die für unterschiedlichen Komfort und Schnelligkeit stehen:

→ **Züge bei Tag** Auf den Strecken Madrid–Sevilla und Madrid–Córdoba–Malaga verkehren AVEs, auf den Strecken Madrid–Cádiz und Huelva fahren Alvia und auf den Strecken Madrid–Granada und Ronda–Algerciras sind Altaria unterwegs.

→ **Nachtzüge** Komfortable Trenhotels (mit Sitzen, Liegewagen und Schlafwagenabteilen) verkehren zwischen Barcelona und Granada. Das Ticket kauft man am besten im Voraus, denn Verbindungen können schon mal ausgebucht sein, vor allem im Juli und August. Fahrkarten bekommt man im Internet oder per Telefon (die Mitarbeiter sprechen meist Englisch). Wer sein Ticket am Telefon bestellt, muss es innerhalb von 72 Stunden und mindestens 24 Stunden vor Abfahrt des Zuges bei Renfe abholen. Man kann auch online Tickets kaufen und zahlen, wer aber zum ersten Mal online per Kreditkarte zahlt, muss sein Ticket spätestens eine Stunde vor Abfahrt an einem Ticketschalter abholen. Weitere Tickets, die mit derselben Karte bezahlt werden, kann man dann auch selbst ausdrucken.

Es gibt ein paar Ermäßigungen:

→ Rückfahrkarten in Fernzügen sind um 20 % günstiger als zwei einfache Fahrten.

→ Kinder unter vier Jahren fahren umsonst mit (außer in Hochgeschwindigkeitszügen, wo der Preis für 4 bis 13-Jährige berechnet wird).

→ Kinder von 4 bis 13 Jahren bekommen 40 % Ermäßigung auf Sitzplätze und im Liegewagen.

→ Mit der European Youth Card (www.euro26.org) gibt's in Fern- und Regionalzügen 20 bis 25 % Rabatt.

AUSSERHALB VON SPANIEN

Wer von zu Hause (oder einem anderen Ort in Europa) mit dem Zug nach Andalusien fahren will, muss mindestens einen Tag für die Anreise rechnen und in Madrid oder Barcelona umsteigen. Die beste Strecke führt durch Barcelonas Bahnhof Sants (etwa 5½ Std. von Málaga und Sevilla), von wo aus Direktzüge bis Paris fahren. Von dort starten Zugverbindungen nach Amsterdam, Großbritannien und Deutschland. Alternativ fährt man mit dem Zug von Barcelona nach Genf (Umsteigen in Valence) wo Verbindungen nach Italien bestehen. Weitere Details zu dieser und anderen Strecken gibt's unter **The Man in Seat 61** (www.seat61.com).

Auf dem Seeweg

Zwischen Andalusien und Nordafrika bestehen mehrere Fährverbindungen: nach Tanger und Nador in Marokko, in die spanischen Enklaven Ceuta und Melilla an der marokkanischen Küste sowie nach Oran und Ghazaouet in Algerien. Die Schiffe verkehren auf folgenden Routen: Almería–Ghazaouet, Málaga–Melilla, Oran–Almería, Gibraltar–Tanger, Algeciras–Tanger, Algeciras–Ceuta und Tarifa–Tanger.

Fast alle befördern auch Fahrzeuge. Die meisten Verbindungen bietet der Hafen von Algeciras. Normalerweise verkehren mindestens 18 Fähren auf der Route zwischen Algeciras und Tanger (1½ Std.) und neun zwischen Algeciras und Ceuta (1 Std.). Zu Spitzenzeiten laufen zusätzliche Schiffe aus, besonders im Sommer (Mitte Juni–Mitte Sept.), wenn Hunderttausende marokkanische Arbeiter aus Europa in den Ferien heimkehren. Wer mit dem Fahrzeug übersetzen möchte, sollte im Juli und August und um Ostern möglichst früh im Voraus reservieren. Bei der Ankunft ist mit gründlichen Zollkontrollen und langen Warteschlangen zu rechnen.

Zu den wichtigsten Fährunternehmen (Preisunterschiede zwischen den einzelnen Firmen sind gering) gehören:

Acciona/Trasmediterránea (www.trasmediterranea.es)

Inter Shipping (www.intershipping.es)

FRS (www.frs.es)

UNTERWEGS VOR ORT

Andalusien hat ein ausgezeichnetes Straßen- und Busnetz. Mit dem eigenen fahrbaren Untersatz lässt sich viel Zeit sparen, da Busse die meisten kleineren Orte nur einmal am Tag ansteuern und samstags bzw. sonntags oft gar nicht verkehren. Die Bahnverbindungen sind ebenfalls sehr gut, nur in den Provinzen Cádiz und Huelva ist man besser mit dem Auto unterwegs.

Auto & Motorrad

Angesichts des hervorragenden andalusischen Straßennetzes und der günstigen Preise sind Mietwagen attraktive und praktische Fortbewegungsmittel.

Führerschein & Papiere

Spanien erkennt bei EU-Bürgern und Schweizern den nationalen Führerschein und den Kraftfahrzeugschein an.

Fahrzeuge, die kein EU-Nummernschild haben, müssen das ovale Nationalitätskennzeichen tragen. Wer mit dem eigenen Fahrzeug in Spanien unterwegs ist, sollte Führerschein, Fahrzeugschein und grüne Versicherungskarte dabeihaben.

Mietwagen

Wer in Andalusien ein Auto mieten möchte, ist gut beraten, dieses schon von zu Hause aus zu buchen. Am billigsten sind meist die lokalen Anbieter am Flughafen Málaga und an der Costa del Sol. Sie verlangen für einen Viertürer der Economy-Klasse mit Klimaanlage ca. 150 € pro Woche im August bzw. 120 € im Januar. Bei vielen lokalen Anbietern besteht auch die Möglichkeit, online zu buchen – oder man geht einfach zu einem der Schalter am Flughafen. Als Faustregel gilt, dass Mietwagen in den Urlaubsorten an den Küsten am günstigsten sind.

Die folgenden lokalen Autovermietungen sind etablierte Firmen und haben Niederlassungen an den Flughäfen sowie an den größten Bahnhöfen der Region (beispielsweise in Málaga und in Sevilla):

Centauro (☎902 10 41 03; www.centauro.net)

Crown Car (☎952 17 64 86; www.crowncarhire.com)

Helle Hollis (☎952 24 55 44, UK 0871 222 7245; www.hellehollis.com)

Niza Cars (☎952 23 61 79; www.nizacars.es)

Pepecar.com (☎807 41 42 43; www.pepecar.com) Oftmals sind auch die großen internationalen Autovermieter zu buchen:

Avis (☎902 13 55 31; www.avis.com)

Enterprise (☎902 10 01 01; www.enterprise.es)

Europcar (☎913 43 45 12; www.europcar.com)

Hertz (☎917 49 90 69; www.hertz.es)

Wer ein Auto mieten möchte, muss mindestens 21 Jahre alt sein (bei einigen Anbietern 23 Jahre) und wenigstens ein Jahr lang den Führerschein haben (manchmal auch zwei Jahre). Für Personen unter 25 Jahren wird bei vielen Unternehmen ein Zuschlag fällig.

Parken

Während der Hauptgeschäftszeiten (Mo–Sa 9–14, Mo–Fr 17–20 Uhr) gestaltet sich das Parken in den größeren Städten mitunter schwierig. Die einzige Möglichkeit sind oft Parkhäuser, die in Städten relativ weit verbreitet und gut beschildert sind, aber nicht billig sind (normalerweise ca. 1 € pro Stunde bzw. 10–15 € für 24 Std.). Die meisten Stadthotels mit eigenen Stellplätzen kassieren kaum weniger Gebühren als öffentliche Parkhäuser.

Blaue Linien am Straßenrand bedeuten in den meisten Fällen, dass während der Geschäftszeiten ein Parkschein gelöst werden muss (normalerweise muss man dafür ca. 0,50–1 € pro Stunde zahlen). Gelbe Linien stehen für ein Parkverbot. Wer es anderen nachmacht und in einer Verbotszone parkt, muss damit rechnen, dass sein Fahrzeug abgeschleppt wird, was mindestens 60 € kostet.

Privatfahrzeug

Es ist durchaus möglich, mit dem eigenen Fahrzeug nach Andalusien zu reisen. Die Straßen sind gut, allerdings können das Fahren und die Parkplatzsuche in den Städten ermüdend sein. Spanien hat ein dichtes Tankstellennetz; ein Liter Benzin kostet ca. 1,30 bis 1,42 €. Wer mit dem Wagen oder Motorrad liegen bleibt, findet in fast allen Ortschaften eine Kfz-Werkstatt.

Verkehrsregeln

➜ Das Mindestalter für Autofahrer liegt bei 18 Jahren.

➜ Auch für den Rücksitz gilt Anschnallpflicht, sofern Sicherheitsgurte eingebaut sind. Für Kinder unter drei Jahren sind Kindersitze vorgeschrieben.

➜ Die Alkoholgrenze ist 0,5 Promille (0,1 für Fahrer, die ihren Führerschein noch keine zwei Jahre haben); gelegentlich werden gezielte Alkoholkontrollen durchgeführt.

➜ Die Polizei ist in Spanien dazu berechtigt, stichprobenartige Verkehrskontrollen durchzuführen, und nimmt es in Anspruch – also immer schön alle Papiere parat haben. Ausländer ohne festen Wohnsitz in Spanien können für Verkehrsverstöße direkt zur Kasse gebeten werden. Bei der Jefatura Provincial de Tráfico (Provinzverkehrsbehörde) kann schriftlich Widerspruch eingelegt werden (auch in deutscher Sprache). Wird diesem stattgegeben, bekommt man das Geld zurück, aber ein positiver Bescheid ist eher selten. Adressen und Telefonnummern der Provinzverkehrsbehörden liefert die Website der Dirección General de Tráfico (www.dgt.es). Um dort an die richtige Stelle zu gelangen, muss man erst auf „Trámites y Multas", dann auf „Direcciones y Teléfonos" (unter der Überschrift „Jefaturas Provinciales") und schließlich auf „Jefaturas" klicken, bevor man die Provinz aus dem Dropdownmenü auswählen und mit einem Klick auf „Buscar" die Daten abrufen kann.

➜ Die Höchstgeschwindigkeit beträgt 50 km/h innerhalb geschlossener Ortschaften, zwischen 80 und 100 km/h außerhalb geschlossener Ortschaften und 120 km/h auf *autopistas* (mautpflichtige Autobahnen) und *autovías* (mautfreie Autobahnen).

→ In Spanien gilt die Vorschrift, zwei Warndreiecke im Fahrzeug mitzuführen; bei einer Panne muss eines 100 m vor und eines 100 m hinter dem Fahrzeug aufgestellt werden. Vorschrift ist auch das Tragen einer reflektierenden Weste, wenn man außerhalb geschlossener Ortschaften auf der Straße oder am Randstreifen aussteigen muss.

→ Während der Fahrt ist das Telefonieren mit dem Handy ohne Freisprechanlage verboten.

Versicherung

Die Grüne Versicherungskarte ist ein international anerkanntes Dokument, das den gesetzlich vorgeschriebenen Versicherungsschutz im Reiseland bestätigt. Sie wird kostenlos von den Versicherungen ausgestellt und sollte stets mitgeführt werden. Falls eine Versicherungsbescheinigung vorgezeigt wird, aus der die Mindestdeckungssumme hervorgeht, ist die Grüne Versicherungskarte nicht unbedingt erforderlich, allerdings hat sie den Vorteil, dass ausländische Polizei und Behörden sie kennen.

Der normale Versicherungsschutz für Mietfahrzeuge in Andalusien beinhaltet möglicherweise nur einen Basisschutz gegen Ansprüche Dritter. Oft kostet die Absicherung gegen Diebstahl, Schäden am eigenen Fahrzeug, Verletzung oder Tod von Fahrer und Mitfahrern extra. Daher ist es wichtig, das Kleingedruckte zu lesen und in Zweifelsfällen nachzufragen.

Bus

Die Busse in Andalusien sind im Großen und Ganzen modern, komfortabel und preiswert. Sie fahren fast überall, teilweise auch auf engen und steilen Bergstraßen, um abgelegene Dörfer mit den nächstgrößeren Orten zu verbinden. Zwischen den großen Städten bestehen täglich viele Verbindungen. Auf Routen mit geringerer Nachfrage sind am Wochenende weniger Busse als sonst unterwegs.

Die luxuriösen Supra-Busse von Alsa bieten WLAN, kostenlose Snacks und Getränke sowie Toiletten; außerdem kann man Einzelsitze buchen.

Größere Orte haben meistens einen Busbahnhof (*estación de autobuses*), der von allen Unternehmen angesteuert wird. In kleineren Ortschaften halten die Busse in der Regel an einer bestimmten Straße oder einem Platz, die jedoch nicht immer mit einem Halteschild versehen sind. In einem solchen Fall muss man sich durchfragen.

Während der Semana Santa (Karwoche) und im Juli/August ist es ratsam, Tickets bereits einen Tag vor der Abfahrt zu kaufen. Auf einigen wenigen Strecken ist eine Rückfahrkarte billiger als zwei einzelne Tickets.

Traveller unter 26 Jahren erhalten manchmal Ermäßigung auf Strecken zwischen größeren Städten.

Die Busse auf den Hauptstrecken fahren durchschnittlich 70 km/h und kosten etwa 1,20 € pro 14 km.

Fahrrad

Andalusien eignet sich mit seiner herrlichen Landschaft und dem abwechslungsreichen Gelände wunderbar zum Radfahren. Ein paar Bergstraßen (z. B. durch die Sierra de Grazalema oder die Sierra Nevada) sind zwar eher was für Radsportprofis, aber wer einigermaßen fit ist und ein wenig Ehrgeiz mitbringt, kommt mit dem Fahrrad fast überall problemlos hin. Da es viele verkehrsarme Landstraßen in gutem Zustand gibt, kann man die viel befahrenen Hauptstraßen in der Regel meiden. Radfahren auf der Straße ist in Andalusien nicht gefährlicher als anderswo in Europa, mit Rasern ist allerdings jederzeit zu rechnen. Tagesausflüge und längere Radtouren machen besonders im Frühjahr und Herbst viel Spaß, weil das Klima dann am angenehmsten ist.

Oft kann man sein Rad auch im Bus transportieren (meistens muss dafür nur das Vorderrad abmontiert werden).

Unter bestimmten Einschränkungen ist die Mitnahme auch in Nachtzügen und in den meisten Regional- und Vorortbahnen möglich, nicht aber in tagsüber verkehrenden Fernzügen. Vor dem Ticketkauf informiert man sich am besten über die jeweiligen Bestimmungen.

Fahrradverleiher gibt's in größeren Städten, Urlaubsorten und touristischen Gegenden. Oft bekommt man *bicis todo terreno* (Mountainbikes); die Preise liegen bei 10 bis 20 € pro Tag. Sevilla ist bei Weitem die fahrradfreundlichste Stadt.

Hauptstraßen haben nur selten Radwege, aber es ist erlaubt, in Zweierreihen nebeneinander zu fahren.

Außerhalb geschlossener Ortschaften besteht eine Helmpflicht.

Schiff/Fähre

Zwischen Cádiz und El Puerto de Santa María verkehrt regelmäßig ein Katamaran.

Taxi

In Städten warten viele Taxis auf Kundschaft und auch kleine Orte haben meist eines oder zwei. Die Preise sind vertretbar: Für 2 bis 3 km werden 3,50 bis 4,50 € verlangt, während die Strecke zum Flughafen häufig etwas teurer ist. Längere Fahrten über Land kosten etwa 0,60 € pro Kilometer. Taxifahrer erwarten kein Trinkgeld, freuen sich aber natürlich immer, wenn man den Preis aufrundet.

Zugstrecken

Zug

Renfe (Red Nacional de los Ferrocarriles Españoles, Spanish National Railways; ☎902 24 02 02; www.renfe.es) unterhält in Andalusien ein ausgedehntes und effizientes Eisenbahnnetz, das die meisten größeren Städte und viele kleinere Orte miteinander verbindet. Auf vielen Strecken ist der Zug eine schnelle und preiswerte Alternative zum Bus.

➜ Der Hochgeschwindigkeitszug AVE fährt zwischen Córdoba und Málaga, Córdoba und Sevilla sowie Sevilla und Málaga.

Oftmals verkehren innerhalb Andalusiens die billigeren (aber auch langsameren) Züge der Typen *regional* und *cercanía,* für die es nur eine Fahrkartenklasse gibt. *Regionales* (manchmal auch als Andalucía Exprés bezeichnet) bedienen zahlreiche andalusische Orte und halten unterwegs häufig an. *Cercanías* sind Nahverkehrszüge, die Großstädte wie Sevilla, Málaga und Cádiz mit ihren Vororten und nahe gelegenen Zielen verbinden

Tickets gibt's online auf der Website der Renfe, wo man zudem alle aktuellen Fahrpläne findet. Für die AVE-Hochgeschwindigkeitszüge sind Reservierungen erforderlich, auf kürzeren, langsameren Routen sind sie dagegen nicht so wichtig.

Regionalzüge fahren mit einem durchschnittlichen Tempo von 75 km/h und kosten ca. 1 € pro 15 km. Auf vielen Strecken der Renfe sind Rückfahrkarten um 20 % günstiger als zwei Einzeltickets (das gilt jedoch nicht für die *cercanías*).

Sprache

In Andalusien wird Spanisch (*español*) bzw. Kastilisch (*castellano*) gesprochen.

Die Aussprache des Spanischen ist leicht, da sie dem Deutschen ähnelt. Das r wird allerdings stark gerollt und das ch wie in „Loch" gesprochen. Wer auf seiner Reise auch andere Landesteile besucht, wird bemerken, dass der gelispelte th-Laut (wie im Englischen) in Andalusien anders als im Rest Spaniens wie ein s gesprochen wird. In der blauen Aussprachehilfe sind betonte Silben kursiv.

Wo es nötig ist, werden maskuline und feminine Formen (m/f) angegeben. Höfliche und informelle Anreden erkennt man an den Abkürzungen „inf." und „höfl.".

> **NOCH MEHR SPANISCH?**
>
> Wer sich intensiver mit der Sprache beschäftigen möchte, legt sich am besten den praktischen Lonely Planet *Reise-Sprachführer Spanisch* zu, der online unter **shop.lonelyplanet.de** oder im Buchhandel erhältlich ist.

GRUNDLAGEN

Hallo.	Hola.	o·la
Tschüs.	Adiós.	a·djos
Wie geht's?	¿Qué tal?	ke tal
Gut, danke.	Bien, gracias.	bjen gra·sjas
Entschuldigung.	Perdón.	per·don
Tut mir leid.	Lo siento.	lo sjen·to
Ja.	Sí.	si
Nein.	No.	no
Bitte.	Por favor.	por fa·wor
Danke.	Gracias.	gra·sjas
Gern geschehen.	De nada.	de na·da

Ich heiße ...
Me llamo ...   me lja·mo ...

Wie heißen Sie/heißt du?
¿Cómo se llama Usted? ko·mo se lja·ma u·ste (höfl.)
¿Cómo te llamas? ko·mo te lja·mas (inf.)

Sprechen Sie/sprichst du Deutsch?
¿Habla alemán? a·bla ale·man (höfl.)
¿Hablas alemán? a·blas ale·man (inf.)

Ich verstehe nicht.
No entiendo.   no en·tjen·do

ESSEN & TRINKEN

Was empfehlen Sie?
¿Qué recomienda?   ke re·ko·mjen·da

Was ist in dem Gericht?
¿Que lleva ese plato?   ke lje·wa e·se pla·to

Ich esse kein ...
No como ...   no ko·mo ...

Zum Wohl!
¡Salud!   sa·lu

Das war köstlich!
¡Estaba buenísimo!   es·ta·ba bue·ni·si·mo

Die Rechnung bitte.
Por favor, nos trae la cuenta.   por fa·wor nos tra·e la kuen·ta

Ich hätte gern einen Tisch für ...	Quisiera reservar una mesa para ...	ki·sje·ra re·ser·war u·na me·sa pa·ra ...
(acht) Uhr	las (ocho)	las (o·tscho)
(zwei) Personen	(dos) personas	(dos) per·so·nas

Schlüsselbegriffe

Abendessen	cena	se·na
Aperitif	aperitivo	a·pe·ri·ti·wo
Bar	bar	bar
Café	café	ka·fe
Essen	comida	ko·mi·da
Flasche	botella	bo·te·lja

Frühstück	desayuno	de·sa·ju·no
Gabel	tenedor	te·ne·dor
Glas	vaso	wa·so
Hauptgericht	segundo plato	se·gun·do pla·to
heiß (warm)	caliente	ka·ljen·te
Hochstuhl	trona	tro·na
(zu) kalt	(muy) frío	(muj) fri·o
Löffel	cuchara	ku·tscha·ra
Markt	mercado	mer·ka·do
(Kinder-) Menü	menú (infantil)	me·nu (in·fan·til)
Messer	cuchillo	ku·tschi·ljo
mit	con	kon
Mittagessen	comida	ko·mi·da
ohne	sin	sin
Restaurant	restaurante	res·tau·ran·te
Schüssel	bol	bol
Supermarkt	supermercado	su·per·mer·ka·do
Teller	plato	pla·to
vegetarisches Essen	comida vegetariana	ko·mi·da we·che·ta·rja·na

Fisch & Fleisch

Ente	pato	pa·to
Garnelen	camarones	ka·ma·ro·nes
Huhn	pollo	po·ljo
Kabeljau	bacalao	ba·ka·la·o
Kalb	ternera	ter·ne·ra
Lachs	salmón	sal·mon
Lamm	cordero	kor·de·ro
Languste	langosta	lan·gos·ta
Pute	pavo	pa·wo
Rindfleisch	carne de vaca	kar·ne de wa·ka
Schwein	cerdo	ser·do
Thunfisch	atún	a·tun

Obst & Gemüse

Ananas	piña	pi·nja
Apfel	manzana	man·sa·na
Aprikose	albaricoque	al·ba·ri·ko·ke
Artischocke	alcachofa	al·ka·tscho·fa
Banane	plátano	pla·ta·no
Bohnen	judías	chu·di·as
Erbsen	guisantes	gi·san·tes
Erdbeere	fresa	fre·sa
Gemüse	verdura	wer·du·ra
Gurke	pepino	pe·pi·no
Karotte	zanahoria	sa·na·o·rja
Kartoffel	patata	pa·ta·ta
Kirsche	cereza	se·re·sa
Kohl	col	kol
Kürbis	calabaza	ka·la·ba·sa
Linsen	lentejas	len·te·chas
Mais	maíz	ma·is
Nüsse	nueces	nue·ses
Obst	fruta	fru·ta
Orange	naranja	na·ran·cha
(rote/grüne) Paprika	pimiento (rojo/verde)	pi·mjen·to (ro·cho/wer·de)
Pfirsich	melocotón	me·lo·ko·ton
Pflaume	ciruela	sir·ue·la
Pilz	champiñón	tscham·pi·njon
Rote Bete	remolacha	re·mo·la·tscha
Salat	lechuga	le·tschu·ga
Sellerie	apio	a·pjo
Spargel	espárragos	es·pa·ra·gos
Spinat	espinacas	es·pi·na·kas
Tomate	tomate	to·ma·te
Trauben	uvas	u·was

SCHLÜSSELSÄTZE

Mit den folgenden Sätzen sollte man sich gut verständigen können:

Wann geht (der nächste Flug)?
¿Cuándo sale (el próximo vuelo)? kuan·do sa·le (el prok·si·mo wue·lo)

Wo ist (der Bahnhof)?
¿Dónde está (la estación)? don·de es·ta (la es·ta·sjon)

Wo kann ich (eine Fahrkarte kaufen)?
¿Dónde puedo (comprar un billete)? don·de pue·do (kom·prar un bi·lje·te)

Haben Sie (eine Karte)?
¿Tiene (un mapa)? tje·ne (un ma·pa)

Gibt's (eine Toilette)?
¿Hay (servicios)? ai (ser·wi·sjos)

Ich möchte (einen Kaffee).
Quisiera (un café). ki·sje·ra (un ka·fe)

Ich möchte (ein Auto mieten).
Quisiera (alquilar un coche). ki·sje·ra (al·ki·lar un ko·tsche)

Kann ich (hereinkommen)?
¿Se puede (entrar)? se pue·de (en·trar)

Könnten Sie mir bitte (helfen)?
¿Puede (ayudarme), por favor? pue·de (a·ju·dar·me) por fa·wor

Brauche ich (ein Visum)?
¿Necesito (obtener un visado)? ne·se·si·to (ob·te·ner un wi·sa·do)

Wassermelone	sandía	san·di·a
Zitrone	limón	li·mon
Zwiebel	cebolla	se·bo·lja

Anderes

Brot	pan	pan
Butter	mantequilla	man·te·ki·lja
Ei	huevo	ue·wo
Essig	vinagre	wi·na·gre
Honig	miel	mjel
Käse	queso	ke·so
Marmelade	mermelada	mer·me·la·da
Öl	aceite	a·sej·te
Pfeffer	pimienta	pi·mjen·ta
Reis	arroz	a·ros
Salz	sal	sal
Zucker	azúcar	a·su·kar

Getränke

Bier	cerveza	ser·we·sa
Kaffee	café	ka·fe
Milch	leche	le·tsche
Rotwein	vino tinto	wi·no tin·to
(Orangen-)Saft	zumo (de naranja)	su·mo (de na·ran·cha)
Tee	té	te
(Mineral-)Wasser	agua (mineral)	a·gua (mi·ne·ral)
Weißwein	vino blanco	wi·no blan·ko

NOTFALL

Hilfe!
¡Socorro! — so·ko·ro

Gehen Sie weg!
¡Vete! — we·te

Rufen Sie ...!
¡Llame a ...! — lja·me a ...
  einen Arzt — un médico — un me·di·ko
  die Polizei — la policía — la po·li·si·a

Ich habe mich verlaufen.
Estoy perdido/a. — es·toj per·di·do/a (m/f)

Ich bin krank.
Estoy enfermo/a. — es·toj en·fer·mo/a (m/f)

Es tut hier weh.
Me duele aquí. — me due·le a·ki

Ich bin allergisch gegen (Antibiotika).
Soy alérgico/a a (los antibióticos). — soj a·ler·chi·ko/a a (los an·ti·bjo·ti·kos) (m/f)

SCHILDER

Abierto	Offen
Cerrado	Geschlossen
Entrada	Eingang
Hombres	Männer
Mujeres	Frauen
Prohibido	Verboten
Salida	Ausgang
Servicios/Aseos	Toiletten

Wo sind die Toiletten?
¿Dónde están los servicios? — don·de es·tan los ser·wi·sjos

SHOPPEN & SERVICE

Ich würde gern ... kaufen.
Quisiera comprar ... — ki·sje·ra kom·prar ...

Ich schaue mich nur um.
Sólo estoy mirando. — so·lo es·toj mi·ran·do

Kann ich das mal sehen?
¿Puedo verlo? — pue·do wer·lo

Das gefällt mir nicht.
No me gusta. — no me gus·ta

Wie viel kostet das?
¿Cuánto cuesta? — kuan·to kues·ta

Das ist zu teuer.
Es muy caro. — es mui ka·ro

Können Sie mit dem Preis runtergehen?
¿Podría bajar un poco el precio? — po·dri·a ba·char un po·ko el pre·sjo

In der Rechnung ist ein Fehler.
Hay un error en la cuenta. — aí un e·ror en la kuen·ta

Geldautomat	cajero automático	ka·che·ro au·to·ma·ti·ko
Internetcafé	cibercafé	si·ber·ka·fe
Kreditkarte	tarjeta de crédito	tar·che·ta de kre·di·to
Postamt	correos	ko·re·os
Touristen-information	oficina de turismo	o·fi·si·na de tu·ris·mo

UHRZEIT & DATUM

Wie spät ist es?	¿Qué hora es?	ke o·ra es
Es ist (10) Uhr.	Son (las diez).	son (las djes)
Halb (zwei).	Es (la una) y media.	es (la u·na) i me·dja
Wann?	¿A qué hora?	a ke o·ra
Um ...	A la(s) ...	a la(s) ...

Morgen	mañana	ma·nja·na
Nachmittag	tarde	tar·de
Abend	noche	no·tsche
gestern	ayer	a·jer
heute	hoy	oj
morgen	mañana	ma·nja·na

Montag	lunes	lu·nes
Dienstag	martes	mar·tes
Mittwoch	miércoles	mjer·ko·les
Donnerstag	jueves	chue·wes
Freitag	viernes	wjer·nes
Samstag	sábado	sa·ba·do
Sonntag	domingo	do·min·go

Januar	enero	e·ne·ro
Februar	febrero	fe·bre·ro
März	marzo	mar·so
April	abril	a·bril
Mai	mayo	ma·jo
Juni	junio	chu·njo
Juli	julio	chu·ljo
August	agosto	a·gos·to
September	septiembre	sep·tjem·bre
Oktober	octubre	ok·tu·bre
November	noviembre	no·wjem·bre
Dezember	diciembre	di·sjem·bre

UNTERKUNFT

Hotel	hotel	o·tel
Jugendherberge	albergue juvenil	al·ber·ge chu·we·nil
Pension	pensión	pen·sjon

Ich hätte gern ein ...zimmer.	Quisiera una habitación ...	ki·sje·ra u·na a·bi·ta·sjon ...
Einzel-	individual	in·di·wi·dual
Doppel-	doble	do·ble

Badezimmer	baño	ba·njo
Bett	cama	ka·ma
Fenster	ventana	wen·ta·na
Klimaanlage	aire acondicionado	ai·re a·kon·di·sjo·na·do

Wie viel kostet es pro Nacht/Person?
¿Cuánto cuesta por noche/persona? — kuan·to kues·ta por no·tsche/per·so·na

Ist das Frühstück inklusive?
¿Incluye el desayuno? — in·klu·je el de·sa·ju·no

VERKEHRSMITTEL & -WEGE

Öffentliche Verkehrsmittel

Bus	autobús	au·to·bus
Flugzeug	avión	a·wjon
Schiff	barco	bar·ko
Straßenbahn	tranvía	tran·wi·a
Zug	tren	tren
erster	primer	pri·mer
letzter	último	ul·ti·mo
nächster	próximo	prok·si·mo

Ich möchte nach (Córdoba).
Quisiera ir a (Córdoba). — ki·sje·ra ir a (kor·do·ba)

Wann kommt/fährt er/sie/es an/ab?
¿A qué hora llega/sale? — a ke o·ra lje·ga/sa·le

Ist das eine direkte Route?
¿Es un viaje directo? — es un wja·che di·rek·to

Hält er/sie/es in (Granada)?
¿Para en (Granada)? — pa·ra en (gra·na·da)

Welche Haltestelle ist das?
¿Cuál es esta parada? — kual es es·ta pa·ra·da

Können Sie mir sagen, wann wir in Sevilla ankommen?
¿Puede avisarme cuando lleguemos a (Sevilla)? — pue·de a·wi·sar·me kuan·do lje·ge·mos a (se·wi·lja)

Ich möchte hier aussteigen.
Quiero bajarme aquí. — kje·ro ba·char·me a·ki

ein ... -Ticket	un billete de ...	un bi·lje·te de ...
1. Klasse	primera clase	pri·me·ra kla·se
2. Klasse	segunda clase	se·gun·da kla·se
einfaches	ida	i·da
hin und zurück	ida y vuelta	i·da i wuel·ta
Busbahnhof/ Bahnhof	estación de autobuses/ trenes	es·ta·sjon de au·to·bu·ses/ tre·nes

FRAGEWÖRTER

Wann?	¿Cuándo?	kuan·do
Warum?	¿Por qué?	por ke
Was?	¿Qué?	ke
Wer?	¿Quién?	kjen
Wie?	¿Cómo?	ko·mo
Wo?	¿Dónde?	don·de

Fahrplan	horario	o·ra·rjo
Gang-/ Fensterplatz	asiento de pasillo/ ventana	a·sjen·to de pa·si·ljo/ wen·ta·na
gestrichen	cancelado	kan·se·la·do
Gleis	plataforma	pla·ta·for·ma
Ticketschalter	taquilla	ta·ki·lja
verspätet	retrasado	re·tra·sa·do

Autofahren & Radfahren

Ich möchte ein(en) ... mieten.	Quisiera alquilar ...	ki·sje·ra al·ki·lar ...
Allradwagen	un todoterreno	un to·do·te·re·no
Auto	un coche	un ko·tsche
Fahrrad	una bicicleta	u·na bi·si·kle·ta
Motorrad	una moto	u·na mo·to
Benzin	gasolina	ga·so·li·na
Diesel	gasóleo	ga·so·le·o
Helm	casco	kas·ko
Kindersitz	asiento de seguridad para niños	a·sjen·to de se·gu·ri·da pa·ra ni·njos
Mechaniker	mecánico	me·ka·ni·ko
Tankstelle	gasolinera	ga·so·li·ne·ra

Wie viel kostet das pro Tag/Stunde?
¿Cuánto cuesta por día/hora?　kuan·to kues·ta por di·a/o·ra

Ist das die Straße nach (Malaga)?
¿Se va a (Málaga) por esta carretera?　se wa a (ma·la·ga) por es·ta ka·re·te·ra

(Wie lange) Kann ich hier parken?
¿(Por cuánto tiempo) Puedo aparcar aquí?　(por kuan·to tjem·po) pu·e·do a·par·kar a·ki

Das Auto ist (in Cádiz) liegen geblieben.
El coche se ha averiado (en Cádiz)　el ko·tsche se a·we·ria·do (en ka·dis)

Ich habe einen Platten.
Tengo un pinchazo.　ten·go un pin·tscha·so

Mir ist das Benzin ausgegangen.
Me he quedado sin gasolina.　me e ke·da·do sin ga·so·li·na

Gibt's dort Radwege?
¿Hay carril bicicleta?　ai ka·ril bi·si·kle·ta

Kann man dort sein Fahrrad abstellen?
¿Hay aparcamiento de bicicletas?　ai a·par·ka·mjen·to de bi·si·kle·tas

WEGWEISER

Wo ist ...?
¿Dónde está ...?　don·de es·ta ...

Wie lautet die Adresse?
¿Cuál es la dirección?　kual es la di·rek·sjon

Können Sie das bitte aufschreiben?
¿Puede escribirlo, por favor?　pue·de es·kri·bir·lo por fa·wor

Können Sie mir das (auf der Karte) zeigen?
¿Me lo puede indicar (en el mapa)?　me lo pue·de in·di·kar (en el ma·pa)

an der Ampel	en el semáforo	en el se·ma·fo·ro
an der Ecke	en la esquina	en la es·ki·na
gegenüber ...	frente a ...	fren·te a ...
geradeaus	todo recto	to·do rek·to
hinter ...	detrás de ...	de·tras de ...
links	izquierda	is·kjer·da
nah	cerca	ser·ka
neben ...	al lado de ...	al la·do de ...
rechts	derecha	de·re·tscha
vor ...	enfrente de ...	en·fren·te de ...
weit	lejos	le·chos

ZAHLEN

1	uno	u·no
2	dos	dos
3	tres	tres
4	cuatro	kua·tro
5	cinco	sin·ko
6	seis	sejs
7	siete	sje·te
8	ocho	o·tscho
9	nueve	nue·we
10	diez	djes
20	veinte	wejn·te
30	treinta	trejn·ta
40	cuarenta	kua·ren·ta
50	cincuenta	sin·kuen·ta
60	sesenta	se·sen·ta
70	setenta	se·ten·ta
80	ochenta	o·tschen·ta
90	noventa	no·wen·ta
100	cien	sjen
1000	mil	mil

GLOSSAR

alameda – Pappelallee
alcázar – maurische Festung
artesonado – Kassettendecke (Decke, auf der die sich kreuzenden Balken gleich große Zwischenräume lassen, die dekorativ gefüllt werden können)
autopista – gebührenpflichtige Autobahn
autovía – gebührenfreie Schnellstraße
AVE – Alta Velocidad Española; Hochgeschwindigkeitszug zwischen Madrid und Sevilla
ayuntamiento – Rathaus
azulejo – Kachel

bahía – Bucht
bailaor/a – Flamenco-Tänzer/in
bandolero – Bandit
barrio – Stadtbezirk, Stadtteil
Bodega – Weinhandel, Weinlokal oder Weinkeller
buceo – Gerätetauchen
bulería – schneller Flamenco
buzón – Briefkasten

cajero automático – Geldautomat
calle – Straße
callejón – Gasse
cambio – Geldwechsel
campiña – flaches oder leicht hügeliges Ackerland
campo – Feld, Acker
cantaor/a – Flamenco-Sänger/in
cante jondo – „tiefer Gesang", die Seele des Flamenco
capilla – Kapelle
capilla mayor – Kapelle mit Hochaltar in einer Kirche
carnaval – Karneval
carretera – Landstraße
carta – Speisekarte
casa rural – Land- oder Bauernhaus mit Zimmervermietung
casco – wörtlich „Helm"; im übertragenen Sinn eine Altstadt (*casco antiguo*)
castellano – Kastilisch; die spanische Sprache
castillo – Burg
caza – Jagd
centro comercial – Einkaufszentrum

cercanía – Vorortzug
cerro – Hügel
cervecería – Bierkneipe
chiringuito – kleine, oft improvisierte Bar im Freien
Churriguerismus – schnörkeliger Barockstil in der Architektur, benannt nach den Brüdern Alberto und José Churriguera
cofradía – siehe *hermandad*
colegiata – Stiftskirche, Kirche mit Priesterkollegium o. Ä.
comedor – Speisesaal
comisaría – Station der Policía Nacional
converso – zum Christentum übergetretener Jude im Mittelalter
cordillera – Bergkette
coro – Chor (Teil einer Kirche, meist in der Mitte)
corrida de toros – Stierkampf
cortes – Parlament
cortijo – Landgut
costa – Küste
coto – Jagdrevier
cruce – Kreuzung
cuenta – Rechnung
cuesta – Abhang, Gefälle
custodia – Monstranz (kunstvoller Behälter für eine geweihte Hostie)

dehesa – Weide mit immergrünen Eichen
Denominación de Origen (DO) – Bezeichnung, mit der die geografische Herkunft, der Produktionsprozess und die Qualität von Weinen, Olivenölen und anderen spanischen Produkten gekennzeichnet wird
duende – der „Geist" des Flamenco, der von den großen Flamenco-Künstlern Besitz ergriffen hat
duque – Herzog
duquesa – Herzogin

embalse – Stausee
ermita – Einsiedelei oder Kapelle
escalada – Klettern
estación de autobuses – Busbahnhof
estación de esquí – Skistation, Skigebiet

estación de ferrocarril – Bahnhof
estación marítima – Passagierhafen
estanco – Tabakladen
estrella – wörtlich: Stern; Nachtzug mit Sitzplätzen, Liege- und Schlafwagen

farmacia – Apotheke
faro – Leuchtturm
feria – Handelsmesse, Jahrmarkt, Volksfest
ferrocarril – Eisenbahn
fiesta – Party, Feiertag oder Festival
Finca – Gutshaus, Bauernhof
flamenco – Flamingo, Flamenco oder die flämische Sprache
frontera – Grenze
fuente – Quelle, Springbrunnen

gitano – Angehöriger der Roma
Guardia Civil – Gendarmerie; Polizei, die im Straßenverkehr, auf dem Land, in den Dörfern sowie an der Grenze Dienst tut. Ihre Uniform ist grün; siehe auch *Policía Local* und *Policía Nacional*.

Hamam – Badehaus im arabischen Stil
hermandad – Bruderschaft (Frauen sind jedoch ebenfalls zugelassen), vor allem eine, die an religiösen Prozessionen teilnimmt; auch *cofradía* genannt
hospedaje – Pension
hostal – schlichte Pension oder kleines billiges Hotel

infanta – Tochter eines Monarchen, die nicht an erster Stelle der Thronfolge steht
infante – Sohn eines Monarchen, der nicht an erster Stelle der Thronfolge steht

jardín – Garten
judería – jüdisches Viertel im mittelalterlichen Spanien
Junta de Andalucía – Regierung von Andalusien

lavandería – Waschsalon
librería – Buchladen
lidia – heutige Art des Stierkampfs
lucio – Teich in den *marismas* der Doñana

madrugada/madrugá – frühe Morgenstunden, von etwa 3 Uhr bis zur Dämmerung; in manchen spanischen Städten geht's zu dieser Zeit erst so richtig ab
marismas – Feuchtgebiete, Sumpfland
marisquería – Meeresfrüchtelokal
marqués – Marquis
medina – arabisch für Stadt oder Innenstadt
mercadillo – Flohmarkt
mercado – Markt
mezquita – Moschee
Mihrab – Gebetsnische in einer Moschee, die nach Mekka weist
mirador – Aussichtspunkt
morisco – zum Christentum übergetretener Muslim im mittelalterlichen Spanien
moro – Maure; Muslim im mittelalterlichen Spanien
movida – Bar- und Nachtclubszene, die in den Städten Spaniens nach Francos Tod aufgekommen ist; die *zona de movida* oder *zona de marcha* ist das Viertel, in dem sich die Leute zum Trinken und Feiern treffen
mozárabe – Mozaraber; Christ unter islamischer Herrschaft im mittelalterlichen Spanien
Mudéjar – Muslim unter christlicher Herrschaft im mittelalterlichen Spanien; namensgebend für den dekorativen Architekturstil der Mudejaren
muelle – Kai, Mole
muladí – zum Islam übergetretener Christ im mittelalterlichen Spanien
nazareno – Büßer auf den Prozessionen der Semana Santa

nieve – Schnee
nuevo – neu

oficina de correos – Post
oficina de turismo – Touristeninformation
olivo – Olivenbaum

palacio – Palast, Schloss
palo – wörtlich: Stab, Einteilung für Flamenco-Lieder
panadería – Bäckerei
papelería – Schreibwarenladen
parador – Haus der staatlichen Luxushotelkette Paradores Nacionales, oft in einem historischen Gebäude
paraje natural – Naturschutzgebiet
parque nacional – Nationalpark
parque natural – Naturpark
paseo – Allee oder Promenade; Rundgang
paso – wörtlich: Schritt; auch für die Plattform, auf der bei einer Prozession ein Bildnis getragen wird
peña – ein Club; gewöhnlich für die Fans eines Fusballvereins oder für Flamenco-Enthusiasten *(peña flamenca)*, manchmal auch ein Debattierclub
pensión – Pension
pescadería – Fischgeschäft
picadero – Reitschule
pícaro – Falschspieler (Würfel oder Karten), Schurke, Gauner
pinsapar – Wald mit *pinsapos*
pinsapo – Spanische Tanne
piscina – Swimmingpool
Plateraskenstil – Architekturstil aus der Frührenaissance mit besonders verzierten Fassaden
playa – Strand
plaza de toros – Stierkampfarena
Policía Local – Städtische oder örtliche Polizei; auch Policía Municipal genannt. Untersteht der Stadtverwaltung und kümmert sich vor allem um kleinere Angelegenheiten, wie Park- und Verkehrssünder und die Einhaltung städtischer Verordnungen. Die Uniform ist blauweiß. Siehe auch *Guardia Civil* und *Policía Nacional*.

Policía Municipal – Städtische Polizei; siehe *Policía Local*
Policía Nacional – Nationalpolizei; verantwortlich für größere Städte. Teilweise in besondere Einheiten zur Bekämpfung von Drogenkriminalität, Terrorismus usw. gegliedert.
preferente – 1. Klasse im Fernzug
provincia – Provinz; Spanien ist in 50 Provinzen aufgeteilt
pueblo – Dorf, Kleinstadt
puente – Brücke
puerta – Tor, Tür
puerto – Hafen, Bergpass
puerto deportivo – Jachthafen
puerto pesquero – Fischerhafen
punta – Punkt

rambla – Flussbett
Reconquista – Wiedereroberung der vom 8. bis zum 15. Jh. muslimisch beherrschten Iberischen Halbinsel durch die Christen
refugio – Schutzhütte mit einfachen Schlafmöglichkeiten für Wanderer, vor allem in den Bergen
regional – Zug zwischen andalusischen Städten
reja – Gitter; insbesondere ein schmiedeeisernes Gitter über einem Fenster und vor einer Kapelle
Renfe – Red Nacional de los Ferrocarriles Españoles; staatliche spanische Eisenbahn
reserva – Reservierung, auch: Reservat (z. B. Naturreservat)
reserva nacional de caza – Nationales Jagdgebiet
reserva natural – Naturreservat
retablo – Retabel (Altaraufsatz)
ría – trichterförmige Flussmündung mit Salzwasser (durch eine tief ins Land reichende Meeresbucht entstanden)
río – Fluss
romería – festliche Pilgerfahrt oder Prozession
ronda – Umgehungsstraße

sacristía – Sakristei, Raum innerhalb einer Kirche, in dem Gewänder, heilige Gegenstände und andere Wertgegenstände aufbewahrt werden
salina – Salzgarten, Saline
Semana Santa – Karwoche
sendero – Weg, Pfad
sevillana – beliebter andalusischer Tanz
sierra – Gebirgszug
Siglo de Oro – das „Goldene Zeitalter" der spanischen Hochkultur vom 16. bis zum 17. Jh.

taberna – Taverne
tablao – Flamenco-Show
taifa – Kleinkönigreich; im 11. und 12. Jh. war der islamisch beherrschte Teil Spaniens in mehrere *taifas* aufgeteilt
taquilla – Fahrkartenschalter
taracea – Einlegearbeit
tarjeta de crédito – Kreditkarte
tarjeta telefónica – Telefonkarte
teléfono móvil – Handy
terraza – Terrasse; oftmals gleichbedeutend mit der Freifläche einer Bar, eines Cafés oder eines Restaurants
tetería – Teehaus oder Teestube im orientalischen Stil; mit niedrigen Sitzen um niedrige Tische
tienda – Laden, Zelt
tocaor/a – Flamenco-Gitarrist/in
torre – Turm
trenhotel – teurer Schlafwagenzug ohne Sitzplätze
turismo – Tourismus, Limousine; auch: Touristeninformation
turista – 2. Klasse im Fernzug

valle – Tal

zoco – Basar (großer Markt in islamischen Städten)

Hinter den Kulissen

WIR FREUEN UNS ÜBER EIN FEEDBACK

Post von Travellern zu bekommen ist für uns ungemein hilfreich – Kritik und Anregungen halten uns auf dem Laufenden und helfen, unsere Bücher zu verbessern. Unser reiseerfahrenes Team liest alle Zuschriften genau durch, um herauszufinden, was an unseren Reiseführern gut und was schlecht ist. Wir können solche Post zwar nicht individuell beantworten, aber jedes Feedback wird garantiert schnurstracks an die jeweiligen Autoren weitergeleitet, rechtzeitig vor der nächsten Nachauflage.

Wer Ideen, Erfahrungen und Korrekturhinweise zum Reiseführer mitteilen möchte, hat die Möglichkeit dazu auf **www.lonelyplanet.com/contact/guidebook_feedback/new**. Anmerkungen speziell zur deutschen Ausgabe erreichen uns über **www.lonelyplanet.de/kontakt**.

Hinweis: Da wir Beiträge möglicherweise in Lonely Planet Produkten (Reiseführer, Websites, digitale Medien) veröffentlichen, ggf. auch in gekürzter Form, bitten wir um Mitteilung, falls ein Kommentar nicht veröffentlicht oder ein Name nicht genannt werden soll. Wer Näheres über unsere Datenschutzpolitik wissen will, erfährt das unter www.lonelyplanet.com/privacy.

DANK AN UNSERE LESER

Wir danken unseren Lesern, die mit der letzten Ausgabe unterwegs waren und hilfreiche Hinweise, Tipps und interessante Geschichten beigetragen haben:
Nancy Barker, Dianne & Virgil Bodeen, Richard Dinkeldein, Laura Gravina, David Hutcheson, Anne Jovaras, Bernard Jovaras, John Kearins, Tim Kuemmerle, Graham Newton, Juhana Rantavuori, Derek Sime, Gary Stocker, Jacques Tribier

DANK DER AUTOREN

Isabella Noble
Gracias an all die *andaluces* (und *guiris*), die mir unterwegs geholfen haben. Außerdem an Annie und Pepi in Vejer für ihre fantastischen Gourmet-Tipps, Antonia für die tolle Zeit in Écija und Tessa, der ultimativen Gibraltar-Insiderin. Mein besonderer Dank gilt Papi und Jacky, meinen liebsten Recherche- und Roadtrip-Partnern, und meinen großartigen Koautoren. Und wie immer Susan Forsyth dafür, den Tarifa-Trend gestartet zu haben.

John Noble
Vielen Dank an Izzy dafür, dass sie diese Erfahrung mit mir geteilt hat, an Tito für die guten Gespräche und einen faszinierenden Film und an all die unheimlich freundlichen *andaluces*, die mir auf meiner Reise geholfen haben.

Josephine Quintero
Ein riesengroßes *gracias* an die unzähligen Mitarbeiter in den ganzen Touristeninformationen. Außerdem möchte ich Robin Chapman für seine Gesellschaft bei den Recherchen zu Speis und Trank danken, ebenso Jorge Guzman, einem sehr wertvollen Kontakt in Málaga sowie all meinen spanischen *malagueño*-Freunden, die mir unermüdlich mit guten Ratschlägen zur Seite standen. Und abschließend möchte ich der Verantwortlichen Redakteurin Lorna Parkes und allen anderen bei Lonely Planet danken, die an diesem Band mitgearbeitet haben.

Brendan Sainsbury
Danke an all die unbekannten Busfahrer, Köche, Empfangsmitarbeiter, Tourguides und Flamenco-Sänger, die mir bei meinen Recherchen für dieses Buch geholfen haben.

QUELLENANGABEN

Klimakartendaten von Peel MC, Finlayson BL & McMahon TA (2007) „Updated World Map of the Köppen-Geiger Climate Classification", *Hydrology and Earth System Sciences*, 11, 1633–44.

Illustrationen auf S. 52–53, 212–213 & 268–269 von Javier Zarracina.

Umschlagfoto: Plaza de España, Parque de María Luisa, Sevilla, Alan Copson / AWL ©.

DIESES BUCH

Dies ist die 4. Auflage von *Andalusien*, basierend auf der mittlerweile 8. Auflage von *Andalucía* und stammt aus der Feder von Isabella Noble, John Noble, Josephine Quintero und Brendan Sainsbury. Die 7. Auflage wurde von Brendan Sainsbury, Josephine Quintero und Daniel C. Schechter, und die 6. von Anthony Ham, Stuart Butler, Vesna Maric, John Noble und Zora O'Neill verfasst. Dieser Reiseführer wurde von den folgenden Personen produziert:

Verantwortliche Redakteure
Jo Cooke, Lorna Parkes

Leitende Redakteurin
Elizabeth Jones

Leitender Kartograf
Anthony Phelan

Buch-Design Cam Ashley

Redaktionsassistenz
Imogen Bannister, Kellie Langdon, Bella Li, Charlotte Orr, Victoria Smith, Gabrielle Stefanos, Ross Taylor, Tracy Whitmey

Kartografie
Piotr Czajkowski, Julie Dodkins

Umschlagrecherche
Naomi Parker

Dank an Sasha Baskett, Daniel Corbett, Brendan Dempsey, Ryan Evans, Anna Harris, Andi Jones, Kate Mathews, Claire Naylor, Karyn Noble, Darren O'Connell, Martine Power, Jessica Rose, Diana Saengkham, Dianne Schallmeiner, Ellie Simpson, Angela Tinson

Register

A
Adler 359
Affen 162, 358
Agua Amarga 324–325
Aktivitäten 23–25, 36–40, 84, *siehe auch einzelne Aktivitäten, einzelne Orte und Regionen*
Alájar 100–101
Alcalá la Real 240
Alcaracejos 231
Alcázar (Sevilla) 9, 57, 59, 61
Alfarnate 201
Alfarnatejo 201
Algeciras 157
Alhambra 9, 266–272, 351–352, **268–269**, **270**, 8–9, 268–269
Almería 308–315, **310**
  An- & Weiterreise 314–315
  Ausgehen & Nachtleben 313–314
  Essen 313
  Feste & Events 311
  Geschichte 308
  Sehenswertes 308–311
  Tapas 312
  Unterhaltung 313–314
  Unterkunft 312–313
  Unterwegs vor Ort 315
Almería, Provinz 46, 305–330, **306–307**
  Autofahren 305
  Essen 33
  Highlights 306
  Unterkunft 305
Almodóvar del Río 230
Almonaster la Real 102
Almohaden 350–351
Almoraviden 350–351
Almuñécar 302–304
Altiplano 289–291

Kartenverweise **000**
Fotoverweise **000**

Antequera 196–200
An- & Weiterreise 390–392
Apartments 389
Aracena 20, 96–99, **97**
Arbeitslosigkeit 332
Archäologische Stätten
  Acinipo 196
  Baelo Claudia 156
  Casa del Obispo 116
  Cueva de la Pileta 195
  Cueva de los Letreros 329
  Dolmen del Romeral 197–198
  Dolmen de Menga 197
  Dolmen de Viera 197
  Itálica 102–103
  Los Millares 318
  Madinat al-Zahra 218–219, 350
  Necrópolis Romana 105
  Teatro Romano (Cádiz) 116
  Templo Romano (Córdoba) 218
Architektur 21, 249, 348–354
  Bücher 353
Arcos de la Frontera 138–142, **139**
Ardales 196
Arroyo Frío 255
Auto 19
Autofahren 19, 391, 392–394, *siehe auch Spritztouren*
  Sprache 400
Autotouren
  Sierra Norte de Sevilla 110, **110**
  Weiße Dörfer 140, **140**
Autovermietung 393
Ayamonte 89–90

B
Baelo Claudia 156
Baena 224

Baeza 16, 241–246, **242**, 16
Barranco de Poqueira 296
Barockarchitektur 353–354
Bäume 357
Behinderung, Reisen mit 385–386
Belalcázar 231
Benalmádena 180–182
Benaoján 195
Berberaffen 162, 358
Bérchules 300
Bergbau 95, 322–323
Bergorte 22
Bevölkerung 333
Bier 380
Bodegas
  El Puerto de Santa María 132, 135
  Jerez de la Frontera 125
  Laujar de Andarax 318
  Montilla 225
  Sanlúcar de Barrameda 136
Bolonia 156
Boquete de Zafarraya 201
Brunnen
  Fuente de los Leones 241
  Fuente del Rey 228
  Fuente Pública 327
Bubión 297
Bücher 332, *siehe auch Literatur*
  Architektur 353
  Essen 380
  Geschichte 338, 345
  Wein 380
Budget 19
Burgen & Festungen 42, *siehe auch Paläste & Herrenhäuser*
  Alcazaba (Almería) 308–309
  Alcazaba (Antequera) 197
  Alcazaba (Granada) 271
  Alcazaba (Guadix) 289
  Alcazaba (Málaga) 169

Alcazaba (Jerez de la Frontera) 125
Alcázar (Sevilla) 9, 57, 59, 61
Alcázar de la Puerta de Sevilla 103
Alcázar de los Reyes Cristianos 214–215
Alhambra 9, 266–272, 351–352, **268–269**, **270**, 8–9, 268–269
Castillo Árabe (Constantina) 112
Castillo Árabe (Olvera) 146
Castillo Árabe (Salobreña) 301
Castillo de Albánchez 248
Castillo de Almodóvar 230
Castillo de Aracena 97
Castillo de Gibralfaro 169
Castillo de Guzmán 151
Castillo de Jimena 158
Castillo de La Calahorra 290
Castillo de las Almadrabas 150
Castillo de la Yedra 252
Castillo del Marqués de los Vélez 329
Castillo de los Duques 138
Castillo de los Guzm 94
Castillo de los Sotomayor 231
Castillo de Miramontes 231
Castillo de Priego de Córdoba 228
Castillo de San Jorge 66–67
Castillo de San Marcos 132
Castillo de San Miguel 302–303
Castillo de San Sebastián 120
Castillo de Santa Catalina (Cádiz) 120
Castillo de Santa Catalina (Jaén) 36–237
Castillo de Santiago 136
Castillo de Segura 258

Castillo de Vejer de la Frontera 147
Castillo de Vélez Blanco 329
Castillo de Zuheros 226
Fortaleza de la Mota 240
Maurenburg (Gibraltar) 162
Bürgerkrieg 344–345
Busfahren 19, 391, 394

C

Cabo de Gata 13, 319–325, **320**, 13
Cabo de Trafalgar 149
Cádiz 13, 116–124, 342, **118–119**, 13
  Aktivitäten 120
  An- & Weiterreise 123–124
  Ausgehen & Nachtleben 122–123
  Essen 116, 121–122
  Feste & Events 117
  Infos im Internet 123
  Kurse 120
  Sehenswertes 116–117
  Unterhaltung 123
  Unterkunft 120–121
  Unterwegs vor Ort 123–124
Cádiz, Provinz 45, 113–164, **114–115**
  Autofahren 113
  Essen 32
  Highlights 114
  Strände 113
  Unterkunft 113
Calle Sierpes (Sevilla) 66
Caminito del Rey 20, 198
Campingplätze 388–389
Cano, Alonso 353
Capileira 297–298
Capilla Real (Granada) 274–275
Carmona 103–106, **104**
Carnaval 23, 117
Carretera del Suspiro del Moro 295
Casa Rurales 389
Castaño del Robledo 101–102
Cazalla de la Sierra 111–112
Cazorla 252–254
Centro Lorca 20, 288
Christliche Architektur 352–354, *siehe auch* Kirchen & Kathedralen
Christliche Kunst 369

churros 31
Colón, Cristóbal, *siehe* Kolumbus, Christoph
Comares 201
Cómpeta 201–203
Concurso de Cante Jondo 366
Constantina 112
Cordillera Bética 355
Córdoba 210–224, **216**
  An- & Weiterreise 223
  Ausgehen 222
  Essen 221–222
  Feste & Events 219
  Geschichte 210–211
  Patios 215
  Sehenswertes 211–219
  Shoppen 222–223
  Touristeninformation 223
  Unterhaltung 222
  Unterkunft 219–221
  Unterwegs vor Ort 224
Córdoba, Provinz 45, 207–232, **208–209**
  Autofahren 207
  Essen 32, 207
  Highlights 208–209
  Unterkunft 207
Cortés, Joaquín 367
Costa de la Luz 14, 88–90, 146–158, **15**
Costa del Sol 180–189
Costa Tropical 301–304
Cueva de la Pileta 195
Cueva de los Letreros 329
Cueva de Nerja 195
Cuevas del Almanzora 329
Cuevas de Sorbas 315

D

Debitkarten 383
del Amo, Tito 327, 328
Delfinbeobachtung 153, 163
Desfiladero de Despeñaperros 240
Desierto de Tabernas 315–316
Dolmen del Romeral 197–198
Dolmen de Menga 197
Dolmen de Viera 197
Drachenfliegen 40
Duque de Medina Sidonia 346

E

Écija 108–109
Einreise 390

El Altiplano 289–291
El Burgo 194
El Chorro 196, 198
El Fraile 324
El Palmar 149
El Pedroso 112
El Pozo de los Frailes 322
El Puerto de Santa María 132–135, **134**
El Rinconcillo 283
El Rocío 93–95
El Yelmo 258
Embalse del Conde del Guadalhorce 196
Embalse del Tranco 255
Essen 21, 175, 376–380, 382, **35**, *siehe auch* einzelne Orte und Regionen
  Bücher 380
  churros 31
  Gazpacho 378, **35**
  Infos im Internet 380
  jamón 298–299, 377–378
  Kindern, Reisen mit 41–42
  Kochkurse 31, 70, 147
  Meeresfrüchte 376
  Olivenöl 224, 244, 314, 378
  Sprache 396–398
  Tapas 13, 34, 178, 281, 312, 377, **13**
  Tomaten 316
  Vegetarier 32
Estepona 185–187
Events, *siehe* Feste & Events

F

Fähre 392, 394
Fahrradfahren *siehe* Radfahren
Feiertage 382–383
Feria de Abril 23, 71, **2**
Feria del Caballo 24, 128, **24**
Ferien 382–383
Fernández, Alejo 51
Feste & Events 23–25
  Bienal de Flamenco 25, 71
  Bluescazorla 253
  Carnaval 23, 117
  Carreras de Caballos 137
  Corpus Christi (Fronleichnam) 25, 192
  Cruces de Mayo 219

Día de la Cruz 278
Día de los Reyes Magos 23
Feria de Abril 23, 71, **2**
Feria de Baeza 243
Feria de Fuengirola 183
Feria de la Manzanilla 137
Feria de la Tapa 25
Feria de la Virgen de la Luz 153
Feria del Caballo 24, 128, **24**
Feria del Corpus Cristi 277–278
Feria de Málaga 25, 173
Feria de Mayo 219
Feria de Pedro Romero 25, 192
Feria de Primavera y Fiestas del Vino Fino 132
Feria de San Miguel 141
Festival de Jerez 23, 128
Festival de la Guitarra de Córdoba 219
Festival Internacional de la Guitarra 25
Festival Internacional del Aire 258
Festival Internacional de Música y Danza Ciudad de Úbeda 249
Festival Internacional de Música y Danza (Granada) 278
Festividad Virgen del Carmen 132
Fiesta de los Patios de Córdoba 24–25, 219
Fiesta Mayor de Verdiales 25, 173
Fiestas Colombinas 84
Fiestas de Otoño 25
Fuengirola Feria 183
Jazz en la Costa 303
Moros y Cristianos 325
Moto GP 24
Motorcycle Grand Prix 128
Noche del Vino 202
Noche de San Juan 204, 325
Real Feria de Agosto 198
Romería de la Virgen de la Cabeza 241
Romería del Rocío 24, 93, 137
Semana Santa (Antequera) 198
Semana Santa (Arcos de la Frontera) 141

Semana Santa (Baeza) 243
Semana Santa (Córdoba) 219
Semana Santa (Granada) 277
Semana Santa (Jaén) 238
Semana Santa (Málaga) 173
Semana Santa (Sevilla) 17, 23, 70–71, **17**, **24**
Semana Santa (Úbeda) 249
Velada de Nuestra Señora de la Oliva 147
Virgen del Carmen 204
Festungen *siehe* Burgen & Festungen
Filme 332, 371
Flamenco 12, 62–63, 361–367, **12**, **62–63**
 Almería 314
 Cádiz 123, 364
 Córdoba 217
 El Puerto de Santa María 71
 Feste 71, 363
 Granada 286–287
 Jerez de la Frontera 125, 130, 364
 Kurse 70
 Lebrija 364
 Málaga 178
 Morón de la Frontera 364
 Museen 65, 169, 217
 Sevilla 48, 78, 364
 Utrera 364
 Vejer de la Frontera 148
Flamingos 360
Flecha el Rompido 89
Flughäfen 390
Flugreisen 390
Franco, General Francisco 345
Frauen unterwegs 383
Freizeitparks 42
 Fort Bravo 316
 Isla Mágica 69
 Oasys Mini Hollywood 316
 Tivoli World 181
Frigiliana 203
Fuengirola 182–183
Führerschein 392–393

Kartenverweise 000
Fotoverweise **000**

G
Game of Thrones-Drehorte
 Alcázar 57–61
 Osuna 108
Gärten *siehe* Parks & Gärten
Gaucín 196
Gazpacho 378, **35**
Geier 359–360
Geld 18, 19, 160, 382, 383
Geldautomaten 383
Generalife 271
Generation von '27 370–371
Generation von '98 370
Geografie 355–357
Geschäftszeiten 384
Geschichte 334–347
 Bücher 338, 345
 Händler & Eroberer 335–336
 Islamisches Spanien 336–340
 Prähistorisches Andalusien 334–335
 Reconquista 340
 Spanische Inquisition 341
 Spanischer Bürgerkrieg 344–345
Gesundheit 383
Getränke 379–380
 Sprache 396–397
Gewichte 384
Gibraltar 45, 113, 159–164, **159**, **161**
 Aktivitäten 162–163
 An- & Weiterreise 164
 Essen 163–164
 Geschichte 159–160
 Sehenswertes 160–162
 Shoppen 164
 Unterkunft 163
 Unterwegs vor Ort 164
Giralda (Sevilla) 56
Gleitschirmfliegen 40
Goldenes Zeitalter (Siglo de Oro) 369–370
Góngora, Luís de 370
GR7 (Sendero de Gran Recorrido 7)-Wanderweg 155, 293
GR240 293
GR247 20, 257
Granada 263–289, **270**, **274–275**, **278–279**, **5**
 Aktivitäten 277
 An- & Weiterreise 288
 Ausgehen & Nachtleben 284–286
 Essen 282–284
 Feste & Events 277–278
 Geführte Touren 277
 Geschichte 263–266
 Sehenswertes 266–276
 Shoppen 287
 Straßenkunst 273
 Tapas 281
 teterías (Teehäuser) 285
 Touristeninformation 287
 Unterhaltung 286–287
 Unterkunft 278–282
 Unterwegs vor Ort 288–289
Granada, Provinz 46, 262–304, **264–265**
 Essen 32, 262
 Flamenco 262
 Highlights 264
 Reisezeiten 262
Grazalema 142–143
Grenzübergänge 157, 160, 391
Griechische Besiedlung 335
Guadix 289–291

H
Hammams 260, **260**, **261**
 Aire Baños Árabes 64
 Hammam Al-Andalus (Málaga) 173
 Hammam Andalusí (Jerez de la Frontera) 127
 Hammam de Al Andalus (Granada) 277
Handys 18, 387
Hediondas Schwefelbäder 186
Herrenhäuser, siehe Paläste & Herrenhäuser
Höhlen 42
 Barriada de las Cuevas 289
 Cueva de la Pileta 195
 Cueva de los Letreros 329
 Cueva de los Murciélagos 226
 Cueva de Nerja 203
 Cuevas del Almanzora 329
 Cuevas de Sorbas 315
 Gruta de las Maravillas 96
 Guadix 289
 Sacromonte 277
 St. Michael's Cave 162
Hornos 257–258
hostales 388
Hostels 388
Huelva 84–86, **85**
Huelva, Provinz 44, 81, 84–86, **82–83**
 Aktivitäten 84
 Autofahren 81
 Essen 31–32, 81
 Highlights 82
 Infos im Internet 84
 Unterkunft 81

I
Iberischer Luchs 240–241, 333, 358–359, **14**
Infos im Internet 19
Internetzugang 383
Isla Cristina 89
Islamische Architektur 348–352, *siehe auch* Burgen & Festungen, Moscheen, Paläste & Herrenhäuser
Islamische Kultur 336–340, 368
Itálica 102

J
Jaén 236–239, **237**
Jaén, Provinz 46, 233–259, **234–235**
 Autofahren 233
 Essen 32, 233
 Highlights 234
 Unterkunft 233
jamón 298–299, 377–378
Jerez de la Frontera 124–131, **126–127**
 An- & Weiterreise 131
 Aktivitäten 126–128
 Ausgehen & Nachtleben 131
 Essen 128–130
 Feste & Events 128
 Schlafen 128
 Sehenswertes 124–126
 Unterhaltung 130, 131
 Unterkunft 128
Jimena de la Frontera 158
Jiménez, Juan Ramón 88
Jüdische Kultur 338–340

K
Kaffee 380
Kaiseradler 359
Karten 383–384
Kathedrale von Sevilla 9, 50–57, **52–53**, **9**, **52–53**
Kathedralen *siehe* Kirchen & Kathedralen
Keramik 251

Kindern, Reisen mit 41–43
  Costa del Sol 181
  Sevilla 72
Kino *siehe* Filme
Kirchen & Kathedralen 352–354
  Basílica de La Macarena 69
  Basílica Menor de Santa María de la Asunción 139
  Basilica San Juan de Díos 276
  Capilla de los Benavides 243
  Catedral de Baeza 242
  Catedral de Cádiz 116
  Catedral de Granada 275–276
  Catedral de Guadix 289
  Catedral de la Asunción 236
  Catedral de la Encarnación 309
  Catedral de la Sierra 231
  Catedral de Málaga 168
  Catedral de San Salvador 125
  Colegiata del Salvador 273
  Colegiata de Santa María de la Asunción 106
  Colegiata de Santa María la Mayor (Antequera) 197
  Ermita del Rocío 93–94
  Ermita de Nuestra Señora Reina de los Ángeles 100
  Guadix, Kathedrale von 289
  Iglesia de la Asunción 257
  Iglesia de la Aurora 228
  Iglesia de la Santa Cruz 243
  Iglesia del Carmen 198
  Iglesia del Divino Salvador 147
  Iglesia de Nuestra Señora de la O 136
  Iglesia de San Francisco 228
  Iglesia de San Jorge 88
  Iglesia de San Juan (Almería) 308
  Iglesia de San Juan (Écija) 109
  Iglesia de San Martín (Almonaster la Real) 102
  Iglesia de San Martín (Niebla) 94
  Iglesia de San Mateo 151
  Iglesia de San Pablo-Santo Domingo 109
  Iglesia de San Pedro 139–141
  Iglesia de Santa Ana 272
  Iglesia de Santa María (Cazorla) 252
  Iglesia de Santa María de Granada 94
  Iglesia de Santa María de la Alhambra 271
  Iglesia de Santa María de los Reales Alcázares 248
  Iglesia de Santa María de Mesa 143
  Iglesia de Santa María (Écija) 109
  Iglesia de Santa María La Mayor 191–192
  Iglesia Nuestra Señora de Gracia 290
  Iglesia Parroquial Nuestra Señora de la Encarnación 146
  Iglesia Prioral de Nuestra Señora del Mayor Dolor 97
  Iglesia Prioral de Santa María de la Asunción 103
  Mezquita de Córdoba 10
  Parroquia de la Asunción 228
  Parroquia de Nuestra Señora de la O 67
  Parroquia de Santa Ana 67
  Parroquia del Divino Salvador 66
  Parroquia Mayor de Santa Cruz 109
  Sacra Capilla de El Salvador 246
  Santa Iglesia Catedral de Córdoba 214
  Santuario de la Virgen de la Cabeza 241
  Santuario de Nuestra Señora de la Cinta 84
  Sevilla, Kathedrale von 9, 50–57, **52–53**, **9**, **52–53**
Kitesurfen 16, 39–40, 151, **17**, **39**
Klettern 40, 196
Klima 18, 23–25
Klöster
  Conjunto Monumental de la Cartuja 69
  Iglesía y Monasterio de Santiago 289
  Monasterio de la Encarnación 107
  Monasterio de la Rábida 86–87
  Monasterio de Montesión 253
  Monasterio de San Isidoro del Campo 103
  Monasterio de San Jerónimo 276, **22**
  Monasterio de Santa Clara 88
  O Sel Ling 296
Kolumbus, Christoph 51, 54, 86, 87, 88, 342
Königliche Andalusische Reitschule 126
Kreditkarten 383
Kunst 15, 22, 51, 283, 368–372
Kunstgalerien *siehe* Museen & Galerien
Kurse
  Flamenco 70
  Kochen 31, 70, 147
  Sprache 70, 120, 147, 386–387

L

La Axarquía 201–203
Laguna de Fuente de Piedra 200
La Herradura 302–304
La Isleta del Moro 322
Lanjarón 294
La Pepa 342
La Rábida 86–87
Las Alpujarras 12, 291–301, 318–319, **292**
La Tahá 298
Laujar de Andarax 318–319
La Vega 289–291
Lesben 386
Linares de la Sierra 100
Literatur 283, 288, 370–372
Lorca, Federico García 283, 288, 370, 371
Lorca, Federico García 283, 288, 366
Los Cahorros 293
Los Caños de Meca 149–150
Los Escullos 324
Los Pedroches 231
Los Tresmiles 293
Los Vélez 328–330
Luchse 240–241, 333, 358–359, **14**
Lugares Colombinos 86–88
Lyrik 288, 370–371

M

Madinat al-Zahra 218–219, 350
Mairena 301
Málaga 15, 168–180, **170**, **176–177**, **15**
  Aktivitäten 172
  An- & Weiterreise 179–180
  Ausgehen & Nachtleben 175–178
  Essen 174–175
  Feste & Events 173
  Geschichte 168
  Sehenswertes 168–172
  Shoppen 179
  Unterhaltung 178
  Unterkunft 173–174
  Unterwegs vor Ort 180
Málaga, Provinz 45, 165–206, **166–167**
  Autofahren 165
  Essen 32, 165
  Highlights 166–167
  Unterkunft 165
Marbella 183–185
Märkte
  Almería 308, 313
  Córdoba 218
  Málaga 171–172
  Tarifa 151
Marokko, An- & Weiterreise 157, 390–392
Maße 384
Matalascañas 90
Mecina Bombarón 300
Medina Azahara 350
Meeresfrüchte 376
Mezquita (Córdoba) 10, 20, 211–214, 349–350, **212–213**, **11**, **212–213**
Mietwagen 393
Mijas 188–189
Minas de Riotinto 95–96
Mobiltelefone 18, 387
Moguer 88
Mojácar 325–330, **326**
Molina, Antonio Muñoz 371
Montilla-Weine 225
Moscheen 349–350
  Alcázar (Jerez de la Frontera) 125
  Mezquita (Almonaster la Real) 102, 349
  Mezquita (Córdoba) 10, 20, 211–214, 349–350, **212–213**, **11**, **212–213**
Motorradfahren 391, 392–394
Mozarabies 352

Mudéjars 352
Muelle de las Carabelas 87
Mufflons 358
Mulhacén 293–294
Murillo, Bartolomé Esteban 51
Museen & Galerien 42
  Archivo de Indias 61
  Archivo-Museo San Juan de Dios 272
  Baños Arabes 192
  Carmen Museo Max Moreau 273
  Casa Alpujarreña 297
  Casa del Obispo 116
  Casa de Pilatos 65
  Casa de Sefarad 216
  Casa Museo Arte Andalusí 248
  Casa Museo de Mijas 188
  Casa-Museo Manuel de Falla 272
  Casa Museo Martín Alonso Pinzón 87
  Casa Museo Pedro Antonio de Alarcón 297
  Casa Museo Zenobia y Juan Ramón Jiménez 88
  Centre Pompidou Málaga 20, 169, 171
  Centro Andaluz de la Fotografía 311
  Centro Cerámica Triana 67
  Centro de Arte Contemporáneo de Málaga 171
  Centro de Arte Contemporáneo de Mijas 188
  Centro de Interpretación Cuevas de Guadix 289–290
  Centro de Interpretación Judería de Sevilla 64
  Centro de Interpretación Olivar y Aceite 20
  Centro de la Interpretación Mudéjar 69–70
  Centro Flamenco Fosforito 217
  Centro José Guerrero 276
  Centro Lorca 288
  Centro Velázquez 64

Kartenverweise 000
Fotoverweise 000

  Colección Arte Garó 186
  Conjunto Monumental de la Cartuja 69
  Cueva Museo 289–290, 329
  El Pabellon de la Navegación 68–69
  Fundación Rafael Alberti 132
  Fundación Rodríguez-Acosta 272
  Gibraltar Museum 160
  Hospital de la Caridad 64
  Hospital de los Venerables Sacerdotes 64
  Huerta de San Vicente 288
  La Casa de los Volcanes 322–323
  La Cilla 146
  Metropol Parasol 66
  Military Heritage Centre 162
  Museo Antiquarium 66
  Museo Arqueológico (Almuñécar) 303
  Museo Arqueológico (Córdoba) 217–218
  Museo Arqueológico (Estepona) 186
  Museo Arqueológico (Jerez de la Frontera) 125
  Museo Arqueológico (Sevilla) 68
  Museo Automovilístico Málaga 172
  Museo Batalla de las Navas de Tolosa 240
  Museo Carmen Thyssen 169
  Museo Casa Natal Federico García Lorca 288
  Museo Conventual de las Descalzas 198
  Museo Cuevas del Sacromonte 277
  Museo de Almería 311
  Museo de Arte Flamenco 169
  Museo de Artesanía Textil 142
  Museo de Artes y Costumbres Populares (Jáen) 236
  Museo de Artes y Costumbres Populares (Sevilla) 68
  Museo de Bellas Artes (Granada) 271
  Museo de Bellas Artes (Sevilla) 65
  Museo de Cádiz 117
  Museo de Huelva 84
  Museo de la Alhambra 271
  Museo de la Ciudad de Antequera 197
  Museo de la Ciudad de Carmona 103
  Museo de la Guitarra 309
  Museo de las Cortes de Cádiz 117
  Museo del Bandolero 192
  Museo del Baile Flamenco 65
  Museo del Carnaval 89
  Museo del Grabado Español 184
  Museo del Jamón 96
  Museo del Vidrio y Cristal 169–171
  Museo de Málaga 169
  Museo de Nerja 203
  Museo de Osuna 107
  Museo de Ronda 191
  Museo de San Juan de la Cruz 249
  Museo Histórico (Salobreña) 302
  Museo Histórico Municipal (Écija) 108
  Museo Histórico Municipal (Priego de Córdoba) 228
  Museo Internacional de Arte Naïf 236
  Museo Julio Romero de Torres 217
  Museo Lara 191
  Museo Minero 95–96
  Museo Naval 88
  Museo Picasso Málaga 15, 168–169, 15
  Museo Ralli 184
  Museo Ruso de Málaga 20, 172
  Museo Sefardi 272
  Museo Taurino 189
  Palacio de la Condesa de Lebrija 65–66
  Palacio de los Olvidados 20, 272
  Palacio de Viana 218
  Plaza de Toros de la Real Maestranza 65
  Torre de la Calahorra 215
  Torre del Oro 64
Museo Picasso Málaga 15, 168–169, **15**

N
Nacimiento del Guadalquivir 255–256
Nasrids 351–352
Nationalparks & Naturschutzgebiete 355–357, siehe auch Parks & Gärten
  Centro de Fauna Silvestre Collado del Almendral 256
  Paraje Natural Torcal de Antequera 200, 357
  Parque Dunar 90
  Parque Nacional de Doñana 14, 90–93, 136, 356–357
  Parque Nacional Sierra Nevada 291–301, 356
  Parque Natural de Cabo de Gata-Níjar 319–325, 356, **320**, 13
  Parque Natural de Despeñaperros 240
  Parque Natural de Doñana 90
  Parque Natural de la Breña y Marismas del Barbate 149
  Parque Natural Los Alcornocales 156–164, 356
  Parque Natural Sierra de Andújar 240–241, 356
  Parque Natural Sierra de Cardeña y Montoro 231
  Parque Natural Sierra de Grazalema 144–146, 357
  Parque Natural Sierra de Hornachuelos 230–232
  Parque Natural Sierra de las Nieves 194, 357
  Parque Natural Sierra de María-Los Vélez 330
  Parque Natural Sierra Norte 357
  Parque Natural Sierra Norte de Sevilla 109–112
  Parque Natural Sierras de Cazorla, Segura y las Villas 357
  Parque Natural Sierras de Cazorla, Segura y Las Villas 254–259, 357
  Parque Natural Sierras Subbéticas 224–230
  Upper Rock Nature Reserve 161–162

Naturschutzgebiete, *siehe* Nationalparks & Naturschutzgebiete, Parks & Gärten
Necrópolis Romana 105
Nelson, Horatio Lord 161
Nerja 203–206, **204**
Niebla 94
Níjar 316–318
Notfall 19
  Sprache 398–399

O

Öffnungszeiten 384
Ohanes 317
Olivenöl 224, 244, 314, 378
Olvera 146, **22**
Omaijaden 348–349
Ortsvorwahlen 19
Osuna 106–108
Outdooraktivitäten 32–25, 36–40, 84, *siehe auch einzelne Aktivitäten, einzelne Orte und Regionen*

P

Paläste & Herrenhäuser, *siehe auch* Burgen & Festungen
Alcazaba (Almería) 308–309
Alcazaba (Málaga) 169
Alcázar de los Reyes Cristianos 214–215
Alcázar (Jerez de la Frontera) 125
Alcázar (Sevilla) 9, 57–61
Alhambra 9, 266–272, 351–352, **268–269**, **270**, **8–9**, **268–269**
Casa del Mayorazgo 147
Casa de Pilatos 65
Castillo de Zuheros 226
Palacio de Dar-al-Horra 273
Palacio de Govantes y Herdara 107
Palacio de Jabalquinto 243
Palacio de la Condesa de Lebrija 65–66
Palacio de los Cepeda 107
Palacio de Los Marqueses de la Algaba 69–70
Palacio del Deán Ortega 246–248
Palacio de los Cepeda 107
Palacio de los Duques de Medina Sidonia 136
Palacio del Pórtico 271
Palacio de Orleans y Borbón 135–136
Palacio de Peñaflor 108–109
Palacio de Vázquez de Molina 248
Palacio de Viana 218
Palacio de Villardompardo 236
Palacio Marqués de la Gomera 107
Palacio Vela de los Cobos 248
Palos de la Frontera 87–88
Pampaneira 296–297
Paradores 385
Paragliding 39–40, 303
Paraje Natural Torcal de Antequera 200
Pardelluchs 240–241, 333
Parken 393
Parks & Gärten 351, *siehe auch* Nationalparks & Naturschutzgebiete
Alameda Botanic Gardens 161
Casa del Rey Moro 191
Jardín Botánico El Albardinal 323–324
Jardín Botánico Umbría de la Virgen 330
Jardín Micológico „La Trufa" 228
Orchidarium 186
Parque Botánico El Majuelo 303
Parque de María Luisa 67–68
Paseo de España 171
Parque de María Luisa 67–68
Parque Nacional de Doñana 14, 90–93, 136, 356–357
Parque Nacional Sierra Nevada 291–301
Parque Natural de Cabo de Gata-Níjar 319–325, 356, **320**, **13**
Parque Natural Los Alcornocales 156–158, 356
Parque Natural Sierra de Andújar 240–241, 356
Parque Natural Sierra de Grazalema 144–146, 357
Parque Natural Sierra de Hornachuelos 230–232
Parque Natural Sierra de las Nieves 194, 357
Parque Natural Sierra de María-Los Vélez 330
Parque Natural Sierra Norte de Sevilla 109–112
Parque Natural Sierras de Cazorla, Segura y Las Villas 254–259, 357
Parque Natural Sierras Subbéticas 224–230
Pedro-Ximénez-Weine 379
Peña de Arias Montano 100
Peña de Hierro 96
Peñas 63, 364
Peñón de Zaframagón 144
Personalausweis 390
Pferde 126–128
Phönizische Besiedlung 335
Picasso, Pablo 168, 371
Planung *siehe* Reiseplanung
Plaza de San Francisco 66
Poesie 370
Politik 332–333, 347
Polizei 385
Portugal, An- & Weiterreise 89
Post 384
Pradollano 293
Priego de Córdoba 228

R

Rabattkarten 382
Radfahren 37, 394, *siehe auch vías verde*
Radio 384
Raubvögel 359
Real Escuela Andaluza del Arte Ecuestre 126
Rechtsfragen 384–385
Reiseplanung 18–19
  Andalusische Provinzen 44–46
  Budget 19
  Essen 30–35
  Gut zu wissen 18–19
  Infos im Internet 19
  Kindern, Reisen mit 41–43
  Outdooraktivitäten 36–40
  Reiserouten 26–29
  Reisezeit 18, 23–25
  Rückkehrer 20
  Veranstaltungskalender 23–25
Reiserouten 26–29, *siehe auch* Spritztouren
Reiten 38–39, **2**
Aracena 98
Cómpeta 202
Lanjarón 294
Parque Nacional de Doñana 92
Tarifa 153
Religion 333
Renaissancearchitektur 353
Río Guadalquivir 355
Río Madera 258
Rio Tinto Company 84, 95
Rodalquilar 322–324
Romería del Rocío 93
Römische Besiedlung 335–336
Ronda 10, 189–195, **190**, **10**
  An- & Weiterreise 195
  Ausgehen & Nachtleben 194–195
  Essen 193–194
  Feste & Events 192
  Sehenswertes 189–192
  Unterhaltung 195
  Unterkunft 192–193
  Unterwegs vor Ort 195
Ronda la Vieja 196

S

Sacromonte 277
Salinas de Cabo de Gata 320–321
Salobreña 301–302
San José 321–322
Sanlúcar de Barrameda 135–138
San Miguel de Cabo de Gata 320–321
Santa Elena 240
Santa Eufemia 231
Santiponce 102–103
Schafe 358
Schiffsreisen 392, 394
Schlafen *siehe* Unterkunft
Schmetterlinge 181
Schnorcheln 37–38, 321
Schwefelbäder, Hedionda 186
Schwule 386
Segura de la Sierra 258–259
Semana Santa 23
  Antequera 198
  Arcos de la Frontera 141
  Baeza 243
  Córdoba 219
  Granada 277
  Jaén 238

Málaga 173
Sevilla 17, 23, 70–71, **17**, **24**
Úbeda 249
Sendero de Gran Recorrido 7 (GR7) 155
Sendero de Gran Recorrido 247 (GR247) 20, 257
Senioren 382
Serranía de Ronda 195–196
Sevilla 44, 48–80, **49**, **54–55**, **58**, **60**
  Aktivitäten 50–70
  An- & Weiterreise 79–80
  Ausgehen & Nachtleben 77
  Essen 48, 73–77
  Feste & Events 17, 23, 70–71, **17**, **24**
  Flamenco 48
  Geführte Touren 70
  Geschichte 50
  Highlights 49
  Kindern, Reisen mit 72
  Kurse 70
  Radfahren 68
  Reisezeit 48
  Sehenswertes 50–70
  Shoppen 78–79
  Touristeninformation 79
  Unterhaltung 78
  Unterkunft 71–73
  Unterwegs vor Ort 80
Sevilla, Kathedrale von 9, 50–57, **52–53**, **9**, **52–53**
Sevilla, Provinz 44, 81, 102–112, **82–83**
  Aktivitäten 84
  Autofahren 81
  Essen 31, 81
  Highlights 82
  Infos im Internet 84
  Unterkunft 81
Sherry 10, 33, 136, 380, **11**, siehe auch Bodegas
  Festivals 132
  Foodpairing 33
  Geschichte 137
Sherry-Dreieck 124–138
Sicherheit 386
Sierra de Aracena 99–102, **99**
Sierra de Cazorla 254–259, **255**

Kartenverweise **000**
Fotoverweise **000**

Sierra Nevada 12, 291–301, **292**, **12**
Siesta 33
Siglo de Oro (Goldenes Zeitalter) 369–370
Siloé, Diego de 353
Skifahren 40, 293
Snowboarden 40, 293
Sorbas 315
Spaghettiwestern 315–316
Spanischer Bürgerkrieg 344–345
Spanische Tanne 357
Spas siehe Hammams
Sprache 18, 396–403
Sprachkurse 70, 120, 147, 386–387
Spritztouren, siehe Autotouren
Steinböcke 358
Steuer 383
Stierkampf 193, 343, 373–375
Stierkampfarenen 374
  Plaza de Toros de la Real Maestranza 65
  Plaza de Toros (El Puerto de Santa María) 132
  Plaza de Toros (Mijas) 188
  Plaza de Toros (Ronda) 189
Störche 360
Strände 41, 21, 86
  Cabo de Gata 323
  Cala Carbón 323
  Cala de Enmedio 323
  Cala de la Media Luna 323
  Calas del Barronal 323
  El Palmar 149
  El Puerto de Santa María 133
  Flecha del Rompido 89
  Huelva 86
  Isla Canela 90
  Isla Cristina 89
  La Carihuela 180–181
  La Herradura 302
  Los Caños de Meca 149
  Málaga 172
  Matalascañas 90
  Mojácar Playa 325
  Playa Burriana 204
  Playa Calahonda 203
  Playa Central 89
  Playa Chica 151
  Playa de la Caleta 120
  Playa de la Charca 301
  Playa de la Gaviota 89

  Playa de la Guardia 301
  Playa de la Malagueta 172
  Playa de la Muralla 133
  Playa de la Puntilla 133
  Playa de la Rada 185
  Playa de las Cortinas 149
  Playa de la Victoria 120
  Playa del Barronal 323
  Playa del Cañuelo 204
  Playa del Faro 149
  Playa de los Genoveses 323
  Playa de los Lances 151
  Playa del Playazo 323, 324
  Playa de Mónsul 323
  Playa de Pedregalejo 172
  Playa de San Cristóbal 302
  Playa de Santa Catalina 133
  Playa de Valdelagrana 133
  Playa de Valdevaqueros 151
  Playa de Pedregalejo 172
  Playa el Palo 133
  Playamar 181
  Playa Puerta del Mar 302
  Playa San Pedro 323, 324
  Punta del Moral 90
  Punta Paloma 151
  Tarifa 151
  Zahara de los Atunes 150, **15**
Strom 160, 386
Surfen 39–40, 149
Synagogen
  Sinagoga de Córdoba 216
  Sinagoga del Agua 249

T
tabancos 129
tablaos 63, 366
Tanz 361–367, siehe auch Flamenco
Tapas 13, 34, 178, 281, 312, 377, **13**
Tarifa 16, 150–156, **152**, **17**, **39**
  Aktivitäten 153
  An- & Weiterreise 156
  Ausgehen & Nachtleben 155–156
  Essen 154–155
  Feste & Events 153
  Sehenswertes 151
  Unterkunft 153–154

Tauchen 37–38
  Cabo de Gata 321
  La Herradura 303
  Nerja 204
  Tarifa 153
Taxis 394
Tee 380, siehe auch Teterías
Telefon 18, 160, 386–387
Telefonkarten 387
Teterías 261, 285, 313, 380, **260**, **261**
Theater
  Gran Teatro Falla 123
  Sevilla de Ópera 78
  Teatro Cervantes 178
  Teatro Villamarta 131
Themenparks, siehe Freizeitparks
Tierbeobachtung 38, 91–92, siehe auch Delfinbeobachtung, Walbeobachtung, Vogelbeobachtung, einzelne Arten
  Centro de Fauna Silvestre Collado del Almendral 256
  Parque Natural Sierra de Andújar 240–241
Tiere 43, 91–92, 357–360, siehe auch einzelne Arten
Tierschutz 373
tinto de verano 179
Toiletten 387
Tomaten 316
Torrecilla 194
Torremolinos 180–182
Torres, Julio Romero de 370
Touristeninformation 387
Trafalgar Cemetery 160–161
Trekking siehe Wandern
Trevélez 298–299
Triana 66–67
Trinkgeld 383
Türme
  Torre del Tajo 149
  Torre de la Calahorra 215
  Torre Pirulico 325
  Torre Tavira 117

U
Úbeda 16, 246–252, **247**
  An- und Weiterreise 251–252
  Ausgehen & Nachtleben 251
  Essen 250–251
  Feste & Events 249
  Keramik 251

Sehenswertes 246–249
Shoppen 251
Unterkunft 250
Unterwegs vor Ort 251–252
Unterkunft 387–389, *siehe auch einzelne Orte und Regionen*
Sprache 396, 399
Unterwegs in Andalusien 392–394
Upper Rock Nature Reserve 161–162

V
Válor 300–301
Vandelvira, Andrés de 249, 353
Vegetarier 32
Vejer de la Frontera 20, 147–149, **16**
Velázquez, Diego 51, 369
Veleta 293–294
Vélez Blanco 329–330
Vélez Málaga 201
Vergnügungsparks, *siehe Freizeitparks*
Verkehrsregeln 393–394
Versicherung 389, 394
vías verdes (grüne Wege) 37
  Vía Verde de la Sierra 144
  Vía Verde de la Sierra Norte 111
  Vía Verde de la Subbética 226
  Vía Verde del Aceite 238
Villanueva de Córdoba 231
Visa 160
Vögel 359–360
Vogelbeobachtung 38, 91, 359–360
  Centro de Fauna Silvestre Collado del Almendral 256
  Centro de Visitantes José Antonio Valverde 92
  El Rocío 93, 94
  Gaucín 196
  Gibraltar 163
  Laguna de Fuente de Piedra 200

Parque Natural Sierra de Andújar 241
Peñón de Zaframagón 144
Sierra Nevada 294
Vorwahlen 19, 387

W
Währung 18, 160
Walbeobachtung 153
Wandern 21, 36–37
  Alájar-Castaño del Robledo-Galaroza 100
  Aracena 97–98
  Cabo de Gata 324
  Cahorros Altos 293
  Caminito del Rey 198
  Camino de los Charcones 145
  Cañón de Bailón 227
  Castaño del Robledo 101
  Cerro de San Cristóbal 102
  El Calvario-Corazón de Jesús 142
  El Torreón 145
  Garganta Verde 143, 145
  GR7 (Sendero de Gran Recorrido 7) 155, 293
  GR240 293
  GR247 20, 257
  Karten 383–384
  Las Alpujarras 293
  Las Laderas-Camino Viejo 111
  Linares de la Sierra 97–98
  Mediterranean Steps (Gibraltar) 162
  Mijas 188
  Mulhacén 293–294
  Paraje Natural Torcal de Antequera 200
  Parque Nacional de Doñana 92
  Parque Natural de la Breña y Marismas del Barbate 149
  Parque Natural Los Alcornocales 156, 158
  Parque Natural Sierra de Hornachuelos 230
  Parque Natural Sierra de las Nieves 194

  Parque Natural Sierra de María-Los Vélez 330
  Parque Natural Sierra Norte de Sevilla 109–112
  Parque Natural Sierras de Cazorla, Segura y Las Villas 256
  Raya Real 75
  Sendero Botánico 230
  Sendero Cerro del Cinto 323
  Sendero Charco de la Boca 92
  Sendero de Ermitas y Monasterios 253
  Sendero de Gran Recorrido 7 (GR7) 155, 293
  Sendero del Acantilado 149
  Sendero del Aguadero 318
  Sendero del Arroyo de las Cañas 112
  Sendero del Gilillo 252
  Sendero del Guaitenejo 196
  Sendero de Los Ángeles 230
  Sendero del Pinsapar 145
  Sendero Gerald Brenan 300
  Sendero Guadalora 230
  Sendero Lagunas del Acebuche 92
  Sendero Los Castañares 112
  Sendero Río Borosa 256
  Sendero Río Hozgarganta 158
  Sendero Río Verde 295
  Sendero Salto del Cabrero 145
  Sendero Subida al Picacho 156
  Sendero Umbría de la Virgen 330
  Sierra de Grazalema 144–145
  Sierra Nevada 293, 294
  Sulayr 293
  Trevélez 299
  Veleta 293–294

Vía Verde del Aceite 238
Vía Verde de la Sierra 144
Vía Verde de la Sierra Norte 111
Vía Verde de la Subbética 226
Vía Verde del Aceite 238
Wechselkurse 19
Wein 189, 225, 379, 380, *siehe auch Bodegas*
  Bücher 380
  Regionen 379
Weiße Dörfer 16, 138
  Arcos de la Frontera 138, 142
  Grazalema 142
  Olvera 146
  Spritztour 140
  Vejer de la Frontera 20, 147–149, **16**
  Zahara de la Sierra 143–144
Westgoten 336, 349
Wetter 18, 23–25
Wildtiere *siehe Tiere*
Windsurfen 39–40, 151, 303
Wirtschaft 332–333
Wölfe 358

Y
Yegen 300

Z
Zahara de la Sierra 143–144
Zahara de los Atunes 150, **15**
Zeit 389
Zeitungen 384
Ziplining 184
Zollbestimmungen 389
Zoos
  Biopark 182
  Oasys Mini Hollywood 316
  Parque Ornitológico Loro-Sexi 303
Zugfahren 19, 96, 391–392, 395, **395**
Zuheros 226–227
Zurbarán, Francisco de 369
Zweiter Weltkrieg 162, 346

Kartenlegende

Sehenswertes
- Strand
- Vogelschutzgebiet
- Buddhistisch
- Burg/Festung
- Christlich
- Konfuzianisch
- Hinduistisch
- Islamisch
- Jainistisch
- Jüdisch
- Denkmal
- Museum/Galerie/Historisches Gebäude
- Ruine
- Sento/Onsen
- Shintoistisch
- Sikhistisch
- Taoistisch
- Weingut/Weinberg
- Zoo/Tierschutzgebiet
- Andere Sehenswürdigkeit

Aktivitäten, Kurse & Touren
- Bodysurfen
- Tauchen
- Kanu-/Kajakfahren
- Kurs/Tour
- Skifahren
- Schnorcheln
- Surfen
- Schwimmen/Pool
- Wandern
- Windsurfen
- Andere Aktivität

Schlafen
- Hotel/Pension
- Campingplatz

Essen
- Restaurant

Ausgehen & Nachtleben
- Bar/Kneipe/Club
- Café

Unterhaltung
- Theater/Kino/Oper

Shoppen
- Geschäft/Einkaufszentrum

Praktisches
- Bank
- Botschaft/Konsulat
- Krankenhaus/Arzt
- Internet
- Polizei
- Post
- Telefon
- Toilette
- Touristeninformation
- Noch mehr Praktisches

Landschaften
- Strand
- Hütte/Unterstand
- Leuchtturm
- Aussichtspunkt
- Berg/Vulkan
- Oase
- Park
- Pass
- Rastplatz
- Wasserfall

Städte
- Hauptstadt
- Landeshauptstadt
- Stadt/Großstadt
- Ort/Dorf

Transport
- Flughafen
- Grenzübergang
- Bus
- Seilbahn/Standseilbahn
- Fahrradweg
- Fähre
- Metro/MRT-Bahnhof
- Einschienenbahn
- Parkplatz
- Tankstelle
- Skytrain-/S-Bahn-Station
- Taxi
- Bahnhof/Eisenbahn
- Straßenbahn
- U-Bahn-Station
- Anderes Verkehrsmittel

Hinweis: Nicht alle Symbole kommen in den Karten dieses Reiseführers vor.

Verkehrswege
- Mautstraße
- Autobahn
- Hauptstraße
- Landstraße
- Verbindungsstraße
- Sonstige Straße
- Unbefestigte Straße
- Straße im Bau
- Platz/Fußgängerzone
- Stufen
- Tunnel
- Fußgängerbrücke
- Spaziergang/Wanderung
- Wanderung mit Abstecher
- Pfad/Wanderweg

Grenzen
- Staatsgrenze
- Bundesstaaten-/Provinzgrenze
- Umstrittene Grenze
- Regionale Grenze/Vorortgrenze
- Meeresschutzgebiet
- Klippen
- Mauer

Gewässer
- Fluss/Bach
- Periodischer Fluss
- Kanal
- Gewässer
- Trocken-/Salz-/Periodischer See
- Riff

Gebietsformen
- Flughafen/Start- & Landebahn
- Strand/Wüste
- Christlicher Friedhof
- Sonstiger Friedhof
- Gletscher
- Watt
- Park/Wald
- Sehenswertes Gebäude
- Sportanlage
- Sumpf/Mangroven

UNSERE AUTOREN

Isabella Noble
Provinzen Huelva & Sevilla, Provinz Cádiz & Gibraltar Isabella mag auf dem Papier Engländerin/Australierin sein, doch ihr Herz gehört Spanien. Sie wuchs in einem Bergdorf bei Málaga auf und lebte später in der Provinz Cádiz. Für diesen Band ließ sie die Magie Vejers auf sich wirken, verlor sich im Karneval von Cádiz und schlürfte *tintos* an Tarifas gelben Sandstränden, einem ihrer Lieblingsorte auf dieser Welt. Momentan lebt sie in London und schreibt für verschiedene Verlage über Spanien, Indien und weitere Länder. Isabella verfasste zusätzlich das Kapitel „Outdooraktivitäten". Auf Twitter/Instagram kann man ihr unter @isabellamnoble folgen.

Mehr über Isabella unter:
http://auth.lonelyplanet.com/profiles/isabellanoble

John Noble
Provinz Córdoba, Provinz Jaén, Provinz Almería John, der eigentlich aus dem britischen Ribble Valley stammt, lebt seit 1995 in einem andalusischen Bergdorf. Er hat ganz Andalusien bereist und an allen bisherigen Ausgaben dieses Reiseführers mitgearbeitet. Sein Highlight bei dieser Auflage war ein Besuch der Sierra de Andújar, wo er die Augen nach Wildtieren offenhalten sollte und zufällig in die jährlich stattfindende riesige Feier Romería de la Virgen de la Cabeza geriet. Außerdem war er für die Kapitel „Andalusien aktuell" und „Geschichte" verantwortlich.

Mehr über John unter:
http://auth.lonelyplanet.com/profiles/ewoodrover

Josephine Quintero
Provinz Málaga Josephine lebt seit 1992 in einem kleinen Dorf vor Málaga. Sie liebt es, ständig neue Facetten der Provinzhauptstadt der Costa del Sol kennenzulernen und über die Strandpromenaden der Küstenorte zu bummeln. Ein Highlight bei dieser Auflage war die Entdeckung einer römischen Schwefelquelle, die bisher vom Tourismus verschont geblieben ist, und inspirierende Kunst im malerischen Bergdorf Gaucín an einem Wochenende der offenen Tür. Josephine schrieb auch das Kapitel „Reisen mit Kindern".

Mehr über Josephine unter:
http://auth.lonelyplanet.com/profiles/josephinequintero

Brendan Sainsbury
Sevilla, Provinz Granada Brendan stammt aus Hampshire in England. In den 1980er-Jahren reiste er das erste Mal mit einem Interrail-Ticket nach Spanien, kehrte als Reiseführer viele Jahre später auf die iberische Halbinsel zurück und traf 2003 seine zukünftige Frau in einem kleinen ländlichen Dorf in Andalusien. Für Lonely Planet schreibt er schon seit 10 Jahren und war u. a. an früheren Ausgaben der Reiseführer Spanien und Andalusien beteiligt. Brendan liebt Granada, die Werke von Federico Lorca, Radfahren auf den *vias verdes* und Flamenco-Vorführungen. Die Kapitel „Reiseplanung", „Andalusien verstehen" und „Praktische Informationen" stammen ebenfalls von ihm.

Mehr über Brendan unter:
http://auth.lonelyplanet.com/profiles/brendansainsbury

DIE LONELY PLANET STORY

Ein uraltes Auto, ein paar Dollar in den Hosentaschen und Abenteuerlust, mehr brauchten Tony und Maureen Wheeler nicht, als sie 1972 zu der Reise ihres Lebens aufbrachen. Diese führte sie quer durch Europa und Asien bis nach Australien. Nach mehreren Monaten kehrten sie zurück – pleite, aber glücklich –, setzten sich an ihren Küchentisch und verfassten ihren ersten Reiseführer *Across Asia on the Cheap*. Binnen einer Woche verkauften sie 1500 Bücher und Lonely Planet war geboren. Heute unterhält der Verlag Büros in Franklin, London, Melbourne, Oakland, Peking und Delhi mit über 600 Mitarbeitern und Autoren. Sie alle teilen Tonys Überzeugung, dass ein guter Reiseführer drei Dinge tun sollte: informieren, bilden und unterhalten.

Lonely Planet Publications,
Locked Bag 1, Footscray,
Melbourne, Victoria 3011,
Australia

Verlag der deutschen Ausgabe:
MAIRDUMONT, Marco-Polo-Straße 1, 73760 Ostfildern,
www.lonelyplanet.de, www.mairdumont.com
info@lonelyplanet.de

Chefredakteurin deutsche Ausgabe: Birgit Borowski

Redaktion: Thomas Grimpe, Meike Etmann, Claudia Fahlbusch; Verlagsbüro Wais & Partner, Stuttgart
Mitarbeit: Nadine Beck
Übersetzung der 4. Auflage: Anne Cappel, Britt Maaß, Claudia Riefert, Petra Sparrer, Katja Weber
(An früheren Auflagen haben zusätzlich mitgewirkt: Julie Bacher, Petra Dubilski, Silvia Mayer,
Günter Feigel, Nicole Stange, Robert Suske, Inga-Brita Thiele)
Technischer Support: Primustype, Notzingen

Andalusien
4. deutsche Auflage Mai 2016,
übersetzt von *Andalucia 8th edition*, Januar 2016
Lonely Planet Publications Pty
Deutsche Ausgabe © Lonely Planet Publications Pty, Mai 2016
Fotos © wie angegeben 2016

Printed in Poland

Obwohl die Autoren und Lonely Planet alle Anstrengungen bei der Recherche und bei der Produktion dieses Reiseführers unternommen haben, können wir keine Garantie für die Richtigkeit und Vollständigkeit dieses Inhalts geben. Deswegen können wir auch keine Haftung für eventuell entstandenen Schaden übernehmen.

MIX
Papier aus verantwortungsvollen Quellen
FSC® C018236

Alle Rechte vorbehalten. Das Werk einschließlich all seiner Teile ist urheberrechtlich geschützt und darf weder kopiert, vervielfältigt, nachgeahmt oder in anderen Medien gespeichert werden, noch darf es in irgendeiner Form oder mit irgendwelchen Mitteln – elektronisch, mechanisch oder in irgendeiner anderen Weise – weiter verarbeitet werden. Es ist nicht gestattet, auch nur Teile dieser Publikation zu verkaufen oder zu vermitteln, ohne schriftliche Genehmigung des Herausgebers. Lonely Planet und das Lonely Planet Logo sind eingetragene Marken von Lonely Planet und sind im US-Patentamt sowie in Markenbüros in anderen Ländern registriert. Lonely Planet gestattet den Gebrauch seines Namens oder seines Logos durch kommerzielle Unternehmen wie Einzelhändler, Restaurants oder Hotels nicht. Informieren Sie uns im Fall von Missbrauch: www.lonelyplanet.com/ip.